W0052238

Stacheldraht und Bambusspeere

Bruni Adler

Stacheldraht und Bambusspeere

Indonesiens verdrängte Geschichte

KLÖPFER&MEYER

Inhalt

5

6

Vorwort

Bruni Adler, bekannt durch ihre bereits veröffentlichten Dialoge mit der Kriegsgeneration in Deutschland, Polen und Russland, führt mit ihrem Buch »Stacheldraht und Bambusspeere« ihre Leser in eine Welt, die ihnen bislang eher als Urlaubsparadies denn als Schauplatz kriegerischer Auseinandersetzungen bekannt war: nach Indonesien. Und doch gab es in der tropischen Inselwelt im Verlauf der Geschichte bis in die jüngste Zeit immer wieder Kriege um wirtschaftliche Interessen, Machtansprüche oder ideologische Zielsetzungen, wobei die Zahl der Opfer in die Millionen ging.

Konkret setzt sich die Verfasserin mit den Vorgängen in Indonesien seit Beginn des Zweiten Weltkrieges auseinander und benutzt auch hier ihre bewährte Methode von Gesprächen mit Mitgliedern direkt betroffener Gruppen, um die sich die Geschichtsschreibung bisher wenig oder gar nicht gekümmert hat. Und solcher Gruppen gab es in der Inselwelt am Vorabend des Krieges viele. Zu dieser Zeit war Indonesien noch eine niederländische Kolonie, in der auch Vertreter anderer Nationen im Dienste der Kolonialregierung arbeiteten oder eigenen Interessen nachgingen. Dazu gab es neben der großen Mehrheit von Javanern eine nicht geringe Zahl ethnischer Minderheiten, die nur durch die gemeinsame Verwaltung der Kolonialherren zusammengehalten wurden. Eine nationalistische Bewegung, die versuchte, diesen Vielvölkerstaat zu einen, entstand erst zu Beginn des 20. Jahrhunderts. Sie war aber bis zum Vorabend des Krieges nicht in der Lage, von der Kolonialregierung irgendwelche Zugeständnisse für ihr Streben nach Unabhängigkeit zu erhalten.

Die erste von den Auswirkungen des Krieges betroffene Gruppe waren die in Indonesien lebenden Deutschen: Nach dem Einmarsch

9

deutscher Truppen in den Niederlanden im Mai 1940 wurden sie als Feinde betrachtet, die Männer von den Familien getrennt und nach Sumatra – später Indien – gebracht und wie die Frauen und Kinder in entwürdigenden Lagern interniert. Als im März 1942 japanische Truppen in Java einmarschierten, befreiten sie die Deutschen und sperrten die niederländischen Familien ein. Die Indonesier, die hofften, von den japanischen Besatzern die Unabhängigkeit zu erhalten, wurden in großen Scharen als »Romusha« zu Zwangsarbeit verpflichtet. Ihren Frauen und Töchtern wurde nachgestellt, um sie als »Trostfrauen« für sexuelle Dienste zu gewinnen … Nach der japanischen Kapitulation war vor allem Java jahrelang Schauplatz heftiger Kämpfe zur Verteidigung der Unabhängigkeit Indonesiens gegen die zurückgekehrten Niederländer.

Doch auch nach Anerkennung der Unabhängigkeit und Aufnahme Indonesiens als selbständiger Staat in die Vereinten Nationen (1949) wollte in dem Inselreich die Ruhe nicht einkehren. Die Frage, wie mit der 1950 eingeführten parlamentarischen Demokratie die Vielfalt der Probleme des neuen Staates gelöst werden könnte, beherrschte die politischen Diskussionen, bis diese 1957 erneut zu Aufständen und kriegerischen Auseinandersetzungen führten.

Nachdem der erste Präsident der Republik Sukarno 1959 die »gelenkte Demokratie« einführte, in der vergeblich versucht wurde, mit einer Einheitsfront nationaler, religiöser und kommunistischer Organisationen der vielen Probleme des Landes Herr zu werden, kam es 1965 zu einen Putschversuch, der von General Suharto dazu benutzt wurde, eine Militärdiktatur einzurichten. Mit brutaler Härte wurde gegen Vertreter anderer politischer Richtungen, insbesondere gegen Anhänger kommunistischer Ideen, vorgegangen. Dem Terror fielen mehr als eine halbe Million Menschen zum Opfer.

Dies ist der historische Hintergrund vor dem die Verfasserin ihre einfühlsamen Interviews führte, in denen sie vor allem die Stimmen derer zu Worte kommen lässt, die unter Unterdrückung und Ausbeutung am meisten zu leiden hatten. Sie belässt es nicht bei den Berichten der von ihr ausgewählten Personen, seien sie nun Deutsche, Indonesier, Holländer, Indo-Europäer oder auch Japaner. Sie hat sich in jahrelanger Arbeit auch mit der für ihr Thema relevanten Literatur vertraut gemacht und belegt ihre Ausführungen mit einer Vielzahl sachdienlicher Hinweise. Hilfreich ist auch ein Glossar, das dem Leser zusätzliche Informationen zum besseren Verständnis der diskutierten Entwicklungen bietet.

Einige ihrer Quellen sind in der offiziellen Geschichtsschreibung nicht unumstritten, dessen ist sie sich bewusst. Aber sie betrachtet sich als Laiin frei von universitärem Erwartungsdruck und will mit ihren Ausführungen, wie sie es selber formuliert, vor allem einen Beitrag zu einer »Geschichte von unten« leisten. Und dies nicht etwa im Dienste irgendeiner Ideologie, sondern, wie in ihren anderen Büchern, zur Erinnerung an die von ungezählten Opfern ertragenen Leiden in Kriegszeiten, die – im Unterschied zu den Erfolgen der Gewinner – nach dem Krieg gewöhnlich nur zu bald in Vergessenheit geraten.

Der Verfasserin ist es im vorliegenden Buch in beeindruckender Weise gelungen, das Schicksal der Opfer der Kriege in der indonesischen Inselwelt vor dieser Vergessenheit zu bewahren. Sie hat gezeigt, dass die konstatierte Lücke in der Geschichtsschreibung durchaus geschlossen werden kann. Ihre Dokumentation zeigt, dass es sich nicht nur um ein nationales Problem handelt. Ihre Arbeit ist somit auch ein wichtiger Beitrag zur Stärkung der internationalen Friedensbemühungen.

Professor Bernhard Dahm

Einführung[1]

»Meine Familie kommt aus Indonesien.« Mit diesen Worten überraschte mich meine hellblonde, hellhäutige, blauäugige Freundin Diemut Bek. »Du siehst aber gar nicht indonesisch aus«, erwiderte ich perplex. »Meine Familie lebte damals in der Kolonie Niederländisch-Indien. Mein Großvater ertrank beim Untergang der ›Van Imhoff‹, weil die Holländer sich weigerten, die Deutschen zu retten, nachdem das Schiff von einer japanischen Bombe getroffen worden war. Die ›Van Imhoff‹ deportierte 1942 deutsche Männer nach Britisch-Indien, nachdem sie zwei Jahre in Niederländisch-Indien interniert worden waren.« »Davon weiß in Deutschland so gut wie niemand etwas«, entgegnete ich. »Dann solltest Du vielleicht darüber schreiben.« Dies ist der Beginn eines sieben Jahre langen Lernprozesses, dessen Ergebnis dieses Buch ist.

Indonesien ist für deutsche Leserinnen und Leser ein fernes Urlaubsland und seine Geschichte so gut wie unbekannt. Wer weiß schon, dass über vier Jahrhunderte Tausende Deutsche dort lebten und begraben sind und dass der deutsche Wissenschaftler Adolf Bastian den Begriff »Indonesia« aus den griechischen Worten »India« für Indien und »Nesos« für Insel prägte? Er wurde in den 1920er Jahren von der indonesischen Unabhängigkeitsbewegung aufgegriffen und war während der niederländischen Kolonialzeit verboten.[2]

---

[1] Im Zuge der Rechtschreibreform der indonesischen Sprache »Bahasa Indonesia« in den 1960er Jahren wurde das »oe« der niederländischen Schreibweise in »u« umgewandelt, das »dj« zu »j« und das »tj« zu »c«, »sj« zu »sy« und »j« zu »y«. Der leichteren Lesbarkeit wegen, wird im vorliegenden Buch die moderne Rechtschreibung angewendet.
[2] Geerken, Horst: *Der Ruf des Geckos*. Books on Demand. 2009, S. 27

Bei Ausbruch des Zweiten Weltkriegs lebten in der damaligen niederländischen Kolonie 8.000 Deutsche.[3] Ihre Geschichte endete abrupt, als die deutsche Wehrmacht im Mai 1940 in den Niederlanden einmarschierte, denn daraufhin wurden alle Deutschen in Niederländisch-Indien interniert. Man kann ihre Geschichte – und die des Zweiten Weltkriegs in ihrer globalen Komplexität – ohne den Pazifikkrieg nicht verstehen, von dem dieses Buch unter anderem handelt. Nach den darauf folgenden Befreiungskriegen (1945 – 1949) und dem Erlangen ihrer Unabhängigkeit wurden zahlreiche indonesische Beamte, Ingenieure, Wissenschaftler, Ärzte, Architekten und Journalisten in Deutschland ausgebildet. Nur wenige Länder weisen eine so lange freundschaftliche Beziehung mit Indonesien auf.

Zum besseren Verständnis dieses Landes zunächst eine geographische, historische und politischen Skizze: Indonesien besteht aus über 17.000 Inseln und erstreckt sich über 5.200 Kilometer. Es weist mit 255 Millionen Einwohnern die viertgrößte Bevölkerung der Erde auf – mehr als die Hälfte von ihnen Javaner – und ist mit über 220 Millionen Muslimen das zahlenmäßig größte muslimische Land der Welt. Die niederländische Vereinigte Ostindische Handelsgesellschaft, VOC, übte über 200 Jahre lang wachsenden Einfluss auf den Archipel aus, bis ihr Einflussgebiet ab 1800 niederländische Kolonie wurde. Ab 1908 übten die Niederlande Hegemonie über die Region aus, auf die die indonesischen Nationalisten Anspruch erhoben, und in dem heute ganz unterschiedliche Ethnien der javanisch geprägten Zentralregierung unterstehen. Die Grenzen des Landes sind das grundlegendste Erbe des Kolonialreichs.

Die konkurrierenden politischen Vorstellungen Indonesiens – aristokratische, javanische Tradition, westliche Sozialdemokratie und islamisches Gedankengut – führen heute noch zu Spannungen. Verletzungen der Menschenrechte, die übergroße Macht des Militärs und die Angst vor dem Auseinanderbrechen der staatlichen Einheit sind nach wie vor akute Probleme.

Während Suhartos Regierungszeit (1967 – 1998) galt Indonesien als das korrupteste Land der Welt und Suharto als der Regierungschef, der die meisten Staatsgelder veruntreute.[4] Gleichzeitig lebten – 1996 – mehr

---

3 Sundhausen, Ulf: *The road to power: Indonesian military politics, 1945–1967*. 1982, S. 13
4 Vickers, Adrian: *A history of modern Indonesia*. 2005, S. 2

als 50 Prozent der Bevölkerung unterhalb der Armutsgrenze.[5] 2005 stufte Transparency International Indonesien als 119. von 123 Staaten auf der Korruptionsskala ein.[6] Schätzungsweise 20 bis 30 Prozent des Nationaleinkommens fließt in dunkle Kanäle, was die Kluft zwischen der kleinen Oberschicht und der breiten Masse der Bevölkerung immer tiefer werden lässt.[7] 2010 darbte ein Fünftel der Bevölkerung in bitterer Armut. Die Arbeitslosigkeit lag bei 30 bis 40 Prozent.[8]

Zwar gab es nach dem Ende von Suhartos Militärdiktatur erste demokratische Wahlen, nach wie vor ist die Mehrheit der Bevölkerung jedoch de facto von politischer Teilhabe und wirtschaftlicher Entwicklung ausgeschlossen. Die Politik wird von weniger als tausend Menschen in Bürokratie, Militär, Presse und den Universitäten kontrolliert. Der harte Machtkern besteht aus etwa 200 Männern.[9]

In diesem Buch geht es im Wesentlichen um vier Themenbereiche:

1. Die Verbindung zwischen »Geschichte von unten« und historischer Forschung sowie die Frage nach dem Stellenwert von offiziellen Dokumenten einerseits und Zeitzeugenaussagen andererseits.
2. Die Verschränkung – und Unterscheidung – der Interessen nationaler Eliten mit denen der machtlosen Vielen.
3. Einen Beitrag zu einer Geschichtsschreibung, die nationale Grenzen überschreitet.
4. Die Macht von Propaganda.

zu 1. Unterlagen über den Zweiten Weltkrieg wurden in Asien in Wellen der Zerstörung vernichtet. Als die Japaner 1941 nach Süden vordrangen, gingen in den Gärten alliierter Botschaften unzählige Dokumente in Flammen auf. Bei Kriegsende verbrannten die Japaner wiederum alles, was nicht in die Hände der Alliierten fallen sollte. Beide Seiten nutzten vor Kriegseintritt und während des Krieges Falschnachrichten in großem Umfang. Jeder Historiker muss sich also damit auseinander-

---

5 Grayson, Lloyd und Smith, Shannon: *Indonesia today: challenges and history.* 2001, S. 172
6 Zyl, Paul van: »Dealing with the Past: Reflections on South Africa, East Timor and Indonesia.« In: Reid, Anthony: *Beginning to remember: The past in the Indonesian present.* 2005, S. 333
7 Utsumi Aiko: »The International Military Tribunal for the Far East (Tokyo War Crimes Tribunal).« In: Post, Peter (Hg.): *The encyclopaedia on Indonesia in the Pacific War.* 2010, S. 506
8 Utsumi, 2010, S. 492
9 Palmier, Leslie H.: *Indonesia and the Dutch.* 1962, S. 143

setzen, dass schriftliche Quellen gezielte Desinformationen darstellen können. Manche dieser Lügen und Verzerrungen beeinflussen nationale Geschichtsschreibungen bis heute.[10] Als mögliche Korrektur zu den Dokumenten sind wir auf Zeitzeugenaussagen angewiesen. Auch sie unterliegen der Quellenkritik.

zu 2. Die Betonung von Dokumenten hat oft dazu geführt, dass »einfache« Leute – unter ihnen vergewaltigte Frauen, Arme, Analphabeten und ethnisch oder rassisch Unterdrückte – in der Geschichtswissenschaft kaum eine Rolle spielen. Sie hinterließen selten schriftliche Zeugnisse. Diese Menschen »ohne Geschichte« finden meist nur Erwähnung in Schriften der Mächtigen. So werden zu Prostitution gezwungene »Trostfrauen« in offiziellen japanischen Dokumenten lediglich als eine Art »Kriegsmaterial« erwähnt. Nur durch ihre späten, mutigen Aussagen ist es diesen Frauen gelungen, das offizielle Geschichtsbild in Frage zu stellen.[11]

Zeitzeugenaussagen können allerdings auch instrumentalisiert werden, um vorherrschende Geschichtskonstruktionen emotional zu verstärken. Diese Gefahr besteht besonders dann, wenn sie von staatlichen Institutionen oder Universitäten durchgeführt und finanziert werden. Bedauerlicherweise werden Zeitzeugennarrative, welche die staatliche Geschichtsversion in Frage stellen könnten, aus den nationalen indonesischen Archiven ausgeschlossen. Stattdessen findet man dort eine Sammlung von Kommentaren der Eliten.[12]

Geschichte ist untrennbar mit strategischen und ökonomischen Prozessen verbunden, wobei wirtschaftliche Interessen nach politischer Kontrolle streben. Sie wird immer wieder umgeschrieben, um gegenwärtige politische oder wirtschaftliche Ziele zu legitimieren. Andererseits beeinflussen die Erfahrungen eines Einzelnen – naturgemäß eingeschränkt und kontextabhängig – seine Sichtweise auf die Vergangenheit.

zu 3. Die Vergangenheit in ihrer Komplexität zu erfassen ist schier unmöglich, aber der Prozess, bei dem unterschiedliche Sichtweisen auf ein

---

10 Goto Ken'ichi: *Tension of empire: Japan and Southeast Asia in the colonial and post-colonial world.* 2003, S. XIX

11 Yoshiaki, Yoshimi: *Comfort Women.* 2000, S. 13

12 Mark, Ethan: »Suharto's New Order remembers Japan's New Order. Oral accounts from Indonesia. In: Raben, Remco (Hg.): *Representing the Japanese occupation of Indonesia: personal testimonies and public images in Indonesia, Japan and the Netherlands.* 1999, S. 74

paar wenige reduziert werden, sagt viel darüber aus, wie Machteliten und Historiker das formen, was als nationale Geschichtsschreibung gilt. Dass dies den Weg zu einem grenzüberschreitenden Geschichtsverständnis verstellt, wird auch am Beispiel Indonesien deutlich. Dort erlebten Niederländer, Eurasier, Deutsche, Japaner und verschiedene indonesische Völker am gleichen Ort zur gleichen Zeit eine vollkommen andere Geschichte. Meist wissen die einen kaum etwas über das Schicksal der anderen. Thomas Verwer brachte dieses Spannungsverhältnis mit den ergreifenden Worten zum Ausdruck:»Als ich 2004 vor dem Friedensmonument in Hiroshima stand, wurde mir bewusst, dass dieselbe Atombombe nicht nur mein Leben, sondern auch das meines Vaters, meiner Mutter, meines Onkels, meiner Tante und das von weiteren 500.000 Internierten in japanischen Lagern rettete. Zerrissen zwischen den entgegengesetzten Fakten und meinen widersprüchlichen Gefühlen ... brach ich in Tränen aus.«[13]

Ein weiteres Beispiel für die Grenzen nationaler Geschichtsschreibung ist, dass ausländische und einheimische Eliten die Mehrheit der Bevölkerung Indonesiens gemeinsam ausbeuteten – und ausbeuten. Und in den Befreiungskriegen kämpften nicht nur Briten und Niederländer gegen Indonesier, sondern vor allem nepalesische Gurkhas in britischer und Javaner und Ambonesen in niederländischer Uniform gegen Javaner und andere indonesische Völker. Es handelte sich also auch um einen von außen beförderten Bürgerkrieg. Dies ist in offiziellen nationalen Geschichtsschreibungen kein Thema. In Indonesien, Japan und den Niederlanden kristallisierte sich die Geschichte stattdessen in klaren nationalen Sichtweisen: Unterdrückung und Widerstand in Indonesien; Befreiungsmission und Kriegsgefangenschaft in Japan und die japanischen Internierungslager in den Niederlanden. Dabei begingen alle Seiten mehr Kriegsverbrechen als öffentlich bekannt ist.

In der kolonialen Geschichtsschreibung kam der indonesischen Bevölkerungsmehrheit kaum eine Rolle zu. In der indonesischen Darstellung der Vergangenheit wird das Kriegsleid nationalisiert, homogenisiert und entpolitisiert. Sie klammert die Tatsache aus, dass vor allem die Armen Opfer von Zwangsarbeit und Zwangsprostitution waren. Zudem erinnert sie an die Hungersnot von 1944/45 so wenig

---

13 Goldmann, Nicoletta (Hg.): *Eyewitnesses of War.* (Foundation of Japanese Honorary Debts.) S. 63

wie an die Kollaboration der indonesischen Eliten in all diesen japanischen Maßnahmen. Das Ausblenden sozialer Ungerechtigkeit ist ein wesentlicher Aspekt des nationalen Gründungsmythos. Die Geschichten der hunderttausenden »romusha« und »Trostfrauen« sind meist unbekannt. Ihrer gedenkt keine indonesische, keine japanische und keine niederländische Regierung. Bedauerlicherweise führte auch Sukarnos Reparationsabkommen mit Japan zu keiner Entschädigung für diese Opfer. Das Geld versickerte stattdessen in Regierungskanälen und privaten Taschen.[14]

Sukarnos Bildungsminister Muhammad Yamir wurde zum Architekt einer Geschichtsschreibung, die der Festigung eines Java-zentrierten Nationalstaats diente. Die lange Geschichte feudaler Unterdrückung wurde ebenso ausgeblendet wie die Verschiedenheit – und unterschiedlichen Geschichten – der indonesischen Völker. Sein Widersacher Soedjatmoko plädierte dagegen erfolglos für eine »Poly-Interpretation« von Geschichte und argumentierte, dass Nationalismus eine ehrliche Geschichtsforschung ausschloss.[15] Suharto gewährte Historikern dann Nischen, solange sie den status quo nicht in Frage stellten. Die Geschichtspropaganda seiner Regierungszeit hat sich als »wahre« Geschichte Indonesiens etabliert und ist für das weit verbreitete historische Unwissen selbst von Studenten mitverantwortlich.[16]

Indonesische Geschichtswissenschaftler haben eine schwierige Aufgabe. Wichtige Dokumente fehlen. Forschung hinsichtlich der Diversität indonesischer Ethnien und Religionen ist unerwünscht. Besonders die Grausamkeiten, die Indonesier einander zufügten, dürfen nicht thematisiert werden.[17] Stattdessen wird Heldenverehrung als pädagogisches Mittel eingesetzt und am Mythos der schon immer existierenden Grenzen Indonesiens festgehalten. Der Journalist und Historiker Parakitri Simbolan schrieb im Jahr 2000: »Im Laufe der Krise der letzten zwei Jahre – (dem Abdanken Suhartos und dem Beginn der Präsidentschaft Abdurrahman Wahids) – wurde deutlich, dass Indonesien eine

---

14 Frederick, William: »Reflections in a Moving Stream.« In: Raben, Remco (Hg.): *Representing the Japanese occupation of Indonesia: personal testimonies and public images in Indonesia, Japan and the Netherlands.* 1999, S. 26

15 Hammer, Mathias J.: *Nationalism and historical thought in 20th century Indonesia.* Diplomarbeit Universität Graz. 2005, S.51

16 Klinken, Gerry van: »The Battle for History after Suharto.« In: Reid, Anthony: *Beginning to remember: The past in the Indonesian present.* 2005, S. 235

17 Frederick, S. 35

Scheinnation ist, eine Ansammlung von Illusionen, die Jahrzehnte lang propagiert wurden.«[18] Man mag dem zustimmen oder nicht, klar ist, dass Indonesien seine Vergangenheit nicht aufgearbeitet hat.

zu 4. Viele Menschen sind der Macht von Propaganda ausgeliefert. Sie töten und sterben im festen Glauben, es für die richtige Sache zu tun – mit Heldenmut und ohne Gefühle von Schuld. Lehrer und Schulgeschichtsbücher zählen – neben Religionsführern, Museen, Journalisten und Historikern – zu den wichtigsten Propagandawerkzeugen ihrer Regime. Nicht umsonst schließen Besatzer als erstes Zeitungsverlage, Radio- und Fernsehsender – und Schulen. Ich wünschte, junge Australier hätten die Worte ihres Generals Blamey in Zweifel gezogen, als er erklärte:»Unsere höchste und süßeste Erfüllung liegt darin, für unser Land zu sterben.« Als japanische Feldherren und Politiker ihrer Jugend gegenüber Ähnliches rühmten, wurde dies von den Westmächten als Fanatismus, kollektive Psychose oder Todessehnsucht dargestellt.[19]

Seit Entstehung der Nationalstaaten zu Beginn des 19. Jahrhunderts in Westeuropa, wurde Geschichtsschreibung genutzt, um nationale Identitäten zu formen und Patriotismus zu fördern. Nicht immer konnten oder wollten sich Historiker dem entziehen. Vielleicht wird Geschichte auch deswegen oft als Geflecht von herausragenden Persönlichkeiten, politischen Institutionen und Kriegen dargestellt.

Nach dem Krieg konzentrierte sich die indonesische Geschichtsschreibung auf den Gründungsmythos ihrer Freiheitskämpfe. Japan rang um Selbstachtung. Die Niederlande waren mit ihrer Rolle als Opfer während der japanischen Besatzung beschäftigt, versuchten den Verlust ihrer Kolonie zu verkraften, umgaben Kolonialherrschaft nicht selten mit der Aura von Humanismus und betonten die Schaffung von Ordnung aus Chaos. Die Regierungen schlossen zwar irgendwann Frieden, aber für die Betroffenen war der Krieg damit noch lange nicht vorbei. So kämpfen auch heute noch manche Niederländer aus den einstigen Kolonien um die Anerkennung ihrer Geschichte und finanzielle Wiedergutmachung. Das Ausmaß der Brutalität im Laufe des Pazifikkrieges und der anschließenden Kolonialkriege wurde in keinem der beteiligten Länder

---

[18] Klinken, S. 244
[19] Dower, John: *War without mercy: race and power in the Pacific War.* 1986, S. 72

umfassend aufgearbeitet. Dabei können Statistiken massenhafter Toter eine Form der Dehumanisierung darstellen, wenn sie nicht auch auf den Terror eingehen, den der Einzelne durchlitt. Die Schicksale einzelner Menschen zu nackten Zahlen in Beziehung zu setzen, wäre eine würdevollere Behandlung der Opfer. Ich möchte auch den – oft unwissenden und allzu bereitwilligen – Soldaten ein Denkmal setzen, ein Opferdenkmal. In der US-Armee ließen im Pazifikkrieg ja vor allem die Söhne der Schwarzen, Armen und Ungebildeten ihr Leben. Und in Japan und anderen Ländern war es ähnlich. Der britische Philosoph und Mathematiker Bertrand Russel hatte nicht unrecht, als er sagte: »Wer verallgemeinert, lügt meist.«[20] Um Generalisierungen zu vermeiden, basiert das vorliegende Buch auf indonesischer, niederländischer, japanischer, US-amerikanischer, britischer, australischer und deutscher Geschichtsforschung sowie auf Gesprächen mit Zeitzeugen unterschiedlicher sozialer Schichtzugehörigkeit und beider Geschlechter aus Deutschland, den Niederlanden, Japan und Indonesien. Neben Javanern kommen von den wichtigsten indonesischen Völkern Acehnesen, Minangkabau, Sundanesen, Batak, Malayen, Manadonesen und Ambonesen zu Wort. Auch auf das Schicksal der Timoresen und Papuas wird eingegangen. Ich habe versucht, ein für Propagandazwecke untaugliches, viel-gesichtiges und multiperspektivisches Geschichtskaleidoskop der Jahre 1920 bis 1966 zu schaffen. Wenn die letzten Zeitzeugen gestorben sind, wird es schwerlich Möglichkeiten zur Korrektur staatlich gewünschter historischer Mythen geben.

In ihrer Reihenfolge sind die Zeitzeugenberichte entsprechend ihrer Nationalität durchmischt. Die Leserinnen oder Leser werden so angeregt, ihre Perspektive immer wieder zu ändern, denn es kann auf Dauer keinen Frieden zwischen Völkern geben, ohne Kenntnis der anderen, ohne Würdigung des eigenen Leids und des Leids der anderen, ohne Anerkennung der eigenen Missetaten.

Die Narrative werden auf drei Weisen mit der Geschichtsforschung verbunden: speziell für ein Kapitel relevante historische Informationen sind in dieses integriert; übergreifendes Hintergrundwissen ist in sechs separaten historischen Kapiteln zusammengefasst. Kürzere Erklärungen findet man im Glossar. Die entsprechenden Begriffe sind

---

[20] Day, Lapiando: *Papers of the Dutch-Indonesian Conference.* 1976, S. 110

im Text kursiv gesetzt. Bis auf Eigennamen werden im Indonesischen nur Kleinbuchstaben verwendet. Diese Schreibweise wurde in diesem Text übernommen.

Die Zeitzeugennarrative sind keine Wort-für-Wort-Wiedergaben meiner Interviews, geben das Gesagte aber inhaltlich wahrheitsgetreu wieder. Sie wurden von meinen Interviewpartnern korrigiert und zur Veröffentlichung freigegeben. Ich habe die Gespräche, die oft viele Stunden oder Tage dauerten, gekürzt, in eine gut lesbare Form und chronologische Reihenfolge gebracht und um die Schilderung der Gesprächsumstände erweitert. Der Leser oder die Leserin ist so eingeladen, direkt an dem Geschehen teilzunehmen.

Adolf Bergler:
Ein Deutsch-Javaner wird Niederländer und Amerikaner

Aus all den weißen Gesichtern ragt ein braunes heraus. Zum Treffen der ehemaligen Schüler der deutschen Schule von Sarangan auf der Insel Java ist Herr Bergler im Oktober 2009 aus Kalifornien nach Mainz angereist. Er ist gekommen, um seine alten Schulkameraden wieder zu sehen, mit denen er ein paar sorglose Jahre verbrachte, während die Welt in Flammen stand, ein paar unvergessliche Jahre im Auge des Orkans, der Zweiter Weltkrieg hieß.

Der nicht große, aber sportlich wirkende 81-Jährige ist zu einem Gespräch sofort bereit, denn nach dem Ehemaligentreffen reist er sogleich nach Amerika zurück. Er spricht das Javanisch seiner Mutter und das ›bahasa indonesia‹ seines Mutterlandes, seine deutsche Vatersprache, das Holländisch seiner ehemaligen Kolonialherren und Amerikanisch.

Einige Hinweise zur Sprachvielfalt Indonesiens: Es existieren ungefähr 300 eigenständige Sprachen, von denen Javanisch am weitesten verbreitet ist, neben den Sprachen der Balinesen, *Ambonesen*, *Batak*, Dayak, *Minangkabau*, *Menadonesen*, *Timoresen* und *Papua*, um nur die wichtigsten zu nennen.

1928 erklärten die indonesischen Nationalisten Malaiisch, das lange Zeit die Handelssprache der Küstenstädte war, unter dem Namen ›bahasa indonesia‹ zur gemeinsamen Sprache ihres noch kolonialisierten Vielvölker-Archipels. 1942, unter japanischer Besatzung, wurde ›bahasa indonesia‹ als Amtssprache eingeführt. Seit Indonesiens Unabhängigkeit ist sie offizielle Landessprache. Viele Kinder werden auch heute erst in der Schule mit ihr konfrontiert.

Herr Bergler hatte als Kind Malaiisch auf der Straße gelernt. Niederländisch lernte er in der *Schule*. Für unser Gespräch einigen wir uns auf das Amerikanisch seines längsten Heimatlandes. Seine braunen Augen und seine Hautfarbe hat ihm seine Mutter mit ins Leben gegeben, sein Vater die Liebe zu Deutschland und seinen Namen: Adolf. Wenn es eine Rehabilitation für diesen drangsalierten Namen gibt, dann wird sie von dem kleinen, warmherzigen, indonesiendeutschen Amerikaner Adolf Bergler verkörpert.

Sein Vater Adolf-Franz-Seraph Bergler stammte aus Regensburg und war während des Ersten Weltkrieges Oberleutnant der kaiserlichen deutschen Kriegsmarine. In einer Spezialmission wurde er 1918 nach *Tsingtau* in Ostchina geschickt. Sein für damals modernes Motor-Segelboot nahm die kurze Route über die Straße von Malakka, wo es von einem englischen Torpedo getroffen wurde und explodierte. Fischer der Insel *Sumatra* brachten die überlebenden Schiffbrüchigen bei der Handelsstadt Medan an Land, die als Folge des Krieges einen Export-Boom von Kautschuk, Tee und Kaffee erlebte.

»Die gestrandeten deutschen Seeleute wurden von niederländischen Unternehmen umworben, die in der Kolonie Niederländisch-Indien händeringend nach qualifizierten Mitarbeitern suchten. Vater heuerte bei der Firma Engarahap an und wurde in den Dschungel nach Südsumatra geschickt, wo er die bestehende Teeplantage erweitern und die damit verbundene Rodung beaufsichtigen sollte. Er erhielt auch die Aufsicht über die Teepflückerinnen, die er, entsprechend dem Gewicht der von ihnen gepflückten Teeblätter, entlohnen sollte. Die meisten dieser jungen Frauen kamen aus Java, der am dichtesten besiedelten Insel Indonesiens. Weit weg von zuhause waren sie den Pflanzern ausgeliefert. Ich bin heute noch wütend, wenn ich darüber nachdenke.

Meine Mutter Ngadinah litt, wie mein Vater, unter Heimweh. Sie sprach nur Javanisch, er nur Deutsch.« Adolf lächelt: »Aber die Liebe meiner Eltern benötigte keine Sprache.« Mit Tränen in den Augen fährt er fort: »Meine älteste Schwester Hedwig wurde 1920 geboren, Luzia 1922 und Hans 1926. 1928, während der weltweiten Rezession, erblickte ich das Licht der Welt – und Vater verlor seine Arbeit. Auf Java, etwa 100 Kilometer südlich von *Batavia*, dem heutigen *Jakarta*, fand er in der Nähe von Sukabumi auf einer *Plantage* eine neue Anstellung und freundete sich mit dem deutschen Friseur Dilgard an. Dieser chauffierte ihn und meine Mutter, die zum Katholizismus konvertiert war, in seinem Auto zum Standesamt, wo sich meine Eltern das offizielle Jawort gaben.

Eine javanische Mätresse war gang und gäbe, eine Ehefrau etwas vollkommen anderes. Das war wohl auch der Grund dafür, dass Vater kurz darauf seine Arbeit verlor. Die Niederländer waren unbeschreibliche Rassisten. Sie lebten in ihrer eigenen Welt. Vom wirklichen Leben und Denken der Bevölkerung bekamen sie kaum etwas mit. Führende Positionen waren ausschließlich ihnen vorbehalten. Die standen selbst anderen Europäern nicht offen, außer sie nahmen die niederländische Staatsangehörigkeit an, was viele auch taten. Ob meinem Vater nach seiner Heirat diese Möglichkeit noch offen stand, bezweifle ich. Er wurde Buchhalter in einem kleinen, indonesischen Maschinengeschäft und verdiente ganze 25 Gulden im Monat. Wir lebten von nun an sehr bescheiden in einem kleinen Häuschen mit nur einem Schlafzimmer in einer engen Gasse. Zu uns vier Kindern kamen 1930 und 1932 noch meine Schwestern Greta und Johanna hinzu. Meine Eltern und die kleinen Kinder schliefen im Schlafzimmer. Vier Kinder in einem Bett.

Mit sechs oder sieben Jahren legte ich in unserem Garten, in dem herrliche Papayabäume wuchsen, mein eigenes Gemüsebeet an, säte grüne Bohnen und ›kangkung‹, eine Art Wasserspinat. Mutter machte ich damit eine große Freude. Mein Alltag spielte sich barfuß und im Freien ab. Mit meinen Freunden lief ich hinunter zum Fluss, wo ich schwimmen lernte. Mein holländisch-indonesischer Freund und ich kletterten auf die Kokosnuss- und Lycheebäume am Flussufer. Ich schätze mich für meine unbeschwerte Kindheit glücklich.«

Auf meine Frage nach der Sprache, mit der er aufwuchs, antwortet er:»Zuhause sprachen wir Javanisch und Holländisch.«

Als Sohn eines Europäers besuchte Adolf, wie viele Halb-Europäer, eine Schule der katholischen *Mission*.»Dort spürte man von dem alles durchdringenden Rassismus wenig. Es war, als ob dort eine Enklave der Menschlichkeit existierte.« Die staatlichen, niederländischen Schulen nahmen nur Europäer auf und einige ›Halbblut‹, deren Väter sich zu ihnen bekannten und sich für ihre Bildung einsetzten. Viele dieser sogenannten ›Indos‹ erhielten, wie die meisten indonesischen Kinder, gar keine Schulbildung.

Plötzlich überrascht mich Adolf mit der Bemerkung:»Ein Paar einfache Turnschuhe mit Gummisohle – ›made in Japan‹, – kostete damals 19 holländische Cent. Das war viel Geld für uns. Also trug ich meine Schuhe die zwei Kilometer bis vor die Schultüre über der Schulter. Wenn sie zu schnell abgelaufen waren, musste ich meiner Mutter Rede und Antwort stehen. Ich hatte also nur in der Schule oder für besondere Anlässe Schuhe an.

Zur Schule gehörte ein wunderbarer Spielplatz. Vor Beginn des Unterrichts mussten wir uns klassenweise in einer Reihe aufstellen – vom Kleinsten bis zum Größten. Der Kleinste, also der Erste, war immer ich. Dann spielte ein Mädchen mit rotem Haar auf dem Klavier und wir marschierten in Reih' und Glied in unsere Klassenzimmer. Sie hieß Margaretha und war fünf Jahre älter als ich. Ihr Vater, ein Mischling, besaß eine Autohandlung. Ihre Mutter war Holländerin. Ich liebte ihr Klavierspiel – und verliebte mich unsterblich in sie.«

Aus all seinen Kindheitserinnerungen ragt eine besonders heraus, steht unauslöschlich vor Adolf:»Als ich eines Tages von der Schule kam, kauerte eine Frau vor unserem Haus, fast unbeweglich, in der in Asien typischen Hocke. Stundenlang starrte sie auf unsere Tür. Als meine Mutter schließlich erschien, lagen sich die beiden Frauen zu meinem Erstaunen bald weinend in den Armen. Schließlich brachte Mutter die Fremde ins Haus und sagte in ihrem gebrochenem Holländisch zu mir: ›Dol‹, das war mein Kosename, ›das ist deine Tante‹.«

»Hatten die beiden Schwestern miteinander korrespondiert?«

Adolf schaut mich entgeistert an:»Korrespondiert? Meine Mutter und ihre ganze Familie waren, wie fast alle Javaner damals, Analphabeten! Sie konnten sich keine Briefe schreiben.« Mit feuchten Augen ergänzt er lächelnd:»Und ein Telefon hatten wir auch nicht.«

»Wie hat Ihre Tante ihre Schwester denn dann gefunden?«

»Ja, wie in aller Welt hat sie uns gefunden? Ich weiß es bis heute nicht. Ich weiß nur, dass sie von Yogyakarta zwei Monate lang zu Fuß unterwegs war, um ihre Schwester zu suchen – einen Fußweg von etwa 500 Kilometern, vorausgesetzt man kennt den Weg und das Ziel. Meine Tante blieb ein paar Wochen bei uns, ehe sie uns auf dem gleichen Weg, den sie gekommen war, wieder verließ, zu Fuß. Für öffentliche Verkehrsmittel hatte sie kein Geld. Und auch wir waren arm.«

»Hatten Sie noch weiteren Kontakt zu ihren indonesischen Verwandten? Zu Ihren Großeltern?«

»Nein. Seit meine Mutter ihr Elternhaus als junges Mädchen verließ, um auf Sumatra als Teepflückerin zu arbeiten, hat sie ihre Familie nie wieder gesehen – außer bei diesem einen Besuch ihrer Schwester. Ihr Leben war ausgefüllt mit der alltäglichen Sorge für ihre sechs Kinder und ihren Mann.

1936, als ich acht Jahre alt war, mietete meine inzwischen 16-jährige Schwester Hedwig in der Nähe ein Zimmer bei einer indonesischen Familie. Sie hatte sich das Nähen selber beigebracht und ihre Kleider waren bald so begehrt, dass sie recht gut verdiente. Sie gab Mutter immer einen Teil ihres Geldes. Es ging uns langsam etwas besser – und dann kam der Krieg.

Sofort nach dem Einmarsch der deutschen Wehrmacht in Holland, im Mai 1940, wurde Vater abgeholt. Die Namensliste für diese Aktion lag offenbar schon lange bereit. Die holländische Polizei erschien in unserem Haus und gab ihm eine halbe Stunde Zeit, um ein paar Sachen zu packen. Er landete in einem *Internierungslager für Deutsche* in Nordsumatra, ein paar tausend Kilometer entfernt. Im Laufe der nächsten zwei Jahre schrieb er zwei Briefe.« Durchgeführt wurde diese Aktion von dem Direktor der Polizeischule von Sukabumi, Otto Coerper. Der ehemalige Deutsche – inzwischen naturalisierte Holländer – wurde nach getaner Arbeit selber inhaftiert.«

»Erinnern Sie sich an den Abschied von Ihrem Vater?«

»Es war kein Drama. Wir waren ja vollkommen überzeugt, dass er bald zurückkommen würde. Nach zwei Jahren *Internierung* wurden 2000 Deutschen nach Britisch-Indien gebracht. Vater war für das dritte und letzte Schiff vorgesehen, die ›Van Imhoff‹. Da er aber krank war, wurde er kurz vor dem Eintreffen der Japaner mit dem zweiten Schiff evakuiert Das rettete ihm wahrscheinlich das Leben. Vom Untergang der ›Van Imhoff‹ haben Sie sicher gehört.«

Von Kota Tjane in Nordsumatra wurde Ende Dezember 1941 die erste Gruppe von 975 Deutschen nach Britisch-Indien verschifft. Die zweite Gruppe, 938 Männer, einschließlich Adolfs Vater, folgte im Januar 1942. Als die letzte Gruppe aus dem Hafen von Sibolga auslief, kontrollierten die Japaner bereits den Luftraum.[1] Entgegen internationalen Vorschriften war das Schiff, das offiziell Kriegsverbrecher transportierte, weder mit einem Rot-Kreuz-Symbol gekennzeichnet, noch wurde es dem Gegner als Internierungsschiff gemeldet.[2] Zu dem Untergang dieses Schiffes schrieb der Spiegel am 22.12.1965:

»Viermal flog der japanische Bomber den holländischen Frachter vergeblich an ... Die fünfte Bombe setzten die Japaner etwa 20 Zentimeter neben die

---

1 Keppner, Gerhard: *Wie weit bis Airmolang.* Berlin 2006, S.162
2 Sundhausen, Ulf: *The road to power: Indonesian military politics, 1945–1967.* 1982, S. 200

Bordwand ... 588 Menschen waren ... an Bord ... – 478 Deutsche und 110 Niederländer. Beim ... Untergang kamen ums Leben: 412 Deutsche, kein Niederländer.

23 Jahre danach wollte ein Team der ... holländischen Rundfunk- und Fernsehanstalt ›Vara‹ seinen Landsleuten dieses merkwürdige Zahlenverhältnis erklären ... kurz vor dem Sendetermin ... wurde Vara-Chef Jan Rengelink ins Haager Verteidigungsministerium bestellt. Er kehrte zurück mit der Erkenntnis, es sei ›nicht unsere Sache, diese Fehler ... zu enthüllen.‹ Die ... Sendung wurde ... abgesetzt ...

Kapitän Hoeksema sollte ... 478 deutsche Ingenieure, Pflanzer, Kaufleute, Missionare, Wissenschaftler und Künstler, wie der Maler Walter Spieß – ... evakuieren ... Bewacht von Soldaten ... hockten 367 der deutschen Zwangspassagiere ... in knapp einen Meter hohen Stacheldrahtkäfigen. Für weitere 111 ... war auf dem Achterdeck ein Drahtverschlag...

... der K.P.M.-Dampfer (hatte) ... an Bord: sechs große Boote, ... ein sogenanntes Arbeitsboot (für höchstens 14 Mann), ein halbes Dutzend Rettungsflöße aus Bambusrohr und Schwimmwesten ... In den Booten hätten ... bestenfalls ... 50 Prozent der ... Leute einen Platz gefunden.

Ein Befehl niederländischer Kriegsmarine-Dienststellen ... hatte Kapitän Hoeksema ... der Sorge enthoben, Überlegungen über das Missverhältnis zwischen Kopfzahl und Rettungsbootkapazität anstellen zu müssen. Deutsche Schiffbrüchige ... brauchten nicht gerettet zu werden ... Seine Leute ... bemannten jedes der für maximal 50 Schiffbrüchige ausgelegten Boote mit 22 Personen ... Letzte Warnung der ablegenden Holländer ...: Wer den Booten nachzuspringen versuche, werde erschossen... Die ... zurückgelassenen Deutschen machten ... das ... hängengebliebene sechste Rettungsboot flott. 53 von ihnen fanden darin Platz. 14 Deutsche hatten sich in das kleine Arbeitsboot gerettet ..., als die ›Van Imhoff‹ ... im Indischen Ozean versank ...

Am ... 20. Januar ... erreichte (sie) ... die »Boelongan«, ein ... Schwesterschiff der ›Van Imhoff‹... Kapitän Berveling fragte, ... ob Holländer im Boot seien. Die Schiffbrüchigen: ›Nein, wir sind Deutsche.‹ Berveling ... ließ abdrehen ... Die ›Boelongan‹ kam nie zurück ...

Arbeits- und Rettungsboot ... erreichten nach drei Tagen ... die Insel Nias vor Sumatra ... (Die 67 Männer, die sich retten konnten, wurden von den Niederländern erneut zwei Monate lang interniert, bis sie im April 1942 von Einheimischen befreit wurden. Da hatten die Japaner Indonesien bereit erreicht.[3])

---

[3] Hug, Kerstin: *Die medizinische Fakultät des Internierungslagers Dehra Dun/British Indien, Mai 1945 bis September 1946.* Dissertation, Universität Düsseldorf. 1999, S. 33

Eine Untersuchung der niederländischen Justiz – nach Veröffentlichung eines Erlebnisberichts ... endete 1965 ergebnislos.«

1986 kamen niederländische Studien zu dem Schluss, dass sich beide Kapitäne fehlerhaft verhalten hätten, dass sie sich dem Konflikt zwischen blinder Befehlsausführung und eigenverantwortlichem Handeln nicht gewachsen zeigten. Dass hauptsächlich jedoch Admiral Helfrich zur Verantwortung zu ziehen sei.[4] Als das »Reichsinstitut für Kriegsdokumentation« seinen Bericht mit dem Satz abschloss, dass dies ein schwarzes Kapitel der Geschichte der maritimen Niederlande sei, war Admiral Conrad Helfrich bereits 24 Jahre lang tot.[5] Die niederländische Reederei *KPM* musste den Angehörigen der Toten 40.000 Gulden Entschädigung pro *Opfer* zahlen.[6] Heute weiß man, dass Admiral Helfrich das Motorschiff Boelongan mit der geheimen Instruktion auf den Weg schickte, nur die niederländische Besatzung und vertrauenswürdige Deutsche zu retten. Kapitän Berveling rettete keinen der Schiffbrüchigen, weil er angeblich nicht beurteilen konnte, wer von den Deutschen vertrauenswürdig war.[7]

Diesem Schicksal entging Adolfs Vater. Er erreichte das britische Internierungslager *Dehradun* in Indien krank, aber lebend.

»Wie gelang es Ihrer Mutter, die Kinder ohne das Einkommen Ihres Vaters durchzubringen? Einen Unterhalt zahlten die holländischen Behörden wohl kaum?«

»Nichts erhielten wir. Es war ein Segen, dass Hedwig als Schneiderin so erfolgreich war. Luzie verdiente mit Strickkursen etwas Geld. Ich erinnere mich an das laute Gezwitscher zahlreicher Frauenstimmen in unserem kleinen Häuschen. Mit Hilfe meiner Schwestern kamen wir über die Runden – bis 1942 die Japaner die Insel besetzten. Sie befreiten die internierten deutschen Frauen und Kinder und sperrten stattdessen die Holländer ein. Damit sie die Deutschen von den Holländern unterscheiden konnten, mussten nun alle Deutschen eine sichtbare Hakenkreuz-Ansteckenadel tragen.«

Schmunzelnd ergänzt er: »Der bereits erwähnte Otto Coerper wurde von den Japanern zum Chef des ›Komitees zum Schutz der Deutschen‹

---

[4] Hug, S. 36
[5] Hug, S. 37
[6] Sundhausen, S. 200
[7] Keppner, S. 165; Hug, S. 35

ernannt und seine Frau als Sprecherin für die Deutschen in Sukabumi eingesetzt. An sie wandten wir uns nun mit der Bitte um Unterstützung und sie schickte uns weiter zu den Japanern. Mit meinem großen, blank polierten Hakenkreuz, das ich mir aus Aluminium gebastelt hatte, begab ich mich mit meiner Schwester Luzie und meinem Bruder Hans zum japanischen Kommandeur. Dieser sprach weder Deutsch, noch Holländisch, noch Javanisch, noch ›bahasa indonesia‹. Er sprach aber, wie ich, ein paar Brocken Französisch.«

Während ich mich frage, was Adolf Hitler wohl zu dem kleinen, braunen Adolf mit blank poliertem Hakenkreuz auf der Insel Java gesagt hätte, fährt er fort:»Der Japaner überreichte uns vier Zehn-Kilo-Säcke Reis und zehn Dosen kalifornische Sardinen. Ein Träger brachte diese Schätze mit seinem Pferd zu unserm Haus und wir veranstalteten ein Freudenfest! Auf diese Weise kamen wir noch einige Male zu Lebensmitteln.«

Das Thema wechselnd erklärt Adolf:»Viele Indonesier beraubten vor Ankunft der Japaner ihre ehemaligen Kolonialherren oder brachten sie um. Dann halfen sie den neuen Herren, die alten zu internieren. Um die deutschen Frauen und Kinder besser schützen zu können, wurden sie in Sarangan, einem wunderbar gelegenen Ferienort etwa 100 Kilometer Luftlinie von Yogyakarta entfernt, zusammengefasst. Die Männer waren ja nach Indien gebracht worden oder ertrunken.

Da Mutter befürchtete, die Unterstützung, die sie mittlerweile von der deutschen Regierung erhielt, zu verlieren, zog ich mit meinen 13 Jahren alleine los. Da ich erwartete, bald wieder zuhause zu sein, fiel mir der Abschied nicht allzu schwer. Mein Bruder Hans brachte mich zum Bahnhof, wo ich mich einer Gruppe von etwa zehn Kindern und einigen Müttern anschloss, die ebenfalls nach Sarangan unterwegs waren. Ich fühlte mich in dieser Gemeinschaft behütet. Am Nachmittag erreichten wir Jakarta, wo unsere Gruppe beträchtlich anschwoll. Zunächst ging es nach *Madiun* in Ostjava. Dort nahmen wir einen Bus nach Ngerong. Den Rest der Strecke, den steilen Weg den Heiligen Berg Lawu hinauf, ging es zu Fuß weiter. Unser Gepäck wurde von Pferden transportiert.

Damals bestand Sarangan aus ein paar Hotels und Ferienhäusern oberhalb eines malerischen, klaren Sees. Das Klima war selbst im Sommer angenehm kühl. In diesem kleinen Paradies wohnte ich im Hotel Beau Site, das einem Schweizer Ehepaar gehörte und nun als Jungeninternat diente. Kurz nach unserer Ankunft nahmen die Mütter das Heft in die Hand.

Nach dem Wecken fand sich jeder zu einer halben Stunde Morgengymnastik im Garten ein. Anschließend wurde zehn Minuten lang gesungen, ehe es ans Bettenmachen und Aufräumen ging. Frau Beninga kontrollierte unser Zimmer. War sie zufrieden, führte sie uns zum Frühstück in den Speisesaal. Das Brot wurde von den Müttern gebacken. Manchmal gab es auch Reisbrei. Dann marschierten wir etwa 40 bis 50 Jungen zur Schule – einen Weg von etwa 15 Minuten.

Meine Lehrerin, Frau Wisgrill, war zwar sehr nett, dennoch hatte ich ein Riesenproblem: ich sprach kein Deutsch. Ich lavierte mich durch, bis zu dem Tag, an dem ich an der Reihe war, eine zehn-minütige freie Rede zu halten. Mich packte das Grausen. Ich verbrachte die ganze Nacht damit, jedes einzelne Wort auswendig zu lernen. Am nächsten Morgen trat ich mit zitternden Knien vor meine Klasse.« Adolf hält inne und schmunzelt:»Und stellen Sie sich vor! Die ganze Klasse hat geklatscht als ich fertig war! Erst diese Heidenangst und dann diese Erlösung! Das werde ich niemals vergessen.

Von nun an war die Zeit in Sarangan für mich nur noch sorglos. Ich freute mich, dass wir so viel Zeit im Freien verbrachten und genoss die zahlreichen Bergwanderungen. Ich war ein sehr guter Turner, hatte Freunde, war beliebt. Ich war glücklich. 1943, als ich 15 Jahre alt wurde, musste ich die Schule verlassen und kam zum Arbeitsdienst. Ein Jahr lang hütete ich nun die zehn Kühe vom Rozenhof, fütterte sie mit Süßkartoffeln und molk sie. Die jüngeren Kinder mussten Gras für die Kühe schneiden. Als der Krieg zu Ende war, kehrte ich nach drei friedlichen Jahren nachhause zurück – in eine Welt voller Gewalt, denn nun begann die tödliche ›bersiap‹-Zeit, der Beginn der indonesischen Unabhängigkeitskämpfe.

Die verschiedenen Gruppen, die nach der Macht strebten, – der von Japan unterstützte *Sukarno* und seine Leute, die Kommunisten und die Moslems – stürzten das Land in einen blutigen Bürgerkrieg. Indonesier töteten Holländer, schlachteten sich aber auch gegenseitig ab. Manche Gruppen waren politisch motiviert, andere waren einfach Banden, die nichts als Plündern im Sinn hatten. Es war eine mörderische Zeit. Es war aber auch die Zeit, in der ich jeden Samstagabend zum Tanzen ging. Alle Mädchen tanzten, nur eines tanzte nie, meine Klavierspielerin. Da überwand ich meine Scheu und forderte sie auf – und hörte nie mehr auf mit ihr zu tanzen.« Adolf strahlt unter Tränen und sagt, als ob er immer noch nicht glauben kann, dass ihm der Himmel seinen sehnlichsten Herzenswunsch erfüllte:»Einige Jahre später wurde sie meine Frau.

Seit 60 Jahren lebt sie nun an meiner Seite.« Es ist, als ob ich ihn aus weiter Ferne zurückhole, als ich mich nach dem weiteren Verlauf seiner Schullaufbahn erkundige.

»In dieser Zeit der Anarchie erschienen die Briten, bevor die holländische Marine eintraf. Sie befahlen den Japanern, die Holländer in den Lagern vor der tödlichen Wut der Indonesier zu schützen. Uns Deutsche brachten sie nach Bogor, in ein ehemaliges Militärlager. Bald darauf gelang es den Holländern fast ganz Java wieder unter ihre Kontrolle zu bringen.

In Bogor besuchte ich drei Jahre lang ein holländisches Gymnasium, während die meisten Deutschen nach Deutschland zurückkehrten. Auch die in Indien festgehaltenen deutschen Männer wurden nach Deutschland befördert. Oft wartete in dem besiegten und zerstörten Land niemand auf sie. Vater schrieb: ›Überall nichts als Ruinen. Manche Verwandten schlossen die Tür vor meiner Nase.‹ Wir schickten zahllose Gesuche nach Batavia und in die Niederlande – wir schrieben sogar an die Königin – und baten, Vater nach Indonesien zurückkehren zu lassen.

Drei Jahre nach Kriegsende fanden unsere Bitten endlich Gehör. Vater buchte eine Überfahrt 2. Klasse, hatte aber nicht genug Geld, dafür zu bezahlen. Wir verkauften alles, was wir besaßen, aber es reichte nicht. In unserer Not bat ich einen ehemaligen holländischen Mitschüler um Hilfe. Dieser war im Laufe der Jahre zu einem Teil unserer Familie geworden und inzwischen Soldat. Er entstammte einer wohlhabenden Familie und bat seinen Vater in Holland um Unterstützung. Dorthin begab sich Vater nun. Diese Leute kleideten ihn ein, kauften ihm ein neues Paar Schuhe und ließen ihn bei sich wohnen, bis sie ihn zum Schiff brachten.

Als Vater 1949, nach neun Jahren, endlich zurückkehrte, hatte ich meine Ausbildung bei der niederländischen Zollakademie abgeschlossen. Um in diesem Beruf arbeiten zu können, nahm ich die holländische Staatsangehörigkeit an. Im Jahr von Vaters Heimkehr erhielt ich eine Stelle als Zollbeamter. Als sein Schiff nach Jahren des Wartens endlich eintraf, wartete die ganze Familie direkt beim Zoll.

Dann entdeckte ich ihn, einen alten Mann, der langsam vom Schiff stieg. Er war ja inzwischen über 60 Jahre alt. Mutter hatte zwar keine Geburtsurkunde, aber sie war etwa 20 Jahre jünger als er. Als er mich sah, murmelte er nur: ›Adolf!‹, nahm mich in die Arme und drückte mich so lange, dass es mir wie eine Ewigkeit erschien. Ich weinte. Vater weinte. Mutter weinte. Jeder weinte. Das sind die unbeschreiblichen und unvergesslichen Augenblicke des Lebens.«

Strahlend fährt er fort:»Ich hatte auf Vaters Rückkehr besonders sehnlich gewartet, wollte ich doch in seinem Beisein heiraten! Meine Margaretha war inzwischen 26 und ich 21 Jahre alt. Ich war am Ziel meiner Träume angelangt. Wir mieteten ein kleines Häuschen. Sie arbeitete fürs Rote Kreuz. Unsere erste größere Anschaffung war ein Klavier. Vater besuchte uns oft. Er hörte meine Frau fast genauso gern Klavier spielen wie ich. Dann unterzeichneten die Niederlande die Unabhängigkeitserklärung Indonesiens – und unser Leben wurde erneut in den Strudel der Weltpolitik gerissen. Zunächst aber wurde 1950 unsere Tochter Ingrid geboren, Sonja 1952 und Yvonne 1954. Die Holländer konnten mir nun nur eine Arbeit in den Niederlanden anbieten. In Indonesien konnte nur bleiben, wer die indonesische Staatsangehörigkeit annahm oder ein Einkommen hatte. Meine Geschwister waren, wie ich, Holländer geworden. Nur meine Eltern blieben deutsch.«

»Fiel Ihnen der Abschied von Indonesien schwer?«

»Das war nicht weiter tragisch. Ich hatte ja nichts dagegen, die Welt kennen zu lernen. Außerdem sprachen wir alle Holländisch. Meine Eltern und Geschwister kamen bald nach. Ich arbeitete auf dem US-Stützpunkt in Soesterberg. 1955 kam unsere Tochter Camilla zur Welt und Sohn Arthur 1956. Die Tochter von Baron van Asbeck, einem holländischen Freund meines Vaters, kannte Mutter gut und betrachtete sie als eine Art Ersatzmutter. Sie bot meinen Eltern eine Wohnung in ihrer Villa an, die auf meinem Weg zur Arbeit lag. Ich habe meine Eltern dort oft besucht. Vater erhielt eine Pension von der deutschen Marine und alles war eigentlich gut. Mutter liebte Holland! Sie lernte sogar ihren Namen zu schreiben. Nächtelang hat sie das geübt. Vater dagegen vermisste Indonesien schmerzlich. Er starb 1958 in Holland. Nach seinem Tod zog Mutter zu meiner jüngsten Schwester.

Drei Jahre nach dem Tod meines Vaters boten mir die Amerikaner eine Stelle in Kalifornien an. Dort lebe ich nun seit 48 Jahren. Meine Kinder, meine 16 Enkel und 9 Urenkel – sowie meine Frau und ich – sind heute alle Amerikaner. Wir leben nicht weit voneinander entfernt und meine Enkel und Urenkel meinen, dass ich ein wunderbarer Opa bin.«

»Und Ihre Frau? Ihre große Liebe?«

»Sie wartet auf mich, deswegen fliege ich bald nach Kalifornien zurück. Ich glaube, ich habe sie glücklich gemacht.«

Connie Suverkropp:
Eine Kindheit in japanischen Lagern

»Dear Mrs. Adler, Erich G. ... indicated that you would be interested in inter-viewing Dutch people who were interned in Japanese civilian concentration camps 65 years ago. ... Mrs. Connie Suverkropp was interned as a teenager. Moreover, she is secretary of a foundation that provides speakers for ... Dutch secondary schools .... You may also want to know that the Film Foundation (http://japanseburgerkampen.org) of which I am the secretary, has released a film called »The year 2602« which ... deals precisely with the Japanese intern-ment camps for civilians ... Best wishes, Derk HilleRisLambers.«

Einige Wochen später, läute ich an dem Backstein-Reihenhäuschens in Hilversum, in dem Connie Suverkropp wohnt. Eine schlicht aber sport-lich-elegant gekleidete Dame öffnet lächelnd die Tür. Dass ihr das Leben schwere Prüfungen auferlegt hat, sagen ihre ernsten, braunen Augen auch ohne Worte. Mich beeindruckt, dass ihr Schicksal sie nicht hart gemacht hat, sondern zu einer Frau, in der Herzlichkeit, Zurückhaltung, Verletzlichkeit und stiller Kampfgeist in besonderer Weise vereint sind. So voller Wärme hatte ich mir das niederländisch-deutsche Gespräch über die schwierige Vergangenheit in der einstigen Kolonie Niederlän-disch-Indien nicht vorgestellt.

In dem gemütlichen Wohnzimmer liegen Artikel und Bücher auf dem Couchtisch bereit. Ohne ein Anzeichen von Misstrauen beginnt meine Gastgeberin in flüssigem Deutsch mit schweizerischem Akzent zu erzählen. Dass sie viele Jahre in der Schweiz verheiratet war, wusste ich bereits.

Connie wurde auf der Insel Java geboren, wo ihre Familie schon seit vier Generationen lebte. »Meine Brüder Claus und Trudes waren vier und drei Jahre älter als ich. Wir verlebten eine herrliche Kindheit.« Mit diesen Worten öffnet sie mir den Blick auf ihre frühen Mädchenjahre.

»Zu den Höhepunkten meines Kinderlebens gehörten die häufigen Besuche bei den väterlichen Großeltern südlich von Bandung.« Sie nimmt eine alte Photographie zur Hand. »Das sind sie 1895, nachdem sie ›mit dem Handschuh‹ geheiratet hatten. Das war für Männer in den Kolonien nicht ungewöhnlich und bedeutet, dass Vater während der Hochzeit von einem Mann seines Vertrauens vertreten wurde, der um dies zu symbolisieren einen Handschuh trug. So vermied der Bräutigam die lange, teure Reise nach Europa. Großvater hatte sich zum Militärdienst bei der Königlich-Niederländisch-Indischen Armee verpflichtet.«

Zur nächsten Generation springend, fährt sie fort: »Vaters Kommilitone machte ihn während seines Studiums in den Niederlanden mit seiner sechzehnjährigen Schwester bekannt. Sie entstammte der bekannten Familie Voorhoeve. Die Zuneigung dieser beiden jungen Menschen zueinander muss sehr innig gewesen sein. Drei Jahre später, nach Abschluss ihrer Matura und einer Ausbildung auf der Haushaltsschule in Vevey in der Schweiz, folgte meine Mutter meinem Vater nach Südostasien. Die ersten drei Monate lebte die Neunzehnjährige bei ihren Schwiegereltern in spe, um zu prüfen, ob die Liebe immer noch so groß war.«

Bemüht, mir den historischen Kontext näher zu bringen, erklärt Connie: »Die Holländer hatten das Land, das sie bearbeiteten, für gewöhnlich in hundertjähriger Erbpacht übernommen.«

»Haben also niederländische Behörden Land verpachtet, das Ihnen nicht gehörte?«

»Wenn Sie so wollen. Sie müssen aber bedenken, dass die einheimische Bevölkerung arm war und die Kolonisten wesentlich dazu beitrugen, ihren Lebensstandard zu heben, ihnen also Gutes taten. Meine Eltern waren glücklich in Indonesien – und wir Kinder ebenfalls. Ich wurde 1932 in Sukabumi geboren. Als ich zwei Jahre alt war zogen wir nach Bandung, wo Vater Direktor des Elektrizitätswerkes war.«

»Besuchten Sie einen Kindergarten?«

»Ja, wie alle europäischen Kinder. Aber auch Kinder derjenigen Indonesier, die in den Niederlanden studiert hatten, oder deren Väter im holländischen Militär dienten, traf man dort an. Indonesischen Mädchen verbot der Imam damals den Schulbesuch und Schulpflicht existierte noch nicht. Es gab auch holländische *Schulen* für Einheimische.

Vater betonte: ›Wir sind Gäste in diesem Land und sprechen mit unserem Personal Malaiisch.‹ Das war die Umgangssprache, aus der später die Landessprache ›bahasa indonesia‹ hervorging. Vater sprach aber auch Hoch- und Nieder-Javanisch. Diese beiden Versionen der Sprache hatten sich dem Rang des Gegenübers anzupassen. Zusätzlich sprach er Englisch, Deutsch und Französisch. Während wir Kinder mühelos zweisprachig aufwuchsen, tat sich Mutter mit der Landessprache schwer. Es kam vor, dass sie unsere Köchin bat ›sate baba‹ zu kochen, also einen alten Onkel, anstatt ›sate babi‹, einen Fleischspieß. Anlass für uns Kinder, uns heimlich zu amüsieren.«

»Welches Personal beschäftigten ihre Eltern neben der Köchin?«

»Ein Kindermädchen, wie es in vielen europäischen Haushalten üblich war, gab es bei uns nicht. Am wichtigsten war der ›jongos‹, der Butler, der gleichzeitig Chef des Personals war. Er bediente bei Tisch, erledigte wichtige Einkäufe und begleitete uns Kinder zur Schule. Die ›babu‹ kümmerte sich um die Wäsche und der ›kebon‹ um den Garten. Außerdem hatten wir einen Chauffeur.« (Ein ›jongos‹ verdiente 16 bis 18 Gulden im Monat, der Gärtner mit 6 bis 8 Gulden am wenigsten. Das Dienstpersonal hatte normalerweise keine geregelte Arbeitszeit, keine freien Tage, keinen Urlaub und keine Form von Sozialversicherung).

»Bei meinem ersten Besuch in Europa, 1937, feierte ich meinen fünften Geburtstag. Ich erinnere mich an meinen ersten Schnee. Ich konnte einfach nicht glauben, dass das kein Puderzucker war, der da vom Himmel fiel! Nach unserer Rückkehr zogen wir in ein schönes Steinhaus mit einem Dach aus Eisenholz, das mein Onkel während unserer Abwesenheit gebaut hatte. Dieser Bruder meiner Mutter war Architekt und 1930, während der Weltwirtschaftskrise, nach Niederländisch-Indien gekommen.

1938 kam ich zur Schule, allerdings in eine andere als meine Brüder, wegen des Unfugs, den wir miteinander anstellten. Ich habe meine älteren Brüder abgöttisch geliebt. An unseren freien Nachmittagen erkundeten wir gemeinsam unsere Umwelt. Oft gingen wir ins Schwimmbad oder den daneben liegenden Zoo.« Connie reicht mir ein Schwarz-Weiß-Foto. 19 Schulanfänger blicken mir ernst entgegen. 13 weiße und sechs braune Kinder umringen ihre Lehrerin, die unter einem Orangenbaum sitzt – die Mädchen in duftigen Blumenkleidern, die Jungen mit weißen Hemden. Unter den Kindern, die im Schneidersitz auf dem Rasen oder in kleinen Korbstühlen hocken, ist Connie leicht zu erkennen.

»Stand die Schule auch Einheimischen offen?«

»Ja. Europäer und Einheimische lebten bis 1945 friedlich zusammen. Der Hass auf die Niederländer entstand erst während der japanischen Besatzung, als die Japaner die Indonesier indoktrinierten und ihnen Unabhängigkeitsversprechungen machten.«

»Trifft dies auch auf die indonesischen Mätressen der Europäer zu?«

»Das ist tatsächlich ein trauriges Kapitel. Bevor die Europäer nach Ende des Ersten Weltkrieges ihre Frauen mit nach Südostasien brachten, hatte fast jeder Holländer eine Geliebte. Brachte er dann eine europäische Ehefrau mit, musste die Konkubine mit ihren Kindern verschwinden. Das war für die betroffenen Frauen bestimmt sehr schlimm.«

»Auch für die Kinder.«

»Ganz bestimmt.«

»Ich nehme an, der Einmarsch der deutschen Wehrmacht in den Niederlanden bedeutete eine große Wende in Ihrem Leben.«

»Ja. Vorher wurde aber 1939 noch meine Schwester Els geboren. Sie war ein Baby, als wir von der Bombardierung Rotterdams erfuhren. Mein Bruder Claus hat geflucht. Mutter weinte aus Sorge um ihre Familie. Später erfuhren wir, dass unsere Angehörigen in Rotterdam noch am Leben waren.« (Am 13./14. Mai wurde die zweitgrößte Stadt der Niederlande von der deutschen Luftwaffe bombardiert. Die Altstadt, in der über 800 Zivilisten ums Leben kamen, wurde nahezu vollständig zerstört. 25.000 Häuser brannten, 78.000 Menschen wurden obdachlos. Um weitere Flächenbombardements zu vermeiden, kapitulierten die Niederlande am 15. Mai 1940.)

»Als die niederländische Regierung Gelder für Kriegsflugzeuge sammelte, half ich als Achtjährige begeistert mit, indem ich alle Knöpfe verkaufte, die Mutter eigentlich brauchte, um Kleider zu nähen. Unsere niederländischen Nachbarn, die dem Nationalsozialistischen Bund *NSB* angehörten, waren auf einmal verschwunden. Über ihre Internierung und die der Deutschen wurde in unserer Familie in meiner Gegenwart nie gesprochen.

In unserem Garten hob man einen Bunker aus. Gemeinsam mit den USA erklärte unser Gouverneur Japan den Krieg. Drei Monate später, im März 1942, war Niederländisch-Indien bereits von den Japanern besetzt und kapitulierte. Anfangs sah man die japanischen Truppen nur außerhalb der Stadt. Dann kamen sie in jedes Haus, um zu plündern. Als sie Vaters Klaviernoten entdeckten, schrien sie wild durcheinander und ich bekam Angst. Als Vater erkannte, dass sie die seltsamen Zeichen für Geheimdokumente hielten, spielte er ihnen ein Musikstück vor. Als Mutter, mein Bruder und ich es ihm nachtaten, beruhigten sich die Eindringlinge allmählich. Dann wuschen sie ihren Reis in der WC-Schüssel. Als sie spülten und der Reis weg war, herrschte erneut große Aufregung. Erst als Vater ihnen weiteren Reis als Kompensation anbot, legte sich ihr Unmut. Am nächsten Tag erschienen sie erneut, um die Erlasse der Besatzungsmacht zu verkünden: 1. Die japanische Fahne zu Kaisers Geburtstag am 29. April hissen. – Kurz vorher sind wir noch mit dem Fahrrad darüber gefahren. 2. Die Sperrstunde einhalten. 3. Kein Holländisch sprechen. 4. Die Schulen sind geschlossen. 5. Alle Radios sind auszuhändigen. 6. Tokio-Zeit ist einzuhalten. 7. Verbeugen vor allen Japanern. 8. Versammlungsverbot. Ich beobachtete einmal, wie es ein Junge an der vorgeschriebenen Verneigung mangeln ließ. Daraufhin verprügelten die Japaner ihn und seine Mutter. Man versuchte also, einen großen Bogen um die Japaner zu machen.

In diesem Schicksalsjahr, 1942, schenkte Mutter meiner Schwester Kathy das Leben. Im Juni wurde Vater seines Postens enthoben. Unser Butler und der Gärtner kamen nicht mehr, nur unsere ›babu‹ kochte und wusch weiterhin für uns. Da stand eines Nachts plötzlich die Geheimpolizei *Kempeitai* vor unserer Tür, um Vater abzuholen. Er musste auf einen LKW klettern und ich rannte dem Laster hinterher und rief: ›Wohin gehst du?‹ Das war das Letzte, das ich je von meinem Vater gesehen habe.« Connie bricht ab: »Jetzt machen wir eine Pause. Ich habe etwas zum Mittagessen für uns vorbereitet.« Bedauernd fügt sie hinzu: »Hier, in den Niederlanden, interessiert unsere Geschichte nur wenige.«

»Werden Sie als Zeitzeugin nicht oft in Schulen eingeladen?«

Sie schüttelt den Kopf: »Darum müssen wir im Grunde kämpfen. Das liegt aber nicht am mangelnden Interesse der Schüler, sondern der Lehrer.«

»Manche Zeitzeugen werden offenbar in vielen Ländern als unbequem angesehen«, erwidere ich. Als wir schließlich zu Connies Erinnerungen zurückkehren, erkundige ich mich nach dem Schicksal ihres Vaters.

»Ich weiß nur, dass er im Mai 1943 beim Bau der *Burma-Bangkok-Eisenbahn* umgekommen ist. Wir erhielten nie Post von ihm. Kein einziges Mal! Als Mutter nach einem halben Jahr an Tuberkulose erkrankte, brachten die Japaner ein Zeichen an unserm Haus an. Ab diesem Zeitpunkt wurden wir zunächst nicht mehr behelligt. In unserem Haus lebten damals außer Mutter und uns vier Kindern noch zwei Holländerinnen mit ihren drei Kindern. Sie hatten bei uns Unterschlupf gefunden, weil es für sie auf der *Plantage* zu gefährlich war, nachdem man ihre Ehemänner interniert hatte.

Ich kümmerte mich wegen Mutters Erkrankung um meine kleinen Schwestern. Da wir kein Einkommen mehr hatten, verkauften wir nach und nach alle unsere Möbel an einen Chinesen. Claus, der dunklere meiner beiden Brüder, war damals 16 Jahre alt und arbeitete in der Fahrradwerkstatt eines Chinesen, um etwas Geld zu verdienen. Der 15-jährige Trudes war so blond, dass er sich nicht auf die Straße wagte. Das Einkaufen besorgte ich. Ansonsten verhielten wir uns so ruhig wie möglich.

Ende 1942 sollten sich alle Niederländerinnen an einem bestimmten Ort einfinden. Eine der bei uns einquartierten Frauen folgte diesem Aufruf mit ihren beiden Kindern, Mutter jedoch nicht. Im April 1944 holte uns aber dann die Kempeitai ab. Ich hatte gerade genug Zeit, den Nachttopf zu schnappen. Das war unser ganzes Gepäck. Mutter, meine Schwestern und ich landeten in einer Gefängniszelle mit etwa 20 Indonesierinnen. Meine Brüder kamen in den Männertrakt.

Zum Liegen reichte der Platz nicht aus. Also verbrachten wir die nächsten zwei Tage, in denen Mutter einige Male zum Verhör geholt wurde, im Sitzen. Die Art und Weise, wie sich Mitgefangene über einen Mord unterhielten, den sie begangen hatten, flößte uns zusätzlich Angst ein. Schließlich rüttelte Mutter an der Tür und verlangte verlegt zu werden. Wir erhielten einen Abstellraum voller Koffer. Einen Platz zum Schlafen gab es nicht. Kurz darauf wurden wir in das *japanische Internierungslager* Tjihapit gebracht. Meine Brüder wurden in einer Kaserne interniert. Ich erhielt den Auftrag, Essen zu holen. Wir hatten ja den ganzen Tag noch nichts gegessen. Als ich zurückkam, war meine Mutter verschwunden.

Unser Lager war im Grunde ein Wohnviertel, das man zu einem Ghetto umfunktioniert hatte. Immer mehr Menschen wurden in den vorhandenen Häusern einquartiert. Bald war es so beengt, dass man auf dem Tisch und unter dem Tisch schlief. Eines Tages traf ich eine ehemalige Schulfreundin, die in diesem Viertel lebte. Sie bot meinen Schwestern und mir einen Platz in ihrem Haus an. Ich machte mir zunehmend Sorgen um meine Mutter. Ich konnte sie einfach nirgends finden!

Da ich über zehn Jahre alt war, musste ich Lagerdienst leisten. Mein Team hatte die Aufgabe einen verstopften Abwasserkanal frei zu legen. Während der Arbeit erzählten Leute, dass sie alle drei Wochen ins Krankenlager kämen. Ich schloss mich ihnen an und fand dort tatsächlich meine Mutter. Alle drei Wochen konnte ich sie auf diese Weise besuchen. Die Sorgen um uns Kinder raubten ihr den Verstand. Nachdem sie einmal verzweifelt versucht hatte auszubrechen, wurde sie an ihrem Bett festgebunden. Im November 1944 wurden wir an die Küste verlegt. Vor unserem Abtransport gelang es mir noch einmal, Mutter zu besuchen.«

Connie blickt ins Leere und ich wage nicht, sie nach den Bildern, die sie sieht, zu fragen.

»In unseren Viehwaggons war es unerträglich heiß«, fährt sie schließlich fort.»Essen und Trinken gab es nicht. So erreichten wir das Frauenlager Struiswijk III in *Jakarta*, das 1850 als Gefängnis gebaut worden war.« Sie zieht ein weiteres Bild hervor:»Unsere Zelle.« Ein schmutziges, fensterloses Verließ.»Hier hausten wir von November 1944 bis Oktober 1945. Es gab zwar Strom und fließendes Wasser, aber das Essen war nicht nur furchtbar schlecht, sondern auch vollkommen unzureichend. Nach dem Morgenappell durfte man den ersten Anteil holen – warmes Wasser, das man Tee nannte, und eine Art Brei aus Stärke. Nachmittags gab es eine Hand voll Reis, etwas Gemüsesuppe und ein Stückchen steinhartes Brot.

Ab Mai 1945 waren meine Schwestern und ich vollkommen apathisch. Die Kleinen hatten gerade noch genug Energie, um im Liegen mit ihren Fingern zu spielen. Sie erkrankten während unseres Lageraufenthaltes mehrere Male an Dysenterie und einer Art Windpocken. Während meiner zwei Stunden Lagerdienst musste ich Kübel säubern sowie Reis waschen und in Wannen in die Küche tragen. Beim Gemüseputzen konnte ich heimlich etwas essen. Währenddessen kümmerte sich die ›Indo‹ (so nannten Niederländer Eurasierinnen) aus der Zelle nebenan um meine Schwestern. Bald waren sie so schwach, dass sie das Spielen ganz ließen. Da habe ich mich zu ihnen gelegt und ihnen Geschichten erzählt. In guten Momenten lehrte ich sie im Sand Lesen und Rechnen. Einmal erzählte ich ihnen eine Geschichte von einem Pferd ›Was ist ein Pferd?‹ fragten sie mich. ›Ein Tier so ähnlich wie ein Hund, nur viel größer‹, erklärte ich ihnen. Wir hatten gerade einen Hund gesehen. Sie kannten ja außer dem Lager kaum etwas vom Leben.

Im Camp gab es eine Pfarrersfrau, die Waisenkinder aufnahm und für alle das Essen holte. Als ich mitbekommen hatte, dass sie das meiste selber aß, hielt ich mich trotz meiner Überforderung von ihr fern. Von meinen Brüdern erfuhr ich später, dass es auch in ihrem Lager einen Pfarrer gab. Die Jungen, die an einem großen Tisch mit ihm aßen, mussten abwechselnd neben ihm sitzen. Es dauerte eine Weile, bis meine Brüder erkannten, dass er jedem etwas vom Teller nahm. Im Mai 1945 wurde ich zum japanischen Lagerchef gerufen. Ich durfte Mutter mit meinen Schwestern zwei Stunden lang besuchen. Es ging ihr sehr schlecht. Meine Schwestern haben sie nicht wiedererkannt. Danach hatte ich Alpträume. Sie stirbt, wusste ich nach diesen Träumen. Als ich am 23. August vom Ende des Krieges erfuhr, war auch ich so apathisch, dass ich kaum noch denken konnte. Unser Leben hing an einem seidenen Faden. Da erfuhr ich von einer Bekannten meiner Mutter, dass die Indonesier viele Holländer außerhalb der Lager umbrachten.

Am 8. September wurde ich aufgefordert zu meiner verstorbenen Mutter zu kommen. Ein japanischer Chauffeur fuhr mich in das Krankenhaus. Da sah ich sie zum allerletzten Mal. Ganz ruhig und weiß lag sie vor mir. Ich hatte eine Stunde Zeit, mich von ihr zu verabschieden. Da war ich 13 Jahre alt. Bei ihrer Beerdigung durfte ich nicht dabei sein. Wo sie beerdigt wurde, habe ich auch nach zahlreichen Anfragen beim Roten Kreuz erst dieses Jahr erfahren! Bisher hieß es nur, die maßgeblichen Dokumente seien von den Japanern verbrannt worden. Ich hatte befürchtet, dass sie wie viele andere von den Aufständischen in den Fluss geworfen worden war. Weil mir dieser Gedanke keine Ruhe ließ, schaltete ich schließlich einen Aufruf in einer Zeitung für Kriegsbetroffene. So erfuhr ich, dass alle in diesem Krankenhaus Verstorbenen auf einem römisch-katholisch-chinesischen Friedhof beigesetzt wurden. Mutter liegt in einem Grab, das später von einer chinesischen Familie benutzt wurde. Einen Grabstein gibt es nicht.

Wegen der zunehmenden Gewalt der Einheimischen erhielten die Japaner von den Alliierten den Auftrag, uns Holländer zu schützen und zu verpflegen. Lebensmittelpakete des Roten Kreuzes hatte man bis dahin aufgestapelt, ohne sie zu verteilen. Ich nahm trotz der Gefahr mit meinen Schwestern den Zug nach Bandung und erlebte, wie er von Indonesiern überfallen und von Japanern geschützt wurde. In Bandung konnten wir in der Nähe unseres Hauses bei der ›Indo‹ schlafen, die wir im Lager kennen gelernt hatten. Drei oder vier Mal wagte ich den Weg zu unserem Haus und hoffte inständig, dort meine Brüder, meinen Vater oder die Großeltern zu finden. Und eines Tages hatte ich tatsächlich Glück! Meine geliebten Brüder waren zurückgekehrt. Wenig später erfuhren wir, dass Vater und die Großeltern nicht mehr am Leben waren. In unserer Nähe lebte ein chinesischer Geologe mit seiner holländischen Frau. Ihr Sohn war mit mir in die Schule gegangen. Eines Tages brannten die Aufständischen ihr Haus nieder. Als die Familie floh, wurde auf sie geschossen und der Vater tödlich getroffen. Wir mussten öfters fliehen, wenn Indonesier einen Überfall durchführten. In dieser Zeit absoluter Rechtlosigkeit versuchte das holländische Militär wieder Ordnung herzustellen.«

»Wussten Sie, dass in Ambarawa Deutsche von Holländern interniert wurden, ehe die Japaner dort Holländer einsperrten?«

Connie schaut mich überrascht an: »Nein, das wusste ich nicht.

Wir fünf Geschwister wurden eines Tages von Bekannten in einem Armeeflugzeug nach Jakarta evakuiert und nahmen Kontakt mit unserer Familie in Rotterdam auf. Wir lebten einen Monat in einem Hotel und warteten auf Antwort. Großmutter wollte uns bei verschiedenen Verwandten unterbringen. Das lehnte ich aber ab. Mit dem nächsten Waisentransport reisten meine Brüder nach Europa. Wir Mädchen mussten zurückbleiben, weil wir noch keine Masern hatten. In einem vorherigen Transport hatten sich viele Kinder an Bord infiziert. Einige waren gestorben. Daraufhin nahmen uns Bekannte meiner Eltern als blinde Passagiere in einem Flugzeug mit – in einer Maschine voller Kinder und ohne Koffer.

Unsere erste Landung erfolgte in Rangoon, der Hauptstadt Burmas. Die darauffolgende Nacht verbrachten wir in Basra im Irak, in einem weißen Gebäude mit Gitterstäben. Ich befürchtete, dass dies wieder ein Lager war. Es stellte sich aber als ganz normales Hotel heraus. Die nächsten eineinhalb Tage verbrachten wir in Kairo. wo wir zehn Gulden und wärmere Kleider erhielten, die wir im Winter in den Niederlanden unbedingt brauchten. Unsere folgende Zwischenlandung hieß Neapel. Dort unterhielten uns deutsche Kriegsgefangene mit flotter Musik, während man uns in einem Hangar Frühstück servierte.

Am nächsten Abend flogen wir schließlich bei Schneefall in Amsterdam ein. Die erste Nacht verbrachten wir bei Bekannten, dann brachte man meine Schwestern ins Waisenhaus und ich wurde bei meiner Tante einquartiert. Einen Monat später, ab März 1946, waren wir fünf Geschwister wieder zusammen – in dem französischen Hospiz Wallone, einem strengen, evangelischen Waisenhaus. Nach meinen Erfahrungen mit Kirchenleuten wollte ich dort nicht hin, aber wir hatten keine Wahl. Hauptsache wir waren zusammen. Während meine Schwestern in einem großen Schlafsaal untergebracht waren, hatte ich hinter einem Paravent ein klein wenig Privatsphäre.

Viele Rückkehrer aus Niederländisch-Indien, die alles verloren hatten, lebten nach ihrer Ankunft in den Niederlanden Monate lang in Pensionen. Das Geld, das die niederländische Regierung ihnen vorstreckte, mussten sie zurückzahlen. Von Volkssolidarität keine Spur! 1968 schloss die holländische Regierung ein Abkommen mit Japan, in dem festgelegt wurde, dass jeder, der in einem japanischen Lager gelitten hatte, 348 Gulden Wiedergutmachung erhielt. Mit dieser Regelung wurden spätere Individualklagen ausgeschlossen. Im gleichen Jahr zahlte die indonesische Regierung 160 Millionen Gulden Entschädigung für enteigneten Besitz an die Niederlande. Damals sollte sich jeder melden, der sein Vermögen verloren hatte. Meine Brüder wollten davon jedoch nichts mehr wissen. Claus wanderte in die USA aus.«

»Wie erging es Ihnen in dem Waisenhaus?«

»Ich hatte erst drei Jahre Primarschule absolviert und konnte kein Wort Französisch. Als man meine schulischen Lücken erkannte, wurde ich in die erste Klasse des Gymnasiums zurückgestuft. Das bedeutete, dass ich zwei Jahre älter war als meine Mitschüler. Nach fünf Jahren habe ich dann doch mein Abitur abgelegt. Ich muss sagen, dass sich die Lehrer sehr um uns Kinder aus Niederländisch-Indien bemühten. Da ich für ein Vollstudium kein Geld hatte, wurde ich Primarlehrerin. Nach meiner Ausbildung wollte ich mit Waisenkindern arbeiten und nahm eine Stelle in Winterthur an. Der Sohn der Pflegeeltern dieser Waisenkinder, ein Medizinstudent, wurde später mein Mann.« Dass ihr diese Ehe neue Verletzungen zufügte, macht ein Blick in ihre Augen auch ohne Worte deutlich.

»Mein größtes Glück waren und sind mein Sohn und meine Töchter.«

»Welche Spuren hat die Kriegszeit in Ihrem Leben hinterlassen?«

»Ich habe gelernt zu kämpfen, zu überleben, nicht aufzugeben. Aber immer gelingt mir das nicht. Auch für mich gibt es Momente der Mutlosigkeit. Ich werde regelmäßig von Alpträumen geplagt, in denen ich von meinen Töchtern weggerissen werde, wie einst meine Mutter von uns. Ich habe mich jahrelang an die Hoffnung geklammert, dass mein Vater eines doch Tages zurückkommen würde, dass sein Tod ein Irrtum war.«

»Haben Sie Ihre Erinnerungen mit ihren Kindern geteilt?«

»Ja. Das war wichtig.«

Als Nachwort fügte Connie diesem Text hinzu: »Anfang der 1990er Jahre reisten Mitglieder der niederländischen Abteilung des Asian Women's Fund nach Tokio, um dort ihre Aussagen zu machen. Daraufhin erhielten die während des Zweiten Weltkriegs internierten, niederländischen Staatsbürger zehn Millionen Dollar Kompensation – 100 Dollar pro Person!

Auch heute noch steht die japanische Regierung auf dem Standpunkt, dass jegliche japanische Schuld mit dem Friedensvertrag von San Franzisco aus dem Jahr 1952 beglichen sei. Die indonesischen *Opfer*, etwa die Hunderttausende ›romusha‹, erhielten, wie auch die sexuell ausgebeuteten Indonesierinnen, gar nichts. Der japanische Asian Women's Fund überwies etwas Geld an Altersheime, um so zumindest einige der Opfer zu erreichen.«

Niederländisch Indien

Die Insel Java war bereits vor 1,8 Millionen Jahren besiedelt. Im ersten Jahrtausend n. Chr. gewannen Buddhismus und Hinduismus an Einfluss und verschmolzen mit den Glaubensvorstellungen der ursprünglichen Bauernkultur. Das Königreich Srivijaya auf *Sumatra* herrschte vom 7. bis 13. Jahrhundert über Sumatra, Java, Teile Borneos und die malaiische Halbinsel. Danach regierte das javanische Majapahit-Reich, das die streng hierarchische, indische Gesellschaftsordnung übernommen hatte.[1] Im 15. Jahrhundert besuchten arabische Händler den Archipel und die islamische Missionierung begann. Hinduismus und Buddhismus überleben heute nur auf den Inseln Bali und Lombok. Seit 1579 pflegte Java Wirtschaftsbeziehungen mit Portugiesen. Diese handelten nicht nur mit Gewürzen, sondern führten auch Mais, Tabak, Süßkartoffeln und Kakaobäume ein, die bald eine bedeutende, wirtschaftliche Rolle spielten.[2]

1602 wurde die niederländische Handelsgesellschaft Vereinigte Ostindische Kompanie (VOC) gegründet. Sie stand unter dem Schutz der niederländischen Krone. Für bedeutende Steuerzahlungen durfte sie Allianzen mit einheimischen Fürsten eingehen, einen Gouverneur benennen, Truppen befehligen, Steuern erheben und Recht sprechen.[3] Da die in den Niederlanden ansässigen Direktoren von der Lage vor Ort meist keine Ahnung hatten, lag die tatsächliche Macht in den Händen der Generalgouverneure.[4]

---

1 Siebert, Rüdiger: *Fünf Mal Indonesien: Annäherung an einen Archipel.* München 1987, S. 271
2 Allen, G.C. and Donnithorne, Audrey: *Western Enterprise in Indonesia and Malaya.* 1957 reprint 2003, S.17
3 Fieldhouse, D.K.: *Die Kolonialreiche seit dem 18 Jahrhundert.* Frankfurt 1965, S. 99
4 Day, Clive: *The Dutch in Java.* 1904. S. 89

Als die VOC im 17. Jahrhundert auf Java Fuß fasste, traf sie auf Hochkulturen mit Städten, Regierungen, Abwassersystemen, Kunst, Literatur und beeindruckenden Tempeln. Seit Jahrhunderten herrschte Warenverkehr mit China, Indien, Arabien, Südostasien und den Küsten Afrikas. Gehandelt wurde mit Holz, Meeresfrüchten, Gold und Gewürzen. Die Bevölkerung webte Stoffe, presste Palmöl, stellte Indigo her, kochte Palmzucker, fertigte Schindeln oder Platten aus Teakholz, produzierte Steinmetzarbeiten, Keramik, Salz und Holzkohle.[5] Da die Inseln noch dicht bewaldet und sehr dünn besiedelt waren, wurden Kriege vor allem um Arbeitskräfte geführt.[6]

1652 empfahl die VOC ihren Mitarbeitern einheimische Konkubinen zu nehmen, da sie weniger Ansprüche stellten und gesündere Kinder hätten als Niederländerinnen. Die Mätresse musste Niederländisch lernen und zum Christentum konvertieren. Eine Eheschließung wurde jedoch unter Androhung des Entzugs der Pensionsberechtigung untersagt.[7]

Im 18. Jahrhundert begann die VOC – mit Unterstützung des javanischen Adels – Zwangsabgaben von Bauern zu erheben. Sie stützte sich dabei auch auf die wachsende chinesische Bevölkerung, deren Einwanderung sie förderte. Da sie von jeglicher politischen Teilhabe ausgeschlossen waren, stellten die Chinesen keine politische Bedrohung dar. Die Hauptfunktion des Adels und der Chinesen bestand darin, die VOC mit Kaffee, Indigo, Pfeffer, Nelken und anderen Produkten zu beliefern.

Pfeffer und Muskatnuss waren in einer Zeit ohne Kühlschränke in Europa außerordentlich bedeutsam. Mit Pfeffer wurde der Gestank verrottenden Fleisches überdeckt und in der Muskatnuss glaubte man ein Mittel gegen die Pest gefunden zu haben. Als sich die Bewohner der Banda-Inseln gegen das niederländische Muskatnuss-Monopol wehrten, ›befriedete‹ Gouverneur Coen die Inseln, indem er die widerspenstige Bevölkerung töten ließ.[8] Ihr Land wurde unter VOC-Bediensteten verteilt, die bereit waren, ihre Erzeugnisse zu festgelegten Preisen abzuliefern.

Die Arbeit wurde fortan von afrikanischen Sklaven verrichtet. Sklavenhandel war eine weitere, bedeutende Einnahmequelle der VOC.[9] Erst

---

5 Carey, Peter: *Waiting for Ratu Adil (›Just King‹): the Javanese village community on the eve of the Java War (1825–1830).* 1981, S.97
6 Pringle, Robert: *Understanding Islam in Indonesia.* 2010, S. 37
7 Fieldhouse, S. 101
8 Day, Clive, S. 46
9 Cribb, Robert und Kahin, Audrey: *Historical dictionary of Indonesia.* 2004, S. 394

1890 setzten Marinepatrouillen dem Sklaventransport ein Ende. Zu dieser Zeit bestand das Problem der Kolonie darin, die Arbeitslosigkeit der schnell wachsenden Bevölkerung in den Griff zu bekommen.[10] Die Muskatnüsse verkaufte die VOC mit 32.000-fachem Gewinn und wurde die reichste private Handelsgesellschaft, die die Welt je gesehen hat. Die Dividende erreichte schon in den ersten Jahren 75 Prozent.[11] Von den 22.000 Schiffen, die im 17. Jahrhundert in europäischen Häfen registriert waren, sollen 16.000 im Auftrag der VOC gesegelt sein.

Um die Preise hoch zu halten, veranstalteten die Niederländer hin und wieder Gewürz-Feuer. So wurden 1735 in Amsterdam 1,25 Millionen Pfund Muskatnüsse verbrannt. Wer auch nur eine Handvoll davon aus dem Feuer holte, wurden erhängt. Als 1760 Berge von Zimt verbrannt wurden, schwebte eine wohlriechende Wolke über den Niederlanden.[12] 1796 gelang es den Franzosen schließlich, das Muskatmonopol zu brechen.[13] Im 18. Jahrhundert gewann der Handel mit Kaffee, Tee, Zucker, Baumwolle und Seide an Bedeutung. 1723 verbuchte die VOC bei Kaffee einen Gewinn von 100 Prozent und kontrollierte ab 1726 die Hälfte des weltweiten Kaffeehandels.[14]

Um den Handel zu schützen, versuchte die VOC das von Kriegen geplagte javanische Königreich Mataram militärisch zu stabilisieren. Zur Unterstützung schickte Herzog Karl Eugen von Württemberg für 300.000 Gulden der VOC ein Söldnerheer. Da die meisten dieser Männer dort blieben, war der Gewinn für den Herzog – auch durch die Einsparung der Rente – gewaltig.[15]

Als sich die Militärkosten als ruinös erwiesen, entschied die Kompanie Mitte des 18. Jahrhunderts, die Sultanate direkt zu kontrollieren und bewirkte 1755 die Teilung Matarams in die daraufhin unbedeutenden Fürstentümer Surakarta und Yogyakarta.[16] Da die von der VOC auf den Thron gehobenen Fürsten den Niederländern Territorien überließen, befanden sich Ende des 18. Jahrhunderts drei Fünftel Javas unter der Kontrolle der Handelsgesellschaft.[17]

---

10 Taylor, Jean Gelman: *Indonesia: peoples and histories.* 2003, S. 224
11 Sundhausen, Ulf: *The road to power: Indonesian military politics, 1945–1967.* 1982, S. 27
12 Hollander, Inez: *Silenced voices.* 2008, S. 8
13 Geerken, Horst: *Der Ruf des Geckos.* 2009, S. 211
14 Cribb, 2004, S. 86
15 Geerken, S. 27
16 Ricklefs, Merle Calvin: *A history of modern Indonesia since 1200.* 2008, S. 129
17 Bastin, John Sturgus: *Native policies of Sir Stamford Raffles in Java and Sumatra.* 1957, S. 3

Die offiziell unabhängigen Fürstentümer sahen sich bald von internationalen Wirtschaftsbeziehungen abgeschlossen. Der einheimische Handel war ruiniert und Javaner fast ausschließlich zu Produzenten degradiert.[18] Europäer und ihre chinesischen Mittelsmänner arbeiteten häufig vor allem in ihre eigenen Taschen. Offizielle Dividenden standen oft in keinem Verhältnis zu den tatsächlichen Gewinnen. Durch geheime, doppelte Buchführung wurde die Öffentlichkeit systematisch hintergangen. Protesten der Aktionäre begegnete man mit der Drohung, gar keine Dividende auszuschütten. Ein gängiges niederländisches Sprichwort lautete damals: ›Wer in den Niederlanden nichts taugt, ist gut genug für die Kolonie‹.[19]

Der Krieg gegen England 1780 sowie die Französische Revolution läuteten das Ende der Kompanie ein.[20] Aber auch Misswirtschaft und Korruption führten 1799 zum Bankrott der VOC.[21] Während sie auf den Ruin zusteuerte, verdienten einige führende Funktionäre Millionen. Der Resident von Cheribon etwa erhielt ein Gehalt von unter 1.000 Gulden im Jahr, während sich sein Einkommen jedoch auf 100.000 Gulden belief.[22] Wie viele seiner Kollegen führte er – wie der einheimische Adel – ein luxuriöses Leben auf Kosten der Bevölkerung.

Nachdem die niederländische Regierung die VOC 1799 übernommen hatte, intensivierte sie die Ausbeutung. Bald waren die Fürsten nur noch gut bezahlte Marionetten und die Kolonialregierung erhob, wie die Sultane, von jedem Bauern Pacht. Konnte er diese nicht aufbringen, musste er Arbeitsdienst auf staatlichen *Plantagen* leisten.[23] Dabei scherten sich die Fürsten und ihre Beamtenschaft so wenig um ihr Wohl wie die Niederländer. Diese privilegierte Schicht machte 1802 etwa 12 Prozent der Bevölkerung aus.

Von 1811 bis 1816, während der napoleonischen Kriege, übernahm der britische Gouverneur Raffles die Herrschaft über Niederländisch-Indien. Er annektierte weite Gebiete für die englische Krone und beendete die Pachtzahlung an die javanischen Sultane. Dabei hatte

---

[18] Kahin, George McTuman: *Nationalism and revolution in Indonesia*. 1952, S. 4

[19] Day, Clive, S. 101

[20] Jong, Louis de: *The collapse of a colonial society: the Dutch in Indonesia during the Second World War*. 2002, S. 7

[21] Furnivall, John Sydenham: *Colonial policy and practice: a comparative study of Burma and Netherlands India*. 1956, S. 219

[22] Day, Clive, S. 106

[23] Day, Lapiando: *Papers of the Dutch-Indonesian Conference*. 1976, S. 70

sie dieses Einkommen überhaupt erst dazu veranlasst, ihr Land zu verpachten. 1812 ließ Raffles die Königsstadt *Yogyakarta* einnehmen. Der Palast, einschließlich der historischen Bibliothek, wurde geplündert und ein Reichtum an Diamanten sowie ein Vermögen von 1,2 Millionen Gulden an Gold- und Silbermünzen erbeutet. Dies war das einzige Mal, dass der Königshof besetzt wurde, eine Demütigung, die tiefe Spuren hinterließ. Das fürstliche Gefolge und das Beamtentum wurden reduziert. Viele Adelige verloren ihre Lehensgüter.

Raffles plante, durch die Zerschlagung der Macht des Adels die Bevölkerung der aufgeklärten, westlichen Regierung direkt zu unterstellen. Er führte Landsteuern in Form von Geld anstelle Ernteabgaben ein, in der Hoffnung, die Bauern würden den Engländern ihre Erzeugnisse verkaufen und mit dem verdienten Geld englische Produkte erwerben. Stattdessen eröffnete die neue Besteuerung Mittelsmännern – Dorfvorstehern und chinesischen Geldverleihern – zusätzliche Möglichkeiten, die Landbevölkerung auszubeuten.

Raffles verpachtete Mautstellen und Märkte weiterhin an Chinesen, die ihre Befugnisse oft dazu nutzten, die Menschen noch mehr auszupressen. Die Einnahmen der Zollstellen verdreifachten sich zwischen 1816 und 1824, während die Bevölkerung immer größere Not litt. De facto existierten die neuen Abgaben oft zusätzlich zu den traditionellen Arbeitsdiensten und Ernteabgaben an den Adel. Andererseits reduzierte das von Raffles initiierte Impfprogramm die Sterblichkeit auf Java signifikant, was ein deutliches Bevölkerungswachstum zur Folge hatte.[24]

Nach Abzug der Engländer verpachteten javanische Adelige, ihrer traditionellen Einkünfte beraubt, große Landstriche an Holländer und Chinesen für Zucker-, Kaffee-, Indigo- und Pfefferplantagen. Die zunehmenden Spannungen entluden sich 1825 im *Java-Krieg*. Die Kolonialmacht musste immense Geldsummen aufwenden, um diesen Aufstand niederzuschlagen. Nach fünf blutigen Jahren war Zentraljava zerstört und die Bevölkerung dezimiert.[25] Nun wurde das sogenannte

---

[24] Boomgard, Peter: *Children of the colonial state: population growth and economic development in Java, 1795–1880.* 1989, S.33

[25] Rush, James: *Opium to Java: revenue farming and Chinese Enterprise in colonial Indonesia 1860–1910.* 2007, S. 11

›Kulturensystem‹ *(cultuurstelsel)* eingeführt und Java fortan von Plantagen beherrscht.[26] Die Geldwirtschaft erwies sich als wirksames Instrument, um Arbeitskräfte für die Plantagen zu mobilisieren. Denn wollten die Bauern ihre Steuern bezahlen, mussten sie die Subsistenzwirtschaft verlassen.[27] Im 18. Jahrhundert hatte die VOC das Handelsmonopol für Opium errichtet. Im 19. Jahrhundert betrieben Chinesen Opiumhöhlen für teure Lizenzzahlungen an die Kolonialregierung und der Opiumkonsum nahm sprunghaft zu. Um für das Rauschgift bezahlen zu können, wurden viele Plantagenarbeiter von ihren Arbeitgebern abhängig.

Nach dreißig Jahren ›Kulturensystem‹ befand sich nur noch 17,5 Prozent der landwirtschaftlichen Anbaufläche auf Java unter javanischer Kontrolle.[28] Die koloniale Ausdehnung auf den Außeninseln hatte bereits 1837 eingesetzt. 1858 annektierte die Kolonialmacht die Nordostküste Sumatras und vereinte kleine Fürstentümer unter einem Sultan. Schließlich war ein Herrscher leichter zu finanzieren und zu kontrollieren als viele.[29] Nun traten Erdöl, Zinn und Kautschuk an die Stelle von Kaffee, Zucker und Tabak als Hauptexportprodukte.

Das Kolonialsystem basierte auf Rassenzugehörigkeit, die zu Beginn des 19. Jahrhunderts politisch festgeschrieben wurde. Ganz oben standen die Niederländer, unter ihnen in absteigender Folge: andere Europäer, einheimische Königsfamilien, Eurasier, lokaler Adel, niedere Verwaltungsangestellte, die neue intellektuelle, einheimische Elite und ganz unten die javanische Landbevölkerung sowie die Bevölkerung der Außeninseln.

Die Rasse bestimmte, wo ein Mensch leben konnte, wieviel Steuern er zahlte, welche Gesetze er befolgen musste, welches Gericht für ihn zuständig war und welche Strafen verhängt wurden. Lediglich eine winzige einheimische Minderheit hatte das Recht auf einen Pass. Eine niederländisch-indische Staatsangehörigkeit existierte nicht.[30] In der Öffentlichkeit durfte man nur die Kleidung der eigenen Volks-

26 Dick, H.W.: »The emergence of national economy 1808–1990«. In: Lindblad, J. Th.: *Historical foundation of a national economy in Indonesia, 1890–1990.* Royal Netherlands Academy of Arts and Sciences. Proceedings of the colloquium. Amsterdam September 1994, S. 30

27 Osterhammel, Jürgen: *Kolonialismus: Geschichte, Formen, Folgen.* München 1995, S. 79

28 Booth, Anne: *Agricultural development in Indonesia.* 1988, S. 62

29 Reid, Anthony: *The blood of the people: revolution and the end of traditional rule in northern Sumatra.* 2014, S. 56

30 Oort, Boudewijn van: *Tjideng reunion – A memoir of World War II on Java.* 2008, S. 68

gruppe – seinem Stand entsprechend – tragen. Die Diskriminierung konnte groteske Formen annehmen. So war es einheimischen Polizisten verboten, europäische Schuhe mit Schnürbändern zu tragen. Europäische Polizisten tranken aus Tassen mit Untertassen und erhielten sowohl einen Löffel als auch Zucker. Niedere Polizeiränge erhielten ein Tasse mit bereits gesüßtem Tee – ohne Untertasse und Löffel. Dorfvorsteher bekamen Tee ohne Zucker, Untertasse oder Löffel. Vor öffentlichen Schwimmbädern stand zu lesen: Nicht für Hunde und Einheimische.[31]

Das Agrargesetz von 1870 beendete das ›Kultursystem‹ und gilt als Beginn der ›Liberalen Periode‹ (1870–1910). Es erklärte unbebautes Land außerhalb der mitteljavanischen Fürstentümer zu Staatsbesitz, das Privatpersonen und Unternehmen für 75 Jahre pachten durften. Der Generalgouverneur konnte diesen Zeitraum aber verlängern.[32] Zudem war es nun auch möglich, Land von Einheimischen direkt zu pachten.[33] An Ausländer verkauft werden durfte es von nun aber nicht mehr.[34]

Der Staat gab seine immer weniger profitablen Tee-, Tabak-, Indigo-, Pfeffer- und Zimtplantagen weitgehend auf. Staatsangestellte erhielten nicht mehr einen Anteil der Ernte – und einheimische Beamte kein Land – als Entlohnung. Dennoch musste die Bevölkerung dem Staat und den Regierungsvertretern nach wie vor ihre Arbeitskraft zeitweise kostenlos zur Verfügung stellen.

Viele Javaner litten unter chronischem Fieber, Malaria, Dysenterie, Typhus, Windpocken und Masern. In Zentraljava brach durchschnittlich alle zehn Jahre eine Cholera-Epidemie aus. Dennoch kam Ende des 19. Jahrhundert auf 345.000 Bewohner ein einziger Sanitäter.[35] Schließlich erkannten Unternehmer und Plantagenbesitzer, dass es billiger war, ein Minimum an Fürsorge und Hygiene zu gewähren, als immer neue Arbeitskräfte zu rekrutieren. Außerdem hatten sie Angst, ihre europäischen Angestellten könnten sich anstecken. Daher waren auf Java zwei Drittel, auf den anderen Inseln neun Zehntel der Hospitäler privat.[36]

---

31 Tjondronegora M.P., Sediono: »Dreams and Realities«. In: Taufik, Abdullah (Hg): *The Heartbeat of Indonesian revolution.* 1997, S.37

32 Sutter, John O.: *Indonesianisasi: politics in a changing economy 1940–1955.* 1959, S. 27

33 Allen, G.C. and Donnithorne, Audrey: *Western Enterprise in Indonesia and Malaya.* 1957 reprint 2003, S. 69

34 Bayly, Alan und Kolff, D.H.A.: *Two colonial empires.* 1986, S. 139

35 Rush, S. 34

36 Paczensky, Gert von: *Verbrechen im Namen Christi, Mission und Kolonialismus.* 2002, S. 199

1871 verkürzte die Öffnung des Suezkanals die Reisezeit von vier Monaten auf sechs Wochen. Der Export von Textilien in die Kolonie nahm sprunghaft zu.[37] Hatten sich staatliche und private Ausfuhr aus Niederländisch-Indien 1860 in etwa die Waage gehalten, übertraf der private Export den staatlichen 1885 bereits um das Zehnfache.[38] Ab 1894 verwaltete die Kolonialregierung das Opiummonopol direkt. 1903 wurde das staatliche Pfandhausmonopol eingeführt, das einen jährlichen Profit von fünf bis elf Millionen Gulden abwarf.[39] Seit 1883 wurden die Erdölfelder in *Aceh* ausgebeutet. 1901 folgten die in Ost- und Südsumatra. Die Kolonialregierung schützte Shell vor Konkurrenten, wofür ihr das Unternehmen 60 Prozent seines Gewinns überließ. Während es Europäern gelang, enormes Kapital anzuhäufen, sank das Einkommen der indonesischen Bevölkerung.[40]

Um der wirtschaftlichen Entwicklung der Plantagen, Bergwerke und Erdölproduktion gerecht zu werden, musste die Infrastruktur verbessert werden. Häfen, Straßen und Eisenbahnlinien wurden von einheimischen Arbeitskräften unter erbärmlichsten Bedingungen gebaut.[41] Andere Investitionen gab es kaum. Sogar Stromversorgung, Funkverbindung und die Herstellung von Medikamenten fehlten.[42]

1900 gab es 22 Provinzen, die sich aus drei bis vier Regionen zusammensetzten. Sie wurden von Provinzgouverneuren, sogenannten Residenten, verwaltet. Über ihnen herrschte der Generalgouverneur als Vertreter der niederländischen Krone. Jeder Resident verdiente 15.000 Gulden, ihre 78 Assistenten 7.200 Gulden und die ihnen unterstehenden 165 Kontrolleure zwischen 2.700 und 4.800 Gulden im Jahr.

An der Spitze der parallel existierenden einheimischen Verwaltung standen 72 Regenten oder ›bupati‹. Das waren Fürsten, die unter Aufsicht eines Assistenten eine Region regierten. Diese Bindeglieder zwischen Kolonialregierung und einheimischer Verwaltung erhielten jährlich 12.000 Gulden. Dafür lieferten sie landwirtschaftliche Erzeugnisse zu

---

[37] Benda, Harry Jendrich: *The crescent and the rising sun: Indonesian Islam under the Japanese occupation 1942–1945*. 1958, S. 33
[38] Ricklefs, 2008, S. 162
[39] Cribb, 2004, S. 334
[40] Pramoedya, Ananta Toer: *Child of all nations*. 1996, S. 279
[41] Booth, Anne E.: *Economic and social development in East and Southeast Asia*. 2007. S. 7
[42] Miyamoto Shizuo:»Economic and Military Mobilization in Java, 1944–1945.« In: Reid, Anthony und Akira Oki (Hg): *The Japanese experience in Indonesia: Selected Memoirs of 1942–1945*. 1986, S. 237

festgelegten Preisen ab.[43] Die 434 ihnen unterstellten Bezirksleiter verdienten 2.500 und die 1.033 adeligen Unter-Bezirksleiter zwischen 1.200 und 780 Gulden.[44] Auch tausende Dorfvorsteher profitierten, wenn auch auf viel geringem Niveau, von diesem System indirekter Herrschaft.

Als Aceh 1908 nach einem 30-jährigen Krieg endlich unterworfen war, befanden sich Sulawesi, die Molukken, die Kleinen Sunda-Inseln und der größte Teil Borneos bereits unter niederländischer Kontrolle. 1909 folgte Bali. 1910 hatte die Kolonie die Ausdehnung erreicht, die dem heutigen Indonesien entspricht.

Ab 1925 existierte der ›Volksrat‹ als Beratungsorgan der Kolonialverwaltung. 1931 gehörten ihm 30 meist adelige indonesische Kolonialbeamte an, 25 Europäer und fünf Mitglieder anderer Ethnien. Alle wichtigen Posten blieben jedoch in niederländischer Hand. Der einheimischen, städtischen Elite blieb also eine politische und wirtschaftliche Rolle, die ihrer Bildung und ihren Fähigkeiten entsprochen hätte, weiterhin verwehrt. In ihrem eigenen Land wie Untertanen behandelt, gründeten sie sogenannte nicht-kooperative Parteien, die von der Regierung umgehend unterdrückt wurden.[45] Es gelang ihnen nicht, die Unterstützung religiöser Eliten und der Aristokratie zu gewinnen.[46]

Nationalismus galt als Widerstands-Ideologie gegen Fremdherrschaft.[47] In Indonesien richtete er sich auch gegen die wirtschaftliche Dominanz der Chinesen.[48] Die erste antikoloniale Massenbewegung ›Sarekat Islam‹ wurde 1912 als Schutz für Javas Batikhändler ins Leben gerufen. Als die Kolonialregierung ein Jahr später den 100. Jahrestag der niederländischen Unabhängigkeit von Frankreich in Indonesien großartig feiern ließ, wies eine indonesische Zeitung auf die fragwürdige Moral hin, von der kolonialisierten Bevölkerung zu verlangen, sich an den Kosten dieser Feierlichkeiten zu beteiligen.[49]

In den 1920er Jahren bestand etwa ein Drittel der javanischen Bevölkerung aus mittellosen Bauern und ein weiteres Drittel aus landlosen Tagelöhnern. Mehr und mehr Bauern pachteten für einen Teil der Ernte

[43] Bastin, S. 27
[44] Day, Clive, S. 40
[45] Grayson, Lloyd und Smith, Shannon: *Indonesia today: challenges and history.* 2001, S. 303
[46] Ingleson, John: *Road to exile: the Indonesian nationalist movement, 1927–1934.* 1979, S. 231
[47] Kartodirdjo, Sartono: *Indonesian historiography.* 2001, S. 39
[48] Mark, Ethan: *Appealing to Asia: Nation, Culture and the problem of imperial modernity in Japanese occupied Java 1942–1945.* Ph.D. thesis, Columbia University 2003, S. 95
[49] Larson, George: *Prelude to revolution: palaces and politics in Surakarta 1912–1942.* 1979, S. 97

Land von wohlhabenderen Landbesitzern. Als das wachsende Elend 1926/27 Aufstände in West-Java und West-Sumatra auslöste, reagierte die Regierung mit Repression.[50] Auf Sumatra wurden mindestens 13.000 Menschen verhaftet.[51] Polizeikräfte trugen enthauptete Köpfe von Rädelsführern auf Stangen durch die Dörfer.[52]

Nach diesen Erfahrungen wandten sich viele Indonesier der 1927 gegründeten *Nationalen Indonesischen Partei (PNI)* zu. Ihr Jugendkongress von 1928 wird als Beginn der nationalen Bewegung betrachtet. Die städtische Jugend leistete einen Eid auf: ›Ein Vaterland, eine Nation und eine Sprache‹. Die Anführer waren meist Angehörige des enttäuschten, gebildeten Adels.[53]

Java unterstand zu 93 Prozent der Kolonialherrschaft und die ›Außeninseln‹ zu mehr als der Hälfte. Die Regierung weigerte sich weiterhin, mit der indonesischen Elite auf Augenhöhe zu verhandeln und unterdrückte stattdessen Pressefreiheit und Versammlungsrecht. Auch alle liberalen, niederländischen Ansätze fielen Polizei- und Militäraktionen zum Opfer. Generalgouverneur de Jonge, ehemaliger Kriegsminister und Shell-Geschäftsführer, verkündete: ›Wir regieren hier seit 300 Jahren mit der Peitsche und werden dies noch weitere 300 Jahre tun.‹[54]

Im Dschungellager in *West-Papua* waren seit 1927 ungefähr 1.400 politische Gefangene interniert und zusätzlich etwa 1.100 Ehefrauen und Kinder. Manche blieben mehr als 15 Jahre dort. Dutzende überlebten die Verbannung nicht.[55] Trotzdem hatte die nationale Bewegung großen Zulauf. Ihre Ziele waren jedoch durchaus nicht einheitlich. Die Säkularen strebten lediglich die politische Unabhängigkeit an, die Religiösen einen islamischen Staat und die Sozialisten einen grundlegenden sozialen Wandel.[56] Die sundanesische Unabhängigkeitsbewegung – wie die in Sumatra und Timor – hoffte auf ein föderales Indonesien, in der keine Volksgruppe dominierte. Die mehrheitlich javanischen Politiker vertraten dagegen in erster Linie die Interessen Javas. Ihre Vision sollte sich auf Kosten aller andern durchsetzen.

---

[50] Kahin, Audrey: *Regional dynamics of the Indonesian revolution.*1985, S. 111
[51] Jong, 2002, S. 20
[52] Mak, Geert: *Das Jahrhundert meines Vaters.* München 2005, S. 231
[53] Smail, J.R.W.: *Bandung in the early revolution 1945–1946.* 1964, S. 22
[54] Feith, Herbert: *The decline on constitutional democracy in Indonesia.* 1964, S 5
[55] Mak, S. 231
[56] Legge, John D.: *Intellectuals and nationalism in Indonesia.* 2010, S. 19

Dass die Nationalisten selbst nach dem Krieg noch eine relativ kleine, zerrissene Gruppe waren, dass viele Indonesier der Unabhängigkeit indifferent gegenüber standen, manche sie gar ablehnten, würden die meisten Indonesier heute vehement verneinen. Die Darstellung nationaler Einheit dient der Zentralregierung besser als das komplexe, widersprüchliche Bild verschiedener Zielrichtungen.[57] Auch fanden Frauen im nationalen Mythos keinen Platz.

Die Weltwirtschaftskrise traf Niederländisch-Indien besonders heftig. Der Export fiel von etwas über 1,5 Milliarden Gulden 1928 auf unter 0,5 Milliarden 1935.[58] In dieser Zeit blieb die Kolonie ein wichtiger Absatzmarkt für das Mutterland. Zwischen 1929 und 1933 exportierten die Niederlande achtmal mehr Güter in ihre Kolonie als in den Rest der Welt.[59] Gleichzeitig verstärkte sich die Unzufriedenheit der Bevölkerung. Das Durchschnittseinkommen für einen Europäer betrug 2.700, für einen Chinesen 327 und für einen Indonesier 60 Gulden. Ein Europäer verdiente also durchschnittlich 45-mal so viel wie ein Indonesier.[60] 1936, als das niedere Regierungspersonal zu 99 Prozent aus Indonesiern, das höhere aber zu 92 Prozent aus Europäern bestand, schuf der Volksrat einen Ausschuss, der Pläne für den Übergang zur Unabhängigkeit erarbeiten sollte.[61] Diese sogenannte Sutarjo-Petition wurde 1938 von der Regierung abgewiesen.[62]

Es gab aber auch positive Entwicklungen. Zwischen 1900 und 1940 wurden zahlreiche neue Reisfelder angelegt und die Bewässerung existierender Felder verbessert. Die Regierung führte Saatgut für ergiebigere Reissorten und landwirtschaftliche Ausbildungskurse ein, und 1939 war Java wieder in der Lage, Reis zu exportieren. Es schien, als ob die Hungersnöte der Vergangenheit angehörten. Die Wirtschaft erholte sich. 1940 deckte Niederländisch-Indien 31 Prozent des Weltbedarfs an Kopra, 33 Prozent an Kautschuk und 29 Prozent an Palmöl. Von den 64 großen Palmölplantagen, die fast ausschließlich Europäern gehörten,

---

57 Vickers, Adrian: »Indonesian histiography of the occupation period«. In: Post, Peter et. al. (Hg.): *The encyclopaedia on Indonesia in the Pacific War.* 2010, S. 453

58 Hollander, S. 93

59 Booth, 2007, S. 95

60 Lindblad, J. Thomas: »The late colonial state and economic expansion, 1900–1930«. In: Dick, Howard *The emergence of a national economy: an economic history of Indonesia 1800–2000.* 2002, S. 142

61 Mak, S. 159

62 Palmier, Leslie H.: *Indonesia and the Dutch.* 1962, S. 37

befanden sich 56 auf Sumatra.[63] Die Kolonie produzierte 85 Prozent des Weltverbrauchs an Pfeffer und praktisch das gesamte Chinin.[64] Als Chinin während des Zweiten Weltkrieges chemisch hergestellt werden konnte, wurde das Monopol wertlos.

Bis zum Einmarsch der deutschen Wehrmacht in den Niederlanden, am 10. Mai 1940, schien der Zweite Weltkrieg in weiter Ferne. Die Städte waren an Festtagen mit niederländischen, chinesischen und englischen Flaggen sowie Hakenkreuzfahnen geschmückt.[65] Die meisten Anführer der Unabhängigkeitsbewegung erklärten sich mit der Kolonialmacht solidarisch. Die einheimische Jugend sammelte Geld und schickte es in die Niederlande. Ihre Hoffnung auf eine Geste des guten Willens wurde aber enttäuscht. Die Regierung weigerte sich weiterhin, die Indonesier an der Verteidigung ihres Landes zu beteiligen.

Im April 1940 hatte Königin Wilhelmine noch erklärt, der Westen werde die Japaner wie Ratten ertränken.[66] Am 28. Juli 1941 fror die niederländisch-indische Regierung – nach den USA und Großbritannien – alle japanischen Konten ein, konfiszierte japanischen Besitz und begann mit einem Embargo an Erdöl, Zinn und Kautschuk.[67] Am 8. Dezember erklärten die Niederlande Japan den Krieg. Am gleichen Tag wurden etwa 2.000 Japaner mit ihren Frauen und Kindern nach Australien deportiert und dort interniert.[68] Zwar porträtierte die niederländische Regierungspropaganda Japaner als Untermenschen.[69] Unter der europäischen Bevölkerung breitete sich dennoch Furcht aus. Sogar ländliche Taubenrennen wurden untersagt, aus Angst, sie könnten ›schlechte Nachrichten‹ verbreiten.[70] Die indonesische Presse rief die Bevölkerung auf, sich der Kolonialregierung gegenüber loyal zu verhalten. Die Nationalisten stellten sich erst nach der Besatzung auf die Seite der Bevölkerung, die mehrheitlich die vermeintlichen japanischen Befreier jubelnd begrüßte.

---

63 Allen, GC, S. 142
64 Aziz, Muhammad Abdul: *Japan's colonialism and Indonesia.* 1955, S. 98
65 Mak, S. 239
66 Archer, Bernice: *The internment of western civilians under the Japanese 1941–1945.* 2004, S. 35
67 Sato Shigero: »Chronological tables.« In: Post, Peter (Hg.): *The encyclopaedia on Indonesia in the Pacific War.* 2010, S. 28
68 Palmier. S 164
69 Krancher, Jan A. (Hg.): *The defining years of the Dutch East Indies 1942–1945: Survivors' accounts of the Japanese invasion and enslavement of Europeans and the revolution that created free Indonesia.* 1996, S. 104
70 Frederick, William: *Visions and heat: the making of the Indonesian revolution.* 1989, S. 82

Außer der Regierung hatte man die etwa 350.000 Niederländer – mehrheitlich Eurasier – größtenteils nicht evakuiert.[71] Unter anderem, weil die australische Regierung sich weigerte, Eurasier aufzunehmen.[72] Nach der Besatzung erklärte Königin Wilhelmine in einer Radioansprache aus ihrem Londoner Exil, dass die Niederlande nach dem Krieg mit Indonesien ein Commonwealth bilden würden. Die Indonesier erfuhren davon aber erst nach Kriegsende und ihrer Unabhängigkeitserklärung.[73] Nach dem Krieg hielt man es in den Niederlanden für selbstverständlich, dass die alten Zustände wieder hergestellt würden. Man betrachtete die Kolonie, nach dem wirtschaftlichen Niedergang als Folge der deutschen Besatzung, für überlebenswichtig. Da man Asiaten zudem für unfähig hielt zu regieren, glaubte man, die Wiederherstellung der Kolonialverwaltung wäre auch für die Indonesier von Vorteil. Die Kolonialmacht verwies zwar oft auf die Londoner Erklärung, letztlich aber spielten die Niederlande, wie Japan, mit den Unabhängigkeitshoffnungen der Indonesier und gaben lediglich nach, wenn sie im eigenen Interesse keine Alternative sahen. Im Laufe der nun folgenden Unabhängigkeitskriege übersiedelten zwischen 1945 und 1956 ungefähr 260.000 Eurasier in die Niederlande. Mit offenen Armen empfangen wurden sie in dem kriegszerstörten Land nicht.

---

[71] Bussemaker, H.Th.: *Paradise in peril: western colonial power and Japanese expansion in South East Asia 1905–1941.* Ph.D. Thesis, University of Amsterdam. 2000, S. 773
[72] Archer, S. 123
[73] Goto Ken'ichi: *Tension of empire: Japan and Southeast Asia in the colonial and post colonial world.* 2003, S. 220

Gazali:
Angehöriger der matrilinearen Kultur der Minangkabau

Welche eine Freude, meine Freunde Lifinda und Mustafa Nasution nach zehn Jahren wieder zu sehen! Ihre drei Söhne sind inzwischen erwachsene Männer. Finda leitet ihre eigene Vorschule. Um mich auf zwei Reisen nach *Sumatra* begleiten zu können, delegiert sie viel ihrer Verantwortung während der vier Wochen, die ich ihr Gast bin. Mustafa lehrt Ökonomie an der indonesischen Universität in *Jakarta*. Von meinen weltoffenen, gläubigen, muslimischen Freunden erfahre ich viel über die politische Situation und die Bedeutung des *Islams* in ihrem Land.

Eine der ersten Lektionen, die ich lerne, ist, dass zwar alle Menschen in dem Vielvölkerstaat indonesische Staatsbürger sind, dass sie sich aber an erster Stelle ihrer eigenen Ethnie angehörig fühlen. Finda und Mustafa sind *Batak* und haben ihre Wurzeln im Norden Sumatras. Ihr Wunsch ist es, dass ihre Söhne Batak-Frauen heiraten. Eine andere Schwiegertochter wäre ein Problem – kein unüberwindliches, aber eben ein Problem.

»Es gibt bedeutende kulturelle und sprachliche Unterschiede zwischen den verschiedenen Völkern Indonesiens«, erklärt Finda. »Wenn wir Batak nicht innerhalb unseres Volkes heiraten, werden unsere Traditionen, unsere Kultur und unsere Sprache eines Tages verschwunden sein.« Diese Befürchtungen begegnen mir bei allen Volksgruppen. Nur die Javaner, das bei weitem größte Volk, teilen diese Ängste nicht – im Gegenteil.

Als Angehörige der gebildeten oberen Mittelschicht gehören meine Freunde zu den privilegierten Indonesiern. Sie besitzen ein geräumiges Reihenhaus in einer der typischen bewachten Wohnviertel. Um es zu erreichen, müssen ein Schlagbaum und ein Sicherheitsposten passiert werden. Gazali und seine Frau, Findas Nachbarn, sind *Minangkabau* und gern bereit, mit mir zu reden. Der gebrechliche alte Herr erklärt mir, dass das matrilineare Volk der Minangkabau in Westsumatra zuhause ist. Als ich mich nach dem Leben eines kleinen Jungen in seiner Kultur erkundige, erzählt Gazali: »Vater brachte mir bei, im Haus sauber zu machen und vor dem Haus zu kehren. Ich hatte auch die Aufgabe, das Fleisch der Kokosnüsse aus der Schale zu lösen und zu reiben, lernte Gewürze in einem Mörser zu zerstoßen und half beim Kochen. Generell wurde von Mädchen erwartet, dass sie kochen und von Jungen, dass sie sauber machen. Gekocht wurde auf einem Grill, der auf einem Steinring lag und auf dem drei Töpfe Platz hatten. Unser Essen bestand meist aus gebratenem Reis mit Gemüse. Manchmal wurde in eine Mahlzeit für neun Personen ein Ei geschlagen. Eier waren selbst für uns teuer, obwohl Vater mit 100 Rupien im Monat für die damalige Zeit ein gutes Einkommen hatte.«

»Und mit sechs Jahren kamen Sie in die *Schule*?«

»Richtig. Nach dem Aufstehen wusch ich mich, frühstückte und lief die zweihundert Meter zur Schule. Es wäre aber ein Irrtum zu glauben, dass damals alle Kinder eine Schule besuchten. Die allermeisten Familien konnten sich das Schulgeld selbst für die einheimischen Schulen nicht leisten.

Unser Leben wurde erst mit der japanischen Okkupation schwierig. Die Holländer liefen einfach davon und ihre Häuser, Büros und Kasernen wurden von den Japanern belegt. Wer nicht geflohen war, wurde in *japanischen Internierungslagern* außerhalb der Stadt eingesperrt. Die Dorfbewohner mussten den größten Teil ihrer Ernte an die Japaner abliefern.«

»Was empfanden Sie gegenüber den Japanern?«

»Ich bin überzeugt, dass die einfachen Soldaten nicht wussten, wie die Pläne ihrer Oberen in Wahrheit aussahen. Ich nehme an, etliche glaubten der Propaganda von der Befreiung Indonesiens vom Joch niederländischer Kolonialherrschaft. In normalen Zeiten wurde Reis in Jute-Säcken transportiert. Jetzt nähte man aus diesem Material Hosen und Hemden, die sich in der Sonne allmählich in ihre Bestandteile auflösten. Manche versuchten, Stoffe aus der Rinde der Taro-Pflanze[1] herzustellen. Die Menschen waren verzweifelt. Eines Tages hatte Vater

---

[1] Taro ist eine immergrüne, krautige Pflanze, die eine Höhe von 1 und 2 Metern erreicht und auf der malaiischen Halbinsel seit mehr als 7000 Jahren kultiviert wird.

das Glück, Vorhänge erwerben zu können. Daraus wurden Kleider genäht und der Rest gegen Reis eingetauscht.«

»Welches Geld wurde benutzt?«

»Die Japaner druckten die japanisch-niederländischen Gulden.«

Die Japaner brachten die neue *Währung* mit, lösten die Banken auf und damit die Schuldverpflichtungen. Die Unmenge neuen Geldes löste eine Hyperinflation aus. Als die Japaner 1944 entschieden, dass es ihren langfristigen Zielen dienen würde, den indonesischen Nationalismus zu fördern, druckten sie frisches Geld – in indonesischer Sprache. Dieses wurde nach der Unabhängigkeitserklärung Indonesiens 1946 wiederum durch neue Geldnoten ersetzt. Auch diese währten nur, bis die Holländer 1947 und 1948 wieder weite Teile des Landes unter ihre Kontrolle brachten.

Als ich mich bei Gazali erkundige, was er über das Schicksal der ›romusha‹ wusste, erwidert er: »Wir sahen diese Zwangsarbeiter aus Haut und Knochen vor Hunger sterben, aber wir wussten nicht, wo sie untergebracht waren. Nur wenigen gelang es zu fliehen. Die Japaner haben sich nicht einmal die Mühe gemacht, sie wieder einzufangen.« Das Thema wechselnd fährt er fort: »Das Schlimmste während der japanischen Besatzung war der Tod meines Vaters 1943. Ich war noch keine 13 Jahre alt. Mutter war nun finanziell vollkommen von uns Kindern abhängig.«

»Hatten Sie jemals Angst um Ihre Schwestern? Wurde über sogenannte ›*Trostfrauen*‹ geredet?«

»In Bukittinggi gab es zwei Gebäude, in denen junge Frauen untergebracht waren. Sie waren mit einem Zaun umgeben, so dass niemand sehen konnte, was dahinter geschah. Heute weiß ich, dass diese armen Mädchen täglich vergewaltigt wurden, aber damals verstand ich das nicht. Heute hat jeder mit diesen Frauen Mitleid, aber damals wurde darüber nicht gesprochen. Es war tabu.

Als die Japaner kapitulierten, war ich 15 Jahre alt. Nun kamen die Holländer aus den Lagern zurück. Einerseits taten sie mir leid. Andererseits war ich froh, dass sie Indonesien verlassen sollten. Ich erinnerte mich sehr wohl an meine Verbitterung, beim Eingang zum Schwimmbad zu lesen: ›Für Hunde und Einheimische verboten!‹ Aber ich hätte mir gewünscht, dass man sie anständiger behandelt.«

»Was änderte sich nach der Kapitulation der Japaner für Sie?«

»1947, nach der ersten *Polizeiaktion*, kontrollierten die Niederländer wieder weite Teile des Landes. Während die meisten Minangkabau die Unabhängigkeitsbewegung unterstützten, versuchte die *NICA* – die Niederländisch-Indische Ziviladministration – Bukittinggi wieder unter ihre Kontrolle zu bekommen. Die Stadt wurde bombardiert. Als das Rathaus und Teile der Stadt brannten, suchten viele Menschen Zuflucht in nahe gelegenen Dörfern. Da meine Familie in den umliegenden Orten keine Verwandten hatte, blieben wir zuhause. Nach dem Sieg der Niederländer begann die Jagd nach Mitgliedern der indonesischen Armee. Manche Einheimische verrieten den Holländern, wo sich diese Soldaten versteckten.«

»Als das niederländische Militär anrückte«, ergänzt Gazalis Frau, die still zugehört hatte, »schickten die Dorfbewohner Warnungen von Ort zu Ort, indem sie Bambusrohre aneinander schlugen. Das gab *Sukarnos* Soldaten Zeit unterzutauchen. Allein in meinem Dorf versteckten sich etwa hundert von ihnen.«

»Die wirtschaftliche Lage blieb prekär«, fährt Gazali fort. »Ich rollte weiterhin Zigaretten in einer kleinen Fabrik. Damit unterstützte ich meine Mutter und kam für mein Schulgeld auf. Der Arbeitsplatz war aber so feucht und schlecht belüftet, dass ich ein halbes Jahr krank war. 1950, nach der Erlangung unserer endgültigen Unabhängigkeit, wurde das Leben allmählich wieder einfacher. Mein Bruder fand eine Anstellung bei der Regierung und meine Schwester arbeitete als Lehrerin. Sie sorgten für Mutter und zahlten mein Schulgeld. 1953 schloss ich die Schule ab – mit einer ›8‹ in Deutsch, Englisch und Französisch und einer ›7‹ in Indonesisch.

Jetzt erhob sich die Frage: Was nun? Da schlug mein Bruder vor: ›Geh nach Yogyakarta!‹ Mit diesen Worten zog er ein Ticket für eine Schiffspassage aus der Tasche. ›Yogya ist eine gute Universitätsstadt.‹ Ich war vor Glück sprachlos. Bis zum heutigen Tag bin ich meinem Bruder dankbar und habe versucht, seinem Geschenk gerecht zu werden. Auch meine Mutter gab mir ihren Segen: ›Geh und tu dein Bestes‹. Und glauben Sie mir, das habe ich getan!

Während ich Wirtschaftswissenschaften studierte, rebellierte West-Sumatra gegen die Zentralregierung in Jakarta. In Bukittinggi wurde die *PRRI*, die Revolutionsregierung der Republik Indonesien, etabliert. Der *Aufstand der Außeninseln 1957/58* wurde jedoch von der indonesischen Armee niedergeschlagen. Diese Unruhen machten es meiner Familie unmöglich, mir Geld zu schicken. Um zu überleben, nahm ich einen Job als wissenschaftliche Hilfskraft an. Meine missliche finanzielle Situation zwang mich, im ersten Jahr dreimal umzuziehen. Trotz dieser Hindernisse waren meine Leistungen gut genug, dass mich mein Professor für ein Stipendium der Ford Foundation vorschlug. Und so schloss ich mein Studium an der Universität von Wisconsin ab. Ich habe meine Familie nach meiner Rückkehr jedes Jahr einmal besucht. 1961 heiratete ich eine Klassenkameradin aus Bukittinggi. Wir sind uns zufällig in Yogyakarta über den Weg gelaufen. Während des Putsches von *1965* wurde es an der Universität von Yogyakarta, wo ich inzwischen unterrichtete, zunehmend garstig. Obwohl wir zwei Kinder hatten, brachte man uns in einem einzigen Zimmer in einem Gästehaus unter. Dort wurde unser drittes Kind geboren und vier Jahre später unser viertes. Als die Situation immer unerträglicher wurde, nahm ich eine Anstellung in einer Autofirma in Jakarta an.«

Zum Abschluss drängt es Gazali, seine Unzufriedenheit mit der politischen Gegenwart mit mir zu teilen:»Unsere Regierung sollte sich bemühen, unser Land wirtschaftlich erfolgreich zu machen. Wir sind reich an Ressourcen, aber anstatt den Lebensstandard für die Mehrheit der Bevölkerung anzuheben, denken die Regierungsvertreter nur an sich selbst!« Verärgert fügt der gläubige Moslem hinzu:»Einmal werden sie zur Verantwortung gezogen werden! Die Engel Gottes führen Buch. Wenn deine schlechten Taten deine guten überwiegen, wird dir der Himmel verschlossen bleiben. Wussten Sie, dass Zahnärzte in Indonesien ihrer Arbeit nicht nachgehen können, weil die Menschen immer ihren Mund geschlossen halten müssen?!«

Bemüht, unser Gespräch mit einer positiveren Note zu enden, erkundige ich mich nach seinen Kindern.»Sie sind alle erfolgreich und meine Frau und ich sind stolz auf sie. Allerdings haben viel zu viele junge Menschen in unserem Land keine Perspektive und stattdessen Probleme mit Drogen und Alkohol.«

Otto Coerper:
Vater und Sohn

Vereinbart hatte ich mein Treffen mit Otto Coerper während des Treffens der ehemaligen Schüler der deutschen Schule von Sarangan in Mainz. Nun scheinen sich die 900 Kilometer Autofahrt von Süddeutschland an die niederländische Westküste ins Unendliche zu dehnen. Und dann platze ich auch noch mitten ins Abendessen im Haus seiner Bekannten. Er stellt mir seine holländisch-kanadische Lebensgefährtin Els und deren Schwester Ina vor, in deren Haus unsere Gespräche stattfinden. Die 2.000 Seiten Lebenserinnerungen seines gleichnamigen Vaters, die der einstige Chef der Polizeischule von Sukabumi nach der *Internierung der Deutschen* durch die Holländer verfasste, hatte ich bereits begonnen zu lesen. Auszüge daraus werden in dieses Vater-Sohn-Kapitel einfließen.

Otto Coerper der Ältere wurde 1891 in Dutweiler bei Saarbrücken geboren. Aufgewachsen ist er in Kleve. Nach dem Abitur verpflichtete er sich bei der Marine, ohne zu ahnen, dass sich sein Leben von nun an auf der anderen Hälfte der Erdkugel abspielen würde. Als sein Schiff vor China kreuzte, ging er am 3. September 1913 in Nanking einmal an Land. ›Die Stadt war ein Bild völliger Verwüstung. Die Bewohner wühlten in den Trümmern …‹[1]

Nach Beginn des Ersten Weltkriegs wurde die deutsche Kolonie *Tsingtau*, nördlich von Peking, von Japan besetzt. Auch Briten, Russen und Franzosen unterhielten auf dieser Shandong-Halbinsel Kolonien. Dorthin wurde Otto Coerper als Besatzungsmitglied des deutschen ›Kreuzergeschwaders‹ geschickt. Während die Marineangehörigen unter

---

[1] Coerper. Otto: Unveröffentlichte Erinnerungen. II. Teil. Marine 1910–1920. S 211

›beschäftigungslosem Herumsitzen‹ litten, erreichte sie am 28. Oktober 1914 ein Telegramm des Kaisers: ›Mit mir blickt gesamtes Deutsches Vaterland voll Stolz auf die Helden von Tsingtau …‹ Für den jungen Marineoffizier hatte dies wenig Bedeutung. Er befand sich den ganzen Tag über ›in schärfster Spannung, gefasst darauf, jeden Augenblick in ein Gefecht zu kommen.‹[2]

Sieglos gerieten die 5.000 Verteidiger der deutschen Kolonie in japanische Gefangenschaft in der Nähe von Tokio und Otto Coerper lernte Japanisch. Als sich nach sechs Jahren das Ende seiner Internierung abzeichnete, erschienen Niederländer, um deutsche Arbeitskräfte für Niederländisch-Indien zu rekrutieren. Statt nach Deutschland zurückzukehren, ließ sich Otto Coerper in *Batavia* als Polizeioffizier ausbilden. Mit ihm gingen ›etwa 600 deutsche Kriegsgefangene nach Java.‹[3] Niederländisch-Indien erlebte nach Ende des Krieges goldene Zeiten. ›Es wurde so gut verdient, dass die Regierung kein Personal mehr bekommen konnte … viele Beamte nahmen ihre Entlassung, um in den Handel zu gehen.‹[4]

Da er sich eine Frau an seiner Seite wünschte, bat Otto Coerper seine Jugendliebe Emma um ihre Hand – und sie willigte ein. Wie viele Männer in den Kolonien reiste der Bräutigam zu seiner Hochzeit nicht selber nach Kleve, sondern ließ sich am Altar von einem Mann seines Vertrauens vertreten. Dieses ›Trauen mit dem Handschuh‹, eine ›typische Kolonialeinrichtung‹, gab dem Beamten … die Möglichkeit, seine … Frau auf Staatskosten herauskommen zu lassen.‹[5] Als Frau Coerper reiste Emma nach Batavia – mehr als sechs Jahre, nachdem sie ihren Schulfreund das letzte Mal gesehen hatte.

Aus der Ehe, die von Anfang an nicht krisenfrei war, gingen drei Kinder hervor. Ernst-Thilo wurde 1923 geboren, Gertrud 1925 und Otto Junior, mein Gesprächspartner, 1929. Ein Jahr vor seiner Geburt nahm sein Vater die niederländische Staatsangehörigkeit an, um Aufstiegschancen zu haben. Mit ihm wechselten alle Familienangehörigen ihre Staatsbürgerschaft. Glücklich war der deutsch-niederländische Gesetzeshüter über die Polizeimethoden in der Kolonie nicht immer. Besonders übel fand er, ›dass für einen lebend gefangenen Räuber

---

[2] Coerper II, S. 281
[3] Coerper II, S.400
[4] Coerper. Otto: Unveröffentlichte Erinnerungen III. Teil Insulinde 1920–1950 A. S.11
[5] Coerper III, S. 32

63

eine Prämie ausgesetzt war, die für einen tot eingelieferten verdoppelt wurde.[6]

Als der Sohn Otto auf die Welt kommen sollte, lebte die Familie auf Riau, einem fast unbewohnten, Singapur vorgelagerten Eiland. Dort errichteten die Amerikaner damals einen Überladehafen für das Erdöl, das sie in Süd-*Sumatra* förderten. Sie nannten den Ort ›Westpoint‹.[7]

»Da es auf Riau für eine Europäerin keine Möglichkeit gab, ein Kind zu entbinden, fuhr Mutter mit dem Dampfer nach Palembang, wo ich das Licht der Welt erblickte«, erzählt mein Gastgeber. Und der Vater schrieb: ›Als am 3. Oktober das Telegramm eintraf, dass uns ein Sohn geboren sei und dass Mutter und Kind wohlauf seien, wurde die Nachricht in lokaler Methode verbreitet – mit Hilfe einer zweiteiligen Schiefertafel … Ein Bediensteter brachte sie … von Haus zu Haus.‹[8]

1933, als Otto Junior vier Jahre alt war, kehrte die Familie nach Batavia zurück – in ein luftiges Steinhaus mit hellen, kühlen Fließen in einer europäischen Siedlung. Er schaute der Küchenangestellten zu, wie sie im großen Garten Wasser aus dem Brunnen heraufzog und beobachtete, wie die kleinen Eidechsen die Moskitopopulation in Schach hielten.

In seinen Erinnerungen erwähnt Vater Coerper einen großen Stein außerhalb der Stadtmauer, auf dem stand: ›Dem verhassten Gedächtnis an den Landesverräter Eberfeld.‹ – ›Eberfeld war ein Mischblut von halb deutscher Abstammung. Man behauptete von ihm … einen Aufruhr gegen die (Niederländische Handels-) Compagnie … vorbereitet zu haben. Er wurde … auf grauenhafte Weise hingerichtet. Er war vor 200 Jahren ebenso wenig ein ›Landesverrader‹, wie ich und meine Schicksalsgenossen im Jahre 1940 … Er hat, wie wir, als Sündenbock dienen müssen.‹

Otto Coerper Senior und seine Frau wurden Mitglieder im Deutschen Verein. Von Hitlers Machtergreifung ›war jeder begeistert … Eine Ortsgruppe der NSDAP gab es schon seit längerer Zeit … Veranstaltungen im Deutschen Haus nahmen mehr und mehr die Form eines Parteizeremoniells an, mit ›Deutschem Gruß‹…Hakenkreuzflagge etc.‹[9]

---

[6] Coerper III, S. 85
[7] Coerper III, S. 269
[8] Coerper III, S. 239
[9] Coerper III, S. 340

Bei aller Deutschfreundlichkeit beobachtete er mit Unwohlsein, dass der neue deutsche Generalkonsul allein aufgrund seines NSDAP-Parteibuches diese Position erhielt.

Als Verantwortlicher für die Sicherheit im Straßenverkehr notierte er: ›Die eingeborenen Schofföre fuhren wie die Rasenden und die Europäer machten es nicht besser. Aus Prestigegründen wollte man einem braunen Mann nicht ausweichen. Mit den Hupen, damals noch die Tuter mit Gummiballon, wurde ein Höllenkonzert vollführt ... Die inländischen Fahrer brachten es darin zur Virtuosität, indem sie in die Gummiballons Löcher machten. Dann konnte man durch ... teilweises Zuhalten der Löcher ... eine ganze Tonleiter von Geräuschen hervorbringen.‹

Während der Vater den Straßenverkehr zu regeln versuchte, vertrieb sich der kleine Otto seine Zeit besonders gern mit seiner Ente, ›mit schön blau und grün schillernden Hals- und Brustfedern. Otto... schleppte sie wie eine Puppe umher ... Jeden Morgen ging die alte Babu ... mit Otto spazieren. Dann lief die ›Wack Wack‹ ... hinter ihnen her ... treu wie ein Hündchen...‹[10]

Nachdem er sich als Verkehrslenker bewährt hatte, wurde Vater Coerper die Verantwortung für Betrug mit Falschgeld übertragen – in den Jahren der weltweiten Wirtschaftskrise eine Herkulesaufgabe. Er nahm an internationalen Tagungen teil und hielt fest: ›Damals wanderten ... goldene und silberne Schmuckgegenstände, in denen ja die einheimische Bevölkerung ihr Vermögen anzulegen pflegte, in die (staatlichen) Pfandhäuser.‹ Da sie nicht wieder eingelöst werden konnten, wurden sie eingeschmolzen. Die einstigen Kunstwerke wurden dann in Form von ›Barren im Werte von vielen Millionen aufgestapelt ... Das Gold ging alles nach Amerika... Emil Helfferich[11] erwähnte einmal, dass allein ... 1932 Gold im Wert von 36 Millionen Gulden ... aus Niederländisch-Indien ausgeführt wurde.[12]

---

10 Coerper III, S. 338
11 Emil Helfferich (1878 – 1972) trieb von 1899 bis 1927 in Niederländisch-Indien Handel. Der bekannteste seiner Brüder war Karl Helfferich, Vizekanzler des Deutschen Reichs im Ersten Weltkrieg und Finanzfachmann während der Weimarer Republik. Nach seiner Umsiedlung nach Hamburg nach der Weltwirtschaftskrise wurde Emil Helfferich ein führender Vertreter der deutschen Überseewirtschaft und nach der »Machtergreifung« der Nationalsozialisten Mitglied der NS-Akademie für deutsches Recht. Ein Indiz für seine Abkehr von der nationalsozialistischen Bewegung ist seine Einziehung bei der Organisation des 20. Juli. 1946 wurde er von der britischen Besatzungsmacht inhaftiert, aber ohne Prozess wieder frei gelassen.
12 Coerper. III, S. 346

Bevor 1936 der nächste Umzug bevorstand, brach die Familie zu dem alle sechs Jahre verdienten, achtmonatigen Europa-Aufenthalt auf. Der 13-jährige Ernst-Thilo wurde bei einer Tante in Köln zurückgelassen. Er sollte einen deutschen Schulabschluss erhalten. »Er erlebte eine wahnsinnige Reglementierung«, erzählt sein jüngerer Bruder Otto. »Für einen Jungen aus den Tropen war das ein Schock. Als Onkel und Tante nicht mehr mit ihm zurechtkamen, steckten sie ihn in eine Art Napola. Dort herrschte eiserne Disziplin. Ab 1940, als Ernst-Thilo 17 Jahre alt war, hatten wir kaum mehr Kontakt mit ihm.«

Nach ihrer Rückkehr siedelte die Familie nach *Yogyakarta* um, wo der kleine Otto in die erste Klasse kam. ›Das Zur-Schule-gehen-Müssen hat er,‹ laut seinem Vater, ›als schwere Beeinträchtigung seiner herrlichen Kinderfreiheit gefühlt. In seiner Bank sitzt er wie ein gefangenes Vögelchen im Käfig.‹ Der ABC-Schütze von damals erzählt: »Ich war kein guter Schüler. Weil Vater alle drei Jahre versetzt wurde, konnte ich nirgends bleibende Freundschaften entwickeln. Herrlich waren unsere Wochenendausflüge an die Küste oder in die Berge.«

Die Ehe der Eltern war damals schon zum ›Nebeneinanderherleben‹ erstarrt. Vater Coerper ging in seinem Beruf auf, war mit dem Völkerbund-Kongress beschäftigt, der in Bandung zum Thema Frauenhandel tagte. – (1937!) Er ging an den Fürstenhöfen ein und aus, bewunderte die formvollendete Höflichkeit des Sultans von Yogyakarta und seiner Beamten, diesen ›modern erzogenen Mann, der sachlich gerecht und fortschrittlich sein Land verwaltete. Stark unterschied es sich von *Solo*, wo der Sunan … eingebildet und … eitel war … Dementsprechend waren auch Solo'sche Beamte … unhöflich und anmaßend.‹[13]

1939, als der kleine Otto zehn Jahre alt war, wurde der Vater nach Sukabumi versetzt, als Direktor der Polizeischule. »Wieder hieß es Abschied nehmen und 600 Kilometer entfernt eine neue *Schule* besuchen.« Sukabumi liegt auf mehr als 600 m Höhe und gilt als einer der klimatisch angenehmsten Orte Javas. Auch dort wurden Otto Coerper und seine Frau tatkräftige Mitglieder im Deutschen Club. Das Unrecht des deutschen NS-Regimes haben sie erst nach Kriegsende erkannt ›und völlig umlernen müssen.‹ Ihre Anschauungen entstanden in Folge ihrer Deutschlandreisen 1928 und 1935, ›… viele unsympathische Züge bemerkte man damals … nicht als vorrübergehende Besucher.‹ Eine

---

13 Coerper III, S. 500

66

autoritäre Regierungsform hielt der Polizeischuldirektor damals jedoch für berechtigt, ›um … Deutschland wieder auf die Beine zu stellen.‹[14]

Unter dem Schreibtisch in seinem neuen Büro lag ein billiger Kokosteppich. Bitter schrieb er, dass der Begriff ›Hakenkreuz‹ noch gar nicht geläufig war, als man den Teppich 20 Jahre vorher angeschafft hatte. Aber Jahre später wurde ihm auf die Liste seiner Verfehlungen gesetzt, dass er ›sogar einen Teppich mit Hakenkreuzen‹[15] in seinem Büro liegen hatte.

Für die Familie war die neue Normalität in Sukabumi von kurzer Dauer. Als die deutsche Wehrmacht in den Niederlanden einmarschierte, wurde der Vater interniert. »Er war am 10. Mai 1940 wie immer zur Arbeit gegangen«, erinnert sich sein Sohn. »Mittags kam er mit einer Liste nachhause, von Deutschen, die er verhaften sollte. Leicht fiel ihm das nicht. Als er seine verdammte Pflicht und Schuldigkeit, wie er es nannte, getan hatte, wurde er selber abgeführt. Ein Drama war das nicht. Wir glaubten doch fest, dass ihm als niederländischem Staatsbürger nichts passieren könne. Stattdessen geriet er zwei Jahre in Haft und die Regierung kürzte sein Gehalt von 900 auf 250 Gulden.« Als das Haus am nächsten Tag durchsucht wurde, entdeckte man in einen Wäscheschrank ›ein rotes … Etwas…. Triumphierend zog man es heraus und entfaltete es … Rot-Weiß-Blau! – die niederländische … Flagge.‹[16]

»Mutter verkaufte das Auto«, erinnert sich der damalige Schüler. »Die nächsten zwei Jahre lebten wir sehr sparsam, mussten weitgehend auf unser Dienstpersonal verzichten und die regelmäßigen Wochenendausflüge fielen weg. Ansonsten plätscherte mein Leben weiter dahin. Ich war nach wie vor verträumt und interessierte mich vor allem für Pflanzen. Mutter musste sich nun allein um alles kümmern. Unterstützt wurde sie von meiner Schwester Gertrud. Der Direktor der Realschule, die meine Schwester besuchte, ein guter Bekannter meiner Eltern, konnte seine schützende Hand über sie halten. Auch ich blieb in der Schule.«

Unterdessen haderte der Vater mit seinem Schicksal. Besonders empörte ihn die Internierung der zwei ehemaligen österreichischen Seeoffiziere Madlé und Wagner, ›die 1920 oder 21 durch die *KPM* angeworben waren … und es, nachdem sie naturalisiert worden waren, bis zum Schiffskapitän gebracht hatten.‹[17] Weiter schreibt er: ›Es durfte

14 Coerper III, S. 600
15 Coerper III, S 611
16 Coerper III, S. 707
17 Coerper III, S. 711

niemand im *Internierungslager für Deutsche* sterben, der Statistik wegen. Drohte ein Sterbefall, dann wurde der Betreffende entweder vorher ins Krankenhaus gebracht oder entlassen. So konnte die ... Regierung stolz eine Sterblichkeit von ›Null‹ aufweisen.‹[18]

Otto Coerpers Hoffnung auf Entlassung wurde am 4. Oktober 1940 ohne Angabe von Gründen zunichte gemacht – ohne Verhör oder irgendwelche Untersuchungen. Am 17. Oktober erfuhr er, dass er fristlos und ohne Anspruch auf eine Pension entlassen wurde – nach 20 Dienstjahren. Er war niedergeschmettert. Die naturalisierten Deutschen wie er wurden, im Gegensatz zu den Reichsdeutschen, nicht nach Britisch-Indien verschifft. Im Februar 1941 wurde Otto Coerper von Ambarawa nach Ngawi verlegt. Als die Gefangenen in Solo umstiegen, war der Bahnhof in ›weitem Umkreis ... geräumt und durch Militär abgesperrt.‹ Die Internierten mussten sich ›zwischen einem Spalier von Soldaten bewegen, die alle ihre Schusswaffen‹[19] auf sie richteten.

Etwa ein Jahr nachdem sein Vater abgeführt worden war, durfte ihn sein zwölfjähriger Sohn im Internierungslager besuchen. »Zu meiner großen Freude kaufte Mutter mir eine billige Armbanduhr. Vater war darüber erbost: ›Wie könnt ihr in dieser Zeit an eine Uhr denken!?‹

Nachdem die Japaner Vater und seine Mitinternierten 1942 befreit hatten, kamen die Holländer in die Lager. In einem von den Japanern requirierten Auto erreichte Vater Sukabumi. In der Juliana-Schule gegenüber von unserem Haus war jetzt die japanische Geheimpolizei untergebracht. Unsere Freude war riesengroß, als einige dieser Beamten eines Tages mit Vater auf unserer Veranda erschienen.«

Für den Vaters war es jedoch befremdlich, dass sein Sohn sich weigerte, Deutsch mit ihm zu sprechen. Dass die Kinder auf Drängen der Mutter – zu ihrem Schutz – während der vergangenen Jahre ausschließlich Holländisch gesprochen hatten, konnte der aus der Internierung Zurückkehrende nicht sogleich begreifen. Er fand keinen Boden unter den Füßen. ›Für die Deutschen zählte ich als Holländer ... Für die Holländer war ich der Deutsche. Und für die Japaner war ich der Deutsche, der die Dummheit begangen hatte Holländer zu werden, von den Holländern aber im entscheidenden Augenblick nicht anerkannt worden war.‹[20]

---

[18] Coerper III, S. 715
[19] Coerper III, S. 731
[20] Coerper III, S. 803

Er begegnete Dr. Johannsen, der im Batak-Land in Nord-Sumatra tätig gewesen war, bis ihn die Holländer – mit allen anderen deutschen Männern – internierten. Wegen einer ernsten Erkrankung wurde er jedoch nicht nach Indien, sondern ins Militärkrankenhaus nach Batavia gebracht. Dieser in Otto Coerpers Augen ausgesprochen glaubwürdige Missionsarzt der Rheinischen *Mission* erschütterte ihn mit dem Bericht ›dass die holländischen Ärzte ihn ... zu Versuchen mit ... Heilmitteln‹ benutzt hätten.[21]

Nun wurden alle Deutschen in dem Feriendorf Sarangan zusammengefasst, wo die Kinder eine deutsche Schule besuchen sollten. Was der junge Otto im Gegensatz zu seinem Vater bei der Ankunft dort offenbar nicht wahrnahm, war die gleichzeitige Abreise holländischer Frauen und Kinder. ›Wir wussten, dass während des Krieges die BPM (Bataafsche Petroleum Maatschappij) ihr Personal von ... Borneo ... nach Java zurückgezogen hatte. Für diese Umsiedler war ... in Sarangan eine Schule eingerichtet worden, die wir nun übernehmen sollten. Es war nicht gerade taktvoll arrangiert, dass man diese Leute erst am Tage unserer Ankunft ... fortgehen ließ ... Ihre unfreundlichen Blicke begriffen wir vollkommen ...‹ In Sarangan lebten fortan ›etwas über 300 Deutsche, davon 200 schulpflichtige Kinder und ... sieben Männer.‹[22] »Unter den Erwachsenen gab es auch ein paar 150-prozentige Nazis«, berichtet der damalige 14-Jährige, »wie den Jugendleiter Schmidt, ein Überlebender der Van Imhoff-Katastrophe.«

Coerper und Johannsen sind die einzigen Männer im bunt zusammengewürfelten Lehrerkollegium. ›Frau Brulez, eine geborene Deutsche, war durch Heirat Belgierin geworden; Frau Peipe, geborene Holländerin, durch Heirat Deutsche; Frau Wisgrill, geborene Deutsche, durch Heirat erst Österreicherin, dann durch die Naturalisation ihres Mannes Holländerin; Frau Wolff geborene Deutsche, durch Heirat Holländerin.‹[23] Frau Bode, die Leiterin der Schule, hatte ihren Mann beim Untergang der Van Imhoff verloren. Zu ihren drei ältesten Kindern in Deutschland bestand keine Verbindung mehr.

Am 20. April 1942, dem Geburtstag des Führers, wurde die Schule eröffnet. Zu den Regeln gehörte, dass die Schüler beim Eintreten des

---

[21] Coerper III, S. 815
[22] Coerper III, S. 831
[23] Coerper III, S. 835

Lehrers zur ersten Schulstunde aufstehen und mit ›Heil Hitler‹ grüßen mussten. Den ›Deutschen Gruß‹ fand man allerdings bereits in den ersten Wochen ›so deplatziert, dass er von selbst aufhörte.‹[24] Kopfzerbrechen bereitete den Lehrern die mangelnden Deutschkenntnisse ihrer Zöglinge, die bisher holländische Schulen besucht hatten.

Der junge Otto streifte barfuß durch Maisfelder und Wälder und spazierte mit seinen Enten zum See. »Sechs Jahre lang lebte ich in einem Paradies – bis zu meinem 20. Lebensjahr.« In der Erinnerung des älteren Coerper liegen auch Schatten über dem Paradies. Weil der Sohn in seinem Unterricht Goethes Ballade ›Die Legende vom Hufeisen‹ nicht auswendig lernte, griff der Vater schließlich zum altbewährten Mittel, um ihm ›mittels eines Rohrstockes den Ernst des Lebens klar zu machen.‹[25]

Die Sorge um den in Deutschland zurückgelassenen Sohn belastet die Familie sehr. »Da der Kontakt zu meinem Bruder abgebrochen war, reiste meine Schwester nach *Surabaya*, um von den deutschen Seeleuten vor Ort etwas über Ernst-Thilo herauszufinden. Dort erfuhr sie, dass unser Bruder mit seinem U-Boot untergegangen war.«

»Wie ging Ihre Familie mit dieser entsetzlichen Nachricht um?«

»Darüber wurde so gut wie nie gesprochen.«

Der von Mewes – der durch die deutsche Botschaft in Tokio ernannte Vertreter der deutschen Interessen auf Java – eingesetzte Leiter der ›Geschäftsstelle … hatte … monatlich die Zulagen auszuzahlen… (und heimlich) wöchentlich einen Bericht über alles, was sich in Sarangan ereignete, an Mewes zu schicken.‹[26] Da diese Gelder nicht für jeden gleich ausfielen, erwiesen sie sich als anhaltende Quelle unterschwelliger Spannungen. Dies änderte sich auch nicht, als 1943, nach einem Schuljahr, die Herren Generalkonsule Ramm und Dr. Bräunert in Sarangan zwei Monate lang nach dem Rechten schauten. Zu den Entlassungen, die sie vornahmen, gehörte Frau Braun. Sie musste mit der Begründung gehen ›sie sei mit einem Juden verheiratet. Dies hat allgemeine Empörung verursacht, denn Frau Braun war eine unserer besten Lehrkräfte.‹[27]

Für den mittlerweile 16-jährigen Otto standen ganz andere Dinge im Vordergrund. »Ich musste, wie jeder andere Junge, Arbeitsdienst leisten und stieg regelmäßig mit einem Spaten in einer Marschkolonne

24 Coerper III, S. 836
25 Coerper III, S. 817
26 Coerper III, S. 842
27 Coerper III, S. 850

den Berg hinauf. Unsere Aufgabe bestand darin, Rizinus anzupflanzen. Daraus wollten die Japaner Öl für ihre Jagdflugzeuge gewinnen. Mich faszinierten die unzähligen, bunten Schmetterlinge, die von diesen Pflanzen angezogen wurden. Bald hingen überall ihre Raupen. Sie zerfraßen ganze Bäume und zogen Unmengen an Ungeziefer an. Der Rizinus-Versuch galt bald als gescheitert. Nach der Kapitulation der Japaner ging der Kampf um Indonesien weiter. Die Einheimischen grüßten nun mit ›merdeka‹ – Freiheit! Im Gegensatz zu den Holländern hatten die Deutschen von ihnen nichts zu befürchten.«

Für Vater Coerper begannen nun böse Jahre. Am 1. September 1945 verließ er seine Frau. Seine neue ›Einzige‹ hieß Elfriede. Die Trennung der Eltern erschütterte den Sohn schwer. Zudem erhielten die Deutschen mit Kriegsende vom Deutschen Reich keine Zulagen mehr. ›Mehr und mehr kamen wir dazu, Kleidungsstücke … zu ›vereiern‹ … Für ein Taschentuch erhielt man … vier bis sechs Eier, für ein altes Hemd 25 bis 40 und von einem guten Bettlaken konnte eine Familie einen Monat leben.‹

Für den ehemaligen Polizeibeamten war es eine enorme Erleichterung, als er in der neuen indonesischen Polizeischule in Plaosan eine Anstellung mit guter Bezahlung fand. Als sein Ausbildungskurs nach Sarangan verlegt wurde, erschien zur ›Eröffnung des allerersten Kurses … *Sukarno* selbst.‹ Er überraschte die deutsche Restgemeinde mit seinen guten Deutschkenntnissen. ›Auch Mohamad *Hatta* war mehrmals da. Seine Familie hat sogar längere Zeit in Sarangan gewohnt …‹

Für die deutschen Angestellten bei der indonesischen Polizei führte man indonesische Namen ein, wodurch ihre Tätigkeit gegenüber den Holländern verschleiert werden sollte. Die Anfangslaute hielt man nach Möglichkeit bei. So wurde aus Otto Coerper ›Pa Kemal‹.[28] Die mit der Unabhängigkeitserklärung eingeführte indonesische Sprache war nicht nur den Auszubildenden weitgehend ungeläufig. ›Von der Bevölkerung außerhalb der großen Küstenstädte konnten … 90 Prozent die neue Sprache nicht.‹[29] Viele der betagten Zeitzeugen, die ich 2012 besuchte, sprachen noch immer kein Indonesisch.

›Nach den Polizeikursen wurde in Sarangan eine Sportschule errichtet. Zur Eröffnung waren auch die deutschen Schulklassen 8 bis 11

---

[28] Coerper III, S. 976
[29] Coerper III, S. 973

geladen, um vor Sukarno ... deutsche Volkslieder zu singen. Die Jungen durften zudem 15 Minuten lang ihre Turnkünste demonstrieren. Die Aufregung war natürlich immens. Nach und nach tauchten auch andere indonesische Vereine in Sarangan auf und schließlich gab es kaum noch jemanden, ... der nicht irgendwie ... in den Unterrichtsbetrieb eingeschaltet gewesen wäre.‹ Für Verdienstmöglichkeiten war nun also gesorgt. Privat lagen dagegen Schatten auf Vater Coerpers Leben. Seine Elfriede konnte sich nicht zu einer eindeutigen Entscheidung für ihn durchringen. Ihre Rückkehr nach Deutschland war schmerzlich.

Trotz aller Probleme unternahmen Vater und Sohn hin und wieder gemeinsame Bergtouren. Der Vater beschreibt, wie sie einmal ›vor einem Felsspalt eine dicke, aufgeringelte Dreiecksnatter liegen sahen…, die den Hals mit dem abscheulichen Kopf erhoben hatte und züngelnd mit giftgelben Augen nach uns hinschaute.‹ Otto stellte sich geschickt an, ›wie er das Tier ... bis auf die Mitte des Weges reizte ... und dann im geeigneten Moment mit dem ... mitgebrachten Stock festhielt ... Sicherheitshalber gab ich der Schlange mit meinem Spazierstock einen tödlichen Schlag.‹

1947 brachten die Holländer Batavia und andere bedeutende Hafenstädte wieder in ihre Gewalt. Mit der zweiten so genannten *Polizeiaktion,* ein Jahr später, eroberten sie den größten Teil der Inseln zurück. Nach dem kommunistischen Aufstand im nahe gelegenen *Madiun,* im Herbst 1948, entstand auch in Sarangan ein erhöhtes Schutzbedürfnis, erinnert sich der jünere Otto Coerper: »Wir hatten die Nächte in Wachen von 2 ½ Stunden eingeteilt. Bewaffnet waren wir mit Bambusspeeren und einem Karabiner mit fünf Schuss. Jede vierte Nacht konnte man ausschlafen.«

Als die ›roten Soldaten‹ eines Morgens im Hotel Beau Site erschienen, ›verlief das erste Zusammentreffen viel glatter‹ als befürchtet. Die Männer sahen ›müde und abgerissen aus …. Als man merkte, dass keine Gefahr bestand, erschienen bald die unbewaffneten Mitläufer, die Plünderer …‹ Die Anführer bedauerten diesen Zustand zwar, schienen aber nicht in der Lage, das Stehlen zu beherrschen. Vater Coerper wusste nicht, dass ihr Anführer der ›bisherige Wehrminister der Republikanischen Regierung war ... Jetzt zogen *Sjarifuddin* und die Seinen wie gehetztes Wild durchs Land.‹[30]

Es dauert nicht lange und die Soldaten der Republik ›tauchten ...

---

[30] Coerper III, S. 1049

auf. Schießend stürmten sie vor … stellten ihre MGs und Granatwerfer auf den Terrassen … auf‹, unmittelbar vor den Zimmern der deutschen Bewohner, und ›eröffneten ein ohrenbetäubendes Feuer in Richtung Dorf.‹ Von dort wurde zurückgeschossen, so dass die Bewohner ›in der wenig beneidenswerten Lage waren…mitten in der Kampffront zu stehen.‹ Neun Anhänger Sjarifuddins verloren ihr Leben.[31]

»Am 23. Dezember 1948«, erzählt der damals Neunzehnjährige, »hörte man erneut Maschinengewehre. Als ich eines Morgens gerade die Hühner raus lassen wollte, pfiffen plötzlich Kugeln über meinen Kopf hinweg.« Am 24. Dezember konnte Vater Coerper Brände aufflammen sehen. ›Vom Hotel Lawu … wälzten sich dicke, schwarzbraune Rauchwolken … dem Dorfe zu. Systematisch wurde alles, was den Holländern von Wert sein könnte, vernichtet.‹ Als die indonesischen Truppen das Weite gesucht hatten, erschienen die Holländer, bzw. *Ambonesen* und *Manadonesen*. Manche deutsche Familien wurden aus ihren Häusern gezerrt und mit Erschießen bedroht. Sie mussten im Garten niederknien und wurden beschimpft. ›Ich muss Blut sehen!‹ schrie der Unteroffizier. Sie raubten, was ihnen gefiel.‹

Am Heiligen Abend erschienen Soldaten unter Oberleutnant Schiphorst (oder Schiphuis) und benahmen sich dagegen freundlich. »Einer der holländischen Offiziere saß sogar mit uns unter dem Weihnachtsbaum«, erinnert sich mein Gegenüber. Die Holländer berichteten, ›dass das Truppenkommando nicht gut auf die Deutschen zu sprechen sei. Die Flugzeuge tags zuvor hätten den Auftrag gehabt ›Bomben auf Sarangan zu werfen. Dass sie aber wegen des Nebels keine Sicht gehabt hätten.‹

Die umgedichteten Kriegs-Weihnachtslieder der kleinen deutschen Restgemeinde an diesem letzten, denkwürdigen Weihnachten in Sarangan 1948 hat Vater Coerper festgehalten:

›Stille Nacht – die Sten-guns knallen!
Heilige Nacht – die Bomben fallen!
Alles schläft – falls kein Alarm stört
Einsam wacht – wer Rundfunk abhört
Sieh das Kindlein, es weiß nichts vom Streit.
Einmal kam es als Retter auf Erden.
Einmal muss doch nach all dem Leid-
Einmal muss doch Frieden werden.‹[32]

---

[31] Coerper III, S. 1053
[32] Coerper III, S. 1061

›Nun wehte vom Polizeibüro am See die niederländische Flagge‹, schrieb er. ›Wir hatten schon viele Fahnen hier wehen sehen. Die japanische…, manchmal daneben die Hakenkreuzflagge, dann die … der Republik Indonesien, … den (kommunistischen) weißen Stern im roten Feld, und nun die ›Driekleur‹. Sarangan hatte das ›Kimigayo‹ gehört, das ›Deutschlandlied‹, das ›Indonesia Raja‹ und nun das ›Wilhelmus‹. Man hatte ›Banzai‹ gerufen, ›Heil‹, ›merdeka‹ und nun ›Leve de Koningin.‹[33]

Am 1. Januar 1949 kam nach sieben Jahren der Abschied von Sarangan. »Wir wurden auf offenen LKW abtransportiert«, erzählt der inzwischen zwanzigjährige Otto, »und durften nur einen Koffer mitnehmen. Alles andere würde man uns nachbringen. Wir erhielten jedoch nie etwas von unserem Besitz zurück.«

›Im Krankenhaus von Madiun bekamen alle Läuse,‹ hielt der Vater fest. ›Dann flogen wir nach *Semarang*, wo wir in holländischen Militärbaracken untergebracht waren. Von dort ging es mit dem Zug weiter nach *Jakarta*. Wir landeten in der KW3 Kaserne. Dort wurden wir entlaust … Gräben … mit darüber befestigten Balken waren unsere Toilette …‹

»Dann ging es weiter in das freundlichere Chasséecamp«, erinnert sich der Sohn. »Vater wurde drei Monate lang fast jeden Tag verhört. Er stand unter Verdacht, die einheimischen Aufständischen gegen das holländische Militär unterstütz zu haben. Da man ihm aber nichts nachweisen konnte, wurde seine unehrenhafte Entlassung in eine ehrenvolle umgewandelt. Das bedeutete, dass er später seine Pension erhielt.«

Während eines seiner zahlreichen Verhöre fragte sein Gegenüber den einstigen Polizeischulleiter, ober er wisse, weshalb er 1942 interniert wurde. Als er dies verneinte, erklärte man ihm, er habe in Yogyakarta eine Filmaufnahme von seiner Familie machen lassen. In der Schlussszene winkte der neunjährige Sohn dem Vater mit einem kleinen, papiernen Hakenkreuzfähnchen nach. Das hatte er aus Deutschland mitgebracht. Wie der Vernehmer an diese privaten Aufnahmen gekommen war, wurde ihm nicht erklärt.

»Nach etlichen Monaten erhielten wir schließlich eine freie Überfahrt in die Niederlande«, berichtet der Sohn. »Nach Deutschland, das einem Schutthaufen glich, wollten meine Eltern nicht zurück. Vater und ich zogen zu Bekannten nach Hilversum, Mutter und Gertrud nach Maastricht. Ich hatte genug von der Schule und arbeitete bei einem

---

33 Coerper III, S. 1062

Optiker in Amsterdam. Mein holländisches Optiker-Diplom habe ich mit ›Sehr gut‹ bestanden. Unterbrochen wurde meine Ausbildung von meinem zweijährigen Militärdienst bei der niederländischen Armee. Dass ich Jahre lang eine deutsche Schule besucht hatte, verschwieg ich.

Gertrud heiratete 1953 in Maastricht und ich wanderte 1955 nach Australien aus, einen Monat nachdem ich geheiratet hatte. Meine Frau Annie, mit der ich 51 Jahre glücklich verheiratet war, starb 2007. Meine Tochter lebt in Den Haag. Sie hat einen niederländischen und einen australischen Pass. Mein Sohn lebt in Brisbane. Vater starb 1972 mit 81 Jahren, Mutter 1984 mit 91 Jahren.«

Surodikromo:
Ein javanischer Freiheitskämpfer

Yohanes Sarjono, den freundlichen Bürgermeister von Getasan, einem Dorf oberhalb Salatigas in Zentral-Java, hatte ich durch Dr. Goßweiler und die ›Christliche Kirche Nordmitteljavas‹ – *GKJTU* – bei einem Gespräch im Gästehaus der Gemeinde kennengelernt. Mir zu Ehren lädt er ein paar Tage später den gesamten örtlichen Veteranenverein in sein Haus ein – zehn Männer und eine Frau. Ich solle mir die geeigneten Zeitzeugen für mein Projekt aussuchen, erklärt er.

Nachdem sich alle Veteranen mit der wunderbar kompetenten Übersetzungshilfe des Ehepaars Pebri und Christian Goßweiler vorgestellt haben, entscheide ich mich als erstes für ein Gespräch mit dem Ältesten und Vorsitzenden des Veteranenvereins – Surodikromo. Wie in Java üblich, trägt er nur einen Namen. Am nächsten Morgen machen sich Pebri und ich auf den Weg zu ihm.

Sein Dorf Pandanan liegt unweit des heute noch aktiven Vulkans Merapi und ist nur über eine steinige Holperstraße und eine Graspiste zu erreichen. Pebri lenkt ihren Minibus, von derartigen Hindernissen unbeeindruckt, sicher ans Ziel. Autos verirren sich in diese abgelegene Siedlung, sowie in unzählige andere Dörfer Indonesiens, so gut wie nie. Umso ohrenbetäubender knattern Motorräder den unbefestigten Dorfweg entlang und fröhliches Kinderlachen schallt durch die tropische Pflanzenwelt.

Etliche Häuschen haben noch Holzfassaden und Seitenwände aus geflochtenem Bambus. Surodikromos Haus hingegen präsentiert sich mit Steinmauern. »Seit 1995«, erklärt er stolz. Der Boden besteht wie eh und je aus fest gestampfter Erde. Ohne Seitenfenster herrscht auch hier im Inneren Dämmerlicht. In das Wohn- und Esszimmer, in dem man uns empfängt, dringt jedoch durch zwei Fenster etwas Helligkeit. Es nimmt wie üblich die ganze Breite des Hauses ein. Der bemerkenswert rüstige Gastgeber erwartet uns strahlend und stellt uns seine Frau vor. Wie er ist sie um die 90 Jahre alt. Sie ist kränklich und wird gerade von einem befreundeten Krankenpfleger besucht.

Ehe wir unser Gespräch beginnen, führt uns Surodikromo durch sein Haus. An den Vorraum grenzt ein dunkler, fensterloser Raum mit einem niederen Bambusgestell von der Größe eines Doppelbetts, auf dem eine Plastikmatte liegt. Auf diese in Indonesien typische Konstruktion, die je nach Bedarf als Schlafstätte, Essplatz oder Sitzgelegenheit dient, ziehen sich später seine Frau und der Krankenpfleger zurück. In der direkt angrenzenden Küche liegen in einer kleinen, offenen Feuerstelle auf der Erde halbverbrannte Äste. In dem selbstgezimmerten Bretterregal daneben erkenne ich im Halbdunkel einige rußgeschwärzte Aluminiumtöpfe und Schüsseln. Zwischen dem hinteren Teil des Hauses und dem angebauten Stall ließ der Hausherr in den 1970er Jahren einen Brunnen anlegen, auf den er sichtlich stolz ist.

Nach der Hausführung lassen wir uns auf betagten, braunen Sesseln nieder. Lächelnd setzt sich auch die Gastgeberin zu uns, wie es javanische Höflichkeit erfordert. Die Frau des Krankenpflegers serviert ganz selbstverständlich heißen Tee. Mit Pebris Hilfe erfahre ich, dass Surodikromo am 1. August 1920 in dem Haus geboren wurde, in dem er heute noch lebt, und als drittes von vier Kindern aufwuchs. Damals hatte das Haus noch eine Holzfassade und geflochtene Bambuswände. Seine Familie lebte von der Landwirtschaft, baute Mais, Tabak, Kohl, Süßkartoffeln und Maniok an. Für Reisanbau liegt Pandanan zu hoch.

»Elektrizität gibt es in unserem Dorf erst seit den 1980er Jahren«, erzählt der alte Herr. »Vorher behalf man sich mit Öllampen.«

Als ich ihn bitte, mir einen ganz normalen Kindheitstag zu schildern, lacht er: »Aufgewacht bin ich vom Krähen des Hahns.«

»Nicht vom Ruf des Muezzin?«

»Nein, in unserem Dorf gab es damals noch keine Moschee. Die gibt es erst seit kurzem. Sie haben die neue Moschee im arabischen Stil beim Ortseingang bestimmt bemerkt. Sie ist ja nicht zu übersehen. Meine Eltern wurden in den 1960er Jahren zwar offiziell Muslime, nachdem Suharto bei Strafe angeordnet hatte, dass jeder Indonesier einer der drei offiziellen Religionen angehören müsse, aber im Herzen blieben wir unserer javanischen Religion treu.«

»Was heißt das konkret?«

»Wichtig war das Fasten an jedem Montag und Donnerstag. An diesen Tagen aß man entweder gar nichts oder hielt sich an das ›weiße Fasten‹ – man nahm also nur Reis und Wasser oder Obst und Gemüse zu sich. Weit verbreitet war das heute immer noch übliche 40-Tage-Fasten. Man fastet an den Kalendertagen, deren Summe insgesamt die Zahl 40 ergibt – also etwa am 7., 10. und 23. eines Monats.

Auch Meditation ist im javanischen Glauben fest verankert. Ich setze mich heute noch regelmäßig am Fuß eines Berges allein an einen abgeschiedenen, stillen Ort in einem Wald und meditiere. Zudem schult die Tapa-Ngrame-Meditation an einem belebten Ort, etwa mitten auf einem lärmenden Marktplatz, die uneingeschränkte Konzentration. Wenn man lernt, sich mit seinem ganzen Sein auf eine Sache, ein Ziel, zu konzentrieren, kann man viel erreichen. Ich habe mich in den 1970er Jahren während eines 40-Tage-Fastens vollkommen auf meinen Wunsch konzentriert, Bürgermeister zu werden – mit Erfolg! Ich war dann dreieinhalb Jahre lang Ortsvorsteher in meinem Dorf.«

Die javanische Harmonie-Ethik basiert auf der Auffassung, dass Gesellschaften hierarchisch geordnet sind. Höhergestellte soll man respektieren, Niedriggestellten Wohlwollen entgegen bringen. Vor allem aber sollte jeder mit seinem Platz in der Gesellschaft zufrieden sein.[1] Herrscher haben Schattenspiele, bzw. Puppenspieler immer wieder engagiert, um mittels Geschichten aus der Mahabharata diesbezügliche Propaganda zu verbreiten.

Von einem reifen Menschen wird erwartet, dass er seine Emotionen kontrollieren kann, was ihm wiederum innere Stärke und damit Macht verleiht. Dies sowie Weisheit und körperliche Kraft erlangt man durch Meditation und verschiedene Arten zu fasten. Man kann von Montag bis Donnerstag auf Salz oder Süßes verzichten und nur Wasser und Reis zu sich nehmen. Oder man fastet am 3., 5. und 7. Tag einer Woche. Zum Fasten können auch Schlafentzug und sexuelle Enthaltsamkeit gehören. Spezifische Traditionen werden von Generation zu Generation weiter gegeben. Manche isolieren sich für einige Tage in einem dunklen Raum oder bleiben von Sonnenaufgang bis Sonnenuntergang auf ihren Füßen. Andere verbringen 24 Stunden in der Stille. Der Gedanke, dass man mit Hilfe derartiger Übungen seine Erfolgschancen im Leben erhöht, ist weit verbreitet.

---

[1] Magnis-Suseno, Franz v.: *Neue Schwingen für Garuda: Indonesien zwischen Tradition und Moderne.* München 1989, S. 62

»Wie sah Ihr Tag aus, nachdem der Hahn Sie geweckt hatte?«

»Ich ging ungewaschen und mit leerem Magen in den Wald zum Holz Sammeln und holte für Mutter Gemüse vom Feld. Manchmal half ich auch Vater bei der Feldarbeit. Wasser holten wir Kinder in hohlen Bambusstangen von der Quelle – zehn Minuten Fußmarsch entfernt.«

»Wie waren Sie angezogen?«

»Ich trug entweder einen Sarong oder eine kurze Hose. Schuhe gab es nicht. Einmal in der Woche hat Mutter die Wäsche am Fluss gewaschen, etwa einen halben Kilometer entfernt. Anschließend wurden die Kleider immer noch feucht gleich wieder angezogen. Man besaß ja oft nur die Kleider, die man am Leib trug. Das ist heute hier im Dorf noch immer so. Es ist ja warm bei uns.«

Später führt uns Surodikromo auf einem schmalen Pfad an mannshohen Feldern vorbei zu dem Waschplatz am Fluss, wo unter hohen Bambusbäumen auch heute noch die Frauen waschen. Daneben sprudelt die Quelle, an der Surodikromo als kleiner Junge Wasser holte. Aus einem langen Bambusrohr, dessen anderes Ende in der Quelle steckt, rinnt klares Wasser.

»Mittags gab es zum ersten Mal etwas zu essen. Inzwischen waren die Frauen vom Markt in Salatiga zurückgekehrt. Jeden zweiten Tag legten Männer und Frauen gemeinsam die insgesamt 24 Kilometer hin und zurück zu Fuß zurück, beladen mit den Erzeugnissen, die sie auf dem Markt verkauften – Kohl, Gemüse und dergleichen. Erworben wurden dafür Reis und Gewürze und einmal im Jahr neue Kleider. An den anderen Tagen arbeiteten meine Eltern am Vormittag gemeinsam auf den Feldern. Die größte Einnahmequelle für unser Dorf war Tabak, der regelmäßig von chinesischen Händlern abgeholt wurde.«

»Was gab es zu essen, als es endlich soweit war?«

»Vor allem Mais, Gemüse und Maniok und dazu Sambal, eine scharfe Chilisauce. Kühe dienten nur der Feldarbeit. Fleisch aß man so gut wie nie und Fisch vielleicht einmal im Jahr. Bei besonderen Feierlichkeiten wurde ein Huhn zubereitet und ab und zu gab es Eier.«

»Kamen Sie 1927, mit sieben Jahren, in die *Schule*?«

»Nein, erst 1932, mit zwölf Jahren, nachdem die Holländer die sechsjährige Schulpflicht eingeführt hatten. Ich hatte Glück, denn bis dahin war die dreijährige, javanische Schule allein den Kindern der Reichen, Adeligen, Bürgermeister oder anderer Staatsangestellten vorbehalten. Nun gab es zwar die Schulpflicht, aber ein Schulgebäude gab es natürlich nicht in jedem Dorf über Nacht. Unser Unterricht fand zunächst in Privathäusern statt, in meinem Fall im Nachbarort Getasan. Die zwei Kilometer legte ich – mit leerem Magen – barfuß zurück. Gegessen wurde erst nach der Schule.

Die ersten drei Jahre legte ich den Schulweg allein zurück, dann begleiteten mich ein paar Freunde. In der fünften Klasse war ich jedoch wieder der einzige Schüler aus meinem Dorf. Schulpflicht hin oder her, die Kinder wurden zur Feldarbeit gebraucht. Außerdem war der Schulbesuch für die allermeisten Familien zu teuer. Deswegen gingen trotz Schulpflicht wenige Kinder zur Schule, wie auch meine Frau.«

»Die Unterrichtssprache war Javanisch?«

»Ja. Nach der 5. Klasse war ich 17 Jahre alt und meine Schulbildung beendet. Für mehr reichte das Geld nicht. Ich ging zwar gern in die Schule, wir hatten inzwischen sogar ein Schulhaus, aber mich reuten die Kosten für meine Eltern, obwohl ich Vater wenigstens jeden Nachmittag bei der Feldarbeit half.«

»Hatten Sie in ihrer Kindheit oder Jugend Kontakt zu Holländern?«

»In Getasan lebten sieben holländische Familien. Weleks Wenker war nicht nur Beamter, sondern auch Landbesitzer. Er baute Erdbeeren an. Ihm gehörte ein großer, bissiger Hund und an seinem Haus führte unser Schulweg vorbei. Einmal biss diese Bestie meinem Freund ins Bein. Als seine Eltern Schmerzensgeld forderten, beschimpfte Wenker sie mit den Worten: ›Was ein holländischer Hund frisst ist besser, als der Saufraß eines Javaners.‹«

Surodikromos Frau entschuldigt sich und zieht sich lächelnd zurück.

»Musste Ihre Familie Steuern an die Niederländer zahlen?«

Surodikromo nickt: »Einmal im Jahr mussten wir fünf Gulden bezahlen. Darüber hinaus hatte jede Familie fünf ›gedeng‹ Mais abzuliefern – etwa 100 Maiskolben.«

»Wie machte sich der Zweite Weltkrieg in Ihrem Leben bemerkbar?«

»Er fiel mit der Ankunft der Japaner in mein Leben ein. Da hatten die Holländer Getasan bereits den Rücken gekehrt. Die Japaner beschlagnahmten ihre verlassenen Häuser und bewachten die Hauptstraße von *Semarang* nach *Solo* und *Yogyakarta*. Ging man an einem Japaner vorbei, musste man sich tief verbeugen. Versäumte man dies, bekam man seinen Gewehrkolben zu spüren. Ich wurde bald mit 15 bis 20 Männern aus meinem Dorf zu Straßenbauarbeiten herangezogen. Zu essen bekamen wir sehr wenig. Gekocht wurde es von einheimischen Frauen. Ich rückte jeden Morgen ohne Frühstück zum Arbeitsdienst ein und kam gegen 16 Uhr hungrig wieder nach Hause. Die vier Kilometer zur Arbeitsstelle legten wir barfuß zurück. Bezahlt wurden wir nicht.

Als die Japaner junge Männer suchten, die sich als Polizisten ausbilden lassen wollten, beschlossen vier Freunde und ich, Polizeischüler zu werden. Als Polizist wird man einigermaßen gut bezahlt, dachten wir. Wir meldeten uns Ende 1942 beim Bürgermeister in Getasan und wurden aufgefordert, uns nach Semarang zu begeben. Wir marschierten barfuß nach Salatiga. Von dort wurden wir mit zahlreichen anderen Männern aus den umliegenden Dörfern per LKW nach Semarang in eine Kaserne gebracht. Wir warteten ungeduldig auf den Beginn unserer Ausbildung, aber nichts geschah. Immerhin war das Essen ausreichend.

Nach zwei Wochen hieß es plötzlich, wir kämen nach *Jakarta*. Stellen Sie sich vor! 24 Zugwaggons voller junger Männer auf dem Weg in die Hauptstadt! Alle glaubten wir fest daran, dass wir den Beruf des Polizisten erlernen würden! Ich war mittlerweile 23 Jahre alt, betrachtete diese Tausende Männer und fragte mich: ›Brauchen die Japaner so viele Polizisten?‹ Das Glück wollte es, dass unser Wächter in Jakarta Javaner war, ich mich also mit ihm verständigen konnte. Ich verbeugte mich vor ihm und fragte: ›Werden alle diese Männer wirklich zu Polizisten ausgebildet?‹

Er hat über so viel Naivität nur schallend gelacht: ›Ihr werdet als Zwangsarbeiter nach Kalimantan gebracht!‹ Da wusste ich: ›Wir werden alle betrogen.‹ Am gleichen Nachmittag planten meine Freunde und ich unsere Flucht. Zum Glück durften wir das Gelände am nächsten Tag für kurze Zeit zu verlassen, um Zigaretten zu kaufen. Sobald wir draußen waren, lud sich jeder einen Stapel Feuerholz auf die Schultern und so sind wir, als Holzhändler getarnt, gelaufen, gelaufen und gelaufen. Tag und Nacht. Ab und zu schliefen wir irgendwo in der Nähe des Straßenrandes, ständig die Angst im Nacken. Wir ernährten uns fast ausschließlich von getrocknetem Maniok, den wir hin und wieder klauten. Getrunken haben wir Wasser aus dem Fluss. Als uns schließlich ein japanischer Posten in Cirebon verhaftete, waren wir halb verhungert.

Den indonesischen Offizieren, die uns verhörten, erklärten wir, dass wir auf der Suche nach Arbeit seien, uns nun aber erfolglos und ohne einen Pfennig Geld auf dem Heimweg befänden. Da gab er uns 14 ›ketip‹, das damalige Geld, und ließ uns ziehen. Nun konnten wir wenigstens etwas zu essen kaufen. Als wir nach 14 Tage endlich wieder in unserem Dorf ankamen, weinten unsere Eltern vor Freude. Bis zum Ende der Besatzungszeit habe ich aber aus Angst vor den Japanern und ihren Helfern unser Dorf nicht mehr verlassen.«

Der alte Herr steht auf und lädt uns ein, mit ihm zu essen. Eine Verwandte hatte inzwischen einen Topf, drei Teller und drei Löffel auf den Tisch gelegt. Die Löffel sind mir zu Ehren gedacht. Surodikromo weiß, dass Europäer es nicht gewöhnt sind, mit der Hand zu essen. Nachdem er sich für das einfache Mahl entschuldigt hat und Reis, Tofu und gekochte Eier auf den Tellern liegen, spricht er ein Dankgebet. Der Satz: »Wir sind alle, aus welchem Land auch immer, Kinder Gottes«, liegt ihm ganz besonders am Herzen.

Ohne den geringsten Anflug von Müdigkeit drängt er nach dem Essen darauf, weiter zu erzählen: »Nach der japanischen Kapitulation musste ich keine Angst mehr haben. Das Wort ›merdeka‹ – Freiheit – war nun überall zu hören und wir freuten uns über die Proklamation unserer Unabhängigkeit. Als *Sukarno* alle Indonesier aufforderte, für ihre Unabhängigkeit zu kämpfen, folgten Unzählige diesem Aufruf mit Begeisterung. Als einziger aus meinem Dorf meldete ich mich als Soldat und marschierte wieder zu Fuß zur Kaserne in Salatiga. Als ich ankam, waren bereits hunderte Männer versammelt. Ohne Ausbildung wurden wir im nahe gelegenen *Banyu Biru* sofort in unseren ersten Kampf gegen die Holländer – in erster Linie *Ambonesen* – und Engländer – vor allem *Gurkhas* – geschickt.«

»Womit haben Sie gekämpft?« frage ich ihn erstaunt.

»Die eine Hälfte von uns kämpfte mit Waffen, die die Japaner zurückgelassen hatten, die andere, zu der ich gehörte, trat den Feinden mit Bambusspeeren entgegen – jeweils ein Speerkämpfer neben einem Gewehrträger. Diese Gefechte dauerten von September bis Dezember 1945. Auf beiden Seiten gab es viele Tote. Ich war oft nachts mit Guerillas unterwegs. Insgesamt hatten wir 15 Kämpfer gerade mal fünf Gewehre.« Surodikromo springt auf, nimmt die Haltung eines Bambusspeerkämpfers ein und beschreibt mit funkelnden Augen Kampfdetails. Für ein paar Augenblicke ist er wieder der begeisterte Kämpfer von damals.

»Haben Sie Menschen getötet?«

Er setzt sich wieder und antwortet leise: »Nein, ich stand nie an vorderster Front. Als wir uns nach Ambarawa zurückzogen, wurde ich Leibwächter des Kommandanten.« Stolz fügt er hinzu: »Ab diesem Zeitpunkt trug ich immer eine richtige Waffe.«

»In dem heute noch existierenden, riesigen Kasernen- und Gefängniskomplex von Ambarawa hatten die Holländer von 1940 bis 1942 deutsche Frauen und Kinder interniert. Nachdem die Japaner die Deutschen befreit hatten, internierten sie am gleichen Ort niederländische Mütter mit ihren Kindern. Haben Sie davon etwas mitbekommen?«

»Nein.« Leidenschaftlich kehrt er zu seinen Kriegserinnerungen zurück: »Es gab verschiedene Kampfeinheiten und Guerilla-Truppen. Die Mutigsten kämpften ganz vorn. Manche verließen sich auf die Zauberkraft der Magier. Sie brachten ihnen ihre Bambusspeere, ließen sie in geheimnisvollen Ritualen beschwören und hielten sich anschließend für unverwundbar. Andere Zauberer belegten die Holländer mit Zauberformeln, die sie in einen Tiefschlaf versetzen sollten, damit man ihnen ihre Waffen entwenden konnte.«

»Gingen Sie auch zu einem Geisterbeschwörer?«

»Nein, als Leibwächter des Kommandanten hatte ich ja ein Gewehr.«

»Sie haben also niemanden getötet?« wiederhole ich meine Frage.

»Nein, ich war ein miserabler Schütze.«

»Und trotzdem waren sie Leibwächter?«

»Der Kommandant, ein hervorragender Schütze, hatte – wie viele meiner Mitkämpfer – einige Male miterlebt, dass ich nicht getroffen wurde. Daraufhin hielten sie mich für unverwundbar. Deswegen hat mich der Kommandant zu seinem Leibwächter gemacht.«

»Würden Sie das etwas ausführlicher erzählen?«

»Einmal lag ich neben meinem Freund im Schützengraben. Er wurde direkt neben mir erschossen. Rasend vor Wut kämpfte ich wie ein verwundeter Stier weiter und empfand absolut keine Angst vor dem Tod. Das hat meine Kampfgefährten beeindruckt. Als Chauffeur des Kommandanten war ich dann kaum mehr direkter Gefahr ausgesetzt. Er war nie an vorderster Front. Als sich die Holländer an die Küste zurückzogen, sollten wir sie verfolgen. ›Wer zurückweicht, wird erschossen!‹ befahl unser Kommandant. Dies gipfelte in der bekannten, blutigen Schlacht von Semarang im Oktober 1945.

Als es Anfang 1946 zu einem Waffenstillstand kam, zogen wir uns in unsere Kaserne nach Salatiga zurück. Anschließend wurde meine Einheit nach *Surabaya* versetzt, um dort gegen die *NICA* – Niederländisch-Indische Ziviladministration – zu kämpfen. Unsere Armee wurde von *TKR* in *TRI* umbenannt. Wir erhielten zwar Uniformen, aber kaum etwas zu essen. Nur wenn wir uns weit genug zurückziehen konnten, wurden wir von der Militärküche verpflegt. Im Rahmen der sogenannten ersten *Polizeiaktion*, kam es für die drei Einheiten, denen ich angehörte, bei Mojokerto, südlich von Surabaya, jeden Tag zu Kampfeinsätzen. Etliche Niederländer traten auf Minen und wurden in der Luft zerrissen. Ich hatte wieder Glück. Meine Gruppe an der linken Seite unseres strategischen Hufeisens kämpfte kaum. Die rechte wurde dagegen gefangen genommen.«

»Was geschah mit den Toten?«

»Die Holländer packten ihre Toten in Säcke und fuhren sie mit LKW weg. Die gefallenen Javaner, unter ihnen drei meiner Kameraden, beerdigten wir in einem der zahlreichen Massengräber in der Nähe unseres Basislagers. Einmal nahmen wir 17 Holländer gefangen. Da die Bevölkerung sie gelyncht hätte, steckten wir sie in ein Gefängnis. 1948, nach dem vorläufigen Ende der Kämpfe, hatten die Holländer wieder weite Teile unseres Landes besetzt.« Was mit den Gefangenen geschah, erzählt Surodikromo nicht.

»Im Dezember 1948 hatte ich endlich zwei Wochen Urlaub. Zuhause wurde ich von der niederländischen Geheimpolizei festgenommen und in Salatiga ins Gefängnis gesteckt – in eine Zelle mit etwa hundert Leidensgenossen. Meine Erfahrungen mit Meditation und Fasten haben mir sehr geholfen, die Wochen der Einkerkerung zu überstehen. Die Holländer demonstrierten ihre wiedergewonnene Macht, indem sie uns mit ihren Gewehren verprügelten. Meinen Freund Sunarto hatte man während eines Verhörs aus dem Fenster geworfen. Die Niederländer behaupteten, dass er fliehen wollte, was ihnen das Recht gab, ihn zu erschießen. Als einer der Aufseher, ein Javaner, mich während eines Verhörs schlagen wollte, erkannte ich einen einstigen Mitkämpfer in ihm. Er hatte, wie etliche Indonesier, inzwischen wieder die Seite gewechselt. ›Erkennst du mich nicht?‹ fragte ich ihn. ›Wir haben in Banyu Biru Seite an Seite gekämpft!?‹ Da hielt er überrascht inne

Jede Nacht transportierten LKW Häftlinge ab. Von Besuchern, die ihren Familienmitgliedern im Gefängnis etwas zu essen brachten, erfuhren wir, dass die Abtransportierten in Kedayon erschossen und in Massengräbern verscharrt wurden. Meine Eltern und Geschwister haben von diesen Erschießungen gehört und weinten, als sie mich besuchten. Nach einem Monat brachte man uns aber auf die Insel *Nusa Kambangan* an der Südküste Javas. In diesem grauenhaften Gefängnis verbrachte ich zehn Monate. Wir mussten beim Holzschlag Zwangsarbeit leisten.

Wer sich ausruhte, wurde mit einem Gewehrkolben geschlagen. Die Aufseher waren in erster Linie *Ambonesen*, es waren aber auch Eurasier und Holländer unter ihnen. Da wir nicht wie *Kriegsgefangene*, sondern wie Kriminelle behandelt wurden, drohten wir den Wächtern mit einer Rebellion, falls man uns nicht entließ.«

Surodikromo hört die hupenden Motorräder nicht, die an seinem Haus vorbeiknattern. Er hat auch kein Ohr für die in ganz Indonesien zu hörende Melodie des Eisverkäufers, der mit dem Fahrrad seine Kühlbox durch die Straßen fährt. »Als einer unserer Aufpasser, ein gewisser Bormann, nach dem Mittagessen eines Tages das Kommando zum Weiterarbeiten gab, nahmen wir ihn gefangen. Andere Wächter schossen zur Abschreckung in die Luft. Nach dieser Aktion wurden wir zu einer Aussprache gebeten und präsentierten fünf Forderungen: 1. Dreimal täglich genügend zu essen. 2. Unsere Kleider einmal pro Woche wechseln, wofür 3. überhaupt ein Kleiderwechsel nötig war. 4. Zigaretten und 5. ein Kopfkissen.‹ Der Holländer, der mit uns sprach, erwiderte: ›Gegen euch zu kämpfen ist wie ein Kampf gegen den Teufel. Tagsüber lächelt ihr freundlich und nachts werdet ihr zu meuchelnden Guerillas.‹

Unsere Bedingungen wurden erfüllt. Wir schliefen aber weiterhin mit 50 Mann in einer Zelle auf dem blanken Holzboden. Als es im Dezember 1949 zu einem Gefangenenaustausch kam, wurden wir in die Nähe unserer Heimatdörfer verlegt. Die Holländer zogen sich in ihre Kasere nach Kedayon zurück und es kehrte etwas Ruhe ein. Als wir 1950 unsere endgültige Unabhängigkeit erlangten, wurde ich entlassen und habe im gleichen Jahr, mit 30 Jahren, endlich geheiratet. 1957 wurde ich Mitglied der Veteranenorganisation. Seitdem zähle ich zu den Helden Indonesiens und erhalte seit 1986 eine monatliche Rente. Heute sind es 1.200.000 Rupien.« (Etwa 100 Euro, mehr als ein kleiner Beamter im Monat verdient)

»Sie erwähnten bei unserem ersten Treffen ihre Übersiedlung nach *Sumatra*.«

»Ja, 1985 nahm ich an einem *Transmigrationsprojekt* teil.«

»Mit 65 Jahren?«

Er lacht: »Ich fühlte mich noch fit, erhielt von der Regierung fünf Hektar Land geschenkt und wollte mit meiner Familie etwas Neues erleben. Viele Veteranen erhielten ähnliche Grundstücke. Wir bekamen auch das Baumaterial für ein Haus. Zuerst aber musste das Land gerodet werden. Sechs Monate lang, bis wir uns selber verpflegen konnten, wurden wir mit allem versorgt, was wir brauchten. In Sumatra hatte ich ein Bekehrungserlebnis und wurde Christ – und mit mir meine ganze Familie. Nach elf Jahren wollte meine Frau in unser Dorf zurückkehren.«

»Da waren Sie 76 Jahre alt?«

»Ja. Ein Javaner kaufte mir mein Haus ab. Mit den fünf Millionen Rupien, die mir das einbrachte, machte aus dem Holz-Bambus-Haus meiner Eltern ein solides Steinhaus. Nun leben wir schon wieder 15 Jahre hier.«

Japanische Besatzung Indonesiens

Da Japan keine Ölfelder besitzt, importierte es vor Beginn des Zweiten Weltkrieges etwa die Hälfte seines Erdöls aus der niederländischen Kolonie, den Rest aus den USA. Japans Wirtschaft und sein Militär waren von diesem Import also abhängig. Als 1940 große Erdölfelder auf *Sumatra* erschlossen wurden, war US-Präsident Roosevelt überzeugt, ein Ölembargo würde Japan veranlassen, Niederländisch-Indien zu besetzen.[12] Zwei Jahre später trat genau dies ein.[3]

Als die Japaner im Dezember 1941 West-Borneo erreichten und die bedeutenden Erdölanlagen dort zerstört vorfanden, erschossen sie aus Rache 81 Niederländer.[4] Die Japaner konnten die Ölförderung schnell wiederherstellen und verschifften im ersten Kriegsjahr große Mengen Erdöl zur Heimatinsel. Als die Alliierten den Archipel 1945 zurückeroberten, waren auch sie in erster Linie an den Ölfeldern interessiert.[5] Man kann diesen Krieg daher durchaus als einen Kampf um Öl – und andere Rohstoffe – bezeichnen.

Den USA lag zudem viel an Indonesiens bedeutenden Vorkommen an Kautschuk und Zinn. Bis zur Entwicklung synthetischen Gummis hing ihre Wirtschaft – und das Militär – vom Kautschuk-Import ab. 1940 importierten sie knapp 40 Prozent davon aus der niederländischen

1 Gouda, Frances: *American vision of the Netherlands East Indies/Indonesia. US foreign policy and Indonesian nationalism 1920–1949.* 2002, S. 103

2 Uhlig, Harald: »Südostasien«. In: Fischer: *Länderkunde.* Frankfurt 1984, S. 569

3 Jong, Louis de: *The collapse of a colonial society: the Dutch in Indonesia during the Second World War.* 2002, S. 35

4 Aziz, Muhammad Abdul: *Japan's colonialism and Indonesia.* 1955, S. 144

5 Dick, Howard: »Formation of the nation-state 1930–1966.« In: Dick, Howard: *The emergence of a national economy: an economic history of Indonesia 1800–2000.* 2002, S. 168

Kolonie.[6] Die Höhe US-amerikanischer Investitionen in Niederländisch-Indien wird vor der japanischen Invasion mit 500 Millionen US-Dollar beziffert.[7]

Nach Kriegsbeginn zählte die koloniale Armee auf dem Papier 100.000 Mann. Etwa die Hälfte davon waren indonesische Soldaten, die andere mobilisierte niederländische Zivilisten.[8] Als japanische Truppen am 1. März 1942 Java erreichten, desertierten die einheimischen Soldaten in Massen.[9] Eine Woche später war die Insel besetzt.[10] Im April begannen die Japaner alle Holländer zu internieren und ihre Gehalts- und Rentenzahlungen einzustellen. Ihre Häuser überließen sie Indonesiern, insofern sie diese nicht selbst benötigten. Das wertvolle Inventar wurde nach Japan verschifft.[11]

Die Indonesier verbanden mit dem japanischen Befreiungsversprechen auch die Hoffnung auf preisgünstige japanische Produkte und die Umverteilung des chinesischen Vermögens. Bevor das japanische Militär die Ordnung wieder hergestellt hatte, bereicherte sich die Bevölkerung am Besitz der Chinesen und Europäer[12] In *Batavia* kam es täglich zu 300 Raubüberfällen. Mord und Totschlag waren auch unter rivalisierenden Indonesiern an der Tagesordnung.[13] Islamisten taten sich durch die Zwangsbeschneidung von etwa 1.000 Männern, vor allem Chinesen, hervor und auf Sumatra wurden schätzungsweise 500 Chinesinnen vergewaltigt.[14] Diese Ausschreitungen setzten der Solidarität zwischen der Bevölkerung und der Elite, die sich bald selbst bedroht sah, ein Ende. Die Japaner wollten auf die Unterstützung der Chinesen nicht verzichten und die einheimische Elite setzte ihre Wirtschaftsbeziehungen mit ihnen zum gegenseitigen Vorteil fort, was bis heute für sozialen Konfliktstoff sorgt.[15]

---

[6] McMahon, Robert J.: *Colonialism and Cold War. The United States and the struggle for Indonesian Independance 1945–1949.* 1981, S. 52

[7] Gouda, S. 162

[8] Krancher, Jan A. (Hg.): *The defining years of the Dutch East Indies 1942–1945: Survivors' accounts of the Japanese invasion and enslavement of Europeans and the revolution that created free Indonesia.* 1996, S. 65

[9] Bussemaker, H.Th.: *Paradise in peril: western colonial power and Japanese expansion in South East Asia 1905–1941.* Ph.D. Thesis, University of Amsterdam. 2000, S. 773

[10] Dahm, Bernhard: *Sukarnos Kampf um Indonesiens Unabhängigkeit.* Hamburg 1966, S. 164

[11] Hollander, Inez: *Silenced voices.* 2008, S. 156

[12] Shimer, Barbara Gifford and Hobbs, Guy: *Kenpeitai in Java and Sumatra.* 2010, S. 25

[13] Taylor, Jean Gelman: *Indonesia: peoples and histories.* 2003, S. 310

[14] Jong 2002, S. 167

[15] Mark, Ethan: »Suharto's New Order remembers Japan's New Order. Oral accounts from Indonesia. In: Raben, Remco (Hg.): *Representing the Japanese occupation of Indonesia: personal testimonies and public images in Indonesia, Japan and the Netherlands.* 1999, S. 81

Das japanische Militär hatte Anordnung, sich vor Ort zu versorgen. Von der Bevölkerung wurde erwartet, diese Bürde zu tragen.[16] Wenn möglich, war ihr jedoch ein Mindest-Lebensstandard zu gewähren.[17] Bereits nach zwölf Tagen wurden alle politischen Aktionen verboten und alle Fahnen, außer der japanischen, untersagt. Bald erkannten viele Menschen die angekündigte Befreiung als Lüge.[18] Da die Mehrheit der Bevölkerung Analphabeten waren, wurde das Radio als wirksames Propagandamittel eingesetzt. In jedem Dorf stand bald ein Gerät, mit dem nur japanische Sender empfangen werden konnten. Radiobesitzer mussten ihre Apparate versiegeln lassen, damit sie keine ausländischen Sender mehr hören konnten. Findigen Indonesiern gelang es jedoch, diese Einschränkung mit Hilfe einer Zange außer Kraft zu setzen.

Das Radio erwies sich auch als wichtige Verbindung zwischen der Bevölkerung und den Anführern der nationalen Bewegung, die mit den Japanern zusammen arbeiteten. Einerseits riefen sie die Bevölkerung zur Unterstützung Japans auf, andererseits gelang es ihnen aber auch, den Glauben an ein unabhängiges Indonesien am Leben zu erhalten. *Sukarno* und seine Mitstreiter ahnten anfangs nicht, dass die Japaner planten, Teile Südostasiens dauerhaft zu besitzen.[19]

Da die japanische Regierung keinen einheitlichen Zukunftsplan für Indonesien hatte, wurden die Inseln entsprechend verschiedener Richtlinien verwaltet.[20] Java sollte irgendwann eine Art Autonomie erhalten, während man Sulawesi annektieren wollte. Demzufolge entwickelte der japanische Kommandeur auf Java rasch eine positive Beziehung zu den Nationalisten und es gelang ihm, ohne drakonische Maßnahmen zu regieren. Der Marinekommandeur in Makassar dagegen unterdrückte jede nationale Regung mit Härte.[21] Für die nach wie vor relativ autonomen

---

16 Murai Yoshinori: »Asian forced labour (romusha) on the Burma-Thailand Railway.« In: McCormack, Gavan: *The Burma-Thailand Railway: memory and history.* 1993, S. 60

17 Sato Shigeru: »Economic Soldiers in Java.« In: Kratoska, Paul H.: *Asian labor in the wartime Japanese Empire. Unknown histories.* 2005, S. 130

18 Reid, Anthony und Akira Oki: *The Japanese experience in Indonesia: Selected Memoirs of 1942–1945.* 1986, S. 262

19 Goto Ken'ichi: *Tension of empire: Japan and Southeast Asia in the colonial and post colonial world.* 2003, S. 83

20 Anderson, Benedict R.: *Some aspects of Indonesian politics under the Japanese occupation: 1944–1945.* 2009, S. 7

21 Siebert, Rüdiger: *Deutsche Spuren in Indonesien: zehn Lebensläufe in bewegten Zeiten.* 2002, S. 2

Sultane Javas und Sumatras änderte sich kaum etwas, vorausgesetzt, sie erklärten sich gegenüber den neuen Herren loyal.

Die Bürgermeister auf der untersten Verwaltungsebene trugen die Verantwortung für die Verteilung von Lebensmitteln und anderen Dingen des täglichen Bedarfs sowie die Mobilisierung von Arbeitskräften.[22] Teilweise handelte es sich um die gleichen Beamten, die schon für die Holländer gearbeitet hatten.[23] Wer die Anordnungen der Japaner nicht erfüllte, musste mit Entlassung rechnen, wer ihr Misstrauen erregte, konnte dies mit dem Leben bezahlen.

Die Japaner schufen die unterschiedlichen niederländischen Rechtssysteme für verschiedene ethnische Gruppen ebenso ab wie die parallelen Schulsysteme und förderten die Einführung einer einheitlichen indonesischen Sprache. Arbeitsplätze standen nun jedem offen, unabhängig von seiner sozialen Herkunft. Im Juni 1942 wurde die Verwaltung in Japan reduziert, um Personal für Indonesien zu gewinnen. Als im August 1.500 japanische Beamte ihre Arbeit in Indonesien aufnahmen, verloren viele Einheimische die Anstellung, die sie gerade erst erhalten hatten.

Nach einem Jahr konnten die Japaner Erfolge bei der Rehabilitierung der Wirtschaft aufweisen.[24] Als sich später Probleme und Korruption einstellten, machten sie die früheren Kolonialherren dafür verantwortlich. Zahllose noch nicht internierte Niederländer wurden nun verhaftet, Schuldeingeständnisse durch Folter erzwungen, viele Unschuldige und ihre einheimischen Sympathisanten zum Tode verurteilt. An den wirtschaftlichen Problemen änderte dies nichts. Diese hatten ihren Ursprung vor allem in der erzwungenen, regionalen Autarkie und dem Mangel an Transportschiffen.[25] US-amerikanische U-Boote hatten die japanische Handelsmarine um drei Viertel reduziert.[26] 1944 kam sogar der Schiffsverkehr zwischen den Inseln praktisch zum Erliegen. Die Japaner errichteten zwar Werften in Indonesien, die nötigen Motoren konnten jedoch mangels Fachkräften und Maschinen nicht vor Ort

22 Sato Shigero: »Administrative changes in Java.« In: Post, Peter (Hg.): *The encyclopaedia on Indonesia in the Pacific War.* 2010, S. 100

23 Mark, Ethan; *Appealing to Asia: Nation, Culture and the problem of imperial modernity in Japanese occupied Java 1942–1945.* Ph.D. thesis, Columbia University. 2003, S. 650

24 Sutter, John O.: *Indonesianisasi: politics in a changing economy 1940–1955.* 1959, S. 176

25 Hayashi Yoko und Yasuyuki Hikita: Japanese Business in war-time Indonesia. In: Post, Peter (Hg.): *The encyclopaedia on Indonesia in the Pacific War.* 2010, S.238

26 Ferguson, Niall: *The War of the world: history's age of hatred.* 2012, S. 519

produziert werden. Mehr als ein paar kleine Küstenschiffe kamen bei diesem Unterfangen nicht heraus.

1944 hatte Japan die Auflösung ›feindlicher‹ Banken abgewickelt. Beteiligt daran war insbesondere die Yokohama Special Bank, an der die kaiserliche Familie die meisten Anteile hielt. Das Geldhaus herrschte über ein weites Netzwerk an Niederlassungen in Japan, China und Südostasien. Es finanzierte die Besatzungsarmee in Niederländisch-Indien und engagierte sich bei der Förderung von Edelmetallen und Edelsteinen.[27]

Die japanische Regierung unterteilte Java, das wirtschaftliche Herz Indonesiens, wo 70 Prozent der 70 Millionen Einwohner lebten, in 17 autarke Regionen und überließ japanischen Firmen die wichtigsten *Plantagen*, Bergwerke und Transportfirmen.[28] In diesen Unternehmen arbeiteten, zeitlich befristet, 940.000 javanische Hilfskräfte. Wegen des häufigen Wechsels an Arbeitskräften wurden dafür insgesamt fast zehn Millionen Menschen mobilisiert.[29]

Textilien hatten 1939 den größten Anteil an Importen aus Japan. Dies kam nun ebenso zum Erliegen wie die Baumwoll-Einfuhr aus den USA und Indien, von der die einheimische Textilindustrie abhing. Auch andere Gebrauchsgüter konnten nicht mehr in ausreichender Menge eingeführt werden, um die einheimische Wirtschaft aufrecht zu erhalten. Kleidung war bereits 1943 fast vollständig von den Märkten verschwunden. Die Zivilbevölkerung musste sich mit Sackleinen begnügen oder in Lumpen hüllen. Der Anteil an Schulkindern sank drastisch, weil sie nichts zum Anziehen hatten.[30] Selbst die Tradition, Tote in weißen Baumwolltüchern zu beerdigen, ließ sich kaum aufrechterhalten.

Die Besatzer forcierten den Anbau von Baumwolle und Rizinus für den Gewinn von Treibstoff. Die Folge davon war eine Verminderung des Lebensmittelanbaus. Die Produktion von Reis sank um 32, die von Mais, Maniok, Erdnüssen und Soja um 55 bis 65 Prozent.[31] Gegen Ende der Besatzungszeit war sogar Zucker rar. Zusätzlich wurden zwischen

---

[27] Keppy, Peter: Japanese control of enemy property. In: Post, Peter (Hg.): *The encyclopaedia on Indonesia in the Pacific War.* 2010, S. 220

[28] Sato Shigero: »Relocation of labor and the rômusha issue«. In: Post, Peter (Hg.): *The encyclopaedia on Indonesia in the Pacific War.* 2010, S. 246

[29] Sato: »Relocarion of labor…« 2010, S. 252

[30] Sato Shigero: »Economic life in villages and towns«. In Post, Peter (Hg.): *The encyclopaedia on Indonesia in the Pacific War.* 2010, S. 270

[31] Jong 2002, S. 232

10 und 30 Prozent der Reisernte konfisziert.[32] Dabei konnte sich ein Großteil der Landbevölkerung schon vor dem Krieg nur eine Mahlzeit am Tag leisten. Um nicht zu verhungern, sahen sich viele Bauern gezwungen, ihr Land zu verkaufen. Auf diese Weise entstand eine relativ wohlhabende, ländliche Minderheit bei einer gleichzeitig wachsenden Zahl Landloser. Die Kluft zwischen arm und reich wurde immer tiefer.

Zu den bedeutendsten Landbesitzern zählten Regierungsangestellte, die anstelle eines Einkommens Reisfelder erhielten. Statt ihren eigenen Reis abzuliefern, zwangen sie andere, die Kontingente der Japaner zu erfüllen. Bald wurde mehr Reis auf dem Schwarzmarkt gehandelt als offiziell. Java verkam zu einem Sumpf aus Korruption. Vor dem Einmarsch der Japaner hatten Bauern ihren Reis oft selber gemahlen und auf Märkten verkauft. Dies war nun verboten, was die Verfügbarkeit von Reis weiter einschränkte.[33] Die korrupten – oft chinesischen und arabischen – Reishändler und Mühlenbetreiber gehörten zu den Profiteuren dieser Zeit.[34] Ethnische Konflikte spitzten sich zu und entluden sich nach Abzug der Japaner in Gewalt.

Als sich die Kriegslage für die Japaner Mitte 1943 verschlechterte, konfiszierten sie 1,5 Millionen Tonnen Reis – 17 Prozent der Vorkriegsernte – und die Sterberate stieg sprunghaft an.[35] Viele Menschen zogen in die Städte. Zwar war auch dort die Arbeitslosigkeit enorm hoch, aber wenigstens war ein Minimum an Lebensmittelversorgung garantiert und es bestand ein geringeres Risiko, für Zwangsarbeit rekrutiert zu werden.[36] Auch hier war das Gesundheitssystem vollkommen zusammengebrochen.[37]

Nach einer Dürre im Jahr 1944 war es in manchen Gegenden keine Seltenheit, Menschen am Straßenrand sterben zu sehen. Hunderttausende verhungerten allein auf Java. In Batavia sah man Bettler in Sackleinen gehüllt oder vollkommen nackt, mit geschwollenen Bäuchen und Geschwüren am Straßenrand liegen. Bevor man sie auf Abfallwagen

---

32 Lebra, Joyce: *Japanese-trained armies in Southeast Asia*. 1977, S. 147
33 Kurasawa Aiko: »Rice shortage and transportation.« In: Post, Peter (Hg.): *Japan, Indonesia and the war: Myths and realities*.1997, S. 121
34 Hering, Bob: *Soekarno, founding father of Indonesia*. 2002, S. 344
35 Booth, Anne E.: *Economic and social development in East and Southeast Asia*. 2007, S. 157
36 Dick, Howard: *The emergence of a national economy: an economic history of Indonesia 1800–2000*. 2002, S. 167
37 Anderson, Benedict: *Java in a Time of Revolution, Occupation and Resistance 1944–1946*. 1972, S. 15

lud, wurden die trostlosen Gestalten von japanischen Soldaten getreten. Gaben sie noch ein Lebenszeichen von sich, ließ man sie liegen.[38] Die Eliten blieben von derartigem Elend als Dank für ihre Kollaboration verschont. Von den 50 Millionen Einwohnern Javas und Maduras starben während der Besatzung 2,5 Millionen. Um diese katastrophale Situation zu mildern, wurden die Lebensmittelrationen in den Internierungslagern und Gefängnissen so weit reduziert, dass die betroffenen Niederländer den Eindruck haben konnten, man wolle sie bewusst verhungern lassen.

Um die leidende Bevölkerung zu noch mehr Opferbereitschaft zu motivieren, stellte Tokio im September 1944 die Unabhängigkeit Indonesiens in Aussicht. Das Beschwören von Kampfgeist und Selbstlosigkeit sowie öffentliche Eide und Massengymnastik sollten den Eindruck vermitteln, dass Großes geschah. Gleichzeitig wurde die Bevölkerung aufgefordert, alles Gold, Silber, Platinum sowie Edelsteine abzuliefern. Kritiker warfen der nationalen Führung vor, den Japanern noch mehr Reis, Edelmetalle, Soldaten und Frauen in den Rachen zu werfen als den Niederländern.

Die Lage der Kollaborateure wurde zunehmend problematisch. Im Grunde existierte die stillschweigende Übereinkunft, dass sie anti-japanischen Regungen entgegen wirkten und die Japaner im Gegenzug den Aufbau eines parallelen indonesischen Regierungsapparates tolerierten, der allerdings nicht zu mächtig werden durfte.[39]

Im April 1943 hatten 99 muslimische Führer aus Malaysia, Singapur und Sumatra ebenfalls beschlossen mit der Besatzungsmacht zu kooperieren.[40] Die von den Japanern gegründete islamische Organisation Masyumi übernahm die Aufgabe, japanische Anweisungen unter der muslimischen Bevölkerung zu verbreiten. Wie die säkularen Kollaborateure unterstützten Prediger die Rekrutierung von Zwangsarbeitern und die Requirierung von Reis. Auch sie waren von Arbeitsdienst und Reisabgaben selbst nicht betroffen. Erst in den letzten Kriegstagen verteilten die Japaner die in Lagerhallen gestapelten Lebensmittel an die Bevölkerung, damit sie den Alliierten nicht in die Hände fielen.[41]

---

[38] Jong 2002, S. 279
[39] Dahm, 1997, S.17
[40] Kobayashi Yasuko: Islam during the Japanese occupation. In: Post, Peter (Hg.): *The encyclopaedia on Indonesia in the Pacific War*. 2010, S. 310
[41] Strong, Hiske Forsyth: *With Faith, Hope and Love. The Story of a Survivor of Camp Tjideng, Dutch East Indies*. 2009, S. 59

Als sich die Japaner auf alliierten Druck von ihrem Unabhängigkeits-
versprechen distanzierten, wurde allen Indonesiern klar, dass sie betrogen
worden waren. Die wirtschaftliche und soziale Basis Indonesiens war
zerstört.[42] Die Rupie hatte fünf Sechstel ihres Wertes verloren.[43] Und
jetzt hinderten die Japaner die Freiheitskämpfer auch noch daran, an
Waffen zu gelangen. In zahlreichen Gewaltausbrüchen richtete sich der
mörderische Hass der Bevölkerung nicht nur gegen die Besatzer, sondern auch gegen die mit ihnen kollaborierenden ›Hunde der Japaner‹.
Es gab aber auch einige japanische Soldaten, die den Indonesiern ihre
Waffen überließen und sogar Seite an Seite mit ihnen kämpften. Beim
Einmarsch der Japaner in Indonesien starben 957 japanische Soldaten,
nach Kriegsende 10.078.[44]

Die indonesische Regierung beschwor – und beschwört – das gemeinsame indonesische Leid. Wie ein Indonesier die Besatzung erlebte,
hing jedoch wesentlich von seiner sozialen Herkunft ab und davon, ob
er bereit war, das japanische Regime zu unterstützen.[45] Während die
Mehrheit der Bevölkerung die Besatzung als Sklaverei empfand, betonen
führende Nationalisten, die Oberschicht und die offizielle Geschichtsschreibung heute noch, dass es sich um eine Zeit der Vorbereitung auf
den Kampf für die Unabhängigkeit handelte.[46] Entgegen staatlicher
Geschichtsklitterung führte die japanische Herrschaft nicht zum Zu-
sammenhalt zwischen den Eliten und der Mehrheit der Bevölkerung,
sondern nur zu Solidarität zwischen den religiösen, adeligen und büro-
kratischen Führungsschichten.

Es gelang den Eliten, den Zorn der Bevölkerung allein auf die Japaner
zu lenken, obwohl sie sich auch etwa an der Rekrutierung der ›Arbeitssoldaten‹ beteiligt hatten.[47] So präsentierte sich Sukarno im September
1944, als Abertausende verhungerten, in einem japanischen Propagandafilm mit einer Schaufel in den Händen als ›romusha‹. Später rechtfertige

---

[42] Nishijima Shigetada: »The Nationalists on Java«: In Reid, Anthony und Akira Oki: *The
Japanese experience in Indonesia: Selected Memoirs of 1942–1945*. 1986, S. 258
[43] Anderson 1972, S. 11
[44] Goto Ken'ichi: »Modern Japan and Indonesia. The dynamics and legacy of wartime rule«.
In: Peter Post (Hg.): *Japan, Indonesia and the war. Myhs and Realities*. 1997, S. 15.
[45] Post, Peter (Hg.): *The encyclopaedia on Indonesia in the Pacific War*. 2010, S. 2
[46] Raben, Remco: »Indonesian Romusha and Coolies under Naval Administration.« In:
Kratoska, Paul H. (Hg.): *Asian labor in the wartime Japanese Empire. Unknown histories*.
2005, S. 211
[47] Kurasawa Aiko: Social Change. In: Post, Peter (Hg.): *The encyclopaedia on Indonesia in the
Pacific War*. 2010, S. 289

er dies mit den Worten: ›Wenn ich Tausende opfern muss, um Millionen zu retten, muss das eben sein. Als Führer eines Landes kann ich mir den Luxus von Mitgefühl nicht leisten‹.[48] Dabei wusste er genau, dass nicht Tausende, sondern Hunderttausende zu Grunde gingen.

---

[48] Jong 2002, S. 250

Ahmad Bakri:
Ein Islamlehrer aus Aceh

Der 1929 geborene Ahmad Bakri und seine Frau leben in einer stillen Wohnsiedlung am Ortsrand der Großstadt Medan, an der Ostküste der Insel *Sumatra*. Geboren wurde er im 800-Seelen-Dorf Adan Sigli, 120 Kilometer südlich von Banda Aceh, der Hauptstadt der politisch bewegten, streng muslimischen Region *Aceh*. Der schlanke Islamlehrer trägt ein makellos sauberes, weißes Hemd und graue Hosen. Seinen Kopf hält er mit einem schwarzen Fez bedeckt. Stolz erklärt er, dass er bald seine fünfte Pilgerfahrt nach Mekka antreten werde.

»Ich wuchs in einer gottesfürchtigen Familie auf. Schon als Kind weckten mich meine Eltern vor Sonnenaufgang zum Gebet. Danach zog ich Hemd und Hose an und schnitt mit meinem kleinen Bruder in der Nähe unseres Hauses Grass, mit dem wir unsere Wasserbüffel und Schafe fütterten. Meine älteren Geschwister halfen derweil auf den Reisfeldern.

Meine Eltern, zwei Brüder, zwei Schwestern und ich lebten in einem typischen Aceh-Holz-Haus auf Stelzen, das darunter Platz für Haustiere bot. Wir hatten drei Schlafzimmer, eines für meine Eltern, eines für uns Buben und eines für meine Schwestern. Das Dach war mit Palmblättern gedeckt, die Schnitzereien an der dunkelbraunen Holzfassade waren rot, weiß und gelb bemalt. Wie die anderen Dorfbewohner lebte auch meine Familie von der Landwirtschaft. Wir bauten Yams, Reis, Gurken und Bananen an. Gegen acht Uhr gab es manchmal Reis, Eier und Fisch zum Frühstück, aber meist wurden Frühstück und Mittagessen zu einer Mahlzeit zusammengefasst. Oft brachte ich meinem Vater im Laufe des Vormittags das Essen zum Reisfeld.

Großvater war als Dorfvorsteher verantwortlich für den Kontakt mit der Kolonialregierung und später mit der japanischen Verwaltung.

Er sammelte einmal im Jahr eine Geldsteuer für die Holländer ein. Das meiste davon behielten sie selbst, es wurden aber auch Straßen, Bewässerungssysteme und Schulen gebaut. Falls ein Bauer das große Glück hatte, ein Fahrrad zu besitzen, musste er dafür zusätzlich einen Gulden Steuern zahlen. Die anderen Dorfbewohner zollten Großvater zwar Respekt, was sie aber in ihrem Inneren empfanden, weiß ich nicht. So funktionierte eben ein Kolonialsystem. Unter japanischer Herrschaft wurde alles noch viel schlimmer. Die Holländer hatten den Bauern ihre Lebensmittel weitgehend gelassen. Die Japaner zwangen sie dagegen, Reis abzuliefern. Da es unter ihrer Besatzung bald keine Textilien mehr gab, waren die Menschen gezwungen, Kleider aus Baumrinde zu tragen.

Seit meinem achten Lebensjahr besuchte ich unsere Madrasa. Es gab eine Klasse für Jungen und eine für Mädchen. In unserem Dorf besuchten 90 Prozent aller Kinder diese Islamschule – und nur 10 Prozent die staatliche. Während in der öffentlichen *Schule* 70 Prozent des Lehrplans aus Naturwissenschaften und Mathematik bestand, behandelte man bei uns fast nur den Koran.« Es gab ab Beginn des 20. Jahrhunderts auch eine moderne Madrasa-Bewegung, in der sowohl religiöser als auch säkularer Unterricht stattfand.[1]

»Welche Erinnerung haben Sie an die Japaner?«

»Sie radelten 1942 mit Fahrrädern in unser Dorf ein. Da war ich 14 Jahre alt. Keiner wusste so recht, was sie bei uns wollten. Unsere Lehrer erhielten abends Unterricht in Japanisch und brachten uns das Gelernte am nächsten Tag bei. Die Japaner haben die Einheimischen wegen der geringsten Kleinigkeit mit einer Peitsche verprügelt und die Mädchen mitgenommen. Gleichzeitig versicherten sie uns, dass sie hier seien, um uns zu befreien. Im Grunde wollten sie uns aber genauso kolonisieren und berauben wie die Holländer.

In unserem Dorf lebten 15 japanische Soldaten. Manche besserten sogar Straßen aus und legten Bewässerungssysteme an. Eines Tages waren sie genauso plötzlich wieder verschwunden, wie sie erschienen waren. Nun hatte Großvater die Aufgabe, für die Japaner Steuern einzuziehen.«

Ich kann mir die zunehmende Unruhe, die unser Gespräch begleitet, nicht erklären, bis der Muezzin ruft und Ahmad aufspringt: »Es tut mir leid. Es ist Zeit zum Gebet. Vielleicht können Sie mit dem, was

---

1 Cribb, Robert und Kahin, Audrey: *Historical dictionary of Indonesia*. 2004, S. 324

ich Ihnen erzählt habe, etwas anfangen.« Mit diesen Worten ist er verschwunden. Finda, die unser Gespräch übersetzt hat, zuckt bedauernd mit den Schultern: »Tut mir leid. So sind die Acehnesen. Der *Islam* steht bei ihnen über allem.«

Um Ahmads Leben in seinen politisch-historischen Kontext einordnen zu können, hier eine kurze Geschichte Acehs.

Im 17. Jahrhundert hatte sich das unabhängige Sultanat, das ›Tor zu Mekka‹, zu einem mächtigen politischen Zentrum und Handelsmittelpunkt entwickelt. Im Vertrag von Sumatra (1871) zwischen England und den Niederlanden fiel es an die Niederlande. Die Weigerung der Kolonialregierung, selbst mit den kompromissbereitesten Sultanen ein Einvernehmen zu erzielen, machte einen Verhandlungsfrieden unmöglich. 1873 kam es zum Krieg, nachdem der amerikanische Konsul in Singapur Aceh Unterstützung in Aussicht gestellt hatte. Die Niederländer sahen ihre Ölinteressen in Aceh bedroht und reagierten mit Bomben auf die Hauptstadt und einer Invasion. Die von Aceh zu Hilfe gerufenen Amerikaner blieben aus. Die islamischen Gelehrten hatten ihre Gläubigen zwar immer zu Unterwürfigkeit unter – auch ungerechte – muslimische Machthaber angehalten. Ungläubige Herrscher waren jedoch eine andere Sache. 1881 erklärten die Niederlande den Krieg zwar für beendet, die Kämpfe zogen sich aber 40 Jahre lang hin. [2]

Auch nachdem die Holländer 1903 schließlich den letzten Sultan enthauptet hatten, war der Widerstand nicht gebrochen. 1904 ›befriedete‹ Oberst van Daalen das Land, indem er ein Viertel bis ein Drittel der Bevölkerung töten ließ.[3] Am Ende des Krieges, 1913, waren allein seit dem Tod des letzten Sultans 11.000 Acehnesen umgekommen. Das Zentrum des alten Sultanats hatte drei Viertel seiner Bevölkerung durch Tod oder Flucht verloren.[4]

Auf niederländischer Seite waren 2.000 Soldaten gefallen und etwa 10.000 durch Infektionskrankheiten umgekommen. Von den Tausenden Javanern, die auf niederländischer Seite Kriegsdienste leisteten, fanden schätzungsweise 25.000 den Tod. Unter den Einwohnern Acehs betrug die Opferzahl 60 – 70.000.[5]

---

[2] Reid, Anthony: *Contest for North Sumatra: Atjeh, the Netherlands, and Britain 1858–1898.* 1969, S. 287

[3] Mak, Geert: *Das Jahrhundert meines Vaters.* München, 2005, S. 143

[4] Reid, Anthony: *The blood of the people: revolution and the end of traditional rule in northern Sumatra.* 1979, S. 7

[5] Mak, S. 143

Acehnesen waren seit Jahrhunderten daran gewöhnt, vor ihren Oberhäuptern zu knien. Frauen benutzten sogar Taschentücher, wenn sie die Hand ihres Dorfvorstehers berührten.[6] Der Kolonialmacht gelang es, das Volk durch diese Adelsschicht zu beherrschen, die als Dank großzügige Geschenke und Privilegien erhielt, wie zum Beispiel Schulbildung für ihre Kinder. Als Ahmad geboren wurde, existierten seit geraumer Zeit Spannungen zwischen dem Adel und den fortschrittlichen Muslimen. Der japanischen Besatzungsmacht gelang es, eine anti-niederländische Widerstandorganisation zu bilden.[7] Angeführt wurde sie von Islamführern im Vertrauen auf die von Japan versprochene Befreiung vom Kolonialismus. Bald aber machten auch die Japaner die Sultane zu ihren Statthaltern.

Überall, wo es den Holländern nach dem Zweiten Weltkrieg gelang, wieder Fuß zu fassen, quittierten die alten Eliten ihren Dienst in der Verwaltung oder dem Militär der indonesischen Republik. Diese Spannungen entluden sich 1946, als Ahmad 17 Jahre alt war, in einem Blutbad. Islamlehrer führten bewaffnete Gruppen gegen den mit der Kolonialmacht kollaborierenden Adel. Am Ende des Jahres war die Elite ausgelöscht.[8] Mit diesem Blutvergießen war es den Acehnesen als einzigem Volk des indonesischen Archipels gelungen, neben der nationalen auch eine soziale Revolution durchzusetzen.[9]

Acehnesen waren stolz auf ihre Rolle in den Unabhängigkeitskriegen. Sie hatten der Republik Geld für die Anschaffung zweier Flugzeuge gespendet und sich dem niederländischen Willen nach einer föderalen Nachkriegsstruktur widersetzt. Umso verbitterter waren sie, als *Jakarta* ihnen ihren autonomen Status entzog und der neuen Provinz Nord-Sumatra unterstellte.[10]

Aceh war nie ein Vasall Javas gewesen. Keine gemeinsame Geschichte verband diese beiden Völker und nun machten ihnen die Javaner sogar ihren autonomen Status streitig! Dies und der erzwungene Transfer enormer Geldsummen nach Jakarta legten den Grundstein für Acehs andauernden Widerstand gegen die Zentralregierung. Von 1953 bis 1959 schloss sich Aceh der Darul-Islam-Bewegung an, die für einen islamischen Staat kämpfte. Um sich die aufsässige Provinz gefügig zu machen, reagierte Jakarta mit der Ansiedlung

---

6 Ushiyama Mitsuo: »Conflict in Aceh after independence.« In: Reid, Anthony und Akira Oki: *The Japanese experience in Indonesia: Selected Memoirs of 1942–1945.* 1986, S. 377

7 Jong, Louis de: *The collapse of a colonial society: the Dutch in Indonesia during the Second World War.* 2002, S. 42

8 Taylor, Jean Gelman: *Indonesia: peoples and histories.* 2003, S. 330

9 Kartodirdjo, Sartono: *Protest movements in rural Java.* 1973, S. 104

10 Grayson, Lloyd und Smith, Shannon: *Indonesia today: challenges and history.* 2001, S. 152

javanischer Transmigranten. 1965/66 nahmen islamische Jugendgruppen an der Kommunistenverfolgung durch die Armee teil. Tausende fielen diesem ›Heiligen Krieg‹ zum Opfer – vor allem javanische Familien.

In den 1970er Jahren stabilisierte Acehs Reichtum an Öl und Gas die Wirtschaft Indonesiens. Der Gewinn kam aber fast ausschließlich Java zugute und schaffte noch mehr Arbeitsplätze für Transmigranten in den ausländischen und indonesischen Industriezonen – Enklaven des Reichtums in einem Meer von Armut. Um den Protest der Bevölkerung zu brechen, siedelte die Armee ganze Dörfer um. Inhaftierungen, Mord und Vergewaltigungen waren an der Tagesordnung. Häuser wurden in Brand gesetzt und Leichen zur Abschreckung an öffentlichen Orten deponiert.[11]

Ab 1974 musste jeder Staatsangestellte oberhalb des Bürgermeisters vom Innenministerium bestätigt werden und der Staatspartei GOLKAR beitreten. Trotz aller Repressionen erklärte Aceh 1976 seine Unabhängigkeit, was weitere militärische Interventionen zur Folge hatte. Als sich 1989 die Freiheitsbewegung GAM formierte, war die Zentralregierung fest entschlossen der Separatistenbewegung ein für alle Mal ein Ende zu setzen. Aufgespießte Köpfe an öffentlichen Plätzen haben in Indonesien Tradition – nach 1975 auch in Aceh.[12]

2003 wurde in Aceh, als einzige indonesische Provinz, die Scharia eingeführt, was bei einem Teil der Bevölkerung für Unmut sorgte. 2004 kamen durch einen gewaltigen Tsunami etwa 300.000 Menschen ums Leben. 2005 unterzeichneten Regierung und Befreiungsbewegung ein Abkommen, das Aceh Autonomierechte garantiert. Deren Einhaltung wird von der EU, fünf Mitgliedsstaaten der Gemeinschaft Südostasiatischer Staaten, Norwegen und der Schweiz überwacht.

---

[11] Twang Peck Yang: *The Chinese business elite in Indonesia and the transition to independence 1940–1950*. 1998, S. 366

[12] Colombijn, Freek: »What is so Indonesian about violence?« In: Wessel, Ingid und Wimhöfer, Georgina (Hg.): *Violence in Indonesia*. Hamburg 2001, S. 37

Is Darmopranoto:
Ein javanischer Christ als Transmigrant
in West-Papua

Is Darmopranoto lebt in Salatiga, einer Kleinstadt in Zentral-Java. Er ist Christ und Mitglied einer der 55 Kirchengemeinden der *GKJTU*, der auch Pebri und Dr. Christian Goßweiler angehören, die ihn mit mir besuchen. Sein Gäste-Empfangs-Wohnzimmer ist durch eine Trennwand aus geschnitztem Holz vom Esszimmer getrennt. Unser Gastgeber, ein stattlicher alter Herr in dunkelblauem Polohemd, bewegt sich langsam auf uns zu, gestützt auf eine Gehhilfe und einen behutsamen Hausangestellten. Er freut sich über unser Interesse an seinem Leben. Einiges aus seinen schriftlich festgehaltenen Erinnerungen hatte mir Dr. Goßweiler am Vormittag bereits übersetzt.

Darmopranoto kam 1928 im nahe gelegenen Dorf Kaliceret, mitten in einem Teakholzwald, auf die Welt. Ursprünglich hieß er Is Kadarman. ›Is‹ bedeutet fröhlich, Kadarman so viel wie ›er bekommt etwas ab, wenn auch nur wenig‹. Sein Name wurde später geändert, was in Java oft vorkommt. Darmopranoto kann man mit ›Dienst für Gott und den Nächsten‹ übersetzen. Der Name impliziert einen höheren sozialen Status. Da Status auf Java sehr wichtig ist, möchte mein Gesprächspartner, dass ich ihn richtig einordne.

»Die Umgebung unseres Dorfes war hügelig. Die Dorfbewohner stahlen regelmäßig Holz«, beginnt er schmunzelnd »und verkauften es auf dem Markt, damit sie überhaupt etwas zu essen hatten. In der Nähe des Waldes legten die Menschen Reisfelder an und in den Gärten um ihre Häuser wuchsen Mais und Gemüse. Meine Mutter starb mit 29 Jahren, als ich ein Jahr alt war.« Woran weiß er nicht. Is und seine acht Geschwister wuchsen nun bei ihrer Stiefmutter auf, die der Vater ein Jahr nach dem Tod seiner Frau heiratete. Seine zweite Frau schenkte ihm weitere zehn Kinder.

»Vater wurde 99 Jahre alt. Als er Christ geworden war, faszinierte ihn die Geschichte von Jakob so sehr, dass er fest entschlossen war, ebenso viele Söhne zu haben wie er.« Is zählt freudig die Namen der zwölf Söhne Jakobs auf – auf javanisch. Als ich mich erkundige, wie es dazu kam, dass sein Vater Christ wurde, erklärt er: »Er wurde als junger Mann krank und begab sich in das Missionskrankenhaus nach Kaliceret. Da er bis dahin Assistent eines muslimischen Predigers gewesen war, wollte er nicht, wie von den Kranken erwartet, am christlichen Gottesdienst teilnehmen und versteckte sich auf der Toilette.

Nachdem er geheilt war, reichten ihm die *Missionare* ein Buch, in dem ihn ein Bibelvers besonders ansprach: »Trachtet zuerst nach dem Reich Gottes und nach seiner Gerechtigkeit, so wird euch alles zufallen« (Matth. 6,33). Dieser Vers beeindruckte ihn so sehr, dass er beschloss Christ zu werden. Er ließ sich auf den Namen Isakhar – einer der zwölf Söhne Jakobs – taufen. Die Missionare trugen dem neu Getauften auf, in den umliegenden Dörfern und Städten Bibeln zu verkaufen.

»Wie transportierte er die Bibeln von Ort zu Ort?«

»So, wie Männer hier heute immer noch Dinge tragen. Er hatte zwei Kästen voller Bibeln je hinten und vorn an einer Tragestange hängen, die er über der Schulter trug. Zwei Träger halfen ihm, die Bücher zu transportieren. Diese Bibeln in javanischer oder lateinischer Schrift, verkaufte er auf den Märkten in den umliegenden Ortschaften.«

»Konnte er damit seine Familie ernähren?«

»Nein«, übersetzt Pebri, »dies war nur eine Nebentätigkeit, mit der er lange vor seiner Heirat begonnen hatte. Er lebte von der Landwirtschaft. Nachdem er Christ geworden war, kaufte er Land in Kaliceret, einem christlichen Dorf. Als er heiratete, besaß er Kühe und Wasserbüffel, baute Reis, Süßkartoffeln und Gemüse an und beschäftigte sogar einige Landarbeiter.«

»Würden Sie mir das Haus beschreiben, in dem Sie Ihre frühe Kindheit verbrachten?«

»Die Wände waren aus geflochtenem Bambus, der Fußboden aus festgestampfter Erde, wie für die damalige Zeit typisch. Später bekam das Gebäude Holzwände und sogar Dachziegel. Da unsere Familie groß war, hatte das Haus mehrere Zimmer. Auf den niederen Bettgestellen aus Bambus schliefen auf geflochtenen Matten jeweils zwei bis vier Personen.«

»Wie verlief ein typischer Tag für den kleinen Is?«

»Zum Frühstück gab es gekochten Reis oder Maisschrot Wie heute noch in vielen Familien üblich, halfen Verwandte als Hausangestellte den umfangreichen Haushalt zu führen. Mein älterer Bruder musste in zwei Blecheimern, die an einer Tragestange hingen, Wasser vom Brunnen herbei schleppen. Ich hütete den Wasserbüffel und ritt aus Spaß auf ihm. Die Arbeit als Büffelhirte gefiel mir mehr als alle andere Arbeiten. Am liebsten hätte ich nie etwas anderes getan, als immer nur auf einem Wasserbüffel zu reiten.

Als ich mit sieben Jahren mit meiner rechten Hand über den Kopf reichen und mein linkes Ohr berühren konnte, galt dies als Zeichen meiner Schulreife und ich kam in die christliche *Schule*. Sie war in einem einfachen Holzhaus untergebracht und stand neben dem Pfarrhaus und der Klinik. Sonntags wurden die verschiebbaren, geflochtenen Trennwände beiseitegeschoben und das Gebäude diente als Kirche.

1938, mit zehn Jahren, verließ ich mein Heimatdorf. Ich konnte meinen bösen Lehrer nicht länger ertragen. In Kaliceret lebten einige behinderte Menschen, die mein Lehrer verspottete. Zu einem Schüler, dessen Vater verkrüppelte Beine hatte, sagte er: ›Deine ›4‹ sieht aus wie die Beine deines Vaters.‹ Einen anderen verhöhnte er mit: ›Deine ›3‹ ist ein Abbild der Nase deines Vaters.‹ Ich hielt das nicht aus und bat meinen Vater in die Schule von Blora gehen zu dürfen, wo mein älterer Bruder unterrichtete. Bei ihm und seiner Frau, einer Hebamme, habe ich gewohnt.«

»Hatten Sie Heimweh?«

»Ja, aber meine Antipathie gegen diesen Lehrer war noch größer als mein Heimweh. Die Atmosphäre in der neuen Schule war wesentlich angenehmer und der Unterricht deutlich besser. Besonders geschätzt habe ich meinen Lehrer der vierten Klasse. Als er krank wurde, vertrat ihn der strenge Schulleiter. Eines Tages sollte ich an der Tafel etwas vorrechnen, das ich aber aufgrund meines Schulwechsels noch nicht gelernt hatte. Da verpasste mir der cholerische Rektor eine Ohrfeige, dass es in meinen Ohren schallte. Vor Schreck habe ich in die Hose gemacht und mich aus dieser entsetzlich peinlichen Lage auf die Toilette gerettet. Auch im Hause meines Bruders gab es unglückliche Zeiten. Seine Frau warf meine Murmeln weg und machte meinen Drachen und meinen Hüpfgummi kaputt. Sie zerstörte sogar meinen Vogelkäfig.«

»Warum?«

»Sie hat wohl erwartet, dass ich im Haushalt mehr mithelfe. Vielleicht spielte auch eine Rolle, dass mein Bruder für meinen Unterhalt aufkam und meine Schwägerin unfruchtbar war. Deswegen haben sie eine Tochter adoptiert.«

»Woher wissen Sie, dass Ihre Schwägerin unfruchtbar war und nicht Ihr Bruder?«

Statt diese Frage zu übersetzen erklärt mir Dr. Goßweiler: »Unfruchtbarkeit des Mannes wird in der *javanischen Kultur* auch heute noch nicht in Erwägung gezogen. Sie ist unvorstellbar.«

»Als mich mein Bruder aus *Solo* nach zwei Jahren einmal besuchte« fährt Is fort, »klagte ich ihm mein Leid. Daraufhin zog ich 1941 mit 13 Jahren zu meiner Schwester nach Pati und besuchte dort die Schule. Auch da herrschten manchmal raue Sitten. Wer nicht aufpasste, bekam vom Lehrer ein Holzschwein an den Kopf geworfen. Aber bei meiner Schwester gefiel es mir sehr gut. Sie übertrug mir die Aufgabe Gras für die Hasen zu schneiden und diese zu füttern. Es war schön, dass sie fünf Kinder hatte. Mein ältester Neffe war ein Jahr älter als ich. Die anderen waren jünger. Der Mann meiner Schwester arbeitete als Krankenpfleger in einem staatlichen Krankenhaus und machte auf private Rechnung zusätzlich Hausbesuche.«

Ein Erlebnis aus dieser Zeit blieb Is in besonders lebhafter Erinnerung. Er hat es schriftlich festgehalten: 1941 trieben östlich von *Semarang* anti-chinesische Banden ihr Unwesen. In der Nähe des Hauses seiner Schwester führte ein schmaler Pfad zum Haus eines Chinesen. Is und sein Neffe sollten diesen Weg mit Bambusspeeren vor räuberischen Übergriffen bewachen. Und tatsächlich erschien eine mit Schwertern und Sicheln bewaffnete Gruppe Banditen. Sie zerbrachen die Schaufenster der chinesischen Läden entlang der Hauptstraße und warfen allen Besitz der Chinesen auf die Straße. Als sich diese Bande den beiden Jungen näherte, riefen sie: »Dies ist ein javanisches Viertel! Wir sind eure Brüder«, und die Plünderer zogen weiter.

»Hatten Sie in Ihrer Kindheit jemals etwas mit Holländern zu tun?«

»Nein, meine Lehrer waren Javaner. Die beiden Pfarrer oder Missionare in Kaliceret, Senk und Plaum, waren Deutsche, wie der Arzt Dr. Bansimmer. Die Lehrer und Mitarbeiter im Krankenhaus waren Javaner, die mit ›Meneer‹ angesprochen werden wollten.«

»Als Sie in Pati zur Schule gingen, erreichte der Zweite Weltkrieg Indonesien. Wie hat sich der Krieg in ihrem Leben bemerkbar gemacht?«

»Vor dem Einmarsch der Japaner fuhren Lastwagen voller holländischer Soldaten durch Pati. Ich stand am Straßenrand und jubelte ihnen zu. Sie erwiderten meine Hurra-Rufe mit dem Victory-Zeichen. Die meisten Menschen waren überzeugt, dass die Holländer die Japaner mit Leichtigkeit besiegen würden. Über das Radio erfuhren wir aber, dass die niederländische Armee schnell geschlagen und nach Australien evakuiert worden war.

Wenig später fuhren die Japaner mit LKW in Pati ein und ich ging neugierig auf sie zu. Sie sprachen kein Javanisch, nur Malaiisch, das heutige Indonesisch, und riefen ›perigi, perigi!‹ Es sollte ›peligi, peligi!‹ heißen. Da die Japaner aber kein R aussprechen können, war dieses Wort für Brunnen für uns zunächst schwer zu verstehen. Ich signalisierte ihnen, dass sie mir folgen sollten und eine ganze LKW-Ladung japanischer Soldaten marschierte hinter mir her – bis zum Brunnen hinter dem Haus meiner Schwester. Ich zog ihnen Wasser mit dem Eimer hoch. Sie wuschen sich, tranken und baten um Streichhölzer. Ich reichte ihnen einen Feuerstein, den sich ein Japaner in die Hosentasche steckte. Als Dank gab er mir Süßigkeiten, die rund waren wie Murmeln.

Als sie gegangen waren schimpfte meine Schwester: ›Warum bringst du mir die Feinde ins Haus!?‹ Mein Bruder verlangte sogar: ›Schmeiß die Süßigkeiten in den Abflusskanal! Sie sind vielleicht vergiftet!‹ Ich konnte zwar nicht verstehen, warum sie so wütend waren, habe ihre Anweisungen aber schweren Herzens befolgt. In der nun folgenden Zeit lernte ich, dass die Holländer eine Kolonialmacht waren. Später erkannte ich, dass die Japaner Indonesien nicht befreiten, sondern brutal unterdrückten. Meiner Mutter und den anderen Menschen wurden ihr Schmuck und alle Wertgegenstände weggenommen.

Bald schlossen die Japaner alle Schulen und gründeten Massenorganisationen für Schüler und Jugendliche. Während dieser Zeit – also nach der fünften Klasse – kehrte ich nach Kaliceret zurück. Anstelle der fünfjährigen Grundschule, in der auf Javanisch und Indonesisch unterrichtet wurde, eröffneten die Japaner bald die sechsjährige japanische Volksschule. Ich besuchte von nun an die Schule in Gubug. Die zwölf Kilometer hin und zurück ging ich zu Fuß. Schule und Kirche in Kaliceret waren von den Veränderungen durch die Japaner nicht betroffen.«

Dr. Goßweiler ergänzt: »Viele Kirchen der Neukirchener/Salatiga Mission wurden zunächst – wie die holländischen – als Symbole der Kolonialherrschaft von den Japanern geschlossen. Erst als der javanische Leiter der Gemeinden seinen Sohn zum japanischen Militärkommandanten Nakamura nach *Jakarta* schickte, konnte dieser erreichen, dass die Kirchen der Neukirchener Mission wieder geöffnet wurden, da die Deutschen ja Verbündete der Japaner waren.

Jeder Schüler musste nun Japanisch lernen, glatzköpfig sein und kurze Hosen, Kniestrümpfe und Schuhe tragen« erzählt Is weiter. »Vor Unterrichtsbeginn wurde das Hemd ausgezogen und Gymnastik getrieben – zu Musikbegleitung aus dem Radio. Ich gehörte bei den Abschlussprüfungen, 1944, zu den 70 besten Schülern der Provinz Zentral-Java.«

»Wie konnten plötzlich so viele Lehrer Japanisch unterrichten?«

»Sie lernten es eine Zeit lang in Jakarta, in einem Crashkurs. Die Schulen waren ja eine ganze Weile geschlossen. Jeden Montag mussten wir uns Richtung Japan verneigen und die japanische Nationalhymne singen. Der meiste Reis wurde fortan konfisziert. Die Bevölkerung sollte essen, was übrig blieb: Süßkartoffeln, Maniok und dergleichen.« Augenzwinkernd ergänzt er: »Den Menschen gelang es aber, ab und zu Reis zu verstecken. Dennoch herrschte bald großer Hunger und die meisten liefen nur noch in Kleidern aus Sackleinen herum, denn die Japaner konfiszierten auch Baumwollstoffe.

In der Schule wurden über das Radio Nachrichten verbreitet. Als ein Sieg der Japaner immer unwahrscheinlicher wurde, rief man uns Schüler auf, an der Seite der Japaner für die Freiheit unseres Landes zu kämpfen. Die Unabhängigkeit, die sie uns angeblich schenken wollten, war jedoch nichts als eine leere Versprechung. Letztlich haben wir uns unsere Freiheit selber erkämpft.«

»Was haben Sie damals über die ›romusha‹ gehört?«

»Die Japaner ließen diese Zwangsarbeiter Schwerstarbeit leisten. Einer meiner Brüder wurde zu den ›romusha‹ eingezogen. Wir haben nie wieder etwas von ihm gehört. Er ist bis heute spurlos verschwunden. Die ›romusha‹ mussten auch unterirdische Waffenlager errichten, in denen sie dann selbst getötet wurden, damit sie die Lager nicht verraten konnten. Das war schon während der Besatzungszeit durch Überlebende bekannt geworden.«

»Oft wurden sie weit entfernt von zuhause eingesetzt, in Gegenden, in denen sie sich nicht auskannten und mit der einheimischen Bevölkerung nicht kommunizieren konnten«, werfe ich ein.

»Richtig. Die allermeisten Menschen sprachen damals nur die Sprache ihrer eigenen Volksgruppe und nicht, wie heute, auch ›bahasa indonesia‹. Solange die ›romusha‹ lebten, wussten sie oft nicht, wo sie waren. Und als sie tot waren, wusste niemand, wo sie beerdigt wurden. Es kursierten immer nur Gerüchte. Tatsächliche Informationen hatte die Bevölkerung nicht.«

»Bis heute«, stimme ich zu. »Wo waren Sie, als Japan im August 1945 kapitulierte?«

»Da besuchte ich bereits die Lehrerakademie in Solo. Über zentral aufgestellte Lautsprecher wurde die Nachricht von der indonesischen Unabhängigkeit verbreitet. Wir hörten die Stimme *Sukarnos* und ich habe mich, wie alle anderen, riesig gefreut. Wenn man sich damals begegnete, grüßte man mit: ›Merdeka‹! Freiheit.‹ Ein weit verbreitetes Motto lautete: ›Es ist besser zu sterben, als im Kadaver-Gehorsam zu leben‹. Ich war so begeistert, dass ich mit zwei Freunden den Zug nach *Surabaya* nahm, wo wir uns der Schülerarmee anschlossen. Wir wurden politisch geschult und an Gewehren ausgebildet. Auch einer unserer Lehrer kämpfte mit. Es gab damals viele verschiedene Kampfgruppen. In unserem Dorf kämpfte eine Polizeieinheit der indonesischen Republik.«

»Wer waren ihre Feinde?«

»Die Holländer und die Engländer. Bei letzteren vor allem die *Gurkhas*.« Kaum bekannt in der Bevölkerung war damals, dass die britische Regierung im September 1945 verkünden ließ, sie würde ihre Truppen nicht für die Wiedereroberung der niederländischen Kolonie einsetzen.[1]

»Waren Sie nach Ihrer Ausbildung in Gefechte mit Holländern verwickelt?«

»Ja. Leider waren wir unterlegen. Wir haben wild drauflos geschossen. Einer meiner Freunde wurde an der Schulter getroffen.«

»Sie blieben unverletzt?«

»Ja. Wenn irgendwo ein Geschoss eingeschlagen hatte, stellte ich mich genau an diese Stelle, weil ich überzeugt war, dass ein zweites Geschoss nicht am gleichen Ort einschlagen würde. Zwischen den Kämpfen zogen wir uns immer wieder in ein Bergdorf zurück. Die Bewohner hatten sich anderswo in Sicherheit gebracht. Einmal planten die Japaner einen Großangriff. Bereit, bis zum Tod zu kämpfen, zogen wir in die Hügel, wo wir eine Stellung verteidigen sollten. Es kam aber kein Angriff. Wir standen nur eine ganze Nacht im Regen herum. Ich hatte genug vom Kämpfen und ging weiter zur Schule. Ich lebte damals im Schülerwohnheim. Wohnheim und Schulgeld wurden von meinen

---

[1] Woltjers, J. J.: *Recent verleden. Nederland in de twintigste eeuw.* Amsterdam, 1992, S. 267.

Brüdern bezahlt. Mutter schickte mir regelmäßig Reis und Mais und in den Ferien half ich zuhause.«

»Sie schlossen also Ihre Lehrerausbildung in Solo ab?«

»Nein. Als ich 1947 einmal meinen Onkel in Kaliceret besuchte, bat ich ihn, mir für drei Tage das Fahrrad seines Schwiegersohnes auszuleihen. Damit machte ich mich am 20. Juli 1947 auf den Weg zu meiner Schwester in Pati, eine Stunde bevor Kaliceret von den Holländern besetzt wurde. Dass die sogenannte erste *Polizeiaktion* der Holländer begonnen hatte, erfuhr ich erst, als ich kurz von Pati an Brücken gelangte, die unsere Regierung hatte sprengen lassen, um den Vormarsch der Holländer zu stoppen.

Ich konnte also nicht nach Solo zurückzukehren und meldete mich als Soldat. Von 1947 bis 1948 arbeitete ich in Pati im Büro des Leiters des Erziehungsministeriums, bis mich mein Cousin bat, Mitglied im Führungsrat der Jugend der Demokratischen Partei DPP zu werden. Ich arbeitete als Sekretär, ohne genau zu verstehen, um was für eine Organisation es sich handelte – bis zum *Madiun*-Aufstand 1948.

1948 wurde der Vater unseres Vorsitzenden in Zusammenhang mit diesem kommunistischen Aufstand von Sukarnos Leuten in Pati öffentlich erschossen. Die DPP wurde aufgelöst, nachdem man ihr vorgeworfen hatte, kommunistisch unterwandert zu sein. Mir legte man zur Last der kommunistischen Partei angehört zu haben, aber mein Vorgesetzter verteidigte mich heldenhaft und erfolgreich. Mein Cousin schloss sich der Sozialistischen Partei an. Ich hatte von Parteien erst einmal genug.

Als die Holländer wieder einen großen Teil des Landes erobert hatten, kehrte ich zurück zur Schule, schloss meine Ausbildung 1949 ab und unterrichtete in einer staatlichen Grundschule in Pati. Nachdem die Holländer die Unabhängigkeit Indonesiens im gleichen Jahr schließlich endgültig anerkannten, unterrichtete ich Pädagogen bei Semarang. Die Regierung benötigte Lehrer für die gewaltige Alphabetisierungskampagne.«

Während tropischer Regen lautstark auf das Wellblechdach des Hauses prasselt und die Übersetzungsarbeit zur Herausforderung werden lässt, erzählt Is von seiner Zeit als Schulrektor. Als er heiratete, sicherte sein geringes Gehalt kaum das Überleben seiner wachsenden Familie. Als dem Armee-Veteranen 1968, mit 40 Jahren, angeboten wurde in *West-Papua* zu arbeiten, zögerte er nicht lange. Er übersiedelte zunächst allein und holte seine Familie 1970 nach.

»Die Papuas wollten nicht Teil Indonesiens sein und kämpften um ihre Freiheit. Als ehemaliger Freiheitskämpfer müssen Sie die Papuas doch verstanden haben. Warum sind Sie trotzdem als Vertreter der indonesischen Staatsmacht nach West-Papua gegangen?«

»Die meisten Papuas wollten gar keine Unabhängigkeit, nur ein paar Radikale. In meinem Kopf existierte – und existiert – diesbezüglich kein Konflikt. Ich wusste zwar, dass einige Papuas für ihre Freiheit kämpften, andererseits wollte ich aber meine finanzielle Situation verbessern. Mit meiner Zulage als ehemaliger Soldat habe ich in Irian Jaya zehn Mal so viel verdient wie auf Java. Wäre ich nicht gegangen, hätte ich jetzt nicht dieses schöne Haus.« Leise fügt Is hinzu: »Einer meiner Söhne arbeitet heute noch für die Freeport-Goldmine, die den Papuas ihren Reichtum stiehlt, der andere ist Dozent an der dortigen Cendrawasih Universität. Geheiratet haben meine Söhne selbstverständlich keine Papuas. Meine anderen vier Kinder leben auf Java.«

Der alte Herr steht auf und zeigt uns einen schweren unendlich fein geschliffenen, dunkelgrünen Stein: »Eine Erinnerung an 20 Jahre in West-Irian«, sagt er und reicht uns dieses etwa faustgroße Steinwerkzeug. »Damit haben sich die Frauen ein Fingerglied abgeschnitten, wenn ein Kind gestorben ist. Ich habe ihn als Abschiedsgeschenk erhalten und als Dank dafür meine Hose verschenkt.«

Felix Bakker:
Waisenhaus, japanische Gefangenschaft,
niederländischer Geheimdienst

Dear Mrs. Adler,

You are heartily welcome … at our home in Zwiggelte … My wife and I like to extend our welcome also if you eventually like to stay overnight at our home … Considering eventualities like bad weather conditions, long travel distances… If so, please do not hesitate, it is a pleasure for us that you may do so.

Kindest regards,

Felix and Eva Bakker

Genauso herzlich wie diese Einladung ist der Empfang in dem gemütlichen Landhaus. Zu der lebensfrohen Holländerin gibt es keine Barriere zu überwinden – und Felix ist eine immense Überraschung. Ich hatte einen blonden, weißhäutigen Holländer erwartet. Stattdessen begrüßt mich ein schlanker Mann von nicht sehr hohem Wuchs und brauner Hautfarbe, dessen dunkle Augen Ruhe und Wärme ausstrahlen. Noch am Abend meiner Ankunft setzen wir uns an den Kamin, der die nasse Novemberkälte vertreibt, und Felix beginnt seine bewegenden Erinnerungen mit mir zu teilen.

Er wurde 1925 geboren, als Sohn des Niederländers Roelof Bakker, Jahrgang 1878. Dieser stammte aus Amsterdam, wurde Ende des 19. Jahrhunderts Offizier der Niederländischen Marine und erhielt den Auftrag, die Meere Südostasiens vor Piraten zu schützen. Dies alles erfuhr Felix aber erst, als er 1957 in den Amsterdamer Archiven nach seinem Vater forschte. Als er seinen wohlhabenden Onkel ausfindig machte, knallte ihm dieser die Tür vor der Nase zu. »Auch meine holländischen Cousins haben kein Interesse an mir«, erklärt der 85-Jährige resigniert.

Roelof Bakker lernte die javanisch-chinesische Christin Maria Kinnio, die Mutter von Felix, 1923 in Batavia kennen. »Beide waren verwitwet. Beide hatten eine Tochter. Allerdings war die Tochter meines Vaters schon erwachsen. Vater war ja 20 Jahre älter als meine 1898 geborene Mutter. Jahre später wandte ich mich in *Jakarta* einmal hilfesuchend an meine Halbschwester, aber sie lehnte jede Unterstützung ab.

Als ich auf die Welt kam, war meine Mutter 27 und Lien, ihre Tochter, acht Jahre alt. Meine Eltern lebten in einem schönen, großen Haus. Geheiratet hat mein Vater meine Mutter nicht, aber er hat mich als seinen Sohn anerkannt, was mir seinen Namen und seine Staatsangehörigkeit einbrachte.« Nach einem 1893 erlassenen Gesetz, erhielten die von ihren niederländischen Vätern anerkannten Kinder die niederländische Staatsbürgerschaft.

»Solche Situationen gab es Tausendfach. Sie gingen immer auf Kosten der Frauen. Vater war Hafenlotse und Quarantäne-Beamter. Als ich drei Jahre alt war, starb er mit nur 50 Jahren. Über Nacht verlor meine Mutter ihr Zuhause und stand mit zwei Kindern mittellos da. Sie erhielt keinerlei Unterhalt oder Unterstützung. In ihrer Verzweiflung wandte sie sich an die Evangelische Kirche. Eines Tages erschien die Missionsschwester van Geel-Gildemeester und erklärte meiner Mutter: ›Sie können wir nicht unterstützen, aber Ihr Sohn muss als Holländer erzogen werden. Da Sie sich das nicht leisten können, ist es das Beste, der Junge wächst bei uns in der *Mission* auf.‹ Ich begriff, dass etwas Unheilvolles geschah und fühlte mich ebenso elend wie meine Mutter. Den Grund dafür habe ich aber nicht verstanden.

Kurze Zeit später unternahm meine Mutter eine wunderbar aufregende, lange Busreise mit mir. 115 km südlich von Batavia, in Sukabumi, standen wir dann vor einem riesigen Gebäudekomplex mit vielen lärmenden Kindern und mir wurde richtig mulmig. Mutter übergab mich an ein Fräulein Hamer und gab mir einen Abschiedskuss. Ich brüllte: ›Nimm mich wieder mit!‹ Auch Mutter weinte und versuchte mich zu beruhigen: ›Hier wirst du viele Kinder zum Spielen haben.‹ – ›Ich will aber bei dir bleiben!‹ heulte ich. – ›Hier wirst du zur *Schule* gehen können‹, versuchte sie ihrem Dreijährigen das Unbegreifliche zu erklären. Schließlich lief sie schluchzend weg und ich schrie weiter. Da packte mich Fräulein Hamer am Genick und steckte meinen Kopf solange unter einen kalten Wasserhahn, bis ich Ruhe gab.« Flüsternd fährt Felix fort: »Das war der traurigste Tag meines Lebens. Bis heute muss ich bei jedem Abschied an dieses Lebewohl von meiner Mutter denken. Im Laufe der Monate gewöhnte ich mich an die strenge aber gerechte Behandlung durch das Missionspersonal. Ich schlief in einem Schlafsaal mit 25 anderen Kindern. Jedes hatte sein eigenes, mit Leinen bespanntes Bett – ein 60 Zentimeter breites Eisengestell. Am Abend kniete unsere Betreuerin mit jedem einzelnen Kind vor dem Bett nieder, faltete unsere Hände und betete mit uns. Sie wurde fast wie eine Mutter.

Um sechs Uhr wurden wir durch lautes Rufen geweckt. Dann wurde geduscht und sich angezogen. Bei dem warmen Klima bestand unsere Bekleidung nur aus einem Hemd und einer kurzer Hose. Zum Frühstück gab es meist Haferbrei und Tee. Es wurde aus der Bibel vorgelesen und gesungen. Dann durften wir spielen. Zum Mittagessen gab es meist Reis und Gemüse. Von 13 Uhr bis 15:30 Uhr wurde Siesta gehalten. Auch sprechen war nicht erlaubt. Bis zum Abendessen durften wir dann noch zwei Stunden spielen. Die anschließende Bibellesung und das Singen dauerten etwas länger. Danach wurde noch einmal geduscht und um 19:30 Uhr mussten wir im Bett sein.«

»Und Ihre Mutter?«

»Ein ganzes Jahr lang durfte ich sie nicht sehen. Nach zwölf Monaten kam sie mich das erste Mal besuchen. Es war auf unbeschreibliche Weise schmerzlich sie wieder zu sehen. Wir konnten kaum mehr miteinander reden. Ich hatte das Malaiisch, das wir miteinander gesprochen hatten, fast gänzlich verlernt. In der Missionsstation war es verboten, Malaiisch zu sprechen und meine Mutter sprach kaum Holländisch. Ich weiß, dass dieser Besuch auch für sie herzzerreißend war.

Etwas später heiratete sie einen *Manadonesen* – auch in der Hoffnung, mich wieder zu bekommen, wenn sie eine intakte Familie hätte. Da ihr Mann aber kein Holländer war, hatte sie keine Chance. Das begriff ich aber erst viel später. Das einzige Gute war, dass Mutter nichts zu befürchten hatte, als die Japaner später Java besetzten, weil sie keinen holländischen Mann hatte.

Als ich sechs oder sieben Jahre alt war, zog ich in das Jungen-Haus um. Fritz Schaller und Johann Grunewald wurden meine besten Freunde und ich kam in die erste Klasse. Nun wurde nach dem Frühstück nicht mehr gebetet, sondern wir marschierten als geschlossene Gruppe zur 15 Minuten entfernten Schule, die zu einer anderen Missionsgesellschaft gehörte. Jungen und Mädchen wurden getrennt unterrichtet. Um 13 Uhr kehrten wir genauso zurück, wie wir gekommen waren – in Viererreihen-Formation, angeführt von einem weißen Gruppenleiter, einem ›totok‹, einem Vollblut, nach damaliger Sprachregelung.

Im Heim gab es neben Vollblut-Kindern auch ›indische‹ wie mich. Als wir das Schulalter erreicht hatten, waren aber fast nur noch solche Vollblut-Kinder da, deren Väter einen niederen gesellschaftlichen Rang hatten. Mischlingskinder konnten von holländischen Verwandten adoptiert werden. Im Heim waren nun also vor allem Kinder, die entweder keine holländischen Verwandten in Indonesien hatten, oder deren Verwandte sich nicht für sie interessierten. Die Familien der fast ausschließlich einheimischen Mütter hatten nichts zu melden.

Obwohl ich, von der Umwelt abgeschottet, zu einem Holländer erzogen wurde – und mich auch leidenschaftlich als solcher fühlte – war es später dennoch schwer für mich, auf der Seite der Niederlande gegen die einheimische Bevölkerung zu kämpfen. Ich dachte so manches Mal: Hätte mein Vater mich nicht anerkannt, würde ich mit Sicherheit auf der Seite der indonesischen Freiheitskämpfer stehen.«

»Ich stelle mir Ihre Identitätsfindung schwierig vor«, bemerke ich, »aber wie ging es zunächst mit dem Schulanfänger weiter?«

»Als ich sieben oder acht Jahre alt war, durfte ich mit einer Menge anderer Kinder mit dem Zug nach Batavia fahren. Ich kehrte also nach vier oder fünf Jahren das erste Mal nachhause zurück. Auch meine Mutter stand am Bahnhof. War das eine Freude! All diese Kinder waren einen Sommer lang mit ihren Familien vereint! Meine war ziemlich arm und lebte in einem kleinen Haus. Den Mann meiner Mutter nannte ich Onkel. Er war gut zu mir.

Bis auf das Jahr 1933, durfte ich meine Familie nun auch in den Weihnachtsferien besuchen – vom 27. Dezember bis zum 7. Januar. In diesem Krisenjahr fehlte das Geld für die Bahnfahrt. Jeder Abschied fiel mir ungeheuer schwer. Ich durfte mir das vor meinen Freunden aber nicht anmerken lassen. Während der Bahnfahrt legte sich die Trauer allmählich. Bei einem meiner ersten Besuche hatte ich ein Brüderchen bekommen. Es war seltsam zu spüren, dass mir die Jungen im Waisenhaus näher standen. Mit ihnen konnte ich mühelos kommunizieren. Die Sprache meiner Familie musste ich immer wieder aufs Neue lernen.

Unsere Lehrer, allesamt Holländer, bereiteten uns darauf vor, für die holländische Kolonialverwaltung zu arbeiten. Geschichte und Geographie interessierten mich besonders. Die Erfahrungen der Einheimischen kamen darin allerdings nicht vor. Meine Schulzeit dauerte neun statt acht

Jahre. Ein Jahr lang litt ich unter einem quälenden Husten, musste in einem separaten Raum liegen und Pillen schlucken. Ich glaube, ich hatte Tuberkulose. Als Neunjähriger tagaus, tagein allein in einem Zimmer zu verbringen, während die Kameraden vor dem Fenster spielten, war eine Qual. Auch wenn ich viel Spielzeug hatte, fühlte ich mich wie in einem Gefängnis. Wenigstens erschien Fritz regelmäßig an meinem Fenster und wir konnten uns unterhalten. Er und unser Gruppenleiter waren in diesem endlosen Jahr mein einziger wirklich menschlicher Kontakt.

Obwohl wir von der Außenwelt abgeschirmt lebten, schnappte ich doch hin und wieder Sätze auf, die mich nachdenklich machten: Warum nennen die Holländer unser Heim Waisenhaus, die Einheimischen dagegen Arme-Kinder-Haus? Weil wir barfuß zur Schule gingen? Als ich aber meine Mutter besuchte, die wirklich arm war, schenkte sie mir immer ein paar einfache Stoff-Turnschuhe. Meine Verwirrung blieb.«

»Trafen Sie in der Missionsschule auf Kinder, die außerhalb des Heims lebten?«

»Nein. Zu anderen Menschen hatten wir absolut keinen Kontakt. Ich kannte nur meine kleine Welt der Missions-Mischlinge. Wir hatten von unseren Vätern portugiesische, schottische, deutsche und französische Namen geerbt, hießen Faulhaber, McGee, Parrera und Rochemont, aber die meisten von uns kannten ihre Väter nicht einmal. Dann aber fand der heraufziehende Krieg auch den Weg in unser Leben. Unser neuer Gruppenführer, Herr Schröder, ein Deutscher, hatte als Soldat im Ersten Weltkrieg gekämpft. Ein anderer Lehrer war gerade aus Holland zurückgekehrt und mit dem Zug durch Deutschland gefahren. Er schwärmte: ›Jeder Zug war auf die Minute pünktlich! Alles war blitzsauber! Die Autobahnen neu!‹ Ein anderer meinte: ›Ich traue dieser deutschen Regierung nicht.‹ Mit Kriegsbeginn war Herr Schröder dann auf einmal spurlos verschwunden.«

»Dass man alle Deutschen internierte, konnten Sie ja nicht wissen.«

Felix nickt: »Ich wurde 15 Jahre alt, schloss die Schule ab und erlernte den Beruf des Schmieds. Als ich mir mein Handgelenk gebrochen hatte, kam ich ins katholische Vier-Klassen-Krankenhaus. Die erste Klasse war den Reichen und hohen Beamten vorbehalten, in der vierten lagen die Einheimischen. Ich landete in einem großen Männer-Schlafsaal der dritten Klasse für arme Mischlinge, wo es wenigstens Bettlaken gab. Als ein Siebzehnjähriger das Lied, das später die indonesische Nationalhymne wurde, vor sich hin pfiff, herrschte ihn ein Aufseher an: ›Es ist verboten, diese Melodie zu pfeifen!‹ Als ich mich neugierig erkundigte, erklärte mir der Pfeifer: ›Es heißt Indonesia Raya – Groß-Indonesien. Wir müssen genauso für unsere Unabhängigkeit kämpfen, wie die Niederländer einst von Spanien!‹

So etwas hatte ich bisher nie gehört! Dies war mein erster Kontakt zu einem der indonesischen Nationalisten, von denen ich nicht einmal wusste, dass es sie überhaupt gab! Und wissen Sie was? Ich dachte: Er hat recht! Diese neuen Gedanken zwangen mich nachzudenken! Als ich mit meinem Gruppenführer darüber sprach, sagte der zu meiner großen Überraschung: ›Richtig! Die Niederländer haben das Recht, von deutscher Besatzung frei zu sein und du hast das Recht, frei von Kolonialherrschaft zu leben.‹ Mir war, als ob er ein Licht in mir anzündete.

Dennoch entschloss ich mich, im November 1941 Marine-Soldat zu werden. Ich war offiziell Holländer – und sah mich auch als solcher. Der Gedanke an Unabhängigkeit erschien mir utopisch und ein indonesisches Militär gab es nicht. Mutter erfuhr davon erst durch einen Brief von mir. Der einzige Mensch, der mich begleitete, war Fritz Schaller. Er wurde aber von der Marine abgewiesen, weil er einen deutschen Vater hatte. Dabei hatte er das bis zu diesem Zeitpunkt nicht einmal gewusst! Als ich mich in *Surabaya* bei der Marine vorstellte, hatte ich gerade meinen 16. Geburtstag gefeiert. Meine Ausbildung begann am 1. Dezember und eine Woche später brach der Pazifikkrieg aus. Nach einer sehr verkürzten Grundausbildung wurde ich Scharfschütze, übte täglich stundenlang Schießen und Nahkampf mit dem Bajonett. Es waren harte Wochen.

Im März 1942 erreichten die Japaner Surabaya und ich wurde drei Monate nach Beginn meiner Ausbildung in meine erste Schlacht geschickt. Wir Rekruten waren ja nur allzu willig, unseren Kampfgeist unter Beweis zu stellen. Meine Abteilung bestand aus 40 Soldaten. Die meisten hatten Gewehre aus dem Jahr 1895 und je zwei Handgranaten. Wenigstens war eines unserer drei gepanzerten Fahrzeuge mit einem Maschinengewehr und einer 37 mm Kanone bewaffnet.

Bei Tagesanbruch verschanzten wir uns östlich von Ngandjoek in den Reisfeldern und Büschen und schossen auf die herannahenden Feinde. In dem ohrenbetäubenden Höllenlärm gelang es mir, einige Treffer zu landen. Zum ersten Mal in meinem Leben erschoss ich einen Menschen! Das war schwierig. Mein lebendiges Ziel blieb ja nicht stehen. Ich kannte damals weder Erbarmen noch Furcht. Ich wollte den Feind nicht nur verletzen, ich wollte ihn töten. Unser Anführer schimpfte: ›Die Holländer haben nichts als Schrott im Vergleich zu den Japanern! Ich war wütend auf diesen Kerl. Wie konnte er es wagen, so zu reden. In unserer Gefangenschaft in Burma begegnete er mir wieder. Er ist dort umgekommen. Inzwischen wusste ich, dass er Recht hatte.

Am Ende meines ersten Kampftages zogen wir uns in die Berge zurück. Und acht Tage später erfuhren wir, dass sich unsere Armee ergeben hatte. Mein Anführer schrie: ›Die Generäle sind Feiglinge!‹ Ich weinte und habe mich dieser Tränen nicht geschämt. Heute weiß ich, dass den wirklich guten Generälen etwas am Leben ihrer Soldaten lag. Aber zu dieser Erkenntnis zu gelangen, war ein langer, langer Weg für mich.«

»Sie waren erst 16 Jahre alt – ein Kindersoldat!« platze ich heraus.

Überrascht schaut Felix mich an, zögert einen Augenblick, als ob ihm dieser Gedanke gänzlich neu ist. Dann fährt betont ruhig fort: »Die Japaner eskortierten uns in ein Kriegsgefangenenlager. Wir wurden nicht schlecht behandelt, erhielten ausreichend zu essen, spielten Fußball und verrichteten leichte Arbeiten. Die 8.000 Gefangenen dort waren in erster Linie Mischlinge, wie ich. Heute denke ich, man hat uns als Kanonenfutter verheizt.« Für einen kurzen Augenblick funkelt Wut in seinen Augen. Wie muss man sich fühlen, wenn man erkennt, dass man so missbraucht wurde?

»Viele meiner Leidensgenossen kamen wie ich aus Waisenhäusern. Und selbst da erkannte ich noch nicht, wie übel uns die Kolonialregierung – und die Missionsstation – mitgespielt hatten! Wir waren so tief indoktriniert, so gutgläubig und so schrecklich – und tödlich – naiv.«

»Es mag etwas zugespitzt klingen«, unterbreche ich Felix, »aber man kann fast den Eindruck erhalten, die Holländer hätten mit einheimischen Frauen ihre eigene Kolonialverwaltung und Armee gezeugt. Und die von der Welt abgeschotteten Missionsschulen haben diese jungen Menschen auf ihre Funktion vorbereitet.«

»Zugespitzt mag man das so sagen. Damals lag mir dieser Gedanke jedoch fern. Ich glaubte besonders schlau und gut informiert zu sein, las regelmäßig Zeitung und hörte Radio. Heute sehe ich, dass die Schießübungen mit Holzgewehren in blauen Overalls während meiner Berufsschulzeit kriegsvorbereitend waren. Wir marschierten zu Trommelklängen nach Sukabumi und die Mädchen hatten uns dafür blaue Mützen genäht.« (Bei der Korrektur dieses Textes fügt Felix hinzu: »Heute bin ich überzeugt, dass die Männer und Frauen der Missionsstation uns aus ihrer Sicht mit christlicher Nächstenliebe begegneten. Diese späte Erkenntnis beschert mir ein Maß an Seelenfrieden.«)

»Eines Tages wurden wir in einen Zug nach *Batavia* verladen und ehe wir uns versahen, befanden wir uns schon auf einem Schiff und erreichten am 10. Januar 1943 Singapur. In unserem *japanischen Internierungslager* gab es auch britische *Kriegsgefangene.* Als einer zu mir sagte: ›Du bist ein gottverdammtes Halbblut!‹ war das ein Schock für mich. So hatte ich mich bis zu diesem Augenblick nie gesehen. Ich wurde so wütend, dass ich diesen Briten mächtig verprügelte!

Bei uns gab es sogar ›indische‹ Offiziere und es war nichts Ungewöhnliches, dass braune Offiziere weißen Soldaten Befehle erteilten. Darüber waren die Briten und Australier schockiert! Nach einigen Faustkämpfen begannen sie uns langsam zu akzeptieren. Die Japaner ihrerseits verachteten uns alle, weil wir uns ergeben hatten und in ihren Augen Feiglinge waren.«

Zu weit vorgerückter Stunde lassen wir den Abend mit freundlicheren Themen ausklingen. Am nächsten Morgen kehrt Felix zu seinen schmerzlichen Kriegserinnerungen zurück.

»Nach zehn Tagen in Singapur wurden wir erneut auf Schiffe und anschließend in Viehwaggons verladen. Nach fünf Tagen erreichten wir Thailand und schließlich unser zukünftiges Hauptlager am River Kwai. Er wurde durch den Film ›Die Brücke am Kwai‹ weltbekannt. Die Briten, die schon dort waren, erklärten uns: ›Wir bauen eine Bahnlinie, die Bangkok mit Burma verbinden soll.‹ Zwischen Februar und November 1943 durchlief ich fünf oder sechs Dschungellager, dann war die *Burma-Bangkok-Eisenbahn* fertig. Einige Male mussten wir den Dschungel erst roden, um überhaupt eine Fläche für unser Lager zu haben.

In der Morgendämmerung machten wir uns auf den manchmal stundenlangen Weg zur Arbeitsstelle. Wir legten Gleise, bauten Brücken, schlugen Fels weg – und das alles bei drei Tassen Reisbrei am Tag. Befand sich unser Lager in der Nähe eines Dorfes, gelang es hin und wieder, dort um Essen zu betteln.

Während der Regenzeit starben besonders viele Männer. War die Zahl der Arbeitssklaven geschrumpft, wurde einfach Nachschub geliefert. Überleben konnte nur, wer ein kleines Netzwerk guter Kameraden hatte, ein ›konchi‹. Obwohl ich an Malaria und Dysenterie erkrankte, arbeitete ich weiter. Hätte ich nicht mehr arbeiten können, wäre ich innerhalb kürzester Zeit tot gewesen. Wer Malaria hatte, den zwangen seine Kameraden zu essen, auch wenn er keinen Appetit hatte, damit er bei Kräften blieb. Nachts mussten die Kranken oft zur Latrine außerhalb des Lagers. Wer niemanden hatte, der ihn begleitete, lief Gefahr in die Latrine hineinzurutschen. Ich musste enorme Selbstdisziplin aufbringen, grub weiterhin Gräben und hakte Holz. Ich wollte unbedingt überleben.

Am Fluss sah ich häufig Leichen vorbei treiben – Chinesen, Tamilen oder Javaner, die man mit dem Versprechen von gutem Lohn hierher gelockt hatte. Hundertausende wurden stattdessen wie Sklaven behandelt und bekamen kaum etwas zu essen. Wir hatten Ärzte, sie nicht. Es trieben so viele Tote vorbei, dass ständig jemand am Ufer stand, wenn wir Wasser holten oder uns wuschen und warnte: ›Vorsicht, Leiche!‹

Jeden Morgen traten, bis auf die Bettlägerigen, alle zum Appel an. ›Wo sind die anderen?‹ brüllte der Aufseher manchmal. Dann mussten auch die Kranken arbeiten. Bald trugen wir nur noch Lumpen an den Füßen. Die Haut wurde rot und rissig. Wegen Mangel an Schlaf und Essen war man ständig vollkommen erschöpft. Es war eine brutal harte Zeit.

Im Lager gab es koreanische Wachmannschaften. Jeder Koreaner, der die Anweisungen der Japaner nicht genau befolgte, wurde grausam verprügelt. Man zwang ihnen japanische Namen auf und verbot ihnen, Koreanisch zu sprechen. Einer von ihnen, Takamoto, war Assistent des Lagerkommandanten. Er entstammte einer gebildeten Familie und sprach Englisch. Die Gefangenen fürchteten und hassten ihn. Als ein Arzt eines Tages gegen die Arbeitspflicht der Kranken protestierte, ließ er ihn mit Stöcken zurichten.

Eines Tages befahl er mir: ›Du wirst Toban‹ – Diener der Japaner. Ich sollte ihnen Essen servieren, Wasser für ihr Bad vom Fluss holen und erwärmen. ›Nein!‹ widersprach ich. – ›Das ist ein Befehl!!‹ herrschte Takamoto mich an. Meine Kameraden sagten: ›Das ist doch prima! So bekommst du wenigstens etwas zu essen!‹ In meiner jugendlichen Dummheit empfand ich das aber ganz anders. Als ich mich am nächsten Tag bei Takamoto meldete, sagte er: ›Sei doch nicht so widerspenstig!‹ – ›Ich empfinde es als Demütigung, den Feind bedienen zu müssen‹, erwiderte ich hochtrabend. Im Schutz der Dunkelheit gelang es mir und anderen Küchenarbeitern wenigstens, heimlich das übrig gebliebene Essen der Japaner zu den Kranken zu schmuggeln. Nach drei Wochen sollte ich den Japanern sogar den Rücken schrubben. Ich habe das gehasst und teilte meinen Ärger mit einem Briten, der den Japanern als Übersetzer diente. ›Du bist verrückt, wenn du dich beschwerst‹, riet er mir eindringlich ab. Aber er konnte mich nicht von meinem stolzen Auftritt vor Takamoto abhalten:

›Ich will aufhören!‹

›Wie alt bist du?‹

›Siebzehn.‹

›Du bist ja noch ein Kind!‹

›Nein!‹ widersprach ich heftig. ›Ich bin Soldat! Und ich will aufhören!‹

›Was sagst du da Bakker?‹

›Ich will aufhören!‹

Da schlug er mich – und ich stand sofort wieder stramm.

›Du bist verdammt undankbar!‹ schrie er wütend. ›Dann geh' eben zurück in den Dschungel und krepier!‹

›OK‹ erwiderte ich. ›Ich werde mit meinen Kameraden sterben.‹

Als ich diesen von meinem Auftritt berichtete, klopften sie mir aber nicht respektvoll auf die Schulter, sondern sagten: ›Du bist vollkommen bescheuert!‹ Ich war total frustriert. Nun folgten die härtesten Monate meiner Gefangenschaft. Erst viel später erkannte ich, dass Takamoto versuchte, mein Leben zu retten. Vollgepumpt mit Propaganda von Heldentum war ich nicht in der Lage das zu begreifen. Heute weiß ich, dass ich ohne die drei Wochen als Toban, ohne Takamoto, nicht überlebt hätte.

Der letzte Monat meiner Gefangenschaft war nicht mehr ganz so schlimm. Die Regenzeit war fast vorüber und es gab etwas mehr zu essen. Da brüllte Takamoto beim Appel eines Morgens: ›Bakker vortreten!‹ Als ich vor ihm stand, befahl er: ›In die Küche!‹ Die nächsten zwei Wochen verbrachte ich also wieder als Küchenhilfe.

Als die Bahnlinie Ende 1943 fertig war, begleitete Takamoto die Kranken zum Basislager im Süden Thailands. Ich folgte zwei Monate später. Im August 1945 befreiten uns britische Fallschirmjäger. Am 15. Oktober wurden wir in den Osten des Landes verlegt und vom britischen Militär weiter ausgebildet. Wir wurden aufgefordert, die koreanischen Wachmänner zu identifizieren, die uns grausam behandelt hatten. Hier war also die Gelegenheit zur Rache. Viel später erfuhr ich, dass auch Takamoto als Kriegsverbrecher abgeführt wurde. Aber das ist eine andere Geschichte. Nach unserer Ausbildung wurden wir zu niederländisch-indischen Brigaden zusammengefügt und im März 1946 nach Bali verlegt, wo wir zwei Wochen lang Japaner entwaffneten.«

Wäre Felix im 17. oder 18. Jahrhundert auf Bali stationiert gewesen, hätte er eine Insel erlebt, auf der der Adel im Durchschnitt jedes Jahr 2.000 Sklaven verkaufte. Im 19. Jahrhundert setzten die Niederländer afrikanische Sklaven für ihre Kriege auf Bali ein – 1846, 1848 und 1849. Mindestens 500.000 Sklaven hatten sie von der Goldküste Afrikas verschleppt, bis sie den Sklavenhandel 1863 abschafften.[1]

Als König Badung, der letzte Raja Balis, 1908 erkannte, dass kein Ausweg in Sicht war, ließ er seinen Palast niederbrennen und führte seine Familie mit dem gesamten Adel unbewaffnet gegen die Gewehre der Niederländer. In ihrem Kugelhagel fanden einige tausend Männer, Frauen und Kinder den Tod. Die Niederländer verwandelten Bali von einer Insel des Sklavenexports zu einer der landwirtschaftlichen Produktion.

Von den 2.500 balinesischen Zwangsarbeitern, die die Japaner auf andere Inseln schafften, kehrten nur wenige zurück. Balinesische Frauen wurden gezwungen, japanischen Soldaten sexuell zu dienen.[2] Auch nach der Unabhängigkeit Indonesiens hatte das Leid auf Bali kein Ende. Von den Kommunistenmorden *1965/66*, war Bali besonders betroffen. Fünf Prozent der Bevölkerung, oder 80.000 Menschen wurden umgebracht.[3]

All dies wusste Felix im Frühjahr 1946 nicht. Er stieß in Surabaya wieder zu seiner Marine-Brigade, die man während des Krieges in die USA verlegt hatte. »Dort lernte ich im Haus eines Freundes das Mädchen kennen, das ich später heiratete. Ich kannte ihren jüngeren Bruder aus dem Waisenhaus. Diese junge Frau war mit einem niederländischen Soldaten, dem einzigen Sohn einer holländischen Familie, verlobt gewesen. Nachdem dieser gefallen war, lud sie seine Familie ein. Sie reiste in die Niederlande und wir schrieben einander.

Heute habe ich auch für die japanischen Soldaten Verständnis, aber ich bin nach wie vor wütend auf die Generäle, die dieses Gemetzel nicht beendeten – die japanischen und die alliierten. Nichts an dem, was während des Krieges oder danach geschah, nichts, was ich damals tat, war in irgendeiner Weise sinnvoll oder heldenhaft. Ich war an dem unsinnigen Blutvergießen zwischen der niederländischen Armee und den Javanern beteiligt, die nun zu Tausenden mit japanischen Waffen ausgerüstet waren.

Ich sah nichts, außer dass ich aufgerufen war, Rache zu nehmen und

---

[1] Geerken, Horst: Der Ruf des Geckos. Books on Demand 2009, S. 234
[2] Vickers, Adrian: »Dugas Jepangé – The Japanese period: Bali under the Japanese.« In: Post, Peter (Hg.): *The encyclopaedia on Indonesia in the Pacific War*. 2010., S. 92
[3] Taylor, Jean Gelman: *Indonesia: peoples and histories*. 2003, S. 358

war überzeugt, dass es richtig war, Recht und Ordnung wieder herzustellen. Wir 5.000 oder 6.000 Marinesoldaten meinten, wir könnten in diesem Guerillakrieg eine Art Schutzwall gegen *Sukarnos* Truppen errichten. Als Sergeant war ich für 12 bis 20 Scharfschützen verantwortlich. Wir sollten ein großes Dorf angreifen.«

»Was empfanden Sie dabei, gegen Ihre eigenen Leute zu kämpfen. In Ihnen fließt ja auch javanisches Blut?«

»Es mag für Sie schwer zu begreifen sein, aber ich konnte meine Landsleute damals nicht als meine Brüder sehen. In meinen Augen war ich Holländer – und sonst nichts. Es bereitete mit keine Freude, nachts Guerillas zu töten. Ich konnte die Menschen, die ich in der Dunkelheit erschoss, nicht erkennen. Ich wusste nicht einmal, wie viele es waren. Als ich schließlich begann, mit den Verwundeten und Gefangenen zu sprechen, erklärten viele, dass es ihre Pflicht sei, für die Freiheit Indonesiens zu kämpfen. Mir begegneten aber auch korrupte Offiziere, oder einfach nur Banditen. Dennoch regten sich in mir ganz langsam Zweifel.

Indonesische Nationalisten hatten zweimal ihre Loyalität gegenüber den Niederlanden erklärt – am 10. Mai, als die deutsche Wehrmacht in Holland einmarschierte, und beim Ausbruch des Krieges im Pazifik. Dennoch kam die niederländische Regierung ihren Wünschen nach zukünftigen Unabhängigkeitsverhandlungen keinen ehrlichen Schritt entgegen. Dies konnte von den Japanern wunderbar propagandistisch genutzt werden.

Die Kämpfe der verschiedenen indonesischen Gruppen gegen die Niederländer und untereinander gingen weiter – und alle waren gegen die Chinesen. Ich hatte damals bewusst wenig Kontakt zu meiner Mutter – auch um sie zu schützen. 1946 besuchte ich sie dennoch für eine Woche. Meine Familie war furchtbar verängstigt. Die chinesische Minderheit in Jakarta durfte sich mit britischer Genehmigung mit Waffen verteidigen.

Um meine Mutter keiner noch größeren Gefahr auszusetzen, besuchte ich sie erst wieder, nachdem die Niederlande, unter dem Druck der USA, Indonesien die Unabhängigkeit gewährt hatten. Danach wurde ich nach Holland versetzt und habe meine Mutter nie wieder gesehen. Sie starb 1961. Wir standen uns zwar nicht sehr nah, aber ich habe sie immer geliebt.« Felix blickt schweigend vor sich hin, als ob er ein Fenster schließen muss, bevor er ein neues öffnen kann. »Als ich 1949 nach Holland aufbrach, war dies meine erste Reise nach Europa. Alles war neu und wunderbar – eine fremde, saubere Welt. Die Tulpenblüte hat mich begeistert!«

»Hatten Sie Heimweh?«

»Nein. Ich hatte als Ausbilder für holländische Rekruten eine nützliche Aufgabe. Mit meinen 23 Jahren gehörte ich schon zu den Veteranen. Als mich die ehemalige Verlobte des gefallenen, niederländischen Soldaten einlud, besuchte ich sie. Zwei Jahre später haben wir geheiratet. 1950 und 1952 wurden unsere beiden Söhne geboren.

Ich ließ mich für den Nachrichtendienst der holländischen Marine anwerben und arbeitete 25 Jahre lang für den Geheimdienst. In dieser Funktion wurde ich 1958 nach *West-Papua* geschickt, das damals noch holländisch war. Indonesien war wegen seiner Ressourcen und geopolitischen Lage stark in die Weltpolitik verstrickt. Die Luftwaffe wurde von den Sowjets ausgebildet, die Armee von den USA finanziert. Keiner Seite lag etwas an der Bevölkerung, sondern nur an den Bodenschätzen.

Mir war schnell klar, dass wir *West-Neuguinea* nicht würden halten können. Auf diesem Schlachtfeld der Supermächte hatte es keinen Sinn zu kämpfen. Ich empfahl daher, dass wir uns zurückziehen, um sinnloses Blutvergießen zu vermeiden. Die Holländer übergaben West-Irian 1962 an die UN, die es ihrerseits 1963 an Indonesien übergaben und ich kehrte nach Holland zurück.

Eigentlich wollte ich in die USA auszuwandern. Der Pastor-Walter-Akt[4] von 1957 ermöglichte dies vielen ›indischen‹ Niederländern. Für die Einwanderungsbehörden musste ich allerlei Papiere zusammenstellen. Deswegen suchte ich in den Archiven nach Unterlagen über meinen Vater. Ich fand nicht nur die nötigen Papiere sondern auch seinen Bruder und seine Schwester. Dass diese nichts mit mir zu tun haben wollten, habe ich Ihnen ja schon erzählt. Ich hatte sogar schon einen Sponsor in Michigan. Da wurde meine Frau krank und wollte in Holland bleiben.

Zehntausende indonesische Niederländer fühlten sich damals von der Regierung, für die sie gekämpft hatten, im Stich gelassen. Sie wurden im Land ihrer Väter mit Kälte empfangen. 20.000 von ihnen kehrten Holland zwischen 1957 und 1963 den Rücken. Ich verzichtete meiner Frau zuliebe schweren Herzens auf die Auswanderung und einige Jahre später ließen wir uns scheiden.«

»Kehrten Sie noch einmal nach Indonesien zurück?«

---

4 1956 besuchten die beiden US-Senatoren Pastor und Walter die Niederlande. Als sie dort von der großen Anzahl niederländisch-indischer Familien erfuhren, veranlassten sie den Pastor-Walter Akt, der es zusätzlich zu den existierenden Quoten 3.000 Familien erlaubte, in die Vereinigten Staaten zu immigrieren.

»Ja, 1975, nach meiner Pensionierung, habe ich meine Schwester Lien einmal besucht. Es war wunderbar, aber ich erkannte, dass es nicht mehr mein Land war.« Eine Weile lang ist nur das Prasseln im Kamin zu hören. Dann erkundige ich mich bei Felix, welches die glücklichste Zeit seines Lebens war.

»Die letzten 20 Jahre mit Eva«, erwidert er spontan.

»Haben Sie jemals erfahren, was aus Takamoto geworden ist?«

»Ich war in meinem späteren Leben jahrelang als Reiseleiter in Südostasien unterwegs. 1995 entdeckte ich in Thailand, in einem Buch über die Thailand-Bangkok-Eisenbahn, ein Kapitel von Frau Prof. Aiko Utsumi von der Universität Tokio. Es handelte vom Schicksal koreanischer Kriegsverbrecher und ich stieß auf den Namen Takamoto! Man hatte ihn nach dem *Kriegsverbrecher-Tribunal* in Singapur gehängt. Er war manchmal barsch und hart, aber er hatte mein Leben gerettet! Er musste etwa 26 Jahre alt gewesen sein! Ich war erschüttert. War das die Gerechtigkeit, derer sich die Alliierten brüsten?

Aufgewühlt schrieb ich einen Brief an Prof. Utsumi. Sie arbeitete in einem Komitee, das versuchte, ehemalige koreanische Soldaten in ihr Heimatland zu repatriieren. Das war schwierig, denn sie galten dort als Verräter. Dabei hatte man viele koreanische Jungs oftmals unter Zwang rekrutiert. Frau Prof. Utsumi setzte sich für die Rehabilitierung dieser – inzwischen alten – Männer ein. Ich flog nach Japan und trug ihr meine Bitte vor, dass ich gern mit der Familie von Takamoto reden wollte. Dieser Wunsch hat sich zwar nicht erfüllt, aber sie organisierte ein Abendessen mit einem japanischen Veteranen und einem ehemaligen koreanischen Wachmann. Dabei stellte sich heraus, dass sie zu dem 47. Infanterieregiment gehört hatten, gegen das ich gekämpft hatte.

Bei der Korrektur dieses Textes fügte Felix hinzu: »Vor wenigen Wochen schickte mir Prof. Utsumi die Dokumente des Kriegsverbrecher-Tribunals von Singapur aus dem Jahr 1947. Und so fand ich heraus, dass der Takamoto, den ich kannte, nicht der Takamoto war, der in Singapur hingerichtet wurde. Dieser lebt heute über 80-jährig in Seoul. Über einen koreanischen Journalisten konnten wir wenigstens schriftlich Kontakt zueinander aufnehmen. Welche Erleichterung und Freude.«

Ein Leben lang hat Felix gebraucht, um mit seinem Krieg Frieden zu schließen. Vielen gelingt das nie.

Die chinesische Minderheit in Indonesien

Chinesen lebten als eine Minderheit von nie mehr als 2,5 Prozent schon lange vor der Kolonialzeit in Indonesien, insbesondere in den Städten.[1] Nach Ankunft der Vereinigten Ostindischen Handelsgesellschaft (VOC) dienten manche den Niederländern als Steuereintreiber. Andere waren für den Vertrieb von Importprodukten verantwortlich, den sie bald kontrollierten.[2] Durch ihre Funktion machten sie sich bei der Bevölkerung äußerst unbeliebt. 1740 wurden tausende Chinesen in einem Pogrom in *Batavia* umgebracht. An den Morden beteiligten sich auch niederländische Truppen. [3]

Wie die Herrscher der alten javanischen Königreiche ganze Dörfer als Entlohnung an ihre Verwaltungselite verliehen hatten, so verpachtete die VOC Ende des 18. Jahrhunderts 1.134 Dörfer an Chinesen – von insgesamt 16.000 auf dem von ihr kontrollierten Gebiet. Auch drei große Distrikte wurden ihnen übertragen. Als Gegenleistung forderten die Niederländer die Abgabe einer festgelegten Erntemenge. Darüber hinaus waren die Chinesen frei, sich selbst zu bereichern.[4] Ganze Dörfer wurden so in den Ruin gestürzt.[5] Ein niederländischer Spruch lautete damals: ›Die Javaner pflügen und säen, die Chinesen sammeln die Ernte ein und die Europäer tragen sie davon.‹[6]

---

1 Coppel, Charles: *Indonesian Chinese in crisis.* 1983, S. 1
2 Kahin, George McTuman: *Nationalism and revolution in Indonesia.* 1952, S. 8
3 Ricklefs, Merle Calvin: *A history of modern Indonesia since 1200.* 2008, S. 121
4 Legge, John D: *Indonesia.* 1964, S. 76
5 Day, Clive: *The Dutch in Java.* 1904, S. 136
6 Rush, James: *Opium to Java: revenue farming and Chinese Enterprise in colonial Indonesia 1860–1910.* 2007, S. 20

Nach dem Bankrott der VOC hatten die einheimischen Bauern der Kolonialregierung ihre Ernteprodukte zu liefern. Eingesammelt wurden sie weiterhin von Chinesen. Auch die gewinnbringende Lebensmittel-herstellung lag in ihren Händen.[7] Zudem erhielten sie das Schlacht-Mo-nopol für Schweine und Rinder, das Monopol für Pfandhäuser, Wege-zölle, Marktgebühren und Fähren.[8] Schließlich beherrschten sie auch die traditionelle Batik-Herstellung und die Holzindustrie.[9] Sie besaßen 1.250 Reis-Mühlen und kontrollierten bald den gesamten Handel auf Java, einschließlich des Reishandels.[10] Einheimische Händler wurden fast komplett ausgeschaltet.

1860 lebten in Niederländisch-Indien 222.000 Chinesen. Um 1900 war es über eine halbe Million. 277.000 von ihnen wohnten auf Java und Madura.[11] Chinesen traten Javanern vor allem als Arbeitgeber, Ladenbesitzer und Gläubiger gegenüber. Während sie prosperierten, sah sich die Landbevölkerung zunehmender Verelendung ausgesetzt.[12] 1912 kam es in *Surakarta* und *Surabaya* erneut zu anti-chinesischen Ausschreitungen.[13]

Die meisten neuen chinesischen Einwanderer dienten dem Koloni-alreich vor allem als billige Arbeitskräfte auf *Plantagen* und im Berg-bau. Viele setzte das Kolonialregime auch als Betreiber des lukrativen staatlichen Opium- und Salzmonopols ein. Chinesen betrieben darüber hinaus das immens profitable, staatliche Glücksspiel.[14] Am Handel mit Opium beteiligte sich auch die einheimische Elite, die ebenfalls Steuern für die Niederländer einzog.[15]

Der Opiumkonsum, der sich auf die Einheimischen destruktiv aus-wirkte, machte einige Chinesen steinreich und finanzierte einen guten

7 Sutter, John O.: *Indonesianisasi: politics in a changing economy 1940–1955.* 1959, S. 12
8 Rush, S. 99
9 Allen, G.C. and Donnithorne, Audrey: *Western Enterprise in Indonesia and Malaya.* 1957 reprint London 2003, S. 28
10 Gelderen, J. van: *The recent development of economic foreign policy in the Netherlands East Indies.* 1939, S. 65
11 Twang Peck Yang: *The Chinese business elite in Indonesia and the transition to independence 1940–1950.* 1998. S. 20
12 Bayly, Alan und Kolff, D.H.A.: *Two colonial empires.*1986, S. 175
13 Booth, Anne E.: *Economic and social development in East and Southeast Asia.* 2007, S. 119
14 Carey, Peter: *The origins of the Java War 1825–1830.* 1976, S. 66
15 Mark, Ethan: *Appealing to Asia: Nation, Culture and the problem of imperial modernity in Japanese occupied Java 1942–1945.* Ph.D. thesis, Columbia University. 2003, S. 93

Teil der Kolonialverwaltung.[16] Allein 1905 spülte das Einkommen daraus 20 Millionen Gulden in die Truhen des Fiskus, 15 Prozent des niederländisch-indischen Staatshaushaltes.[17] Allerdings mussten die Lizenzen für das Betreiben der Opiumhöhlen teuer ersteigert werden. Diese zusätzliche Geldeinnahme erwies sich als förderlich für die Karriere des holländischen Regierungsvertreters, der für die Versteigerung zuständig war. Für das staatliche Opium mussten die Chinesen weit überhöhte Preise zahlen. Illegales Opium war wesentlich billiger und wurde meist von Armeniern aus der Türkei, Persien oder Indien nach Bali geschmuggelt, dem Hauptumschlagsort in Niederländisch-Indien.[18]

Als den Chinesen der staatliche Opiumhandel entzogen und javanischen Beamten übertragen wurde, verringerten sich Opiumkonsum und Geldverleih in den Dörfern eine Zeit lang. Um den Schmuggel auszuschalten, ließ die Kolonialregierung zahlreiche neue staatliche Opiumhöhlen eröffnen. Dennoch existierten für jede genehmigte Opiumhöhle weiterhin Hunderte illegale.[19] Der durchschnittliche Niederländer betrachtete Opiumkonsum als normalen Teil des Lebens der Einheimischen. Manche befürchteten, aus den fügsamen, Opium rauchenden, javanischen Arbeitskräften könnten Unruhestifter werden, falls die Regierung den Konsum verbieten sollte.

Die Kolonialregierung tat alles, um eine Assimilation der regimetreuen Chinesen zu verhindern. 1908 eröffnete sie chinesische Grundschulen, in denen Niederländisch gesprochen wurde, und gewährte Chinesen den Status ›ausländischer Orientalen‹, der deutlich über dem der Einheimischen lag.[20] Ihr Wunsch nach Gleichstellung mit Europäern, der den Japanern 1899 gewährt wurde, erfüllte sich für Chinesen jedoch nie. Im Gegensatz zu den Einheimischen sahen die Niederländer in der chinesischen Minderheit keine politische Bedrohung. Im Gegenteil, je mehr sie von der einheimischen Bevölkerung abgelehnt wurden, umso abhängiger waren sie von der Kolonialregierung und dienten hin und wieder als willkommene Sündenböcke. In dem Maße, in dem die Kolonialmacht die wirtschaftliche Macht der Chinesen stärkte, verringerte sich das Prestige der einheimischen Eliten. Als Schutz vor chinesischer

16 Booth, Anne (Hg.): *Indonesian economic history.* 1990, S. 13
17 Rush, S. 237
18 Rush, S. 80
19 Rush, S. 5
20 Mozingo, David: *Chinese policy toward Indonesia, 1949–1967.* 2007, S. 36

Konkurrenz etablierten muslimische Unternehmer 1912 die Handelsorganisation *Sarekat Islam.*

Auch den Geldhandel übertrug die Regierung den Chinesen. Die Erhebung von Geld- statt Sachsteuern zwang die Bauern, Schulden zu machen. Da Chinesen nicht selten einen Zins von 50 Prozent verlangten, waren die Bauern oft nicht in der Lage, das Geld zurückzuzahlen und sahen sich gezwungen, Produkte anzupflanzen, die der Kreditgeber forderte, und sie ihm zu einem im Voraus festgelegten Preis zu überlassen. Der Profit ging natürlich an den Geldverleiher. 1930 gab es 5.336 chinesische Geldverleiher, 4.343 von ihnen waren in China geboren.[21] Nach dem Krieg wurde der Geldhandel von Indonesiern übernommen. Da es ihnen im Gegensatz zu den Chinesen nicht verboten war, Land zu kaufen, ging nun oft nicht nur die Ernte, sondern auch das Land in den Besitz der Gläubiger über. Viele Bauern verloren erst im unabhängigen Indonesien ihr Land.[22]

Als die Japaner 1942 die Niederländer hinweggefegt hatten, brach sich die Wut vieler Indonesier Bahn. Zahlreiche Chinesen wurden ermordet, ihre Geschäfte geplündert und ihr Land besetzt.[23] Die Japaner hätten die wirtschaftliche Macht der Chinesen zwar gern gebrochen, waren dazu aber nicht in der Lage, ohne ihren eigenen Interessen zu schaden.[24] Also kontrollierten chinesische Händler weiterhin 95 Prozent des Reishandels. Als es wegen einer Missernte 1943 zu Hungersnöten kam, horteten sie Reis und trieben den Preis noch weiter in die Höhe.[25] So wurden auch während des Krieges viele Chinesen wohlhabend. Nach dem Krieg besaßen sie 60 Prozent des Zuckers, der auf Java produziert wurde, 800.000 Tonnen.[26]

Als die Japaner Indonesien verlassen hatten und die Holländer versuchten, erneut Fuß zu fassen, verhielten sich die meisten Chinesen neutral. Manche kooperierten mit den Unabhängigkeitskämpfern, andere ließen sich als Militärpolizei oder Reservisten von den Niederländern anheuern. Letzteres führte zu erneuten Ausschreitungen, bei denen 3.500

---

[21] Twang, S. 55

[22] Dijk, Cornelis van: *Rebellion under the banner of Islam.* 1981, S. 371

[23] Touwen-Bousma, Elly: »Japanese Minority Policy. The Eurasians on Java and the dilemma of ethnic loyalty.« In: Post, Peter (Hg.): *Japan, Indonesia and the war: Myths and realities.* 1997, S. 33

[24] Post, Peter (Hg.): *Japan, Indonesia and the war: Myths and realities.* 1997, S. 108

[25] Hering, Bob: *Soekarno, founding father of Indonesia.* 2002, S. 312

[26] Twang, S. 172

Chinesen getötet wurden und 1.631 als vermisst galten.[27] Nicht selten initiierten wohlhabende Indonesier dieses Plündern und Morden ihrer Konkurrenten durch einheimische Banditen.[28] Chinesen verloren Besitz ihm Wert von über 530 Millionen Gulden.[29]

Trotz aller Gewalt und materiellen Verluste blieb die wirtschaftliche Dominanz der Chinesen auch während der Unabhängigkeitskriege ungebrochen. Die Niederländer hatten 1942, bei ihrer Flucht vor den Japanern, 22 Tonnen Opium zurückgelassen. Unter anderem mit diesem ›schwarzen Gold‹ finanzierten nun die Indonesier ihren Kampf gegen sie. Diesmal dienten Chinesen den Freiheitskämpfern als Opiumhändler.[30] Die indonesische Elite profitierte auch nach der Unabhängigkeit von stillschweigenden Geschäften mit Chinesen, ohne die sie ihren neuen Staat wirtschaftlich nicht aufrechterhalten konnten. Chinesen ihrerseits versprachen sich von dieser verdeckten Allianz Schutz vor der Wut der Bevölkerung.

Der Sieg der Kommunisten in China stärkte auch das Nationalgefühl der Chinesen. Als das Gesetz der Staatsbürgerschaft 1955 von ihnen verlangte, zwischen der indonesischen und chinesischen Staatsangehörigkeit zu wählen, lehnten viele die indonesische Staatsbürgerschaft ab. So kam es, dass etwa die Hälfte der 2,5 Millionen Chinesen, die in den 1950er Jahren in Indonesien lebten, Ausländer waren.[31] Als sich durch die enorme Inflation praktisch die gesamte Schuld der Bauern gegenüber den chinesischen Geldverleihern in Nichts auflöste, zeigte die Regierung kein Interesse daran, die Chinesen zu entschädigen.

Während der *Aufstände der Außeninseln 1957/58* behauptete *Jakarta*, Peking habe die Rebellen unterstützt und nutzte dies für eine erneute Kampagne gegen China, ganz im Sinne der USA und Teilen der indonesischen Armee. Außerdem schob die Regierung den Chinesen die Schuld für die prekäre Wirtschaftslage in die Schuhe.[32] Alle chinesischen *Schulen*, Unternehmen und Banken wurden staatlicher Kontrolle unterstellt.

---

27 Anderson, Benedict: *Java in a Time of Revolution, Occupation and Resistance 1944–1946.* 1972, S. 367
28 Twang, S. 161
29 Twang, S. 153
30 Twang, S. 199
31 Dahm, Bernhard: *Indonesien: Geschichte eines Entwicklungslandes 1945–1971.* (Handbuch der Orientalistik: 3. Abt.) 1997, S. 112
32 Palmier, Leslie H.: *Indonesia and the Dutch.* 1962, S. 178

Um die einheimischen Händler zufrieden zu stellen, wurde den Chinesen ohne indonesische Staatsangehörigkeit 1959 verboten, weiterhin auf dem Land Handel zu treiben. Ihrer Einkommensmöglichkeiten beraubt, waren unzählige kleine Geschäftsleute gezwungen, ihre Häuser mit dem wenigen zu verlassen, das sie tragen konnten. Die Regierung verweigerte ihnen jegliche Kompensation für ihr verlorenes Eigentum. Da sie nicht mehr als 30 US-Dollar mitnehmen durften, kehrten 100.000 bis 140.000 mittellose Chinesen nach China zurück.[33]

Nach diesem Exodus brach das Verteilungssystem auf dem Land zusammen. Lebensmittel verrotteten und in den Städten litten die Menschen Hunger.[34] Zwar nahm die Handelstätigkeit der einheimischen Geschäftsleute schnell zu, aber ohne die Schlüsselrolle der Chinesen im Vermarkten und Exportieren indonesischer Produkte wie Gummi, Zinn, Öl und Kopra erlitt der Devisenertrag einen mächtigen Rückschlag.

Nach der Machtergreifung Suhartos 1965 setzte eine erneute Verfolgungsjagd auf chinesische Bürger ein. Diesmal warf man ihnen vor, den Putsch gegen die Zentralregierung unterstützt zu haben. Etwa 2.000 Chinesen wurden umgebracht.[35] In Aceh und Kalimantan vertrieb man abertausende aus ihren Häusern. Um der Verfolgung als vermeintliche Kommunisten zu entgegen, konvertierten Zehntausende Chinesen zum Christentum.[36] Weitere 4.000 kehrten mittellos nach China zurück.[37]

1966 wurden chinesische Organisationen aufgelöst und chinesische Familiennamen untersagt.[38] Gleichzeitig gedieh mit dem Zufluss ausländischen Kapitals der wirtschaftliche Erfolg der Chinesen – meist unter Gewinnbeteiligung einflussreicher Indonesier, die sich ihre Mitwirkung versilbern ließen. Die Erpressung chinesischer Geschäftsleute war weit verbreitet. 1974 waren trotz aller Differenzen zwischen Japan und China 70 Prozent aller japanischen Joint-Venture-Partner in Indonesien Chinesen.[39]

---

[33] Boomgard, Peter: *Children of the colonial state: population growth and economic development in Java, 1795–1880.* 1989, S. 179

[34] Johnson, Paul: *Modern Times. Revised edition: The world from the twenties to the nineties.* 2001, S. 479

[35] Coppel, S. 59

[36] Utsumi Aiko: »The International Military Tribunal for the Far East (Tokyo War Crimes Tribunal)«. In: Post, Peter (Hg.): *The encyclopaedia on Indonesia in the Pacific War.* 2010, S. 498

[37] Utsumi, S. 93

[38] Utsumi, S. 497

[39] Mody, Nawaz B.: *Indonesia under Suharto.* 1987, S. 203

1986 stellten Chinesen drei Prozent der Bevölkerung Indonesiens. Nur etwa 10 Prozent von ihnen galten als wohlhabend und einflussreich. Die Mehrheit gehörte der Mittelschicht an.[40] Gleichzeitig hatten chinesisch-stämmige Unternehmen direkt oder indirekt Einfluss auf 70 Prozent der Wirtschaft.[41] Bis zum Ende der Militärregierung 1998 schützte das Militär zum eigenen Vorteil einige sehr reiche Chinesen und große chinesisch-indonesische Unternehmen. Gleichzeitig waren und sind Chinesen von Machtpositionen innerhalb der Regierung und des Militärs ausgeschlossen. Nach Ende der Regierung Suhartos kam es zu erneuten anti-chinesischen Pogromen, Vergewaltigungen und Plünderungen.[42] Solange es nicht gelingt, den Graben zwischen einer superreichen indonesischen Oberschicht, einschließlich ihrer chinesisch-stämmigen Mitglieder, und der breiten Masse der verarmten Bevölkerung zu überwinden, werden Chinesen wohl immer wieder die Rolle von Sündenböcken spielen.

Weil der Andrang junger Chinesen auf die Universitäten stärker ist als die ihnen zur Verfügung gestellten Studienplätze, müssen viele zum Studium ins Ausland gehen. So ist die Mehrzahl indonesischer Studenten in Deutschland chinesischer Abstammung. Da ihnen der Aufstieg im öffentlichen Dienst und in der Armee weiterhin erschwert wird, bleibt ihnen nur der Erfolg in akademischen Berufen und der Wirtschaft.

---

[40] Leith, Denise: *The politics of power: Freeport in Suharto's Indonesia.* 2002, S. 24
[41] Utsumi, S. 497
[42] Gouda, Frances: *American vision of the Netherlands East Indies/Indonesia. US foreign policy and Indonesian nationalism 1920–1949.* 2002, S. 135

Mahmulsyah:
Ein muslimischer Batak

Mahmulsyah gehört zum Volk der *Batak*. Er trägt dunkle Hosen, ein weißes Hemd und einen schwarzen Fez, als er meiner Freundin Finda und mir die Tür zu seinem Haus in Medan öffnet. Die junge, fröhliche Witi Nasution, eine Verwandte Findas, übersetzt mein Gespräch mit ihrem aufgeweckten, zukünftigen Schwiegervater von Batak ins Englische.

»Die Menschenrechte werden in Indonesien in keiner Weise respektiert!« Mit diesen leidenschaftlichen Worten begrüßt mich der gläubige Muslim. Finda und Mahmulsyas Frau tauschen vielsagende Blicke aus und ziehen sich in die Küche zurück. Statt mich in eine politische Diskussion über das heutige Indonesien verwickeln zu lassen, bitte ich mein Gegenüber, mir zunächst etwas über seine Kindheit zu erzählen, sein frühes Erwachsenenalter und die Erfahrungen, die in seine heutige Bitterkeit münden.

»Ich wurde 1929 in Labuhan Bilik, 400 Kilometer südlich von Medan, geboren und wuchs in der flachen Küstenregion an der Straße von Malakka auf. Die meisten Bewohner dieser Gegend waren Malaien, deswegen wuchs ich in einem typisch malaiischen Haus aus Holz und Bambus auf, wie sie auch heute noch üblich sind. Es stand auf Stelzen, die vor wilden Tieren und Überschwemmungen schützten. Die Familie hielt sich zumeist auf der überdachten Veranda auf. Dort arbeitete man auf dem Boden sitzend, ruhte sich aus oder empfing Besucher.

Unser Ort hatte circa 5.000 Einwohner, meist Bauern und Fischer. Fast alle waren arm. Nur etwa ein Prozent der Bevölkerung, vor allem chinesische Händler, war wohlhabend. Sie besaßen große Handelsschiffe und lebten in schönen Häusern im Zentrum.«

»Womit verdiente Ihre Familie ihren Lebensunterhalt?«

»Großvater belieferte den Straßenbau mit Steinen und Sand. Wir besaßen zudem einen kleinen Kokospalmenhain, Bananen- und Kautschukbäume. Wir waren zwölf Kinder – sechs Mädchen und sechs Buben. Mit 19 Jahren zog ich nach Medan.«

»Erzählen Sie mir doch bitte etwas über Ihr Leben als Kind«, ermuntere ich ihn.

Überrascht und erfreut berichtet er: »Ich war das drittgeborene, aber älteste lebende Kind meiner Eltern. Meine beiden älteren Geschwister starben als Babys. 1934 eröffnete Vater ein Restaurant und zwei Jahre später, mit sechs Jahren, kam ich zur *Schule*. Ich ging in die einen Kilometer entfernte holländische Grundschule für Einheimische, *HIS*. Nach der Schule half ich Großvater bei der Garten- und Feldarbeit oder half Vater in der Küche, putzte Gemüse oder wusch Geschirr.«

»Welche Sprache wurde in der Schule gesprochen?«

»Die ersten drei Jahre fand der Unterricht auf Malaiisch statt. Danach lernten wir auch Holländisch. Ich war nur zu gern bereit, diese Sprache zu lernen, hoffte ich doch, eines Tages für die Kolonialverwaltung arbeiten zu können. Die Leute, die für die Holländer arbeiteten, erschienen mir nicht nur wohlgenährt, sondern auch wohlsituiert.«

»War es ungewöhnlich, dass Sie die HIS besuchten? Die meisten Kinder gingen damals doch in gar keine Schule.«

Mahmulsya lächelt: »Vater war im Schulvorstand. Dennoch mussten wir natürlich das monatliche Schulgeld bezahlen. Es entsprach dem Monatsgehalt eines Spülers im Restaurant meines Vaters. Für die meisten Familien war das Schulgeld in der Tat unerschwinglich.«

»Lebten in Ihrem Ort auch Holländer?«

»Ja, sie leiteten die fünf großen Handelsunternehmen. Einschließlich ihrer Familienmitglieder handelte es sich um etwa 200 Personen. Sie wohnten in ihrem eigenen Stadtteil – in der Nähe der Polizeistation und der Kolonialbüros. Die *Plantagen*, deren Ernte sie aufkauften, gehörten ausschließlich Ausländern. Die Erzeugnisse wurden nach Europa, Japan oder die USA verschifft. Die Plantagenarbeiter waren meist Javaner. Java ist ärmer und viel dichter besiedelt als *Sumatra*, dessen Bewohner den Plantagenbesitzern oft Ärger machten.«

Als ich mich bei Mahmulsyah erkundige, in welche Schule die niederländischen Kinder gingen, erklärt er: »Sie besuchten eine Bildungseinrichtung in Medan. Der im Grunde einzige Kontakt mit den Holländern bestand darin, dass wir ihnen Steuern zahlen mussten.

Feindselige Gefühle kamen aber erst nach dem Krieg an die Oberfläche, vor allem, als die Holländer versuchten, Indonesien mit Gewalt zurück zu erobern! Vielleicht wagten die Menschen vor dem Krieg einfach nicht, ihre wahren Gefühle zu äußern, aus Angst, Anstellungsmöglichkeiten zu gefährden – was viele anstrebten, aber nur wenige erlangten.

Ich besuchte die Schule von 1936 bis 1942. Nur wenige Kinder waren in der glücklichen Lage, mehr als diese Grundschulbildung zu erhalten – und das war schon ausgesprochen beneidenswert. Als ich die Schule abgeschlossen hatte, waren die Holländer bereits über alle Berge – und meine Kinderträume mit ihnen. Im März 1942 besetzten die Japaner unser Land.«

»Hatten Sie keine Lust für die Japaner zu arbeiten?«

Mahmulsyahs Worte fallen wie Steine: »Die Holländer waren wie Tiger, die Japaner wie Krokodile. Die meisten Menschen glaubten zunächst der Propaganda, dass die Japaner uns vom Kolonialismus befreien würden. Wir winkten mit japanischen Fähnchen, als ihre Schiffe anlegten. Es war wie eine große Party, als sie mit ihren Fahrrädern in unser Dorf einfuhren und allen holländischen Besitz beschlagnahmten. Die Holzfabrik, etwa drei Kilometer entfernt, wurde in eine Werft für Kriegsschiffe umfunktioniert. Als Arbeiter rekrutierten die Japaner Chinesen von Hongkong. Von den 60 Schiffen, die sie bauten, versanken fünf sofort.«

»Einheimische arbeiteten dort nicht?«

»Ein paar kräftige Batak schleppten schwere Baumstämme meilenweit heran. Trotz dieser kräftezehrenden Arbeit erhielten sie nicht mehr als ein Stück Maniok und etwas Wasserspinat zu essen. Viele sind verhungert. Die japanischen Aufseher verboten uns, den Hungernden etwas Essen zu geben. Ich sah zahllose Batak und Chinesen sterben. Ihre Leichen wurden in Massengräber geworfen. Manche waren noch nicht einmal tot, nur zu schwach, um zu arbeiten. Mich ärgert nicht nur, dass dieses massenhafte Sterben verheimlicht wurde, sondern dass auch nicht die kleinste Gedenktafel an diese Toten erinnert.«

»Das würde wohl ein zu düsteres Licht auf den größten indonesischen Helden werfen. *Sukarno* war ja über dieses Massensterben informiert und die Dorfvorsteher wählten die *Opfer* aus.«

»Und wir jungen Leute waren so hirngewaschen zu glauben, dies sei in Ordnung.« Mahmuslyah schweigt betroffen.

»Nachdem ich mit 19 Jahren nach Medan gekommen war, entdeckte ich fünf offene Massengräber in der Nähe der Sutomo-Straße. Heute erinnert absolut nichts mehr an sie. Ich sah fünf Chinesen auf der Straße liegen, denen man den Kopf abgehackt hatte. Ihre Leichen ließen die Japaner absichtlich herumliegen, um die Bevölkerung in Angst und Schrecken zu versetzen. Jeder lebte in ständiger Angst, fürchtete aufgehängt oder geköpft zu werden. Meine Familie versuchte also, freundlich zu den Japanern zu sein und tat, was man von ihr erwartete. Wir verneigten uns und versuchten, saubere Kleider zu tragen. Letzteres wurde jedoch zunehmend schwierig. Als es keine Baumwolle mehr gab, webten Dorfbewohner Stoffe aus den großen, schwertförmigen Pandanblättern und fabrizierten Textilien aus weich geklopfter Baumrinde, wie in uralten Zeiten.

Da wir mit unseren Produkten nicht mehr handeln durften, aßen wir unsere Ernteerträge selbst. Dann rannten die Japaner eines Tages plötzlich davon, wie die Holländer drei Jahre vor ihnen. Keiner wusste, wohin sie auf einmal verschwunden waren. Wir wählten einen Bürgermeister und begannen Handel mit Australien zu treiben – und ich war auf einmal für das örtliche republikanische Regierungsbüro und die Polizeistation verantwortlich.

Als die Holländer unsere Region 1947 zurückeroberten, sahen wir uns gezwungen, ihre Herrschaft erneut zu akzeptieren. Die meisten der 60 Männer, gegen die wir gekämpft hatten, waren in Wirklichkeit aus Ost-Sumatra. Nur der Anführer war Holländer. Wir betrachteten sie als Verräter. Die Geheimpolizei fahndete nach Freiheitskämpfern und stellte alle möglichen Ermittlungen an. Vater hatte als Lieutenant in der indonesischen Armee gedient. Zum Glück waren die holländischen Nachforschungen nicht allzu gründlich, weil die meisten damit beauftragten Beamten selber von Sumatra stammten. Ende 1949 akzeptierten die Holländer schließlich unsere Unabhängigkeit. Endlich war Frieden.«

»Ich habe von Grausamkeiten gehört, welche die Indonesier sowohl einander als auch den Holländern zufügten.«

»Das habe ich persönlich nicht erlebt, aber ich habe davon gehört.«

»Während der ersten niederländischen *Polizeiaktion* waren Sie 18 Jahre alt. Waren Sie an diesen Kämpfen beteiligt?«

»Ich kämpfte als Mitglied der muslimischen ›Masyumi-Partei‹ gegen die Holländer.«

Der Ruf des Muezzin lässt Mahmulsyah aufhorchen. »Ich muss zur Moschee gehen«, erklärt er ruhig. »Ich hoffe, ich konnte einige Ihrer Fragen beantworten.« Bevor er geht, wiederholt er noch einmal mit Nachdruck: »In Indonesien kann man alles kaufen, auch das ›Recht‹. Wir haben keine Menschenrechte.«

Abdurahman Prawirosudiro:
Ein javanischer Adeliger

Zum besseren Verständnis des folgenden Kapitels vorab einige Informationen über den javanischen Adel. In den alten, javanischen Königreichen war der hinduistische Einfluss ausgeprägt – und ist auch heute noch spürbar. Der Verwaltungsapparat lag in den Händen der Aristokratie – der ›priyayi‹ -, die ihre Macht auf das Militär stützte. Die Legitimität des Königs bzw. Sultans basierte zudem auf religiösen Vorstellungen. Er verlor seine Macht, wenn er nicht in der Lage war, für Ordnung zu sorgen. Finanziert wurde diese Adels-herrschaft durch Ernteabgaben und Frondienste, zu denen die Landbevölke-rung verpflichtet war. Diese ärgerte sich zwar oft über die Überheblichkeit des Adels, schaute aber gleichzeitig zu ihm auf und betrachtete ihn als Schutz.[1] Bis heute hat die Bevölkerung die strenge soziale Trennung zwischen Adel und Volk, Mächtigen und Ohnmächtigen, Gebildeten und Ungebildeten, nicht überwunden.[2]

Die Ankunft der Portugiesen und später der Niederländer änderte an diesen Strukturen zunächst wenig. Erst die allmähliche Aushöhlung der königlichen Autorität ermöglichte es der Niederländisch-Indischen Kompanie, nach und nach die Macht an sich zu ziehen. Nach dem *Java-Krieg* (1825–1830) und den anschließenden niederländischen Land-Annexionen behielt das Königshaus zwar seine repräsentative Funktion, war de facto aber zum Instrument kolo-nialer Machtausübung geworden.[3] Die Niederländer finanzierten dem hohen Adel Paläste, Rennpferde, Frauen und Opium. Widerspenstige wurden dagegen ins Exil geschickt und ihr Reich ausgelöscht.

---

[1] Frederick, William: *Visions and heat: the making of the Indonesian revolution.* 1989, S. 22
[2] Taufik, Abdullah: *Adat and Islam: an examination of conflict in Minangkabau.* 1966, S. 575
[3] Huie, Shirley Fenton: *The forgotten ones – women and children under Nippon.* 1992, S. 8

Der javanische Adel hatte seinen Beamten als Entlohnung das Recht übertragen, die Arbeitskräfte in vereinbarten Gebieten zu nutzen. Nun verpachtete er Anbaugebiete mit den dort lebenden Menschen auch an die Kolonialmacht, bzw. europäische oder chinesische Unternehmer, ohne Rücksicht auf die Behandlung der Bevölkerung. Für seine Kooperation erhielt ein adliger Regent ein Mindesteinkommen von 13.000 Gulden. Einheimische Kolonialbeamte erhielten bis zu 6.000 Gulden, während der durchschnittliche Dorfhaushalt deutlich unter 100 Gulden im Jahr erwirtschaftete.[4] 1928 bezogen fast eine Viertel Million einheimische Beamte ein Gehalt von der Kolonialregierung. 90 Prozent waren − meist adelige − Javaner.[5] Das Kolonialsystem machte den Adel unabhängig von der Tradition, Getreideüberschüsse an die Dörfer zu verteilen.[6] Es gelang ihm, den Löwenanteil der von der Kolonialregierung geforderten Steuern bei den Armen einzutreiben. Einer kleinen Gruppe von Dorfbewohnern im Dienst der Kolonialmacht gelang es, einen beträchtlichen Landanteil an sich zu reißen.

Als die Japaner 1941 Niederländisch-Indien besetzten, kollaborierte der Adel, wiederum im eigenen Interesse, mit der neuen Besatzungsmacht. Die Bevölkerung erlebte die gleichen, oft korrupten Verwalter und Polizisten weiterhin als Leuteschinder, diesmal gestützt von der gefürchteten japanischen Geheimpolizei, *Kempeitai*.[7] Einige Beamten versuchten jedoch die Bevölkerung zu schützen, indem sie japanische Anordnungen umgingen.

Im März 1944 kam es zu einem Aufstand der javanischen Bevölkerung, der vom japanischen Militär blutig niedergeschlagen wurde. Hunderte von Tote waren zu beklagen. Im Grunde handelte es sich dabei um eine Auseinandersetzung zwischen reichen Landbesitzern und den adeligen Beamten, die von ihnen Reis für die Japaner requirierten. Im Oktober verhungerten wegen der enormen, erzwungenen Reisabgaben unzählige Menschen.[8]

In diesem Kontext ist das Leben des achtzigjährigen Javaners zu sehen, der Pebri und mir freundlich die Tür öffnet. Abdurahman Prawirosudiro führt uns durch das Empfangszimmer für Gäste in sein elegantes

4 Sato Shigero: »Administrative changes in Java.« In: Post, Peter (Hg.): *The encyclopaedia on Indonesia in the Pacific War*. 2010, S. 97
5 Anderson, Benedict: *Language of Power. Exploring Political Cultures in Indonesia*. 1992, S. 99
6 Dijk, Cornelis van: *Rebellion under the banner of Islam*. 1981, S. 366
7 Mark, Ethan: *Appealing to Asia: Nation, Culture and the problem of imperial modernity in Japanese occupied Java 1942–1945*. Ph.D. thesis, Columbia University. 2003, S. 221
8 Hering, Bob: *Soekarno, founding father of Indonesia*. 2002, S. 337

Wohnzimmer und erweist uns damit eine besondere Ehre. Beide Räume werden von imposanten Gemälden beherrscht. Auf einem ist der javanische Nationalheld Diponegoro zu sehen, während seines letzten Kampfes gegen die Holländer 1830. Ein anderes zeigt unseren Gastgeber in weißer Uniform. Meinem Blick folgend, erklärt er: »Das bin ich als Bürgermeister, der ich von 1986 bis 1991 hier in Salatiga war.«

Der besonnen wirkende Moslem trägt ein traditionelles, braun-gelbes Batik-Hemd. Sein ergrautes Haar hält er mit einem schwarzen Fez bedeckt. Laute Worte und erregte Gesten sind seine Sache nicht. Als wir uns niedergelassen haben, blickt er uns durch die großen Gläser seiner Goldrandbrille ruhig an und beginnt langsam zu erzählen.

»Ich wurde 1930 in Gemuso geboren, in dem Ort, aus dem *Sukarnos* Vater stammt – 15 Kilometer von *Yogyakarta* entfernt. Mein Vater gehörte dem Adel an und arbeitete, wie fast die gesamte Aristokratie, für die holländische Kolonialverwaltung. Zwischen Adel und Normalbevölkerung herrschte schon lange vor Ankunft der Holländer eine tiefe Kluft. Als privilegierter Sohn eines Staatsangestellten besuchte ich die *HIS*, die holländische *Schule* für Einheimische und lernte Holländisch. Alle Schüler und Lehrer waren Javaner.

Als 1942 die Japaner einmarschierten, besuchte ich gerade die vierte Klasse. Auch ich stand am Straßenrand und winkte ihnen begeistert zu. Nach ihrer Ankunft internierten die Japaner bald alle Holländer. Aus Zeitungen erfuhr man, dass die Japaner uns die Befreiung von der Kolonialherrschaft versprachen und in der Schule lernte ich nun Japanisch statt Holländisch. Vater arbeitete weiter als Beamter – nun allerdings für die Japaner. Sonst änderte sich für meine Familie wenig.«

»Sie waren noch sehr jung, aber haben Sie etwas von der Rekrutierung javanischer Zwangsarbeiter mitbekommen?«

»Nein, davon habe ich erst nach Ende des Krieges erfahren. Meine Familie war – wie der gesamte Adel – von diesen Zwangsrekrutierungen nicht betroffen. Uns ging es sowohl während der holländischen wie auch der japanischen Zeit relativ gut. Ich lief allerdings eine Zeit lang, wie die Dorfjungen, in Sackhosen und ohne Schuhe herum. Auch nach der japanischen Kapitulation änderte sich in meinem Leben wenig.«

»Haben Sie miterlebt, dass Holländer nach Kriegsende von Indonesiern umgebracht wurden?«

»Nein, ich habe nur gesehen, wie Holländer in Zügen nach *Jakarta* abtransportiert wurden. Nach Abschluss der Schule ließ ich mich mit

17 Jahren als Soldat ausbilden, lernte zu marschieren, zu salutieren und Wache zu schieben.«

»Wer waren in Ihre Feinde?«

»Zunächst die Engländer, die unser Land vorrübergehend besetzten, dann die Holländer, die 1947/48 versuchten Java erneut zu besetzen. Sie hatten eine Gruppe javanischer Freiheitskämpfer bis in unser Dorf verfolgt, dabei kam einer ihrer Soldaten durch eine Mine um. Insgesamt verloren dabei 50 Javaner und zwei *KNIL*-Soldaten ihr Leben. Bei den meisten dieser Armee-Angehörigen handelte es sich jedoch nicht um Holländer, sondern um *Ambonesen* und *Manadonesen*. Nur die Anführer waren Niederländer.

Nach dieser Aktion durchsuchten KNIL-Soldaten dreimal unser Dorf. Eines Nachts wurden unser Nachbar und der Hausmeister der Schule festgenommen und in ein Lager gesteckt. Zum Schutz meiner Familie schlief ich damals vor unserer Haustür und hielt Wache. Es war kalt und ich war froh, als mein Bruder mit einem Freund erschien und vorschlug, ich solle auf dem Speicher in der Scheune neben unserer Wohnung wachen. Im Haus hinter uns wohnte der Dorfpolizist. Als ich beobachtete, dass man ihn festnahm, bekam ich es mit der Angst zu tun und floh in den Nachbarort zu einem meiner Brüder.

Mein Heimweg am nächsten Tag führte mich durch ein lang gezogenes Dorf. Aus sicherer Distanz beobachtete ich schockiert, wie Soldaten einer holländischen Spezialeinheit 23 Männer hinrichteten. Im Laufe dieser Unruhen wurde auch Sukarnos Vater erschossen. Als ich bestürzt zuhause ankam, stellte ich zu meiner Erleichterung fest, dass meiner Familie nichts passiert war. Unser Haus war zwar durchsucht worden, aber Vater und meine Brüder hatten sich im Hühnerstall versteckt, wo man sie zum Glück nicht gefunden hatte.

Später hat man für die Hunderte getöteten Dorfbewohner der Umgebung einen Heldenfriedhof errichtet. Die toten KNIL-Soldaten wurden auf dem großen Militärfriedhof in *Semarang* bestattet. Erst als im Dezember 1949, nach zwei holländischen *Polizeiaktionen*, der endgültige Waffenstillstand unterzeichnet wurde, kehrte nach sieben Jahren Krieg in meinem Leben endlich Frieden ein.«

»In Salatiga und Umgebung gab es während des Krieges Lager, in denen Niederländer deutsche Frauen und Kinder interniert hatten. Anschließend sperrten Japaner Holländer in teilweise dieselben Camps. Ein Zeitzeuge berichtete mir von einem palastartigen, chinesischen Haus, das als Internierungslager diente. Wissen Sie, als ehemaliger Bürgermeister dieses Ortes, etwas davon?«

Er schaut mich überrascht an: »Davon habe ich nie etwas gehört, aber ich werde mich kundig machen.«

Tage später, bereits auf dem Weg zum Flughafen, begleiten mich Pebri und Christian Goßweiler zu diesem einstigen chinesischen Palast. Inzwischen war er so stark umgebaut worden, dass man ihn ohne Hintergrundwissen nicht mehr als chinesisch hätte identifizieren können. Die markanten Türmchen hatte man entfernt, nur hier und da waren an den Außenmauern noch einzelne chinesische Blumenverzierungen zu entdecken. Heute heißt das Gebäude ›Rumah Retret Roncalli‹, benannt nach Papst Johannes XXIII. Hier finden Einkehrtage für Priester, Ordensleute und andere Gemeindeglieder statt.

Unsere Bitte, das Innere des Bauwerks besichtigen zu dürfen, wird abgeschlagen. Über die Geschichte des einstigen chinesischen Prachtbaus finden wir keinen Hinweis, aber wir entdecken ein Gemälde des Gebäudes, wie es damals, als Internierungslager für holländische Jungen und Männer war, ausgesehen haben muss. Offenbar haben weder die Stadt noch die katholische Kirche ein Interesse daran, an diesen Teil der Geschichte zu erinnern

Derk HilleRisLambers:
Auseinandersetzung mit dem niederländischen Kolonialismus

Dr. Derk HilleRisLambers ist Connie Suverkropps Schwager. Als ich an einem späten Novembernachmittag 2009 bei dem alten Landhaus in Wageningen aussteige, werde ich von Connie, ihren beiden Schwestern und ihrem Schwager bereits erwartet. Ein Gästezimmer war mir schon im Voraus angeboten worden. Während sich die drei Frauen um das Abendessen kümmern, beginnt Derk im gemütlichen Wohnzimmer leidenschaftlich zu erzählen. Es liegt ihm sehr daran, mir die historischen Zusammenhänge zu erklären. Sie sollen mir die Geschehnisse seines Lebens in Niederländisch-Indien verständlicher machen.

»1848 wurden die Niederlande eine Parlamentarische Monarchie. Seitdem konnten die Bürger das Parlament und die Verwaltung beeinflussen. Holländern und anderen Ausländern war es nie erlaubt, Land in der Kolonie käuflich zu erwerben. Es blieb immer Eigentum der Einheimischen. Die Kolonialzeit war nicht nur zum Nachteil der Indonesier. Die Niederländer haben auch viel investiert, vor allem in die Infrastruktur.«

»Ohne diese Investitionen hätte das Kolonialsystem von den Exporten landwirtschaftlicher Produkte und Bodenschätze nicht so sehr profitieren können«, wende ich ein

»Das stimmt. Aber es gibt eben immer mehr als nur eine Perspektive.«

«Ein wichtiger Unterschied zwischen einer Kolonialregierung und einer Regierung durch die Bevölkerung«, ergänzt Derk in seinen schriftlichen Korrekturen, »liegt in den kürzeren Kommunikationswegen zwischen Regierung und Regierten ... Die Regierten haben in einer Kolonie weniger Möglichkeiten auf die Entscheidungen der Regierung korrigierend einzuwirken ...

Jede Gesellschaft ist unterteilt in Ober-. Mittel- und Unterschichten. Ihre Vertreter sind in mono-ethnischen Ländern äußerlich nicht voneinander zu unterscheiden. Ein Kolonialsystem macht diese Unterschiede jedoch entlang ethnischer Grenzen deutlich sichtbar und dadurch ... unüberwindbarer. All das hat eine ungute Fixierung auf die Hautfarbe zur Folge. ...

Nicht alle Niederländer waren kritiklos. Douwes Dekker schrieb gegen 1860 das bekannte kolonialkritische Buch ›Max Havelaar‹, ohne jedoch die Legitimität der Kolonialregierung in Frage zu stellen. Hätte er sein Buch 50 Jahre später geschrieben, hätte er sich bestimmt für die Unabhängigkeit der Kolonie eingesetzt.« 2002 nannte ihn die Niederländische Gesellschaft für Literatur den bedeutsamsten niederländischen Schriftsteller aller Zeiten.

1912 gründete sein Großneffe Dr. Douwes Dekker die Indische Partei, die Indonesien auf der Basis der Gleichberechtigung auf eine unabhängige Existenz vorbereiten sollte. Ein Jahr später wurde die Partei verboten, Douwes Dekker verhaftet und in die Niederlande verbannt.[1]

»Einer der Schwerpunkte niederländischen Engagements lag auf der landwirtschaftlichen Forschung« erklärt Derk. »Davon haben die Indonesier langfristig erheblich profitiert.« In seinen Korrekturen ergänzt er: »Einer der Gründe dafür, dass 20 Prozent der Ernte in Java abgegeben werden mussten, also des *Cultuurstelsel*, lag darin, dass kaum Steuern erhoben wurden. Es gab also Investitionen – Straßen, Eisenbahn etc. – aber die einheimische Bevölkerung hatte keine Einkommenssteuer zu entrichten.«

»Ziel dieser Investitionen und Forschung war immer die eigene Gewinnmaximierung.«

»Sie übersehen z.B., dass Indonesien für zahlreiche Europäer zur Heimat wurde, dass vielen das Schicksal Indonesiens am Herzen lag und dass sie das Land nicht ausbeuten wollten. Es ist nicht so schwarz und weiß, wie es oftmals dargestellt wird. Unrecht gab es auf allen Seiten.«

Nach dem gemeinsamen Abendessen fährt Derk fort: »Vor Kriegsbeginn, lebten in Indonesien 60 Millionen Menschen, 300.000 von ihnen waren Niederländer, mehr als die Hälfte von ihnen von gemischtem Blut,

---

[1] Mak, Geert: *Das Jahrhundert meines Vaters.* München 2005, S. 230

›indisch‹, wie man damals sagte. Um diese große Zahl an Mischlingen zu verstehen, muss man wissen, dass es bis nach dem Ersten Weltkrieg – oder bis zur Öffnung des Suezkanals — sehr wenige Europäerinnen in Südostasien gab. Erst mit ihrer Ankunft entstand nach 1919 eine Art hierarchische Gliederung der niederländisch-indischen Gesellschaft...« Diese etwa 150.000 Eurasier waren von ihren europäischen Vätern offiziell anerkannt worden. Über die große Zahl der nicht anerkannten indonesisch-europäischen Kinder sind mir keine Angaben bekannt.

»Die Elite stellten zweifellos die Holländer«, erzählt Derk. »Etwas unter ihnen rangierten die anderen Europäer. Auf etwa gleicher Stufe darunter standen der indonesische Adel und die Japaner.«

»Diese Informationen sind wichtig. Ich würde aber auch gern etwas über Ihr persönliches Schicksal erfahren?«

Derk erzählt, dass sein Vater das dritte von neun Kindern eines Pastors war und in Utrecht Botanik studierte. Dort lernte er seine Frau, die Tochter eines Mathematikers und Amsterdamer Schuldirektors, kennen. »Der Botanik-Professor meiner Eltern kannte Niederländisch-Indien und inspirierte seine Studenten, dorthin zu reisen. Meine Eltern promovierten in Biologie, Mutter über fleischfressende Pflanzen und Vater über die Protoplasmabewegung.[2] Unabhängig von meinem Vater nahm Mutter 1929 eine Stelle in Pasuruan an, in der Nähe von *Surabaya*. Bei der Untersuchungsanstalt POJ, finanziert von der Zuckerindustrie, untersuchte sie Düngemittel. Vater arbeitete bei einer von Plantagenbesitzern finanzierten landwirtschaftlichen Versuchsanstalt in Malang in der Kaffee-Forschung.

Meine Eltern besuchten sich gelegentlich, bis sie inmitten der Weltwirtschaftskrise beschlossen zu heiraten. Mutter gab nach vier Jahren ihren Beruf auf und reiste allein nach Europa zurück, um ihre Familie wieder zu sehen. Dort heiratete sie im Kreise ihrer Familie meinen Vater ›mit dem Handschuh‹.

1933 lebten meine Eltern in Malang, einem Erholungsort in den Bergen südlich von Surabaya. Dort wurde 1935 meine Schwester Johanna geboren, 1937 Annemarie, 1940 Heleen und 1941 ich. Nach drei Töchtern einen Sohn zu haben, war für meine Mutter eine besondere Freude. ›Es ist ein Junge! Ein Junge‹, rief sie beglückt durchs Krankenhaus.

---

[2] Protoplasma ist eine nicht mehr gebräuchliche Bezeichnung für die gelartige Masse aller lebenden Zellen. Später wurde der Begriff Cytoplasma eingeführt.

Meine Eltern beschäftigten die damals für Europäer üblichen einheimischen Angestellten. Unser Leben war ausgesprochen behaglich. Wir unternahmen Ausflüge in die Berge. Meine Eltern erhielten regelmäßig Besuch von Freunden und Bekannten. Mutter sang, Vater spielte Klavier und beide lasen viel.«

»Ein Jahr vor Ihrer Geburt marschierte die deutsche Wehrmacht in den Niederlanden ein. Welche Auswirkungen hatte das auf Ihre Familie?«

»Man konnte jetzt nur noch über das Rote Kreuz in der Schweiz mit den Angehörigen in Holland kommunizieren. Alle niederländischen Männer wurden eingezogen. Vater wurde aufgrund einer Wirbelsäulenverkrümmung zu Wachtätigkeiten herangezogen, arbeitete jedoch normal weiter. Für uns änderte sich im Grunde erst etwas, als im März 1942 die Japaner erschienen. Vater wurde wie alle anderen inhaftiert. Als die Japaner erkannten, dass er weder Soldat noch Regierungsbeamter war, wurde er freigelassen und arbeitete für weitere sechs Monate normal weiter.

Vater, der Antiquitäten sammelte, verkaufte während dieser Monate viele seiner Stücke. Vielleicht hatte er vorausgesehen, dass auch er bald interniert werden würde. Nachdem man ihn 1943 abgeholt hatte, wurde Mutter mit uns Kindern in den europäischen Stadtteil ›Wijkkamp‹ umgesiedelt. Anfangs konnte man noch kommen und gehen, wie man wollte. Nach und nach wurde aber ein Zaun errichtet und zum Schluss auch ein Tor. Wir waren nun also eingesperrt. Vater hatte man nach Cimahi gebracht, in die Nähe von Bandung.

Acht Monate später kamen Mutter und wir Kinder nach Karang Panas bei *Semarang* in Zentral-Java. Die Zugfahrt dauerte ein oder zwei Tage. Die Fenster waren blind gemacht, so dass man weder hinaus noch hinein schauen konnte. Das neue *japanische Internierungslager* befand sich in einem einstigen katholischen Internat. Durch den Zaun mit den Einheimischen zu handeln, war verboten. Neun Monate des Jahres 1944 verbrachten wir auf einem Matratzenlager in einem Klassenzimmer dieser Schule. Vater sagte nach dem Krieg: ›Es war eine lausige Zeit, aber ich würde diese Erfahrungen nicht missen wollen.‹ Für Mutter, die allein die Verantwortung für uns vier Kinder trug, und die andern Frauen war diese Zeit bestimmt viel belastender als für viele Männer.

Nach einiger Zeit waren wir vom Sterben umgeben. 15 Prozent aller Lagerinsassen kamen innerhalb des letzten Jahres ums Leben. Nachlesen können Sie das in dem Buch von Dr. D. van Velden. ›The Japanese Internment Camps during WWII‹. Mutter schrieb in ihr Tagebuch, dass sie, wenn eines von uns Kindern krank war und nicht essen konnte, das Essen selber zu sich nahm, sich aber deswegen Vorwürfe machte. Andererseits mussten die Mütter in diesem Überlebenskampf stark bleiben, um sich um ihre Kinder kümmern zu können. Manchmal gelang es ihr – und anderen Frauen – zusätzliche Lebensmittel zu organisieren, die sie dann heimlich auf umgedrehten Bügeleisen kochte, während die älteren Kinder Schmiere standen.

1944 mussten wir zum zwei Kilometer entfernten Kampong Lampersari marschieren, über das ein Buch auf Deutsch veröffentlicht wurde.[3] Dieses Lager bestand aus zwei umzäunten Vorstadtstraßen mit kleinen Einfamilienhäusern. Die einheimischen Familien hatte man umgesiedelt. Dort wurden in jedem Häuschen jeweils 85 Personen eingepfercht. Lebensmittel erhielten wir weiterhin von den Japanern. Um medizinische Versorgung kümmerten sie sich jedoch nicht. Die holländischen Ärzte taten unter diesen Umständen das Mögliche.

Mutter arbeitete im Garten und erhielt dafür etwas mehr zu essen. Meine Schwestern Anne-Marie und Heleen waren an Dysenterie erkrankt und dem Tod nahe. Mutters beste Freundin starb an Heleens Geburtstag, dem 28. Januar 1945.«

1944 verhungerten in diesem Lager täglich zwischen drei und fünf Frauen, 1945 durchschnittlich zehn. Die Toten wurden vor ihrem Abtransport nur noch in eine Bambusmatte gewickelt.[4]

»Als die Japaner 1945 die Lufthoheit verloren hatten, erschienen niederländische und australische Flugzeuge, die Flugblätter abwarfen, auf denen stand: ›Ihr werdet bald frei sein!‹ Die Menschen wurden verrückt vor Freude! Nachdem die Amerikaner die Atombomben abgeworfen hatten und Japan am 15. August kapitulierte, beauftragten die Amerikaner die japanischen Militärbehörden, sich um uns zu kümmern. Auf einmal gab es ausreichend Lebensmittel und Medikamente und die Japaner verhielten sich freundlich.«

»Sie befürworten den Abwurf der Atombomben?« frage ich.

»In unseren Kreisen werden Sie kaum jemanden sagen hören, dass die Atombomben nicht hätten abgeworfen werden sollen. Die japani-

---

3 Koblitz, Franziska: *Die Frauen von Lampersari – Im japanischen KZ auf Java.* 2000
4 Koblitz, S. 118

sche Kapitulation hat Vater sicherlich das Leben gerettet.« Derk fährt eindringlich fort. »Der Frieden ließ indes noch auf sich warten. Denn nun zogen die indonesischen Freiheitskämpfer mordend umher. Aus diesem Grund blieben wir zu unserer Sicherheit zunächst in den Lagern. Trotz der überall lauernden Gefahr machte sich Mutter auf den Weg nach *Batavia*, um Vater zu suchen. Sie fand ihn. Er war sehr geschwächt, aber noch am Leben.

Inzwischen kamen unsere einstigen Angestellten aus Malang, viele hundert Kilometer entfernt, auf der Suche nach uns in das Lager und bereiteten unser Haus auf unsere Rückkehr vor. Aufgrund des Aufstandes – oder Freiheitskampfes – wurden wir stattdessen mit einem Schiff nach Batavia evakuiert und kamen in das Camp Kramat, wo Vater zu uns stieß.

Im Januar 1946 wurden wir von der Organisation RAPWI – Recovery of Allied Prisoners of War and Internees – nach Australien ausgeflogen, weil Vater für eine Seereise nach Europa zu schwach war. In Brisbane kamen wir in das Lager Columbia. Als dies für die niederländische Regierung zu teuer wurde, verlegte man uns nach Coolangatta. Dort setzen meine persönlichen Erinnerungen ein. Ich hatte gelernt, meinen Teller abzulecken. Die Australier fanden mein Benehmen skandalös und meine Eltern waren erstaunt, dass sie sich über derart triviale Dinge erregen konnten. Sie hatten offenbar keine Ahnung, was mit uns geschehen war.

Die australische Gewerkschaft stand auf der Seite der indonesischen Nationalisten. Ihre Kritik am niederländischen Kolonialismus ist eine Ironie: Die Australier hatten ihr Land ja ebenso kolonisiert und anders als die Niederländer die einheimische Bevölkerung dezimiert. Das lässt sich auch über den amerikanischen Antikolonialismus sagen! Im Juli 1946 wurden wir mit einem Frachtschiff nach Holland gebracht, wo wir von Mutters Vater sehnsüchtig erwartet wurden. Er litt an Darmkrebs und wollte seine Tochter vor seinem Tod unbedingt noch einmal sehen. Kurz nach unserer Ankunft starb er. …«

»Wovon lebten Sie anfangs?«

»Genau weiß ich das nicht. Unser Besitz in Niederländisch-Indien war uns von Einwohnern Malangs geraubt worden – nicht unbegreiflich in ihrer schwierigen Lage. Als das niederländische Militär wieder etwas Ruhe und Ordnung hergestellt hatte, kehrten wir 1947 zurück und Vater übernahm in Jember, etwa 150 Kilometer östlich von Malang, den Posten des Direktors der CPV, der Zentralen biologischen Versuchsanstalt. Wirklich friedlich war die Stadt nach dem Ende der sogenannten ersten *Polizeiaktion* jedoch nicht.

Obwohl Jember nur wenig Gewalt erlebte und das Forschungsinstitut in der Nähe der holländischen Militärkaserne lag, schlief Vater immer mit seiner Pistole unter dem Kopfkissen. Die Gewalt, der ein paar hunderttausend Indonesier zum *Opfer* fielen, bekamen wir nur am Rande mit. Die Aufständischen hatten auch in Holland ihre Fürsprecher. Die Sozialisten schimpften: ›Holländer töten Tausende!‹ Dabei fielen auch viele Indonesier den Aufständischen zum Opfer. Rebellen hatten unter einem Zug, in dem auch Vater saß, Sprengstoff angebracht. Als er explodierte, starben viele Indonesier. Vater überlebte mit viel Glück.«

»Besuchten Sie eine *Schule*?«

»Ja. Zuerst eine Schule der römisch-katholischen *Mission* und dann eine staatliche niederländische Schule. Mein Lehrer war Chinese, mein bester Schulfreund *Ambonese*. In Jember gab es viele *Plantagen*. Die Versuchsanstalt, wo Kaffee, Gummi und Tee angebaut wurden, lag direkt hinter unserem Haus.

Als Vater einen Ruf an die Universität von Bogor erhielt, zogen wir Ende 1949 um. Kurz danach erhielt Indonesien auf Druck der Amerikaner seine Unabhängigkeit. Ich bedaure sehr, dass es wegen ein paar Fanatikern auf beiden Seiten nicht gelang, ein gütliches Einvernehmen zwischen der niederländischen und indonesischen Regierung zu erzielen. Vater fragte seine Studenten, in welcher Sprache er sie unterrichten solle. Sie stimmten mehrheitlich für Holländisch. Das Verhältnis meines Vaters zu seinen Studenten war sehr freundschaftlich – im Gegensatz zum Lauf der Geschichte …

Obwohl nach der indonesischen Unabhängigkeit eine relativ reibungslose Zusammenführung der *KNIL* mit der indonesischen Armee gelang, widersetzten sich die zahlenmäßig stark vertretenen *Manadonesen* und Ambonesen dieser Vereinigung und wurden nach Holland evakuiert. Die Tragödie dieser *Molukker* besteht darin, dass man ihnen, als sie ankamen, ein Papier in die Hände drückte, auf dem stand, dass sie keine niederländischen Militärangehörigen mehr seien, weil die KNIL Teil der indonesischen Armee geworden sei.

Sie standen nun plötzlich ohne Arbeit da und weigerten sich, diese Entscheidung anzuerkennen. Es ist sehr zu bedauern, dass die niederländische Regierung nicht mehr Großmut walten ließ und sie in die niederländische Armee aufnahm. Sie wurden vorübergehend in Lagern untergebracht. Die zweite Generation sorgte später für Unruhe. Am berüchtigtsten sind wohl ihre Geiselnahmen ganzer Züge 1975 und 1977. Damit wollten sie die Unabhängigkeit der Süd-*Molukken* ertrotzen. Drei oder vier Menschen verloren damals ihr Leben.

Meine Familie besuchte Holland 1952 zu einem ausgedehnten Europaaufenthalt. Anfang 1953 kehrten wir nach Indonesien zurück. Zu Vaters 60. Geburtstag siedelten wir 1955 endgültig nach Holland um. Ich war 14 Jahre alt und besuchte das holländische Gymnasium. Vater arbeitete wieder für ein Forschungsinstitut und Mutter lehrte Biologie an der Schule.«

»Was betrachten Sie rückblickend als Fehler der niederländischen Kolonialherrschaft?«

»Es war falsch, für alle Nachkriegswirren die Japaner verantwortlich zu machen. Auch auf niederländischer Seite wurden Fehler begangen. Die Niederländer behandelten die Indonesier manchmal arrogant. Dabei wurde das indonesische Dienstpersonal von Holländern nicht schlechter behandelt als von der einheimischen Elite. Und sicherlich wurde es von den Niederländern besser bezahlt.

Dass die Kolonialmacht den feudalen Strukturen in Indonesien einfach eine holländische Machtelite überstülpte, war zwar kurzfristig gesehen nützlich, langfristig hatten die Niederlande aber kein Konzept für die Unabhängigkeit Indonesiens. Diesen Fehler haben Briten und Amerikaner in Indien und auf den Philippinen nicht gemacht und ehrlicherweise war es nicht das Hauptziel irgendeiner Kolonialmacht, Bildung und Zivilisation zu bringen, sondern Profit zu erwirtschaften. Aber die Kolonialmacht hat auch eine Infrastruktur, Wissen, Krankenhäuser und Schulen zurückgelassen.«

Bei seiner Korrektur fügt Derk hinzu: »Bei der Kolonisierung ging es nicht immer ausschließlich um Profit. Die Herrschaft über Neuguinea etwa kostete die Niederlande Geld. Kolonialmächte hatten zu jeder Zeit Interessenbündel. Die Kritik am Kolonialismus impliziert, dass die Regierungen der entkolonialisierten Völker altruistisch waren, was sicherlich nicht der Wahrheit entspricht. Eine koloniale Beziehung muss per Definition kein Unrecht sein, kann aber dazu führen. Monarchien und Kolonialregime existieren in verschiedenen Varianten heute noch und können sehr stabilisierend sein. Ich möchte dafür plädieren, differenzierter zu argumentieren, statt in Schubladendenken zu verharren. In meinen Augen bestand das größte Unrecht darin, dass eine Oberschicht mit fremdem ethnischem Hintergrund qualifizierten Indonesiern nicht genügend Aufstiegsmöglichkeiten bot.«

Es ist spät geworden, als sich Connie und ihre Schwester verabschieden. Dr. HilleRisLambers hat viele Fragen aufgeworfen. Am meisten beschäftigt mich: »Wie konnte der Einzelne an dem Unrecht der damaligen Kolonialregime unschuldig bleiben?«

Als Teil seiner Korrekturen fügt Derk hinzu. »Kolonien waren damals etwas Normales, so wie Königreiche. Natürlich begegnete den Niederländern einheimischer bewaffneter Widerstand während der 300 Jahre dauernden Kolonialzeit – aber eben auch Unterstützung. Anti-Kolonialismus wurde erst Anfang des 20. Jahrhunderts zum Prinzip. Heute urteilt man über die Kolonialzeit aus einer modernen Sichtweise heraus.«

Sophie Saworno:
Eine gebildete Indonesierin engagiert sich für
Geburtenkontrolle

Sophie Saworno ist eine beeindruckende Erscheinung, gepflegt und von schlichter Eleganz, gebildet, warmherzig und ohne Dünkel. Die respektvolle, herzliche Anrede ›ibu‹ Sophie übernehme ich von meiner Freundin Finda und ihrer Schwester Lorinda, die mich begleiten. Der Ausdruck bedeutet so viel wie Mutter oder ältere Verwandte und passt gut zur einstigen Freundin von Findas Mutter. Sie lebt in Bogor, dem früheren Buitenzorg, wo einst wegen des angenehmen Klimas viele Niederländer wohnten. Seit der niederländische Generalgouverneur die Stadt um 1740 zu seiner offiziellen Residenz erklärte, war sie das politische Machtzentrum der Kolonialregierung. Die Gastgeberin spricht fast akzentfrei Englisch, Deutsch und Französisch. Über ihr mit Sicherheit fließendes Sundanesisch, Javanisch und Indonesisch kann ich mir kein Urteil erlauben. Meine beiden Besuche bei der regen 91-Jährigen sind mir unvergesslich.

›Ibu‹ Sophie lädt uns bei unserem ersten Kennenlernen in ein altehrwürdiges, ehemals niederländisches, Restaurant ein und erzählt über ihr langjähriges Engagement für die Geburtenkontrolle. Bei meinem zweiten Besuch teilt sie ihr privates Leben mit mir. Nachdem sich meine Freunde verabschiedet haben, nehmen wir in ihrem geräumigen Wohnzimmer Platz, umgeben von antiken Möbeln und Gemälden. »Lassen Sie uns Englisch miteinander reden«, schlägt die immer noch etwas grippekranke Gastgeberin vor, »das wäre am wenigsten anstrengend für mich, obwohl ich andererseits gern mein Deutsch mit Ihnen üben würde.«

Sophies Vater bereiste als Mitglied einer Gruppe junger, politisch engagierter Intellektueller Anfang des 20. Jahrhunderts Java und Borneo, um Niederlassungen der 1912 gegründeten, sogenannten Coop-Gesellschaft ins Leben zu rufen.«Er wuchs in der Gegend von *Madiun* auf und entstammte dem javanischen Hochadel. Seine Mutter heiratete einen wohlhabenden Geschäftsmann, der nicht dem Adel angehörte. Sie orientierte also ›nach unten‹. Vater besuchte die ehrwürdige holländische Hoofdams School in Pasuruan und ließ sich, wie seine adeligen Cousins, anschließend in der öffentlichen Verwaltung ausbilden. Um ihnen ebenbürtig zu sein, unterhielt er zwei Mätressen. Dies gehörte zum guten Ruf. Aufgrund seiner ›niederen‹ Geburt hätte er niemals Regent werden können, nähme er nicht wenigstens die Tochter eines Regenten zu seiner Hauptfrau. Vater erkannte, wie damals üblich, alle Kinder seiner Konkubinen als legale Nachkommen an. Die Tochter einer Konkubine hatte nicht das Recht, ihre Mutter ›ibu‹ zu nennen. Diese Ehre war allein der ersten, der Hauptfrau, vorbehalten. Diese wiederum musste von allen Kindern ihres Mannes, auch den unehelichen, so angesprochen werden.

Ich denke, Vater litt sein Leben lang unter dem Gefühl, nicht ganz der Edelmann zu sein, der er gern gewesen wäre. Er war gefangen in hierarchischen Sitten und Gebräuchen – ein System, das ihn benachteiligte und das er dafür hasste. Er versuchte sich dagegen aufzulehnen, indem er für niedere Regierungsangestellte Briefe an höhergestellte Beamten schrieb, mit Texten wie: › … wir betrachten es als ungerecht, dass die Menschen in Niederländisch-Indien in der Hocke verharren müssen, wenn der Regent oder ein anderer höherer Beamte mit dem Auto vorbeifährt.‹«

»Wie war die Reaktion auf seine Aufmüpfigkeit?«

»Er verlor seinen Posten und war darüber gar nicht so unglücklich. Mit seinen Cousins schloss er sich in *Batavia* einer Gruppe von Männern an, die es als unrecht empfanden, dass die einheimischen Plantagenarbeiter und Bauern vor allem die Holländer reich machten. In jeder Stadt gab es eine Lagerhalle für Getreide. Abgeholt wurde die Ernte vor allem von Chinesen, die für die Kolonialmacht arbeiteten. Der Preis, den sie forderten, übertraf oft den von der Regierung festgelegten. Die ahnungslosen Bauern bescherten den Händlern also einen netten Profit. Mein Vater und seine Kameraden klärten die Bevölkerung über diese Zusammenhänge auf und ermutigten sie, höhere Preise zu verlangen.

Im Laufe der Zeit wurde die erste große antikoloniale Volksbewegung Sarekat Dagang Islam – islamische Händlervereinigung – gegründet. Später hieß sie *Sarekat Islam* und Vater gehörte ihr bald an. Auf Einladung örtlicher Bauernverbände errichtete sie Informationsbüros in ganz Indonesien. Die Berater wurden von den Bauern sehr geschätzt und oft von den Bürgermeistern freundlich empfangen. Da sich die Aktivitäten des DSI letztlich nicht nur gegen die Händler, sondern auch gegen die Kolonialregierung richteten, unterstützten die Bürgermeister mit dem Empfang meines Vaters also regierungsfeindliche Aktivitäten. Eine seinen vielen Reisen brachte Vater und seinen Assistenten eines Tages auch in die Region Lampung nach Süd-*Sumatra*.«

Die Bewohner der Provinz Lampung sprechen einen eigenen Dialekt. Ab 1751 kontrollierte die niederländische Handelsgesellschaft VOC die Region, 1808 wurde sie von der Kolonialmacht annektiert. Der darauf folgende Widerstandskrieg dauerte von 1817 bis 1856[1]. Lampung war im 19. Jahrhundert für seine Webereien und die Pfefferproduktion bekannt. Heute werden vor allem Kaffee, Kakao, Kokosnüsse und Gewürznelken angebaut.

Von den 7,5 Millionen Einwohnern (2010) sind heute drei Viertel Nachkommen von Javanern und Balinesen, die hier im Rahmen des staatlichen *Transmigrationsprogramms* angesiedelt wurden. Als es deswegen zu schweren Unruhen kam, wurde das Programm 1984 eingestellt. [2]

Das leichte Pferdegespann von ›ibu‹ Sophies Vater und seinem Begleiter damals war gerade so breit, dass es die schmalen Wege passieren konnte. »Da an ein Überholen der viel langsameren Kutsche vor ihnen nicht zu denken war, erreichten sie Mangala erst in der Abenddämmerung, verärgert über das schleppende Vorwärtskommen. Das schwerfällige Fuhrwerk vor ihnen steuerte ebenfalls das Domizil des Bürgermeisters an und parkte wie selbstverständlich hinter dem Gebäude, während mein Vater vor dem Haus anhielt. Er klopfte und bat um Einlass.

Wie es die damaligen Sitten erforderten, verschwanden die Frauen hinter einem Vorhang, sobald fremder männlicher Besuch erschien. Vater, der den Frauen keineswegs abhold war, beobachtete, wie unter dem Vorhang ein paar schöne Frauenbeine baumelten – selbstverständlich nur unterhalb der Knie. Die Beine meiner – zukünftigen – Mutter! Kurz darauf servierte die hübsche 17-jährige Tochter des Gastgebers den Reisenden Kaffee oder Tee und der Fachmann in Sachen Frauenbeine erkannte die wohlgeformten Waden wieder, die soeben noch hinter der Gardine hervorgeschaut hatten.

---

[1] Cribb, Robert und Kahin, Audrey: *Historical dictionary of Indonesia*. 2004, S. 231
[2] Osborne, Robin: *Indonesia's secret war: the guerilla struggle in Irian Jaya*. 1985, S. 128

›Wer war das?‹ erkundigte sich mein bezauberter Vater bei seinem Gastgeber.

›Meine Tochter‹, erwiderte dieser.

›Gestatten Sie mir, dass ich sie heirate?‹ fragte er wie im Rausch.

›Sind Sie sicher?‹ erwiderte mein vollkommen perplexer – späterer – Großvater.

›Ganz sicher. Ich habe noch keine rechtmäßige Ehefrau. Ich muss aber leider schon morgen nach Batavia zurückkehren.‹

›Wann kommen Sie wieder?‹

›Das kann ich nicht sagen. Aber ich möchte Ihre Tochter bitten, mir mit ihrer Mutter nach Batavia zu folgen.‹

›Würden Sie die Ehe vor Ihrer Abreise von dem zuständigen Islambeauftragten eintragen lassen?‹ fragte der überrumpelte Vater. Die Ehen der einheimischen Bevölkerung wurden damals nicht von der Kolonialregierung registriert. Mein Vater stimmte zu, woraufhin Großvater erklärte: ›Aber zuerst muss ich meine Tochter fragen, ob sie überhaupt einverstanden ist.‹

Als Großmutter von dem Antrag erfuhr, brach sie in Tränen aus. Sie weinte und weinte und konnte sich gar nicht mehr beruhigen. Großvater dagegen wünschte sich, dass seine Tochter mehr von der Welt sehen würden als nur Mangala. Sitizatra sah das wohl ähnlich und willigte ein. ›Ich werde aber alle meine Geschwister und meine Mutter mitnehmen‹, insistierte sie. Auf diese Weise wollte sie ihren Brüdern und Schwestern eine bessere Ausbildung ermöglichen. Sie selber war auch nur bis zu ihrem elften Lebensjahr zur *Schule* gegangen. Mehr erlaubte die Tradition auch der Tochter des Bürgermeisters nicht.

›Er ist siebzehn Jahre älter als du und spricht unsere Sprache nicht‹, gab ihr Vater zu bedenken. ›Du musst Malaiisch mit ihm sprechen.‹ – ›Es ist vielleicht meine einzige Chance, jemals aus Mangala herauszukommen. Ich werde nach Batavia gehen‹, erwiderte meine zukünftige Mutter. Hätte mein Vater geahnt, dass er nicht nur seine schöne, junge Frau aufnehmen würde, sondern auch alle ihre Geschwister, wer weiß, wie er sich entschieden hätte. Um die gesamte Familie zu versorgen, mietete er ein großes Haus, stellte Personal ein und eröffnete ein kleines Gästehaus, während die Familie im bescheidenen Pavillon lebte. Mutter, die nie Holländisch gelernt hatte, arbeitete im Gästehaus mit. Die vielen Freunde und Bekannte meines Vaters, die dort übernachteten, zahlten meist leider nicht.«

Die hohen Bürgerhäuser und Lagerhallen Batavias waren aus Ziegeln errichtet, die man aus den Niederlanden importiert hatte. Die von Bäumen gesäumten Straßen sahen aus wie in Amsterdam. Sogar die Kanäle glichen denen in Holland.[3] Einheimische und Europäer lebten wie in einem Apartheit-System getrennt voneinander. Die neuesten Automobile aus den USA, Deutschland oder Großbritannien wurden von Chauffeuren gelenkt. Neben ihnen liefen halbnackte, barfüßige Männer, die Waren in an einem Bambusrohr befestigten Körben über der Schulter trugen.[4] Auch die kleine, gebildete, einheimische Elite, zu der ›ibu‹ Sophies Vater gehörte, bekam die Rassendiskriminierung deutlich zu spüren.[5]

Als Sophie 1922 auf die Welt kam, war ihr Vater 43 und ihre Mutter 26 Jahre alt. »Das Hotel stand vor dem Bankrott und Mutter drängte Vater eine Anstellung als Regierungsbeamter anzunehmen. Er erhielt auch tatsächlich eine beim Innenministerium, obwohl er bereits zweimal zu Gefängnisstrafen verurteilt worden war.«

Die kleine Tochter wuchs also in gesicherten finanziellen Verhältnissen auf – geliebt und wohlbehütet. Obwohl ihre Eltern Moslems waren, besuchte sie einen christlichen Kindergarten und anschließend eine europäische Freimaurer-Schule.

»Dort gab es keinen Religionsunterricht, keine Kommentare über Religion und kein Glaube wurde herabgewürdigt. Diese tolerante Einstellung hatte großen Einfluss auf mich. Ich glaube heute fest, dass keine Religion besser ist als eine andere. Vater erklärte mir: ›Man sollte die Sprache seiner Gegner kennen. Ich wünsche mir daher, dass du eine der besten Schülerinnen in deiner Klasse bist. Wir haben von den Holländern viel zu lernen, besonders Disziplin.‹ Damit bewirkte er in mir eine Einstellung, die nicht von Hass, sondern von Neugierde geprägt war.«

»Sie durften diese Schule ohne weiteres besuchen?«

»Ich musste zwar eine Aufnahmeprüfung ablegen, aber da Vater inzwischen ein höherer Regierungsbeamter war und Mutter die Tochter eines Regierungsangestellten, stand mir der Zugang zur europäischen Schule prinzipiell offen. Vater sagte: ›Geh besser mit deiner Tante, um

---

3 Hollander, Inez: *Silenced voices.* 2008, S. 7
4 Oort, Boudewijn van: *Tjiden reunion – A memoir of World War II on Java.* 2008, S. 48
5 Cribb, Robert: »Jakarta: Cooperation and Resistance in an Occupied City.« In: Kartodirdjo, Sartono: *Protest movements in rural Java.* 1973, S. 181

dich vorzustellen und die Prüfung abzulegen, sie hat eine holländische Haushaltsschule besucht und spricht etwas Holländisch. Erkläre einfach, deine Mutter sei krank.‹ Vaters ältere Schwester hatte mit ihm einen niederländischen Kindergarten besucht. Später ging Vater auf eine Schule der protestantischen *Mission*. ›Dort habe ich die Schwachpunkte meiner Religion kennengelernt, des *Islam*. Und ich habe erkannt, dass es keine perfekte Religion gibt‹, erklärte Vater. Mir hat es in der Schule der Freimauer sehr gut gefallen.

Von 1935 bis 1940 besuchte ich dann die HBS – die Höhere Bürgerschule -, die dem deutschen Gymnasium entspricht. Der Leiter meiner Grundschule war so stolz auf mich, dass er beim Direktor der HBS persönlich ein gutes Wort für mich einlegte. Ich war so etwas wie seine Vorzeigeschülerin. Zu der Zeit erhielt Vater bereits eine Pension und konnte sich das nicht unerhebliche Schulgeld für sein einziges Kind leisten.

Ich hatte niemals das Gefühl, dass meine Klassenkameraden – etwa 85 Prozent Europäer, 10 Prozent Eurasier und Chinesen und nur etwa 5 Prozent Indonesier – auf mich herabblickten. Wir trugen alle die gleiche Schuluniform. Ausgeprägte pro- oder anti-holländische Standpunkte stellten sich in meiner Erinnerung erst später ein. Dennoch hätte ich gern mehr indonesische Klassenkameraden gehabt. Ich schloss zwar Freundschaften mit meinen europäischen Mitschülern, aber wir besuchten uns so gut wie nie zuhause. Kam dies doch einmal vor, begegneten mir die Familien meiner Mitschülerinnen mit großer Freundlichkeit. Mutter hatte nach der Aufgabe des Hotels ein Waisenhaus ins Leben gerufen. Da wir also nur einen kleinen Teil unseres Hauses bewohnten, die Holländer aber meist in geräumigen Villen lebten, habe ich nur ganz selten eine Klassenkameradin eingeladen.

1940 schrieb ich mich an der Hochschule als Jurastudentin ein. Kurz bevor die Deutsche Wehrmacht in Holland einmarschierte, hatten die Niederländer zwei neue Professoren nach Batavia gesandt, um die Fakultäten für Philosophie und Sprachen zu eröffnen. Ab sofort sollten auch indonesische Sprachen gelehrt werden und es gab nun auch das Fach Indologie, in der die Geschichte und Ethnologie Indonesiens unterrichtet wurde. An der Universität Leiden wurde ja viel mehr über Indonesien gelehrt als in Niederländisch-Indien selbst.«

Plötzlich hält ›ibu‹ Sophie inne. Mit tränenverschwommenen Augen sagte sie: »Jetzt spricht mein Vater aus mir: Es war geschickt von den

Holländern, sich die Unterstützung der einheimischen Elite zu sichern. Wie groß die Gruppe der kooperationswilligen Indonesier war, weiß ich nicht, aber als ich dieses Problem erkannte, wechselte ich von der juristischen Fakultät zu den Geisteswissenschaften. Dort traf man auf mehr Indonesier und weniger Holländer oder Chinesen. Übrigens waren die Studiengebühren damals nicht so hoch wie heute.« Ohne ihre Tränen zurückzuhalten, fährt die betagte Dame fort: »Die Begeisterung über unsere Unabhängigkeit nach Kriegsende hat sich bedauerlicherweise schnell verflüchtigt. Leider hat sich auch meine Familie von dem entfernt, wofür Vater einst so engagiert kämpfte. Wir sind bequem und selbstsüchtig geworden.«

Nachdem wir uns einige Augenblicke wortlos gegenüber saßen, fährt ›ibu‹ Sophie fort: »Für uns ging das Leben zunächst weiter seinen gewohnten Gang. Ich lernte meinen zukünftigen Mann kennen, einen Medizinstudenten. – Und im März 1942 nahmen die Japaner Batavia per Fahrrad ein, an dem Tag, als mein Mann sein Studium abschloss. Er holte sich sein Diplom bei seinem Professor ab, der eine Woche später bereits in einem *japanischen Internierungslager* in Zentral-Java interniert war. Dort verlor sich seine Spur.

Die Universität wurde geschlossen und zum Teil von der japanischen Geheimpolizei *Kempeitai* genutzt. Dieses Gebäude im Zentrum *Jakartas* dient heute noch militärischen Zwecken. Nach einer Weile öffnete die Hochschule in stark reduzierter Form wieder ihre Tore Die Bibliothek wurde im daneben liegenden Museum untergebracht.«

Nachdem die *Kempeitai* in der Universität ihr Hauptquartier etabliert hatte, wurden alle Angestellten der Fakultät Ostasien bezichtigt, gegen japanische Interessen gearbeitet zu haben. [6] Sie wurden in der ehemaligen juristischen Fakultät inhaftiert und gefoltert. Weibliche Gefangene sperrte man im ehemaligen französischen Konsulat nebenan ein und manche Männer in der gegenüberliegenden Polizeistation. [7] Allein in Batavia verhängte die Kempeitai 213 Todesurteile. [8]

Ein Kempei schildert seine Aufgabe so: ›Befragungen begannen gewöhnlich damit, den Verdächtigen ... zu verprügeln. Dann wurden glühend heiße

---

[6] Shimer, Barbara Gifford and Hobbs, Guy: *Kenpeitai in Java and Sumatra*. 2010, S. 23
[7] Jong, Louis de: *The collapse of a colonial society: the Dutch in Indonesia during the Second World War*. 2002, S. 65
[8] Jong 2002, S. 213

Eisenstangen eingesetzt. Im Raum war es kaum auszuhalten, denn verbranntes Menschenfleisch stinkt. Einen Menschen einfach nur ... mit dem Kopf nach unten aufzuhängen ist nicht so effektiv wie Wasserfolter. Dazu bindet man ihn mit dem Kopf nach oben auf einer Bank fest, legt ein Stück Stoff auf sein Gesicht und gießt Wasser darauf. Man pumpt den Magen voll Wasser, bis er wie ein Ballon aussieht, dann schlägt man dem Opfer mit einem Stock so fest auf den Bauch, dass er das Wasser erbrechen muss. Wenn das Gesicht weiß ist, muss man aufhören. Wir wollten ihn nicht töten, nur an den Rand des Todes bringen.‹[9] Die Japaner nutzten die Netzwerke des niederländischen Politischen Informationsdienstes PID und überließen das Foltern meist ehemaligen PID-Angestellten.[10] Trotz ihrer enormen Grausamkeit wurde keiner von ihnen je vor ein Kriegsverbrecher-Tribunal gestellt.

»Wenn wir in der Bücherei arbeiteten, konnten wir das entsetzliche Schreien der Gefolterten hören. Da das nicht auszuhalten war, zog ich mich in den chinesischen Ausstellungsraum zurück. Dort war es still und ich meist allein.« Leise fügt ›ibu‹ Sophie hinzu: »Die ersten Japaner waren häufig sadistisch, haben viele Mädchen vergewaltigt.«

»Kannten Sie solche Frauen persönlich?«

»Nein, ich habe nur davon gehört. Unter den Japanern, die schließlich die Verwaltung übernahmen, befanden sich etliche Intellektuelle. Meine Kommilitonen sprachen meist nur ihre Regionalsprache und Holländisch. Als einige Japaner erfuhren, dass ich auch Malaiisch sprach, nahmen sie Privatunterricht bei mir. Sie benahmen sich höflich und ihre Gegenwart bedeutete für meine Familie Schutz.

Nach einem halben Jahr gab ich die Uni auf und wurde Radioansagerin. Im Grunde schlugen die Herzen der Mitarbeiter für ein unabhängiges Indonesien. Wir wollten die Propaganda der Japaner also nicht übertreiben. Von meinen Kommilitonen erfuhr ich zudem, dass das Stöhnen, Winseln und Schreien in den Folterzellen immer schlimmer wurde.

Da unser Haus im japanischen Militärbezirk lag, mussten meine Eltern mit den 32 Waisenkindern umziehen. Das nun viel größere Gebäude war ein christliches Waisenheim für Mädchen gewesen. Da

---

9 Hollander, S. 133
10 Post, Peter: »Policing society.« In Post, Peter (Hg.): *The encyclopaedia on Indonesia in the Pacific War*. 2010, S. 154

die Betreuerinnen Angst vor den Japanern hatten, waren sie mit ihren Schützlingen geflohen. In diesem Haus, das heute ein Heim für Kinder mit Behinderungen ist, fand im September 1943 meine Hochzeit statt. In dem einzigen Auto, das wir auftreiben konnten, fuhren wir zu meinem Elternhaus. Gefolgt wurde das Brautauto von zahlreichen Freunden in Rikschas und auf Fahrrädern – ein unvergesslicher Konvoi.

Für geringen Lohn arbeitete mein Mann zunächst als Assistent eines holländischen Chirurgen und dann für einen Japaner. Später machten ihn die Japaner zum Klinikchef des Krankenhauses von Purwokerto, obwohl er wenig von Chirurgie verstand und sich mit den japanischen Krankenschwestern kaum verständigen konnte.

In Purwokerto schenkte ich meinen beiden ersten Söhnen das Leben – und lernte Javanisch. Die Japaner verlangten, dass alle Ehefrauen hoher Regierungsbeamten entlang der Hauptstraße Gymnastik trieben, also auch ich. Die Gattin des Regenten weigerte sich, diese Demütigung zu akzeptieren. ›Gymnastik, ja‹, erklärte sie, ›aber in meinem Garten.‹ Ihre Aufsässigkeit kostete ihren Mann um ein Haar seine Position, aber schließlich lenkten die Japaner ein.«

»Haben Sie während des Krieges etwas über das Schicksal der ›romusha‹ erfahren?«

»Nein, davon habe ich erst nach dem Krieg gehört. Nach Kriegsende zogen wir nach Tegal bei Cirebon, wo mein Mann die Stelle des Krankenhausdirektors antrat. Dort erlebten wir den Aufstand gegen die Japaner und diejenigen Javaner, von denen man glaubte, dass sie immer noch mit ihnen kollaborierten.

1947/48 und 1949 kam es zu den sogenannten *Polizeiaktionen*, in denen die Niederländer versuchten, ihre ehemalige Kolonie zurück zu erobern. Während dieser Zeit wurde mein Mann an das Krankenhaus von *Semarang* berufen. Als die Stadt von Holländern bombardiert wurde, kehrte er mit seiner Krankenschwester in tagelangem Fußmarsch nach Tegal zurück, wo die Holländer bis zu *Sukarnos* Unabhängigkeitserklärung Ende 1949 wieder regierten. Mein Mann beteiligte sich am allgegenwärtigen Schmuggel und tauschte unter anderem Medikamente gegen Hühner ein. Wir hatten ja bereits drei Kinder.

1959 zogen wir hierher nach Bogor. Von 1967 bis 1971 lernte ich Französisch am Centre Culturel de France in Jakarta und Deutsch hier am Goethe-Institut. 1971 legte ich in München die Prüfung für mein Deutschdiplom ab. Anschließend unterrichtete ich Französisch bei der

Alliance Francaise und Deutsch beim Goethe-Institut. Meine Kinder beklagten sich: ›Wir wollen die Sprachen der Feinde nicht lernen.‹ Da musste ich einiges an Aufklärungsarbeit leisten.

Während dieser Jahre war ich auch Leiterin einer privaten Initiative für Empfängnisverhütung. Sie gehörte der in London gegründeten International Planned Parenthood Federation an, deren regionales Hauptbüro sich in Kuala Lumpur befand. Seit 1969 engagierte ich mich in der indonesischen Gesellschaft für Familienplanung IPPA. Von 1973 bis 1976 war ich Generalsekretärin dieser Organisation, von 1976 bis 1979 Vorsitzende und seither bin ich in beratender Funktion aktiv.« ›Ibu‹ Sophie lacht: »Für eine Mutter von sieben Kindern war diese Aufgabe eine ganz spezielle Herausforderung.«

»Welches waren die konkreten Probleme, mit denen Sie konfrontiert waren? Indonesien war ja für einige Jahre auf diesem Gebiet recht erfolgreich?«

»Die Kondome, die wir vom Westen erhielten und die man in unseren Drogerien verkaufte, waren oft schon alt und undicht. Ein wesentlich wichtigeres Hemmnis war aber die Tradition, die besagt, dass zahlreiche Kinder ein Zeichen von Wohlstand sind und ein Beweis der Liebe Gottes. 1978 unterzeichnete Suharto einen internationalen Vertrag, der unser Land zur Geburtenkontrolle verpflichtete. Dafür erhielt die Regierung Gelder ausländischer Staaten.

Die Umsetzung der vereinbarten Maßnahmen wurde ausschließlich der staatlichen Organisation BKKBM übergeben, die seit diesem Abkommen alle staatlichen Zuschüsse erhielt. Die christlichen, muslimischen oder anderen privaten Beratungsstellen mussten sich selbst finanzieren. Die Mitarbeiter der 260 IPPA-Niederlassungen nahmen zwar an den Treffen der BKKBM teil, es kam aber immer wieder zu Meinungsunterschieden. Auf jeden Fall konnte ein deutlicher Geburtenrückgang verzeichnet werden. Seit dem Ende der Suharto-Regierung muss Indonesien Verhütungsmittel kaufen. Da die Menschen aber an kostenlose Verhütungsmittel gewöhnt waren, wollten sie nichts dafür bezahlen, was eine Explosion der Geburtenzahlen zur Folge hatte.«

›Ibu‹ Sophie ist voller Leidenschaft in dieses Thema verwickelt, als mich meine Freunde spät am Abend abholen. Der Abschied von der ebenso warmherzigen wie beeindruckenden Frau fällt mir nicht leicht.

In den frühen 1950er Jahren betrug das jährliche Bevölkerungswachstum 6,4 Prozent.[11] Aufgrund des erfolgreichen Programms zur Familienplanung, verlangsamte es sich zwischen 1965 und 1997 auf zwei Prozent, eines der erfolgreichsten Programme aller Entwicklungsländer. Gleichzeitig sank die Säuglingssterblichkeit aufgrund besserer Gesundheitsvorsorge signifikant.[12] Bei den gesellschaftlichen Eliten setzte sich das Motto ›Zwei Kinder sind genug‹ durch. In den städtischen Slums und Dörfern verhallte dieser Ruf jedoch oft ungehört.[13] Daher wurde von den Bürgermeistern erwartet, dass sie die Programme zur Geburtenkontrolle überwachen, die hauptsächlich im Einsetzen von Spiralen bestand.[14]

[11] Ricklefs, Merle Calvin: *A history of modern Indonesia since 1200.* 2008, S. 371

[12] Thee Kian Wie: »The Soeharto era and after: stability, development and crisis 1966–2000.« In: Dick, Howard: *The emergence of a national economy: an economic history of Indonesia 1800–2000.* 2002, S. 203

[13] Utsumi Aiko: »The International Military Tribunal for the Far East (Tokyo War Crimes Tribunal).« In: Post, Peter (Hg.): *The encyclopaedia on Indonesia in the Pacific War.* 2010, S. 461

[14] Vickers, Adrian: *A history of modern Indonesia.* 2005, S. 188

Frank Bouwens:
Ein niederländischer Eurasier in der Kolonialarmee

Frank Bouwens ist ein 90-jähriger, schlanker Eurasier, wie er sich selber nennt, mit hellbrauner Haut, grau-braunem Haar und braunen Augen. Er empfängt mich in seinem Reihenhaus in Valkenswaard in den Niederlanden mit ausgesprochener Herzlichkeit. Als ich seine Fitness bewundere, lacht er: »Ich habe eine wesentlich jüngere Frau, da muss man schon etwas tun.«

Die Wohnungseinrichtung ist modern und hell. Das Wohnzimmer wird von Büchern und indonesischen Schattenfiguren beherrscht. Wir nehmen im sonnigen Wintergarten Platz. Berührungsängste hat mein Gastgeber nicht. Er begrüßt die Gelegenheit über die Vergangenheit zu sprechen – auch wenn sie manchmal schmerzlich war.

Frank Bouwens Vater wurde 1897 in Amsterdam geboren. Da er als ›Anti-Militarist‹ nicht im Ersten Weltkrieg kämpfen wollte, setzte er sich nach England ab. »In London studierte er Englisch und Ökonomie und mitbegründete die Britische Kommunistische Studentenpartei. Um sich finanziell über Wasser zu halten, arbeitete er als Bahnhofsvorsteher. Das alles erfuhr ich aber erst viele Jahre nach meiner Geburt.«

Nach dem Studium zog Franks Vater 1919 mit seiner Frau nach Java, wo er einen Managerposten bei einem holländisch-englischen Unternehmen übernahm, dem sechs Zuckerfabriken gehörten. »Ich liebte den Humor meines Vaters. Dabei bestand sein Leben wahrlich nicht nur aus Vergnügen. 1923, nach vier Ehejahren, starb seine Frau an Krebs und mein erschütterter Vater blieb mit seiner zweijährigen Tochter allein zurück. Die nächsten sechs Monate – vielleicht war es auch ein Jahr – suchte er Trost im Alkohol. Die 20 Kilometer lange Straße zu seiner Arbeit war von Ölfässern gesäumt, die mit Kies gefüllt waren. Ich glaube er hat jedes einzelne Fass mit seinem Auto gerammt.

1926 erlebte er den kommunistischen Aufstand in Mittel-Java, wo er in einer der sechs Zuckerfabriken arbeitete. Im gleichen Jahr lernte er meine Mutter Henriette Agnes Deighton kennen. Ihr eurasischer Vater war ein Angestellter dort. Ihre javanische Mutter, meine Großmutter Sami, ›Oma Kampong‹, wie ich sie nannte, war freundlich, aber auch streng. Ich habe in ihren Augen wohl selten etwas richtig gemacht. Meine Eltern gaben sich 1927 das Jawort. Dass mein Vater ein eurasisches Mädchen heiratete, war damals ungewöhnlich. Dadurch waren seine Karrierechancen spürbar geschmälert und er erhielt im Vergleich zu andern Europäern weniger Gehalt. Dennoch waren wir noch sehr privilegiert. 1928 wurde ich geboren und zwei Jahre später zogen wir in ein wunderschönes, weißes Steinhaus im Kolonialstil mit Innen-Balustrade um die ganze zweite Etage. Die Mitte des Hauses war hoch genug für einen sechs Meter hohen Weihnachtsbaum!

Als ich später einmal mit Vater über seine einstigen kommunistischen Ideale sprach, sagte er: ›Ich erkannte wenigstens, dass die zwei Gulden Monatseinkommen der einheimischen Arbeiter ›peanuts‹ waren im Vergleich zu dem monatlichen Anfangsgehalt von 625 Gulden, das wir Holländern erhielten. Ich setzte mich dafür ein, dass die Einheimischen einen höheren Lohn erhielten und richtete ein diesbezügliches Schreiben an die Zentrale in Amsterdam. ›Tun sie das ruhig‹, lautete deren Antwort. Nachdem Vater den Lohn erhöht hatte, gingen die Arbeiter schon am frühen Nachmittag nachhause. Sie hätten genug verdient, erklärten sie. Vater war schockiert. Mit der Wirtschaftskrise von 1929 ging es mit der Zuckerindustrie bergab. Das lag auch daran, dass man nun in Holland Rübenzucker herstellte.«

»Wer waren Ihre Spielgefährten?«

»Ich spielte mit den Söhnen der niederländischen Angestellten der Zuckerfabrik. Da ich gut Javanisch sprach, spielte ich aber auch mit den einheimischen Kindern auf der Straße. Ich habe sie hin und wieder in ihrem Kampong besucht, aber sie betraten nie unser Haus. Wenn in unserem großen Garten Partys gefeiert wurden, gehörte es zur Unterhaltung der Gäste, mit einem Revolver Kokosnüsse von den Palmen zu schießen.

Da meine Eltern sehr beschäftigt waren, wurden meine Schwester Evelyn Grace, die ein Jahr nach mir geboren wurde, und ich von unserer ›babu‹ beaufsichtigt. Meine ältere Halbschwester lebte zu der Zeit schon bei den Eltern ihrer verstorbenen Mutter in Holland. Als ich 1933 in die *Schule* kam, musste ich mein wunderbares Elternhaus leider verlassen, denn in unserer Nähe gab es keine europäische Grundschule. Ich wurde in Bandung, etwa 200 Kilometer entfernt, bei Verwandten meiner Mutter einquartiert. Ich vermisste die Freiheit, die ich gewohnt war, schmerzlich. Meine Schwester wurde zuhause unterrichtet.«

»Können Sie sich an Ihren Abschied von Zuhause erinnern?«

»Vater brachte mich mit dem Auto nach Bandung. Ich kannte Bella und Onkel Tom ja schon.« Mit Wehmut ergänzt er: »Mir ging es gut, aber ich denke, Kinder sollten bei ihren Eltern aufwachsen. Ich wurde jeden Morgen mit einer kleinen Pferdekutsche zur Schule gebracht, die jedem Kind offen stand, dessen Eltern das Schulgeld bezahlen konnten – also Holländern, Chinesen und der Aristokratie.

Für mich währte diese Zeit nur zwei Jahre. 1935 zogen meine Eltern aufgrund der Wirtschaftskrise nach *Surabaya*, wo Vater für die Organisation der niederländisch-indischen Zuckerhändler arbeitete. Ich genoss es, wieder zuhause zu sein, auch wenn wir nun in einem deutlich kleineren Haus lebten. Ich besuchte die Knabenschule der Katholischen Brüder, zu der ein wunderbares Schwimmbad gehörte. Außer von Europäern wurde diese Schule auch von Kindern der einheimischen Oberschicht besucht. Ich fühlte mich als hundertprozentiger Holländer und der javanischen Bevölkerung gegenüber überlegen. Außerhalb der Schule verbeugten sich die Einheimischen vor weißen Kindern – auch vor mir. Ich sang die niederländisch Hymne voller Begeisterung, deren Text in etwa lautet: ›Durch unsere Adern fließt niederländisches Blut, frei von fremdem Schmutz.‹[1]

---

[1] Die niederländische Nationalhymne hat folgenden Text:
»Wilhelm von Nassauen bin ich aus deutschem Blut
mein Vaterland fühlt sich sicher in meiner Hut.
Bin Sprössling von Oranien, des Stammes auch wert,
den König von Hispanien hab ich allzeit geehrt

Mein Schild und meine Zuversicht ist Gott allein,
ihm trau ich, er verlässt mich nicht in Not und Pein.
Mein Volk und Land behüte ich, treu ist mein Schutz,
Tyrannen aber biete ich unverzagt Trutz

Glaubt nicht, ihr armen Schafe mein, daß Euer Hirte schläft,
er wird, wenn´s Not tut, munter sein in voller Kraft.
Den Feind zu überlisten, versuchen will´s ich
vertraut als gute Christen auf Gott und auf mich.

1936 zogen wir nach *Batavia*, weil Vater sich in Surabaya unterbezahlt fühlte. Er arbeitete als stellvertretender Chef für die Firma Velodrome, die unter anderem Autos der Marken Mercedes Benz, Dodge und Citroen importierte. Wir lebten in Menteng, dem noblen Stadtteil für Europäer, und ich besuchte die Schule der Freimaurer. Ein Jahr später wurde Vater nach *Semarang* versetzt. Wir packten wieder unsere Koffer und nach eineinhalb Jahren ging es zurück nach Batavia. Für mich bedeutete das, immer neue Freunde finden zu müssen. In Batavia schloss ich 1940, nach sieben Schuljahren, meine Grundschulzeit ab – und dann kam der Krieg. Im Radio hörten wir die Königin sagen: ›Mit Bosheit und Macht sind deutsche Truppen in unser Land einmarschiert.‹ Ich hatte zwei deutsche Schulfreunde. Wie alle anderen Deutschen wurden sie von der Polizei abgeholt und durch die Straßen der Stadt zum Gefängnis eskortiert. Unter ihnen waren zahlreiche Väter meiner Mitschüler, auch unser Deutschlehrer Rosenthal und seine beiden Kinder. Eines klagte: ›Papa, Papa, ich bin so müde.‹ Ich wusste, man würde sie einsperren. Ich habe keine Ahnung, was aus ihnen geworden ist. Sie waren Menschen, die wir kannten. Als Feinde konnte ich sie nicht sehen. Auch etliche holländische Nationalsozialisten wurden interniert, obwohl ihre Partei nicht verboten war. Wie viele andere stand ich dabei und sah zu. Gejubelt hat in meiner Erinnerung über diese Aktion niemand. Als die Deutschen weg waren, wurden auf unserem Schulhof alle deutschen Bücher verbrannt. Auch die wenigen Deutschen, die es aus irgendeinem Grund noch an unserer Schule gab, warfen ihre Bücher ins Feuer – Schopenhauer und Kant brannten und ich sah zu. Vater fragte irritiert. ›Warum wird das getan? Wer hat das angeordnet?‹ Während die Deutschen allmählich aus unserem Bewusstsein schwanden, nahm die Militarisierung des Lebens zu. Vater wurde, wie viele andere, zur militärischen Ausbildung aufgerufen.«

Ironisch fährt Frank fort: »Im Notfall sollte er im ›Landsturm‹ dienen – nicht zu verwechseln mit dem ›Volkssturm‹. Die Japaner wurden bald pauschal der Kollaboration mit der japanischen Armee verdächtigt und ebenfalls verfolgt. Bei ein paar wenigen bestätigte sich dieser Verdacht später. Der Vater meines Mitschülers Tom Hamaguchi beging nach dem Krieg Harakiri.«

»Ehe die Japaner Indonesien besetzten, wurden die deutschen Männer nach Indien verschifft. Was haben Sie über den Untergang der Van Imhof und den damit verbundenen Tod von über 400 Deutschen gedacht?«

Frank schaut mich überrascht an: »Darüber habe ich noch nie etwas gehört.« Als ich verblüfft schweige, fährt er fort: »Für mich begann 1940 die Sekundarschule. Ansonsten geschah nicht viel, bis zwei Jahre später die Japaner Java besetzten und Vater zum Landsturm eingezogen wurde. Semarang, wo wir inzwischen wieder lebten, wurde zur offenen Stadt erklärt. Die ersten japanischen Truppen zogen mit Fahrrädern ein, während die niederländischen mit weißen Handtüchern um den Hals hinaus marschierten.

Die kleinen Japaner mit ihren riesigen Bajonetten sahen auf den ersten Blick drollig aus. An ihren Mützen baumelten lustige Ohrenklappen. Sie trugen Schuhe mit separatem großen Zeh, was ihnen ermöglichte auf Bäume zu klettern. Sie erschienen uns zwar recht heruntergekommen, dennoch flößten sie uns Respekt ein. Schließlich hatten sie die niederländisch-indische Armee innerhalb von nur drei Monaten geschlagen.

Die ersten drei Monate brachten nichts Einschneidendes. Dann kam Vater in ein *japanisches Kriegsgefangenenlager* und wir haben ihn dreieinhalb Jahre nicht gesehen. Er musste in *Sumatra* an der Eisenbahnlinie arbeiten, die durch den Dschungel gelegt wurde. Vater gehörte zu den Glücklichen, die diese Todesbahn überlebten. 1946 kehrte er nachhause zurück und lehrte bis 1960 an der Universität von Batavia.

Eines Tages beobachtete ich, als ich mit Miriam Schulze vor der Kommandantur der Japaner saß, wie ein betrunkener Soldat einem Mädchen nachstellte. Das Mädchen schrie. Da erschien ein japanischer Offizier und erschoss diesen Soldaten, der noch salutierte, auf der Stelle. Da war ich vierzehn Jahre alt. Das hat einen lebenslangen Eindruck hinterlassen. Bald wurde eine Flut an Anweisungen bekannt gegeben. Die niederländische Flagge wurde verboten. Nicht mehr als fünf Personen durften sich versammeln. In der Öffentlichkeit war es nicht mehr erlaubt, Holländisch zu sprechen. Die Schulen wurden geschlossen. Wir Kinder waren darüber nicht traurig. Das Schlimmste war, dass man sich vor jedem Japaner verbeugen musste. Einmal verbeugte ich mich vor einem Japaner, der auf seinem Fahrrad patrouillierte, nicht tief genug. Da stieg er ab und verprügelte mich mit seinem Gewehr. Daraufhin habe ich das tiefe Verbeugen schnell gelernt.

Da Vater gefangen genommen war, begannen bald finanzielle Probleme für uns. Meine Eltern hatten zwar etwas Geld zur Seite gelegt, aber Mutter kam an das Gesparte nicht heran. Sie verkaufte nach und nach unsere Möbel und Kleider an arabische Händler und einen Indonesier.

Um zusätzliches Geld zu verdienen, verkaufte sie Kuchen, die sie mit Bekannten gebacken hatte. Da sie mit dem Besitzer einer Seifenfabrik bekannt war, veräußerte sie auch Seife von seinem Vorrat. Aber das Geld reichte trotzdem nicht. Unsere ›babu‹ hatte zwanzig Jahre lang für meine Eltern gearbeitet und unter ihrer Matratze etwas Geld zusammen gespart. Nun brachte sie meiner Mutter ein großes Blech voller Münzen – Tausend Gulden! Jahre später hat Vater ihr dieses Geld zurückgezahlt und ihr bis zu ihrem Tod eine Rente überwiesen.

Bald begannen die Japaner damit, alle männlichen Niederländer ab dem 18. Lebensjahr zu internieren. Später wurden auch die Familien in Lager gesperrt. Wir Eurasier saßen zwischen allen Stühlen und wurden weder von den Holländern geliebt, noch von den Japanern, noch von den Einheimischen. Selbst die Chinesen hatten es leichter als wir. Ich wurde aber zunächst nicht interniert und engagierte mich bei der ›Hilfe für Eurasier‹. Wir transportierten einen Teil des Besitzes der Internierten in die ›Schutzzonen‹.

Es war interessant, die Häuser der Holländer von innen zu sehen. Ich erinnere mich an ein riesiges Aquarium. Während der uns beaufsichtigende Japaner damit beschäftigt war, die Bücher zu inspizieren, schoss einer von uns Jungen mit seiner Steinschleuder ein kleines Loch in das Aquarium. Es explodierte sofort und spülte den Japaner fort. Als keine Lager mehr zu beliefern waren, kam ich in ein Arbeitslager für eurasische Jungen in Tangerang. Einen Koffer durfte ich in diese einstige Fabrik für Strohhüte mitnehmen. Wir 120 Jungen errichteten Sichtschutz für Lokomotiven. Den ganzen Tag lang musste ich Stroh in einem Korb auf dem Kopf von einem Ort zum anderen tragen.

Die Verpflegung mit *Sago* war ein Problem. Ich wog bald nur noch 40 Kilogramm. Um nicht zu verhungern, aß ich eine Menge von diesem Zeug, das wie Leim mit Wattebällchen schmeckte. Viele Jungen entwickelten Hungerödeme und Dysenterie und starben. Trotzdem wagten nur wenige die Flucht. Als ›Mischling‹ wäre man sofort aufgefallen, also versuchte ich es gar nicht erst. Äußerst unangenehm war auch meine 60 Zentimeter breite Wanzen-Matratze. Wenn ich sie in die Sonne legte und umdrehte war sie auf der Unterseite vollkommen schwarz vor Ungeziefer. Nach zwei oder drei Monaten durfte ich nachhause zurückkehren und musste im Hafen von Jakarta Eisen auf einen Container laden. Wenigstens konnte ich die nächsten zwei Monate zuhause übernachten.

Am Dock lag ein riesiges U-Boot mit Hakenkreuzfahne. ›Woher kommen Sie?‹ fragte ich die Besatzung. – ›Schaut mal, ein Kanake, der Deutsch spricht!‹ sagten sie überrascht. ›Was machst du hier?‹ – ›Ich muss für die Japaner arbeiten.‹ Da fragten mich die Seeleute: ›Hast du Hunger?‹ Als ich nickte, reichten sie mir ein großes Stück Dosenbrot. Seit zwei Jahren hatte ich kein Brot gegessen! Als ich es gierig hinunter schlang, bemerkten sie erstaunt: ›Mensch, hast du Hunger‹ und reichten mir eine Riesenwurst. 1 Meter lang! Sie grüßten übrigens nicht mit ›Heil Hitler‹ sondern mit ›Grüß Gott‹.

Als ein Japaner die Deutschen ohne Hemd herum stehen sah, kam er angerannt und schimpfte los. ›Hau ab, Schlitzauge! Du bist ja bekloppt!‹ ärgerten sich die Deutschen – und ich war vollkommen überrascht. Sie waren die ersten Europäer, die keine Angst vor Japanern hatten. Dann reichten sie dem Japaner und auch uns Zigaretten. Walter Senker, einer der U-Boot-Soldaten, mochte meine Schwester. Einmal besuchte er uns und brachte Getränke mit. Er schüttete ein paar Tropfen auf den Boden, setzte sich daneben und sang Lieder vom Rhein.

Das letzte Arbeitslager, in das mich die Japaner steckten, war das Schlimmste. Mein Hunger war so groß, dass ich sogar aus den Müll-tonnen Essen holte. Ich war so schwach, dass ich immer froh war, wenn die Japaner Größere fanden, die sie verprügeln konnten. Eines Tages sah ich in der Zeitung das Bild eines riesigen Pilzes, eines Atompilzes, wie ich später erfuhr. Von diesem Tag an verdreifachten die Japaner unsere Verpflegung und kurz darauf kapitulierten sie. Ich war 17 Jahre alt, als sich die Japaner von heute auf morgen vor mir verbeugten.

Vater hatte immer wieder gewarnt: ›Wartet, bis der Frieden ausbricht.‹ Nun war es soweit. Die sogenannte ›bersiap‹-Zeit war entsetzlich. Nicht nur einige meiner Freunde wurden von Indonesiern getötet, sondern auch 24 Mitglieder meiner Familie! Sieben Tanten und zwei Onkel, jüngere Geschwister meiner Mutter, wurden von *Sukarnos* irregulären Truppen ermordet. Mein Großvater besaß eine Milchfarm. Er, ein heller Eurasier, und seine dunkelhäutigen Kinder waren verhasst.«

»Was wissen Sie über den Tod Ihrer Familienmitglieder?«

»Großvater lud die Familie nach Slawi ein, in der Nähe der Sla-met-Berge. Mutter ging nicht, weil sie auf Vaters Rückkehr warte-te. Ihr jüngster Bruder war noch in japanischer Gefangenschaft und eine Schwester erwartete ein Baby. Alle anderen – relativ gut situierte Christen – folgten der Einladung. Jeder einzelne von ihnen wurde umgebracht. Unsere ›babu‹ hatte davon gehört und es uns unter Tränen berichtet. Ich scharte 24 Freunde und Bekannte um mich und machte mich zwei Monate nach diesem Massaker auf den Weg in dieses Dorf.« Mit versteinerter Miene fährt Frank fort: »Dort fand ich meine ermordeten Verwandten auf einen Haufen geworfen. Die Frauen hatte man wahrscheinlich vergewaltigt. Einige Leichen mussten wir aus dem Kanal fischen.

Die Dorfbewohner erzählten uns, sie hätten nachts Schreie und Schüsse gehört. Ein Mann hörte in der Nähe des Hauses ein Kind weinen. Er schlich dem Wimmern nach und fand meine eineinhalb Jahre alte Nichte mit einem Klewang[2] im Nacken. Unter Todesgefahr nahm er das blonde Mädchen zu sich und versteckte es ein Jahr lang. Dann übergab er es dem ersten niederländischen Polizisten, der in diese Gegend kam.

Die Dorfbewohner wussten, wo die Mörder zu finden waren. Das ›Dschungel-Telefon‹ funktioniert erstaunlich gut. Hass und Tötungsbereitschaft sind nach derlei Erlebnissen groß. Bei mir trug außerdem dazu bei, dass einheimische Gangs Sprengstoff gelegt hatten, der niederländische Militärfahrzeuge in die Luft jagte, wobei einige meiner Freunde umgekommen sind. Wir fanden das Dorf, in dem sich die Täter versteckt hielten, warteten, bis die Bewohner auf ihren Reisfeldern arbeiteten und beschossen es dann vier Tage lang. Die Bande schoss zurück und wir durchsuchten unter Beschuss jedes Haus. So ein Nahkampf ist entsetzlich. 16 Männer starben. Im Dorf Balong am Fluss Solo hatten sich Nationalisten und Kommunisten gegenseitig abgeschlachtet. Das halbe Dorf war tot und der Fluss rot von Blut.

Zuhause fragte mich meine Mutter, ob die grauenvollen Gerüchte über ihre Familie wahr seien. ›Ja‹, antwortete ich mit schwerem Herzen. ›Sie sind alle tot.‹ Obwohl sie vorgewarnt war, brach Mutter zusammen. Sie ist nie in ihr Heimatdorf zurückgekehrt. Sie brachte den Namen ihres Dorfes nie mehr über die Lippen und hasste fortan den indonesischen Teil in sich selbst.«

»War es kein Problem für Sie, gegen Ihr eigenes Volk zu kämpfen?«

---

[2] Das Klewang ist ein aus dem indochinesischen Raum stammender Säbel. 1898 wurde er erstmals von der königlich-niederländischen Armee im Kampf gegen Aufständische in der Provinz Aceh auf Sumatra eingesetzt. In Holland fand er als Marechausseesäbel Eingang in Polizei und Seestreitkräfte und wird heute noch von der königlichen Marechaussee und der Marine gebraucht.

»Ich war der felsenfesten Überzeugung, dass es notwendig war, Ruhe und Ordnung wieder herzustellen, um dem Blutvergießen ein Ende zu setzen. Deswegen beteiligte ich mich auch an den beiden *Polizeiaktionen*.«

»Können Sie mir Genaueres darüber erzählen?«

»Eines Tages entdeckte ich einen Mann in einem Reisfeld. Er rannte fort und schoss auf mich, zum Glück daneben. Schließlich traf ich ihn und legte ihn tot vor die Bewohner des Dorfes. Alle hatten Angst. Ich schloss die Augen des Toten und legte ein sauberes Taschentuch über sein Gesicht. Zwei Monate später kehrte ich mit dem Roten Kreuz dorthin zurück. Viereinhalb Jahre lang hatte dieses Dorf keinen Arzt gesehen und alle Bewohner stellten sich in einer Reihe an. Da kam eine gut gekleidete Frau auf mich zu und sagte: ›Ich bin die Schwester des Jungen, den Sie getötet haben. Hier ist ihr Taschentuch zurück.‹ Bedauert habe ich den Tod dieses jungen Mannes nicht. Erst mit zunehmendem Alter war ich in der Lage Mitgefühl für meine *Opfer* zu empfinden.

Nach Beendigung der Polizeiaktionen kämpfte ich zwölf Monate lang mit den UN-Streitkräften im *Koreakrieg*. Von 1952 bis 1955 studierte ich in England und kehrte 1956 als Lehrer nach *Batavia*, das nun *Jakarta* hieß, zurück. Dort lernte ich meine holländische Frau kennen, die am Empfang eines Hotels arbeitete. 1957 haben wir geheiratet. Meine Familie nahm meine Frau mit offenen Armen auf. 1961 starb Vater an einem Krebsleiden. Im gleichen Jahr mussten meine Frau und ich mit unserem Kind Indonesien verlassen. 1972 habe ich meine Mutter noch einmal in Indonesien besucht. Sie starb 2001 mit 94 Jahren.

Als ich mich von Frank verabschiede, überlässt er mir seinen wunderbaren, 15 Pfund schweren Atlas von Niederländisch-Indien. »Damit sie sich gut orientieren können«, erklärt er lächelnd. »Bringen Sie ihn mir irgendwann zurück.«

Im Anschluss einige weitere Informationen über die sogenannte ›bersiap‹-Zeit, die Frank Bouwens hautnah miterlebte. Diese Revolution begann im August 1945 zunächst friedlich. Bald wurde jedoch deutlich, dass weder die Japaner, noch die Engländer, noch Sukarno und seine Nachkriegsregierung über Mechanismen oder Mittel verfügten, Recht und Gesetz durchzusetzen.[3]

Die Wut der Bevölkerung hatte ihren Ursprung in den letzten beiden Jahr-

---

[3] Oort, Boudewijn van: *Tjiden reunion – A memoir of World War II on Java.* 2008, S. 329

zehnten kolonialer Herrschaft, die eine beträchtliche Zahl landloser Bauern hervorgebracht hatten, und der Brutalität der japanischen Besatzung.[4] Gegen Kriegsende ernährten sich Menschen in weiten Teilen Javas von Schnecken und den Wurzeln der Bananenstauden. Während die einfache Bevölkerung auf den Straßen starb, ging es der kollaborierenden Verwaltung und den von den Japanern aufgestellten Kampfeinheiten auffallend gut.[5]

Die aufgebrachte Bevölkerung, vor allem die jungen Freiheitskämpfer, veranstalteten Strafgerichte gegen Dorfälteste, die für die Japaner Reis requiriert hatten, während die Bauern Hunger litten. Die ungeheuerlich leidvollen Berichte der zurückkehrenden Zwangsarbeiter vergrößerten die Verbitterung und Rachegelüste gegen die dafür mitverantwortlichen Bürgermeister. Die Intensität der Gewalt hing vom Ausmaß der erlittenen Entbehrungen und dem Umfang der Korruption der dafür Verantwortlichen ab. Die Mehrheit der neuen Beamten waren Islamlehrer, weltliche Lehrer oder Unabhängigkeitskämpfer.

Einheimische attackierten Arbeitsmigranten, Landarbeiter besetzten *Plantagen*, Unternehmer schmuggelten Regierungsbesitz für ihren eigenen Profit, jugendliche Gangs kämpften um die Vormachtstellung in Städten und Reisfelder blieben unbearbeitet. Die aus den Lagern zurückkehrenden Holländer beförderten den Aufruhr zusätzlich und bekamen die tödliche Wut der Bevölkerung häufig zu spüren. Andererseits trieben auch Holländer ihr blutiges Unwesen.[6]

Mädchen, die in japanischen Bordellen gearbeitete hatten, wurden nackt durch die Straßen getrieben.[7] Vergewaltigungen gehörten zum Alltag. Die um ihre Existenz kämpfende indonesische Regierung konnte dies so wenig verhindern, wie den Mord an Frauen der Oberschicht, die westliche Kleider trugen. Diese brutale Seite der Unabhängigkeitskämpfe verschwindet allzu oft hinter einer geschönten offiziellen Geschichtsversion. Dabei war es letztlich diese aufgestaute Wut der gedemütigten Bevölkerung, die den Ausschlag für den Sieg gegen die zurückkehrenden Niederländer gab. Dieser Aufstand war in erster Linie eine soziale Rebellion, die mit der Unabhängigkeitsbewegung zusammenfiel.[8] In dem Maße, in dem die Armee die Kontrolle über das Land erlangte, wurde diese Revolution unterdrückt.

[4] Anderson, Benedict: *Some aspects of Indonesian politics under the Japanese occupation: 1944–1945.* 2009, S. 45
[5] Lucas, Anton; »The Tiga Daerah Affair: Social Revolution or Rebellion?« In: Kartodirdjo, Sartono: *Protest movements in rural Java.* 1973, S. 26
[6] Mak, Geert: *Das Jahrhundert meines Vaters.* München 2005, S. 394
[7] Taylor, Jean Gelman: *Indonesia: peoples and histories.* 2003, S. 326
[8] Kartodirdjo, Sartono: *Protest movements in rural Java.* 1973, S. 279

Indonesiens Unabhängigkeitskrieg

Die Potsdamer Konferenz – Juli/August 1945 –, bei der die Indonesier nicht vertreten waren, erklärte die Niederlande erneut zur Regierung in Indonesien.[1] Gleichzeitig erklärte *Sukarno* am 17. August 1945 vor einer Gruppe von Freunden: ›Wir, die Menschen Indonesiens, erklären hiermit unsere Unabhängigkeit.‹[2] Zu diesem Zeitpunkt hatten die Nationalisten eine Verfassung und die Fünf Prinzipien – die Pancasila – ausgearbeitet, die in die Präambel aufgenommen wurde. Diese lauten: Prinzip der All-Einen Göttlichen Herrschaft, Humanismus-Internationalismus, Nationale Einheit, Demokratie und Soziale Gerechtigkeit. Das erste Prinzip bedeutet, dass im überwiegend muslimischen Indonesien jeder Staatsbürger einer der fünf großen Weltreligionen - Islam, Christentum, Buddhismus, Hinduismus, Konfuzianismus – angehören muss. Damit wollte Sukarno dem Ansinnen entgegentreten, Indonesien zu einem islamischen Staat zu machen. Er befürchtete in diesem Fall die Sezession von Regionen mit nichtislamischer Bevölkerungsmehrheit wie zum Beispiel Bali.

Am 5. September glitt die Regierungsverantwortung von den Japanern auf die indonesische Regierung über. Sie hatte nicht nur eine Verfassung, sondern Parteien, ein Kabinett, eine funktionierende Administration in weiten Teilen des Landes und die Unterstützung der breiten Mehrheit der Bevölkerung.[3] Die Briten, die ersten Alliierten,

---

1 Hollander, Inez: *Silenced voices.* 2008, S. 171
2 Anderson, Benedict: *Java in a Time of Revolution, Occupation and Resistance 1944–1946.* 1972, S. 82
3 Siebert, Rüdiger: *Deutsche Spuren in Indonesien: zehn Lebensläufe in bewegten Zeiten.* 2002, S. 62

die Indonesien erreichten, waren zwar über die anti-koloniale Bewegung informiert, aber nicht auf die heftige Reaktion gegen das militärische und zivile niederländische Personal vorbereitet, das sie mitbrachten.[4]

In der nun einsetzenden ›bersiap‹-Zeit wurden Niederländer, chinesische Händler und wirkliche oder vermeintliche Kollaborateure der Niederländer oder der Japaner attackiert, Angehörige der alten Elite abgesetzt oder ermordet.[5] Auch die aus den Lagern und dem Exil zurückkehrenden Niederländer waren auf die intensiven nationalen Gefühle der Indonesier nicht vorbereitet. Sie waren im Gegenteil überzeugt, man würde sie nach der grausamen Herrschaft der Japaner mit offenen Armen empfangen und weigerten sich, die Unabhängigkeit Indonesiens anzuerkennen, obwohl Sukarno am 12. Oktober erklärte, die indonesische Republik würde den Besitz von Ausländern respektieren.

US-General MacArthur hatte 1944 mit Oberstleutnant van Mook – ab 1945 Chef der Kolonialverwaltung – die Wiederherstellung der niederländischen Souveränität über Niederländisch-Indien vereinbart, sobald die militärische Situation dies erlaubte.[6] Die USA waren, wie die europäischen Kolonialmächte der Überzeugung, dass es Jahre dauern würde, bis Indonesien in der Lage wäre, sich selbst zu regieren. So ist zu erklären, dass Washington die nationalen Bewegungen verbal unterstütze, im Stillen aber sowohl den Niederlanden als auch Frankreich versicherte, ihr Recht auf Souveränität über ihre Kolonien nicht anzufechten.

Aus Sicht vieler Niederländer hatten 300 Jahre niederländischer Präsenz zu einer friedlichen Entwicklung in Indonesiens geführt. Sie waren überzeugt, die Indonesier hatten ihre Herrschaft akzeptiert, weil sie Sicherheit, Schutz und Meinungsfreiheit garantierte.[7] Nun aber griffen die Indonesier zu Gewalt, aber auch niederländische Soldaten terrorisierten die Freiheitskämpfer.[89] *Mohammad Hatta* schrieb: ›Niederländische Truppen ... fuhren ... durch *Jakarta* und schossen wahllos

---

[4] Goto Ken'ichi: *Tension of empire: Japan and Southeast Asia in the colonial and post colonial world.* 2003, S. 254

[5] Mak, Geert: *Das Jahrhundert meines Vaters.* München 2005, S. 382

[6] McMahon, Robert J.: *Colonialism and Cold War: The United States and the struggle for Indonesian independence 1945–1949.* 1981, S. 72

[7] Zyll de Jong van, Ellen: *A decade of Japanese Underground Activities in the Netherland East Indies.* 1942, S. 5

[8] Allen, L.: *The end of the war in Asia.* 1976, S. 89

[9] Reid, Anthony: *Indonesian national revolution.* 1974, S. 45

um sich...‹.[10] Die meisten Niederländer betrachteten Sukarno und seine Mitstreiter als Extremisten. Besonders viel Hass brachten die befreiten Internierten und *Kriegsgefangenen* der indonesischen Kollaborations-Regierung entgegen. Für sie war es unvorstellbar, dass diese ›Terroristen‹ nicht vor Gericht gestellt würden.[11]

Die niederländische Regierung ging davon aus, dass man im Oktober 1946 erst 30.000 Soldaten zur Verfügung haben würde. Daher beschloss man, zunächst die dünn besiedelten und rohstoffreichen Außeninseln wieder in Besitz zu nehmen und das revolutionäre Java vorläufig zu isolieren. Im April 1946 inhaftierten die Niederländer die Fürsten, die die indonesische Republik unterstützten.[12] Im Juli 1946 gingen sie daran, föderale Teilstaaten zu installieren, um die Regierung in Jakarta zu schwächen. Vielerorts kam es daraufhin zu Angriffen auf Eurasier, *Ambonesen* und *Manadonesen*, denen man vorwarf, die Unabhängigkeit zu verraten. Die hohen britischen Verluste beim Kampf um *Surabaya* zwangen die Niederländer im November 1946 das Abkommen von Lingaddjati zu unterzeichnen, bevor sich die Briten im Dezember 1946 von Java zurückzogen. In diesem Vertrag erkannten die Niederlande die Republik Indonesien – bestehend aus Java und *Sumatra* – an, mit der Ausnahme von Jakarta und Umgebung. Die Indonesier stimmten im Gegenzug zu, bis 1949 einer niederländisch-indonesischen Union beizutreten.

Während die Niederländer verhandelten, konsolidierten sie gleichzeitig ihre Streitkräfte. Als sie sich in der Lage sahen, eine militärische Lösung des Konfliktes herbeizuführen, warfen sie der Republik im Juli 1947 Verstöße gegen das Abkommen vor, griffen militärisch an und weiteten ihre Kontrolle über zwei Drittel Javas – insbesondere die fruchtbaren Gebiete – und große Gebiete Sumatras aus, einschließlich der dortigen Ölfelder.[13] Dieser Krieg wurde von niederländischer Seite als *Polizeiaktion* bezeichnet.

Um ein Exempel zu statuieren ließ Hauptmann Westerling in Süd-Sulawesi 500 bis 1.000 beliebige Männer erschießen. Insgesamt starben in diesem Krieg 10.000 Menschen. Die kleine Minderheit, die die Kolonialmacht unterstützte, gehörte meist dem regionalen Adel

---

10 Rose, Mavis: *Indonesia free: A political biography of Mohammad Hatta.* 2010, S. 129
11 Palmier, Leslie H.: *Indonesia and the Dutch.* 1962, S. 47
12 Kahin, George McTuman: *Nationalism and revolution in Indonesia.* 1952, S. 355
13 Swift, Ann: *The Road to Madiun: the Indonesian communist uprising in 1949.* 2010, S. 2

an, der um seine Privilegien in einer unabhängigen Republik bangte. Die Niederlande verloren die Sympathie der Weltöffentlichkeit, nicht zuletzt wegen des Massakers in Rawagede, West-Java, mit 431 Toten. Die Dorfbevölkerung hatte sich geweigert das Versteck eines Freiheitskämpfers preiszugeben.

2008 zogen zehn Überlebende dieses Massakers in den Niederlanden vor Gericht. Der Generalstaatsanwalt entschied jedoch, dass das Delikt verjährt sei. 2009 verklagten die Überlebenden daraufhin den niederländischen Staat. 2011 entschied das Bundesgericht, dieses Verbrechen sei nicht Gegenstand einer Verjährung und forderte vom niederländischen Staat Wiedergutmachung. Den Klägern und Witwen wurden 20.000 Euro pro Ermordeten zugesprochen. Im Dezember 2011 entschuldigte sich der niederländische Botschafter in Indonesien öffentlich für diese Tragödie.

Nach der Ersten Polizeiaktion 1947 sah sich der erste indonesische Ministerpräsident *Shahrir* gezwungen einer Übergangsregierung unter niederländischer Führung zuzustimmen. Wegen seiner Unterschrift unter diesen Vertrag musste er 1947 zurücktreten. Die Übergangszeit wurde von niederländischer Seite später als die Zeitspanne definiert, bis die junge Generation das Rentenalter erreicht hätte – also 40 bis 50 Jahre.[14] Für die kleine intellektuelle Minderheit Indonesiens – darunter Hatta und *Sjahrir* –, die in den Niederlanden studiert und dort auch liberale Humanisten kennen und schätzen gelernt hatte, waren nicht die Niederländer die Feinde, sondern das koloniale System.[15]

Der indonesische Staat stand auch innenpolitisch unter immensen Spannungen. Hauptkonfliktpunkte waren regionale Autonomiebestrebungen und die Religion. Während die nationale Führungsriege vor allem die Regierung übernehmen wollte, hoffte die Mehrheit der Bevölkerung darüber hinaus auf eine soziale Revolution und demokratische Partizipation.[16] Hoffnungen, die sich nicht erfüllten.

Am 17. Januar 1948 – beide Seiten hatten sich Kriegsverbrechen schuldig gemacht – kam es auf dem amerikanischen Kriegsschiff USS Renville, unter dem Druck der USA, zu einem neuen Einvernehmen: Die Indonesier mussten die Gebietsverluste durch die erste Polizeiaktion hinnehmen, bekamen dafür aber Wahlen in Aussicht gestellt. Diese

---

14 Palmier, S. 51
15 Legge, John D.: *Sukarno: a political biography*. 2003, S. 158
16 Legge, John D.: *Intellectuals and nationalism in Indonesia*. 2010, S.8

Grenzen anerkennen zu müssen belastete das Verhältnis Indonesiens zu den USA und Großbritannien nachhaltig.

Auch die Beziehungen zwischen den USA und den Niederlanden standen auf Messers Schneide. US-Generalmajor Bolling, Direktor des militärischen Abschirmdienstes, warnte: ›Die Niederländer sind nicht bereit, die Renville-Vereinbarung einzuhalten. Das Prestige der USA wird irreparabel geschädigt und Indonesien wird sich … Russland zuwenden.‹[17] Aber den USA war mit Beginn des Kalten Krieges ein verlässlicher Verbündeter in Europa wichtiger als die Interessen Indonesiens. Dabei spielten die gewaltigen indonesischen Erdölressourcen, auf die der Westen zugreifen wollte, eine wesentliche Rolle.[18] Es existierten ja langjährige Verbindungen zwischen US-Diplomaten, US-Ölkonzernen und Industriellen einerseits und der niederländischen Kolonialadministration andererseits.

Die indonesische Regierung sah keine Alternative zur Unterzeichnung dieses demütigenden Abkommens, weil die USA drohten, sich andernfalls aus der Konfliktvermittlung zurückzuziehen. Ein Großteil der indonesischen Bevölkerung betrachtete dieses Abkommen als das Werk von ›Kollaborateuren‹ und das Handeln der USA als Absage an das Recht zur Selbstbestimmung. Die indonesische Regierung wurde gestürzt. Die nun einsetzende niederländische Blockade, die diesem Abkommen zuwider lief, führte zu schweren Versorgungsengpässen in den Gebieten, die der Republik verblieben waren, und verstärkte die Unzufriedenheit der Bevölkerung mit ihrer Regierung.[19] 1948 waren große Teile der Bevölkerung nur in Lumpen gehüllt. Der Leiter des UN-Ausschusses für Indonesien sprach von einer Politik der wirtschaftlichen Strangulierung.[20] Auch die vereinbarte Versammlungs-, Presse-, und Meinungsfreiheit wurde den Indonesiern nicht gewährt.

Erschwerend kam weiter hinzu, dass eine Million Menschen aus den niederländisch besetzten Regionen in das republikanische Restgebiet geflohen waren.[21] Die Bevölkerung *Yogyakartas* verdreifachte sich

---

17 McMahon, S. 231
18 Gouda, Frances: *American vision of the Netherlands East Indies/Indonesia. US foreign policy and Indonesian nationalism 1920–1949*. 2002, S. 152
19 Kahin, George McTurnan: »Some Recollections from and Reflections on the Indonesian Revolution.« In: Taufik, Abdullah (Hg.): *The Heartbeat of Indonesian revolution.* 1997, S. 11
20 Kahin, George, 1952, S. 251
21 Geerken, Horst: *Der Ruf des Geckos.* Books on Demand 2009, S. 167

von 300.000 auf 900.000.[22] Der Zustrom indonesischer Truppen und Guerilla-Einheiten belastete die Situation zusätzlich. Diese Entwicklungen stärkten die Kommunistische Partei und führten zur Hinwendung an die UdSSR. Trotz niederländischer Warnungen in Richtung USA hatte die *PKI* 1948 jedoch nur 3.000 Mitglieder und etwa 60.000 Unterstützer – eine kleine Minderheit innerhalb der nationalen Bewegung.[23]

Die Politik der USA beschrieb der Direktor des Ministeriums für UN-Angelegenheiten mit den Worten: ›Wir verfolgen ausschließlich unsere eigenen Interessen. Heute mag uns dies die Niederländer kritisieren lassen und morgen die Indonesier.‹[24] Ohne die Zwiespältigkeit der USA wäre es 1948 vielleicht nicht zum Aufstand in *Madiun* gekommen. Die schnelle Niederschlagung dieser kommunistischen Rebellion seitens der indonesischen Regierung war wesentlich für den allmählichen Politikwandel der USA verantwortlich. Fortan wurde die niederländische Warnung vor den Kommunisten Sukarno und Hatta nicht mehr ernst genommen. Zudem hatte Vizepräsident Hatta im Laufe der Verhandlungen ihr Vertrauen erworben.

Alle Kolonialmächte – einschließlich den USA – betrachteten Unabhängigkeit als Privileg, das durch verantwortungsvolles Handeln verdient werden musste.[25] Dennoch erhoben sich 40 Länder zwischen 1945 und 1960 mit einer Gesamtbevölkerung von 800 Millionen Menschen – mehr als ein Viertel der Weltbevölkerung – gegen Kolonialismus und erkämpften ihre Unabhängigkeit.[26]

Vier Wochen vor dem für Januar 1949 vorgesehenen Volksentscheid starteten die Niederländer die zweite ›Polizeiaktion‹. Unter Missachtung der Waffenstillstandslinie nahmen sie die provisorische Hauptstadt Yogyakarta ein und verhafteten die Regierung. Ermöglicht wurde dies durch die erhebliche Wirtschaftshilfe der USA. Bis Ende 1948 hatte die US-Regierung den Niederlanden 359 Millionen US-Dollar in Marshallhilfe gewährt und zusätzlich einen Kredit von 300 Millionen US-Dollar für den Kauf von US-Kriegsgerät.[27]

---

[22] Swift, S. 3
[23] McMahon, S. 236
[24] McMahon, S. 261
[25] Colbert, Evelyn Speyer: *Southeast Asia in international politics, 1941–1956.* 1977, S. 29
[26] McMahon, S. 11
[27] Dahm, Bernhard: *Indonesien: Geschichte eines Entwicklungslandes 1945–1971* (Handbuch der Orientalistik: 3. Abt.). 1997. S.45

Die Stärke des Widerstandes und das feindselige Verhalten der Bevölkerung waren für die Niederländer eine ebenso gewaltige Überraschung wie die Tatsache, dass keine der von ihnen eingesetzten Regierungen in den Teilstaaten die Unterstützung der Bevölkerungsmehrheit erlangt hatte. Da die indonesische Regierung in den Niederlanden als inkompetent dargestellt wurde, gestützt auf Kommunisten und Kriminelle, ist es nicht verwunderlich, dass 60 Prozent der Niederländer diesen Krieg befürworteten, in dem zwischen 1945 und 1949 100.000 niederländische Soldaten – vor allem Eurasier und *Ambonesen* – ums Leben kamen.[28]

Dieser Krieg änderte die US-Außenpolitik endgültig. Am Weihnachtsabend 1948 forderte der UN-Sicherheitsrat die Niederlande auf, die Feindseligkeiten einzustellen und die indonesische Regierung freizulassen. Er forderte aber nicht, zum Ausgangspunkt der zweiten Militäraktion – der Van-Mook-Linie – zurückzukehren. Dies verfestigte bei den Indonesiern den Eindruck, dass von der UN keine Unterstützung zu erwarten sei.

Als die Niederlande diese Forderungen am 11. Januar 1949 erfüllt hatten, schlossen die indonesische und die niederländische Regierung im Mai 1949 einen von den USA vermittelten Waffenstillstand, in dem Sukarno dem Betritt der Republik Indonesien zu den Vereinigten Staaten von Indonesien zustimmte. Diese sollten eine Union mit den Niederlanden bilden, mit der niederländischen Königin als Staatsoberhaupt. Nach diesem Abkommen schlossen die Niederlande 90 Prozent aller Zeitungen in Indonesien. Öffentliche Veranstaltungen durften nur noch mit behördlicher Genehmigung stattfinden.[29]

Als die Befürchtungen der USA vor einer Ausbreitung des Kommunismus in Asien überhandnahmen, mussten die Niederlande bei der Konferenz in Den Haag im August 1949 zustimmen, die Hoheitsrechte über Indonesien bis spätestens den 30. Dezember 1949 abzutreten. Um den Niederländern diesen Schritt zu erleichtern, durften sie die Souveränität über *West-Neuguinea* behalten, bis es 1962 unter dem Druck der USA schließlich an Indonesien überging.

Niederländische Firmen konnten ihren Geschäften in Indonesien weiterhin nachgehen.[30] 25 Prozent des Bruttoinlandsprodukts und 10

---

[28] Gouda, S. 53
[29] Kahin, George, 1952, S. 357
[30] Dick, Howard: *The emergence of a national economy: an economic history of Indonesia 1800–2000*. 2002, S. 171

Prozent aller Arbeitsplätze blieben in niederländischer Hand.[31] Zudem zwangen die USA Indonesien, die gigantische Staatsschuld der Kolonie von 1,13 Milliarden Dollar zu übernehmen. Dass 800 Millionen Dollar durch Kriege gegen sie entstanden waren, verbitterte die Indonesier besonders.[32]

Indonesien hatte darüber hinaus die Gehälter von 17.000 niederländischen Beamten für zwei weitere Jahre zu zahlen. Die niederländische Regierung konnte die Verwaltung ihrer Kolonie also weitgehend auf Kosten der Indonesier abwickeln.[33] Eine solche Bürde hatte kein anderes asiatisches Land zu tragen, das seine Unabhängigkeit erhielt. Von der im Gegenzug versprochenen US-Wirtschaftshilfe kam in Indonesien nur wenig an. Ein Kredit von 100 Millionen Dollar musste mit Zins zurückbezahlt werden.

Um die Einhaltung dieses Roem-van-Royen-Abkommen zu gewährleisten, setzte US-Präsident Truman im Dezember 1949 die Unterstützung aus dem Marshall-Fond für die Niederlande aus. Sechs Tage später wurde Indonesien in die Unabhängigkeit entlassen. Nach fast fünfjährigem Freiheitskampf versammelten sich am 28. Dezember 200.000 Menschen vor dem Palast des Präsidenten und brachen in Jubel aus, als auf dem einstigen Palast des niederländischen Gouverneurs die rot-weiße Flagge Indonesiens wehte.

---

[31] Thee Kian Wie: »Economic policies in Indonesia during the period 1950–1965, in particular with respect to foreign investment.« In: Lindblad, J. Th.: *Historical foundation of a national economy in Indonesia, 1890–1990*. Royal Netherlands Academy of Arts and Sciences. Proceedings of the colloquium, Amsterdam September 1994, S. 320
[32] Kahin, George, 1997, S. 26
[33] Dick 2002, S. 171

Mbah Samshai:
Eine Batikarbeiterin aus Solo

Mbah Samshai lebt in einem von hohen Bäumen umgebenen kirchlichen Altersheim in der Nähe von Salatiga in Zentral-Java. Der eingeschossige Bau umgibt einen mit Blumen geschmückten Innenhof. Dort lerne ich im Mai 2011 die mittellose 83-Jährige kennen, die glücklich ist, hier ein neues Zuhause gefunden zu haben. Dass sie bei ihrer Familie keine Aufnahme findet, bedrückt die fast immer lächelnde Seniorin dennoch. Wie viele Indonesier, kann auch sie sich für die Begradigung ihrer Zähne keinen Zahnarztbesuch leisten.

Als Gesprächsort steht uns ein Behandlungsraum für Kranke zur Verfügung. Zwei Angestellte gesellen sich still zu uns. Schließlich gibt es nicht jeden Tag Besuch aus Deutschland, der sich für die Erinnerungen der Menschen in ihrem kleinen Altersheim interessiert. Schnell werden ein paar zusätzliche Stühle bereitgestellt. Meinen Notizblock kann ich auf dem Behandlungstisch ablegen.

Mbah Samshai wurde 1928 in *Solo* geboren. »Den Monat weiß ich nicht, da ich keine Geburtsurkunde habe«, erklärt sie wie so viele indonesische Senioren. »Mein Vater war Kutscher, aber ich kannte meine Eltern kaum, da ich bei meinem Onkel aufwuchs. Beide Brüder meines Vaters waren kinderlos.«

Als ich mich erkundigte, wie es dazu kam, erklärt sie: »Vater trennte sich von meiner Mutter, als ich noch sehr klein war. Wenig später verstarb sie. Als Vater noch einmal heiratete, erhob sich die Frage, was mit mir und meinem wesentlich älteren Halbbruder geschehen sollte. Unter solchen Umständen ist es in Java nicht ungewöhnlich, Kinder innerhalb der Verwandtschaft anzunehmen. Ich war noch so jung, dass ich diese Verwandten für meine leiblichen Eltern hielt. Erst in der Grundschule erfuhr ich von Nachbarn, dass ich adoptiert wurde. Als ich meine Adoptiveltern bedrängte, dass ich meinen leiblichen Vater kennen lernen wollte, erklärten sie: ›Wenn er dein Vater ist, dann soll er auch dein Schulgeld bezahlen.‹ Das hat er von da an auch getan.

Wir lebten in einem ›kampong‹, einem einheimischen Stadtteil am Ortsrand von Solo. In unserem Gärtchen standen zwei Palmen und ein Brunnen direkt am Haus. Neben uns wohnte die jüngere Schwester meiner Tante, bei der ich viel Zeit verbrachte. Mein Pflegevater arbeitete in Heimarbeit für eine Batik-Fabrik. Er saß auf unserer Bambus-Terrasse und stempelte mit Kupferstempeln Batik-Muster auf Baumwollstoffe. Meine Ziehmutter arbeitete bei reichen Verwandten als Köchin.

Die Schlafräume im hinteren Teil des Gebäudes konnten mithilfe von Bambus-Trennwänden vergrößert oder verkleinert werden. Man verbrachte die Nacht auf geflochtenen Matten auf einem Bambusgestell. Eine ähnliche Konstruktion im Wohnzimmer diente als Sitz- und Essplatz. Ich schlief im Zimmer meiner Eltern, während mein Bruder einen eigenen Schlafplatz hatte. Zwischen den beiden Schlafbereichen gab es eine weitere unbewohnte Schlafstätte. Einer javanischen Tradition zufolge ist ein solcher Raum besonderen Anlässen vorbehalten. Ich schlief bei meiner Stiefmutter, bis sie mich mit 19 Jahren verheiratete. Nachdem mein Bruder geheiratet hatte, lebte auch seine Frau mit in unserem Haus.«

»Hatten Sie Kontakt mit Niederländern?«

»Nein. Wir hatten keine gemeinsame Sprache. Eine Verständigung war allein aus diesem Grund nicht möglich. Ich habe aber Holländer beobachtet, wie sie die Straße entlang flanierten und war überzeugt, dass sie alle in Hotels lebten.«

Mbah spricht nur Javanisch. Manchmal gerät das Übersetzen ins Stocken, weil Dr. Goßweiler, der unser Gespräch übersetzt, besser Indonesisch als Javanisch spricht. Das durchdringende Motorengeräusch der Baumsägen, das vom Garten hereindringt, macht die Kommunikation nicht leichter, aber irgendwie findet sich immer wieder ein Weg durch unser deutsch-javanisch-indonesisches Sprachen-Labyrinth.

»In unserem Garten wuchsen Kräuter, aus denen meine Stiefmutter das in Solo bekannte Heilgetränk ›jamu‹ herstellte. Ich habe diese Medizin auf meinem Schulweg manchmal ausgeliefert und kam deswegen zu spät zum Unterricht.« ›Jamu‹ wird aus Ingwer, Zimt, Kurkuma, Jasmin und anderen Kräutern hergestellt. Die Familienrezepte werden mündlich überliefert. Diese Tradition soll 1300 Jahre zurückreichen.

»An manchen Tagen hab' ich auch einfach ›blau‹ gemacht«, lacht Mbah. »Das hatte zur Folge, dass ich nach der ersten Klasse nicht versetzt wurde. Später war ich aber eine recht eifrige Schülerin. Die beste Note war eine ›10‹. Damals sagte man: ›Eine ›10‹ gibt es nur für den lieben Gott, eine ›9‹ nur für Holländer und eine ›8‹ ist die beste Note für einen Javaner. Meine *Schule* wurde nur von Javanern besucht und bis zur 3. Klasse wurde nur Javanisch unterrichtet. Ab der 4. Klasse lernten wir auch Malaiisch, das heutige Indonesisch. Jeden Montag wurden unsere Fingernägel kontrolliert. Waren sie nicht sauber, schlug der Lehrer uns auf die Finger. Mir ist das oft passiert.«

»Haben Sie da geweint?«

Mbah schüttelt stolz den Kopf: »Nein, ich habe gelacht! Daraufhin ließ mich mein Lehrer in der Ecke stehen. Oft trug ich Mutters Medizin auch nach der Schule aus. Dies gehört zu meinen schönsten Kindheitserinnerungen. Meine Stiefeltern haben mir viele kleine Wünsche erfüllt und Dinge gekauft. Manchmal wurde ich sogar zu einem Gamelan-Konzert mitgenommen. Ich wurde nie ausgeschimpft und habe mich von allen Menschen in meiner Umgebung geliebt gefühlt. Am allernächsten stand ich meinem Bruder. Bei aller Liebe waren meine Stiefeltern auch streng. Ich durfte nie mit anderen Kindern spielen. Meine Tante war der Meinung, dass es auf der Straße zu viele freche Buben gab. Ich spielte also im Haus und war oft traurig, dass ich nicht mit den anderen Kindern herumtollen durfte.«

Nach historischen Begebenheiten gefragt, erwidert Mbah: »Politische Geschehnisse spielten in meiner Familie eine untergeordnete Rolle. Ich erinnere mich aber an Luftangriffe vor der japanischen Besatzung. Als Schutz verteilten die Holländern Gummiringe, auf die wir bei einem Bombenangriff beißen sollten. Auch die Ankunft der Japaner 1942 hat sich mir eingeprägt. Viele Nachbarn sahen ihrem Einmarsch zu, aber meine Familie blieb im Haus. Die Kaserne der japanischen Soldaten befand sich in unserer Nähe und die Soldaten waren gut zu uns. Ich habe beobachtet, wie sie Javaner im Kampf mit Bambusspeeren ausbildeten. Sie bereiteten Indonesier darauf vor, für ihre Unabhängigkeit von den Holländern zu kämpfen. Mein Bruder schloss sich *Sukarnos* republikanischen Truppen an und erhielt von den Japanern regelmäßig Kekse und Brot. Davon hat er mir immer etwas abgegeben.

Ehe ich die fünfte Klasse abgeschlossen hatte, starb mein Onkel und meine Stiefmutter nahm mich von der Schule. Ich sollte ihr in der Küche helfen. Stattdessen hütete ich aber lieber die Kinder wohlhabender Verwandter. Diese Familie machte mir jedoch Angst. Im javanischen Volksglauben sind reiche Menschen häufig von Dschinn, unsichtbaren, übersinnliche Wesen oder Dämonen umgeben. Meine Freundin, die ebenfalls in diesem Haushalt arbeitete, sollte eines Tages den Raum fegen, der sonst nie betreten werden durfte. Da flammte aus einem Gegenstand plötzlich Feuer auf. Das versetzte uns beide in solche Panik, dass wir uns weigerten zu bleiben. Ich arbeitete daraufhin als Haushaltshilfe für die Familie, in deren Batik-Fabrik mein Bruder angestellt war.

Auch nach Abzug der Japaner wurden weiterhin Leute abgeholt und erschossen. Als die Niederländer wieder die Macht übernahmen, wurde unsere Stadt von einem Aufstand erschüttert. Holländer brachten Javaner um und Javaner Holländer. Sie töteten aber auch Javaner, die sie der Kollaboration bezichtigten. Oft verstand der einfache Bürger nicht, wer gegen wen kämpfte und warum. Unser Leben beschränkte sich auf Batik und Küche. So hatten wir unter den Holländern nicht zu leiden, unter den Japanern nicht und unter dem anschließenden Freiheitskampf auch nicht. Einmal unternahm meine Stiefmutter eine Wallfahrt nach Mekka und war ein Jahr lang unterwegs. Ich habe in der Fastenzeit dagegen heimlich gegessen und wurde später Christin.

Auch in den 1950er und 1960er Jahren war der herbei gesehnte Frieden nicht in Sicht. Der Chef meines Bruders war Mitglied der *PKI* nahe stehenden Organisation GESTOK.« Das weibliche Pendant dazu hieß GERWANI, engagierte sich für Ehegesetzänderungen und Arbeitsrechte für Frauen und hatte 1957 650.000 Mitglieder. 1965 wurde dieser Verband von Suharto als Beispiel für Immoralität verboten.

»In den 1960 Jahren wurden Abertausende, die kommunistischen Organisationen nahe standen, irgendwo erschossen und in Massengräbern verscharrt. Die einfachen Menschen verstanden oft nicht warum und lebten in ständiger Furcht. Eines Tages musste unser Chef stundenlang mit erhobenen Armen vor seinem Haus stehen. Mein Bruder und ich verließen daraufhin verängstigt unsere Arbeitsstelle und stempelten von nun an Batik-Stoffe in Heimarbeit. Nachdem ich mit 19 Jahren geheiratet hatte, hütete meine Mutter oft meine Kinder, damit ich weiter arbeiten konnte.« Als Mbah bemerkt, dass ich versuche ihre Erzählung chronologisch einzuordnen, erklärt sie: »Für mich sind meine Lebensjahre zu einer Einheit verschmolzen. Die Reihenfolge ist zweitrangig.«

Hans Hachgenei:
Verliert seine Schwester in Sarangan

Als ich während meiner Schulzeit ein paar Jahre lang täglich mit dem Schulbus an diesen Wohnblocks am Rande von Aschaffenburg vorbeifuhr, lebten dort noch amerikanische Soldaten und ihre Familien. Inzwischen wurden diese Gebäude renoviert, mit freundlichen Farben gestrichen und Balkons ausgestattet. Im November 2009 leben hier deutsche Familien, wie Hans Hachgenei und seine Frau. Ich hatte das gesellige Ehepaar in Mainz kennen gelernt, beim Treffen der ehemaligen Schüler von Sarangan. Nun werde ich mit großer Herzlichkeit empfangen und Hans Hachgenei ist gut auf unser Gespräch vorbereitet. Er redet und lacht und erzählt mit unerschütterlichem Humor über sein Leben. Mit seiner etwas ernsteren Ehefrau Norma hat er ihrer beider Geschichte schriftlich zusammengefasst:

Der Vater von Hans, Johannes Hermann Hachgenei, wurde 1902 in Honnef geboren und wuchs in Mannheim auf. Nach seiner Kaufmannslehre entdeckte er 1922 ein Stellenangebot der Eisfabrik Petodjo in Den Haag, die Stangeneis für Kühlschränke herstellte. Elektrische Kühlschränke gab es noch nicht, aber in jeder größeren Stadt eine Eisfabrik. Ein Jahr später reiste er als Buchhalter dieser Firma in die niederländische Kolonie, wo die Arbeit deutlich besser bezahlt wurde. Vor seiner Abreise verlobte er sich mit seiner Jugendliebe Edda Maria Johanna Forstmaier, die er während einer Sonnenwendfeier bei der katholischen Jugendbewegung Quickborn kennen gelernt hatte.

Der junge Buchhalter bewohnte eine komfortable Firmenwohnung in *Batavia* und beschäftigte einen Boy und eine Javanerin, die für ihn kochte und wusch. Bei den tropischen Temperaturen benötigte jeder Europäer täglich einen frischen weißen Leinenanzug und ein sauberes weißes Hemd. Zwei Jahre später holte er seine Verlobte endlich am Hafen von Batavia ab und brachte sie, wie es die Etikette verlangte, bis zur Hochzeitsnacht in einem Hotel unter. Ihr Brautkleid hatte die junge Frau im Gepäck.

Das Jawort gab sich das Paar in der Kathedrale von Batavia. Eigentlich hätte die Hochzeit schon ein Jahr früher stattfinden sollen, aber das Geld, das Johannes Hachgenei gespart hatte, war eines Tages mit seinem Boy verschwunden. Ein Jahr nach der Hochzeit wurde der kleine Hans geboren. Zwei Jahre später erblickte Irmingard das Licht der Welt und etwa zur gleichen Zeit holte Vater Hachgenei seine Schwester nach Batavia.

»Zu den Eingeborenen hatten wir Europäer im Grunde keinen privaten Kontakt«, erzählt mein Gastgeber: »Wir betrachteten uns als die Herren und verhielten uns gegenüber den Einheimischen mit Sicherheit überheblich. Besonders die Holländer sahen die Einheimischen als minderwertig an. Das muss man gar nicht beschönigen. Mischlinge wurden niemals als gleichwertig anerkannt. Es hieß damals, ein ›Halbblut‹ vereine die negativen Eigenschaften beider Rassen in sich. An vielen Orten, etwa an Restaurants, konnte man Schilder mit der Aufschrift sehen ›Für Einheimische verboten!‹

Meine Familie zog 1931 in eine Firmenwohnung neben der Fabrik und wenig später kam ich in die 1. Klasse der Ordensschule St. Aloysius, eine Knabenschule für europäische und Mischlingskinder. Dort erlebte ich keine Diskriminierung. Während man in der *Schule* vor allem weiße Gesichter sah, waren weniger als ein Viertel der Bewohner Batavias Europäer. Bei uns zuhause wurde Deutsch gesprochen, mit Nachbarn und Freunden Holländisch und mit den Angestellten Malaiisch. Ich wuchs also dreisprachig auf.

1933, als ich sieben Jahre alt war, reiste meine Familie das erste Mal nach Deutschland – in dem Jahr, als Hitler an die Macht gekommen war. Ich erinnere mich noch gut an unsere Ankunft in Marseille. Vater hatte sein Auto aus Batavia mitgebracht. Unterwegs zu Vaters Bruder, der in Mannheim ein Optikgeschäft führte, erlebte ich einige Tage später, in kurzen Lederhosen, in Heidelberg den ersten Schnee meines Lebens.«

»In Lederhosen?«

Hans lacht: »Selbstverständlich. Die trugen wir Deutschen sogar in Indonesien. Mutters Bruder Hans war ein SA-Mann und konnte daher auf Staatskosten studieren! Ihr Bruder Harald dagegen war Pfarrer, lebte in Österreich und durfte nicht nach Deutschland einreisen, deshalb trafen wir ihn in der Schweiz. Nach Monaten in Hotels, kehrten wir 1934 nach Südostasien zurück. Ich musste die 1. Klasse wiederholen, weil ich nicht nur Malaiisch sondern auch Holländisch so gut wie verlernt hatte.

Brav und übergewichtig wie ich war, ging ich jedem Streit aus dem Weg, hatte kaum Freunde und war im Grunde ein Feigling erster Güte. Dabei wollte ich gern ein sportlicher, mutiger, deutscher Junge sein. In der 5. Klasse meldete Vater mich zum Boxunterricht an. Ich denke mit großer Freude daran zurück, wie er nach dem Essen mit mir herumtobte.«

Unvermittelt bricht aus Hans hervor: »Unter die Jahre vor 1942, die holländische Zeit also, habe ich einen Schlussstrich gezogen. Daran will ich nicht mehr denken. Das tut zu weh. Die Holländer haben uns alles weggenommen, unser Leben zerstört! Meine Eltern waren keine Nazis. Sie gehörten wie unzählige andere lediglich dem Deutschen Verein in Batavia an. Es ist zwar richtig, dass zwei Deutsche aus diesem Verein eine Art HJ gründeten, der auch ich angehörte, aber was wusste man im fernen Asien schon über die Geschehnisse in Deutschland? Das Land war von der ganzen Welt anerkannt.

Einmal in der Woche gab es für uns zehn bis zwölf Jungen den sogenannten Jugendtag. Ich lernte zu exerzieren und zu boxen. An anderen Nachmittagen war Musizieren und Singen angesagt. Der Hitlergruß wurde uns ebenso beigebracht wie die deutsche Nationalhymne. Nachdem die Holländer vor einer Kinovorführung aufgestanden waren und ihre Hymne ›Wilhelmina von Nassauen‹ gesungen hatten, standen wir deutschen Kinder auf und brachten den Deutschen Gruß. Daran hat sich keiner gestoßen – bis zum 10. Mai 1940, als Hitlers Wehrmacht die Grenzen der neutralen Niederlande überschritt. An dem Tag klopfte 13 Uhr 30 ein Polizist an unsere Tür. Fünf Minuten später hatte er Vater mit einem Köfferchen abgeführt! Wir waren vollkommen schockiert, begriffen überhaupt nicht, was los war. Geistesgegenwärtig rannte Mutter in die Fabrik, um Vaters Papiere aus dem Safe zu holen und hob all unser Geld ab. Erst später erfuhren wir, dass Vater, wie alle anderen deutschen Männer, auf der Insel Onrust interniert wurde.

Am Montag vorher hatte ich meine Prüfung für das Gymnasium abgelegt. Am Samstag, den 11. Mai, erfuhr ich, dass ich als einziger Deutscher bestanden hatte – mit der klassenbesten Note in Holländisch und ›sehr gut‹ im Rechnen. Ich war stolz und bestimmt auch etwas arrogant, bis mir kurz darauf gesagt wurde: ›Von nun an wirst du bitte nicht mehr zur Schule kommen.‹ Auch die Ursulinen, deren Schule meine Schwester besuchte, stellten all ihren deutschen Schülerinnen Entlassungspapiere aus. Mutter erhielt keinen Pfennig Gehalt mehr, da man Vater unehrenhaft entlassen hatte. Sein Auto an dem er, wie damals üblich, sowohl die holländische als auch die deutsche Fahne angebracht hatte, wurde konfisziert.

Unser gesamtes Mobiliar wurde beschlagnahmt. Aus dessen Versteigerung erhielt Mutter eine kleine Summe. Vaters Waffensammlung und unsere Fahrräder durften wir beim Schweizer Konsul unterstellen. Unser Spielzeug wurde ins Waisenhaus geschafft und drei Wochen später warf man uns aus der Wohnung raus. Wir fanden bei Bekannten Unterschlupf, in den zwei Zimmern des ehemaligen Personals. Alle zwei bis drei Tage mussten wir uns bei der Polizei melden. Nach einiger Zeit durften wir Vater einen Koffer nachschicken, aus dem aber leider die Hälfte geklaut wurde.

Da wir die Schule nicht mehr besuchen durften, unterrichtete Mutter uns zuhause, bis wir im September 1940 in das *Internierungslager für Deutsche* in Sindanglaya, nahe der Stadt Bogor, gebracht wurden. Dieses ehemalige Franziskaner-Internat, ursprünglich ein Grand Hotel mit riesigem Garten, war nun von Stacheldraht und Wachtürmen umgeben. Außerhalb des Zaunes stand eine Kapelle, die auch von uns besucht wurde. Im Hirtenbrief von Monsignore Willigens, den man dort verlas, wurden wir Deutschen als Hunnen und Moffen beschimpft. Daraufhin gingen wir nicht mehr zum Gottesdienst. Hatten wir bisher Holländisch gesprochen, so sprachen wir vor Wut von nun an nur noch Deutsch.

Jungen bis sechs Jahren durften bei ihren Müttern bleiben, ältere, wie ich, wurden in Jungenzimmern untergebracht – acht Kinder in einem Raum. Meine Schwester blieb bei Mutter, die nun auch die Kinder von Bekannten unterrichtete. Alle Frauen hatten Küchendienst. Gekocht wurde allerdings von Einheimischen.

Selbst unter diesen Umständen bewahrten wir Kinder uns einen Teil unserer Kindheit. Wir spielten Verstecken und exerzierten unter meiner Anleitung auf dem Tennisplatz. Das provozierte einen Wutausbruch von Frau Villeneuve, der Leiterin. Wir taten dies nur einmal, da Zuwiderhandlung Taschengeldentzug bedeutete. Und auf diese 10 Cent pro Tag, für die man Obst, Zahnpasta und dergleichen kaufen durfte, wollten wir nicht verzichten.

Als eines Tages ein weiß gekleideter Pater erschien, herrschte große Aufregung. Kurz nach seiner Ankunft hieß es: ›Hachgenei zur Lagerleitung!‹ Und stellen Sie sich vor! Bruder Salesius, mein Lehrer der 6. Klasse, brachte mir Hefte und Lehrbücher, damit ich weiter lernen konnte! Das vergesse ich diesem Mann nie! Auch er war Holländer!

Nachmittags durften wir 120 Menschen unter Bewachung für etwa eine Stunde das Lager verlassen, was gern für Spaziergänge genutzt wurde. Einmal aß meine Schwester bei dieser Gelegenheit eine herunter gefallene Mango. Sie wurde angezeigt, weil sie die gestohlen hätte. Das hatte eine volle Woche Taschengeldentzug für die ganze Familie zur Folge. Am schlimmsten war für uns jedoch das verdammte Nichtstun. Im Oktober 1940 erfuhren wir, dass man Vater und etwa 2.500 andere deutsche Zivilisten in das Lager Kota Tjane nach Nord-*Sumatra* verlegt hatte.

Nach einem Dreivierteljahr wurde eine neue Baracke von einer Gruppe Frauen belegt, die man nach Auflösung des Frauenlagers *Banyu Biru* nach Sindanglaya brachte. Vier Wochen später rebellierten diese Frauen, die man als Nazis eingestuft hatte, und forderten nach Banyu Biru zurückkehren zu können. Dort sei es wenigstens fair zugegangen.

Als meine Schwester im Mai 1941 erkrankte, kam man dem Wunsch meiner Mutter um Verlegung in ein kleineres Lager nach, wo es uns deutlich besser ging. Polizeichef Steensma, der mit unserer deutschen Leitung, der Frau des Veterinärmediziners Prof. Dr. Friedrich Huber, befreundet war, schützte die zehn Frauen und sieben Kinder so gut er konnte. Meine Schwester wurde gesund. Mutter unterrichtete wieder. Die Stimmung war phantastisch. Nachdem die Niederlande Anfang Dezember 1941 Japan den Krieg erklärt hatten, forderte man uns auf, Luftschutzgräben auszuheben. Wir stellten Bänke hinein und deckten alles mit Bambusblättern zu.

Um diese Zeit beunruhigte uns ein Bericht in der Zeitung. Darin stand, dass das holländische Transportschiff Van Imhoff gesunken sei. Frau Huber machte sich sofort auf den Weg zum Schweizer Konsul, kam aber ohne weitere Information zurück. Kurz darauf erreichte uns ein Telegramm mit dem knappen Satz ›Frank und Huber vermisst.‹ Besorgt reiste Frau Huber ein zweites Mal in die Hauptstadt. Auf der Liste der ertrunkenen Männer standen auch die Namen ihres Mannes und einiger Söhne der mit uns internierten Frauen. Von den sieben Kindern und Jugendlichen in Bogor war ich der einzige Junge. Unsere Stimmung sank auf den Tiefpunkt.«

Bitter ergänzt Hans: »Prof. Huber war wesentlich an der erfolgreichen Malariabekämpfung in Südostasien beteiligt gewesen. Für seine wirksame Bekämpfung der Wasserbüffel-Epidemie auf Java, hatte er im März 1940 eine Auszeichnung der niederländisch-indischen Regierung erhalten. Zwei Monate später landete er im *Internierungslager für Deutsche* und kam mit dem Untergang der Van Imhoff ums Leben.«

Unter den Papieren, die Hans mir überlässt, finde ich Auszüge aus dem Buch ›Trotzdem: Schön ist die Welt‹, das Prof. Hubers Mitgefangener Arthur Langheim über Kota Tjane schrieb: » … kahle Steinwüste, über der mitleidlos … die heiße Sonne steht … Ob Professor, ob Schiffsheizer, hat jeder nur ein kleines … Höschen an … Unser Trink- und Kochwasser wurde in einer offenen Blechrinne von den Bergen herab geleitet. Wir sahen darin in ›sausender‹ Fahrt Exkremente herabkommen von den oberhalb des Lagers lebenden etwa 1.000 Soldaten und Arbeitern.

Bis zu 116 Mann … in einer fensterlosen … Holzbaracke von 30 Meter Länge und 6 Meter Breite. Jede Baracke … in einem Gitterkäfig von nur 34 mal 18 Metern … Die Baracken sind vollkommen leer … Auch die Mahlzeiten nehmen wir auf der Erde hockend ein.« Trotz all dieser Unbill war es den Lagerbewohnern gelungen, einen Radioempfänger in den Balken einer Wohnbaracke einzubauen. So konnten die Wehrmachtsberichte abgehört werden.[1] Nach dem Einmarsch der Japaner wurden in diesen Lagern Eurasier interniert.[2]

Über die überlebenden Internierten im Anschluss an ihren Transport nach Britisch-Indien notierte Hans: »Die Männer … kamen bis Juni 1942 in das Lager Ramgarh, dann bis April 1943 in das Lager Deoli am Rande der Wüste Tharr. Das letzte Lager war in *Dehradun* am Fuße des Himalayas.« Nach und nach verbesserte sich die Nahrungsmittelversorgung derart, dass regelrechte Festessen veranstaltet werden konnten, während im übrigen Indien Hungersnot herrschte.[3]

Die traurige Ruhe für die Frauen und Kinder in Bogor war nicht von Dauer. »In der Nacht zum 6. März 1942 wurde die Stadt beschossen«, erzählt Hans. »Wir hörten das Jaulen der Geschosse über unseren Köpfen

---

[1] Hug, Kerstin: *Die medizinische Fakultät des Internierungslagers Dehra Dun/British Indien, Mai 1945 bis September 1946*. Dissertation, Universität Düsseldorf. 1999, S. 65
[2] Jong, Louis de: *The collapse of a colonial society: the Dutch in Indonesia during the Second World War*. 2002, S. 328
[3] Hug, S. 65

und den Einschlag der Kugeln. Tagsüber zogen japanische Truppen an unserem Haus vorbei. Gegen Mittag erschienen zehn Soldaten bei uns und nach langem Hin und Her begrüßte man sich feierlich als Freunde. Plötzlich tauchten zwei verängstigte deutsche Frauen auf, die vor Gewalt und Plünderern Schutz suchten. Außerhalb des Lagers mussten chaotische Verhältnisse herrschen. Wir waren froh, dass wir unter dem Schutz von Major Kimura standen. Trotz unserer Bemühungen konnten wir nichts für Steensma tun. Er hatte eine zu hohe Position inne.

Unteroffizier Takashi-San hatte sich besonders mit uns angefreundet, obwohl er kein Wort Deutsch oder Englisch verstand. Mit Händen und Füßen und einigen schnell gelernten Worten verstanden wir uns aber bald blendend. Ein anderer Japaner sang deutsche Volksweisen wunderbar vom Blatt. Seine Lieblingslieder waren ›Lorelei‹ und ›Sah ein Knab ein Röslein steh'n.‹ Als Takashi-Sans Einheit verlegt wurde, war er ganz traurig. Die Damen versuchten ihn mit dem Lied zu trösten: ›Andere Städtchen kommen freilich, andere Mädchen zu Gesicht‹. Da entledigte er sich seiner Militärbekleidung und verfasste einen Brief, in dem er verkündete, er werde keine anderen Frauen und Mädchen mehr ansehen.

Eines Tages brütete ich gerade über meinen Mathematikaufgaben, als ein Soldat erschien. Er schaute mir zu, dann setzte er sich neben mich. Es ist mir unvergesslich, wie wir zusammen Geometrieprobleme lösten, ohne miteinander reden zu können. Von den Neuankömmlingen fühlte sich Leutnant Yamamoto besonders wohl bei uns. Nach Feierabend spielten wir Gesellschaftsspiele oder wir lernten Hochinteressantes von ihm über Japan. Major Kimura sprach fließend Französisch und Yamamoto-San ausgezeichnet Englisch.

Wir bekamen Reis von den Japanern und als unsere finanziellen Ressourcen zur Neige gingen, erhielten wir eine finanzielle Unterstützung über die deutsche Botschaft in Tokio. Als das Geld ausbezahlt werden sollte, mussten wir auf dem japanischen Amt erscheinen. Wir saßen im Halbkreis um Herrn Matsubara und seinen Adjutanten – beide in voller Uniform mit umgegürtetem Schwert. Herr Matsubara sprach Japanisch und seine Worte wurden ins Indonesische übersetzt. Nach seinen ersten Worten verlangte er von Frau Huber, sie solle ihre Augen niederschlagen, wenn sie mit ihm redete. Diese aber erwiderte ganz ruhig: ›Wenn ich mit Ihnen spreche, schaue ich Ihnen in die Augen.‹ Alle erstarrten. Es war totenstill. Herr Matsubara griff nach seinem Schwert, zog es langsam aus der Scheide und es schien, als ob er sogleich losbrüllen würde. Stattdessen brach er in schallendes Lachen aus. Nach diesem Vorkommnis wurde er uns ein guter Freund.

Eines Tages kam unsere Köchin aufgeregt mit einer Luft-Nachricht angerannt, einem Gerücht. Im Botanischen Garten seien deutsche Soldaten! Ich schwang mich auf mein Rad und lud sie alle ein. Wir sperrten die Straße und sahen gegen Mittag drei oder vier Busse ankommen – ein Drittel der Besatzung eines Hilfskreuzers. Die japanische Begleitung war total verwirrt. Am späten Nachmittag erhielten wir Besuch von Herrn Assada, von der japanischen Militär- und Geheimpolizei. Zuerst tobte er wegen der Straßensperre, dann fragten wir ihn, was er an unserer Stelle getan hätte. Da lachte er: ›Wahrscheinlich das Gleiche.‹ Am nächsten Morgen erschienen ein paar freundliche japanische Marine-Offiziere und sagten, mittags würde der zweite Transport deutscher Soldaten vorbeikommen. Sie brachten Zigaretten, Schokolade, Seife und Zeitschriften mit! Tags darauf erschien auch die dritte Gruppe.

Nachdem Anfang 1943 in *Jakarta* eine deutsche Dienststelle eröffnet worden war, kam unsere monatliche Unterstützung von dort. Gemeinsam mit den Japanern beschloss dieses Amt, alle Deutschen in Sarangan zu konzentrieren. Mutter meldete sich als Lehrerin für Französisch und Latein. Schulräume waren vorhanden, da Sarangan vor unserer Ankunft ein Zufluchtsort für Holländer gewesen war. Es war herrlich dort! Eines Tages begegnete uns Matsubara-San wieder – als gebrochener Mann. Er hatte vom Tod seiner Frau erfahren und konnte das nicht verkraften.«

Den Unterlagen, die Hans mir überließ, entnehme ich, dass im Juli 1943 Generalkonsul Ramm aus Mukden und Dr. Bräunert aus Tokio in Sarangan erschienen. Sie legten fest, wer als reichsdeutsch, volksdeutsch oder jüdisch einzustufen sei, woraufhin Frau Braun Sarangan verlassen musste, weil ihr Mann Jude war. Das wurde durchaus nicht als harmlos betrachtet. Zudem empfand man es als peinlich, dass Deutsche ohne deutschen Pass weniger Unterhalt erhielten als Reichsdeutsche. Aber darüber sprach man nicht.

»Dass wir lernten mit ›Heil Hitler‹ zu grüßen, verursachte keine Seelenpein. Zum japanischen Sieg mussten auch wir Schüler unseren Beitrag leisten: Rizinusstauden anpflanzen, aus dem Flugmotorenöl gewonnen werden sollte. Aus Protest gegen die übertrieben genauen Anpflanzungsrichtlinien pflanzten wir Rizinus in Form eines Hakenkreuzes an.« Plötzlich verlässt Hans sein Humor: »Eines Tages drang der Tod auch in unser Paradies ein. Meine Schwester erkrankte an Diphtherie und starb im Dezember 1944. Sie ist im Grunde erstickt – ein grauenvoller Tod. Ganz Sarangan stand unter Schock. In unserem Schmerz rückten wir noch näher zusammen. Die Jungen tischlerten einen Sarg und zur Beerdigung kam der katholische Pfarrer aus Madiun. Ich erinnere mich an zwei kleine Jungen, die fragten: ›Was ist tot?‹ Jemand antwortete ihnen: ›Das ist, als ob du schlafen gehst und nicht mehr wach wirst.‹ Es war der einzige Sterbefall in unserer Gemeinschaft.

Mutter stieg jeden Tag zu Medis Grab hinauf, dem kleinen Friedhof oberhalb des Ortes. Sie hat diesen Schicksalsschlag nie überwunden. Als wir Sarangan 1948 verließen, gab sie einem indonesischen Bauern Geld mit der Bitte nach dem Grab zu schauen. Als einer von uns 1962 nach Sarangan zurückkehrte, war um Medis letzte Ruhestätte ein kleiner Zaun angebracht, Blumen blühten darauf und ein neues Kreuz war angebracht. Der alte Indonesier war inzwischen verstorben, aber er hatte die Grabpflege seinem Sohn übergeben. Heute versorgt der Enkel das Grab. Ich überweise ihm noch heute jedes Jahr 140 Euro. Jedes Mal, wenn einer von uns Sarangan besuchte, machte er ein Foto vom Grab meiner Schwester. So habe ich Fotos aus den Jahren 1956, 1959, 1966, 1967 – bis heute. Ist das nicht unglaublich?!«

Norma steht auf: »Zeit für eine Stärkung. Ich habe etwas für unser Mittagessen vorbereitet.« Nach Gesprächen über ihre Kinder kehren wir nach Sarangan im Jahr 1945 zurück.

»Im Februar erhielten zwölf Jungen einen Stellungsbefehl. Wir reisten nach *Surabaya*, marschierten zackig in Dreierreihen zum Marinestützpunkt und kamen uns ganz wichtig vor. Als unser Ältester Meldung machen wollte, wurde er angeherrscht: ›Lasst den Unsinn.‹ Ende März kam ich für einen Funker-Lehrgang nach Jakarta. In der Nacht vom 8. Mai erschienen vier Japaner und erklärten: ›Deutschland hat kapituliert. Wir müssen diese Apparate versiegeln.‹ Manche deutsche Soldaten waren so erschüttert, dass sie anfingen zu weinen. Einen ganzen Tag und eine ganze Nacht verbrachten wir damit, alle geheimen Kommandosachen zu verbrennen. Dann haben wir ein U-Boot leer geräumt und alle Dinge mit LKW nach Tjikoppo gebracht, in eine ehemalige deutsche Teeplantage.

Am 4. August kehrte ich nach Sarangan zurück. Am 8. August kapitulierte Japan und am 17. August verkündete *Sukarno* die indonesische Unabhängigkeit. Bis wir Sarangan im Dezember 1948 verließen, lagen noch fast dreieinhalb Jahre vor uns. Eineinhalb Jahre gammelte ich herum, erwarb mir Verdienste als Schweinehirt und absolvierte einen Buchhalter-Lehrgang. Als die indonesische Militärakademie in Sarangan eine Sportschule eröffnete, arbeitete ich dort als Buchhalter. Für die Jüngeren lief der Schulunterricht bis zur 10. Klasse normal weiter.

Eines Tages kam der indonesische Adjutant angerannt. Einige Kadetten hatten einen Koffer ausgegraben. Als man ihn öffnete, fand man darin Nazihefte, einige Bücher ›Mein Kampf‹ und Filmmaterial. Die Filme wurden dazu genutzt, indonesische Kadetten in Deutsch zu unterrichten. Im März 1947 kehrten die meisten von uns nach Deutschland zurück. Von 360 Leuten blieben 50 zurück. Mutter konnte sich nicht von Medis Grab trennen.

Im Juni 1947 hatten die Holländer die Hälfte Indonesiens zurückerobert, in einem blutigen Krieg, den sie *Polizeiaktion* nannten. Im September erschienen noch einmal indonesische Offiziere, um sich zu erholen. In dieser Zeit wurden auch ein Deutsch- und ein Französisch-Lehrgang für Offiziersanwärter durchgeführt. Die Eröffnungsfeierlichkeiten, zu denen auch wir Deutsche eingeladen waren, begannen mit der indonesischen Nationalhymne. Anschließend sagte der Kommandant: ›Nun das Deutschlandlied!‹ Unter Tränen sangen wir die erste Strophe. ›Nun das Horst-Wessel-Lied!‹ forderte er. Das lehnten wir aber ab.«

Zu dem kommunistischen Aufstand in *Madiun*, im September 1948, schrieb Hans: »Oftmals erklangen Trommeln. Dann stellten wir Wachen auf. Die Militär-Sportschule, überließ uns sogar ein Gewehr mit fünf Schuss. Die erste Gruppe von ›rampokkern‹ konnte von den Soldaten überredet werden, umzukehren. Als die Lage im Tal eskalierte, wurden die Kadetten abgezogen – und am nächsten Tag waren die Räuber zurück. Eine kleine Gruppe Kommunisten – oft einfache Leute aus den umliegenden ›kampong‹ – plünderten Sarangan. Am nächsten Tag wurde der kommunistische Bürgermeister und ein weiterer Kommunist neben dem Hotel Beau Site von Sukarnos Leuten erschossen.

Kurze Zeit später konnten wir an Hand von Rauchsäulen beobachten, wie sich die Kommunisten im Schutz der Dunkelheit erneut näherten. Frau Bode und Frau Gärtner zogen zu uns nach Beau Site und am 5. November war Sarangan wieder in der Hand der Kommunisten. Sie verhielten sich korrekt und wollten am nächsten Morgen wieder abziehen, doch da wurde plötzlich von allen Seiten geschossen. Verängstigt versteckten wir uns im Badezimmer. Als es draußen klang, als ob Eisenstangen auf Stein schlugen, erstarrten wir vor Angst. Doch dann hörten wir: ›Die *Siliwangi*-Truppen der Regierung! Unsere Befreiung.‹

Am 17. Dezember begannen die Holländer ihre sogenannte zweite *Polizeiaktion*. Die republikanischen Soldaten boten uns an, uns mit ihnen in den Wäldern zu verstecken. Es wurde aber entschieden: ›Wir kommen nicht mit, aber wir verraten euch auch nicht.‹ Ehe sie abzogen, legten sie den Ort in Brand. ›Damit den Holländern nichts in die Hände fällt.‹ Nur wenige Gebäude blieben stehen, unter ihnen unser Zufluchtsort, das Hotel Beau Site.

Am 24. Dezember erschienen die Holländer in einem verbrannten Sarangan. Sie verbarrikadierten sich in den wenigen erhaltenen Häusern und nahmen alle Deutschen fest. Da erklärte Otto Coerper dem holländischen Offizier: ›Ich bin Niederländer.‹ Daraufhin ließ man uns zunächst in Ruhe. Durch den Regen der Nacht hörten wir einige Tage später LKW-Geräusche, dann ein Klopfen an unserer Tür. Als wir öffneten, starrten wir in den Lauf entsicherter Gewehre holländischer Soldaten. Sechs Tage später, am 1. Januar 1949, wurden wir mit LKW nach Madiun abtransportiert. Da viele Brücken gesprengt waren, mussten wir große Umwege in Kauf nehmen.

Auch in Madiun herrschte auf den Straßen Totenstille. Wir wurden im Krankenhaus ausgeladen, in dem außer dem Klinikchef niemand zu finden war. ›Morgen werdet ihr nach *Semarang* geflogen‹, erklärte ein Holländer. In Semarang wurden wir in die Polizeischule gebracht. Dann ging es mit der Bahn nach Batavia, wo eine Abordnung Soldaten und Polizei uns hochgefährlichen Volksfeinde in Empfang nahm. Natürlich pressewirksam!

Unsere nächste Station war das Lager Batavia-Menteng. Wieder wurden wir gründlich durchsucht. In meinem Portemonnaie fand man ein kleines Hakenkreuz, unser Erkennungszeichen als Deutsche und Schutz vor Übergriffen der Japaner und Indonesier. Nach drei Tagen wurden wir im Chassécamp untergebracht, wo wir auf eine Gruppe Holländer trafen, die in der Wehrmacht gedient hatten, und nun zu langen Haftstrafen verurteilt wurden.«

»Im Laufe meiner Recherchen sind mir Holländer, bzw. naturalisierte Holländer begegnet«, unterbreche ich Hans, »die alles getan haben, um ihre Zeit als Wehrmachtssoldaten oder Rekruten zu verheimlichen, die sogar heute noch Angst davor haben, dass dies entdeckt wird. Die einen fürchten um ihre Pensionen, andere wollen nicht, dass ihre Kinder und Freunde erfahren, dass sie ihnen Jahrzehnte lang die Wahrheit verheimlichten. Können Sie das verstehen?«

»Sicher. Angst vor Sanktionen ist nicht einfach wegzureden. Von März bis August 1949 war ich beim Roten Kreuz als Buchhalter angestellt. In einer Markthalle standen Kisten voller Spenden aus Kanada und anderen Ländern für die einheimische Bevölkerung. Die Holländer haben das meiste vergammeln lassen. Vieles wurde gestohlen. Die Kleider landeten meist auf dem Schwarzmarkt.

Am 30. September 1949 wurden wir schließlich nach Europa abgeschoben – in der vierten Klasse. Der Obersteward war jedoch ausgesprochen freundlich und hieß uns im Speisesaal ausdrücklich willkommen. Derartige holländische Freundlichkeit gegenüber uns Deutschen war damals ganz und gar ungewöhnlich. Im Laufe der Reise fanden wir heraus, dass dieser Steward während des Krieges in Deutschland Zwangsarbeiter war. Er hatte in einer Bäckerei in Köln jedoch gute Jahre verlebt. Dieser bemerkenswerte Mann ist verantwortlich dafür, dass wir eine wunderbare Heimreise erlebten.

Nach unserer Ankunft in Rotterdam wurden wir höflich in einen Zug nach Mannheim gesetzt, wo Vater auf uns wartete. Wir waren verwundert, als er nicht am Bahnhof stand und nahmen – ohne Geld – ein Taxi zur Wohnung meines Onkels. Mein Cousin öffnete uns erstaunt. Da er ebenfalls kein Geld hatte, bezahlten wir den Taxifahrer mit Zigaretten. ›Lass uns zum Bahnhof zurück gehen‹, schlug mein Cousin mir vor ›und deinen Vater suchen‹. Und da kam er uns entgegen! ›Den hab ich am Bahnhof stehen sehen‹, erklärte ich. Vater hatte weder uns noch wir ihn erkannt! Wir hatten uns ja fast 10 Jahre nicht gesehen! Und, wie sich bald herausstellte, waren wir uns fremd geworden. Vater fand eine Arbeit bei den Amerikanern und ich erhielt eine Anstellung als Buchhalter bei der Schmuckfabrik Theodor Wolf, wo ich 29 Jahre gearbeitet habe.

Als ich ein paar Jahre später meinen Onkel in Salzburg besuchte und einen vierstündigen Aufenthalt in München hatte, rief ich Norma an, die ich aus Sarangan kannte. Drei Jahre später, also vor 55 Jahren, haben wir geheiratet. Unsere zwei Kinder haben inzwischen schon lange ihre eigenen Familien.«

Sadao Oba:
Japanischer Versorgungsoffizier

Ein dröhnender Schlaghammer reißt mich aus dem Schlaf. Es ist drei Uhr. Meine erste Nacht in Tokio. Mein Bett im winzigen Hotelzimmer auf der 15. Etage zittert. Müssen sie mitten in der Nacht einen solchen Höllenlärm veranstalten?! »Erdbeben kommen in Tokio regelmäßig vor. Normalerweise muss man sich darüber keine Gedanken machen«, hatte Dr. Koshio am Vorabend erklärt, als er mich am Hotel absetzte. Konnte es sein, dass es sich bei diesem Grollen um ein Erdbeben handelte? Ich klammere mich an Bett und Schreibtisch fest, beide zum Glück fest verankert, blicke aus dem Fenster – und halte den Atem an! Die Wolkenkratzer um mich herum schwanken kaum merklich hin und her – und mein Hotel ebenfalls! Und die winzigen Menschen und Auto weit unter mir bewegen sich fort, als ob nicht geschähe!

Was soll ich tun? Mich unter dem winzigen Schreibtisch verkriechen? Idiotisch! Ist das Treppenhaus sicherer als mein Zimmer? Horrorvorstellungen davon, im Fahrstuhl eingesperrt zu sein, rasen durch meinen Kopf. Ich öffne meine Tür, erwarte Geschrei und Gerenne – aber kein Mensch ist zu sehen. Ich bin wie gelähmt. Drei Minuten können eine Ewigkeit sein. Solange bebte Tokio an diesem 22. April 2011 – 7,3 auf der Richterskala.

Immer noch benommen mache ich mich am nächsten Morgen auf den Weg zu Sadao Oba. Als ich die U-Bahn-Station Shinjuku, mitten im Rotlichtmilieu Kabukicho erreiche, bin ich einer von drei bis vier Millionen Fahrgästen, die täglich einen der 200 Eingänge hinein- oder hinausströmen. Dieser betriebsamste U-Bahnhof der Welt ist nicht nur ein gigantisches, vielstöckiges, unterirdisches Labyrinth von Gleisen, sondern auch ein unüberschaubares Konglomerat an Einkaufszentren und Geschäften. Kaum einer der herumhetzenden Menschen spricht Englisch. Und dann erreiche ich mein Ziel doch, irgendwie – und viel zu früh. Am Abend, zurück in Shinjuku, nehme ich aus Versehen einen der 199 falschen Ausgänge und irre über eine Stunde lang herum, bis mir eine freundliche, junge Japanerin, die Englisch spricht, den richtigen Weg weist.

Als ich am Vormittag an meinem Zielort ankomme, begegnet mir als Erste Professorin Utsumi. Die bekannte Historikerin hat viel mit Zeitzeugen des Zweiten Weltkrieges gearbeitet und mein Treffen mit Sadao Oba arrangiert. Als sie mich entdeckt, hat es leicht zu regnen begonnen. »Es wäre vielleicht sicherer mit einem Regenschirm«, rät sie mir. Mir ist sofort klar, dass sie die radioaktive Gefahr anspricht, wenige Wochen nach dem Reaktorunfall in Fukushima. In Tokio informiert sich fast jeder regelmäßig per Handy über die Strahlenbelastung in der Stadt.

Nachdem Prof. Utsumi mich mit Herrn Sadao bekannt gemacht hat, verlässt sie uns, während uns Dr. Okada Gesellschaft leistet, der sich auch für die Erinnerungen des 89-Jährigen interessiert. Der Veteran ist bemerkenswert rüstig und spricht ausgezeichnet Englisch. Seine klaren Augen mustern mich durch seine Brille, während er mir seine ausgedruckten Erinnerungen aushändigt, die er auf dem ›Symposium of Indonesia‹ präsentierte, das 1979 vom International Center for Economics and Related Disciplines an der London School of Economics veranstaltet wurde. Auszüge daraus fließen in den folgenden Text ein.

Herr Sadao wurde 1922 in einem 2.000-Seelen-Dorf in der Provinz Shizuoka geboren, am Fuß des Fujiyama. Er wuchs als Zweitältester von sechs Geschwistern auf – mit einem Bruder und vier Schwestern – und erinnert sich an eine glückliche, wenn auch nicht luxuriöse Kindheit. Seine Eltern waren relativ gut situierte Bauern, die vom Reis- und Gemüseanbau lebten. Sein Vater besaß sogar genug Land, um etwas davon an andere Bauern zu verpachten.

»Unser zweistöckiges Holzhaus hatte sechs Zimmer im Erdgeschoss und eines im Obergeschoss. Wir hatten eine Küche und ein Esszimmer. In einem Zimmer schliefen die Eltern meines Vaters, in einem meine Eltern, in einem meine Schwestern und in einem mein Bruder und ich. Mein Schreibtisch war so niedrig wie der typische Esstisch. Auf dem Boden zu sitzen war so normal, wie es in japanischen Restaurant heute oft noch üblich ist. Mutter kochte mit Stroh und Holz. Es war ein ungeschriebenes Gesetz, dass Kinder, sobald sie zwölf Jahre alt waren, Wasser von einem der beiden nahe gelegenen Brunnen holen mussten.«

Wie alle anderen Kinder, kam auch Sadao Oba mit sechs Jahren in die Schule. »Die Familie frühstückte gemeinsam – Reis und Gemüse. Dann sammelten wir Dorfkinder uns für den zwei Kilometer weiten Schulweg. Wir trugen alle Kimonos und Holzpantoletten. Westliche Schuluniformen kamen erst um 1930 in Mode – für die wenigen, die sich das leisten konnten. Zu diesen Glücklichen gehörte auch ich! Am Ende meiner sechsjährigen Grundschulzeit trugen schon etwa zwei Drittel von uns Schulkindern eine Uniform. Da gab es dann auch allmählich Schuhe mit Gummisohlen.

Nach dem Unterricht angelte ich im nahegelegenen Fluss oder spielte mit unseren Katzen, Hunden, Schweinen oder Hühnern. Sowohl im Sommer als auch im Winter wurde von uns Kindern erwartet, auf den Feldern zu helfen. Als Belohnung kaufte Vater uns Cartoon-Heftchen oder gab uns Geld, dass wir uns selber eines kaufen konnten.«

»Haben Sie Ihren Lehrern jemals Streiche gespielt, wie es Kinder in Deutschland oft tun?«

Der alte Herr schüttelt energisch den Kopf: »Unsere Lehrer waren äußerst autoritär. Ihnen Streiche zu spielen war jenseits unserer Vorstellung. Ich war ein guter Schüler und Vater erlaubte mir, die fünfjährige, weiterführende Schule zu besuchen, während die meisten meiner Mitschüler auf der Hauptschule blieben. Mit fünf anderen Kindern radelte ich nun die fünf Kilometer zu meiner neuen Schule.

Diese fünf Jahre, 1935 bis 1940, waren wegen des Krieges gegen China eine außergewöhnliche Zeit in Japan – eine Folge der erdrückenden Politik Englands und der USA gegenüber Japan. Während der weltweiten Depression konkurrierten beide Länder mit Japan um den chinesischen Markt, was letztendlich dazu führte, dass sie Japan von der Ölzufuhr abschnitten. Dies wiederum veranlasste Japan in China einzumarschieren. Die japanischen Generäle hofften, das Land in einer Art Blitzkrieg besetzen zu können. Dies hätte nicht nur das gravierende Rohstoffdilemma gelöst, von dem die industrielle Entwicklung Japans abhing, sondern auch das Problem der Überbevölkerung. Viele Japaner hofften, sich in China ansiedeln zu können.

All dies hatte keinen Einfluss auf meine Schulzeit – bis ich 1940 eine höhere Handelsschule auf Hokkaido besuchte. Wegen des Krieges wurde unsere Ausbildungszeit von drei auf zweieinhalb Jahre verkürzt und 1942, nach meinem Abschluss, wurde ich eingezogen. Meine dreimonatige Grundausbildung gefiel mir absolut nicht. Über den Verlust meiner Freiheit war ich alles andere als glücklich, war fast immer müde und erschöpft. Hätte ich eine Wahl gehabt, wäre ich lieber nicht Soldat geworden. Aber ich hatte keine Wahl.

Rekruten, die eine Hochschule abgeschlossen hatten, wurde mit deutlich mehr Respekt behandelt als die weniger gebildeten. Alle lernten wir jedoch Befehle zu befolgen, ohne sie zu hinterfragen. Nach Abschluss meiner Grundausbildung und der Armee-Verwaltungsschule in Tokio, war ich einer von 60 Soldaten, die im November 1943 nach Singapur verschifft wurden. Vorher hatte ich zwei Tage Zeit, um mich zu verabschieden. Jede Familie erlebte eine ähnlich traurige Situation. Trotzdem war ich mit meinen 21 Jahren auch gespannt darauf, ein anderes Land kennenzulernen. Nach zwei Wochen im weltberühmten Raffles Hotel wurde ich nach Java verlegt – eine friedliche Insel, als ich ankam.«

Die erste Nacht in *Jakarta* verbrachte der junge Rekrut im ebenfalls berühmten ›Hotel des Indes‹, wo *Sukarno* am Tisch neben ihm saß. Nach der indonesischen Unabhängigkeit wurde es 1971 abgerissen, um einem Einkaufszentrum Platz zu machen. An diesem historischen Ort, der den Japanern als Hauptquartier diente, wurde Sadao Oba über die militärische Lage informiert.

»Wir erhielten auch Unterweisungen im Anbau von Lebensmitteln, ein wichtiger Aspekt für meine spätere Aufgabe als Versorgungsoffizier. Der Mangel an japanischen Schiffen – viele waren von US-U-Booten torpediert worden – verschlimmerte unsere Versorgungslage derart, dass auch Soldaten Gemüse anpflanzen mussten.

Im Januar 1944 wurde ich zum Hauptquartier der 27. Brigade nach Bandung versetzt, wo ich bis Juni 1946 blieb. Als ich ankam, war das Bekenntnis zur Unabhängigkeit Indonesiens noch tabu. Zwei Monate später wurde die Java Hilfsorganisation gegründet, sowie die ›Heimatverteidigung‹ *PETA*. Anführer waren bekannte Persönlichkeiten der jeweiligen Region – Politiker, Imame oder Lehrer. Im August 1944 hatte PETA eine Gesamtstärke von 38.000 Mann – doppelt so groß wie unsere 16. Armee.

Jugendorganisationen wie *Seinendan* und Sicherheitsorganisationen wie *Keibodan* wurden ins Leben gerufen. Zu beobachten, wie indonesische Jugendliche dieses harte Training durchliefen, erinnerte mich an meine Erfahrungen während meiner Schulzeit. Slogans wie Kampfgeist und Einheit wurden pausenlos wiederholt und führten zur erfolgreichen Indoktrination der jungen kämpferischen ›pemuda‹ und *Heiho*. Letztere waren in den gleichen Kasernen wie die Japaner untergebracht. Der wahre Grund für das Entstehen dieser Organisationen war unsere sich immer weiter verschlechternde militärische Lage. Sie machte Japan immer abhängiger von indonesischer Kooperation.«

Als ich Sadao Oba bitte, mir seinen Verantwortungsbereich zu beschreiben, erklärt er: »Als Versorgungsoffizier hatte ich für Lebensmittel, Kleider, Papier etc. für mein Regiment zu sorgen. Manches davon war in unserem Depot erhältlich.«

»Kamen diese Dinge aus Japan?«

»Zum Teil ja, anfangs. Aufgrund des erwähnten Mangels an Schiffen wurde dies jedoch zunehmend schwierig, so dass schlussendlich das meiste von Java kam, der designierten Versorgungsregion für die japanische Armee in ganz Südasien.«

»Auf Java verhungerten Menschen aufgrund erheblicher Reis-Requirierungen. Sie trugen Lumpen, weil die Stoffe für Japaner und PETA-Angehörige genutzt wurden. Als Versorgungsoffizier war Ihnen dies bestimmt bekannt.«

Herrn Sadaos faktischer Bericht stockt für einen Augenblick: »Das Konfiszieren von Lebensmitteln war für das Verhungern von Menschen in manchen Teilen Javas tatsächlich verantwortlich – besonders gegen Kriegsende. Ich bedaure das sehr. Mir war bekannt, dass die Reiserhebungen wiederholt zu Konflikten zwischen Javanern und Japanern führten.«

Schriftlich festgehalten hat er Folgendes. »Für die 16. Armee war die weitreichende Kooperation mit Indonesiern beim Konfiszieren von Reis und Rekrutieren von Arbeitskräften – den sogenannten ›romusha‹ – unerlässlich. Die Militärregierung übertrug diese Aufgaben den … Bürgermeistern. Nicht alle Indonesier waren jedoch bereit, die japanische Kriegsführung zu unterstützen.«

»Wussten Sie auch von der Zwangsrekrutierung sogenannter Trostfrauen?«

Über dieses Thema möchte mein Gegenüber nicht sprechen.

»Als sich die militärische Lage für Japan verschlechterte«, schreibt er, »wurden in der Festung in den Malabar-Bergen riesige Vorräte an Lebensmitteln, Waffen und Munition angelegt. Die 16. Armee schickte darüber hinaus zahlreiche Waren von Java an verschiedene Orte in Südostasien: 1943 allein nach Malaysia 70.000 Tonnen Mais, 37.000 Tonnen Salz, 30.000 Tonnen Zucker und 720 Millionen Zigaretten;

nach *Sumatra* 24.000 Tonnen Salz, 20.000 Tonnen Zucker und 360 Millionen Zigaretten; 800 Tonnen Salz und 50 Millionen Zigaretten nach Borneo. Dies setzte sich bis zum Ende des Krieges auf niedrigerem Niveau fort.«

Während einer Militärübung wurde Herr Sadao mit dem Aufstand von Peta-Offizieren bei Blitar konfrontiert. Folgende Details lässt er unerwähnt: Hauptverantwortlich für diese Rebellion war Supriyadi. Er wurde beauftragt die Arbeit von ›romusha‹ zu beaufsichtigen. Ihr entsetzliches Schicksal, aber auch Elend und Hunger der Bevölkerung, ließen ihn aufbegehren. Am 14. Februar 1945 eröffnete sein Bataillon das Feuer auf die örtliche *Kempetai* und das Munitionslager. Dabei und bei anschließenden Ausschreitungen wurden 25 Japaner und einige Chinesen erschossen.[1] Die Japaner schlugen den Aufruhr nieder. Sechs Beteiligte wurden zum Tode verurteilt, sechs zu lebenslanger Freiheitsstrafe.[2] Dieser Aufstand bewog die Japaner im März 1945, eine Kommission zur Vorbereitung der Unabhängigkeit ins Leben zu rufen. Das Schicksal Supriyadis ist bis zum heutigen Tag ungeklärt. 1975 wurde er zum Nationalhelden erklärt.

»Sind Ihnen hungernde Menschen begegnet?« erkundige ich mich bei Herrn Sadao.

»Ja. Andererseits hatte ich meine Versorgungsaufgabe zu lösen.«

»Empfinden Sie Bedauern?«

»Persönlich nicht, weil ich den Menschen nicht willentlich ein Leid zugefügt habe. Zudem war der Einfluss eines jungen Offiziers äußerst begrenzt. Ich möchte aber betonen, dass Japan nicht England und den USA den Krieg erklärt hat, sondern umgedreht.«

»Nach dem japanischen Angriff auf Pearl Harbour!«

»Dabei handelte es sich um einen Präventivschlag, der einzigen Chance Japans, den drohenden Krieg zu gewinnen.«

Als der junge Versorgungsoffizier hörte, dass Japan die Potsdamer Erklärung akzeptiert hatte, war er wütend. Am 17. August 1945, seinem 23. Geburtstag, erklärte Indonesien seine Unabhängigkeit. »Am 20. August wurde ich zum Leutnant befördert. Japans bedingungslose Kapitulation war ein Schock für mich. Das japanische Militär hatte nun

1 Hering, Bob: *Soekarno, founding father of Indonesia.* 2002, S. 345
2 Lebra, Joyce: *Japanese-trained armies in Southeast Asia.* 1977, S. 152

den Befehlen der Alliierten Folge zu leisten. Das bedeutete, die Unabhängigkeit Indonesiens nicht anzuerkennen, alle Waffen den alliierten Streitkräften zu übergeben – oder sie gegen die Indonesier zu richten, falls der alliierte Befehlshaber dies anordnete.«

Schriftlich erwähnt Herr Sadao Oba, dass 277 japanische Deserteure den indonesischen Freiheitskampf unterstützten und nicht nach Japan zurückkehrten.[3] Er verweist auf die japanische Verantwortung, die Indonesier zu entwaffnen.»In einigen Fällen kam es dabei zu Massakern. So wurden im Oktober 1945 in Garut 42 japanische Soldaten getötet, sowie 149 japanische Zivilisten in *Semarang*.«

Er zitiert viele Fakten: »Durch Gewalt oder Verhandlungen erhielten Indonesier von Japanern 51.698 Gewehre, 1.704 Maschinengewehre, 48 Infanteriegewehre, 201 Minen, 56 Panzerabwehr-Kanonen, 27 100-Milimeter Haubitzen, 31 Kanonen, 437 AA-Waffen, einschließlich, der dafür nötigen Munition, 50 Panzer, 159 gepanzerte Fahrzeuge, 5.431 Autos und LKW, 7.624 kg Dynamit und 318.454 Handgranaten.«

Der damals 23-Jährige war damit beschäftigt, RAPWI – die Organisation für die Rückführung alliierter *Kriegsgefangener* und Internierter – mit Betten, Decken und Lebensmitteln zu versorgen. Im Januar 1946 fungierte er als Verbindungsoffizier zwischen der britisch-indischen Division und der japanischen Armee. Was ihn an den Briten am meisten überraschte war »ihre Freundlichkeit gegenüber Frauen.«

Schließlich wurde Sadao Oba im Gefangenenlager Tanjung Priok in Jakarta interniert. Er sprang als Übersetzer, Steward im britischen Offizierskasino oder Hafenarbeiter ein, bis er Indonesien mit dem letzten Repatriierungsschiff am 4. Mai 1947 verließ. Nach dem Krieg ist er weit gereist, arbeitete in Hamburg und London als Berater für die Firma Mitsui & Co, sprach und schrieb öffentlich über seine Kriegserfahrungen und erhielt 1994 einen Preis der japanischen Gesellschaft für seinen Einsatz für die anglo-japanischen Beziehungen.

Zum Abschluss noch einige Informationen über das Schicksal der Japaner in Indonesien. Nachdem die Niederlande Japan 1912 den Meistbegünstigungsstatus gewährt hatten, erhielten Japaner in Niederländisch-Indien den gleichen

---

3 Japaner, die im indonesischen Freiheitskrieg kämpften, bezeichnete man in Japan bis 1991 als Deserteure.

Status wie Europäer.[4] Dies hatte zur Folge, dass sie sich mit dem Kolonialsystem identifizierten. 1927 lebten etwa 7.000 Japaner in der Kolonie.[5] Als im Laufe der Wirtschaftskrise japanische Importe diejenigen aus den Niederlanden übertrafen, errichteten die Niederländer Schutzzölle. Aus Sicht der Einheimischen standen den ehrlichen japanischen Ladenbesitzern die überheblichen Niederländer und die gierigen Chinesen gegenüber.[6]

Während der erbitterten Wirtschaftsverhandlungen zwischen 1935 und 1940 wurden die Japaner zunehmend wie Bürger zweiter Klasse behandelt.[7] 1941 wurden die meisten nach Japan evakuiert.[8] Die 1.700 Japaner, die im Januar 1942 noch auf Java lebten, deportierte die Kolonialregierung als Kriegsgefangene nach Australien.[9]

---

[4] Post, Peter: »Characteristics of Japanese entrepreneurship in the pre-war Indonesian economy.« In: Lindblad, J. Th.: *Historical Foundation of a National Economy in Indonesia, 1890–1990.* Royal Netherlands Academy of Arts and Sciences. Proceedings of the colloquium, Amsterdam September 1994, S. 299

[5] Gouda, Frances: *American vision of the Netherlands East Indies/Indonesia. US foreign policy and Indonesian nationalism 1920–1949.* 2002, S. 100

[6] Mark, Ethan: *Appealing to Asia: Nation, Culture and the problem of imperial modernity in Japanese occupied Java 1942–1945.* Ph.D. thesis, Columbia University. 2003, S. 92

[7] Mark, 2003, S. 51

[8] Zyll de Jong van, Ellen: *A decade of Japanese Underground Activities in the Netherland East Indies.* 1942, S. 30

[9] Hering, S. 279

Japan

Für Japan war das 19. Jahrhundert gekennzeichnet von Demütigungen durch die Westmächte.[1] 1853 gelang es Kapitän Perry mit seinen ›schwarzen Schiffen‹, Japan zum Handel mit den USA zu zwingen.[2] Als dann die Meiji-Bewegung Ende des 19. Jahrhunderts die Macht der Shogune beendete, markierte dies das Ende der 250-jährigen Isolation Japans und den Beginn der Industrialisierung.

Das Opium, das Briten, Franzosen und Amerikaner nach China schmuggelten, wurde dort zur Volksseuche. Als der Kaiser drei Söhne an die Droge verloren hatte, führte er schärfere Kontrollen ein, was zu Konflikten mit britischen Händlern führte. Auf eine Reihe von Opium-Kriegen folgten demütigende ›Friedensverträge‹. Ausländer erhielten Lizenzen für den Bergbau, was die chinesische Konkurrenz nahezu ruinierte. Nach der Ermordung zweier deutscher Missionare 1887, errichteten deutsche Truppen das ›Schutzgebiet‹ Kiautschou mit der Hauptstadt Tientsin. Dies war das erste Mal, dass sich eine europäische Macht chinesisches Gebiet mit Gewalt aneignete.

1894 beschloss die japanische Führung, veranlasst durch die Armut im eigenen Land, das Fehlen von Rohstoffen und das rasante Bevölkerungswachstum, in China einzumarschieren. Als China den Krieg verloren hatte, musste es enorme Reparationszahlungen und ungleiche Handelsverträge hinnehmen. Auch andere Großmächte verstärkten ihr territoriales Gewinnstreben im Pazifikraum und strebten Handelsvortei-

---

[1] Bussemaker, H.Th.: *Paradise in peril: western colonial power and Japanese expansion in South East Asia 1905–1941.* Ph.D. Thesis, University of Amsterdam. 2000, S. 758
[2] Oort, Boudewijn van: *Tjiden reunion – A memoir of World War II on Java.* 2008, S. 40

le in China an. Russland erhielt die Konzession für die Mandschurische Eisenbahn, die USA annektierten Hawaii und besetzten die Philippinen, Wake, Guam und Midway. Den chinesischen *Boxeraufstand* im Jahr 1900 warf Japan gemeinsam mit den Westmächten und Russland nieder. Danach stationierten die Westmächte und Japan Truppen in China. 1905 schockierte Japans Sieg über Russland die Welt.[3]

Europäische Länder kontrollierten große Kolonien und die Japaner sahen keinen Grund, warum sie nicht auf dem zerfallenen Qing-Reich eine Kolonie gründen sollten. Japans Teilnahme am Ersten Weltkrieg auf der Seite der Alliierten brachte ihm die deutschen Besitzungen im Pazifik-Raum ein – Tsingtau, die Marschall- und Karolinen-Inseln – sowie russische Territorien im Osten. Bei den Pariser Friedensverhandlungen beantragte Japan 1919 als gleichwertiges Mitglied behandelt zu werden. Aber weder US-Präsident Wilson, noch die europäischen Länder ließen sich dazu bewegen. Dieser Rassenstreit führte zum schnellen Ende der Allianz zwischen Japan und den Westmächten.

Im Flottenvertrag von 1922 wurde Japan gezwungen, seine Flotte auf 60 Prozent der britischen und US-amerikanischen zu begrenzen und seine Streitkräfte aus Tsingtau, Wladiwostok, dem Norden der Sachalin-Insel und Formosa (Taiwan) zurück zu ziehen.[4] Die Unterzeichner des Vertrages erhielten den gleichen Zugang zu den Ressourcen Chinas. All dies erzeugte in Japan tiefe Bitterkeit.

Während der Finanzkrise von 1929 besetzte Japan 1931 die an Bodenschätzen reiche Mandschurei, was es in Konflikt mit US-amerikanischen und britischen Wirtschaftsinteressen brachte.[5] Als gleichzeitig der japanische Export in südostasiatische Länder dramatisch zunahm, verfügten alle Kolonialregierungen Beschränkungen beim Export von Rohstoffen, insbesondere Erdöl.[6] Dabei war Japan darauf angewiesen, seinen gesamten Bedarf an Gummi und etwa die Hälfte seines Stahls und Eisens einzuführen. Zudem wurde 80 Prozent des Erdöls aus den USA und 10 Prozent von Niederländisch-Indien importiert.[7]

Ebenfalls 1931 kam es an der Grenze zwischen der Mandschurei und

---

3 Goto Ken'ichi: *Tension of empire: Japan and Southeast Asia in the colonial and post colonial world.* 2003, S. 6

4 Ferguson, Niall: *The War of the world: history's age of hatred.* 2012, S. 286

5 Bergerud, Eric: *Touches with fire.* 1996, S.3

6 Booth, Anne E.: *Economic and social development in East and Southeast Asia.* 2007, S. 149

7 Ferguson, S. 284

Korea zu Gefechten zwischen Chinesen und koreanischen Bauern. Als sich die japanische Verwaltung des besetzten Korea als unfähig erwies, den Tod von 127 Chinesen zu verhindern, reagierte China mit dem Boykott japanischer Waren. Daraufhin ließen japanische Offiziere die Eisenbahnlinie sprengen und machten dafür China verantwortlich. Dieser ›Mukden-Zwischenfall‹ lieferte Japan den Vorwand, die Mandschurei zu besetzen und den Marionettenstaat Mandschukuo zu errichten. Koordinierte Gegenwehr gab es nicht, da sich China im Bürgerkrieg befand.

Als in Shanghai 1932 fünf japanische Mönche misshandelt wurden, bombardierte Japan die Stadt in dem ersten Flächenbombardement gegen eine Zivilbevölkerung. Schätzungen sprechen von 18.000 Toten und 240.000 Obdachlosen. Obwohl beide Parteien einen Waffenstillstand vereinbarten und China gezwungen war, den Handelsboykott aufzuheben, setzte Japan seinen Vormarsch fort. Als der Völkerbund dagegen protestierte, trat Japan aus.

Ab 1933 wurden Lehrer, Professoren, Beamte, Priester und Polizisten in Japan verpflichtet, nationales Gedankengut zu fördern. Militärtraining wurde Teil des Schüler- und Studentenlebens. Einer der Sätze, die es zu verinnerlichen galt, lautete: ›Pflicht ist schwerer als ein Gebirge, aber der Tod ist leichter als eine Feder.‹ Nach dem Krieg fühlten sich viele Pädagogen mitverantwortlich für den Tod ihrer Schüler und Studenten und wurden leidenschaftliche Fürsprecher für Frieden und Demokratie.[8]

1934 verließen 310.000 Japaner aufgrund einer Hungersnot ihr Land und ließen sich größtenteils in den von Japan besetzten Gebieten Chinas und Koreas nieder. 1936 erreichten die Anschläge auf moderate Politiker, die 1933 begonnen hatten, ihren Höhepunkt. Zu den Todesopfern zählten der Finanzminister, der Generalinspekteur und ein ehemaliger Premierminister. Schließlich hatten die Generäle die absolute Kontrolle über die japanische Regierung erlangt. Unter den 14 Premierministern zwischen 1932 und 1945 befanden sich lediglich vier Zivilisten, von denen zwei ermordet wurden.[9]

1937 besaß Japan die drittgrößte Handelsmarine der Welt. Die Industrieproduktion hatte die der USA überholt. Nun brachte Roosevelt die Blockade Japans ins Spiel.[10] Als sich japanische und chinesische Sol-

---

8 Dower, John: *Embracing defeat: Japan in the aftermath of World War II*. 2000, S. 250
9 Ferguson, S. 300
10 Aziz, Muhammad Abdul: *Japan's colonialism and Indonesia*. 1955, S. 48

daten dann im Juli an der Marco-Polo-Brücke Feuergefechte lieferten, begann der zweite Japanisch-Chinesische Krieg. Als sich China weigerte, neue Waffenstillstandsbedingungen zu akzeptieren, bombardierte Japan Nanking. Während der folgenden drei Monate wurden vermutlich mehr als 260.000 Zivilisten und 40.000 in Zivil gekleidete Soldaten erschossen, geköpft ober mit Benzin übergossen und angezündet.[11] Chinesinnen waren sexuellen Übergriffen schutzlos ausgeliefert. Die japanische Bevölkerung erfuhr jedoch nichts von diesen Gräueltaten.

1939 kündigte Roosevelt das mit Japan geschlossene Handelsabkommen und betrachtete den Krieg als unvermeidbar. Ein Jahr später wurden alle politischen Parteien in Japan abgeschafft. Das Kabinett hatte so gut wie nichts mehr zu sagen.[12] Der Einmarsch der deutschen Wehrmacht in Russland, wurde als einmalige Chance wahrgenommen und Japan begann trotz amerikanischer Warnungen Truppen in Indochina zu stationieren. Daraufhin schränkten die USA den Export von Erdöl und Stahl weiter ein.[13]

Von dem Krieg zwischen China und Japan profitierte vor allem Mao, der seine Macht ausweitete. 1938 ließ Chiang Kai-Shek die Dämme des Gelben Flusses aufbrechen. Die Überflutungen unterbrachen die japanische Kampagne zwar vorrübergehend, da die Bevölkerung jedoch nicht gewarnt war, starben etwa 890.000 Chinesen, 4.000 Dörfer und 11 Städte wurden zerstört, zwölf Millionen Menschen obdachlos.

Für Japan erwies sich der Krieg als moralisches, politisches und militärisches Desaster. 1938 trat die Regierung zurück und überließ die Macht den Militärs, die 1940 den östlichen Teil Chinas besetzt hielten. Den Rest teilte sich Chiang Kai-shek mit Mao Zedong.

Die Japaner begingen während der Besetzung Chinas schwere Kriegsverbrechen. Es kam aber auch zu Untaten der Chinesen gegenüber der eigenen Bevölkerung. Japan verzeichnete 1,1 Millionen Gefallene, Verletzte und Vermisste. China verlor mehr als 3 Millionen Soldaten, 9 Millionen Zivilisten starben im Kreuzfeuer und 8,4 Millionen bei nicht-militärischen Zwischenfällen. Der Krieg verursachte 95 Millionen Flüchtlinge.

[11] Ferguson, S. 476

[12] Johnson, Paul: *Modern Times. Revised edition: The world from the twenties to the nineties.* 2001, S. 390

[13] Sato Shigero: »Chronological tables.« In: Post, Peter (Hg.): *The encyclopaedia on Indonesia in the Pacific War.* 2010, S. XV

Die deutsche Besetzung der Niederlande im Mai 1940, betrachtete Japan als günstige Gelegenheit, um mit Niederländisch-Indien über eine Erhöhung des Öl-, Bauxit-, Nickel- und Kautschukimportes zu verhandeln. Als Japan in der Erwartung eines deutschen Sieges über England 1940 einen Pakt mit Deutschland und Italien schloss, reagierten die USA, Großbritannien und Niederländisch-Indien am 1. August mit einem vollständigen Öl-Embargo. Im Juni 1941 brach die Kolonialregierung die Gespräche mit Japan kompromisslos ab. Einen Monat später marschierten japanische Truppen in Indochina ein, um die Einfuhr überlebenswichtiger Rohstoffe mit Gewalt zu sichern. Auch Zinn und Kautschuk erhielt Japan nicht mehr und verlor somit 75 Prozent seines Außenhandels und 90 Prozent seiner Öl-Importe. Als die USA darüber hinaus alle japanischen Vermögenswerte einfroren, stand der Kriegsausbruch unmittelbar bevor.[14]

Das japanische Militär hatte Ölreserven für 18 Monate und beschloss den Angriff auf Niederländisch-Indien, wenn bis zum 30. November 1941 keine diplomatische Lösung gefunden war. Japan hätte die Rohstoffe lieber auf Verhandlungsbasis erworben. Auf die US-Forderungen einzugehen, hätte jedoch bedeutet, China aufzugeben, ein Preis, der für Japan nach fünf Kriegsjahren und hunderttausenden *Kriegsopfern* unannehmbar war. An Gesprächen zeigten die USA aber kein ernsthaftes Interesse. Dennoch nahm Japan Verhandlungen auf, obwohl es auch bei einer Einigung weiterhin von ausländischen Rohstoffen abhängig gewesen wäre. Die Unterredungen führten am 26. November 1941 zur Hull-Note, die in Japan als Ultimatum aufgefasst wurde.[15]

Da Japan eine Legitimierung für den Kriegseintritt benötigte, proklamierte es die Schaffung einer ›Großostasiatischen Wohlstandsphäre‹ unter japanischer Führung und die Befreiung asiatischer Völker vom Joch des Kolonialismus.[16] Die Richtlinien machten jedoch deutlich, dass Japan die Rolle der einstigen Kolonialmächte zu übernehmen gedachte. Um den Krieg erfolgreich führen und die eroberten Gebiete effektiv verwalten zu können, sollte die japanische Bevölkerung von 70

---

14 Hayashi Yoko / Yasuyuki Hikita: »Japanese Business in war-time Indonesia.« In: Post, Peter (Hg.): *The encyclopaedia on Indonesia in the Pacific War.* 2010, S. 242

15 Aldrich, Richard J.: *Intelligence and the war against Japan: Britain, America and the politics of secret service.* 2000, S. 89

16 Sato Shigero: »Economic Soldiers in Java.« In: Kratoska, Paul H.: *Asian labor in the wartime Japanese Empire. Unknown histories.* 2005, S. 150

Millionen im Jahr 1938 auf 100 Millionen im Jahr 1960 ansteigen. Die Fünf-Kind-Familie wurde propagiert und Abtreibungen streng verboten. Gleichzeitig forderte US-Präsident Roosevelt das Recht, Verantwortung für die unterentwickelten Regionen der Welt zu übernehmen. Sie müssten als Markt und Rohstofflieferant in den Welthandel integriert werden.[17]

In japanischen Schulgeschichtsbüchern wird Japans Rolle als Aggressor weitgehend unterschlagen, der Beitrag zur Befreiung asiatischer Völker von westlicher Kolonisierung dagegen betont, was immer wieder zu Spannungen zwischen den Völkern führt.[18] Auch die Alliierten stellen ihren Kampf als Befreiungskrieg der asiatischen Völker dar, allerdings von japanischer Tyrannei. Unterschlagen wird in US-Schulbüchern, dass es den USA vor allem um den Zugang zu Rohstoffen und Absatzmärkten ging und die Dominanz im Pazifikraum.

Nicht nur das Ölembargo gab jedoch den Ausschlag für Japans Kriegseintritt, sondern auch der Two-Ocean Navy Act von 1940, in dem die USA eine Steigerung ihrer Marine um 70 Prozent beschlossen – die umfangreichste in der Geschichte der Navy. Dadurch war Japans militärische Unterlegenheit vorprogrammiert. Das Ölembargo war also der Auslöser für Japans Kriegseintritt, strategisch notwendig war er aus Sicht des Militärs aber, weil die USA sonst Ende 1943 alle Meere beherrschen würden – eine japanische Horrorvorstellung.[19]

Am 8. November 1941 wurden Kaiser *Hirohito* die Angriffspläne auf Pearl Harbour unterbreitet. Jeder, der sich nun den militärisch-industriellen Interessen entgegenstellte, riskierte sein Leben. Admiral Yamamoto, der zu bedenken gab, dass ein Krieg gegen die USA und Großbritannien nicht zu gewinnen sei, schwebte in Lebensgefahr. Selbst Hirohito wurde bedroht.[20] Vom US-Militär wurde ein solcher Angriff in Betracht gezogen. Die vollständige Studie dazu ist aber nach wie vor unter Verschluss.[21] Von den Philippinen, seiner halbautonomen Kolonie, wären die USA in der Lage gewesen, die Transportwege zwischen Südostasien und Japan zu behindern. Durch die Bomben auf Pearl Harbour

---

[17] Furnivall, John Sydenham: *Colonial policy and practice: a comparative study of Burma and Netherlands India.* 1956, S. 529
[18] Goto, 2003, S. 290
[19] Bussemaker, S. 768
[20] Johnson, S. 389
[21] Aldrich, S. 75

war ein Großteil der amerikanischen Flotte ausgeschaltet, was Japan für mehrere Monate die Überlegenheit im Pazifik bescherte.

Obwohl die japanische Regierung eine anti-amerikanische Stimmung erzeugte, waren viele Japaner entsetzt, dass sie sich im Krieg mit den USA befanden. Der US-Regierung gelang es ihrerseits durch den als ›heimtückisch‹ bezeichneten Angriff, ihre pazifistisch und isolationistisch eingestellte Bevölkerung für den Kriegseintritt zu mobilisieren. Viele US-Amerikaner, Briten und Kanadier hatten geglaubt, dass Japaner aufgrund ihrer Kurzsichtigkeit schlechte Piloten seien.[22] Nach Pearl Harbour wurden sie als Tiere portraitiert, die es auszurotten galt.

Die Mehrheit der japanischen Rekruten waren weitgehend ungebildete Bauernsöhne. Zu ihrem militärischen Alltag gehörten Ohrfeigen, Stockhiebe und verbale Erniedrigungen.[23] Andererseits bot ihnen die Armee einen Aufstieg in der streng hierarchischen Gesellschaft.[24]

Auch 75 Prozent der US-Soldaten hatten keinen Schulabschluss.[25] Die Unterprivilegierten beider Länder sollten einander nun bekriegen. Japanische Truppen marschierten in Thailand ein und landeten auf den Philippinen. Es gelang ihnen, die alliierten Streitkräfte innerhalb von drei Monaten zu überrennen. Die riesige britische Militärmacht ergab sich zum großen Erstaunen der Welt in Singapur fast kampflos.

Die philippinischen Soldaten wurden im Dezember 1941 von US-General MacArthur in den Kampf geschickt, ohne ihre weitgehend untauglichen Gewehre je ausprobiert zu haben.[26] Von den 20.000 Soldaten, die in Gefangenschaft gerieten, überlebten weniger als 60 Prozent. Zudem starben allein bei der Schlacht um Manila 100.000 Zivilisten, sechs Mal so viele Menschen wie Soldaten auf beiden Seiten.[27]

600 US-Amerikaner und 5.000 bis 10.000 Philippiner starben zudem allein auf dem berüchtigten Bataan Todesmarsch. Die hohe Todesrate ist einerseits schlechter japanischer Planung geschuldet. Sie hatten die Zahl der Gefangenen deutlich unterschätzt und nicht erkannt, wie krank und halb verhungert sie bei der Festnahme bereits waren. Andererseits

---

22 Dower, John: *War without mercy: race and power in the Pacific War*. 1986, S. 105

23 Hollander, Inez: *Silenced voices*. 2008, S. 115

24 Hicks, George: *The comfort women: sex slaves of the Japanese Imperial Forces*. 1995, S. 16

25 Spector, Ronald: *Eagle against the sun: The American war with Japan*. 2008, S. 11

26 Spector, S. 138

27 Spector, S. 524

fielen viele japanischer Grausamkeit zum *Opfer.* So hackten Japaner am 12. April 1942 400 philippinische Offiziere in Stücke.[28] 1942 hatte Japan große Teile Südostasiens erobert und den Mythos westlicher Überlegenheit zerstört.

Hätte das eigene Volk dem Kaiser und seinen Eliten viel bedeutet, hätten sie nach der Schlacht von Guadalcanal, im November 1942, bei der 25.000 Männer innerhalb von drei Tagen ihr Leben verloren, nach einem Ausweg aus dem Krieg gesucht. Stattdessen glorifizierten sie weiterhin das Sterben auf dem Schlachtfeld als Ehre.

1920 hatten die USA erklärt, die Unmenschlichkeit eines U-Boot-Krieges sei kennzeichnend für den deutschen Charakter. Nach dem Angriff auf Pearl Harbour wies dann Washington einen uneingeschränkten Luft- und Seekrieg an, entgegen einer Vereinbarung zwischen Großbritannien, den USA und Japan. 1930 war man übereingekommen, kein Handelsschiff zu versenken, ohne vorher Passagiere und Besatzung in Sicherheit zu bringen. Das alles zählte nun nicht mehr. US-amerikanische U-Boote führten einen so erfolgreichen Tonnagekrieg, dass dies als eine der Hauptursachen für den Sieg der USA im Pazifik angesehen wird. Ende 1944 war die Hälfte der japanischen Handelsmarine und zwei Drittel der Tankschiffe versenkt.

Die Einfuhr von Erdöl kam praktisch zum Erliegen. 16.000 japanische Matrosen der Handelsmarine verloren ihr Leben, 53.000 wurden verwundet. Die Zahl der getöteten Zivilisten ist nicht bekannt.[29]Da die USA keinesfalls die Vorherrschaft Japans in Asien dulden wollten, wurden Japan 1943, im Vertrag von Kairo, alle nach 1859 erworbenen Gebiete abgenommen.[30]

1937 hatte US-Präsident Roosevelt Japan für die Luftangriffe auf chinesische Städte verurteilt. Als die Achsenmächte diese Strategie anwandten, war die Reaktion in den USA wutentbrannt: ›Jede Bombardierung eines größeren Gebiets, in dem viele friedliche Zivilisten leben, widerspricht den Prinzipien von Recht und Menschlichkeit‹. Mit bewegenden Worten hatte er weiter erklärt: ›Wenn Feindseligkeiten die Form schonungsloser Bombardierungen ... annehmen, bei denen die Zivilbevölkerung ... abgeschlachtet wird, ist dies ... barbarisch‹.[31] Dabei

---

[28] Spector, S. 420
[29] Spector, S. 487
[30] Colbert, Evelyn Speyer: *Southeast Asia in international politics, 1941–1956.* 1977, S. 28
[31] Dower 1986, S. 39

hatten sich US-amerikanische und britische Strategen schon Monate vor dem Angriff auf Pearl Harbour heimlich auf die Bombardierung feindlicher Städte verständigt.[32]

Im Juni 1944 wurde die erste japanische Stadt dem Erdboden gleichgemacht. Einen Monat später brach die japanische Regierung auseinander und die heimliche Suche nach einem Verhandlungsfrieden begann, während das Militär entschlossen war, bis zum bitteren Ende zu kämpfen.[33]

Keine Gefangenen zu machen wurde zum Standard der US-Kriegsführung. Der Korrespondent Edgar L. Jones schrieb: ›Wir erschossen Gefangene kaltblütig, löschten ganze Krankenhäuser aus, beschossen Rettungsboote, gaben Verwundeten den Rest.‹ 1943 glaubte die Hälfte der US-Soldaten, dass es erst Frieden geben könnte, wenn alle Japaner getötet seien.[34] Es war nicht ungewöhnlich, die Schädel toter Japaner auszukochen und als Souvenir in die USA zu schicken.[35] Das Verhältnis von Gefangenen zu Toten bei den Alliierten war 4:1, bei den Japanern dagegen 1:40.

Bei der Schlacht um Okinawa von April bis Juni 1945 verloren mehr als 100.000 japanische Soldaten ihr Leben.[36] (Andere Quellen sprechen von 50.424.[37]) 7.000 gerieten in Gefangenschaft. Auch 12.000 bis 14.000 US-Soldaten kamen ums Leben – die höchste Verlustrate einer US-amerikanischen Seeschlacht.[38] Zusätzlich fielen 80.000 bis 150.000 Zivilisten Kampfhandlungen oder Selbstmord zum Opfer.[39] Japan opferte also ein Viertel der Inselbevölkerung, nur um den Krieg ein paar Monate zu verlängern.[40]

Die Jagd von US-Soldaten auf überlebende Frauen nach der Eroberung der Insel unterschied sich durch nichts von den brutalen Vergewaltigungen japanischer Soldaten in China.[41] Bis 1955 wurden keine Berichte über Okinawa veröffentlicht.

---

[32] Dower 1986, S. 40

[33] Spector, S. 547

[34] Dower 1986, S. 53

[35] Ferguson, S. 547

[36] Oort, S. 311

[37] Yuki Tanaka: *Japan's Comfort Women. Sexual slavery and prostitution during World War II and the US Occupation.* 2002, S. 110

[38] Spector, S. 540

[39] Oort, S. 311

[40] Yuki, S. 110

[41] Yuki, S. 111

Im März 1945 setzten US-Bomber zahlreiche japanische Städte in Brand. Dabei starben 130.000 Menschen. 40 Prozent Tokios lag in Schutt und Asche. 100.000 Zivilisten waren allein hier ›verbrannt, gekocht oder gebraten‹, wie es General LeMay, der Initiator dieses Einsatzes, später ausdrückte.[42] Eine Million Menschen waren obdachlos. Der Feuersturm erzeugte eine solche Hitze, dass das Wasser in den Kanälen kochte und das Glas schmolz.[43] Der US-Außenminister kommentierte dies mit: ›Lasst die dreckigen Ratten kreischen.‹[44]

Ein Haupthindernis für die Beendigung des Krieges war die im Februar 1943 von Roosevelt in Casablanca geforderte bedingungslose Kapitulation Japans. Da sie nicht den Erhalt des Kaisertums garantierte, war diese Forderung für Japan unannehmbar – was Roosevelt durchaus wusste. Zu diesem Zeitpunkt erkannten britische Politiker zu Recht, dass der US-Präsident den Krieg im Pazifik als Chance für einen US-Wirtschaftsimperialismus ansah. Der Sieg machte die USA zur Weltmacht, die Asien nach dem Krieg dominierte.

Die japanische Regierung bemühte sich um die Vermittlung durch die UdSSR und erklärte sich zu umfangreichen territorialen und ökonomischen Zugeständnissen bereit. Als sich dies als vergeblich erwies, erklärte das Kabinett am 8. Juni 1945, den Krieg bis zum bitteren Ende weiterzuführen. Trotz der absehbaren Niederlage, weigerte sich der Kaiser in seinem bombensicheren Bunker die Katastrophe zu verhindern. Seine Zukunft und die des Herrschaftssystems waren wichtiger, als das Leiden und Sterben der Bevölkerung.[45] Erst am 22. Juni erhielt der japanische Botschafter in Moskau ein Telegramm, mit dem offiziellen Auftrag, Friedensverhandlungen zu beginnen.

Dieses Schreiben wurde vom britischen und US-Geheimdienst abgefangen – und ignoriert. Da Japan keiner bedingungslosen Kapitulation zustimmte, ging die Vorbereitung für den Einsatz der Atombomben weiter. Zwei Wochen vor ihrem Abwurf erklärte sich Hirohito bereit die Atlantik-Charta anzuerkennen.[46] Aber das Hauptproblem blieb bestehen: die von den USA geforderte bedingungslose Kapitulation.

Führende japanische Unternehmen hatten vom Krieg erheblich pro-

[42] Dower 1986, S. 41
[43] Bix, Herbert: *Hirohito and the making of modern Japan.* 2000, S. 491
[44] Spector, S. 556
[45] Bix, S. 494
[46] Spector, S. 549

fitiert. Am 3. August empfahlen sie, die Potsdamer Erklärung zu akzeptieren.[47] Stattdessen beschloss das Kabinett die militärische Ausbildung an Schulen und Arbeitsplätzen im ganzen Land – mit Bambusspeeren.[48] Kurz darauf wurden die Atombomben abgeworfen. Um den Krieg zu beenden? Um das Leben alliierter Soldaten zu schonen? Weil Truman den Sowjets gegenüber Stärke demonstrieren wollte? Diese Kontroverse dauert bis heute an. 100.000 bis 140.000 Männer, Frauen und Kinder verschmorten in Hiroshima in einem Augenblick.[49]

Überlebende irrten mit schweren Verbrennungen über das Trümmerfeld. Verstümmelte schleppten sich zu Krankenhäusern, die nicht mehr existierten. Frauen lagen wimmernd am Straßenrand. Innerhalb der nächsten fünf Jahre erlagen weitere 100.000 Menschen den Folgen ihrer Verletzungen und der radioaktiven Verstrahlung.[50] Zwei Tage später war auch Nagasaki ausradiert und weitere 35.000 bis 40.000 Menschen ausgelöscht und 60.000 verletzt.[51] Am gleichen Tag erklärte Russland Japan den Krieg. Dieser doppelte Schock erzeugte beim Kaiser und den Eliten eine fast paranoide Angst vor einem Aufstand der Bevölkerung. Japan hatte ein Drittel seines Reichtums verloren. Der Lebensstandard auf dem Land war um 65 Prozent, der im Rest Japans um 35 Prozent gefallen. 66 Städte waren zerstört, 33 Prozent der Bevölkerung obdachlos.[52]

Eine Woche später akzeptierte Hirohito die bedingungslose Niederlage. An der Unterzeichnung der Kapitulationsurkunde nahm er nicht teil. Das japanische Volk erklärte sich darin bereit, auf Streitkräfte und Gewalt als Mittel internationaler Konfliktbewältigung für immer zu verzichten. Am gleichen Tag verkündete der Kaiser seinem Volk, das bisher nie seine Stimme vernommen hatte, die Niederlage in einer Radioansprache. Bis zum Schluss waren viele bereit gewesen, wie ›zerbrochene Diamanten‹, für ihn sterben.[53] Zwischen 1937 und 1945 hatten drei Millionen japanische Soldaten ihr Leben verloren.[54]

[47] Bix, S. 503
[48] Bix, S. 495
[49] Spector, S. 555
[50] Mak, Geert: *Das Jahrhundert meines Vaters*. München 2005, S. 374
[51] Bix, S. 502
[52] Dower 2000, S. 45
[53] Dower 2000, S. 26
[54] Cook, Haruko Toya: »Japan's War in Living Memory and beyond.« In: Raben, Remco (Hg.): *Representing the Japanese occupation of Indonesia: personal testimonies and public images in Indonesia, Japan and the Netherlands*. 1999, S. 37

Insgesamt waren US-amerikanischen Brand-, Spreng-, Napalm- und Atombomben 400.000 Japaner zum Opfer gefallen.[55] Es verbrannten aber nicht nur Menschen und Städte, sondern auch Dokumente, als sich die Eliten daran machten, die Spuren ihrer Verantwortung zu verwischen. Erst Jahre später erfuhren die Japaner, dass sie für die gigantischen Besatzungskosten aufkommen müssen – ein Drittel des Staatshaushaltes. Aus ›teuflischen Amerikanern und Briten‹ wurden ›Fackeln für Frieden und Demokratie.‹ Der Begriff ›Groß-Ostasiatischer Krieg‹ wurde verboten. Die Japaner – und der Rest der Welt – lernten Pazifikkrieg zu sagen.[56]

Hinter verschlossenen Türen arbeitete MacArthur daran, eine Anklage Hirohitos vor dem *Kriegsverbrecher-Tribunal* zu verhindern.[57] Dies konnte nur gelingen, weil die Gefahr eines Volksaufstandes weit übertrieben, Zeugenaussagen manipuliert und belastendes Material vernichtet wurden. Nun war ›wahr‹, was die Alliierten dazu erklärten. Für seine Kooperationsbereitschaft wurde der Kaiser von aller Verantwortung für die Verwüstungen in Asien freigesprochen und stattdessen als demokratischer Führer gepriesen. Die Eliten unterstützten ihn, weil auch ihre Privilegien so gesichert waren. Während sie die Militärlager plünderten und sich auf vielfältige Weise bereicherten, wurde das Volk schuldig gesprochen.

Der Reichtum, den die Eliten an sich rissen, umfasste große Mengen an Medikamenten und Edelmetallen, aber auch an Diamanten und Schmuckstücken, die Frauen für den Krieg gespendet hatten. Der Wert dieser Raubgüter lag bei über 300 Milliarden Yen. (Der nationale Haushalt für 1947 betrug 205 Milliarden Yen). Die Verantwortlichen wurden nie zur Rechenschaft gezogen.[58] Stattdessen wurden eineinhalb Millionen Japaner für Schwarzmarkthandel vor Gericht gestellt.

Entsprechend den Richtlinien der Besatzungsmacht, lernten die Schüler: Weil das japanische Volk Militarismus und Nationalismus nicht verhindert hat, ist es für den Krieg verantwortlich. Es müsse sich gegenüber der Welt für seine Verbrechen entschuldigen, der Besatzungsmacht Folge leisten und das Land wieder aufbauen.[59] Dabei

---

[55] Dower 1986, S. 41
[56] Goto 2003, S. 208
[57] Dower 2000, S. 326
[58] Dower 2000, S. 118
[59] Dower 2000, S. 249

hatte das Volk 1952 zum ersten Mal die Möglichkeit an einer Wahl teilzunehmen.

Die Armut der Massen war schockierend. Ein in Osaka stationierter australischer Soldat schrieb 1946: ›Tausende schlafen in dem riesigen Bahnhofsgebäude. Jeden Morgen wird ein halbes Dutzend steif fortgeschafft. Es ist jämmerlich zu beobachten, wie Mütter mit papierdünnen Brüsten versuchen Säuglinge zu stillen, die Skeletten gleichen‹[60] Angewidert von der Gier der Eliten, wandten sich so viele Japaner sozialistischem Gedankengut zu, dass es die schlimmsten Befürchtungen der Besatzungsmacht überstieg. 1946 wollte nur 16 Prozent der Bevölkerung den Kaiser beibehalten. Die Eliten hatten allen Grund zu befürchten, hinweggefegt zu werden.

Zwischen 1945 und 1948 erkrankten über 650.000 Japaner an Cholera, Dysenterie, Typhus, Scharlach, Meningitis, Polio oder Hirnhautentzündung. 99.654 starben.[61] Die Empfehlung an die Hungernden lautete, Erdnussschalen und Würmer zu essen. Witwen und Waisen wurden aufgefordert US-Soldaten als Prostituierte zu dienen. Ende Dezember 1945 gab es 150.000 registrierte Prostituierte – ohne Straßenprostitution.[62] Von den 800 im Jahr 1946 registrierten Verbrechen durch US-Soldaten waren 303 Sexualvergehen. Frauen, die von der Militärpolizei missbraucht wurden, konnten sich an keine Behörde wenden. Die japanische Justiz hatte kein Recht, gegen US-Amerikaner vorzugehen. Auch viele bei den US-Behörden angestellte Frauen wurden Opfer von Vergewaltigungen.[63]

Kritik an den USA und ihren Vertretern war strafbar. Die Presse hatte auch die neuen Kolonialkriege der Alliierten und den Beginn des Kalten Krieges zu ignorieren. Berichte über das Kriegsverbrecher-Tribunal und US-Bordelle fielen ebenso unter die Zensur wie Trauerbekundungen für gefallene Soldaten. Im April 1946 drangen 50 US-Soldaten in das Krankenhaus von Omori ein, vergewaltigten alle 17 Krankenschwestern, 20 Pflegerinnen und 40 Patientinnen, einschließlich einer Frau, die kürzlich entbunden hatte und warfen ihr zwei Tage altes Baby auf den Boden. Es war tot.[64] Berichten durften Medien darüber nicht. Im

---

[60] Yuki, S. 131
[61] Dower 2000, S. 103
[62] Yuki, S. 148
[63] Yuki, S. 128
[64] Yuki, S. 163

214

gleichen Jahr verbot die Besatzungsmacht nicht regulierte Prostitution. Dahinter steckte die Sorge um die sprunghaft angestiegene Anzahl von Geschlechtskrankheiten der US-Soldaten.

Über die Folgen der Atombomben durfte die Bevölkerung erst 1948 etwas erfahren. Sogar der Begriff ›verbrannt‹ war strafbar.[65] Filmmaterial wurde konfisziert. Erst 1952 waren die ersten unverfälschten Bilder zu sehen. Stattdessen sollte über japanische Grausamkeiten berichtet werden. Nun erfuhr die Bevölkerung vieles, was ihnen die eigene Regierung verheimlicht hatte.

1948 beschlossen die USA einen Wandel in ihrer Besatzungspolitik, weg von Demokratisierung und hin zu Remilitarisierung und wirtschaftlichem Wiederaufbau. Es war aber kein produzierendes Gewerbe, das die japanische Wirtschaft wieder in Schwung brachte, sondern die Sex-Industrie.[66] Die hohen Steuern halfen die Infrastruktur wiederaufzubauen und das Geld US-amerikanischer Freier trug wesentlich zur Einnahme einer harten Währung bei. Die sexuelle Ausbeutung von Frauen ist nichts speziell Japanisches oder Amerikanisches. In Japan war lediglich das Ausmaß beispiellos.

Für einen Dollar – so viel kostete eine halbe Schachtel Zigaretten – konnte man die sexuellen Dienste einer Japanerin kaufen.[67] Im Zeitraum von 24 Stunden bediente eine Frau durchschnittlich 15 Soldaten.[68] Viele von ihnen hatten ihre Familien bei Bombenangriffen verloren. Die meisten nannten Armut als Grund für ihr Prostituieren. Dass sie von ihren Freiern als ›gelber Stuhl‹ bezeichnet wurden, wussten sie ebenso wenig wie dass US-Ärzte kranke Prostituierte als ›defekte sexuelle Gebrauchsgegenstände‹ bezeichneten.[69] – Andererseits brachte die Besatzung auch positive Veränderungen. Japanerinnen hatten fortan bessere politische, schulische und berufliche Möglichkeiten und erhielten das Wahlrecht.

1958 unterzeichnete Japan ein Reparationsabkommen in Höhe von 223 Millionen US Dollar. In Indonesien verstand es die japanische Regierung die Wiedergutmachung mit vorteilhaften Handelsbedingungen zu verbinden. Der Nutzen davon für die indonesische Bevölkerung blieb gering. Das Land diente fortan, wie vor dem Krieg angestrebt,

---

[65] Dower 2000, S. 431
[66] Yuki, S. 155
[67] Dower 2000, S. 130
[68] Yuki, S.154
[69] Yuki, S. 158

als Rohstofflieferant und Absatzmarkt.[70] Kriegsverbrechen wurden aus politischen Gründen heruntergespielt.[71] Opfer wurden, anders als in den USA, nicht entschädigt. Während des Krieges hatte die US-Regierung 110.000 Amerikaner mit japanischen Wurzeln interniert. 50 Jahre nach Kriegsende erhielt jeder von ihnen 20.000 Dollar Wiedergutmachung für das Leid, das ihm während seiner Internierung zugefügt wurde.[72]

---

[70] Heinzlmeir, Helmut: *Indonesiens Außenpolitik nach Sukarno 1965–1970.* Institut für Asienkunde 78–80. Hamburg 1976, S. 235

[71] Reynolds, Bruce: »History, Memory, Compensation and Reconciliation.« In: Kratoska, Paul H. (Hg.): *Asian labor in the wartime Japanese Empire. Unknown histories.* 2005, S. 345

[72] Dower 1986, S. 5

Fajar Soemarko:
Ein javanischer Adeliger wird
Botschaftsangehöriger in den USA

Fajar Soemarko lebt in Salatiga, in Zentral-Java. Das Licht der Welt erblickte er 1931 im 5.000-Familien-Ort Ampel, südlich von Salatiga, in der Region Boyolali. Der jung wirkende 81-Jährige gehört der kleinen privilegierten Schicht des javanischen Adels an. Er empfängt Christian Goßweiler und mich in seinem weiträumigen Haus mit formvollendeter Höflichkeit in gutem Englisch. Von der Wand seines Empfangszimmers blickt er aus einem übergroßen Portrait stolz zu uns herab – als junger Soldat, ein Maschinengewehr in den Händen. Als Zeichen besonderer Wertschätzung führt er uns in sein großzügiges privates Wohnzimmer. Dass seine Kinder eine Universität besuchten, entnehme ich ihren Portraits an der Wand.

Nach dieser Begrüßung lädt er Dr. Goßweiler, mich und einen anwesenden Bekannten zum Mittagessen in ein Restaurant ein. Begleitet von geräuschvollem Teller- und Besteckgeklapper beginnt er freimütig zu erzählen: »Bevor die Japaner in Java landeten, wurden sie von der Presse als Befreier angekündigt und entsprechend freudig von der Mehrheit der Bevölkerung begrüßt – von meiner Familie jedoch eher mit Bangen erwartet. Die javanische Bevölkerung war während der holländischen Zeit – und lange davor – in zwei streng voneinander getrennte Kasten unterteilt: den Adel und das einfache Volk. Wir hatten unter den Holländern nicht schlecht gelebt.

Wir wohnten in einem geräumigen Steinhaus mit gefliesten Fußböden und großem Garten. Meine beiden älteren Brüder und ich teilten ein Zimmer und schliefen in Betten unter Moskitonetzen. Es hätte auch Platz für eigene Zimmer gegeben, aber wir zogen das Beisammensein vor. Im Haus lebte auch eine Anzahl ärmerer Verwandter, die für meine

Eltern arbeiteten. Das war in unseren Kreisen etwas ganz Gewöhnliches. Für die Kinder dieser Verwandten zahlten meine Eltern das Schulgeld. Wir besaßen ein Pferd und mehrere Kühe. Auf unseren zehn Hektar Land bauten zehn Landarbeiter Mais, Gemüse und Jasmin an.

Ich genoss meine Kindheit, spielte mit Kindern meiner Gesellschaftschicht, aber auch mit denen aus dem einfachen Volk. Vater war in unserer dicht besiedelten Region als Agrarreferent verantwortlich für Ackerbau und Viehzucht und mit seiner Harley-Davidson viel unterwegs. Er erhielt vom Agrarbüro in *Batavia* Anweisungen, was in unserer Region anzubauen war. Da Boyolali zum Sultanat *Solo* gehörte, stand er offiziell im Dienst des Sultans und hatte nie das Gefühl, direkt für die Holländer zu arbeiten. Das Sultanat erfreute sich begrenzter Autonomie. Der Sultan und seine Anhänger profitierten von dem Kolonialsystem und hatten wenig Interesse, etwas daran zu ändern.

Finanziert wurde dieses Anbauprogramm ursprünglich durch den Verkauf von Aktien in Holland sowie die Einführung einer neuen Kupfermünze und der damit verbundenen Inflation von etwa 50 Prozent. Dieses System brachte den Niederländern und ihren einheimischen Beamten enormen Reichtum und rettete die Niederlande, die in Europa teure Kriege führten, vor dem Bankrott. Für die einfache Bevölkerung Javas bedeutete dies jedoch Armut und Hungersnöte, da beispielsweise Indigo und Zucker für den Export angebaut wurden, anstatt Reis, um die Bevölkerung zu ernähren. Diese massiven Missstände veranlassten Königin Wilhelmina 1901, den Wandel zur *Ethischen Politik* zu verkünden. Der verarmten Bevölkerung sollte es besser gehen. Vater organisierte daher kostenlose Schulungen für Bauern, wo sie lernen konnten, ihre Erträge zu steigern. Das dazu nötige Saatgut, sowie die Pestizide, mussten sie allerdings kaufen. Die einheimische Verwaltungselite lebte weiterhin ausgezeichnet.«

Als ich Fajar bitte, mir einen ganz normalen Tag seiner Kindheit zu beschreiben, erzählt er: »Nach dem Aufstehen wusch ich mich und zog mich an. Einer der Angestellten hatte dafür zu sorgen, dass das ›mandi‹-Bad immer mit Wasser vom Brunnen gefüllt war. Schuhe zog ich nur für die *Schule* an, sonst lief ich, wie die anderen Kinder, barfuß. Die drei Mahlzeiten nahmen wir in unserem Esszimmer ein, an einem Esstisch mit sechs Stühlen. Allerdings aßen wir Kinder nicht mit unseren Eltern. Entsprechend der bei uns üblichen Rangordnung speisten meine Eltern zuerst und anschließend ihre Söhne. Die Söhne der Verwandten hätten zwar mit uns am Tisch sitzen dürfen, das haben sie aber nicht gewagt und in der Küche gegessen.

Vater kam gegen 14 Uhr nachhause. Nach dem Essen hielten meine Eltern einen Mittagsschlaf. Als ich lesen gelernt hatte, las ich meinen Eltern beim Schein der Petroleumlampe jeden Abend für ein oder zwei Stunden aus der javanischen Zeitung oder aus Büchern vor. Vaters Augen waren nicht mehr gut genug, um bei diesem schlechten Licht lesen zu können.«

»Welche Bedeutung hatte Religion in Ihrer Familie?«

»Offiziell waren wir Muslime. Es handelte sich dabei aber um eine sehr javanische Version des *Islam*, wo die althergebrachte Ahnenverehrung weiterhin einen wichtigen Platz einnahm. Gebetszeiten wurden in meiner Familie nicht eingehalten. An *Id-ul Fitr*, dem Fest zum Ende des Fastenmonats, besuchten wir die Ältesten der Familie, um ihren Segen zu erbitten. Gefastet wurde bei uns nicht.«

»Mit sieben Jahren kamen Sie dann in die Schule?«

»Ja. Wir zehn bis zwölf Schulanfänger – Jungen und Mädchen – lernten in den ersten Klassen die javanische Schrift zu schreiben und zu lesen, später auch die lateinische. Ich besuchte nach der dritten Klasse die *HIS*, die holländische Schule für Einheimische im 12 Kilometer entfernten Boyolali. Im Grunde stand sie nur der javanischen Oberschicht offen, die für die Niederländer arbeitete. Die Aufnahmekriterien waren adelige Herkunft und die Fähigkeit, das Schulgeld entrichten zu können. Kleine Regierungsangestellte konnten das Schulgeld meist nicht aufbringen.

Zu unserer Lektüre gehörte die klassische javanische Literatur, die gesungen wird. Jeder Themenbereich hat eine eigene Melodie und jeder Junge musste lernen, die sechs Grundmelodien mit Innerlichkeit vorzutragen. Kriegsgeschichten sang man anders als Liebesgeschichten.« Fajar summt leise vor sich hin: »Diese Melodie musste jeder Junge kennen, der um die Hand eines Mädchens anhalten wollte.

Ich ging gern zur Schule, aber zu meinen wirklich glücklichen Erinnerungen gehört, dass mich meine Eltern hin und wieder in ein Restaurant nach Salatiga mitnahmen. Daneben befand sich ein Schwimmbad, wo ich junge Holländer beim Schwimmen beobachten konnte. Dafür hätten arme Javaner niemals genug Geld gehabt, selbst wenn man ihnen erlaubt hätte, das Schwimmbad zu besuchen. Wir hatten zwar das nötige Geld, aber das Schwimmbad stand auch uns nicht offen. Und die Holländer konnten sich nicht nur das Schwimmbad leisten, sondern anschließend auch noch essen gehen! Das hat mich enorm beeindruckt.«

Im März 1942, Niederländisch-Indien hatte Japan inzwischen den Krieg erklärt, zogen niederländische Truppen durch Salatiga und im nächsten Monat waren die Japaner da. Flugblätter, die das Ende der holländischen Herrschaft verkündeten, lösten beim Adel, der mit den Holländern kollaboriert hatte, keinen Jubel aus wie bei der einfachen Bevölkerung.

Meine Familie hielt sich zunächst versteckt. Als es jedoch zu keinen Ausschreitungen kam, kehrten wir nach Ampel zurück. Alle Unterrichtseinrichtungen wurden geschlossen. Nach einem Jahr wurden alle Schulen zusammengelegt und fortan gleiches Schulgeld für alle erhoben. Neben der erheblichen psychosozialen Hemmschwelle, hielt dies weiterhin viele Dorfkinder vom Schulbesuch ab. Schuhe waren von nun an keine Pflicht mehr, und so ging ich, wie alle anderen Kinder, barfuß.

Der holländische Verwaltungsapparat wurde von den Japanern praktisch komplett übernommen und bald wurde auch Vater reaktiviert. Gehalt erhielt er allerdings keines, wie alle anderen. Die Beamten erhielten den Auftrag, allen Schmuck zu konfiszieren. Die Bevölkerung hatte für diese Entbehrungen sogar Verständnis, schließlich ging es um die Befreiung unseres Landes. So jedenfalls wurde es dargestellt und auch von mir mit meinen elf Jahren so gesehen. Ohne Geld wurde auch unser Essen immer knapper.

Abgaben und Steuern waren nun deutlich höher und die Japaner nahmen der Bevölkerung viel mehr Reis weg als die Holländer. Statt sich also wie Brüder aufzuführen, raubten sie den Bauern ihre Ernte. Eine Folge davon war ein zunehmendes Maß an Diebstahl. Wir waren durch einen eisernen Zaun um unser Haus herum zum Glück etwas geschützt.«

»Zwischen 1940 und 1942 internierte die Kolonialmacht alle Deutschen in *Internierungslagern* wie Ambarawa. Haben Sie je davon gehört?«

Fajar blickt mich erstaunt an: »Nein. Ich habe nur erlebt, dass die Holländer von den Japanern weggebracht wurden. Ich habe während der gesamten japanischen Besatzungszeit nie einen Weißen gesehen. Der anfängliche Jubel der Bevölkerung verstummte bald. Hunger und Zwangsarbeit hatten zur Folge, dass auf meinem zwölf Kilometer langen Schulweg manchmal zwei oder drei Leichen lagen, während Flugblätter die Freiheit Indonesiens verkündeten. Für die einfache Bevölkerung gab es nur noch Kleidung aus Sackleinen. Um zu überleben, sahen sich meine Eltern gezwungen, fast ihren gesamten Besitz an Händler zu verscherbeln, die ihn gewinnbringend an Chinesen und

Araber weiter verkauften. Ein Hemd durfte ich nun nur noch in der Schule anziehen.

Chinesen waren die favorisierten Milchkühe der Japaner. Viele wurden enteignet – und trotzdem ist es manchen gelungen, ihren Reichtum zu mehren. Später, als Schülersoldat, habe ich hin und wieder vergrabene Schätze der Chinesen gefunden. Leider erhielt meine Familie auch nach der Unabhängigkeit ihren Besitz nicht zurück. Die sechs Hektar Land, die ich von meinem Vater geerbt habe, sind alles, was aus dem einstigen Familienbesitz geblieben ist.

1945, mit 14 Jahren, wurde ich, wie die meisten Jugendlichen, Mitglied der japanischen, paramilitärischen Jugendorganisation ›Seinendan‹. Ich empfand dies als Ehre und war glücklich, wenn uns unsere javanischen Ausbilder nach der Schule beibrachten mit Bambusspeeren zu kämpfen. Laut meinem damaligen Verständnis wurden wir darauf vorbereitet, mit den Japanern gegen die Engländer und Amerikaner zu kämpfen.

Gegen Kriegsende trat ich der Schüler- und Studentenorganisation ›Tentara Pelajar‹ bei, die nun allerdings gegen die Japaner kämpfte. Bald waren jedoch die Holländer unsere Gegner, die im Juli 1947, während der ersten *Polizeiaktion* auch Ampel besetzen. Ich war inzwischen Mitglied einer mit unserer Armee assoziierten Guerilla-Einheit. Unserem 250 Mann starken Bataillon gaben wir den Namen SA, weil die deutsche SA in unseren Augen eine Eliteeinheit gewesen war.

Jeden Montag und Donnerstag kam eine holländische Einheit durch Ampel. Erfahrene Soldaten legten Minen, andere, wie ich, schossen aus dem Hinterhalt. Manchmal griffen wir die Holländer auch nachts in Solo an. Von Informanten wussten wir, wann und wo sie unterwegs waren, konnten sie abfangen und erschießen. Einmal überfielen wir sogar ihr Hauptquartier.« Nachdenklich ergänzt Fajar: »Eigentlich waren nur die Offiziere Holländer. Bei den einfachen Soldaten handelte es sich fast ausschließlich um *Ambonesen* und *Manadonesen*.«

»Es handelte sich also im Grunde um einen Kampf Indonesier gegen Indonesier?«

»Wenn man bedenkt, dass wir für ein vereinigtes Indonesien kämpften, könnte man das sagen.«

»Die Mehrheit der Ambonesen wollte niemals Teil Indonesiens sein. Für ihren Kampfeinsatz hatten die Niederländer ihnen die Unabhängigkeit versprochen, ein Versprechen, das nicht gehalten wurde. Bei aller Begeisterung für ihre eigene Unabhängigkeit waren die indonesischen

Nationalisten nicht gewillt, anderen Ethnien die gleiche Freiheit zu gewähren.«

»Das mögen viele so gesehen haben. Wir haben unseren Kampf damals aber nicht als Bürgerkrieg betrachtet. Wir kämpften gegen die niederländische *KNIL*. Für uns zählte die Uniform, nicht die Person, die darin steckte. Die konnte man von weitem ja gar nicht erkennen. Dass wir vor allem gegen Ambonesen kämpften – dass es sich also auch um einen Bürgerkrieg handelte – habe ich erst Jahre später begriffen.« Er stutzt: »Nein, ganz wahr ist das nicht. Über unsere Spione wussten wir sehr wohl, dass unsere Gegner vor allem Ambonesen waren. Um sie erschießen zu können, mussten wir uns aber Holländer vorstellen. Entscheidend in diesem blutigen Kampf waren die Reden *Sukarnos* und anderer nationaler Führer, die immer wieder betonten: ›Lieber sterben, als unter kolonialer Herrschaft zu leben!‹ Ich war von dieser Propaganda tief bewegt und in meiner jungenhaften Begeisterung stolz darauf, einer Eliteeinheit anzugehören.«

Als ich mich nach seinen Kampfeinsätzen erkundige, lächelt er: »Die gab es nicht wirklich. Das Bild in meinem Haus stammt aus der Zeit, als ich mit 17 Jahren ausgebildet wurde. Mein persönliches Leben verlief unmartialisch. Nach etlichen Jahren als Botschaftsangehöriger in den USA war ich einige Jahre Bürgermeister in Salatiga.« Die zahlreichen Niederländer, die hier während des Krieges interniert waren, erwähnt Fajar Soemarko nicht.

»Wie sehen Sie die Geschichte heute?«

»Ich empfinde neben Stolz über unseren erfolgreichen Freiheitskampf auch Bedauern über das Blutvergießen. Aber damals zählte nur unser grenzenloser, jugendlicher Idealismus! Sukarno war für uns über jeden Zweifel erhaben! Wir glaubten felsenfest, dass er über all das, was uns missfiel – etwa das Schicksal der ›romusha‹ – nicht informiert war. Und wenn er es wusste, dann war jede seiner Entscheidungen in unseren Augen ein notwendiger Schritt in Richtung Freiheit – und das Sterben dafür unumgänglich.

Nein, ich muss meine Antwort noch einmal korrigieren. Ich bin ausschließlich stolz über unseren Freiheitskampf. Nur ist es bedauerlich, dass die Konsolidierung zwischen den verschiedenen Ethnien unseres Landes bis heute nicht erfolgt ist. Vielleicht sollte man einzelnen Regionen größere Autonomie gewähren, aber die Republik muss erhalten werden – nach unserem Grundprinzip ›Vielfalt in Einheit.‹«

Shinichi Yamashita:
Japanischer Bauernsohn, Veteran und Englischlehrer

Ich bin überrascht in der 13-Millionen-Metropole Tokio, etwas entfernt vom Wolkenkratzer-Geschäftszentrum, enge Sträßchen und kleine Häuschen zu entdecken, die erahnen lassen, dass die Stadt vor hunderten Jahren einmal klein angefangen hat. Verwinkelte Gassen, auf denen nur wenige Autos, aber umso mehr Fahrradfahrer unterwegs sind, umgeben den achtstöckigen Wohnblock, in dem der einstige Soldat Shinichi Yamashita wohnt. Meinen Kontakt zu ihm und dem Historiker Dr. Koshio, der der kleinen christlichen Minderheit Japans angehört, hatte Felix Bakker hergestellt.

»Herr Yamashita war Englischlehrer. Ich hoffe, er wird Englisch mit Ihnen sprechen, dann muss ich gar nicht übersetzen«, erklärt Dr. Koshio während unserer Autofahrt durch die Stadt, die bis 1868 Edo hieß. Der Tennō verlegte damals seine Residenz von Kyōto nach Tokio. Zwischen 1600 und 1945 wurde die Stadt alle 25 bis 50 Jahre durch Brände, Erdbeben, Tsunami, Vulkanausbrüche und Kriege zu großen Teilen zerstört.

Der 90-jährige Shinichi Yamashita erwartet uns lächelnd vor seinem Appartement. Unsere Schuhe werden ganz selbstverständlich ausgezogen. Begrüßt werde ich aber nicht mit der üblichen Verbeugung, sondern mit einem Handschlag. Dann führt uns der hellwache alte Herr an dem überquellenden Bücherregal im Flur vorbei in sein kleines Wohnzimmer. Einen Schrank gibt es nicht. Hosen, Hemden und Anzüge hängen an Haken von der Wand. Im gegenüberliegenden Regal bewahrt er Erinnerungsstücke auf – Geschenke ehemaliger Schüler. Er zeigt uns freudestrahlend Hochzeitsfotos seiner einstigen Schützlinge und spricht so liebevoll und stolz über sie, wie ein Vater. Eigene Kinder hat er nicht und auch verheiratet war er nie.

Nachdem er Kaffee und Kekse bereitgestellt hat, beginnt der Veteran zu erzählen – das in seinen Augen Wichtigste zuerst: »Am 29. April 1942, dem Geburtstag unseres Kaisers, haben wir alle indonesischen *Kriegsgefangenen* frei gelassen – nur die Holländer natürlich nicht.« Auf meine Frage, wie die Japaner die zahlreichen Eurasier der Niederländisch-Indischen Armee Indonesiern oder Holländern zuordneten, erklärt er: »Wir haben uns an ihrer äußeren Erscheinung orientiert.«

An diesem 29. April war der 16-jährige javanisch-holländische Kriegsgefangene Felix Bakker bereits beim Bau der *Burma-Bangkok-Eisenbahn* eingesetzt und rang um sein Leben. Hautfarbe konnte über Leben oder Tod entscheiden.

Shinichi Yamashita kehrt jedes Jahr im August, am Tag der Toten, in seinen kleinen Heimatort Oita auf der Insel Kyushu zurück, um der Ahnen zu gedenken. An diesem Tag wird insbesondere der 170 Menschen erinnert, die im August 1945 einem Bombenangriff der Amerikaner zum *Opfer* fielen. Nachdem dies gesagt ist, erzählt Shinichi Yamashita bereitwillig, wie aus einem kleinen japanischen Jungen ein Soldat wurde. Er wurde 1920 geboren.

»In unserem Ort wohnten etwa 3000 Menschen in 600 Häusern«, erklärt er. »Die Bevölkerung lebte von der Landwirtschaft, insbesondere dem Reisanbau. Da die Winter mild waren, wuchs Gerste sogar in der kalten Jahreszeit. Neben Reis wurden Süßkartoffeln, Kaki-Früchte und eine Reihe von Zitruspflanzen angebaut. Weil der Großteil der Bevölkerung arm war, wurde der Reis an die Reichen verkauft. Reis aß man nur an besonderen Festtagen.«

Der kleine Shinichi aß vor allem Gerste-Brei, manchmal gemischt »mit sehr wenig Reis und dem in Japan beliebten ›umeboshi‹« – in Salz und Shiso-Blätter eingelegte, mit Aprikosen verwandte saure, rote Früchte. Zu dem alltäglichen Menü gehörten auch Nudeln aus Gerste, Süßkartoffeln, Kohl, Karotten, Rettiche und Sprossen aller Art.

»Da wir auf einer Insel lebten, gab es häufig Fisch, Fleisch hingegen nur ein oder zwei Mal im Jahr. Wir hatten ein Dutzend Hühner, aber die meisten Eier wurden verkauft. Nur ab und zu landete ein Huhn im Kochtopf.«

Shinichis Familie lebte in einem der typischen kleinen Holzhäuser. Man schlief auf Matten in einem einzigen Zimmer. Privatsphäre hatten die Eltern kaum. »Sie mussten warten, bis alle Kinder schliefen.« Neben der achtköpfigen Familie stapelten sich im Schlafzimmer vom Boden bis zur Decke Kästen voller Seidenraupen. »Im Grunde lebte das Dorf von der Raupenzucht«, erklärt der einstige Bauernsohn. »Ihr Kauen klang in meinen Ohren wie Musik, zu der ich wunderbar einschlief.«

Zum Essen saß die Familie – drei Söhne und drei Töchter – um den landesüblichen niederen Tisch auf dem Fußboden. Die ständige Ermahnung an die hungrigen Buben lautete: »Iss nicht so viel!«

Landwirtschaftliche Maschinen gab es noch nicht. »Aber Vater hatte ein Pferd in Pflege, dem ich regelmäßig Reisstroh brachte. Das Wasser holte ich ihm aus dem Brunnen in der Nähe.« Auch fürs Baden und Waschen musste der Bub Wasser herbei schleppen.

»Wir waren zwar arm, aber ich war glücklich. Am liebsten spielten wir Schießen. Dafür stellten wir Gewehre aus Bambus her. In der höheren Schule spielten wir dann mit Vorliebe Krieg«, erklärt Shinichi leise lachend. »In den nahe gelegenen Hügeln gab es köstliche Erdbeeren und unter den Nadelbäumen konnte man Pilze finden. Dort zu spielen war das reine Vergnügen.«

Als er 1926, mit sechs Jahren, in die erste Klasse kam, gaben ihm seine Eltern täglich ein Schälchen kostbaren weißen Reis mit auf den Schulweg – mit einem Klecks ›umeboshi‹. »Ihnen würde diese saure Sauce bestimmt nicht schmecken«, wirft Dr. Koshio ein. Am Abend schenkt er mir zum Abschied ein Päckchen ›umeboshi‹-Reis. Mit dunkelgrünem Seegras umwickelt und in Plastikfolie verpackt sind sie in jedem der unzähligen, kleinen Läden erhältlich. Eine wirklich saure Angelegenheit – aber mit stark anti-fungaler Wirkung versichert Dr. Koshio. Der kleine Shinichi war über dieses Mittagessen glücklich und seine Eltern konnten demonstrieren, dass sie wohlhabend genug waren, ihrem Sprössling kostbaren Reis mitzugeben.

»Zuhause gab es allerdings nach wie vor in erster Linie Gerste. Wie alle anderen Kinder trug auch ich einen Kimono. Nur die Kinder der Reichen, vor allem der Regierungsangestellten, konnten sich Textilien im europäischen Stil leisten. Da die Kleidung eines Sohnes immer wichtiger für das Prestige der Eltern war als die einer Tochter, trugen wesentlich weniger Mädchen westliche Kleider als Jungen. Nach der sechsjährigen Pflichtschulzeit wurden Schüler und Schülerinnen voneinander getrennt.« Freudestrahlend fährt er fort: »Als ich 13 Jahre alt war, wurde der neue Tenno geboren. Das wurde in jedem Dorf mit zahllosen Paraden gefeiert! In jeder Familie gab es zwei Altäre: einen für die eigenen Vorfahren und einen für den Kaiser.«

»Besuchten Sie eine weiterführende Schule?«

»Nein, auf die höhere Schule gingen fast ausschließlich die Kinder der Reichen, die sich das Schulgeld leisten konnten. Vorher musste man eine Vorbereitungsklasse besuchen. Mein Lehrer schlug mich zwar für die höhere Schule vor, aber Vater ließ mich nicht gehen, weil mein älterer Bruder zu der Zeit für drei Jahre beim Militär diente und er meine Mithilfe bei der Feldarbeit benötigte.«

»Ihr Bruder diente also während des *Japanisch-Chinesischen* Kriegs?«

»Ja. Nach seiner Rückkehr 1935 durfte ich die Abendschule besuchen. Als ich 16 Jahre alt war, starb meine Mutter mit nur 49 Jahren an Herzversagen. Nun musste ich auf meine siebenjährige Schwester aufpassen, trug sie auf meinem Rücken herum und spielte mit ihr, während meine Freunde herumtollten. Mit 18 Jahren ließ mich Vater dann in Tokio zur Schule gehen. Ich mietete ein Zimmer und er schickte mir Geld. Da war mein Bruder bereits wieder eingezogen. Seine Einheit nahm am 12. Dezember 1937 an der Schlacht um Nanking teil.«

»Er war an dem Massaker dort beteiligt?«

»Nein, während dieser Zeit lag er im Krankenhaus. Als ich 1940, mit 20 Jahren, die Schule abgeschlossen hatte, erhielt ich eine sechsmonatige militärische Grundausbildung. Da war mein Bruder wieder zuhause. Kurz danach brach der Krieg gegen Amerika aus.«

»Nach der japanischen Bombardierung von Pearl Harbour.«

»Ja.«

»Was dachten Sie über diesen Angriff und den damit verbundenen Krieg?«

»Amerika war stark und mächtig. Ich fragte mich, ob wir diesen Krieg würden gewinnen können. Aber ich war ja nur ein winziges, unwissendes Rädchen, vertraute darauf, dass unser Kaiser die richtige Entscheidung für unser Land traf, folgte den Befehlen, die ich erhielt und war bereit um jeden persönlichen Preis für Japan zu kämpfen. Zuerst wurde ich für drei Monate auf Taiwan stationiert und kam dann mit 21 Jahren als Panzerabwehrschütze auf die Philippinen, wo wir die US-philippinische Armee mit Leichtigkeit besiegten. Ich hatte ein Gewehr, das nur fünf Schüsse nacheinander abgeben konnte. Unser schneller Sieg lag unter anderem daran, dass es uns gelungen war, den australischen Code zu brechen.

Mit 22 Jahren kam ich auf die Insel Java. Als wir in Cirebon landeten, wurden wir von der einheimischen Bevölkerung mit Jubel und Blumen empfangen. Ein javanischer Mythos – die ›Joyoboyo‹-Prophezeiung – sagte voraus, dass eines Tages ein Affe erscheinen würde, um sie von aller Unterdrückung zu befreien. Sie glaubten wohl, dass wir dieser ›Affe‹ seien – ein heiliges Tier in ihrer Mythologie.«

Joyoboyo war javanischen König in Ost-Java 1135–1157. Er verkörperte Ratu Adil, den Herrscher, der Gerechtigkeit, Ordnung und Harmonie wiederher-stellen würde. Javaner glaubten an den zyklischen Verlauf von Epochen des Wohlstands gefolgt von Zeiten des Leids. Von Joyoboyo wird berichtet, er habe prophezeit, dass Indonesien lange Zeit von einer weißen Rasse beherrscht werden würde. Dann aber würden gelbe Wesen aus dem Norden kommen und für einen Erntezyklus bleiben. Danach wäre Java von der Fremdherrschaft befreit. Für die meisten Javaner waren die Japaner diese Befreier – die Erfüllung von Joyoboyos Prophezeiung. Viele verbanden damit auch den Glauben an die Ankunft eines neuen Ratu Adil, der Indonesien vereinen und in ein neues goldenes Zeitalter führen würde. Zahlreiche Javaner sahen in Sukarno diesen gerechten Herrscher.

»Meine Einheit kam nach *Surabaya*, wo ich mich mit einem Javaner anfreundete, der für den Leiter des Krankenhauses als Übersetzer tätig war. Ich lernte seine Schwester kennen, die oft zum Zaun kam, um den japanischen Krankenschwestern zuzuschauen. Sie sprach englisch und wurde meine Freundin. Die meisten Japaner sprachen aber kein Eng-lisch. Daher war ihre Kommunikation mit den Einheimischen – auch den Frauen – sehr begrenzt.

Im September 1942 wurde ich für drei Jahre nach *Timor* verlegt. Die Menschen waren unbeschreiblich arm. Sie trugen weder Kleider noch Schuhe. An Sonntagen trieben sie Tauschhandel. Dort lag ich zum ersten Mal in meinem Leben unter dem Kreuz des Südens – 5000 Kilometer von zuhause entfernt. Ich war so gerührt, dass ich ein Bild zeichnete.« Er steht auf, holt ein Schreibheft hervor und zeigt uns eine Zeichnung von einen Soldaten unter dem Kreuz des Südens.

»Waren Sie auf Timor in Kämpfe verwickelt?«

»Ja. Als Panzerabwehrschütze lag ich immer etwa 200 Meter hinter der Frontlinie. Trotzdem war das nicht ungefährlich. Mein Freund wurde direkt neben mir von einem niederländischen Gewehr getötet. Ich sah, wie eine weiße Masse aus seinem Kopf floss, die aussah wie Käse.«

»Hatten Sie Angst?«

»Ich fürchtete weder vor Tod noch Gefahr. Ich war viel zu sehr damit beschäftigt, meine schwere Waffe herumzuschleppen. Besonders schwierig wurde es, als die Holländer die meisten Brücken gesprengt hatten. Die *Timoresen*, die mit uns kämpften, waren nackt und barfuß. Die primitiven runden Strohhütten, in denen sie lebten, dienten im Grunde nur als Regenschutz. Verpflegung und Bekleidung waren ein fortwährendes Problem. Wir trugen die von der niederländischen Armee erbeuteten Uniformen und töteten mit Hilfe der Einheimischen Rehe und Wasserbüffel.«

»Was glaubten Sie, wofür Sie kämpften?«

»Die Holländer hatten Niederländisch-Indien über Jahrhunderte ausgebeutet. Ich dachte, wir würden die Indonesier vom Kolonialismus befreien. Für mich war es daher ein gerechter Krieg. Uns wurde erklärt: ›Wir werden die Länder Asiens befreien.‹ In Wirklichkeit, das wurde mir aber erst im Laufe der Zeit klar, kämpften wir um Rohstoffe. Unsere wirtschaftliche Existenz hing davon ab! Letztlich ging es auch allen anderen Kriegsteilnehmern nur um Öl! Das gab es vor allem auf *Sumatra*. Ich hatte Angst davor, dorthin versetzt zu werden – nicht wegen der Elefanten und Tiger, die es dort geben sollte, sondern wegen der Schlangen!«

»Hatten die Frauen auf Timor Angst vor japanischen Soldaten?«

»Sie boten uns ihre sexuellen Dienste freiwillig an. Alle Männer wurden verpflichtet, ein Kondom zu benutzen. Zwei meiner Freunde und ich gingen nie in diese Häuser.«

»Warum?«

»Die damit verbundene medizinische Untersuchung wirkte auf uns abstoßend. Wer eine Geschlechtskrankheit bekam, wurde hart bestraft. Viele Soldaten hatten mit einzelnen Frauen private Abmachungen. Da ich Englisch sprach, baten sie mich häufig Medikamente zu besorgen, wenn sie krank wurden. Eines Tages, während ich mich auf ›besonderer Mission‹ in Surabaya aufhielt, erklärte mir der diensthabende Offizier, dass wir den Krieg verloren hatten. Er sagte: ›Taiwan gehört nun zu China.‹ Das bedeutete, dass alle taiwanischen Soldaten in der japanischen Armee frei waren und nachhause zurückkehren konnten. Vor Wut schlugen drei japanische Soldaten einige Taiwanesen fast tot. Bestraft wurden sie dafür nicht. Ältere prügelten auch sonst oft auf jüngere ein, aber taiwanische Soldaten waren besonders häufig Opfer derartiger Übergriffe.«

»Was ging in Ihnen vor, als Sie von der Kapitulation erfuhren?«

»Ich habe geheult und mich meiner Tränen nicht geschämt. Wir wurden neun Monate lang in einem Lager gefangen gehalten, bis wir im Februar 1947 endlich repatriiert wurden.«

»Wie war Ihr Leben als Kriegsgefangener?«

»Die ersten Monate auf Lombok schauten die Holländer zwar ab und zu vorbei, ließen uns aber in Ruhe. Wir verpflegten uns, indem wir mit der Bevölkerung Handel trieben. Nach einem halben Jahr kamen wir nach *Jakarta*. Dort reinigte ich Flugzeuge, säuberte die Küche, zupfte Unkraut und half als Dolmetscher. Die Arbeit war nicht schwer und zu essen bekamen wir genug. Im Vergleich zu einem meiner Freunde, der von den Sowjets in Sibirien festgehalten wurde, ging es mir sehr gut. Sowohl die Holländer als auch die Australier gingen mit ihren Gefangenen menschlich um. Von den 3000 Rekruten aus Oita und der Nachbarprovinz kehrten nach Kriegsende nur 135 heim. Ich hatte großes Glück.«

»Wie erging es Ihnen nach Ende des Krieges?«

»Ich studierte an der Sophia-Universität in Tokio. Beinahe wäre das jedoch nicht möglich gewesen. Gegen Kriegsende war mein älterer Bruder wieder eingezogen worden. Er kam mit 36 Jahren auf dem Weg nach Okinawa um, als sein Schiff von amerikanischen Bombern getroffen wurde. Auch der Mann meiner Schwester ist im Krieg gefallen. Als ich studierte, erwartete meine Familie, dass ich meine sechs Jahre ältere, verwitwete Schwägerin heirate und für die drei Kinder meines Bruders sorge. Ich bat jedoch inständig, die Schule beenden zu dürfen, verzichtete auf jede Unterstützung und finanzierte mir mein Studium durch Arbeit im US-Offizierskasino. Mit 32 Jahren konnte ich mein Studium endlich abschließen.« Lächelnd fügt er hinzu: »Ich war mein Leben lang mit großer Freude Lehrer.«

Als ich mit ihm vor seinem Haus warte, während Dr. Koshio sein Auto holt, frage ich Shinichi, warum er nie geheiratet hat. Da schmunzelt er und erklärt ohne erkennbares Bedauern: »Vielleicht fanden die Mädchen, dass ich kein schöner Mann war.«

Soeprapto:
Ein javanischer Christ

Soeprapto ist Mitglied der Christlichen Kirche Nord-Mittel-Java –
GKJTU. Er lebt im Haus seines Sohnes Didik, ganz in der Nähe des
kirchlichen Gästehauses. Pebri macht mich mit beiden bekannt. Im
spärlich möblierten Wohnzimmer mit schwarzen Bodenfliesen steht
neben Tisch und Stühlen nur eine Stereoanlage. Die Wände werden von
einem mit Rosen bestickten Kreuz geziert, einem Bild des gekreuzigten
Jesus und einer Uhr.

Soeprapto wurde 1928 in *Semarang* in eine christliche Lehrer-Familie
geboren, als ältestes von fünf Kindern. Sein Vater besuchte die *Schule*
einer christlichen *Mission*, wurde Christ und unterrichtete in der evangelischen holländischen Grundschule. Das kleine Reihen-Steinhaus, in
dem er aufwuchs, befand sich direkt hinter der Kirche.

»Um etwas hinzuzuverdienen arbeitete Mutter als Putzfrau im
Krankenhaus. Als ich die vierte Klasse besuchte, wurde Vater in ein
Dorf bei Malang in Ost-Java versetzt und ich besuchte die christliche
Schule, an der er unterrichtete. Wir gehörten keiner hohen sozialen
Schicht an, aber immerhin besuchten meine Geschwister und ich
überhaupt eine Schule. 1941 schloss ich meine sechsjährige Grund-
schulzeit ab.

Als die Japaner Java 1942 besetzten, wurde Vater arbeitslos und wir
zogen nach Tempursari, ein Dorf an der Küste. Ich habe zwar nie einen
Holländer oder einen Japaner gesehen, wusste aber, dass viele Javaner
für die Japaner Bahngleise legen mussten. Die Arbeiter, zu denen bald
auch Vater gehörte, wurden bezahlt und konnten abends nachhause
zurückkehren. Auch ich musste bald jeden Tag, gemeinsam mit anderen
Kindern, für die Japaner arbeiten. Jeden Morgen konnten wir auf einer

Holztafel lesen, für welche Arbeit wir eingeteilt waren. Zu essen bekamen wir gerade genug, um überhaupt arbeiten zu können.

Nach einem Jahr zogen wir nach Gesang bei Lumajang, wo Vater an einer von den Japanern eröffneten Schule unterrichtete, und meine Geschwister und ich konnten weiterhin die Schule besuchen. Allmorgendliche Gymnastik gehörte nun ebenso zu unserem Schulalltag wie das Verneigen vor der japanischen Fahne. Nach der Schule mussten wir für die Japaner Eukalyptusbäume anpflanzen.

Vater war bald, wie die meisten Menschen, unterernährt, hat viel gehustet und ist 1944 mit 45 Jahren gestorben. Nach seiner Beerdigung zog Mutter mit uns fünf Kindern, das Jüngste war erst zwei Jahre alt, zu Verwandten in Zentral-Java.«

»Können Sie sich an die Beerdigung Ihres Vaters erinnern?«

»Natürlich. Wir waren alle furchtbar traurig. Vater wurde in ein weißes Tuch gewickelt. Einen Pfarrer gab es in der Nähe nicht, also fand die Beerdigung ohne geistlichen Beistand statt. Da es keinen christlichen Friedhof gab, wurde Vater auf dem muslimischen bestattet.

Am Bahnhof von Blora wurden wir von meinem Großvater abgeholt. Ein Jahr lang lebten wir im großen Haus meines Onkels, der selber zwei Kinder hatte. Während meine Geschwister weiterhin die Schule besuchten, begann ich, wie mein Onkel, als Krankenpfleger zu arbeiten. Ich habe also die Schule nicht abgeschlossen. Nach einem Jahr nahm meine Mutter eine Arbeitsstelle als Putzfrau im Krankenhaus von Ungaran an, zog mit meinen drei jüngeren Geschwistern dorthin um und lebte im Haus ihres Onkels. Mein Bruder und ich blieben in Blora. In den Jahren 1950/51 verhalf mir mein Onkel zu einem Ausbildungsplatz als Krankenpfleger in Purwokerto.«

»Änderte das Ende der japanischen Herrschaft etwas an Ihrem Leben?«

»Nein. Die Politik spielte in meinem Leben keine direkte Rolle. Nach Abschluss meiner Ausbildung zog ich zu meiner Mutter und fand im nahegelegenen Krankenhaus von Salatiga eine Anstellung. 1976 wurde ich gefeuert, weil ich einmal einer kommunistischen Organisation angehört hatte. Das war ein großer Schlag für mich. Denunziationen waren gang und gäbe. Da hat mich die Politik doch noch eingeholt.«

Zum Abschluss erzählt uns Didik, dass er 1960 geboren wurde. Sogleich breitet sich ein Lächeln auf dem Gesicht des alten Vaters aus: »Wir mussten lange auf unseren einzigen Sohn warten. Eines nachts erschien mir mein Vater im Traum und überreichte mir einen kleinen Orangenbaum, den ich einpflanzen sollte. Kurz darauf wurde meine Frau schwanger.« Schmunzelnd ergänzt sein Sohn: »Als Vater seine Arbeit verlor, nahm ich meine Eltern zu mir. Vater arbeitete gelegentlich als Krankenpfleger, während Mutter eine Anstellung in die Lungenklinik in Ngawen fand.«

»Die glücklichste Zeit meines Lebens waren die Jahre, die ich mit meiner Frau teilen durfte«, flüstert der alte Mann zum Abschied. »Am Ende ist nur das Private wichtig.«

Muriel Hess:
Von Java nach Mallorca – ein eurasisches Frauenschicksal

Zum besseren Verständnis für Muriels Schicksal zunächst einige Informationen über die Eurasier in Indonesien. 1892 wurde diesen Nachkommen europäischer Väter und indonesischer Mütter die niederländische Staatsangehörigkeit unter der Voraussetzung gewährt, dass der Vater seinen Sprössling anerkannte. Diese ›Vorkinder‹ wurden meist geboren, bevor ein Holländer eine Europäerin heiratete. Viele von ihnen lebten verwahrlost auf der Straße, so dass Waisenhäuser errichtet wurden, die sich dieser ›armen Bastarde‹ annehmen sollten.[1]

Als Erwachsene verdienten Eurasier halb so viel wie die ›reinen‹ Holländer und verloren ihren Job, wenn dafür ein Europäer zur Verfügung stand. Da indonesische Regierungsangestellte bis 1913 noch weniger verdienten als Eurasier, wurden sie manchmal bevorzugt eingestellt. Daher engagierten sich Indo-Europäer mit den Einheimischen in der ›Indischen Partei‹, um unter anderem gleiches Einkommen für alle zu fordern. Nachdem dies 1918 gewährt wurde, solidarisierten sich die Eurasier zunehmend mit den Europäern und wurden zu wertvollen Bindegliedern zwischen Holländer und Indonesiern – im Staatsdienst, beim Militär und auf den *Plantagen*.[2] Der 1919 gegründete Indo-Europäische Verband vertrat ausschließlich die Interessen der Eurasier. Viele Anhänger der Unabhängigkeitsbewegung betrachteten sie als holländischer als die Holländer.[3]

Einheimische Unternehmer waren verbittert, weil die holländische und chinesische Konkurrenz aufgrund diskriminierender Bestimmungen deutliche Vorteile genoss. Indonesische Regierungsangestellte waren verärgert, weil sie

---

[1] Hollander, Inez: *Silenced voices*. 2008, S. 61

[2] Touwen-Bousma, Elly: »Japanese Minority Policy. The Eurasians on Java and the dilemma of ethnic loyalty.« In: Post, Peter (Hg.): *Japan, Indonesia and the war: Myths and realities.* 1997, S. 34

[3] Kahin, George McTurnan: *Nationalism and revolution in Indonesia.* 1952, S. 50

gegenüber eurasischen Kollegen benachteiligt wurden.[4] So überlegen sich die Eurasier jedoch gegenüber den Einheimischen gaben, so unterlegen fühlten sie sich gegenüber den ›reinen‹ Holländern.[5] 1942, lebten etwa 80.000 Holländer und 280.000 Indo-Europäer in Niederländisch-Indien – 0,5 Prozent der Bevölkerung.[6]

Während der japanischen Besatzung wurden alle Holländer und Eurasier aufgefordert, sich registrieren lassen. In wessen Adern weniger als 50 Prozent indonesisches Blut floss, musste mit Gefangenschaft und Internierung rechnen. Im Grunde versuchten die Japaner jedoch, die Eurasier für sich zu gewinnen. Auf den Außeninseln wurden alle Eurasier interniert. Auf Java konnten sie sich jedoch gegen die *japanischen Internierungslager* entscheiden.

Fast alle 280.000 Eurasier zogen das Leben ohne Internierung vor. Ohne den Schutz des Kolonialsystems war ihre Situation dennoch prekär. Ihr Einkommen wurde reduziert, oder sie verloren ihre Arbeit ganz. Ihre Bankguthaben wurden eingezogen, ihre Häuser konfisziert, ihre Renten nicht weiter bezahlt.[7] Sie fanden sich nicht nur auf der untersten sozialen Stufe wieder, sondern sahen sich auch der Feindseligkeit der Einheimischen ausgesetzt. Als Strafe für ihre mangelnde Kooperationswilligkeit mit den Japanern wurde ihren Kindern verboten, eine indonesische *Schule* zu besuchen.

Das unabhängige GESC – Kommunale Europäische Hilfskomitee – lieh heimlich 100.000 Gulden von reichen Chinesen und half den Eurasiern zu überleben. Für dieses Geld bürgte die niederländische Regierung, die diese Kredite nach Kriegsende zurückzahlte.[8] Ab 1943 stand das GESC unter japanischer Kontrolle. 1944 wurde die Unterstützung drastisch reduziert, weil die Japaner die Eurasier als billige Arbeitskräfte brauchten. Da sie nicht bereit waren, im Notfall gegen die Alliierten zu kämpfen, steckten die Japaner etwa 1.000 eurasische Männer und Frauen im Januar 1945 in Gefängnisse. Ein Viertel von ihnen kam ums Leben.[9] Nach der Unabhängigkeitserklärung machte sie ihre Verbundenheit mit dem Kolonialsystem zur Zielscheibe gewalttätiger Ausschreitungen. Das Resultat waren 3.500 verstümmelte Leichen, tausende vergewaltigte Frauen und 2.000 andere spurlos Verschwundene.

---

[4] Frederick, William: *Visions and heat: the making of the Indonesian revolution.* 1989, S. 26
[5] Hering, Bob: *Soekarno, founding father of Indonesia.* 2002, S. 53
[6] Jong, Louis de: *The collapse of a colonial society: the Dutch in Indonesia during the Second World War.* 2002, S. 508
[7] Heidebrink, Iris: »The Eurasian community during the Japanese occupation 1942–1945.« In: Post, Peter (Hg.): *The encyclopaedia on Indonesia in the Pacific War.* 2010, S. 336
[8] Jong 2002, S. 526
[9] Heidebrink: The Eurasian Community, S. 340

Im Oktober 1945 ließ *Sukarno* alle der nationalen Bewegung ›feindlich ge-sinnten‹ Männer über 17 Jahren internieren. Bald folgten Frauen und Kinder. Mitte 1947 entschieden sich 10.000 Eurasier in Indonesien zu bleiben. 250.000 Indo-Europäer verließen jedoch zwischen 1945 und 1957 ihre Heimat. In den unter den Folgen des Krieges leidenden Niederlanden war man alles andere als begeistert darüber, diese Menschen aufzunehmen.

»Vielleicht magst Du einmal mit meiner Mutter sprechen. Sie lebt in Mallorca.« Dass die Wurzeln des lebensfrohen, holländischen Musikers Jean-Jacques Schalekamp in Indonesien liegen, überrascht mich. Bisher wusste ich nur, dass er in Mallorca aufgewachsen ist. Zwei Jahre später treffe ich seine Mutter auf dem Marktplatz des kleinen Städtchens Costix.

Der alte Ort mit engen Kopfsteinpflaster-Gassen und aneinander geschmiegten hellen Kalksteinhäusern wirkt in der Mittagszeit wie ausgestorben. Die grünen Fensterläden sind geschlossen. Nur ein paar Männer palavern vor einer Bar. Da entdecke ich eine winzige, zer-brechlich wirkende Gestalt in weiten, schwarzen Hosen, einem dunklen T-Shirt und etwas verstrubbeltem, kurzem, weißem Haar. Als ich später erfahre, dass Muriel Künstlerin ist, überrascht mich das nicht. Um sie zu umarmen, muss ich mich tief nach unten beugen. Verletzbar wie ihr Körper ist auch ihre Seele, erkenne ich im Laufe des Tages. Und doch auch genauso robust.

Sie führt mich zu ihrem verbeulten weißen Kastenwagen. »Es ist besser, Sie fahren mit mir. Die Straßen sind sehr eng,« erklärt sie. Dann lenkt sie das betagte Gefährt flott durch die Sträßchen des Städtchens und auf den noch schmäleren, unbefestigten Feldwegen zu ihrem Haus. An beiden Seiten sind die Pfade durch mannshohe sandsteinfarbige Steinmauern begrenzt. Das Land ist jetzt, im Oktober, karg und trocken. Von den Touristenmassen an den Stränden ist hier nichts zu spüren. Schließlich bringt Muriel ihr Auto am Ende der Welt, neben rostigen Reifen und sonstigem Altmetall, zum Stehen.

»Ich habe meinen Sohn schon mehrmals gebeten, dieses Gerümpel zu entsorgen«, entschuldigt sie sich schicksalsergeben.

Die kleine Finca, die hinter den Büschen in den Blick kommt, hatte sich die Malerin ursprünglich als Atelier ausgesucht. Sie wollte sich endlich ihren Traum vom Alleinsein verwirklichen. Aber daraus wurde nichts. Wieder nichts. Als die finanziellen Verhältnisse sie und ihren Mann zwangen ihre Wohnung bei Palma aufzugeben, wurde das Atelier zur Wohnstätte. Dann zogen auch noch der Sohn und die kolumbianische Schwiegertochter ein und wenige Jahre später kamen zwei Enkeltöchter hinzu. »Ich liebe meine beiden Enkeltöchter abgöttisch«, erklärt Muriel mit weichem Lächeln.

Später am Tag, als wir nach dem Essen in der Stadt zurückkehren, finden wir auf Muriels Couch in dem winzigen, dunklen Wohnzimmer ein kleines blondes Mädchen ihren Mittagsschlaf halten. Bewacht wird sie von ihrer älteren, dunkleren Schwester, die in Kolumbien nicht auffallen würde.

»Als ich dieses Gebäude erwarb, war es nur eine Bruchbude. Als Atelier hätte es mir genügt. Aber inzwischen haben wir für mein Atelier aufgestockt und für meinen Sohn angebaut. Die ersehnte Ruhe finde ich nur selten. Hinzu kommt, dass mein Mann an Alzheimer leidet und ich mich auch um ihn kümmern muss.«

Auf dem weiten, trockenen Grundstück liegen Bretter und Krempel zwischen Kinderschaukel und Grillplatz. Muriel führt mich zu einem schattigen, von Weinranken überdachten, großen Tisch und wischt die herunter gefallenen Blätter von der Plastikdecke. Als wir einander schließlich gegenüber sitzen, nimmt sie mich zunächst vorsichtig tastend mit auf die Reise in ein Leben geprägt von Kolonialismus, Rassismus und Krieg.

»Ich wurde 1933 auf Java geboren. Mein Großvater väterlicherseits war Brite. Wie damals gang und gäbe, zeugte auch er ein Kind mit seiner Haushälterin. Als das Baby unterwegs war, sorgte er dafür, dass sein Dienstmädchen einen deutsch-javanischen Mischling-Jungen aus einem Waisenhaus heiratete und somit versorgt war. Der junge Bräutigam namens Hess wurde, wie so viele eurasische Buben, Soldat in der *KNIL* So kam mein Vater zu dem britisch-deutschen Namen John Hess.«

»Wo wuchs Ihr Vater auf? Kannten Sie seine Eltern?«

»Nein«, erwidert Muriel trocken, »ich habe meine Großeltern nie gesehen, weder meinen britischen Großvater, noch meine javanische Großmutter, noch ihren Ehemann Hess.« Kaum hörbar murmelt sie: »Und auch meinen Vater nur selten.«

»Und Ihre Großeltern mütterlicherseits?«

»Der Vater meiner Mutter war Holländer und besaß in der Nähe von Bandung eine Plantage. Auch er zeugte ein Kind mit seiner Hausangestellten, meiner Mutter. Er erkannte seine Tochter an, was ihr zumindest seinen Namen einbrachte. Dass ein Europäer eine Javanerin nicht nur schwängerte, sondern auch heiratete, war eine unerhörte – fast skandalöse – Ausnahme. Bei einer Chinesin sah die Sache anders aus. Als mein holländischer Großvater eines Tages eine Chinesin heiraten wollte, bestand sie darauf, dass meine Großmutter mit ihrem Baby die Plantage verließ.

Ihren Vater hat meine Mutter meines Wissens so selten gesehen wie ich meinen Großvater. Den europäischen Vätern lag selten etwas an ihren Mischlingskindern. Immerhin brachte er meine Großmutter und ihr Kind bei der wohlhabenden holländisch-javanischen Familie Riede in Bandung unter. Diese erklärte ihr: »Dein Kind kann hier aufwachsen, aber du musst gehen. So ließ meine Großmutter ihre kleine Tochter Dola zurück und kam nie wieder.« Als ob sie das Ausmaß dieser seelischen Verheerungen nicht an sich heranlassen kann, bekräftigt Muriel: »Meine Großmutter wurde also von Riedes davon gejagt und meine Mutter schlecht behandelt.«

Auf meine Frage, wo sich ihre Eltern begegneten, erklärt sie: »Sie arbeiteten in einem Büro der Kolonialverwaltung in Bandung. Dort müssen sie sich kennen gelernt haben. Mein Vater war lebenslustig und unbeständig. Er konnte es nie lange an einer Arbeitsstelle aushalten. Ich nehme an, dass dieses unstete Leben mit dafür verantwortlich war, dass meine Eltern drei ihrer sieben Kinder verloren. Nur drei Töchter und ein Sohn haben überlebt. Ich bin die Zweitälteste.

Als ich klein und meine Welt noch in Ordnung war, lebten wir in einem typischen javanischen Holzhaus an einem Fluss. Es stand auf Stelzen und hatte aus Bambus geflochtene Wände. Möbel gab es so gut wie keine. Wir lebten auf Bambusmatten auf dem Fußboden. Unter unserem Haus hielten meine Eltern Schweine und Hühner, die von den Essensresten lebten, die durch die Spalten im Bambusboden fielen. Im Grunde lebten meine Eltern von der Wildschweinjagd, wobei Mutter meinem Vater – mit mir auf ihrem Arm – die Schweine zutrieb. So kam ich zu meinem Spitznamen ›Diana‹. Vater schlachtete die Schweine und Mutter machte daraus Deng-Deng, Streifen aus getrocknetem Fleisch, das meine Eltern verkauften.«

»Sie hatten tatsächlich nie Kontakt zu irgendeinem Ihrer Großeltern?« frage ich nach.

»Doch einmal. Als Mutter bereits drei Kinder hatte, besuchte sie ihren Vater in den Bergen auf seiner Plantage. Da war ich noch so klein, dass ich daran kaum Erinnerungen habe. Die Eltern meines Vaters habe ich aber nie gesehen. Als meine Eltern schon längst verheiratet waren, verließ Mutters Ziehvater seine Frau, nahm sich eine wesentlich jüngere und die Kinderlose, Verlassene versank in einer tiefen Depression. Schließlich riet ihr der Arzt: ›Nehmen Sie doch ein Kind an, wenn Sie sich so sehr eines wünschen. Fragen Sie Ida und John, ob Sie Ihnen eines ihrer Kinder geben.‹ Und so erschien die Unglückliche eines Tages bei uns. Meine Eltern stimmten der Kindsübergabe zu. Die Wahl fiel auf mich. Ich war drei Jahre alt und begriff nicht, dass dieser Besuch mein Leben für immer verändern würde. Unwiederbringlich. Mein ganzes Leben.«

»Wie hieß ihre Adoptiv-Großmutter?«

Mit blitzendem Zorn schleudert mir Muriel entgegen: »Sie hat es nicht verdient einen Namen zu haben. Ich habe sie mein Leben lang nur ›sie‹ genannt.«

»Vielleicht könnten Sie mir für ihre Geschichte doch ihren Namen nennen.«

Muriel starrt vor sich hin. Ihre inneren Sturmwellen scheinen sich tosend an mir zu brechen. Schließlich presst sie hervor: »Ich konnte sie nie ausstehen. Sie hieß Petronella. Ich nannte sie Oti. Auch ihr Vater war Holländer und ihre Mutter Javanerin. Ihre Hautfarbe war zwar dunkel, sie war aber ausgesprochen stolz auf ihr holländisches Blut.«

Es ist, als ob Muriel ihre ganze Kraft aufbringen muss, um fortzufahren: »Am nächsten Morgen brachte mich Vater zu ihr und verabschiedete sich mit den Worten: ›Ich hole dich heute Abend wieder ab.‹ Als es dunkel wurde, setzte ich mich auf die Stufen des Hauses und erwartete sehnsüchtig seine Rückkehr. Ich wartete und wartete. Schließlich begann ich zu weinen. Mein Vater kam nie mehr zurück. Seit diesem Tag vergieße ich jeden Abend ein paar Tränen, sehe mich täglich, wenn es dunkel wird, als Dreijährige wartend auf der Treppe sitzen.«

Es ist, als ob sie dieses Bild wegstößt, ehe sie sagt: »Sie sollen aber nicht den Eindruck haben, dass ich mein Leben lang nur traurig war. Der tägliche Schmerz geht schnell wieder vorbei. Aber jeden Abend überfällt mich diese seltsame Traurigkeit. Mein ganzes Leben lang. Trotz meiner Trostlosigkeit, meines Gefühls des Verlassenseins, ging das Leben weiter. Meine Ablehnung gegenüber Oti aber blieb.«

Muriel hält inne, als sich eine korpulente, junge Frau mit olivfarbener Haut nähert und freundlich fragt, ob wir gern eine Tasse Tee trinken würden. »Meine Schwiegertochter«, stellt Muriel sie vor, ohne ihren Erinnerungsfaden aus der Hand zu lassen. »Oti lebte in einem Eck-

Bungalow in Bandung mit großem Innenhof. Ich erinnere mich an die Obstbäume im Garten, an den großen Hund, der mir Furcht einflößte, an den schummerigen Korridor und daran, dass ich mich aus Angst oft unter dem Tisch versteckte. In meiner Rückschau ist das Haus düster und lieblos. Oti besaß sechs Häuser auf ihrem großen Grundstück. Zu dem Personal gehörte auch mein warmherziges Kindermädchen Jessi. Sie trug eine weiße Bluse und einen Sarong. Ich war jeden Abend traurig, wenn sie nachhause ging in ihr ›kampong‹.

»Hat sich Oti nicht um Sie gekümmert? Sie hatte sich doch ein Kind gewünscht?«

»Sie sah es als ihre primäre Aufgabe an, mich zu erziehen. Wenn wir am großen Tisch im Esszimmer aßen, ermahnte sie mich ständig: ›Wo sind deine Hände?!‹ – ›Halte den Mund geschlossen!‹ und dergleichen mehr. Oft predigte sie: ›Zieh deine Nase lang, damit sie weniger stupsnasig wird.‹ Ich habe zwei javanische Großmütter. Woher sollte ich also eine spitze Nase haben?«

»Hatten Sie Spielkameraden?«

»Ich habe sehr viel alleine gespielt, bis ich in den Kindergarten kam. Jesse hat mich dorthin gebracht und auch wieder abgeholt.« Lächelnd fügt Muriel hinzu: »Eines Tages flocht sie mir auf dem Heimweg einen gelben Blumenkranz. Das ist eine unvergesslich schöne Erinnerung. Ab meinem siebten Lebensjahr ging ich in Bandung zur Schule. Von nun an besuchten mich auch Schulkameradinnen.

Als ich etwas älter war, zog im großen Haus nebenan, Otis Nichte mit Familie ein. Mit den Kindern habe ich gespielt, mich aber nie wirklich dazugehörig gefühlt. Eigentlich fühlte ich mich mein Leben lang unsicher, auch während meiner Ehe. Jedes Mal, wenn mein Mann beruflich verreisen musste, hatte ich Angst, er könnte nie zurückkommen. Ich habe geweint und geschrien, litt regelrecht Panik.

Als ich drei kleine Kinder hatte, sind meine schlimmsten Befürchtungen dann eingetreten. Mein Mann hat mich verlassen, um mit einer Amerikanerin zu leben. Das hat er mir aus den USA per Telefon mitgeteilt, als er dort ein Jahr lang an der Universität von Minneapolis niederländische Literatur lehrte. Er kehrte schließlich doch zu mir zurück, aber richtig verzeihen konnte ich ihm das nie.«

Als ob man ihn gerufen hätte, steht plötzlich ein schlanker, älterer Herr lächelnd vor uns. Muriel stellt uns einander vor, lässt sich ansonsten aber nicht ablenken, auch nicht, als ihre Schwiegertochter zwei Tassen

Tee serviert. Viel zu sehr ist sie in Gedanken im fernen Asien ihrer Kindheit.

»In einem ihrer Häuser vermietete Oti Praxisräume an einen deutschen Zahnarzt. Seine Frau, ebenfalls eine Zahnärztin, kümmerte sich um meine Zähne. Sie hatten eine Tochter. Es waren sehr nette Leute. Eines Tages waren sie plötzlich ohne Abschied verschwunden. Das ist mir bis heute rätselhaft.«

Überrascht frage ich: »Wissen Sie nicht, dass im Mai 1940 alle Deutschen in Niederländisch-Indien von den niederländischen Behörden interniert wurden?«

Muriel schaut mich mit großen Augen an: »Davon habe noch nie etwas gehört. Da bin ich aber froh, dass Sie dieses Rätsel heute für mich gelöst haben. Für mich begann der Krieg erst mit dem Einmarsch der Japaner 1942. Die Schule wurde geschlossen und ich erfuhr, dass man meinen Vater zur *KNIL* eingezogen hatte. Eines Tages marschierte eine Kolonne japanischer Soldaten durch Bandung. Sie machten an der nahe gelegenen Tankstelle halt und stürmten kreischend in die umliegenden Häuser.«

Mit der ihr eigenen Ironie fährt Muriel fort: »Sie verlangten Wasser, um sich zu waschen. Dann befohlen sie uns, unsere Fenster mit Papier zu verdunkeln. Bald wurden alle Holländer in Lager gesteckt. Eurasier waren von dieser Zwangs-Internierung ausgenommen. Dies gefiel der stolzen Oti jedoch gar nicht. Sie erklärte dem japanischen Kommandanten hochtrabend, dass sie zu fünfzig Prozent Holländerin sei und darauf bestehe, interniert zu werden. Der Kommandant staunte nicht schlecht und ließ ihr ihren Willen. Was aber sollte mit mir geschehen? Als Oti mich fragte, war ich viel zu verwirrt, um antworten zu können. Ich war ja erst neun Jahre alt. Also baten Oti und ihre Schwägerin Gott unter Tränen um Rat. Schließlich willigte ich weinend und erschöpft ein, mit ihnen ins Lager zu gehen.«

»Ohne Oti wäre ihnen die Internierung also erspart geblieben?«

Muriel nickt. »Die allermeisten ›Indischen‹ waren nicht im Lager.« Tatsächlich blieben 15.300 Eurasier in Bandung von der Internierung verschont, zwei Drittel von ihnen Frauen und Mädchen.[10]

»Bevor Sie mir von Ihren Lagererlebnissen erzählen, würde ich Sie gern zum Essen einladen. Sie kennen sich hier aus, schlagen Sie etwas vor.«

---

[10] Jong, 2002, S. 531

Im benachbarten Sineu könne man gut, günstig und einheimisch essen, erklärt sie über den Ausflug erfreut und steuert rasant durch eine grüne Ebene mit alten Windmühlen. Das fruchtbare Land war bereits zur Römerzeit besiedelt. Die Araber machten Sineu zu einem landwirtschaftlichen Zentrum. Das alte Städtchen mit seinen engen Gassen und prächtigen, hellen Steingebäuden hat etwas Märchenhaftes.

Gegenüber dem Rathaus, direkt am Markplatz, steuert Muriel einen Tisch unter einem Sonnenschirm an. Umgeben von lautem Markttreiben verspeisen wir einen scharfen, mallorquinischen Eintopf, der Muriel deutlich mehr begeistert als mich. Das Abbauen der Marktstände ist so ohrenbetäubend, dass eine Unterhaltung schier unmöglich ist. Zum Glück ist der Lärm irgendwann vorbei.

In der mediterranen Mittagsstille, die sich langsam auf den Platz legt, berichtet Muriel von ihren düsteren Lagererfahrungen: »Zuerst wurden wir für kurze Zeit im Bloemenkamp untergebracht, einem Wohngebiet im Nordosten Bandungs. Sie müssen sich das wie ein Ghetto vorstellen. In einem fremden Haus hatten wir einen kleinen Raum und nie genug zu essen. Bloemenkamp war ein Nebenlager des großen Lagers Tjihapit.«

In Tjihapit waren im März 1943 7.000 Frauen und Kinder interniert.[11] Sie ahnten nicht, dass Reis außerhalb des Lagers auf 70 Gramm pro Person und Tag rationiert war – ähnlich wie im Lager.[12] Im Februar 1945 lebten hier 4.853 Menschen, davon 1.210 Kinder unter zehn Jahren.[13] Heute erinnert nichts mehr an das Lager.

»Von Bandung wurden wir ins Lager Grogol bei *Jakarta* verlegt. Ich hatte für die Zugreise viele Pfannkuchen zubereitet. Die stillten zwar unseren Hunger, machten uns auf der langen, heißen Fahrt aber furchtbar durstig – und Wasser gab es leider nur sehr, sehr wenig. In Gogol mussten wir dann noch stundenlang in der Sonne sitzen. Ich bin vor Durst fast gestorben. Da machte sich meine Tante auf die Suche nach etwas zu trinken, fand aber nur eine schmutzige Wasserlache. Ich trank dennoch daraus. Zum großen Glück wurde ich davon nicht krank.

---

[11] Jong, 2002, S. 104
[12] Oort, S. 206
[13] Jong, 2002, S. 443

Während unserer Internierung existierte in dieser Anlage weiterhin eine Abteilung für psychisch Kranke. Zu essen gab es nichts als Reis, der in großen Kesseln gekocht wurde, und *Sambal*. Diese scharfe, rote Sauce kennen Sie bestimmt. Oti schickte mich regelmäßig in die Küche, um den Kessel auszukratzen. Selbst unter diesen Umständen war Oti auf ihr Aussehen bedacht. Sie hatte ihre Kimonos mitgebracht und es verging kein Tag, an dem sie kein Parfüm benutzte.

Jeden Morgen mussten wir zum Appell antreten und uns gen Tokio verneigen. Entsprach die Verbeugung nicht den Vorschriften, ging das Geschrei der Japaner los und allen, die nicht den korrekten Neigungswinkel eingenommen hatten, wurde ins Gesicht geschlagen. Wir Kinder erhielten kleine Scheren, mit denen wir den Rasen schneiden sollten. Wir fanden das amüsant. Darüber hinaus bestand unsere Aufgabe darin, den Müll zu entsorgen. Zu meinen Aufgaben gehörte es außerdem, das Gelände nach Pflanzen abzusuchen, mit denen wir unserem mageren Essen ein paar Vitamine hinzufügen konnten. Dennoch entwickelte ich garstige Geschwüre an den Beinen. Eines Tages rief mich ein japanischer Offizier in sein Büro, bot mir Süßigkeiten und Limonade an und fragte mich, ob ich für ihn arbeiten wolle. Oti war darüber wütend, aber sie hatte auch Angst.«

»Angst um Sie?«

Muriel nickt fast widerwillig: »Sie erzählte dem Offizier, dass ich verrückt sei. Aus diesem Job wurde also nichts. Aber es blieb mir nicht erspart, die Abfälle der Japaner zu einem Loch außerhalb des Lagers zu tragen. In gewisser Weise war das mein Glück! Denn manchmal fand ich in dem Weggeworfenen eine Karotte oder ein Stück Brot. Wie herrlich das schmeckte! Sie können sich nicht vorstellen, wie geschwächt wir waren! Bald redete jeder nur noch übers Essen. Oti hatte sogar ein Kochbuch mitgebracht, in dem wir jeden Tag lasen.

In diesem Lager lernte ich Betty kennen, eine nette, ältere Dame, die mir beibrachte Patiencen zu legen. Eines Tages wurde sie mit vielen Frauen und Kinder in einem offenen LKW weggebracht. Sie war so furchtbar schwach. Und auch ich hatte gerade noch genug Kraft, ihr traurig nachzuwinken. Ich habe sie nie wieder gesehen.«

Stumm hängt Muriel ihren Erinnerungen nach, ehe sie fortfährt: »Hin und wieder versuchte eine Frau dem Lager durch das unterirdische Abwasserkanalsystem zu entkommen. Wurde sie gefasst, rasierte man ihren Kopf und zwang sie stundenlang in der prallen Sonne zu stehen.

Verlor sie das Bewusstsein, übergoss man sie mit Wasser und prügelte so lange auf sie ein, bis sie wieder stand. *Tjideng*, das letzte Camp während unserer zweieinhalb Jahre Lagerhaft, befand sich ebenfalls in Jakarta.«

Es bestand aus den kleinen Häusern eines mit Bambus umzäunten, abgeriegelten Teils eines Armenviertels. Während die Fläche des Lagers im Laufe der Zeit immer wieder verkleinert wurde, wuchs die Anzahl der Lagerinsassen von 2.000 auf 10.500 an. Muriel sah, wie Menschen Essen über den Zaun ins Lager warfen, was allerdings streng verboten war. »Ein Ei zu fangen, gelang mir nie«, bedauert sie. »Sterben wurde alltäglich. Brutale Schläge für minimalste Verstöße waren an der Tagesordnung.«

Mochtar Naim:
Ein Minangkabau plädiert für den Erhalt seiner matrilinearen Kultur

Mit meinem ersten Besuch bei dem geschätzten indonesischen Islamwissenschaftler und Soziologen Mochtar Naim folgen Finda und ich einer Einladung zum Essen bei ihren Bekannten in *Jakarta*. Ich lerne den alten Herrn, seine Frau, seine Tochter und Enkelkinder um einen lebhaften Tisch herum sitzend kennen, auf dem das äußerst scharfe Essen der *Minangkabau* aufgetragen wird. Zunächst aber werden wir, wie es die Tradition dieser matrilinearen Ethnie fordert, von der Frau des Hauses begrüßt. Körper und Haar der gebildeten, gläubigen Muslimin sind farbenfroh bedeckt, ihre formgewandte Würde beeindruckend.

Bevor wir uns zu Tisch setzten, zeigt sie mir das Original ihres Stammbaumes. Es hat die Größe von zwei DIN A 4 Seiten und ist von etlichen offiziellen Stempeln und Unterschriften beglaubigt. Als sie meine Bewunderung bemerkt – schließlich halte ich zum ersten Mal in meinem Leben einen originalen matrilinearen Stammbaum in meinen Händen – lächelt sie: »Sie dürfen dieses Dokument gern behalten.«

Ich bin sprachlos. Es listet acht Generationen von Frauen, beginnend mit der Ahnherrin Suleka. Alle Kinder von ihr und ihren weiblichen Nachkommen sind aufgeführt, Jungen und Mädchen, aber immer nur die Nachkommen der Frauen. Die zahlreichen akademischen Titel auf diesem Papier machen deutlich, dass die Hausherrin, wie ihr Mann, einer gebildeten Familie entstammt. Nach dem Essen lassen wir uns auf dem grüngelben Sofa und gleichfarbigen Sesseln nieder. In fließendem Englisch beginnt der Soziologe die Organisationsstruktur seines Volkes zu erklären.

»Sieben kleine Siedlungen formen zusammen ein ›nageri‹ und sieben ›nageri‹ eine ›afdeeling‹, ein erweitertes Dorf könnte man sagen. Jeder

Minang bleibt sein Leben lang mit dem ›nageri‹ seiner Vorfahren verbunden. Bis heute gelang es den ›nageri‹, ihre innere Unabhängigkeit zu wahren. Die Holländer intervenierten nur bis zur Ebene der ›afdeeling‹. Seit Jahrhunderten wird West-*Sumatra* von der matrilinearen Tradition auf der einen Seite und dem feudalen, patriarchalen Gefüge des regionalen Adels auf der anderen regiert.

Wir gehören dem malaiischen Kulturkreis an, sprechen aber unseren eigenen Dialekt. Unsere Könige waren eher Symbolfiguren, mythische Charaktere. Sogar ihre Macht reichte nicht bis in die ›nageri‹. Diese pseudofeudale Struktur ist mit ein Grund für den frei denkenden Charakter der Minangkabau. In unserer relativ egalitären Tradition gab es immer Raum für kontroverse Diskussionen, was nur wenige Rebellionen notwendig machte.

Das fruchtbare Land, das den Anbau von Reis, Gemüse, Mais und Erdnüssen erlaubte, geriet erst 1825 unter die Kolonialherrschaft. 1903 begannen die Niederländer damit, Land von den Fürsten zu pachten und zu roden. Auf ihren *Plantagen* ernteten sie bald Tee, Kaffee, Kautschuk und Gambir.[1] Da sich die meisten Minang weigerten, für die Holländer zu schuften, holten sie Arbeiter aus Java.«

»Es ist interessant, dass die matrilineare Kultur der Minangkabau muslimisch ist«, werfe ich ein.

Mit einem amüsierten Aufleuchten in seinen Augen seufzt Mochtar Naim: »Wir armen Männer sind wirklich zu bedauern. Aller Besitz gehört unseren Frauen und wir müssen hart arbeiten, damit es ihnen wohl ergeht.«

»Sie scheinen darüber nicht wirklich traurig zu sein«, lächle ich zurück.

»Wirklich nicht. Ich bin sogar sehr stolz auf unsere Kultur. Wir Minangkabau-Männer tragen unseren Teil dazu bei, dass alle unsere Kinder – die Zukunft unseres Volkes – in Sicherheit aufwachsen können. Keine Frau muss sich Sorgen über das materielle Wohlergehen ihrer Kinder machen. Was immer auch mit einer Ehe passiert, das Leben der Kinder bleibt geborgen im Rahmen der erweiterten Familie der Mutter. Wir Männer sehen es als unsere Aufgabe an, alle unsere Frauen

---

1 Gambir ist ein Farb- und Gerbstoff, der aus den Blättern des Nauclea-Strauches gewonnen wird. In Verbindung mit anderen Zusätzen werden damit Farben, besonders Schwarz, erzeugt.

und Kinder vor Unbill zu bewahren. Aus diesem Grund unterstützen wir unsere Tradition, die den Müttern unserer Kinder alles Land und alle Immobilien zuspricht. Wir Männer sind ja keineswegs machtlos. Politik und Religion liegen in unseren Händen. Kein Dorfvorstand ist weiblich und Jungen werden ganz besonders darin unterstützt, eine gute Ausbildung zu machen. Deswegen finden Sie überproportional viele Minangkabau unter den erfolgreichen Geschäftsmännern und Wissenschaftlern Indonesiens.

Ehepaare gründen im Normalfall keine Kleinfamilien. In der Regel leben die Menschen im Verband der weiblichen Großfamilie. Der Ehemann wird als Gast im Haus seiner Frau betrachtet. Er lebt nicht nur mit seiner Frau, sondern oft auch mit den Familien ihrer Schwestern, denen nicht nur ein großes Haus und Ländereinen gemeinsam gehören, sondern die auch die Felder miteinander bestellen. Die materielle Unabhängigkeit der Frauen mag auch die hohe Scheidungsrate bei uns erklären. Es wird erwartet, dass der Ehemann morgens zur Arbeit geht und am Abend zurückkommt. Die letzte Verantwortung für Haus und Haushalt liegt jedoch beim mütterlichen Onkel der Schwestern.

Heute ist dies alles im Fluss. Es gibt weniger Zeremonien und Rituale. Die wunderschönen alten Holzhäuser machen zunehmend Häusern aus Ziegel Platz. Heute kann auch ein Mann Felder bestellen, aber er muss immer einen Teil der Ernte an seine Schwestern abliefern. Abgesehen von diesen Veränderungen hat bisher keine Familie die matrilineare Tradition vollkommen verlassen. Selbst wenn sie weit entfernt von West-Sumatra leben, halten die Minang an ihrer Tradition fest – außer sie heiraten jemanden von einer anderen Ethnie.«

»Sie haben die meiste Zeit Ihres Lebens weit entfernt von West-Sumatra gelebt, wie verbunden sind Sie und Ihre Kinder dieser Tradition geblieben?«

»Meine Frau und ich leben nicht in einem typischen Minangkabau-Haus, aber dennoch folgen wir der matrilinearen Tradition und sprechen miteinander Minang.«

Als ich meinen Gastgeber bitte, mir etwas über sein persönliches Leben zu erzählen, lehnt sich der schlanke Mann noch tiefer in seinen Sessel zurück: »Ich wurde 1932 in Sungai Penuh, einem kleinen Dorf in den Bergen oberhalb des Indischen Ozeans, geboren. In unserem ›nageri‹ lebten etwa 3.000 Menschen.«

»Wer gehörte zu Ihrem Haushalt?«

»Bevor meine Mutter heiratete, lebte sie mit ihren drei Schwestern zusammen. Sie bestellten gemeinsam ihre Felder, kümmerten sich um Haus und Kinder. Ihr Bruder lebte anderswo. Die Männer der Schwestern arbeiteten auf dem Markt oder als Feldarbeiter für andere Frauen. In der Mitte des stattlichen Hauses befand sich die große Gemeinschaftsküche. Darüber hinaus hatte jede Schwester eine kleine Privatküche und ein eigenes Schlafzimmer. Oft kochte eine Frau für alle. Im Allgemeinen aßen morgens und abends alle Hausbewohner gemeinsam auf der großen, überdachten Terrasse hinter der Küche. Wer tagsüber Hunger hatte, nahm sich irgendeine Kleinigkeit.

Vor den Schlafzimmern befand sich das große, kaum möblierte Wohnzimmer. Dort rollten alle Kinder abends ihre Schlafmatten aus. Ich erinnere mich, wie sicher und geborgen ich mich in mitten meiner Eltern, Tanten, Onkel, Geschwister, Cousinen und Cousins fühlte. Ich bewahre diese Erinnerungen wie einen großen Schatz in mir auf. Hatte ein Junge ein gewisses Alter erreicht, musste er im ›surau‹, der Schlafstätte für alleinstehende Männer in der nahegelegenen Moschee, schlafen. Dort lehrte man uns unsere Tradition und unsere Rolle darin. Tagsüber diente der Ort dem gemeinsamen Gebet.«

Mochtar Naims Frau hatte still zugehört. Nun zieht sie sich zurück. Finda und mir wird bewusst, dass auch wir uns verabschieden sollten. Bevor er uns gehen lässt, zeigt uns unser Gastgeber seine umfangreiche Bibliothek im Obergeschoss – und er bietet uns an, in seinem Haus in West-Sumatra zu übernachten, falls wir diese Gegend besuchen. Außerdem rät er mir, seinen Freund Mestika Zed zu besuchen, Geschichtsprofessor an der Universität von Padang.

Als ich Mochtar Naim ein paar Wochen später ein zweites Mal besuche, habe ich inzwischen einige Nächte in seinem Haus in West-Sumatra verbracht, die aufrechten, schönen Minang- Frauen bewundert und das schärfste Essen probiert, das man sich vorstellen kann. Er ist besonders erfreut, dass ich seinen mutigen und charmanten Freund in Padang besucht habe. Ich erzähle ihm, dass ich mit Mestika Zed über die sogenannten japanischen Höhlen in *Bukittinggi* sprach, nachdem ich diese besucht hatte. Diese 21 miteinander verbundenen Tunnel wurden im Zweiten Weltkrieg von Zwangsarbeitern unter grausamen Bedingungen gegraben. In diesem 1.470 Meter langen unterirdischen Labyrinth wollten die Japaner Munition lagern. Darüber hinaus sollte dieser Bunker als Kaserne dienen. Ich fragte Mestika Zed, wie viele

›*romusha*‹ bei der Arbeit an diesem Tunnelsystem umkamen. An dem Ort selbst erfährt man absolut nichts über ihr Schicksal.

»Das ist ein heikles Thema für indonesische Historiker«, erklärte der Geschichtsprofessor. »Forschung in diese Richtung existiert kaum und ist nur unter äußersten Schwierigkeiten zu bewerkstelligen. Die offizielle Geschichtsschreibung würde dieses Thema am liebsten unter den Teppich kehren. Heute spricht man sogar davon, aus diesen ›Höhlen‹ ein geologisches Museum zu machen. Die Politiker sind in einer Zwickmühle. Dieses Labyrinth ist eine hervorragende touristische Attraktion und bringt Geld nach Bukittinggi. Andererseits sollen die Besucher so wenig wie möglich über die abertausende Zwangsarbeiter erfahren, die hier zu Tode kamen.«

»Woher kamen diese Arbeitssklaven?«

»Die Japaner setzen die ›romusha‹ oft fern ihrer Wohnorte ein. Die Männer, die in Bukittinggi starben, waren meist Analphabeten von Java und Kalimantan. Sie konnten kaum untereinander kommunizieren, geschweige denn mit der örtlichen Bevölkerung. Indonesisch wurde ja im Allgemeinen erst nach der Unabhängigkeit unterrichtet. Das entsetzliche Massensterben, vor allem durch Verhungern, wurde vor der Bevölkerung geheim gehalten. Als die Arbeitssklaven ankamen, wurden sie sogleich in die Höhlen gebracht – und haben diese meist nicht mehr lebend verlassen. Wenn sie nach ein paar Wochen oder Monaten Hunger oder Krankheit zum *Opfer* gefallen waren, warf man sie einfach in die Schlucht am Ende des Tunnelsystems. Tausende. Belastbare Zahlen sind nicht bekannt.« Bekannt ist jedoch, dass von den 120.000 ›romusha‹, die nach Sumatra gebracht wurden, lediglich 23.000 am Leben blieben, etwa 20 Prozent.[2]

»Die Familien in Java oder Kalimantan haben bis heute keine Ahnung, was mit ihren Männern geschah?«

»So ist es.«

»Es gibt nirgends einen Friedhof oder eine Gedenktafel, die an ihr Schicksal erinnert?«

»Nirgends.«

»Sie starben mit Wissen *Sukarnos*, des berühmtesten Helden Indonesiens, der auch hinsichtlich der ›romusha‹ mit den Japanern kollaborierte.«

---

2 Jong, Louis de: *The collapse of a colonial society: the Dutch in Indonesia during the Second World War.* 2002, S. 249

»Für mich – und für viele hier in West-Sumatra – ist Sukarno kein Held.«

»Ich habe im Museum von Bukittinggi Jakartas Sichtweise dazu gelesen.«

»Dann haben Sie einen kleinen Einblick in die Probleme, mit denen sich jeder kritische Historiker auseinandersetzen muss. Deswegen bin ich an Ihrer Arbeit sehr interessiert. So viele Perspektiven in einem Buch zu vereinen, finde ich faszinierend. Kommen Sie nach Padang, wenn Sie mit Ihrem Buch fertig sind. Unterrichten Sie eine Weile hier.«

Mochtar Naim lächelt, als ich ihm von meinem Besuch bei seinem Freund berichte und ich weiß, dass er genau so ein Gespräch erwartet hatte. Bevor er mir mehr über sein Leben erzählt, zeigt er mir die fünf Bücher, die er über den *Islam* geschrieben hat. Ich erfahre, dass er einen MA für Islamische Studien von der McGill Universität in Kanada erworben hat und einen Ph.D in Soziologie von der Universität in Singapur. Er lehrte an der Cornell Universität und am Oswego College in New York. Die längste Zeit seiner akademischen Laufbahn verbrachte er jedoch in Indonesien, vornehmlich an der Universität von Padang.

»Meine Eltern stammen aus Bukittinggi, sind aber aus der Stadt weggezogen. Daher wurde ich am Fuße des höchsten noch aktiven Vulkans auf Sumatra – Kerinchi – geboren, 300 Kilometer südlich von Bukittinggi. Mein Geburtsort liegt in einem wunderschönen Tal, umgeben von Bergen. Der Fluss, der sich durch das Gelände schlängelt, speist den klaren, nahe gelegenen See. Meinem Vater gehörten einige zweistöckige Gebäude in der Nähe des Marktplatzes. Im Parterre unseres Hauses befand sich sein Laden und wir lebten in der Etage darüber. Die meisten Männer waren Händler.

Da ich darauf bestand, mit den Füßen zuerst im Leben zu landen, war meine Geburt äußerst schwierig. Mutter kämpfte um ihr Leben und musste ins Krankenhaus gebracht werden. Ein Arzt aus Java rettete sie – und mich. Aus Dankbarkeit nannte sie mich nach ihm – Mochtar.«

Der alte Gelehrte wird plötzlich still. Dann haucht er: »Dieser Arzt wurde während der japanischen Besatzung gefoltert. Sie rissen ihm seine Fingernägel aus. Heute ist das Krankenhaus in Bukittinggi nach ihm benannt: ›Krankenhaus Achmad Mochtar‹.«

Was Mochtar Naim nur andeutet, erfahre ich im Detail im britischen Guardian. Achmad Mochtar war einer der berühmtesten indonesischen Wissenschaftler während der japanischen Besatzung. Er opferte sein

Leben für seine Kollegen. Der Direktor für klinische Forschung an der Oxford Universität in Jakarta, Prof. Baird, verbrachte Monate damit, die Umstände und Gründe für die Ermordung Achmad Mochtars durch japanische Truppen 1945 zu erforschen.

Dem ehemaligen Leiter des Eijkman Institutes warfen die Japaner vor, er hätte hunderte indonesische Zwangsarbeiter vergiftet, die für die Japaner arbeiteten. Tatsächlich war ihr Tod jedoch die Folge medizinischer Experimente, die vom japanischen Militär durchgeführt wurden.

Den Arbeitern wurde Tetanus gespritzt, bevor japanische Soldaten damit geimpft werden sollten. Das Experiment schlug fehl und hatte den Tod von etwa 900 Arbeitern zur Folge. Um dies zu vertuschen, beschuldigten die Japaner die Angestellten des Eijkman Institutes, die an diesem Impfstoff forschten. Sie wurden im Oktober 1944 inhaftiert und mit Feuer und Elektroschocks gefoltert. Dann ließen die Japaner die gesamte Belegschaft frei – außer Mochtar. Sein Körper wurde von einem Bulldozer zermalmt, ehe er in einem Massengrab beigesetzt wurde.

Baird fand heraus, dass Mochtar die Schuld für die ›Vergiftung‹ auf sich nahm, unter der Voraussetzung, dass seine Kollegen am Leben blieben. 65 Jahre waren nötig, um diese Wahrheit zu enthüllen. Wahrscheinlich kannte Mochtar Naim diese Details zum Zeitpunkt unseres Gesprächs, aber brachte es nicht über sich, über die Qualen seines Lebensretters zu sprechen.

»Würden Sie mir etwas über Ihre Familie erzählen?«

»Die ersten fünf Jahre lebte ich im Schoße meiner Kleinfamilie, nicht in einem typischen Minangkabau-Haus. Ich schlief mit meinen beiden Brüdern und einer jüngeren Schwester in einer Dachkammer. Wir lebten sehr beengt, aber das war mir nicht bewusst. Ich war geliebt und umsorgt und fühlte mich reich, weil ich der stolze Besitzer einer aus England importierten Jacke war. Ich besaß sogar Schuhe und Strümpfe, eine Seltenheit damals.

Als vielbeschäftigter Geschäftsmann war mein Vater an der Erziehung von uns Kindern wenig beteiligt. Am Morgen frühstückten wir jedoch alle gemeinsam: Reisbrei, Eier oder manchmal Suppe. Ab und zu besuchte uns meine Großmutter und als ich fünf Jahre alt war, nahm sie mich mit nach Bukittinggi. Meine Großeltern setzten sich dafür ein, dass ich eine gute Bildung erhielt.«

»Ging Ihre Schwester nicht zur *Schule*?«

»Doch, aber auf die Bildung von Mädchen wurde weniger Wert

gelegt, da sie ja Haus und Land erben würden. Meine Großmutter und meine Tanten kümmerten sich liebevoll um mich. Abends aß man gemeinsam auf dem Boden sitzend. Ich wurde nach meinem Schultag gefragt. Manchmal wurden Probleme besprochen. Ich fühlte mich glücklich und geborgen. Hin und wieder sehnte ich mich nach meinen Eltern und Geschwistern, aber die meiste Zeit war ich viel zu beschäftigt damit, mit meinen zahlreichen Vettern und Basen zu spielen. Spielzeug kannten wir damals kaum. Wir mussten fast alles, womit wir spielten, selber fabrizieren. Wir wetteiferten mit Murmeln, spielten Verstecken, manchmal mit verbundenen Augen.

1938 kam in die Schule. Wie die anderen Kinder ging ich jeden Morgen barfuß zur drei Kilometer entfernten Regierungsschule im nächstgrößeren Ort. Wir rannten und sprangen auf den Pfaden zwischen den Reisfeldern. Wir lernten Minangkabau und Indonesisch zu lesen und zu schreiben, auf kleinen Schiefertafeln, die wir ›batu tuli‹ nannten – Schreibsteine.

Nicht lange danach begann ich im ›surau‹ zu schlafen, wie es die Tradition erfordert. Im Gebetsraum der Moschee verbrachte ich die Nächte mit etwa 20 anderen Jungen zwischen sechs und 18 Jahren. Wir hatten nur unseren Sarong und die Matte, auf der wir schliefen. Ab und zu gab es Streitereien, aber sie uferten nie aus. Dafür sorgte unser Hüter. Ältere unverheiratete Männer schliefen auch im ›surau‹.«

»Hat es Ihnen etwas ausgemacht, nicht mehr im Hause Ihrer Großmutter zu schlafen?«

»Nein. Die Moschee war ja nur 300 Meter von ihrem Haus entfernt und ich fühlte mich in der engen Gemeinschaft von vielen Seiten umsorgt. Im ›surau‹ mussten wir alle aufstehen, bevor zum ersten Gebet bei Sonnenaufgang gerufen wurde. Wer nicht aufstand, wurde ausgelacht. Diese Art der sozialen Kontrolle ist sehr effektiv. Das frühe Aufstehen wurde mir zu einer lebenslangen Gewohnheit. Nach dem Gebet ging ich zum Frühstücken zu meiner Großmutter. An manchen Tagen war frisches Essen zubereitet, an anderen wurden die Reste vom Vorabend verzehrt. Bis ich die Universität besuchte, war ich immer Klassenbester. Meine Lehrer nannten mich ›juaro‹ – Nummer Eins.«

»1940 marschierte die deutsche Wehrmacht in Holland ein. Hat das Ihr Leben tangiert?«

»Die Holländer erhöhten ihre Militärpräsenz in Bukittinggi. Die meisten Soldaten waren allerdings Javaner und *Manadonesen.* Allmählich wurden Essen und Textilien immer knapper.« Mochtar Naim hält inne: »Im Allgemeinen erlebte ich die Kolonialzeit positiver, als das heute oft dargestellt wird. Die holländischen Schulen waren sehr diszipliniert, verglichen mit den Schulen heute.

Nach der dritten Klasse empfahl meine Lehrerin, dass ich die Schule in Bukittinggi besuche. Von nun an lief ich mit etlichen anderen Kindern die 45 Minuten in die Stadt. In meiner neuen Schule herrschte noch mehr Disziplin. Die Mädchen saßen vorn, die Jungen hinten. Unsere Lehrer achteten darauf, dass wir anständig angezogen waren. Ich besaß nur zwei oder drei Kleider zum Wechseln. Nach dem Waschen waren sie am Morgen manchmal noch feucht, als ich sie anzog. Im kühlem Klima von Bukittinggi konnte das recht unangenehm sein.«

»Erinnern Sie sich an Europäer in Bukittinggi?«

»Ein paar deutsche und französische *Missionare* – katholische und evangelische – hatten eigene Schulen und Krankenhäuser. Das Personal bestand größtenteils aus Christen – *Ambonesen* oder *Batak*. Außer dem Besuch ihrer Krankenhäuser gab es so gut wie keinen Kontakt zwischen den Missionaren und der örtlichen Bevölkerung, aber der Umgang war freundlich.« Mit Genugtuung ergänzt er: »Während der Kolonialzeit wurde kein Minangkabau getauft.«

»Wie erging es Ihren Eltern und Geschwistern?«

»Sie waren nach Bukittinggi zurückgekehrt und wir lebten in einem der traditionellen Häuser. 1941, als ich in der dritten oder vierten Klasse war, schenkte Mutter einem kleinen Mädchen das Leben. Die Geburt war so kompliziert, dass Mutter verstarb. Meine kleine Schwester über-lebte ein Jahr, dann war auch sie tot. Kurz nach dieser Tragödie verließ uns Vater und heiratete eine Frau aus dem Nachbardorf. Von da an habe ich ihn nur noch selten gesehen. Wir Kinder lebten mit unserer Großmutter.«

Diese Worte, kaum geflüstert, berühren mich tief. Was für ein Segen muss die Großfamilie für Mochtar und seine Geschwister nach dieser Familientragödie gewesen sein. Immer besser verstehe ich seine unbe-irrte Bejahung der matrilinearen Tradition, die seinem Kinderleben so viel Halt gab.

»Das Leben für einen Mann ohne Frau konnte in West-Sumatra schwierig sein,« fährt er fort. »Da Vater in Bukittinggi keine Arbeit fand, verließ ihn seine zweite Frau und er ging nach Jambi.«

»Was änderte sich 1942 mit dem Einmarsch der Japaner?«

»Sie wurden mit offenen Armen empfangen, waren freundlich, versuchten Kontakt zur Bevölkerung herzustellen und belegten die holländische Kaserne, an der ich auf meinem Schulweg vorbeikam. Von nun an hatten wir uns gen Tokio zu verneigen und japanische Lieder zu lernen. Unsere Lehrer begannen, Uniformen und Revolver zu tragen. Von uns Kindern wurde erwartet, immer mehr Sport zu treiben, um auf ein möglicherweise bevorstehendes Gefecht vorbereitet zu sein. Zudem mussten wir Gemüse anpflanzen. Zum Lernen hatten wir immer weniger Zeit.

Die Menschen begannen Hunger zu leiden und kamen auf der Suche nach Lebensmitteln in die Stadt. Kleider wurden zunehmend aus Baumrinde hergestellt. Mehr und mehr Leute lagen auf der Straße und bettelten. Ich war schockiert und langsam setzte bei mir das Nachdenken ein. Nach der Schule ging ich zum Marktplatz, um dort Zeitung zu lesen und allmählich dämmerte mir, dass man uns nicht die Wahrheit erzählte, dass alle Zeitungen zensiert waren.

Vater hatte ein kleines Restaurant etwa 50 Kilometer entfernt eröffnet und bat mich, zu ihm und seiner dritten Frau zu ziehen. 1944, während meiner sechsten Klasse, lebte ich also bei ihm. Geschlafen habe ich im dortigen ›surau‹. Ich besuchte weiterhin die Schule und half Vater nachmittags im Restaurant. Meine Stiefmutter war eine gute Köchin. Die Leute standen Schlange. Es ging uns gut.

Nach einem Jahr hatte ich aber genug davon und kehrte zu meiner Großmutter und in meine alte Schule zurück. Das Leben wurde immer unerträglicher. Es ist schwierig, dieses Elend in Worte zu fassen. Als die Japaner schließlich den Krieg verloren und Bukittinggi verlassen hatten, herrschten Freude und Jubel. Ich riss Elektrokabel aus ihren Behausungen und tauschte sie für Textilien ein. Die Ernährungslage verbesserte sich allmählich, ein Jahr später waren die Holländer zurück und ich kam in die weiterführende Schule.

Als die Holländer 1948 in ihrem Bestreben, Indonesien erneut zu kolonialisieren, *Yogyakarta* erobert und *Sukarno* und *Hatta* gefangen genommen hatten, wurde Bukittinggi von Dezember 1948 bis Juli 1949 Sitz der Notregierung der indonesischen Republik. Während dieser Zweiten *Polizeiaktion* besetzte niederländisches Militär im Dezember 1948 auch Bukuttinggi, nachdem es die Stadt bombardiert hatte.

Aus Protest vermied ich die Stadt eine Zeit lang und besuchte eine Schule in den Bergen. Schließlich opferte ich meinen Enthusiasmus für unsere Unabhängigkeit, kehrte nach Bukittinggi zurück und lernte

Holländisch, Deutsch und Französisch. Tatsächlich waren nur wenige Holländer anwesend. Ihr Militär bestand vor allem aus Javanern und Batak. Nachdem die niederländische Regierung die Unabhängigkeit Indonesiens endlich anerkannt hatte, wurde die Stadt im Dezember 1949 indonesischen Regierungsvertretern übergeben. Zur gleichen Zeit erhielt Bukittinggi, das die Niederländer Fort de Kock nannten, seinen Namen zurück.

1951 schloss ich die Schule als Klassenbester ab und reiste bald nach *Yogya*, um zu studieren. Vater begleitete mich zum Hafen von Padang. Als er sich von mir verabschiedete, hatte ich keine Ahnung, dass ich ihn nie wieder sehen würde. Zwei oder drei Monate später verstarb er. Meine Familie informierte mich über seinen Tod aber erst nach zwei oder drei Jahren. Man befürchtete, dass sein Tod ein zu großer Schock für mich wäre. Sie wollten unbedingt, dass ich meine Ausbildung fortsetzte. Zwischen 1951 und 1957 kehrte ich nicht nachhause zurück. Ich wechselte von Jura zu Islamstudien und endete schließlich in der Ökonomischen Fakultät.«

»Haben Sie Ihre Familie besucht, bevor Sie nach Kanada oder in die USA aufbrachen?«

Er schüttelt den Kopf: »Das war nicht möglich. In Bukittinggi hatte sich eine Revolutionsregierung in Opposition zu Sukarno und dem javanischen Regime in Jakarta etabliert. Die Zeiten waren zu gefährlich, um nachhause zurückzukehren.«

Mochtar Naim erzählt von seinem Leben als Wissenschaftler und Professor in den USA, Kanada, Singapur, Padang, Sulawesi und Jakarta, von Seminaren, die er in Japan, Deutschland, England und den Niederlanden hielt. Er ist müde geworden, als er sagt: »Meine Frau und ich haben vier wunderbare Kinder – drei Mädchen und einen Jungen. Unser Sohn lebt in New York, unsere jüngste Tochter in Singapur.«

Ich werde diesen bemerkenswerten Moslem wohl nie wieder sehen, der so engagiert für eine matrilineare Kultur eintritt.

Zum Abschluss noch einige Information zu den Minangkabau. Diese größte noch existierende matrilineare und matrilokale Kultur der Welt ist mit vier Millionen Angehörigen in West-Sumatra und drei weiteren Millionen auf dem indonesischen Archipel eine der zahlreichsten Ethnien Indonesiens nach den Javanern. Der Islam kam im 16. Jahrhundert mit Händlern nach West-Sumatra. Bis zum frühen 19. Jahrhundert lebten Muslime jedoch in eigenen Gemeinden.[3] Als der Sultan von Aceh Mitte des 16. Jahrhunderts in West-Sumatra einfiel, um Gold zu erbeuten, erklärte sich die Niederländische Handelsgesellschaft zum Schutz der Minangkabau bereit, verlangte als Gegenleistung aber das Handelsmonopol in West-Sumatra. Im 17. Jahrhundert arbeiteten zahlreiche Bergleute aus Sachsen in den örtlichen Silber- und Goldbergwerken für die Niederländer. Fast keiner kehrte in die Heimat zurück. Als das Gold im 18. Jahrhundert langsam zur Neige ging, wurde Kaffee zum Haupthandelsprodukt, was einem Wirtschaftsboom zur Folge hatte.[4]

Im 19. Jahrhundert, als der Goldabbau, die Haupteinnahmequelle der Königsfamilie, beendet und der Adel dadurch ökonomisch geschwächt war, versuchten von Mekka zurückgekehrte, muslimische Händler und ihre Anhänger die Scharia durchzusetzen. Sie griffen die traditionelle Elite an und brachten 1815 fast die gesamte Königsfamilie um. Die Überlebenden baten die niederländische Kolonialmacht um Unterstützung und übertrugen ihr dafür die Souveränität über ihr Land.[5] Es dauerte sechs Jahre, bis die Aufständischen besiegt waren.

Der sich ausbreitende patriarchale Islam gab den Männern einen Status, den sie bis dahin vermisst hatten.[6] Seitdem stehen matrilineare Tradition und Islam in einem Spannungsverhältnis zueinander. Man kann sagen, dass die Machtverteilung in der Gesellschaft trotz Islam mehr oder weniger ausgeglichen ist.[7] Die gewaltfreie Austragung von Konflikten wird als positiver Aspekt sozialer Kohäsion gesehen.[8] Die Gesellschaft der Minangkabau ist deutlich egalitärer als der Rest Indonesiens. West-Sumatra zeichnet sich auch durch einen hohen Bildungsstandard aus.[9] Umso schmerzlicher war es, dass während der Kolonialzeit in ihrer Hauptstadt Padang das Leben der Einheimischen streng von dem der Europäer getrennt war. Es gab separate Schwimmbäder und im Kino waren die billigen, harten Plätze den Einheimischen vorbehalten.[10] Der hohe Bildungsstand und Stolz der Minangkabau führten immer wieder zu Aufständen gegen die Kolonialherrschaft.

3 Kahin, Audrey: *Rebellion to integration: West Sumatra and the Indonesian polity*. 1999, S. 24

4 Rose, Mavis: *Indonesia free: A political biography of Mohammad Hatta*. 2010, S. 4

5 Ricklefs, Merle Calvin: *A history of modern Indonesia since 1200*. 2008, S. 183

6 Polomka, Peter: *Indonesia since Sukarno*. 1971, S. 53

7 Siebert, Rüdiger: *Fünf Mal Indonesien: Annäherung an einen Archipel*. München 1987, S. 142

8 Taufik, Abdullah: *Adat and Islam: an examination of conflict in Minangkabau*. 1966, S. 10

9 Kahin, Audrey: »West-Sumatra: Outpost of the Republic.« In: Kartodirdjo, Sartono: *Protest movements in rural Java*. 1973, S. 146

10 Lindblad, J. Thomas: »The late colonial state and economic expansion, 1900–1930«. In: Dick, Howard: *The emergence of a national economy: an economic history of Indonesia 1800–2000*. 2002, S 114

Als die Japaner Padang 1942 besetzten, waren sie vor allem an den Zement-werken und Kohlegruben interessiert. Die Dorfeliten, die Nationalisten und die muslimische Führungsschicht profitierten von ihrer Kooperation mit den Japa-nern.[11] Als die Briten in Padang landeten, gab es keine nennenswerten Kämpfe, aber zahlreiche Guerilla-Attacken. Am schlimmsten war die Ermordung des britischen Majors Anderson. Seine Begleiterin, eine Rot-Kreuz-Schwester, wurde mehrfach vergewaltigt und zu Tode geprügelt.[12]

Nach der Zweiten niederländischen *Polizeiaktion*, als die *KNIL* 1948 *Yogya-karta* besetzte und die indonesische Regierung gefangen nahm, etablierte sich die indonesische Notstandregierung in West-Sumatra. Trotz ihrer Loyalität gegenüber der Zentralregierung ging diese zwischen 1949 und 1951 drako-nisch gegen zivile und militärische Institutionen der Minangkabau vor. In den ersten Jahren der Unabhängigkeit lag der Handel vor allem in den Händen von javanischen Offizieren, die oft in ihre eigenen Taschen wirtschafteten. Das wichtigste Handelsgut war Opium, das insbesondere gegen Waffen, Textilien und Ersatzteile für Flugzeuge getauscht wurde.[13] Die Unzufriedenheit der Be-völkerung löste *1957/1958* eine Revolte aus. Bei der blutigen Niederschlagung durch das Militär kamen offiziell 200.000 Menschen ums Leben.[14]

1979 wurden die Dörfer aufgefordert, sich am hierarchischen, javanischen Verwaltungsmodell individueller Kleindörfer zu orientieren. Jedes Dorf, das sich weigerte, erhielt weniger Entwicklungsgelder. Aus 543 ›nageri‹ wurden 3.138 ›desa‹. 1989 lebte noch fast die Hälfte der Dörfer in Armut.[15] Seit Mitte des 20. Jahrhunderts verstärkte sich die Auswanderungsbewegung. Allein in Jakarta haben sich mehr als 500.000 Minangkabau angesiedelt. Fast jede Familie hat heute ein Mitglied, das nicht in West-Sumatra lebt und Geld in sein Heimatdorf schickt. Mit der Bildung von Kleinfamilien wird das matrilineare Erbrecht all-mählich unterhöhlt. In den letzten Jahren wird von kulturell bewussten Kreisen zunehmend versucht, die traditionellen Regeln vor dem Verfall zu schützen.

11 Vickers, Adrian: »Indonesian histiography of the occupation period.« In: Post, Peter (Hg.): *The encyclopaedia on Indonesia in the Pacific War.* 2010, S. 452
12 Kahin, Audrey, 1999, S. 109
13 Kahin, Audrey: »Trade and Taxes: Aspects of West Sumatra's Economy during the Re-volution.« In: Taufik, Abdullah (Hg.): *The Heartbeat of Indonesian revolution.* 1997, S. 203
14 Kahin, Audrey, 1999, S. 244
15 Kahin, Audrey, 1999, S. 264

1957/58 – Der vergebliche Aufstand der Außeninseln

Die niederländische Kolonialmacht hatte im Laufe von Jahrhunderten nach zahlreichen Kriegen die organisatorische Einheit Niederländisch-Indiens erzwungen. Die Erfahrungen mit der Kolonialherrschaft und der gemeinsame Kampf gegen sie nach Ende des Zweiten Weltkrieges waren jedoch das einzige, das die verschiedenen indonesischen Ethnien miteinander verband.[1] Bis zur Einführung der indonesischen Staatssprache 1945 konnten die meisten Menschen des Vielvölker-Archipels nicht miteinander kommunizieren, da sie nur ihre Stammessprache beherrschten. Der Wille zu weitgehender Autonomie war sehr ausgeprägt.

Im Laufe der indonesischen Unabhängigkeitskriege (1945–1949) hatten die Niederländer für ein föderales System gekämpft, in der Hoffnung, dadurch eine endgültige Unabhängigkeit Indonesien verhindern zu können. Nach Erlangen der Selbständigkeit war diese Staatsform daher – ich meine bedauerlicherweise – in den Augen vieler, vor allem Javanern, diskreditiert. Die von Javanern kontrollierte Zentralregierung widersetzte sich allen Autonomiebestrebungen, besetzte Gouverneursposten meist mit Angehörigen der javanischen Oberschicht und schloss regionale Eliten von der Machtteilhabe weitgehend aus.

Außer um kulturelle und politische Autonomie ging es den Außeninseln auch um wirtschaftliche Interessen – insbesondere auf den rohstoffreichen Inseln *Sumatra* und Sulawesi. Statt die Einnahmen aus dem Export von Erdöl, Latex, und Zinn gerecht zu verteilen, schien

---

[1] Dahm, Bernhard: *Indonesien: Geschichte eines Entwicklungslandes 1945–1971*. (Handbuch der Orientalistik: 3. Abt.) 1997, S. 2

das Geld in *Jakarta* zu versickern.[2] Hinzu kam die Unzufriedenheit der Unternehmer, die gezwungen wurden, immer zahlreichere, teure Genehmigungsschreiben von Jakarta einzuholen.[3] Statt die Staatsausgaben zu reduzieren, ließ die Zentralregierung jedoch Geld drucken. Die daraufhin einsetzende Inflation traf vor allem die Außeninseln, wo man *Sukarnos* Geringschätzung stabiler Wirtschaftsverhältnisse zunehmend als bedrohlich empfand. Andererseits war das dichtbevölkerte Java – mehr als 50 Prozent der indonesischen Bevölkerung lebte hier – auf die Zuwendungen der anderen Inseln angewiesen. Die javanische Elite betrachtete die Kontrolle über die Außeninseln daher als unabdingbar.

Einige Offiziere auf Sumatra begannen Kopra und andere Produkte zu schmuggeln, um ihre finanzielle Situation zu verbessern. Als die Forderungen nach größerer Autonomie nicht erfüllt wurden, kam es in den 1950er Jahren zu Aufständen, die alle militärisch niedergeschlagen wurden. Zudem wurden in den Regionen nach und nach unabhängige Verwaltungsstrukturen etabliert.

Widerwillig setzte Vizepräsident *Hatta*, ein *Minangkabau*, 1956 seine Unterschrift unter die Erklärung des Ausnahmezustandes – und trat zurück. In seinen Augen war die Demokratie durch eine Diktatur ersetzt worden.[4] Kurz darauf erklärten die *Batak* in Nord- und die Minangkabau in West-Sumatra ihre Autonomie mit der Intention, die wirtschaftliche und politische Macht neu zu verhandeln. Da die Zentralregierung auf die Mehrheit der javanischen Wählerstimmen zählen konnte, sah sie keine Notwendigkeit, Kompromisse einzugehen.

Im Dezember 1956 übernahm Ahmad Hussein, der rebellierende Kommandeur des 4. Regiments der Armee auf Sumatra, die Regierungsgeschäfte in Zentral-Sumatra, Colonel Simbolon in Ost-Sumatra und Colonel Barlian im Januar 1957 in Süd-Sumatra. Die Spannungen entluden sich in einem Bürgerkrieg. Sukarno rief das Kriegsrecht aus. Verhaftungen ohne Gerichtsprozess waren an der Tagesordnung, während die Aufstände an Zahl und Heftigkeit zunahmen.

Seit Jahren hatten die Autonomiebewegungen verdeckt Unterstützung durch die CIA erhalten, der es vor allem um die Interessen der

---

[2] Dahm, 1997, S. 87

[3] Siebert, Rüdiger: *Deutsche Spuren in Indonesien: zehn Lebensläufe in bewegten Zeiten*. Bad Honnef 2002, S. 102

[4] Rose, Mavis: *Indonesia free: A political biography of Mohammad Hatta*. 2010, S. 199

US-Ölfirmen auf Sumatra ging.[5] Alarmiert, weil die Kommunisten bei den Wahlen 1957 zur stärksten Partei geworden waren, beauftragte US-Präsident Eisenhower die CIA mit der Planung eines Umsturzes.[6] Zur gleichen Zeit verschärfte Sukarno den Konflikt mit den Niederlanden um *West-Papua*. Als dabei keine Fortschritte erzielt wurden, konfiszierten die Gewerkschaften im Dezember 1957 die Flotte der niederländischen Handelsmarine.

Drei Monate später wurde sie unter der Bedingung zurückgegeben, sich von indonesischen Gewässern fernzuhalten. Dies hatte zur Folge, dass es zwischen den Inseln keinen zuverlässigen Schiffsverkehr mehr gab. Die damit verbundenen wirtschaftlichen Verwerfungen sowie das Gefühl, von der Macht noch mehr ausgeschlossen zu sein, intensivierten die regionalen Autonomiebestrebungen. Vor allem javanische Offiziere übernahmen nach und nach die Leitung der bald enteigneten niederländischen Unternehmen. Viele wurden ruiniert, andere mit Hilfe chinesischer Verwalter weitergeführt.

Im Januar 1958, mitten in dieser Staatskrise, brach Sukarno zu einer sechswöchigen Urlaubsreise auf. Am 10. Februar stellten die Dissidenten der Zentralregierung ein Ultimatum.[7] Sie forderten ein neues Kabinett unter Leitung von Mohammad Hatta und dem Sultan von *Yogyakarta*, Neuwahlen und dass Sukarno die Verfassung respektiert. Obgleich die Rebellen in der Bevölkerung weitgehende Unterstützung fanden, verweigerten ihnen General Nasution und Colonel Suharto jegliches Entgegenkommen.

Daraufhin riefen die Opponenten am 15. Februar 1958 in *Bukittinggi* die Revolutionäre Regierung der Indonesischen Republik aus. Sukarno schloss sich nach seiner Rückkehr der kompromisslosen Haltung der Militärführung an und griff zu militärischen Mitteln. Damit hatten die Aufständischen nicht gerechnet. Ihre Machtlosigkeit änderte sich Anfang 1958 vorübergehend durch das Eingreifen der CIA, die Militärschiffe und Flughäfen der indonesischen Armee bombardierte und Waffen und Geld für die Rebellen abwarf.[8] Dies endete jedoch abrupt, als der Pilot Allan Pope nach dem Abschuss seiner Maschine im Mai 1958 in *Ambon* gefangen genommen wurde, nachdem seine Bomben dort

---

5 Conbay, Ken: *INTEL: Inside Indonesia's Intelligence Service.* 2004, S. 27
6 Geerken, Horst: *Der Ruf des Geckos.* Books on Demand 2009, S. 272
7 Palmier, Leslie H.: *Indonesia and the Dutch.* 1962, S. 165
8 Geerken, S. 272

700 Zivilisten getötet hatten. Nun sah sich Washington genötigt, seine Strategie zu ändern. Ohne Unterstützung der CIA waren die Aufstände innerhalb weniger Wochen niedergeschlagen.

Die USA bemühten sich, die Spannungen mit Jakarta mittels einer erheblichen Steigerung der Auslandshilfe zu entschärfen.[9] Langfristig strebten sie jedoch eine Militärregierung ohne Sukarno an – mit General Nasution die Schlüsselfigur.[10] Am 6. August 1958 wurden alle an den Aufständen beteiligten Militärs und Staatsangestellte entlassen. 1959 führte Sukarno die ›Gelenkte Demokratie‹ ein. Das Parlament wurde durch eine von ihm ernannte Legislative ersetzt. Die Gewinner dieses Bürgerkrieges waren Sukarno, das Militär und die *PKI*. In den Folgejahren glich West-Sumatra einem besetzten Gebiet, in dem Javaner alle Machtpositionen innehatten. Viele Bewohner erlebten dies als erneute Kolonialisierung. Allein 1962 verließen 43.000 Minangkabau West-Sumatra.[11] Andere Historiker sprechen von mindestens 100.000 Emigranten.

---

[9] Heinzlmeir, Helmut: *Indonesiens Außenpolitik nach Sukarno 1965–1970.* Institut für Asienkunde 78–80. Hamburg 1976, S. 56

[10] McMahon, Robert J.: *Colonialism and Cold War: The United States and the struggle for Indonesian independence 1945–1949.* 1981, S.324

[11] Kahin, Audrey 1999, S. 236

Jeppe Mellema:
Ein Holländer überlebt die japanischen Lager und wird Arzt

Jeppe Mellema ist ein vielbeschäftigter Mann. Einen Termin mit ihm zu vereinbaren ist nicht leicht. Als er mich in seinem Reihenhaus in dem nordholländischen Städtchen Roden empfängt, verstehe ich warum. Jeppe ist mit seinen 84 Jahren kein alter Mann. Er strotzt von Vitalität und Tatendrang. Sein Terminkalender ist gefüllt mit Einladungen, Theater- und Konzertbesuchen und sonstigen Aktivitäten. Nichts an dem gut aussehenden, stattlichen Niederländer ist alltäglich – auch seine Wohnung nicht. Das lange, schmale Wohnzimmer beschreibt man am besten als eine Art Privatmuseum mit Voliere, die fast ein Viertel des Raumes einnimmt. Jeppe genießt sein Single-Dasein, daran lässt er keinen Zweifel. Als er mir schließlich am kleinen runden Tischchen in seinem Wohnzimmer den Sessel anbietet, auf dem ihm für gewöhnlich seine buschigen, weißen Katzendamen Gesellschaft leisten, rücken Regale voller Buddha-Statuen in mein Blickfeld.

»Sind Sie Buddhist?«

Amüsiert erwidert er: »Schauen Sie nach links. Dort sehen Sie Stücke, die mit dem Hinduismus verbunden sind, und direkt hinter Ihnen steht meine christliche Sammlung. Ich glaube an das, was alle Religionen verbindet: die Nächstenliebe.« Mit diesen Worten ist mir dieser ungewöhnliche Mann mit dem vollen, weißen Haar, dem markanten Gesicht und den hellblauen Augen, in denen immer ein Hauch von Ironie schillert, sofort sympathisch.

Jeppe wurde 1926 in Leiden in den Niederlanden geboren. Als er ein Jahr alt war, nahmen ihn seine Eltern mit nach Indonesien. Sein Vater arbeitete als Lehrer an der AMS – der Allgemeinen Mittelschule – in *Yogyakarta*. Bald unterrichtete er auch Javanisch. »Wir lebten in dem ruhigen niederländischen Stadtteil. Das zweite Haus, das wir mieteten, war im Stil der *Minankabau* erbaut worden, unser drittes war ein großzügiges, weißes Steinhaus mit ansehnlicher Terrasse.« Auf einem Foto steht der kleine Jeppe in einem Matrosenanzug vor einer Villa und feiert umgeben von lachenden Kindern mit bunten Geburtstagshüten seinen sechsten Geburtstag.

»Ich verbrachte den größten Teil meiner Kindheit barfuß im Garten. Ich würde sagen, ich wuchs im Paradies auf. Mein bester Freund war mein jüngerer Bruder, mit dem ich ein Zimmer teilte. Das Dienstpersonal erledigte die Wäsche, den Hausputz und die Gartenarbeit. Das Kochen und den Einkauf übernahm Mutter. Die Obst- und Gemüseverkäufer kamen direkt an die Haustür. Manchmal ging sie auch zum Markt. Hin und wieder schickte sie unsere ›babu‹.

Mutter kümmerte sich auch um uns Kinder. Ich glaube, sie war die erste Europäerin in Yogyakarta, die eigenhändig den Kinderwagen schob.« Lächelnd reicht er mir zwei Fotographien: »Meine Mutter Mara und ich 1930. Und das hier sind meine Enkeltochter Mara und ich 2003. Vater beschäftigte auch nicht, wie üblich, einen Chauffeur, sondern fuhr selbst. Dabei war das Personal dankbar für eine Anstellung. Ein Dienstbote verdiente immerhin um die 10 Gulden im Monat. Ein Reisgericht kostete damals nur 1 Cent.«

»Und wie viel verdiente Ihr Vater als Lehrer?«

»400 Gulden im Monat. Davon zahlte er allein für unser Haus 100 Gulden. Die meisten Lehrer wohnten allerdings in weniger eleganten Häusern und zahlten nur 50 Gulden Miete. Weil unser Haus so geräumig war, nahmen meine Eltern Mieter auf, meist Studenten, deren Eltern weit entfernt lebten. Einmal wohnte sogar der Sohn eines Sultans bei uns.«

»Kurze Zeit nach diesem Geburtstagsbild werden Sie in die *Schule* gekommen sein.«

»In die Schule kam ich schon mit fünf Jahren.« Ein Foto zeigt ihn als kleinen Knirps, der vor einem Schulgebäude steht und fünf Finger hoch hält. »Ich besuchte eine staatliche Schule, die in meiner Erinnerung recht multikulturell war. Meine Mitschüler waren Holländer, Einheimische und Mischlinge. Diskriminierung habe ich nicht erlebt. Ich war ein guter Schüler und ging gern zur Schule. Nur mit Mathematik hatte ich hin und wieder Probleme und erhielt Nachhilfe von zwei schlauen indonesischen Jungen, die ich in ihrem Dorf besuchte.«

»War der Besuch eines einheimischen Dorfes nicht ungewöhnlich für einen kleinen, weißen Holländer?«

»Das stimmt.«

Der einzige Schatten über seinem Kinderleben waren die Migräneanfälle seiner Mutter. »›Ich will in Indonesien sterben‹, pflegte sie dann manchmal zu sagen.« Mit sich verdunkelnder Miene fährt Jeppe fort: »Dass sie in ihrem geliebten Indonesien so bald sterben würde, ahnte sie nicht. Aber dazu kommen wir später.«

Als ich mich nach einem normalen Schultag erkundige, antwortet er: »Gegen sechs Uhr hieß es aufstehen. Zum Frühstück gab es Brot, das von der chinesischen Bäckerei geliefert wurde. Der Unterricht begann um sieben Uhr – auch am Samstag. 13 Uhr war die Schule aus. Oft gab es mittags Kartoffeln für Vater, weil er sie sehr gern aß, und Reis für uns Kinder. Nach dem Essen wurde Siesta gehalten. Gegen 15 Uhr traf man sich für den Nachmittagstee im Garten.« Auch diese Szene ist bildlich festgehalten – die ganze Familie auf Korbstühlen unter Palmen.

»Nach dem Tee gingen wir meist ins Schwimmbad, das auch von einheimischen Mitschülern besucht wurde. Danach war es Zeit für die Schularbeiten. Gegen 18 Uhr gab es Abendessen und anschließend las Mutter uns Kindern oft vor.

Besonders schön waren die Sonntagsausflüge, etwa zu dem berühmten Tempel von Borobudur.[1] An anderen Wochenenden erhielten wir Besuch von Vaters Kollegen, Freunden oder Bekannten. Ein Minister brachte mir sogar einmal ein kleines Äffchen als Gastgeschenk mit. Mit dem Personal redeten wir Malaiisch. Mit vier Jahren konnte ich mich außerdem auf Javanisch verständigen. Ich hatte es auf der Straße oder von Dienstboten gelernt. Die gebildeten Indonesier sprachen darüber hinaus Holländisch.

1939 hatte ich die Realschule abgeschlossen und ging auf die HBS, die Höhere Bürger Schule. Sie kostete Schulgeld und stand nur denjenigen offen, deren Eltern sich das leisten konnten. Ein paar wenige besonders begabte Kinder erhielten ein Stipendium.«

---

[1] Borobudur ist das bedeutendste Heiligtum des Mahayana-Buddhismus in Indonesien. Es wurde im 9. Jahrhundert errichtet, im 11. Jahrhundert aufgegeben und erst im 19. Jahrhundert in halbverfallenem Zustand wieder entdeckt und restauriert. Als es infolge von Erdbeben und Umwelteinflüssen erneut zu verfallen drohte, wurde es mit Unterstützung der UNESCO stabilisiert. Meisterhaft gearbeitete Flachreliefs stellen Szenen aus dem Alltagsleben Buddhas dar. Seit 1991 gehört die Anlage zum UNESCO Weltkulturerbe.

»Ein Jahr danach marschierte die deutsche Wehrmacht in Holland ein.«

»Ja. Wir waren alle schockiert.« Jeppe beugt sich nach vorn, schaut mir in die Augen und sagt: »Lassen Sie mich Ihnen erzählen, was mit Wolfgang Randel geschah. Dieser junge Deutsche war 1936, mit 16 Jahren, aus Nazi-Deutschland nach Niederländisch-Indien geflohen. Er war sechs Jahre älter als ich, bei einer holländischen Gärtnerei angestellt und brachte mir das Reiten bei. Ich mochte ihn sehr.

Nach dem Einmarsch der deutschen Wehrmacht in Holland wurde er inhaftiert. Da war er 20 Jahre alt. Ich wusste von der *Internierung der Deutschen*, hatte aber keine Ahnung, wo man sie festhielt. Seine zwei älteren Brüder waren schon vor ihm nach Niederländisch-Indien geflohen und hatten die holländische Staatsangehörigkeit angenommen. Wolfgang war erst seit vier Jahren in der Kolonie und deshalb noch Deutscher – also ein Feind! Zunächst glaubten wir, dass man nur die fanatischen Nazis abgeholt hatte. Es dauerte eine Weile, bis wir begriffen, dass man alle deutschen Männer von Java weggebracht hatte. Wir machten uns Sorgen, erfahren haben wir aber nichts.

Nach dem 10. Mai 1940 hörte der Deutschunterricht in der Schule auf und wir wurden stattdessen in Erster Hilfe ausgebildet. Man strich Gebäude zu Tarnungszwecken grün an und immer mehr Männer wurden zur Armee eingezogen, auch mein Vater mit 41 Jahren. Frauen ließen sich als Krankenschwestern ausbilden oder lernten Armeeautos zu fahren, leisteten also eine Art Kriegsersatzdienst.« Mit schneidender Ironie fährt Jeppe fort: »Wir hatten zwar Angst vor dem Krieg, aber nicht vor den kleinen, dummen Japanern, die Brillen trugen und nicht Auto fahren konnten. Das jedenfalls hatte uns unsere Propaganda weisgemacht. Außerdem liegt Japan 2.300 Kilometer entfernt, wurden wir zusätzlich beruhigt. Über den Sieg der Japaner in China waren wir nicht informiert. Außerdem verließen sich die Holländer auf ihre mächtigen Verbündeten England und die USA.

Die Bombardierung Pearl Harbours am 7. Dezember 1941 war ein Schock für uns. Im Februar 1942 wurde die Schule geschlossen und alle Lehrer eingezogen. Wir Schüler hoben Schützengräben aus, die uns vor japanischen Bombenangriffen schützen sollten. Am 8. März fuhren LKW voller aufrecht stehender Japaner in *Yogya* ein. Ich habe nicht schlecht über ihre Gewehre gestaunt und die Ohrenklappen an ihren Mützen, die im Wind flatterten. Gefolgt wurde diese motorisierte

Vorhut von Soldaten auf Fahrrädern. Vater tat gerade Dienst an der Flak beim Flughafen. Am Abend kam er bestürzt nach Hause gerannt: ›Wir haben den Krieg verloren und müssen uns auf japanische Anweisung selbst internieren.‹

Die Frauen hatten schreckliche Angst vor Vergewaltigungen. Von Gewalt gegenüber der Zivilbevölkerung war aber zunächst nichts zu spüren. Wir erfuhren, dass das 60 Kilometer entfernte *Solo* geplündert worden war. Auch in Yogya geschah dies, hörte aber schon nach zwei Tagen wieder auf. Im Laufe des nächsten Monats sahen wir Vater und andere noch die Landebahnen in Stand setzen und im April waren sie auf einmal alle verschwunden. Danach erhielten wir kein Lebenszeichen mehr, außer einer einzigen Postkarte im Jahr. Alles Unerwünschte war zensiert. Von Tausend Karten kam vielleicht eine an, und die war sehr lange unterwegs. Als sie den Adressaten erreichte, konnte der Absender schon lange tot sein.

Im Mai 1942 mussten wir unser Haus verlassen und Japaner zogen ein. Ein Bett, einen Stuhl, einen Tisch und eine Kommode durfte jeder mitnehmen. Mutter mietete ein kleines Häuschen für 25 Gulden. Dort lebten wir bis Dezember 1942. Alle Kalender wurden auf Tokio-Zeit umgestellt. Wir lebten also plötzlich im Jahr 2602. Holländer und Mischlinge durften nicht arbeiten, konnten also kein Geld verdienen. An das Gesparte kam man nicht heran, weil die Banken geschlossen waren. So verscherbelten die Leute nach und nach ihre Möbel oder verkauften selbst gebackenes Gebäck und anderes Essen. Mutter lieh Geld von Freunden und Bekannten. Auch Chinesen oder reiche Einheimische verliehen Geld. Keiner erwartete, dass sich der Krieg lange hinziehen würde.

Im August 1942 nahmen die Japaner alle Jungen und Männer ab 17 Jahren fest, die sich auf der Straße blicken ließen. Bis zu diesem Zeitpunkt hatte ich auf einer Farm gearbeitet. Weil ich groß, blond und hellhäutig war, war ich besonders gefährdet. Im Dezember wurden alle Frauen und Kinder interniert. Man brachte uns auf LKW zum Bahnhof. Von dort ging es mit dem Zug nach Ambarawa.

Da in Holland die Namenslisten der Internierten veröffentlicht wurden, wusste mein Großvater wenigstens, dass wir noch lebten. Die *japanischen Internierungslager* seien zu unserem eigenen Schutz, hieß es. Auf gewisse Weise war Mutter sogar erleichtert, denn sie hatte kein Geld mehr und es hieß, im Lager würden wir verpflegt werden.

In einer alten Militärkaserne, die für 600 Soldaten gedacht war, wurden nun 2000 Menschen untergebracht. Wir kamen in das größte der vier Lager in Ambarawa, das Lager Nr. 6, und hausten fortan in Bambusbaracken, in denen es außer einem Betonfußboden nichts gab. In jeder Hütte wurden 200 Menschen untergebracht! Zum Glück hatte man jedem erlaubt, ein Bett, einen Stuhl und eine Kommode mitzubringen. Die Familien trennten ihr kleines Plätzchen mit Vorhängen notdürftig ab. Es ging uns noch nicht ganz schlecht.«

In diesem Lager lebten 1942 knapp 5.000 Frauen und Kinder.[2] Sie wurden von ihren einheimischen Wärtern, die von der niederländisch-indischen Regierung oft zu Haftstrafen verurteilt worden waren, häufig getreten und geschlagen.[3] Anfang 1944 wurden auch aus diesem Lager 18 Frauen zur Prostitution in einem Militärbordell gezwungen.[4] Bei der ständigen Angst und unter den beengten Umständen, stahlen Mütter Lebensmittel voneinander, um ihre eigenen Kinder am Leben zu erhalten.[5] Als Masern ausbrachen verließen besonders viele Kinder in kleinen Särgen das Lager. Die Mütter durften sie nur bis zum Lagerzaun begleiten und wussten nicht, wo sie beerdigt wurden.

»Als man immer mehr Menschen in das Lager pferchte, wurden wir 16-jährigen Jungen in separaten Baracken einquartiert«, erinnert sich Jeppe.

Im Lager Nummer 7 waren 10 bis 18-jährige Jungen untergebracht, eine kleine Zahl von Invaliden und Männern über 45. Die 25 internierten Nonnen, die in der Küche und im Lazarett arbeiteten, trösteten die Jungen und flickten ihre Kleider. In den acht Monaten vor Kriegsende kamen 640 der 4.000 Insassen ums Leben – 17 jede Woche.[6]

Ein etwa gleichalter Leidensgenosse von Jeppe beschreibt die Umstände im Lager Nummer 8, einer ehemaligen katholischen Schule so: »Die Sterberate war so hoch, dass es bald keine der Särge mehr gab, die wir aus Bambus

---

2 Goldmann, Nicoletta (Hg.):.*Eyewitnesses of War.* (Foundation of Japanese Honorary Debts.), S. 69
3 Jong, Louis de: *The collapse of a colonial society: the Dutch in Indonesia during the Second World War.* 2002, S. 217
4 Yoshiaki Yoshimi: *Comfort Women.* 2000, S. 166
5 Ruff-O'Herne: *Fifty Years of Silence.* 2008, S. 47
6 Goldmann, S. 42

hergestellt hatten. Wir Jungen mussten diese tropfenden Totenkisten zu Ochsenkarren tragen, die die Leichen zum örtlichen Friedhof brachten.«[7]

»Wir kamen schließlich in ein kleines Lager nach Salatiga«, erzählt Jeppe.«Etwa hundert Männer und hundert Jungen wurden in der großen Villa eines reichen Chinesen interniert. Auch dieses kleine Lager war von einem Bambus- und einem Stacheldrahtzaun umgeben.« Zwei Jahre nach meinem Gespräch mit Jeppe habe ich dieses Gebäude mit etwas Mühe gefunden.[8]

»Ich arbeitete mit einer Gruppe von Freunden in der Küche. Wir haben außerdem geputzt, Wäsche gewaschen, Bücher gelesen, miteinander musiziert und gefaulenzt. Einmal im Monat durfte man an das Frauenlager schreiben. Zwanzig *NSB*-Mitglieder waren getrennt von uns untergebracht. Immer wenn wir sie zu Gesicht bekamen, schrien wir: ›Verräter!‹

Als sich nach einem Jahr abzeichnete, dass die Japaner den Krieg verlieren würden, fasste man alle männlichen Internierten in großen Lagern im Innern der Insel zusammen. Im Frühjahr 1944 waren wir in Viehwaggons 36 Stunden lang nach Bandung unterwegs. Die Frauen brachte man dagegen nahe an die Küste. Vielleicht hofften die Japaner, sie würden die Alliierten dort lange genug beschäftigen, dass sie Zeit hätten, die Männer im Landesinneren zu töten.«

»Wussten Sie, was mit Ihrem Vater geschehen war?«

»Im September 1945, also nach Kriegsende, erfuhr ich, dass er die berüchtigte 400 Kilometer lange *Pekan-Baru-Eisenbahn* auf *Sumatra* mit bauen musste!«

.»Was geschah in Bandung?«

»In einem riesigen Lager mit Baracken für jeweils 200 Mann, mussten wir Holz sägen, Bambushütten bauen und mehr sinnlose Luftschutzwälle errichten, hinter denen diesmal die japanischen LKW vor Bombensplittern geschützt werden sollten. Den ganzen Tag schleppten wir Erdreich von einem Ort zum andern, in der heißen Sonne, ohne etwas zu trinken.

Das Essen wurde immer knapper. Wer Glück hatte, arbeitete außerhalb des Lagers und konnte hin und wieder Kleidungsstücke gegen

---

[7] Krancher, Jan A. (Hg.): *The defining years of the Dutch East Indies 1942–1945: Survivors' accounts of the Japanese invasion and enslavement of Europeans and the revolution that created free Indonesia.* 1996, S. 183

[8] s. Kapitel 13

Nahrungsmittel tauschen. Das wurde allerdings hart bestraft, wenn man erwischt wurde. Die Strafe bestand darin, dass man zwei einander gegenüber stehende Reihen von Gefangenen zwang, sich gegenseitig mit Stöcken grün und blau zu prügeln.« Plötzlich hält Jeppe inne: »In einer halben Stunde muss ich gehen. Ich habe noch eine Verabredung.«

Perplex erwidere ich: »Aber wir sind noch lange nicht fertig.«

»Das tut mir leid. Ich habe nicht erwartet, dass Sie so lange bleiben würden.«

Nach intensivem Hin und Her, gewährt Jeppe mir einen Abendtermin. Als ich ihn einige Tage später zum zweiten Mal besuche, lächelt er: »Sie mögen doch Frühlingsrollen?« Schnell liegt Tiefgefrorenes im heißen Fett im Wok, der immer auf dem Herd steht. »Manchmal koche ich auch richtig«, erklärt er, während die knusprigen Frühlingsrollen zu Oberfläche schwimmen. Auch bei meinem zweiten Besuch beschleicht mich das Gefühl, eine Art Test bestehen zu müssen. Als wir uns schließlich wieder gegenüber sitzen, umringt von Vogelgezwitscher und den Götterwelten der Erde, fragt er gut gelaunt: »Wo waren wir stehen geblieben?«

»Sie mussten in Bandung Körbe voller Erde herumschleppten.«

»Genau. Mit vier Erwachsenen und drei weiteren Jungen arbeitete ich dann in der Schmiede, wo man wegen der harten Arbeit besser verpflegt wurde. Auch in der Bäckerei, der Küche und beim Holzfällen erhielt man mehr zu essen. Da diese Arbeiter in kleinen Hütten am Lagereingang untergebracht waren, bekamen das die anderen gar nicht mit. So konnte kein Neid entstehen. Die Lagerselbstverwaltung wurde niederländischen Offizieren übertragen.

Trotz Verbote gelang es einer Gruppe, heimlich ein Radio zu basteln. Neuigkeiten verbreiteten sich in Form von Geflüster sehr schnell. Hätte man uns erwischt, wären wir sofort erschossen worden. Während die Erwachsenen insgeheim Radio hörten, standen wir Jungen Schmiere. Näherte sich ein Japaner, sagten wir laut ›Kaerae!‹ und verneigten uns tief. Das war das vereinbarte Signal. Versteckt wurde das Gerät in einer Wasserflasche im Sitzkissen eines Stuhles. Während der Razzien wurde dieser Stuhl dem japanischen Offizier angeboten.« Grinsend ergänzt Jeppe: »Dieses Radio ist heute im Museum von Arnheim zu sehen.

Eines Tages wurden wir Schmiede gezwungen 40 Bajonette für einheimische Soldaten herzustellen, die von den Japanern ausgebildet wurden. Als wir uns weigerten, wurden wir Jungen halb tot geprügelt.

und anschließend gezwungen, stundenlang mit einem Bambusrohr in den Kniekehlen auf Kies zu knien. Die Erwachsenen sperrte man in einen Drahtkäfig ohne Dach, wo sie zu Ehren des japanischen Kaisers verhungern sollten. Schließlich wurden wir von niederländischen Regierungsvertretern dazu überredet, diese Bajonette herzustellen und unser Leben zu retten.

Der Hunger machte uns alle zusehends schwächer. Wir hatten Krankheiten immer weniger entgegenzusetzen. Unsere Ärzte waren ohne Medikamente ziemlich machtlos. Man wurde entweder wieder gesund oder man starb. So einfach war das. Tagebücher, Zeichnungen, sogar jede Form von Unterricht waren untersagt. Die beste Beschreibung vom Überleben in einem solchen Lager finden Sie in ›De Japanse Burgerkampen‹ von Dr. D. van Velden.«

Es ist spät geworden, als mich Jeppe die steile Treppe in die erste Etage zu seinem Gästezimmer führt, aus dem für diese Nacht die Katzen ausquartiert werden.

»Die Bajonette waren schon nach drei Monaten verrostet«, erklärt er am nächsten Morgen mit Genugtuung. »Und ein Jahr später, am 22. August 1945, endete der Krieg.«

»Nachdem die Amerikaner zwei Atombomber über Japan abgeworfen hatten«, werfe ich ein.

»Ja. Für uns änderte sich aber zunächst nicht viel. Wir wurden nun jedoch auf Anweisung der Amerikaner von den Japanern vor den Einheimischen beschützt. Außerhalb der Lager hatte inzwischen die blutige Revolution begonnen. Trotz der Gefahren, die auf weiße Holländer wie mich lauerten, machte ich mich nach zweieinhalb Jahren auf den Weg nach Ambarawa zu meiner Mutter. Als ich im Büro beim Lagereingang erfuhr, dass sie gestorben war, war ich zu schockiert, um zu weinen.«

Ohne seine Fassung zu verlieren fährt Jeppe fort: »Ich machte mich auf den Weg zu einem der Radiomänner, dem älteren Herrn Lansdorp. Sein Haus lag in den Bergen, etwa zehn Kilometer entfernt. Vorher suchte ich jedoch meinen Bruder auf. Man hatte ihn im Oktober 1944, als er 16 Jahre alt wurde, ebenfalls in das Lager für alte Männer und Jungen in Ambarawa gebracht. Da er außerhalb des Lagers arbeitete, gelang es ihm, den Kontakt zu unserer Mutter aufrechterhalten. Ende März 1945 sagte sie zu ihm: ›Ich werde immer dünner.‹ Das beunruhigte meinen Bruder nicht sonderlich. Schließlich traf das auf uns alle zu. Im April erkrankte sie an Dysenterie und einen Monat später war sie tot.«

Im Januar muss sie den tief fliegenden US-amerikanischen B-52 Bomber gesehen haben, der über Ambarawa tausende Flugblätter abwarf, die ihre baldige Befreiung verkündeten, und die enorme Freude darüber noch miterlebt haben.

»Ich bat meinen Bruder mit mir zu kommen. Er wollte aber seine Freunde nicht verlassen.« Lansdorp holte mich mit einem LKW der britischen Organisation RAPWI – Relief for Allied Prisoners of War – ab. Bis zum 15. Oktober half ich ihm dabei Lebensmittel in die Internierungslager zu bringen. Dann wurden wir eines Nachts von wütenden, mit Fackeln und Gewehren bewaffneten Einheimischen gezwungen sein Haus zu verlassen. Mit dem LKW brachten sie Lansdorp, mich und etliche andere Männer, meist Mischlinge, zum Festungsgefängnis in Ambarawa. Halbnackt, ich trug nur meine Unterhose, mussten wir an indonesischen Häftlingen vorbei spießrutenlaufen. Am anderen Ende des großen Raumes mussten wir niederknien und wurden mit der flachen Seite von Schwertern verprügelt. Ich zog mir eine Kopfverletzung zu. Es floss viel Blut. Anschließend brachte man uns in eine Zelle. Außer dem nackten Fußboden gab es darin nichts, abgesehen von einem Eimer Wasser und einem Loch, das als Toilette diente. Verpflegt wurden wir von mit Insekten angereichertem, ungeschältem Reis. Jeden Tag wurden einige beliebige Männer verprügelt.

Eines Nachts herrschte plötzlich schrecklicher Lärm und wir erfuhren, dass sechs inhaftierte Japaner einen Wachposten erledigt und anschließend versucht hatten zu fliehen. Sie wurden allesamt gefasst und getötet. Diese zwei Stunden Gebrüll und Geschrei, diese zwei Stunden gewaltigster Angst, werde ich nie vergessen. Nach zehn Tagen in diesem Verließ, die mir wie eine Ewigkeit erschienen, wurden wir von den Engländern befreit.«

Auch dieses Lager habe bei meiner Reise nach Indonesien gefunden. Der riesige Ziegelbau sieht immer noch aus wie aus eine Festung, ist aber heute zum großen Teil zerfallen. Nur ein Flügel dient noch als Jugendstrafanstalt und manche leere Zellen werden von Einheimischen bewohnt. An die Geschichte dieser Anlage erinnert nichts. Als Jeppe dort eingesperrt war, war er gerade 19 Jahre alt, hatte Jahre der Internierung hinter sich, seine Mutter verloren und wusste nicht, ob sein Vater noch lebte. Ich frage mich, wie er mit diesen seelischen Wunden ein Leben lang gelebt haben mag.

»Die Engländer brachten mich in ein kleines Frauenlager am Rande der Stadt«, erzählt er weiter. »Dort begegnete mir Els Evers wieder, das Mädchen, das ich kennengelernt hatte, als ich noch bei meiner Mutter im Lager war – und in das ich mich verliebt hatte. Welch freudiges Wiedersehen!« Jeppe schmunzelt kaum merklich: »Wir tanzten barfuß im Gras zur Musik einer alten Grammophonplatte. Diese drei Wochen waren eine schöne Zeit.

Am 22. November drangen dann plötzlich zehn bis zwölf Einheimische schießend und schreiend in unser Lager ein und wir verbarrikadierten uns schnell. Die Eindringlinge hämmerten gegen die Fensterläden und brachen schließlich die Tür auf. Etwa hundert Frauen und Kinder und wir vier Männer stürzten voller Panik ins Freie. Als ich ein Gewehr auf mich gerichtet sah, warf ich mich blitzschnell hinter einen Koffer. Mein Hinterteil wurde dennoch getroffen.

Wir wurden auf ein offenes Feld getrieben. Dann begannen die Einheimischen auf uns zu schießen und mit Handgranaten zu werfen. Ich lag auf der Erde und dachte, dass ich nun sterben würde. Els lag neben mir. Sollte aus unserer Liebe gar nichts werden? Sollte ich hier einfach neben ihr sterben?! In unserer Nähe entdeckte ich die verwundete Franziska und robbte zu ihr, um ihr zu helfen. In diesem Augenblick wurde Els von einer Granate getroffen. Sie ist noch in derselben Nacht gestorben.« Jeppe deutet auf eine Kerze und flüstert: »Dies ist meine Els-Ecke. Zu ihrem Geburtstag und Todestag zünde ich immer eine Kerze für sie an.«

Eine ganze Weile ist es still, dann fährt er fort: »Als britische *Gurkhas* auftauchten und die Gewalttäter das Weite suchten, waren zwölf Menschen tot und 36 verwundet. In dieser sogenannten ›bersiap‹-Zeit floss viel Blut. Ich kam ins Krankenhaus und Franziska in ein anderes Frauenlager. Bis zum 8. Dezember hatte man alle Frauen mit Panzern und Militärfahrzeugen nach *Semarang* evakuiert. Zu den letzten zehn Jungen, die abtransportiert wurden, gehörten mein Bruder und ich. Ab diesem Zeitpunkt blieben wir zusammen. In Semarang begegnete ich Franziska wieder. Aber sie interessierte sich nicht mehr für mich, sondern ging mit englischen Offizieren aus.

Als ich 1985 einmal im holländischen Fernsehen erschien, erhielt ich kurz darauf einen Brief von ihr. Ich habe sie sogar einmal besucht, aber … lassen wir das. Von dem vollkommen überfüllten Lager in Semarang, brachte die wieder zusammengeschweißte ›US-Victory‹ nach und nach jeweils 300 Frauen und Kinder nach *Batavia*. Ich hatte inzwischen erfahren, dass Vater überlebt hatte und nach Singapur evakuiert worden war. Also war ich sehr überrascht, als mich in Batavia, wo ich bei der Kleiderausgabe des Roten Kreuzes arbeitete, ein Unbekannter ansprach und sagte: ›Dein Vater sucht dich.‹ Ich hatte Vater drei Jahre lang nicht gesehen. Als er dann im Dezember 1946 – da war ich 20 und er 46 Jahre alt – mit einem Vollbart vor mir stand, habe ich ihn zunächst nicht wiedererkannt. Dass Mutter tot war, hatte er schon erfahren. Dass mein Bruder und ich nach Batavia kommen würden, hatte er ausgehängten Listen entnommen.«

»Wie war das Wiedersehen mit Ihrem Vater?«

»Daran erinnere ich mich nicht. Es geschah damals so viel Erschütterndes, dass man gar nicht dazu kam, zu denken oder zu fühlen. Ich weiß aber, dass ich froh war, wieder Kleider und etwas zu essen zu haben. In Batavia begegnete mir auch Herr Lansdorp wieder. ›Geh nach Holland!‹ riet er mir eindringlich. ›Schließ' die Schule ab. Hier wirst du nur in die Armee eingezogen!‹« Das Batavia von 1946/47 war tatsächlich kein freundlicher Ort. Jeden Tag verhungerten 70 bis 100 Einheimische.[9]

»Mein Vater und mein Bruder sagten: ›Bleib hier, bei uns.‹ Drei Wochen später waren mein Bruder und ich aber unterwegs nach Groningen, zu unserem Großvater, dem Vater meines Vaters. Er hatte alle Briefe, die wir ihm im Laufe der Jahre geschrieben hatten, aufbewahrt! Aus ihnen und dem Tagebuch meines Bruders ist dies entstanden.« Er reicht mir ein selbstgemachtes Buch mit dem Titel: »Over Vroeger – Brieven en Herinneringen« – (»Über früher – Briefe und Erinnerungen«). Es zeigt den jungen Jeppe in einer niederländischen Armeeuniform und seinen Bruder als Mitglied der Luftwaffe. Ein Bild aus dem Jahr 1959.

»Mein Tagebuch wurde mir im Gefängnis von Ambarawa abgenommen«, bedauert er.

Viel Platz gab es im Haus des Großvaters nicht, aber er unterstütze die Ausbildung seiner Enkelsöhne so gut er konnte. Jeppe legte 1947 sein Abitur ab und studierte anschließend Medizin. »Den verwundeten und sterbenden Frauen in Ambarawa konnte ich nicht helfen, deswegen wollte ich Arzt werden.« Dass es ihn auch heute noch belastet, seine große Liebe Els nicht gerettet haben zu können, bleibt ungesagt.

---

9 Netherlands Indies Government Information Service: *The Indonesian Problem. Facts and Factors.* 1947, S. 43

»1948, als mein Bruder Abitur gemacht hatte, starb Großvater.«

»Und Ihr Vater?«

»Der hatte sich in Batavia in eine Hexe mit schwarzem Haar verliebt, die Vater um seiner Pension willen geheiratet hat. 1947 kamen sie nach Holland. Nach einem Jahr ließ er sich scheiden.«

»Wie haben diese schlimmen Jahre Ihr Leben geprägt«, frage ich ihn zum Abschied.

»Ich habe gelernt, nicht zu diskriminieren und nicht zu verallgemeinern. Ich bin nicht verbittert. Ich hasse auch die Japaner nicht. Aber ich glaube, dass der Abwurf der Atombomben richtig war. Sie haben mehr Leben gerettet als zerstört. Ohne sie hätte noch einer Million alliierter Soldaten das Leben verloren.«

»Wissen Sie, was aus Wolfgang Randel geworden ist?«

»Als ich mit 18 Jahren im japanischen KZ saß, hatte ich manchmal Diskussionen mit meinen Altersgenossen. Ich erklärte ihnen, dass es auch gute Deutsche und gute Japaner gäbe, und dass nicht alle Amerikaner und Engländer ›heilig‹ seien! Ich dachte dabei an meinen Freund Wolfgang. Er ist ums Leben gekommen, als das holländische Schiff ›Van Imhoff‹ von Japanern torpediert wurde.«

Schade, dass unsere Zeit auch diesmal begrenz ist. Ich hätte mich mit diesem Mann, der in keine Schablone passt, gern noch länger unterhalten – über Hiroshima und Nagasaki und darüber, dass kein holländischer Kapitän oder Seemann bereit war, ein einziges deutsches Leben zu retten, als die ›Van Imhoff‹ unterging – auch seinen Freund Wolfgang nicht.

Soedijomo:
Zwischen Adel und Volk

Fasziniert bestaune ich den langen farbenprächtigen Holzpalast in Pe-
matang Purba in Nord-*Sumatra*, der auf 20 mit Schnitzereien verzierten
Teakholzsäulen ruht. In diesem, um 1810 ganz ohne Nägel errichteten,
Bauwerk lebte der letzte *Batak*-Simalungan König bis 1945 mit seinen
14 Frauen und 72 Kindern. Zu dem Palastkomplex in einer abgelegenen, sonnigen Lichtung gehören auch das Haus der Leibgarde, diverse
Speicher, ein Gerichtssaal und der Hinrichtungshof.

Das mächtige, nach oben geschwungene Satteldach des Palastes
ist wie bei allen Batak-Häusern an den Giebelenden mit geschnitzten
Büffelköpfen verziert und mit kräftigem Weiß, Schwarz und Rot bemalt. Vorder-und Rückwände der farbfrohen Gebäude sind aus Bambus
geflochten und neigen sich oben nach außen. Ein wenig erinnert das
Bauwerk an ein großes Wikingerschiff.

Wie bei den Häusern einfacher Familien besteht auch das Innere
des Palastes aus einem einzigen unmöblierten Raum. Hier sind jedoch
rechts und links entlang eines engen Ganges auf dem Holzboden die
schmalen schmucklosen Schlafstätten der 14 Frauen des Königs zu
sehen, nur durch jeweils eine kleine Feuerstelle voneinander getrennt.
Einen Rauchabzug gibt es nicht. Lediglich der kleine Schlafplatz des
Königs ist durch geflochtene Bambuswände vom Rest des Raumes
getrennt. Als die Japaner erschienen, nutzte die Dorfbevölkerung die
Gelegenheit, ihren letzten Raja wegen seiner Kollaboration mit den
Holländern umzubringen.[1]

Während ich versuche, mir das Leben dieser Frauen vorzustellen,

---

[1] Lee Khonn Choy: *Indonesia. Between Myth and Reality. 1976*, S. 59

kommt eine Indonesierin freundlich auf mich zu und überrascht mich mit ihrem fast akzentfreiem Deutsch: »Sie sehen aus, als ob Sie aus Deutschland kommen. Sind Sie zu Besuch hier?«

Ich erfahre, dass sie Sri Tunruang heißt, in Deutschland lebt und zum Vorstand des ›Eine Welt Forums‹ in Aachen gehört. In Indonesien ist sie gerade unterwegs, weil ihr die Frauen in ihrem Heimatland besonders am Herzen liegen. Als ich von meinem Projekt erzähle, erklärt sie spontan: »Sprechen Sie mit meinem Onkel! Der lebt in *Jakarta*!« So kommt es, dass ich zwei Wochen später bei Soedijomo zu Gast bin. Der beleibte 1921 Geborene freut sich über mein Interesse an seinem Leben. Für seine beiden Söhne, die – der eine morgens, der andere nachmittags – übersetzen, stellt die verschlungene Reise durch die Vergangenheit ihres Vaters zuweilen eine Herausforderung dar.

Soedijomo wurde in Kidul geboren, nahe der Südküste von Java im Bezirk Cilacap. »Während meiner Kindheit war Zentral-Java noch von einem ausgeprägten Feudalsystem geprägt«, erklärt er. »Oben herrschten der Adel, die Regierungsbeamten und die Kaufleute, unten vegetierte der große Rest des Volkes. Mein Vater war Direktor der achtjährigen *Schule* für die Kinder der Regierungsangestellten in Maos und zählte zur privilegierten Gesellschaftsschicht. Daher durfte ich diese Schule besuchen. Den meisten Kindern stand nur die dreijährige Dorfschule offen – und selbst diese minimale Bildung war bei Weitem nicht selbstverständlich. Ich spielte, wie es sich gehörte, ausschließlich mit den Kindern anderer Regierungsangestellter und hatte zu dem ›einfachen‹ Volk absolut keinen Kontakt.

Wir lebten in der Nähe der Schule in einem typischen Bambushaus – allerdings mit Dachziegeln und Zementfußboden, wie es sich für einen Angestellten der Kolonialregierung ziemte. Im Gegensatz zu den Dorfbewohnern, die auf Bambusmatten schliefen, hatte ich ein richtiges Bett. Ich hatte mein eigenes Kindermädchen. Sie war immer für mich da und schlief nachts auf dem Fußboden neben mir.

Ich war das sechste Kind meiner Eltern und ihr einziger Sohn. Vier meiner fünf Schwestern starben, bevor sie das fünfte Lebensjahr erreichten. Ich wuchs also nur mit meiner älteren Schwester auf. Unser Wohnzimmer, im vorderen Teil des Hauses, war mit Tisch und Stühlen möbliert. Im Hinterhaus lebte ein ärmeres Familienmitglied als Hausangestellte mit ihren zwei großen Kindern. Derartige Arrangements sind auch heute auf Java noch gang und gäbe.«

»Hatten Sie als Kind Aufgaben? Mussten Sie zum Beispiel Wasser holen?«

»Wir gehörten zur örtlichen Elite. Ich hatte also überhaupt keine Pflichten. Auch Mutter verrichtete keine Hausarbeit, sondern traf sich regelmäßig mit den Ehefrauen Gleichrangiger.«

»Wie sah ein ganz normaler Tag des privilegierten kleinen Soedijomo aus?«

»Ich stand gegen 10 Uhr auf und wurde von meinem Kindermädchen im ›mandi‹ gewaschen. Dann zog sie mir jeden Tag saubere Kleider an, die sie am Abend gewaschen hatte. Anschließend kochte sie mir Reis und Eier zum Frühstück und fütterte mich. Ab meinem fünften Lebensjahr besuchte ich den Kindergarten für die Kinder der Regierungsangestellten.

Als ich acht Jahre alt war und die zweite Klasse besuchte, ging ich in die 15 Kilometer entfernte Holländische Schule für Einheimische – HIS – in Cilacap, die nur Kindern höherer Angestellten mit einem monatlichen Mindesteinkommen von 100 Rupien offenstand. Als sich mein bester Grundschulfreund mit den Worten verabschiedete: ›Ich kann leider nicht auf die gleiche Schule gehen wie du‹, habe ich zum ersten Mal in meinem Leben geweint.

Ich wohnte bei einem Cousin meines Vaters in Banyumas. Dass es ein Abschied für immer von meinem Vater sein würde, ahnte ich nicht. Er starb kurz danach und zwar so jung, dass er noch keine Pensionsansprüche erworben hatte. Für mich bedeutete dies, dass ich von nun an bei dem älteren Bruder meines Vaters in Gambarsari lebte und die HIS in Purwokerto besuchte. Meine Mutter habe ich während all dieser Zeit nicht gesehen.«

»Bei einer Entfernung von nur 15 Kilometern? Hatten Sie kein Heimweh?«

»Daran erinnere ich mich nicht. Mein Kindermädchen war ja immer bei mir. Das zählte. Außerdem besuchte mein bester Kindergartenfreund die gleiche Schule. Die Umgangssprache war – wie in Regierungskreisen üblich – Niederländisch. Auch mein Onkel war Regierungsangestellter und lebte in einem ähnlich komfortablen Steinhaus wie wir. Seine Kinder waren bereits erwachsen.

Zur Schule war ich jeden Tag eine Stunde mit dem Zug unterwegs, begleitet von meinem Cousin, den ich als großen Bruder ansah. Nicht lange danach verließ mich mein Kindermädchen. Was für ein einschneidendes, schmerzliches Erlebnis! Ich fühlte mich so unendlich verloren ohne sie. Nun musste ich mich selbst waschen und anziehen. Eineinhalb Jahre später kehrte ich zu meiner Mutter zurück, die inzwischen bei ihrem Vater in Croya lebte.

Da Großvater keinen hohen Rang als Regierungsbeamter bekleidete, war ich auf einmal ein ganz gewöhnlicher Dorfjunge und meine Spielgefährten gehörten zur untersten Gesellschaftsschicht. Zum ersten Mal lebte ich nicht von der Dorfbevölkerung abgesondert! Ich war glücklich und hatte endlich eine Vorstellung vom Leben der einfachen Leute. Ich besuchte die Schule in Purwokerto.«

»Gab es in Ihrem Jahreszyklus besondere Festtage?«

»Der schönste Tag im Jahr war der 31. August. Der Geburtstag der niederländischen Königin wurde in ganz Indonesien ausgelassen gefeiert. Wir versammelten uns vor dem Regierungsgebäude, um ein holländisches Lied zu singen. Ich betrachtete mich als Patrioten und gab zu Ehren meiner Königin stimmlich mein Bestes. Es gefiel mir in der Schule, aber andere Dinge waren wichtiger, wie das Heuschreckenfangen mit meinen Spielgefährten.

In der regenarmen Gegend um Croya gibt es nur eine Ernte im Jahr. Ich war erstaunt, als ich erkannte, dass die Familien meiner Kameraden oft nicht genug zu essen hatten und dass sie höchstens einmal in der Woche Reis essen konnten. Wir konnten uns zwar immer drei Mahlzeiten am Tag leisten – aber gebraten schmeckten die kleinen Tierchen, die wir Buben fingen, gar nicht schlecht. Viele Dorfjungen besaßen kein einziges Hemd. An Schuhe war beim Spielen nicht zu denken. Diese Jahre waren die glücklichsten meiner Kindheit.

In Croya erhielt ich meine erste Lektion in Politik. Der Mann meiner Schwester war Anhänger *Sukarnos*. Ich trat der *PNI*-Jugendorganisation bei und begann über die Unabhängigkeit nachzudenken. Nachdem mein Großvater gestorben war, zog ich 1939 mit meiner Mutter nach Burbalinga und besuchte die holländische AMS-Mittelschule in *Yogyakarta*.«

»Hatten Sie auch deutsche Lehrer?«

»Ja, ich erinnere mich an Herrn Fritz. Leider konnte ich aber von ihm kein Deutsch mehr lernen, denn er wurde 1940 eingesperrt. Warum und wohin man ihn brachte, weiß ich nicht.«

»Wie sahen Ihre Bekannten das Verschwinden der Deutschen?«

»Die Anhänger der Holländer waren wütend auf die Deutschen wegen deren Einmarsch in die Niederlande. Die meisten Schüler dieser Schule waren ja Kinder von Regierungsbeamten. Nach meinem Schulabschluss besuchte ich die Universität in Yogyakarta. Bei meinem Onkel, einem Beamten des Sultans, konnte ich nicht wohnen. Das erlaubte mein niederer Rang nicht. Meine Familie war gegen mein Studium. Ein Junge ohne Vater solle lieber Geld verdienen. Zunächst wohnte ich bei einem Freund. Später fand ich in einer einfachen Studentenpension eine billige Unterkunft, die ich mit sechs oder sieben anderen Studenten teilte. Sogar an der Hochschule bestand so gut wie kein Kontakt zwischen der gesellschaftlichen Elite und einfachen Studenten wie mir.

Um zum Studium zugelassen zu werden, musste ich eine Geburtsurkunde vorlegen, die ich aber nicht hatte. Schließlich erhielt ich ein Ersatz-Dokument von meinem Onkel. Das verhalf mir zu dem Recht, den Titel ›Mas‹ zu tragen und ermöglichte mir damit automatisch den Zugang zur Universität. Ich lernte besser Holländisch und wurde gleichzeitig ein immer leidenschaftlicherer Nationalist. Yogya war das Zentrum der indonesischen Freiheitsbewegung. Wir waren überzeugt, dass wir mit Hilfe der Japaner stark und mutig genug wären, um die Holländer zu besiegen. Gleichzeitig wurden wir Studenten von den Holländern mobilisiert. Manche erhielten eine militärische Ausbildung, andere wurden in Krankenhäusern eingesetzt.

Meine Aufgabe bestand darin, Informationen über ausländische Flugzeuge an den holländischen Kommandeur weiter zu leiten. So kam es, dass ich als Mitglied der niederländisch-indischen Armee die Japaner im März 1942 einmarschieren oder mit Fahrrädern einfahren sah – umgeben von jubelnden Menschen. Die Japaner ließen Sukarno und *Hatta*, die von der Kolonialregierung eingesperrt worden waren, frei und internierten stattdessen alle Holländer. Ab diesem Zeitpunkt hatte ich keinen Kontakt mehr zu meinen holländischen Lehrern oder Kommilitonen. Holländische Geschäfte wurden geplündert. Ich war froh, dass die Kolonialzeit ein Ende hatte.

Weniger glücklich waren wir über die neuen, fast allesamt unqualifizierten Lehrer. Sie waren meist selber noch Studenten. 1942 wurden wir gefragt, ob wir bereit wären, für die Eisenbahn zu arbeiten. Alle Bewerber wurden nach *Surabaya* eingeladen, wo man sich für den Bereich Technik oder eine Bahnstation entscheiden konnte. Ich wählte den Bahnhof von *Solo*, wo ich Züge zu registrieren, Telegramme in Empfang zu nehmen und Fahrkarten zu verkaufen hatte. Der bisherige niederländische Bahnhofsvorsteher musste mich einweisen, bevor er von seinem Posten entfernt wurde. Ich kann mir gut vorstellen, dass er darüber verbittert war.«

»Tat er Ihnen leid?«

»Nein. Ich betrachtete meine Aufgabe als etwas, das ich für mein Land tat.« Er hält inne: »Na ja, ich hatte gemischte Gefühle. Menschlich tat er mir leid, aber als Nationalist war ich erfreut. Einige Monate später wurde der Bahnhofsvorsteher interniert und ich hatte einen Japaner als Vorgesetzten. Nach einem Jahr nahm ich an einem Kurs teil, der mich zum Stationsvorsteher machen sollte. Leider machte mir mein Trachom einen Strich durch die Rechnung.[2] Statt Bahnhofsvorsteher wurde ich Verwaltungsbeamter in Yogya.

Als ich zum Studium zurückkehrte, erwartete meine Familie, dass ich heirate. Alles war bereits geplant. Ich wollte aber zuerst meine Ausbildung abschließen. Da schlug Mutter vor: ›Wir ermöglichen dir dein Studium abzuschließen und du heiratest das Mädchen, das ich für dich ausgewählt habe.‹ Also schloss ich 1943 mein Studium ab und heiratete im Juli des gleichen Jahres. Meine Frau war erst 18 Jahre alt und ich war sehr glücklich. Anfangs lebten wir in Solo von 300 Gramm Reis am Tag. Ich konnte mir nicht einmal leisten, meiner Frau etwas zum Anziehen zu kaufen. Viele Leute hatten Kleider aus Reissäcken. An unseren Füßen trugen meine Frau und ich, wie die meisten Menschen, zugeschnittenen Reifengummi.«

»Hatten Sie als Bahnangestellter mitbekommen, dass unzählige javanische Zwangsarbeiter in alle Himmelsrichtungen verschickt wurden und nie zurückkamen?«

»Ja. Viele Menschen litten so großen Hunger, dass sie sich freiwillig zum Arbeitsdienst meldeten. Ich dachte, sie würden Geld verdienen. Dass ein Großteil von ihnen verhungerte oder auf andere Weise zugrunde ging, habe ich erst nach Kriegsende erfahren. Ich klammerte mich damals an den Glauben, dass die Japaner uns zu unserer Freiheit verhelfen würden und akzeptierte, dass wir dafür einen Preis zahlen mussten. Mir kam nie der Gedanke, dass sie unser Land einfach besetzten.«

»Haben Sie erfahren, dass Sukarno über das Sterben der ›romusha‹

---

2 Ein Trachom ist die in tropischen Entwicklungsländern häufigste Augenerkrankung. Etwa 500 Millionen Menschen sind davon betroffen, etwa sechs Millionen daran erblindet. Eine Verbesserung der Hygiene und ein ausreichendes Trinkwasserangebot würden erheblich zur Reduzierung dieser Erkrankung beitragen.

ebenso informiert war wie über das Schicksal der ›Trostfrauen‹? Dass er dem sogar zustimmte?«

»Nein. Damals war ich so erfreut, dass die Japaner uns als Soldaten ausbildeten und *PETA*, die erste indonesische Armee, ins Leben riefen, dass ich vieles gar nicht sehen wollte. Wir Bahnangestellten bildeten eine zivile Verteidigungseinheit zum Schutz der Bahnlinien. Ich wurde Offizier für Finanzen und erhielt mein Gehalt von der Armee. Ich war also nie in Kämpfe verwickelt und blieb bis 1980 Finanzoffizier beim Militär.«

»Wie sehen Sie Sukarno heute?«

»Ich denke, es war falsch, dass er nach Kriegsende nicht gegen die Japaner kämpfte und wartete, bis sie ihm die Unabhängigkeit in den Schoß legten.«

»Würden Sie aus heutiger Sicht etwas anders machen?«

»Ich bin stolz darauf, beim Aufbau einer Verwaltungsstruktur mitgewirkt zu haben. Ich war auch an der Entwicklung der indonesischen Ölgesellschaft beteiligt. Ich bedauerte für lange Zeit, dass ich für meine Verdienste von meiner Regierung keinen Dank geerntet habe. Inzwischen ist es mir gleichgültig.«

Erich:
Zwischen allen Stühlen

Erich hat viel Zeit in Archiven verbracht, um die Geschichte der Deutschen in Niederländisch-Indien zu recherchieren – insbesondere die seines Vaters. Seine Erzählbereitschaft und Gastfreundschaft machen seine Wohnung in der 7. Etage eines Wohnblocks in Haarlem zu einer Art niederländischer Basis für mich. In seinem gemütlichen Wohnzimmer, umgeben von Pflanzen, Büchern und Erinnerungsstücken aus Südostasien, erzählt er fünf Tage lang über sein Leben und das seiner Familie. Dabei scheint er immer auf der Suche nach einem Teil seiner selbst zu sein, der auch in jahrelanger Archivarbeit nicht wieder zum Vorschein kam.

Erichs Eltern wurden 1902 und 1905 in Steyr, im Habsburger Reich, geboren. Nach seinem Schulabschluss studierte der Vater in Wien Forstwirtschaft und trat dann eine Anstellung im Schloss Lamberg an. »Dort ließ er sich für Niederländisch-Indien anheuern, schiffte sich mit seiner Frau in Genua ein und erreichte im März 1931 *Batavia*. In Bogor wurde er in das javanische Forstwesen eingewiesen und dann in Jember in Ost-Java eingesetzt. Es muss für meine Eltern eine glückliche Zeit gewesen sein.

1936 wurde Vater nach Maja in West-Java versetzt, um an dem Projekt ›Sterbendes Land‹ mitzuarbeiten. Dort wurde abgeholzter Wald mit kostbaren Hölzern aufgeforstet. Weil Vater als Österreicher keine Führungsposition erhielt, riet ihm sein Chef, sich als Niederländer naturalisieren zu lassen. In Maja wurde ich 1937 geboren. Da meine Lebenschancen wohl nicht sonderlich gut standen, erhielt ich an Ort und Stelle eine Nottaufe. Wie Sie sehen, wäre das nicht nötig gewesen.

Als ich ein Jahr alt war und der Österreicher Hitler sein Heimatland an Deutschland anschloss, wurden meine Eltern und ich automatisch deutsche Staatsbürger. 1939 wurde meine Schwester geboren und Vater nahm die niederländische Staatsangehörigkeit an – und damit automatisch die ganze Familie. Daraufhin wurde er sofort befördert und verdiente viel besser. Dieser Aufstieg war mit einem Umzug nach Bandung verbunden und bedeutete, dass Vater nun meistens unterwegs war. Wir sahen ihn im Grunde nun nur noch am Wochenende.

Mit Kriegsbeginn 1939 wurden viele deutsche und österreichische Kollegen von Vater entlassen. Ihre Verträge wurden einfach gebrochen! Nach dem Krieg musste ihnen die niederländische Regierung in den meisten Fällen ihr Gehalt nachzahlen. Aber dieser Zustand war von kurzer Dauer. Als Hitlers Wehrmacht am 10. Mai 1940 die Niederlande besetzte, wurden alle Deutschen und Österreicher über Nacht interniert – auch Vater. Dass er inzwischen niederländischer Staatsbürger war, zählte nicht. Diese Aktion verlief so reibungslos, dass sie schon lange im Voraus geplant gewesen sein musste. Die Verhaftungswelle wurde mit dem Codewort ›Batavia sendet Berlin‹ von Den Haag ausgelöst. Genaueres können Sie im gleichnamigen Buch von van Heekeren nachlesen.«[1]

»Sind Sie bei Ihren Recherchen auf den Befehl gestoßen, der es niederländischen Kapitänen untersagte, deutsche Schiffbrüchige zu retten?« wechsle ich das Thema.

»Meines Wissens kam dieser Befehl vom niederländisch-indischen Vizeadmiral Conrad Helfrich.[2] Vater wurde vom niederländischen Geheimdienstchef, dem späteren General Spoor, verhört – und freigelassen. Kurz darauf wurde er aber erneut verhaftet und mit vielen anderen unter menschenunwürdigen Umständen auf der Insel Onrust interniert. Unter den eingesperrten Deutschen – oder ehemaligen Deutschen – befanden sich auch deutsche Juden. Einer von ihnen, mit Namen Frühstück, kam dem Lagerzaun zu nahe und wurde erschossen.

Als das *Internierungslager für Deutsche* nach etlichen Monaten vom Generalgouverneur besucht wurde, war dieser über die erbärmliche

---

1 Van Heekeren: *Batavia sendet Berlijn*, 1967
2 Conrad Helfrich (1886 – 1962) erhielt 1939 das Kommando über alle Einheiten in Niederländisch-Indien. Mit dem britischen Admiral stellte er zu Beginn des Pazifikkrieges die ABDA-Flotte aus australischen, britischen, niederländischen und US-amerikanischen Schiffen zusammen. 1942 bekam er das Flottenkommando übertragen. Während der Schlacht in der Javasee wurde fast die komplette ABDA-Flotte vernichtet. Als niederländischer Vertreter nahm er 1945 an der Unterzeichnung der japanischen Kapitulation an Bord der *USS Missouri* teil.

Situation der Insassen entsetzt. Wenig später wurden die Internierten in andere Lager verlegt. Während die ›Reichsdeutschen‹ und manche als besonders gefährlich eingestuften Holländer nach Kota Tjane in Nord-*Sumatra* verlegt wurden, kam Vater mit den weniger gefährlichen ›potentiellen Verrätern‹ nach Ambarawa in Mittel-Java.

Kurz danach wurden auch Mutter und ich interniert, in einem heruntergekommenen, chinesischen Hotel in Bandung. Unser gesamter Besitz wurde, wie der von allen Deutschen, von der niederländischen Behörde für Witwen und Waisen eingezogen. Von dem Erlös aus dem Verkauf oder der Versteigerung dieser Sachen wurde der klägliche Unterhalt der Internierten finanziert.

Da meine einjährige Schwester Ilse krank war, verbot man Mutter, sie in die ›Schutzhaft‹ mitzunehmen. Sie wurde gezwungen, ihr Baby bei einer österreichischen Familie zu lassen. Mutter drehte durch, als man ihr das Kind wegnahm. Sie schrie und schimpfte auf alle Holländer. Dass man ihr das kranke Baby wegnahm, hat sie nie verwunden. Von dieser traumatischen Erfahrung an hasste Mutter die holländischen Behörden ein Leben lang. Das heißt aber nicht, dass sie nicht trotzdem weiterhin holländische Freunde hatte.

Wegen ihres Wutausbruchs wurde Mutter als besonders staatsgefährdend eingestuft. Später erfuhren wir, dass holländische Nachbarn die Behörden davon unterrichtet hatten, dass Mutter deutsche Radiosender hörte. Sie und ich wurden mit anderen ›Staatsfeinden‹ in *Banyu Biru* interniert, 50 Kilometer südlich von *Semarang*. In diesem Lagerkomplex befand sich auch das Staatsgefängnis für Frauen.

Wir schliefen auf Strohsäcken auf dem Fußboden. Im ganzen Lager gab es eine einzige Badehalle mit Duschen. Wenn die Frauen duschten, lugten die Wächter oftmals um die Ecke, um ihnen zuzusehen. Ich wurde krank und immer schmächtiger. Da brachte Mutter, ich weiß nicht woher, eine Art Spinat herbei und stopfte ihn mir förmlich in den Mund. Sie gab mir bestimmt das meiste von dem wenigen Essen, das wir erhielten.

Die Heilsarmee stellte das weibliche Wachpersonal, die Leitung lag allerdings in den Händen bewaffneter Männer. Es erscheint mir heute noch wie ein Wunder, dass mich im Juni oder Juli 1940 – ich war drei Jahre alt – eines Tages ein Auto abholte und mit einer der Wächterinnen zu meinem Vater ins nahe gelegene Lager Ambarawa brachte. Wahrscheinlich war dies auf Anlass eines holländischen Freundes meines Vaters geschehen. Ich sah Vater nur für wenige Minuten, aber ich erinnere mich, dass er mir aus dem Lagertor entgegenkam, einen Apfel aus seiner Tasche zog und mir schenkte.« Erich blickt mich traurig an: »Ein Apfel war in Indonesien etwas ganz besonderes. Ende 1940 wurde Vater nach Ngawi verlegt. Diese berüchtigte alte Festung dient heute noch als Militärkaserne.

Mutter und ich kamen bald in das Lager Tji Badak bei Bogor. Da war das Essen besser. Ich besuchte den Kindergarten bzw. die Fröbelschule in einer Gartenlaube. Es gab ein Badehäuschen mit heißem Schwefelwasser am Fluss, in dem wir baden durften. Ich fand diese dampfende Riesenbadewanne ebenso unheimlich wie faszinierend. Grauenvoll war, dass Mutter eines Morgens dazukam, wie eine riesengroße Ratte an meinem Hinterkopf nagte. Mein Kissen war blutüberströmt.

Durch das Lager verlief eine Art offene Kloake. Elisabete van der Elst, eine kleine Spielkameradin von mir, fand darin eines Tages eine ›blimbing‹ (Sternfrucht) und teilte ihren Schatz mit mir. Daraufhin litt ich bald unter Ruhr. Ich wurde so schwach, dass Mutter mein Leben beinah aufgegeben hatte. Als sie bei der Lagerleitung verzweifelt um Medizin bettelte, erklärte ihr die Diensthabende: ›Für Moffenkinder haben wir nichts‹. Da packte Mutter das Tintenfass auf dem Schreibtisch und warf es voller Wucht nach dieser Frau. Es verfehlte sie nur knapp und hinterließ einen großen Tintenfleck auf der Wand hinter ihr.

Nach diesem Vorfall landeten Mutter und ich in einem Irrenhaus für Indonesier. Aber immerhin erhielt ich dort Medikamente, mit deren Hilfe es mir allmählich wieder besser ging. Ich konnte schon wieder herumlaufen, als ich unter der Tür, die unser Zimmer vom Nebenzimmer trennte, eine große Blutlache entdeckte. War der Mann neben uns verblutet?

Nach ein paar Monaten brachte man uns per Bus nachts und bei strömendem Regen in das deutlich bessere Lager nach Sindanglaya. Vermutlich haben wir das der Frau des späteren Gouverneurs Hartevelt zu verdanken. Das Klima war hier in den Bergen angenehm kühl und wir hatten mehr Bewegungsfreiheit. Heute existieren von diesem Jesuitenkolleg nur noch ein paar Stufen.

Als wir Ende 1941 in die so genannte Familieninternierung nach Salatiga verlegt wurden, in eine herrschaftliche chinesische Villa mit vier Türmen, kehrten Ilse und Vater zu uns zurück. Unsere Familie war

nun endlich wieder beisammen. Wir teilten uns zu viert ein Zimmer.«
(Dieses Haus diente wenig später als Internierungslager für niederländische Jungen.)

»In Salatiga waren Deutsche, naturalisierte Holländer und niederländische NSB-Mitglieder, interniert. Ich erinnere mich an Frau Szeniczei, eine Jüdin. Ihr Mann, ein österreichischer Jude, war einer der etwa 400 Männer, die beim Untergang der ›Van Imhoff‹ umgekommen waren. Sie wurde von vielen Lagerinsassen schändlich behandelt. Als man etwa an den langen Esstischen die Schüsseln herumreichte, schob man sie geradewegs an ihr vorbei. Mutter fand das so empörend, dass sie wieder eine ihrer Szenen aufführte.

Die Japaner besetzten Java Anfang 1942. Im März wurden wir von ihnen befreit. Fortan mussten deutsche Frauen ihren Kriegsbeitrag leisten. Sie rollten Binden, stellten Wattestäbchen her und nähten für jeden von uns einen Rucksack. Wir wussten ja, dass unsere Abreise bevorstand.« Erich legt mir einen handgenähten kleinen Rucksack aus Baumwolle in die Hände. »Der Dreck ist noch von damals«, flüstert er.

Als er sich wieder gefangen hat, fährt er fort: »Bald mussten alle Deutschen, um sie von den Niederländern zu unterscheiden, eine Ansteckadnadel mit einem Hakenkreuz und einer japanischen Flagge tragen.« Schnell hat Erich ein Fotoalbum zur Hand. Am Kleidchen seiner kleinen Schwester steckt tatsächlich eine solche Nadel. Erichs Mutter bringt ihren Kindern den Hitlergruß bei, der gegenüber japanischen Wachposten korrekt auszuführen ist.

»Von Salatiga kamen wir nach Lembang bei Bandung, in einen Ferienort mit schicken Hotels. Wir wohnten eine Weile im Haus der Familie Trepper. Es war von einem wunderbaren Garten mit herrlichen Zitronenbäumen umgeben. In das gegenüberliegende Gebäude zog bald die holländische Familie Van der Zee ein. Da die Japaner sie nicht interniert hatten, müssen sie wohl deutschfreundlich gewesen sein. Nach ihrer Enteignung und Internierung waren die meisten Deutschen nun anti-holländisch eingestellt.

Alle einst in Salatiga Internierten kamen bald nach Sukabumi in das Hotel Viktoria. Vor diesem Hotel im Kolonialstil flatterte eine große Hakenkreuzflagge, an der nun täglich von Japanern bewachte Holländer vorbeimarschierten. In der Küche des Hotels waltete ein japanischer Koch mit einem Lendentuch um den dicken Bauch gewickelt. In einem großen Wasserbecken schwammen Fische. Ich sehe den Koch noch vor mir, wie er sich wie ein Sumo-Kämpfer ins Wasser stürzte, wenn ein dicker Fisch vorbeischwamm, um ihn zu fangen.

Vater erhielt eine Stellung als Forstwirt in Purwokerto. Bis zu diesem Zeitpunkt waren Javaner nur Untergebene gewesen. Nun teilte Vater ein Büro mit seinem javanischen Vorgesetzten. Immer mehr javanische Beamte rückten in Führungspositionen auf. Die meisten unserer Nachbarn waren Indonesier, die die Häuser der Holländer übernommen hatten.

In einem Zimmer unseres Hotels lebte die bereits erwähnte Jüdin, Frau Szeniczei. Eines Tages erkundigte sich die japanische Gestapo nach ihr. Vater berichtete Herrn Iwashige davon und kurz darauf bestellte er die *Kempetai* und Vater ein. Vater wurde angeschrien. Aber letztlich wurde Frau Szeniczei bei Herrn Iwashige angestellt und durfte weiterhin bei uns wohnen. Nach dem Krieg wurde er Präsident einer großen Handelsfirma.

Zu Weihnachten luden meine Eltern ihn und zwei weitere japanische Beamte ein. Überall brannten Kerzen. Es war richtig festlich. Da kam Ilse mit ihrem hübschen, grünen Kleidchen einer Kerze zu nahe. Und Wumm!! Das ganze Kind stand augenblicklich in Flammen und schrie grauenhaft! Geistesgegenwärtig warf Frau Szeniczei eine Decke über sie und der japanische Adjutant holte sofort Brandsalbe. Ilses Verbrennungen sind erstaunlich schnell verheilt und hinterließen keine Narben.

Oft kletterte ich, wenn ich Siesta halten sollte, heimlich aus dem Fenster und spielte mit den indonesischen Kindern. Ich zog mit ihnen über Reisfelder und bestaunte den Jungen, der, mit Fäden um seine Fußzehen gewickelt, auf einer Art Jägerstand saß. Das andere Ende der Schnüre war um Pfähle gebunden. Wenn er die Zehen rührte, bewegte er damit die silbernen Papierstreifen, die an den Bändern festgebunden waren und verscheuchte so die Vögel von den Reisfeldern. Von meinen javanischen Freunden lernte ich das Fische Fangen und ein passables Javanisch. Mit unserer Köchin ging ich oft auf den Markt. Die Vögel in den Käfigen und die Fische in wasserdichten Körben faszinierten mich besonders.

Mutter forschte bei den niederländischen Behörden nach ihrem enteigneten Besitz. Auf Auktionen war ein wesentlicher Teil ihrer Wertsachen von einem holländischen Pflanzer erworben worden. Sie nahm mich mit auf die abenteuerliche Reise auf der Suche nach ihrem Eigentum. Einmal entriss ihr ein Indonesier unterwegs ihre Krokodilledertasche. ›Haltet den Dieb!‹ schrie sie laut. Sofort stürzte ein Japaner dem Räuber hinterher und brachte meiner Mutter die Tasche zurück.

Eines späten Abends klopfte Mutter am Wohnhaus eines Zuckerfabrikbesitzers und eine unfreundliche Frau öffnete uns. Die Leute saßen beim Abendessen. Da entdeckte Mutter ein Gemälde an der Wand, das sie aus Österreich mitgebracht hatte. ›Das Bild wurde mir von den Holländern gestohlen!‹ Mit diesen Worten riss sie es von der Wand. Die Situation war entsetzlich. Trotz aller Bemühungen erhielten wir nur einen Bruchteil unseres Besitzes zurück.

Im November 1943 brachen Mutter, Ilse und ich mit der Eisenbahn nach Sarangan auf, vor allem der *Schule* wegen. Am 20. April 1943, also zu ›Führers Geburtstag‹, hatte dort die deutsche Schule ihre Tore geöffnet. Unterwegs stießen viele andere Deutsche zu uns. Die Vorhänge an den Zugfenstern waren zugezogen. Wir sollten offenbar nicht gesehen werden. Wer den steilen Anstieg nach Sarangan nicht schaffte, wurde, wie ich, auf ein Pferd gesetzt oder, wie meine Mutter, in einem Tragestuhl befördert. Oben angekommen, wurden Mutter, Ilse und ich im ehemaligen Hotel Fudjia untergebracht. Zwei Wochen später wies man uns das abgelegene Haus Jachar auf der anderen Seeseite zu. Die Matratzen waren aufgeschlitzt. Es sah verheerend aus. Mutter stürzte sich aufs Putzen und Einrichten und schuf uns ein wunderschönes Heim.«

»Wem hatte das Haus gehört?«

»Der Indo-Familie Dau van der Krapp. Fast alle Gebäude in Sarangan gehörten ursprünglich Holländern. Da es in Sarangan etliche Kinder ohne Eltern gab, wurde im Hotel Fudjia ein Mädcheninternat und im Hotel Beau Site eines für Jungens eingerichtet. Ich war wahrlich kein Musterschüler. Gleich am ersten Schultag kletterte ich während der Pause auf einen Schrank. Meine Lehrerin, Frau Bormann, forderte wütend: ›Komm runter!‹ – ›Nein, ich sitz hier gut!‹ erwiderte ich frech. Dafür kassierte ich eine Ohrfeige. Mutter hat meinen Ungehorsam manchmal drakonisch bestraft. Ich erinnere mich an furchtbare Prügel. Einmal ließ sie mich eine Stunde lang auf dem harten Boden knien und um Verzeihung bitten.«

Erich verfällt in Schweigen, ehe er schließlich sagt: »Nach dem Aufstehen schöpfte man – damals wie heute – mit einem kleinen Kübel Wasser aus einer Art Zement-Bottich und übergoss sich damit. Warmes Wasser war bei diesen klimatischen Bedingungen nicht nötig. Zum Frühstück gab es meist Brei aus rotem Reis und nach der Schule ging ich fast täglich im See schwimmen.«

»Und die Schule?«

»Ich lernte mit einem Griffel auf einer Schiefertafel Sütterlin zu schreiben. Später lernten wir die lateinische Schrift. In meiner Klasse waren wir zehn bis zwölf Schüler und Frau Bode war eine tolle Lehrerin. Ich kann über meine ersten fünf Schuljahre in Sarangan wirklich nicht klagen. Ich erinnere mich an das allmorgendliche Strammstehen. Vor unserer Ankunft gehörte dazu auch der Hitlergruß. Inzwischen war er jedoch einem Gebet gewichen, an dessen Wortlaut ich mich gut erinnere:

›Lieber Gott, in aller Not
Schenk jedem Haus sein täglich' Brot
Und gib, dass ich, wie's sonst auch geh',
stets fest zu Dir und Deutschland steh.‹

Es ist schon seltsam, wenn man bedenkt, dass vor uns eineinhalb Jahre lang holländische Kinder in Sarangan zur Schule gingen, die man zum Schutz vor den Japanern von Borneo hierher in Sicherheit gebracht hatte. Sie wurden vor Ankunft der Japaner fast alle evakuiert. Als die ersten Deutschen im April 1943 hier ankamen, lebten in einem Haus noch fünf holländische Familien. Der Kontakt mit ihnen war allerdings verboten. Nach ihrer Internierung durch die Japaner lebten in Sarangan nur noch deutsche Frauen und Kinder, bis auf vier oder fünf Männer, von denen einige den Untergang der ›Van Imhoff‹ überlebt hatten.

Mutter, Ilse und ich lebten wie im Paradies. Unser Haus war von rosa Röschen umgeben. Von unserer Terrasse hatten wir einen herrlichen Blick auf den See. In der Trockenzeit konnte man die Insel darin zu Fuß erreichen. Da holten sich Panther Vögel und andere Tiere, die sonst geschützt dort lebten. Mutter führte, von einer Köchin unterstützt, den Haushalt. Finanzielle Sorgen hatten wir nicht, da Vater ja Geld verdiente.

In unserem Garten am Hang bauten wir Gemüse an. Als der Regen eines Tages unser ganzes Süßkartoffel-Feld wegspülte, sorgte Vater für Abflüsse und ließ die Schräge mit Baumstämmen stützen. Unsere Ziegen wurden von einem jungen Gartengehilfen versorgt. Wir zogen oft gemeinsam mit großen Körben los, um von einem bestimmten Baum in der Nähe eines idyllischen Wasserfalls Blätter für die Tiere zu holen.

Neben der Freude gab es aber auch Kummer. Nach einem Jahr wurde Ilse zuckerkrank. Als *Sukarno* wieder einmal in Sarangan weilte, bat Vater ihn, Ilse und ihn mit nach *Yogyakarta* zu nehmen, da sie dringend ins

Krankenhaus musste. Während sie auf dem Bahnhof in *Madiun* auf den Zug warteten, tippelte Ilse, nachdem ein Adjutant meinen Vater darum ersucht hatte, mit ihrem roten Haar auf dem roten Läufer auf Sukarno zu, reichte ihm ihre Hand und dankte ihm für sein Geleit. Ilse lebte ab diesem Zeitpunkt im Grunde im Krankenhaus und Vater besuchte sie dort täglich. Einen weiteren Schatten warf der Tod von Medi Hachgenei auf unser Paradies. Ganz Sarangan war über den Tod dieses bezaubernden Mädchens erschüttert.

Mit Kriegsende fiel die Unterstützung durch das Deutsche Reich weg. Die Lehrer erhielten kein Gehalt mehr und fast alle Mütter und Kinder waren auf sich allein gestellt. Die Frauen verkauften, was sie konnten, um zu überleben: Kleider, selbstgebackene Kuchen etc. Man betrieb eine Schweinezucht und stellte Holzkohle her. Nach der Kapitulation Japans arbeitete Vater für die Indonesier. Ab 1946 war er neben seiner forstwirtschaftlichen Arbeit am Aufbau der Universität von Yogyakarta beteiligt. Ordentlicher Professor war er dort ab 1951.

1948 erreichten die Unabhängigkeitskämpfe auch Sarangan. Mutter und ich lebten in jener Zeit, als Räuberbanden die Gegend unsicher machten, isoliert am Waldrand. Vor allem bei Dunkelheit war es mir oft unheimlich. Eines Nachts sah Mutter aus dem Wohnzimmerfenster, wie sich in der Morgendämmerung eine lange, dunkle Menschenschlange in Totenstille den steilen Weg zu unserem Haus herauf bewegte.

Der Offizier der kleinen Gruppe von Kadetten, die Sarangan beschützten, hatte mit uns verabredet, dass wir nach drei Revolverschüssen zu den bereitstehenden LKW eilen sollten, die uns in Sicherheit bringen würden. Als wir im Morgengrauen drei Schüsse hörten, rannten wir los, kamen aber, da uns die Kugeln um die Ohren pfiffen, nicht weiter als bis zum Haus von Frau Bode, wo sich schon andere Flüchtige befanden.

Im Laufe des Tages legte sich die Schießerei und bald rüttelten die Aufständischen an unserer verriegelten Tür. Als Frau Bode schließlich verängstigt öffnete, stand eine Gruppe wild aussehender Männer mit langem, zottigem Haar vor uns. Diese Furcht erregenden Kommunisten trugen Lumpen statt Uniformen und stürzten mit angelegten Gewehren hungrig ins Haus. Als Frau Bode sie anflehte, uns nichts anzutun, beruhigten sie sich allmählich. Plötzlich hörte man vor der Tür eine laute Explosion. Da drehten die Rebellen durch, schrien auf uns ein und fuchtelten mit ihren Gewehren herum. In diesem Moment nahm Mutter Abschied von mir. Wir dachten, unser Ende sei gekommen.

Als die Männer im Obergeschoss den Sohn eines republikanischen Offiziers entdeckten, den Frau Bode in ihrer Obhut hatte, beruhigten sie sich wieder. Später erfuhr ich, dass *Amir Sjarifuddin*, einer der kommunistischen Anführer, seine Truppen instruiert hatte, die Deutschen in Sarangan in Ruhe zu lassen. Nachdem alles glimpflich abgegangen war lungerten um unser Haus kommunistische Aufständische herum. Mutter bereitete ihnen eine Mahlzeit aus Süßkartoffeln und sie ließen sich bald zufrieden auf unseren langen Bänken im Garten das Essen schmecken. In der folgenden Nacht wurde Sarangan von Sukarnos Leuten zurückerobert. Es gab einen toten Kommunisten, der am Seeufer begraben wurde.

Viele Bewohner der umliegenden Dörfer hatten sich zum Kommunismus bekehrt. Mit Macheten und Bambusspeeren bewaffnet machten sie sich auf den Weg, die republikanischen Kadetten abzuschlachten, die sich im über uns gelegenen Hotel Asia verschanzt hatten. Zum Glück gelang es dem Kommunistenführer Iscaq, die blutrünstige Menge von dem Gemetzel abzuhalten. Er ließ fünf Kühe schlachten und ein großes Fest veranstalten. Damit hat er das Leben der Kadetten – und vielleicht auch das unsere – gerettet.

Durch die Unruhen und Gerüchte über Mord und Totschlag in den umliegenden Dörfern fühlten wir uns immer unsicherer. Der Bürgermeister stellte uns zwei Männer zur Verfügung, die abwechselnd vor unserm Haus Wache hielten. Da die Nächte kühl waren, holte Mutter sie regelmäßig ins Haus, damit sie sich am Kaminfeuer wärmen konnten. Ich sehe sie noch vor mir, wie sie mit *Kris* und Bambusspeer bewaffnet, den heißen Kaffee schlürften.«

»Das ist alles verwirrend.«

»Die Holländer wollten in der sogenannten Zweiten *Polizeiaktion* die Truppen Sukarnos vernichten. Zu diesem Zweck verbündeten sie sich eine Zeit lang mit den Kommunisten. *Sjarifuddin*, der von Sukarno zu den Kommunisten gewechselt hatte, erzählte dies Frau Bode. Er war ein guter Freund Bodes. Man darf die verwickelten Geschehnisse nicht vereinfachen, wenn man sie verstehen will.

Aus Sicherheitsgründen hielten wir uns nun, wie die meisten Europäer, im Hotel Beau Site auf. Mutter und ich besuchten gerade Frau Hopmann, als die Schießerei wieder losging. Sie wurde immer heftiger und dann herrschte plötzlich eine unheimliche Stille. Wir hörten Schritte, das Öffnen einer Tür, dann einen Schuss. Dies wiederholte sich mehrere Male. Die Schritte kamen immer näher. Da nahm Mutter zum zweiten Mal von mir Abschied. Sie dachte, die Bewohner der verschiedenen Hotelzimmer würden der Reihe nach hingerichtet. Als wir es nicht mehr aushielten, öffnete Jürgen Hopmann die Tür. Draußen standen Soldaten Sukarnos. Sie haben uns nichts getan. Die Schüsse sind mir immer noch ein Rätsel.

Eines Nachmittags, kurz nach der endgültigen Rückeroberung Sarangans durch die Regierungstruppen, saßen Mutter und ich vor unserem Haus und tranken Tee. Auf der Terrasse des Hauses Johanna direkt unter uns, wo Familie Zöllner gewohnt hatte, das aber nun leer stand, sahen wir unseren früheren Gärtner-Gehilfen mit einem Korb voller Leintücher. Gleichzeitig bewegte sich eine größere Gruppe Menschen auf das Hotel Beau-Site zu. Auf dem Sportplatz teilte sich die Gruppe. Dann hörten wir Schüsse. Wir dachten zunächst an eine Militärübung, bis wir erkannten, dass es sich um ein Hinrichtungskommando handelte, das fünf Kommunistenführer umlegte. Dann erschien auf einmal die Figur mit dem Korb auf der Szene. Er wickelte die Leichen in die Tücher und schleppte sie mit Hilfe einer weiteren Person den Hügel herauf zum einheimischen Friedhof.

Als die Regierungstruppen Sarangan wieder einmal in ihren Händen hatten, floh der kommunistische Bürgermeister in die Wälder. Als die Republikaner drohten, seine Frau zu foltern und zu töten, kehrte er sofort zurück und wurde gefangen genommen. Ich habe ihn noch einmal gesehen, in Lumpen gehüllt vor seiner Zelle hockend und ins Leere starrend. Am nächsten Tag musste er am See sein eigenes Grab ausheben. Bevor man ihn erschoss, schrie er noch mal laut auf. Der um den See liegende Krater bildet einen gewaltigen Resonanzkörper, so dass alle Menschen in Sarangan diesen Schrei gehört haben müssen. Ich höre ihn noch immer.

Ehe Sukarnos Truppen endgültig den Sieg davon trugen, gelang es Vater, sich im September 1948 nach Sarangan durchzuschlagen und uns zu holen. Wir zogen durch die Dörfer, in denen kurz zuvor die ärgsten Gräuel stattgefunden hatten. In der Umgebung von Yogyakarta wimmelte es von Panzern und Soldaten. Es herrschte Chaos.

Eines Tages wollte Mutter mit mir nach Sarangan zurückfahren, um von unseren Sachen zu holen, was noch dort war. Als wir bereits im Zug saßen, hörten wir plötzlich Maschinengewehre, sahen Flugzeuge, die Bomben abwarfen, und kehrten schnell in unser Haus zurück. Studenten meines Vaters brachten uns auf Schleichwegen ins Krankenhaus und wir beobachteten, wie sich die indonesischen Soldaten unter Palmen versteckten und mit Gewehren auf die Flugzeuge schossen. Im Krankenhaus verbrachten wir wieder ein paar Tage als vollständige Familie. Auf einmal stürmten von der riesigen republikanischen Kaserne nebenan alle Soldaten ins Krankenhaus. Im Nu waren aus ihnen Verwundete mit Verbänden geworden. In Totenstille wurden die Jalousien herunter gelassen. Plötzlich waren sie alle wieder verschwunden und holländische Soldaten standen im Krankenhaus.

Am nächsten Tag kehrten wir in unser Haus zurück. Wir verbrachten den Abend mit Spielen, bis wieder das dumpfe Grollen holländischer Panzer zu hören war und die republikanischen Mörser. Als die Schießerei immer heftiger wurde, legten meine Eltern drei Matratzen auf das Bett und ich musste darunter kriechen. Wochenlang mussten wir das aushalten. Das Haus unserer Nachbarn wurde von Panzern zerschossen, bei uns nur das Gemüse im Garten.

Sukarno wurde von den Niederländern auf Sumatra inhaftiert. Um uns herum wurden Holländer ermordet. Man schnitt ihnen Arme, Beine und Penis ab. Viele wurden irre vor Angst und haben vor Wut indonesische Dörfer abgefackelt. Es war eine entsetzliche Zeit mit Gewaltexzessen auf allen Seiten. Eines Tages baten uns zwei niederländische Soldaten um etwas zu trinken. Sie kamen jeden Tag wieder und berichteten von den neuesten Gräueln.

Einmal erhielt Vater eine Postkarte von jemandem, der ihn heimlich treffen wollte. Er ging aber nicht darauf ein. Kurz darauf wurde während der Sperrstunde leise an unsere Tür geklopft. Ein Mann, der Malaiisch sprach, sagte, er würde von den Holländern verfolgt und suche Zuflucht. Vater vermutete den niederländischen Geheimdienst dahinter. Holländische Soldaten hatten ihn gewarnt, dass es ein hoher Offizier auf ihn abgesehen habe. Man werde ihn beim geringsten Anlass umlegen. Also sagte Vater zu dem nächtlichen Besucher: ›Es tut mir leid, ich muss meine Familie schützen.‹ Kurz darauf flogen wir in einem Militärflugzeug nach *Jakarta*. Im dortigen Lager Chassécamp reichte Vater ein Rehabilitierungsgesuch ein. Das war wichtig für seine Rente.

Ich lieh mir das Fahrrad von Hans-Günter Bode, um meine Schwester im Krankenhaus zu besuchen. Weil der Weg weit und wegen des chaotischen Verkehrs gefährlich war, hatten meine Eltern mir das verboten. Unterwegs zwang mich mein schlechtes Gewissen zur Umkehr, frühzeitig genug, damit meine Eltern meine Abwesenheit eigentlich gar nicht gemerkt hätten. Da wurde ich von einem holländischen Jeep erfasst und durch die Luft geschleudert. Das Fahrrad war hinüber. Einer meiner Schuhe hing hoch oben an einem Baumast. Als ich versuchte aufzustehen sah ich, dass ein Knochen aus meinem Bein herausragte. Ich stand unter Schock und schrie. In der Zeitung stand am nächsten Tag, ich hätte gebrüllt: ›Das Fahrrad muss zurück!‹ Meine Eltern haben mich im Krankenhaus wieder gefunden. Zwei Monate lag ich in einem Riesensaal voller einheimischer Kinder.

Meine Schwester war im gleichen Krankenhaus und besuchte mich jeden Tag. Einmal brachte sie mir eine Schüssel Eisstückchen, mit denen sich der ganze Saal eine Eisschlacht lieferte. Zu meinem Geburtstag brachten mir meine Eltern das Buch ›Heitere Tage mit braunen Menschen.‹[3] Aber die Zeit war nicht immer heiter. Neben mir lag ein süßes, kleines Mädchen, das unter schrecklich stinkendem Durchfall litt. Viele Kinder starben.

Als Vater erfuhr, dass sein Rehabilitationsgesuch genehmigt war, wurde das mit einem echten chinesischen Essen gefeiert. Tags darauf erschien jedoch Herr van Hattum und verkündete: ›Sie werden nicht rehabilitiert!‹ Er hat Vaters Rehabilitation zunichte gemacht. Das war ein schwerer Schlag für ihn.

Im Dezember 1949 erkannten die Niederlande – unter dem Druck der USA – die Unabhängigkeit Indonesiens schließlich an und am 9. Januar 1950 flogen Mutter, Ilse und ich nach Europa. Für uns Kinder war es der erste Flug. Fast drei Jahre lang wohnten wir nun in Groningen, weil uns geraten wurde, Ilse durch den damals bekannten Diabetesspezialisten Prof. van Lokeren-Campagne behandeln zu lassen.

Wir Kinder besuchten die Schule und ich lernte anständig Holländisch. Trotz des gerade hinter uns liegenden Krieges und trotz unseres damals noch starken deutschen Akzents begegneten uns Lehrer und Schüler freundlich. Aber in diesem kalten, grauen Norden hatten wir unendliche Sehnsucht nach Java. 1952 kam Vater auf einer Dienstreise das erste Mal seit 1931 wieder nach Europa. Wir trafen ihn in Steyr, wo wir bei seiner Mutter unseren Urlaub verbrachten. Als Vater nach Sumatra zurückkehrte, flehte Ilse, die immer kränker wurde, ihn an, sie nachzuholen.

---

[3] Katz, Richard: *Heitere Tage mit braunen Menschen. Ein Südseebuch.* Berlin, 1930.

Unser aller sehnlicher Wunsch ging 1952 in Erfüllung. Nach unserer Schiffsüberfahrt ging es mit dem Auto nach Bogor, wo Vater die Stelle des Direktors der Forstschule innehatte und zugleich an der Universität von Yogyakarta lehrte. Ich besuchte bis 1955 die holländische Mittelschule. Alles war gut, bis Ilse eines Nachts blau anlief. Wegen der Sperrstunde kam unser ebenfalls zuckerkranker indonesischer Hausarzt unter Polizeibegleitung angefahren. Er sagte, er müsse unbedingt erst sein Handbuch für Diabetes von zuhause holen. Als er wiederkam und anfing in dem Buch zu lesen, war Mutters Geduld am Ende. Sie sagte, dass Ilses Problem ihrer Meinung nach Unterzuckerung war, woraufhin er ihr eine Glucosespritze gab. Es ging um Leben und Tod. Zum Glück war die Entscheidung richtig.

Der Krankenwagen erschien um fünf Uhr in der Früh, die Gerufenen wollten aber erst um sechs Uhr losfahren, weil erst dann ihr Arbeitstag begann. Nach langem Verhandeln waren sie schließlich doch bereit, früher aufzubrechen und dann ging es mit heulenden Sirenen zum 60 Kilometer entfernten Jakarta. Im Stau der Großstadt stellte sich Vater aufs Trittbrett und machte sich lautstark bemerkbar. Ilse sollte wieder lange Zeit im Krankenhaus verbringen. Vater erkannte, dass es so nicht weitergehen konnte und fasste einen für uns alle traurigen Entschluss: Zurück nach Europa!

Mutter, Ilse und ich kehrten 1955 nach Holland zurück. Vater wollte nachkommen. Man hatte ihm eine Stelle an der Hochschule für Bodenkultur in Wien angeboten und eine weitere am Weltforstwirtschaftsinstitut in Reinbeck bei Hamburg. Stattdessen erhielten wir eines Tages Besuch vom Pfarrer. Unser Vater war gestorben.« Erich verstummt, als ob er für diese Tragödie keine Worte hat. In seinen vielen Recherchen scheint er immer noch eines zu suchen – seinen Vater.

»Er war nach einem Essen von gebratenen Tauben, zu dem man ihn eingeladen hatte, zusammengebrochen. War er vergiftet worden? Er war 52 Jahre alt und ich weiß die Ursache für seinen Tod bis heute nicht! Zu diesem Schmerz kam die finanzielle Not hinzu. Vater war ja nicht rehabilitiert worden, also erhielten wir vom niederländischen Staat auch keine Rente, trotz der vielen Jahre, die Vater für die Kolonialregierung gearbeitet hatte! Ich verabscheue van Hattum, dem wir dieses Elend zu verdanken hatten, noch heute!

Unter diesen Belastungen legte ich 1958 in Leiden mein Abitur ab und leistete anschließend meinen Militärdienst in der niederländischen

Armee. Ilse hatte eine kleine Wohnung. Trotz ihrer zunehmenden Blindheit studierte sie Geschichte. Auch ich begann nach meinem Militärdienst zu studieren. Ilse erblindete schließlich und wurde in eine psychiatrische Anstalt eingeliefert. Sie starb 1973, mit 34 Jahren.«

Lomita Sagala:
Eine christliche Batak, Analphabetin und Weberin

Findas Verwandte Siti Nasution lebt in Medan und hat unsere gemeinsame Reise zum Tobasee organisiert. Dieser größte Kratersee der Erde – 100 Kilometer lang und 30 Kilometer breit – ist in der Folge eines gigantischen Vulkanausbruchs entstanden, der vor etwa 70.000 Jahren die Erde durch eine Temperaturabsenkung erstarren ließ. Die Insel Samosir – etwa die Größe der Insel Ibiza – liegt inmitten dieses Sees und ist unser Ziel.

Der angeheuerte Fahrer bereitet mir das zweifelhafte Vergnügen einer typisch indonesischen Fahrt. Er scheint seinen Kampf gegen die langsam bergauf kriechenden LKW in Form riskanter Überholmanöver zu genießen. Nach jeder gewonnenen Schlacht lächelt er uns wie ein stolzer Krieger an, während wir uns mit wachsender Furcht und zunehmender Übelkeit an den vorhandenen Griffen festkrallen. Einen Vorwand für eine Pause suchend, deute ich auf große Haufen gelber Dinge, die meine Neugierde wecken. Sofort lässt Siti den Fahrer anhalten. Was mir auf den ersten Blick wie unförmige riesige Ananas erschienen, erweisen sich als Früchte der Ölpalme. Palmöl ist eines der Hauptexportprodukte Ost-*Sumatras*, wo Palmölplantagen eine lange, nicht immer erfreuliche Tradition haben. Dann geht die halsbrecherische Fahrt weiter. Nach achtstündiger Marter ist der weite Blick auf den klaren Tobasee, der sich gerade im goldenen Licht des Sonnenuntergangs spiegelt, atemberaubend.

Am nächsten Morgen setzen wir drei Frauen im rot-türkisen Passagier-Boot zur Insel über, begleitet von Hans, den Siti als Führer angeheuert hat. Hans ist etwa 35 Jahre alt und hat ein kleines Touristikunternehmen. Alle Menschen, die mich bei dieser Reise ins Land der

Batak begleiten, sind selber Batak. Finda und Siti sind Mandailing-Batak und Moslems. Hans dagegen ist Christ, wie die meisten Toba-Batak, die um den See leben.

Die Fahrt geht vorbei an idyllischen kleinen Dörfern, an denen die Zeit vorbeigegangen zu sein scheint. Da nur die Hauptverbindungsstraße asphaltiert ist, haben die Bewohner während der Regenzeit sicherlich mit matschigen Pfaden zu kämpfen. Zum Glück stehen ihre mächtigen Wohngebäude auf hohen Stelzen. Sie tragen riesige Dächer, die vorn und hinten gen Himmel zeigen. Die Holzdächer von einst bestehen heute aus Wellblech und rosten vor sich hin.

»Meinst du, ich könnte ein solches Haus von innen sehen?« frage ich Hans.

Über meinen Enthusiasmus amüsiert erwidert er: »Jedes, das du möchtest.«

»Auch dieses da?« Ich deute auf eines der drei Häuser, an denen wir gerade vorbeifahren. Auf einer kleinen Terrasse vor der Eingangstür habe ich eine Frau und ein kleines Mädchen entdeckt.

»Sicherlich!« Hans hält das Auto an und wir klettern den steilen Pfad zu den Häusern hinab. Die junge Mutter und ihre etwa acht-jährige Tochter sitzen etliche Holzstufen über uns und säubern gerade ihre Fingernägel. Ohne im Geringsten überrascht zu sein, bietet uns die Hausbesitzerin etwas von ihrem ›sirih‹ an. Bestimmt werden meine Lippen bald auch so leuchtend rot aussehen wie ihre, denke ich, als ich beginne auf dem Dargebotenen zu kauen. Der bittere Geschmack muss deutlich in meinem Gesicht zu lesen sein, denn die junge Frau versichert aufmunternd: »Es ist gut für das Zahnfleisch.«

Für einen Moment gehöre ich zu den 450 Millionen Menschen auf der Erde, die das Betelkauen praktizieren. Besonders im indo-malai-ischen Raum ist die rote Betelnuss von der Größe eines Hühnereis weit verbreitet. Die unreifen Früchte werden kleingehackt, mit gelöschtem Kalk bestrichen und mit Blättern aufgerollt. Dieses ›sirih‹ wirkt zwar gegen Ermüdung und dämpft den Appetit. Anders als mir die junge Ba-tak-Frau versichert, greift der gelöschte Kalk jedoch das Zahnfleisch an.

Nach dieser speziellen Form des Bekanntschaft-Schließens rutschen das Mädchen und die Frau zur Seite und geben den schmalen Eingang frei. Im Haus ist es fast völlig dunkel. Das einzige Licht fällt durch die geöffnete Tür ins Innere. Als sich meine Augen an die Finsternis gewöhnt haben, sehe ich den Hausherrn still auf dem Boden sitzen. Die wenigen

Besitztümer der Familie sind in Blechcontainern hoch oben in einem selbst gezimmerten Regal verstaut, das die ganze Länge des Hauses entlang läuft. Davon abgesehen ist der große Innenraum vollkommen leer, bis auf einen dunklen Vorhang, der einen kleinen Teil des Raumes am anderen Ende abtrennt.

Hans ist meinen Augen gefolgt: »Dort schlafen die Eltern. Die Kinder verteilen ihre Schlafmatten im Rest des Innenraumes.« Als er mich ins Haus führt, wird mir klar, dass ihm diese Familie nicht fremd ist. »Das ist die Küche.« Damit deutet er auf ein paar Steine auf dem schweren Holzboden. Auf dem Grill, der darauf liegt, haben ein oder zwei Töpfe Platz. Darunter liegen halbverkohlte Holzstücke in der kalten Asche. Einen Rauchabzug suche ich vergeblich.

»Wenn der älteste Sohn heiratet, teilen er und seine Frau das Haus mit seinen Eltern. Die jungen Eheleute schlafen dann in einer der beiden Ecken beim Eingang.«

»Das bedeutet wenig Privatsphäre.«

Grinsend erklärt Hans in seinem tadellosen Englisch: »Schau doch, wie dunkel es hier ist. Ein Paar wartet einfach, bis das andere fertig ist.«

Unsere Weiterfahrt führt uns an vielen Männern und Frauen vorbei, die Reis mit einer kleinen Handsichel ernten. Es ist auf meiner Reise die einzige Art der Reisernte, die mir begegnet ist. Ich beobachte einen alten Mann, der auf einer Plastikplane sitzt und Bündel für Bündel mit der Hand drischt. Gleichzeitig zieht er an Schnüren und Drähten, an denen bunte Stofffetzen hängen, um die Vögel zu verscheuchen, die ihm seine Ernte streitig machen wollen. Eine Szene wie sie tausendfach in Indonesien zu sehen ist.

»Schau, ein Friedhof!« sagt Hans immer wieder, aber so sehr ich mich auch anstrenge, ich kann nichts entdecken, was einem Friedhof ähnelt. Schließlich hält er an einem der vielen Miniaturmodelle der Batak-Häuser an, die in der Landschaft stehen. Diese bunten Minihäuschen sind Kopien der in der Nähe stehenden eindrucksvollen Originale. Ich hielt sie für Zierde oder eine Art Schuppen.

»Darin werden die Verstorbenen bestattet, auf ihrem Land und ganz in der Nähe ihrer Familie. An diesem Grab ist ein Boot befestigt. Bei dem Toten handelte es sich also um einen Fischer.«

Schließlich halten wir in einem Dorf an. Etwa zwanzig Häuser stehen sich in zwei Reihen gegenüber, wie mächtige Wikingerschiffe in einem Hafen. Hans geht zum anderen Ende des unbefestigten, breiten Dorfweges und stellt uns einer alten Frau vor, die auf dem Boden vor ihrem Haus hockt und farbenfrohe Tücher webt. Eine schlichte Bluse und ein einfacher Sarong sind um ihren mageren Körper gewickelt. Ihr weißes Haar ist zurückgekämmt und ihr zahnloser Mund rot vom ›sirih‹ Kauen. Während Siti, Finda und ich die leuchtend bunten Stoffe bewundern, unterhält sich Hans mit der alten Weberin. Nach einer Weile dreht er sich zu mir: »Seit mehr als 60 Jahren sitzt sie hier und webt.«

»Meinst du, sie würde mir ihre Geschichte erzählen, mit dir als Übersetzer?« frage ich erwartungsvoll.

Mit einem breiten Lächeln antwortet er: »Ich habe sie bereits gefragt. Die Antwort auf deine beiden Fragen lautet ›Ja‹. Sie hat uns allerdings gebeten, gegen Abend wiederzukommen, weil sie gern ihren Sohn und ihre Schwiegertochter dabei hätte.«

Als wir am Abend zurückkehren, werden wir von Lomita und ihren Verwandten gespannt erwartet. Während Finda und Siti beschließen, sich im Auto zu unterhalten, werden drei Stühle in den Lichtkreis der einzigen Glühbirne gerückt. Sofort spüre ich neben freudiger Erwartung auch Vorsicht. Würde ich politisch verfängliche Fragen stellen? Diese wortlosen Bedenken begleiteten mich bei fast all meinen Gesprächen. Erst allmählich legt sich mit der Art meiner Fragen die Anspannung.

Lomita wurde etwa 1923 in Lumba Sakhalan in einem großen Batak-Haus geboren. Sie ist also ungefähr 88 Jahre alt. Ein paar Jahre hin oder her, wen interessierte das schon in einem Kolonialland, in dem die Geburten der einfachen Bevölkerung nirgends registriert wurden.

»Ich wuchs mit vier Brüdern und fünf Schwestern auf. Meine Eltern besaßen ein paar Reisfelder und einen Wasserbüffel, der bei der Feldarbeit eingesetzt wurde. Wir bauten auch Kaffee, Mais, Zwiebeln und Maniok an. Manche Batak trieben Steuern für die Kolonialherren ein. Für uns bedeutete dies, dass wir von zehn Körben Reis drei abliefern mussten. Einen Teil behielten die Steuereintreiber für sich. Außerdem erhielten sie ein Stück Land und ein Haus. Ich muss wohl nicht betonen, dass sie nicht sonderlich beliebt waren. Wer wagte, sich zu widersetzen, wanderte ins Gefängnis.«

»Gab es *Schulen*, quasi als Kompensation für die Steuern?«

»Die einzige Schule auf Samosir war die Sekolah Rakyat, die Volksschule, und selbst die konnten sich nur Familien leisten, die das nötige Schulgeld aufbrachten. Sieben meiner Geschwister besuchten diese

Schule. Ich, die Zweitgeborene und das älteste Mädchen, sowie meine jüngere Schwester erhielten gar keine Bildung.«

»Waren Sie deswegen enttäuscht?«

Überrascht schaut sie mich an: »Nein. Ich wusste doch, dass mich meine Brüder unterstützen würden, sollte dies notwendig sein. Und das haben sie auch getan. Sie wurden alle erfolgreiche Händler oder Geschäftsleute.«

»Beschreiben Sie mir doch bitte ihr alltägliches Leben als kleines Mädchen.«

»Ab meinem fünften Lebensjahr stand ich mit dem Rest der Familie um fünf Uhr auf und wir gingen zu unseren Reisfeldern. Zeit zum Spielen gab es damals nicht. Um das Frühstück vorzubereiten, war am Morgen keine Zeit. Wenn ich Hunger hatte, erntete ich unterwegs eine Banane, etwas Mais, ein Stück Maniok. Gegen 13 Uhr kehrten wir nachhause zurück und Mutter bereitete die Hauptmahlzeit zu, meist eine Kombination aus Reis, Maniok, Mais und Fisch, den Vater im See angelte. Wasser war das einzige Getränk, das wir kannten.

Als ich 13 Jahre alt war, besuchte ich ein großes Fest in Pangururan, der größten Stadt auf Samosir. Da habe ich zum ersten Mal in meinen Leben Holländer gesehen, vor denen ich mich zu verneigen hatte. Sie trugen Schnauzbärte und lange Haare und ich hatte Angst vor ihnen. Manche ihrer eurasischen Nachkommen leben immer noch hier.«

»Die Kinder ihrer Mätressen oder Hausangestellten?«

Lomita nickt und überrascht mich mit den Worten: »Einige dieser beneidenswerten Frauen kamen aus meinem Dorf. Die Leute waren gern bei den Holländern angestellt. Sie verdienten zwar nicht viel, zogen die Arbeit aber der Plackerei auf den Feldern vor.«

Das schrille Quieken eines Schweines hallt zwischen den Häusern und macht unsere Unterhaltung zu einer Herausforderung. Nach einer halben Stunde Todeskampf gibt sich das Schwein der Übermacht mehrerer Männer geschlagen. Nun kann man die lachenden Kinderstimmen wieder hören und manch neugieriger Beobachter der Schweinstötung wendet sich uns zu. Ein kleines Mädchen mit einem Baby im Tragetuch wagt sich am nächsten heran.

Lomita, von der Betriebsamkeit um sie herum vollkommen unberührt, ist noch immer verwundert darüber, dass sich eine Frau aus Europa für ihre unwichtige Geschichte interessiert und bemüht sich, nur das in ihren Augen Wichtigste zu berichten.

»Als ich 16 Jahre alt war, hielt ein Mann aus diesem Dorf hier um meine Hand an. Junge Männer wanderten damals in kleinen Gruppen auf Brautschau in den umliegenden Dörfern umher. Eines Abends standen vier von ihnen singend vor meinem Haus. Wenn meine Eltern bemerkt hätten, dass ich mit ihnen spreche, hätten sie die Männer davongescheucht. Ich wartete also, bis alle schliefen, nahm dann leise ein Bambusrohr, steckte es durch eine Öffnung hinaus zu den Sängern und unterhielt mich flüsternd mit einem von ihnen durch das hohle Rohr.«

»Woher wussten die jungen Männer, dass Sie in diesem Haus wohnten?«

»Familien tauschten Informationen über heiratsfähige Mädchen aus. Die Männer schauten sich diese Mädchen dann auf den Märkten an. So haben sie mich gefunden – besonders einer von ihnen.« Mit einem zahnlosen Lächeln fährt sie fort: »Von diesem Tag an erschienen er und seine Freunde alle zwei Wochen. Vier Monate lang sangen und musizierten sie vor meiner Tür.«

»Warum nur alle zwei Wochen?«

»Es war ein weiter Weg von seinem Haus in den Hügeln zu meinem am See.«

»Der junge Mann gefiel Ihnen?«

Mit leuchtenden Augen antwortet sie: »Wir haben uns ineinander verliebt und er hielt um meine Hand an. Da war ich 16 und er 18 Jahre alt.«

»Ihre Eltern haben zugestimmt?«

»Ja, aber erst nachdem sie mich gefragt haben, ob ich einverstanden bin. Dann stattete uns mein zukünftiger Ehemann mit seinen Eltern einen offiziellen Besuch ab. Beim nächsten Besuch überreichten sie mir eine Decke als Hochzeitsgeschenk und man einigte sich auf die Einzelheiten der Feierlichkeiten.

Unsere Hochzeit an einem herrlichen, glücklichen Tag im Freien entsprach ganz und gar unserer Tradition. Obwohl wir Christen sind, gestatteten uns die Holländer keine Hochzeit in der Kirche. Immerhin wurde unsere Ehe registriert. Da mein Mann der älteste Sohn seiner Familie war, lebten wir von nun an im Haus seiner Eltern. Meine Schwiegereltern waren relativ gut situiert und freundlich zu mir. Meine Schwiegermutter lehrte mich zu spinnen und zu weben. Seitdem sitze ich hier.« Lomitas Webstuhl ist ein einfaches Holzgestell, auf dem Fäden gespannt sind. Die Tücher von Samosir, mit ihren leuchtenden Farben und Goldfäden, sind in ganz Indonesien berühmt.

»War Ihre Ehe glücklich?«

»Ja.« Die alte Frau strahlt. »Mein Mann war gut zu mir. Ich war in meinem neuen Zuhause glücklicher als in meinem alten. Mein Mann stand immer zu mir, auch als ich in den ersten acht Jahren unserer Ehe nicht schwanger wurde. Ich war darüber unsäglich traurig. Und dann so unbeschreiblich glücklich, als ich endlich, mit 24 Jahren, unserem ersten Sohn das Leben schenkte! In den kommenden Jahren wurden uns vier weitere Söhne geboren.«

»Bevor all dies geschah, brach der Zweite Weltkrieg über Indonesien herein. Sie müssen etwa 20 Jahre alt gewesen sein, als die Japaner in Medan landeten.«

»Wir hatten keine Ahnung davon, was in Medan oder sonst wo außerhalb unserer kleinen Insel geschah. Ich habe nie lesen und schreiben gelernt. Wir kannten keine Kalender, zählten keine Jahre. Ich kann Ihnen deshalb auch nicht sagen, was in bestimmten Jahren geschah. Ich weiß ja nicht einmal das Datum meiner Geburt.« Es klingt, als ob sie sagen will: Das Leben geht seinen Gang, auch ohne dass man die Jahre zählt. Ich wurde geboren, habe geheiratet und Kinder geboren. Das ist das, worauf es ankommt.

»Hat der Krieg Ihr Leben auf irgendeine Weise berührt?«

»Die Japaner interessierten sich für die heißen Quellen nicht weit von hier. Sie haben sogar eine Brücke dorthin gebaut. Andererseits nahmen sie den Menschen die meiste Ernte weg, sowie Textilien und sogar unseren Wasserbüffel. Die Mädchen hatten Angst und ich blieb sicherheitshalber im Haus. In unser Dorf kamen die Japaner zum Glück nicht. Aber sie holten Mädchen, die näher an den heißen Quellen lebten und zwangen sie, ihre Sexsklavinnen zu sein. Diejenigen, die Glück im Unglück hatten, wurden nach einer Weile wieder nach Hause geschickt. Die Familien versuchten alles, um diese Schande zu verheimlichen. Ich kannte eines dieser Mädchen gut. Sie hat mir trotz Strafandrohung erzählt, was mit ihr geschehen ist. Dadurch habe ich überhaupt etwas über diese schlimme Sache erfahren. Dieses Mädchen hatte das große Glück, trotzdem einen Mann zu finden. Er verstand, dass es nicht ihre Schuld war.«

»Die Japaner zwangen auch Hunderttausende für sie zu arbeiten. Unzählige Männer sind dabei umgekommen. Haben Sie davon etwas mitbekommen?«

»Nein, über die ›romusha‹ weiß ich nichts. Ich erinnere mich nur lebhaft an die Angst und den Hunger, mit denen wir tagtäglich leben mussten. Wir ernährten uns in erster Linie von Maniok. Das wollten die Japaner nicht essen. Heute frage ich mich, ob mein ständiger Hunger vielleicht dafür verantwortlich war, dass ich nicht schwanger wurde. Falls dem so ist, war es ein Segen, denn es wäre schwierig gewesen, ein Baby am Leben zu erhalten. Unser erster Sohn kam ein paar Jahre nach Ende des Krieges auf die Welt.« Auf das Haus deutend, vor dem wir sitzen, sagt sie: »Alle meine fünf Kinder wurden in diesem Haus geboren.«

»Wer lebte damals mit Ihnen?«

»Meine Schwiegereltern, meine Schwägerin, mein Mann und unsere Söhne.«

»Was änderte sich nach der Niederlage der Japaner?«

»Wir erwarteten, dass unser Leben wieder einfacher werden würde, stattdessen kehrten die Holländer zurück und mit ihnen ihre Besteuerung. Der einzige Unterschied war, dass die Abgaben nun von anderen Leuten eingetrieben wurden.«

»Kam es zu Kämpfen gegen die Holländer?«

»Nein, es gab nicht genug militärische Stärke hier. Ich erinnere mich aber, dass ein Mann von den Holländern erschossen wurde und viele im Gefängnis landeten – auch mein Mann. Ihnen wurde vorgeworfen, mit den Guerillas unter einer Decke zu stecken. Manchen Familien gelang es, ihre Männer frei zu kaufen. Nach drei Wochen kam auch mein Mann zurück.«

»Haben Sie verstanden, was da vor sich ging?«

»Nein. Ich verstehe die Politik von damals bis heute nicht. Die verstand auch mein Mann so wenig, wie die meisten Menschen hier, die weder lesen noch schreiben können. Ich webte Decken und Tücher, während die Angst über unseren Dörfern hing.«

Inzwischen ist es um uns herum schwarz und still geworden, bis auf den gelben Lichtkreis, in dem wir sitzen. Lomita wendet sich ihrem Sohn zu: »Mein Zweitältester kümmert sich um unsere Reisfelder. Er und seine Frau leben in dem etwas neueren Haus direkt gegenüber. Auch mein dritter Sohn ist auf der Insel geblieben. Er arbeitet als Steuerbeamter und Geschäftsmann. Mein ältester Sohn ist Regierungsbeamter in Medan und der jüngste arbeitet für eine Elektrofirma in Singapur. Und«, fügt sie voller Freude hinzu, »ich habe 15 Enkelkinder.«

»Was war der glücklichste Tag in Ihrem Leben?« frage ich sie zum Ausklang unseres Gesprächs.

Ohne auch nur einen Sekunde zu überlegen, antwortet sie: »Der Tag, an dem alle meine Söhne verheiratet waren. Das betrachte ich als meinen größten Erfolg. Ich war immer etwas traurig, dass ich keine Tochter habe, aber«, sie lächelt ihre Schwiegertochter an, »ich habe fünf Schwiegertöchter – und«, betont sie, »fünf Enkeltöchter!

Die schwerste Zeit in meinem Leben waren die Jahre, als ich nicht schwanger wurde. Sie wurden durch die Liebe meines Mannes erträglich. Er ist vor sieben Jahren gestorben, nach 65 Ehejahren und hinter unserem Haus bestattet. Seitdem lebe ich in diesem großen Haus allein.«

»Erhalten Sie eine Rente? Haben sie eine Krankenversicherung?«

Lomita schaut mich überrascht an. »Von der Regierung bekomme ich nichts. Ich arbeite noch auf dem Reisfeld, wie ich es mein Leben lang getan habe. Und meine Söhne unterstützen mich. Ohne ihre Hilfe ginge es mir elend. Krankenversicherung habe ich auch nicht. Wenn mir etwas fehlt, gehe ich zu unserem Medizinmann. Der heilt mit Kräutern.«

»Wie empfinden Sie Ihr Leben in einem freien Indonesien, ohne Kolonialherrschaft oder Besatzung?«

Mit einem fragenden Blick wendet sie sich vorsichtig zu ihrem Sohn. Nach seiner kaum merklichen Zustimmung antwortet sie: »Wir müssen immer noch Steuern zahlen, aber ein ganz kleines bisschen weniger als an die Holländer.«

Johannes:
Die schwierige Situation eines
Deutsch-Niederländers

Johannes und seine Frau leben in einem hübschen Haus in einer attraktiven Wohnsiedlung in einem Städtchen in den Niederlanden. Mein Gastgeber ist groß und schlank – und bei aller Gesprächsbereitschaft doch zurückhaltend. Mit Nachdruck betont er, dass er unbedingt anonym bleiben möchte. Nur unter dieser Bedingung ist er bereit, seine Erinnerungen mit mir – und der Öffentlichkeit – zu teilen. Als alias wählt er den Namen Johannes. Wie seine Schicksalsgenossen wagt er bis heute nicht, seine wahre Identität gegenüber seinen niederländischen Freunden und Verwandten zu enthüllen.

»Die Rachegefühle in Holland waren nach dem Krieg immens«, erklärt er. Über die Zeit, die er während des Krieges mit deutschen Kindern in Sarangan verbrachte, sowie über seine regelmäßigen Treffen mit diesen Freunden im Laufe der letzten 60 Jahre hat er mit seinen niederländischen Verwandten nie gesprochen. Würde es auch heute nicht wagen.

Sein Vater war Niederländer, seine Großeltern niederländische Mennoniten.[1] »Unter anderem wegen ihrer pazifistischen Weltanschauung wurden die Täufer verfolgt. Kurz nach der Reformation hatte man sie

---

[1] Die Täuferbewegung, entstand um 1525 in Zürich. Ihre Merkmale sind die Ablehnung des Militärdienstes, die Gemeindeautonomie, das Priestertum aller Gläubigen und die Forderung nach Trennung von Staat und Kirche. Die Regierenden und die großen Kirchen sahen in ihnen eine Bedrohung. Zwingli forderte den Rat der Stadt Zürich auf, die Täufer auszurotten. Luther riet, sie unverhört abzuurteilen. 1529 wurde die Todesstrafe für sie festgesetzt. In den Niederlanden schloss sich Menno Simons 1536 den Täufern an. Der neue Name – Mennoniten – bot einen gewissen Schutz. Eine beträchtliche Anzahl wanderte Ende des 18. Jahrhunderts in die Ukraine und nach Russland aus. Nach Einführung der russischen Wehrpflicht 1874 zogen viele nach Nordamerika. Zahlreiche Mennoniten fielen Stalins Säuberungen zum Opfer. 2009 gab es weltweit etwa 1,6 Mio. Täufer.

fast ausgerottet. Es gab allerdings auch Täufer, die getötet haben. Die Eltern meines Vaters waren zwar Mennoniten, Vater selber war jedoch eher Humanist. Er legte in Holland sein Abitur ab und absolvierte anschließend eine Ausbildung bei Siemens in Berlin. Dort lernte er meine Mutter kennen, die Tochter eines deutschen Offiziers, deren Bruder im Ersten Weltkrieg gefallen war.

1924 wurde Vater von Siemens nach Niederländisch-Indien und anschließend nach Finnland geschickt. 1928, mit 34 Jahren, versetzte ihn seine Firma nach Bandung und dann nach *Surabaya*. Als gut ausgebildeter Holländer war er für die Niederlassung in Niederländisch-Indien besonders geeignet. 1929 heirateten meine Eltern und kurz danach schickte Siemens Vater wieder nach Bandung, wo ich 1930 und mein Bruder Klaus 1932 geboren wurden. Zuhause sprachen wir Deutsch und Holländisch. Mit unseren Bediensteten sprachen wir Malaiisch, das heutige Indonesisch. Wir lebten in einem großen Haus und genossen ein Leben in Wohlstand. Für die medizinische Versorgung sorgten holländische Ärzte. Siemens ließ alle Angestellten impfen.

1934 zogen wir nach *Batavia*. Bis 1940 besuchte ich dort die Fröbelschule. Anschließen ging ich auf eine holländische *Schule*, die von europäischen Kindern und zwei oder drei indonesischen Adelskindern besucht wurde. Die Kinder des einheimischen Adels standen gesellschaftlich so weit über der eigenen Bevölkerung, dass sie im Grunde holländische Freunde haben mussten.

Wir hatten ein Ferienhaus und gehörten dem Segelclub an. Vater verdiente zwischen 1000 und 2000 Gulden im Monat und konnte von seinem Gehalt sowohl seine Mutter als auch seine Schwiegermutter in Europa unterstützen. Mutter war durch die Ehe mit meinem Vater Niederländerin geworden. Den Holländern war sie aber oft zu deutsch und den Deutschen zu holländisch. Richtig schwierig wurde die Situation aber erst mit Beginn des Zweiten Weltkriegs.

Meine Eltern standen dem NS-Regime kritisch gegenüber. Vater war kein Mitglied des holländisch-nationalsozialistischen Bundes *NSB*. Über den deutschen Einmarsch in den Niederlanden war er entrüstet. Er half Siemens von einer deutschen auf eine holländische Firma umzustellen. Es gab in Den Haag ja eine große Siemens-Niederlassung, in der Deutsche und Holländer immer problemlos miteinander gearbeitet hatten. Als er diese Aufgabe erledigt hatte, wurde er Ende Mai 1940 arretiert.

Weil die Niederlande innerhalb von zehn Tagen von den Deutschen überrannt worden waren, mussten Sündenböcke her. Zudem hatte er sich darüber aufgeregt, wie schlecht man auf einmal die deutschen Angestellten behandelte, was ihm als ›pro-deutsch‹ angekreidet wurde. Die damaligen Umstände waren die ideale Gelegenheit, offene Rechnungen zu begleichen. Diese ganze Entwicklung war Vater peinlich. Wir Kinder wurden aus Schule und Pfadfindern rausgeworfen. Mutter wurde aus dem englischen Tennisclub und den Wohltätigkeitsvereinen, bei denen sie sich engagierte, ausgeschlossen. Freunde besuchten uns nicht mehr, grüßten nicht einmal mehr, wenn sie uns auf der Straße begegneten.

Vater wurde direkt an seiner Arbeitsstelle verhaftet und in ein Gefängnis für einheimische Diebe gesperrt. Mutter, die bald kein Geld mehr hatte, schickte ihm anfangs mit unserem Chauffeur noch jeden Tag etwas zu essen. Sie ließ nichts unversucht, ihn wieder frei zu bekommen, bemühte sich sogar, ein Gerichtsverfahren in die Wege zu leiten. Aber es war alles vergeblich. An Vaters ›Staatsgefährlichkeit‹ ließ sich nicht rütteln.

Ich hatte, wie die meisten holländischen Kinder, fest an die gute niederländische Kolonialherrschaft geglaubt. Ich hatte erwartet, dass man die holländischen Nationalsozialisten fair behandeln würde. Stattdessen wurden viele Mitglieder des NSB interniert, obwohl ihre Partei weder in Holland noch in der Kolonie verboten war. Als man Vater abführte, waren alle deutschen Männer bereits auf der Insel Onrust interniert. Sie wurden schließlich nach *Sumatra* verlegt. Die Holländer, wie meinen Vater, brachte man in ein Gefängnis nach Ambarawa in Zentral-Java. Zahlreiche gebürtige Deutsche und Österreicher mit holländischem Pass zählten zu seinen Mitinternierten – Männer wie Otto Coerper und Wisgrill, die er seit Jahren kannte. Die Aufsicht über diese *Internierungslager für Deutsche* führte die niederländisch-indische Armee.«

»Wie ging es Ihrer Mutter, die ja nun die Sorge um ihre Kinder allein trug?«

»Innerhalb eines Monats wurden wir aus dem großen Haus, das wir gemietet hatten, rausgeworfen und zogen in eines der zwei Ferienhäuschen, die meinen Eltern gehörten. In einem brachte Mutter einen Großteil unserer Möbel unter. Das zweite vermietete sie. Von diesen Mieteinnahmen konnten wir leben. Unser Häuschen lag oberhalb von Bandung. Unser neuer Schulweg betrug mit dem Schulbus jetzt über eine Stunde, aber wir durften wenigstens diese Schule besuchen, auf die vor allem die Kindern der Angestellten verschiedener Pflanzungen gingen. Hier wurde zum Glück kein Unterschied zwischen Deutschen, Holländern und Indos gemacht. Zu meinen neuen Mitschülern zählten auch Kinder von Familien, die vor Hitler nach Südostasien geflohen waren und deren Väter nun in holländischen Internierungslagern saßen. Wir lebten die nächsten zwei Jahre in relativer Sicherheit und erhielten sogar ab und zu zensierte Postkarten von Vater, der inzwischen in ein Lager nach Ngnawi verlegt worden war.

Unser Leben änderte sich grundlegend mit dem Einmarsch der Japaner. Nun gab es in Bandung statt einer niederländischen eine japanische Militärkommandantur. Eine der ersten Anweisungen lautete, dass die von den Holländern internierten Männer frei zu lassen seien. Als die Japaner jedoch erkannten, dass mein Vater gebürtiger Holländer war, internierten sie ihn erneut. Diesmal in *Cimahi* bei Bandung. In diesem Lager begegnete Vater ehemaligen Kollegen wieder. Bis auf einen Arzt hatte sich keiner von ihnen für ihn eingesetzt. Ein mit ihm internierter Richter versprach ihm jedoch, ihn nach dem Krieg zu rehabilitieren. Von der Außenwelt abgeschnitten baten ihn seine Leidensgenossen: ›Du bist Ingenieur. Hilf uns ein Radio zu bauen!‹ Jeder wusste, dass darauf die Todesstrafe stand. Vater tat es trotzdem.

Mutter wurde unterdessen von den Japanern vor die Wahl gestellt, mit ihren Kindern nach Sarangan zu gehen und uns die deutsche Schule besuchen zu lassen oder als Holländerin in einem japanischen Lager interniert zu werden. Ihre holländischen Freundinnen hatten Mutter alle im Stich gelassen, also entschieden meine Eltern, uns auf die deutsche Schule zu schicken. Obwohl wir offiziell Holländer waren, wurden wir – wie viele andere – in Sarangan willkommen geheißen. In dem paradiesischen Ferienort lebten fast ausschließlich deutsche Frauen und Kinder. Mutter konnte mit der Siemens-Geschäftsstelle in Tokio Kontakt aufnehmen, die bald die Kosten für unseren Aufenthalt übernahm.

Bis 1940 hatte meine Familie Deutsch und Holländisch gesprochen. Von 1940 bis 1942 nur Holländisch und ab 1942 nur Deutsch. Ich sprach also relativ gut Deutsch und fühlte mich so deutsch wie jeder andere. Auch jüdische Kinder wurden freundlich aufgenommen. Erst nachdem der deutsche Generalkonsul nach seinem Besuch dies anordnete, wurden einige jüdische Familien weggeschickt. Er erklärte auch, dass es in Sarangan keine HJ und keinen Arbeitsdienst geben müsse.

Solange noch Geld da war, hatten viele Mütter eine einheimische Hausangestellte und wir lebten fast wie Feriengäste. Kritisch wurde die Lage nach der deutschen Kapitulation, als keine Gelder von Deutschland mehr flossen. Nun begann man Kleider und Lebensmittel zu verkaufen, um sich über Wasser zu halten. Der Einsatz der Mütter war bewundernswert. Ihnen ist es zu verdanken, dass die Gemeinschaft recht problemlos funktionierte.«

»Was haben Sie von Ihrem Vater gehört?«

»Während der japanischen Besatzungszeit gar nichts. Er war wegen des Radios einer der ersten, die vom Abwurf der Atombombe auf Hiroshima erfuhren. Als er seinen Freunden davon berichten wollte, brach er sich auf dem Weg von der Latrine ein Bein, was ihn in seinem Vorhaben hinderte. Er schrieb uns Ende August 1945: ›Ich möchte die Kinder bei mir haben.‹ Daraufhin reiste Mutter mit uns nach Cimahi. Vater zeigte uns Bilder der deutschen Vernichtungslager und sagte: ›Schaut, im Vergleich dazu habt ihr es gut gehabt.‹ Als ich diese Bilder sah, war ich bestürzt. Sie waren grauenhaft.

Vater erhielt Besuch von einem ehemaligen Angestellten, einem Ungarn, den die Japaner nicht interniert hatten. Während der japanischen Besatzung suchte jeder nach indonesischen Großeltern, die sein Verbleiben außerhalb der Internierungslager als ›Viertel-Indonesier‹ rechtfertigen sollten. Da wurde kräftig gemogelt. Dieser Ungar sagte zu meinem Vater: ›Nun kann ich Ihnen helfen.‹ Und bald wurde aus uns wieder eine holländische Familie.

Im September/Oktober 1945 herrschte in Bandung ein Guerillakrieg. Junge Indonesier beraubten ihre einstigen indo-europäischen Bekannten und Freunde und zündeten ihre Häuser an. In dieser gewalttätigen ›bersiap‹-Zeit herrschte ein komplexer Viel-Fronten-Krieg, auch ein Bürgerkrieg zwischen republikanischen und kommunistischen Truppen. Wir lebten in einem Gästehaus des Roten Kreuzes, für das Vater Telefone und medizinische Geräte reparierte, und wurden von Japanern beschützt. Der Schutz der Holländer vor den Einheimischen war nun bitter notwendig. Die indonesische Oberschicht, die bis 1942 mit den Holländern zusammen gearbeitet hatte, wurde erst jetzt wirklich indonesisch.

Nachdem Vater 1946 rehabilitiert war, erhielt er eine Anstellung in Groningen und war bis zu seiner Pensionierung holländischer Beamter. Ich legte in Holland mein Abitur ab. Einen Teil meiner Erinnerungen an die Kriegsjahre behielt ich mein Leben lang für mich. Das Leben in den

Niederlanden wäre sonst für meine Familie sehr schwierig gewesen. Und nun ist es zu spät meinen Freunden und ehemaligen Arbeitskollegen meine niederländisch-deutsche Vergangenheit zu erklären. Sie könnten mir vorwerfen, die deutsche Schutzinternierung verschwiegen zu haben. Dass ich zu meinen deutschen Freunden aus der Zeit von Sarangan den Kontakt immer aufrechterhalten habe, könnte man mir verübeln.«

Diese Freiheit hätte Johannes erst, wenn beide Völker nationale Geschichtsschreibung überwunden hätten und Schuld oder Unschuld eines Menschen unabhängig von der jeweiligen Nationalität gesehen werden könnte. Ganz haben wir diesen Zustand auch 70 Jahre nach Ende des Zweiten Weltkrieges offenbar leider immer noch nicht erreicht. Wie um meine Gedanken zu unterstreichen, sagt Johannes: »Die Geschichtsbücher des Holländers de Jong sind in meinen Augen nationalistisch. Ehrlicher und kritischer sind da schon die Bücher von Ad van Liempt, wie ›De Oorlog‹ und ›Kopfgeld‹.[1] Viele Holländer haben sich Juden gegenüber schlecht benommen. Aber eben nicht alle. Und auch nicht alle Deutschen.«

Hier ein paar Hinweise zur Verfolgung der Juden in den von der deutschen Wehrmacht besetzten Niederlanden. Auch in den Niederlanden gab es Menschen, die ihr Leben aufs Spiel setzten, um jüdische Landsleute vor den deutschen Gaskammern zu retten. Unterstützt wurden die deutschen Maßnahmen gegen Juden andererseits vom antisemitischen niederländischen Nationalsozialistischen Bund NSB. Diesem gehörten vor allem Männer zwischen 30 und 40 Jahren an, die während der Wirtschaftskrise gescheitert waren und unter großem Druck standen, Geld zu verdienen. Das Arbeitsamt schickte arbeitslose NSB-Mitglieder zur ›Zentralstelle für jüdische Auswanderung‹. Hier verdienten sie das Fünffache dessen, was sie an Sozialhilfe bekamen.

Die 54 Mitarbeiter der Kolonne Henneicke spürten mehr 8.000 untergetauchte Juden auf, die fast alle in den deutschen Vernichtungslagern ermordet wurden. Henneicke und sein Kollege Briede berieten sich regelmäßig mit der Zentralstelle, in der Kolonne hatten aber sie das Sagen. Für jeden Juden, den sie der deutschen Besatzungsmacht meldeten, erhielten sie zusätzlich zu ihren regulären Einkünften 7,50 Gulden. Einen Großteil ihrer Effektivität verdankten sie anonymen Hinweisen.[2]

---

[1] Liempt, Ad van: *Kopfgeld – Bezahlte Denunziation von Juden in den besetzten Niederlanden.* München 2005
[2] Liempt, S. 77

»Wie erging es Ihrer Mutter nach dem Krieg in den Niederlanden?«
erkundige ich mich bei Johannes.

»Sie hat gelernt, sich gegen Anfeindungen zu wehren. Ohne den Krieg hätte ich in Groningen und Berlin studiert, stattdessen studierte ich in Groningen und Bern. Mein Bruder studierte in den USA, fand eine schwedische Frau und wanderte nach Kanada aus. Dort fühlt er sich als Deutsch-Holländer willkommener als in Holland.«

»Welche Spuren haben Ihre Erlebnisse in Ihrem Leben hinterlassen?«

»Ich hege beträchtliches Misstrauen gegenüber der Presse und Behörden. Ich habe gelernt, dass die Dinge in Wirklichkeit oft anders liegen, als sie dargestellt werden. Ich bedaure, dass man mir in Holland heute noch meine Zeit in Sarangan zum Vorwurf machen könnte. Dennoch lebe ich gern in den Niederlanden. Ich konnte mein berufliches Ziel, Nervenarzt zu werden, verwirklichen. Meine Kinder erhielten alle die Ausbildung, die sie sich wünschten. Meine deutsche und niederländische Loyalität habe ich auf meine Weise gepflegt und bin heute ein glücklicher, ein zufriedener Mensch.«

Paini Sidomukti:
Vergewaltigungsopfern des japanischen Militärs

Als ›Trostfrauen‹ bezeichnete man Mädchen und Frauen, die während des Zweiten Weltkriegs in japanische Kriegsbordelle gezwungen wurden. Das System wurde nach der Invasion Chinas 1937, als Reaktion auf die Massenvergewaltigungen während der Massaker von Nanking, etabliert.[1] Die erste Gruppe japanischer ›Trostfrauen‹ wurde, als ›Kriegsmaterial‹ gekennzeichnet, von Nagasaki nach Shanghai verschifft.[2] Sie waren hochrangigen Offizieren vorbehalten und lebten unter besseren Bedingungen als andere Asiatinnen. Insgesamt unterhielt das Militär 1942 außerhalb Japans 400 ›Troststationen‹.[3] Verantwortlich dafür war die Führung jeder einzelnen Armee. Anweisungen erteilte das Kriegsministerium.[4]

Man geht von 139.000 Betroffenen aus, von denen 116.000 wahrscheinlich überlebten. Die anderen wurden umgebracht oder verstarben.[5] 80 Prozent der Frauen kamen aus Korea und waren zwischen 14 und 19 Jahre alt. Sie kamen aber auch aus China, Indonesien, Malaysia, den Philippinen und Taiwan. Einige wenige stammten aus den Niederlanden und Australien. Die gängige Bezeichnung für sie war ›P‹, verbunden mit ihrer Nationalität. ›P‹ steht wahrscheinlich für eine vulgäre chinesische Bezeichnung für Vagina.[6]

In kriegsführenden Ländern weltweit herrschte – und herrscht – die Vorstellung, dass die sexuellen Bedürfnisse von Soldaten Priorität genießen und

---

[1] Yuki Tanaka: *Japan's Comfort Women. Sexual slavery and prostitution during World War II and the US Occupation.* 2002, S. 14
[2] Hicks, George: *The comfort women: sex slaves of the Japanese Imperial Forces.* 1995, S. XVI
[3] Yuki, S. 27
[4] Yuki, S. 21
[5] Hicks, S. XIX
[6] Hicks, S. XVIII

Frauen die Pflicht haben, diese zu befriedigen. Schon im Römischen Reich gab es ein ähnliches System. Japan errichtete jedoch das größte bekannte militärische Netzwerk von Zwangsprostitution in der Geschichte. Das japanische Kriegsministerium rechtfertigte dies mit der erhöhten Kampfbereitschaft und Disziplin des Militärs. Darüber hinaus glaubte man, das Problem von Vergewaltigungen mindern und die Ausbreitung von Geschlechtskrankheiten eindämmen zu können.

Vor Ankunft der Japaner gab es in Niederländisch-Indien eine große Anzahl an Prostituierten. Nach der schnellen Niederlage des niederländischen Militärs wurden sie die ersten ›Trostfrauen‹ der Japaner. Neben weißen Holländerinnen waren Eurasierinnen auf dem japanischen Sexsklavenmarkt besonders begehrt.

Oft wurden lokale Autoritäten direkt vom japanischen Militär aufgefordert, Frauen und Mädchen zur Verfügung zu stellen. Die Opfer, meist Analphabetinnen und Angehörige der unteren, ländlichen Schichten, wurden durch falsche Arbeitsversprechen überredet, Verträge zu unterschreiben, die sie nicht lesen konnten.[7] Die Bordelle waren von hohen Bambuszäunen umgeben. Die Betreiber behielten 80 Prozent des Einkommens für sich.[8] Ohne die Unterstützung einheimischer Eliten hätte dieses System nicht aufrechterhalten werden können – sicherlich ein Grund für die Unwilligkeit, dieses Kapitel indonesischer Geschichte aufzuarbeiten. Über die ›Trostfrauen‹ auf Sumatra ist noch weniger bekannt als über das Schicksal der Javanerinnen.

Durchschnittlich kam auf 50 Soldaten eine Sexsklavin. Ein Unteroffizier oder einfacher Soldat durfte nur einmal pro Woche ein Bordell besuchen.[9] Eine Sexsklavin musste acht bis zehn Männer am Tag bedienen. Vor und nach einer Schlacht stieg diese Zahl auf 30 bis 40. Viele Soldaten zwangen die Frauen, ihnen ohne Kondome zu Willen zu sein. Eineinhalb Tage im Monat erhielten die Frauen Urlaub und zusätzlich zwei Tage menstruationsfrei.

Den ›Trostfrauen‹ war es nicht erlaubt, ihre Kinder bei sich zu behalten. Meist wurden sie zu Abtreibungen gezwungen. Nach drei oder vier solchen Ausschabungen waren sie meist unfruchtbar. Über das Schicksal der vielen betroffenen Kinder konnte ich keine einzige Untersuchung finden. Nach Ende des Krieges wurden die Frauen meist nicht in ihre Heimat zurückgebracht oder sogar an ihrer Rückkehr gehindert. Die japanische Regierung ließ viele relevante

---

7 Horton, William Bradley: »Comfort Women.« In: Post, Peter (Hg.): *The encyclopaedia on Indonesia in the Pacific War.* 2010, S. 191
8 Hicks, S. 105
9 Yuki, S. 51

Dokumente vernichten.[10] Andere waren jahrzehntelang unzugänglich, viele sind es noch.[11]

Ein niederländischer Bericht erwähnt 200 bis 300 niederländische ›Trostfrauen‹, von denen sich 65 gezwungenermaßen in den japanischen Bordellen befanden.[12] Ihre Vergewaltigungen waren die einzigen Fälle, die vor einem Kriegsgericht zur Sprache kamen![13] 13 Japaner wurden für diese Vergehen verurteilt, drei hingerichtet. Kein einziger Japaner wurde jedoch für sexuelle Gewalt gegenüber einer Asiatin zur Rechenschaft gezogen, von keinem Land![14]

Dies ist nicht verwunderlich, wenn man bedenkt, dass amerikanische Soldaten nach dem Krieg denselben Sexservice in Japan einforderten. Die japanische Regierung rief insbesondere arme Japanerinnen auf, das Unerträgliche zu ertragen – als Schutzschild für die Frauen der Oberschicht. Verantwortlich für die ›Troststationen‹ war Nakasone Yasuhiro, der spätere Premierminister Japans.[15]

Schon vor dem Krieg gab es Bordelle in Japan, verkauften mittellose Eltern ihre Töchter aus wirtschaftlicher Not.[16] Bis Ende November 1945 waren 20.000 Japanerinnen für US-Bordelle rekrutiert. Sie wurden von den Soldaten als ›Gemeinschaftstoiletten‹ bezeichnet.[17] Darüber hinaus kam es auch in Japan zu zahlreichen Vergewaltigungen. Auch in Nord-Borneo wurden Japanerinnen und Taiwanerinnen in großem Stil von alliierten Soldaten vergewaltigt.[18]

Als bald 68 Prozent der Soldaten mit Geschlechtskrankheiten infiziert waren, wurden die Bordelle geschlossen. Die Prostitution war damit aber nicht beendet.[19] Zwar verbot die US-Armee ihren Angehörigen 1946 die Nutzung von unkontrollierten Prostituierten. Dies bedeutete aber keineswegs, dass Bordelle an Militärstützpunkten verschwanden. Es ist daher kein Wunder, dass keine der am Zweiten Weltkrieg beteiligten Nationen ein Interesse an der Aufarbeitung dieses Themas zeigte.

---

10 Yuki, S. 8
11 Chin-Sung Chung: »The Origin of Development of Military Sexual Slavery in Imperial Japan«. In: Kratoska, Paul H. (Hg.): *Asian labor in the wartime Japanese Empire. Unknown histories.* 2005, S. 313
12 Yuki, S. 64
13 Hicks, S. 31
14 Chin-Sung, S. 313
15 Yuki, S. 79
16 Yoshiaki Yoshimi: *Comfort Women.* 2000, S. 207
17 Yuki, S 174
18 Hicks, S.127
19 Hicks, S. 121

Keiner asiatischen oder westlichen Regierung ist es zu verdanken, dass dieses Thema die Weltöffentlichkeit erreichte, sondern der asiatischen Frauenbewegung. In Südkorea meldeten sich Ende der 1980er Jahre erstmals ehemalige Zwangsprostituierte öffentlich zu Wort. 1990 wurde das Thema erstmals im japanischen Parlament behandelt, mit dem Fazit, dass eine Entschuldigung oder Entschädigung nicht notwendig sei, weil Privatpersonen und nicht der japanische Staat oder das japanische Militär verantwortlich gewesen seien. Ein japanischer Untersuchungsbericht kam jedoch 1992 zu dem Schluss, dass offizielle Stellen an Täuschung und Zwang bei der Rekrutierung von Prostituierten beteiligt waren.[20] Daraufhin erkannte die japanische Regierung 1993 ihre Verantwortung an. Im Jahr 2000 fand das Thema allerdings in sechs von sieben japanischen Schulgeschichtsbüchern schon keine Erwähnung mehr.[21]

1993 kamen fünf Menschenrechts-Anwälte nach *Jakarta*, um das Thema ›Trostfrauen‹ zu untersuchen. 20.000 indonesische Opfer haben seitdem ausgesagt.[22] 50 Jahre nach ihrem Martyrium fanden sie zum ersten Mal Gehör. Es waren diese Aussagen der Opfer selbst, die das Bild eines offiziellen Systems von Massenvergewaltigungen zeichneten.

1995 wurde der Asian Women's Fund eingerichtet, der 360 Opfern eine finanzielle Unterstützung zukommen ließ. Die japanische Regierung steuerte etwa die Hälfte der elf Millionen Euro bei, betonte jedoch, dies sei nicht als Entschädigung gedacht. Viele Opfer weigerten sich, aufgrund des inoffiziellen Charakters des Fonds dieses Geld anzunehmen. Sie verlangen eine Entschuldigung und Entschädigung direkt vom japanischen Staat. Dieser stellt sich jedoch nach wie vor auf den Standpunkt, das Problem sei mit den Friedensverträgen nach dem Krieg behoben.

1996 erklärte die UNO, die Handlungen des japanischen Militärs seien als Kriegsverbrechen zu werten. Somit hätten die Opfer ein Recht auf Einzelentschädigung. 1997 forderte der UN-Sonderberichterstatter die japanische Regierung auf, sich offiziell zu entschuldigen, die Opfer finanziell zu entschädigen und diejenigen vor Gericht zu stellen, die Frauen zwangsrekrutiert und misshandelt hatten. Diese weigerte sich und US-Präsident Bush erklärte 2001, er werde die ›Kampagne der Trostfrauen‹ nicht unterstützen.

Während Premierminister Junichirō Koizumi 2001 sein ›tiefes Bedauern‹ über das Schicksal dieser Frauen ausdrückte, erklärte Premierminister Shinzō

---

20 Hicks, S.222
21 Ota, Atsushi: Japanese memory of the wartime occupation of Indonesia. In: Post, Peter (Hg.): *The encyclopaedia on Indonesia in the Pacific War.* 2010, S. 424
22 Yuki, S. 82

Abe 2007: ›Es gibt keinen Beweis dafür, dass Zwang auf die Frauen ausgeübt wurde...‹ Nach heftiger Kritik erneuerte er jedoch die japanische Entschuldigung. Bisher gab es neun große Sammelklagen gegen die japanische Regierung. Alle scheiterten aus Mangel an schriftlichen Beweisen. Diese existieren offenbar nicht nur in japanischen Archiven, sondern auch in niederländischen. Die meisten sind bis 2025 gesperrt.[23]Japans höchstes Gericht entschied 2007, dass ›Trostfrauen‹ keinen Anspruch auf Entschädigung haben.

Auch die Regierungen in Korea, den Philippinen und Indonesien unterdrücken bis heute die Stimmen ihrer Opfer, um die wirtschaftliche Unterstützung Japans nicht zu gefährden. Suharto erklärte, er werde keine Entschädigung für die ›Trostfrauen‹ fordern. Das würde Schande über das Land und die Frauen bringen.[24] Unter diesen Umständen schwiegen die meisten und blieben mit ihrem Schicksal allein.[25] Da sie die Täter nicht zur Rechenschaft ziehen konnten, hatten sie nichts zu gewinnen und alles zu verlieren, wenn sie ihre Erlebnisse öffentlich machten. Oft wurden die Opfer stigmatisiert und an den Rand der Gesellschaft gedrängt. Eine Entschädigung erhielten Indonesierinnen weder von der japanischen noch von der indonesischen Regierung. Nirgends gibt es ein Denkmal, das an das Schicksal der ›Trostfrauen‹ erinnert. Auch die Kirchen setzten sich nicht für diese Opfer ein. Im Gegenteil. Der Niederländerin Jan Ruff, einer Novizin, wurde erklärt, ihre Erfahrungen machten sie als Nonne für die Kirche unannehmbar.[26] Auch heute muss man Regierungen in Asien und anderswo ihre mangelnde Verfolgung von Frauenhandel vorwerfen.

Mehrere Versuche meinerseits, mit ›Trostfrauen‹ Kontakt aufzunehmen, schlugen fehl. Ich hatte bereits die Hoffnung aufgegeben, da stellte ein Veteran, die ich kennen gelernt hatte, den Kontakt zu Paini Sidomukti her – und ich begann die komplexen privaten und politischen Gründe besser zu begreifen, die erklären, warum über Vergewaltigung im Krieg – auch heute noch – viel zu oft geschwiegen wird.

Die Begegnung zwischen Paini, Pebri Goßweiler und mir findet in einer kleinen Siedlung bei Kopeng statt, im Hause eines Bekannten des Opfers. Während unser Gastgeber Paini holt, bleiben Pebri und ich in einem schmucklosen Raum mit Betonfußboden zurück. Die zierliche

---

23 Yuki, S. 64

24 Reid, Anthony: »Remembering and Forgetting War and Revolution«. In: Reid, Anthony: Beginning to remember: The past in the Indonesian present. 2005, S. 189

25 Ruff-O'Herne: *Fifty Years of Silence*. 2008, S. 179

26 Hicks, S. 227

Javanerin, die bald erscheint, wirkt schüchtern und zerbrechlich. Selbst im Alter sieht man ihr ihre einstige Schönheit noch an. Sie erzählt ihre Geschichte nicht zum ersten Mal. Wohl auch deswegen kann sie ihre Scheu überwinden.

»Ich wuchs als viertes von sechs Kindern auf«, beantwortet sie unsicher lächelnd meine Frage nach ihrer Kindheit. »Meine Eltern waren arm. Eine Schulbildung konnten sie uns Kindern nicht bieten, aber ich verbrachte im Schoße meiner Familie glückliche Jahre – bis kurz nach dem Erscheinen der Japaner. Da war ich elf Jahre alt. Ein Jahr später haben mich meine Eltern verheiratet.«

»Warum so jung?« bitte ich Pebri zu übersetzen. Stattdessen erklärt sie bestürzt: »Diese Frage kann ich nicht stellen?«

»Warum?« frage ich verwirrt zurück.

»Nur ganz, ganz arme Familien sahen sich gezwungen, ihre Töchter so früh zu verheiraten. Da der Ehemann nach der Hochzeit für seine Frau sorgen musste, bedeutete dies eine finanzielle Entlastung für die Brauteltern – und eine Schmach. Deswegen kann ich deine Frage nicht übersetzen.«

»Zu meiner Hochzeit erschienen viele Gäste«, erzählt Paini leise weiter. »Mein Hochzeitskleid war ausgeliehen, aber meine Schwiegereltern waren gut zu mir. Der Dorfvorsteher erhielt von der japanischen Besatzungsmacht den Auftrag, eine Namensliste von jungen Leuten zu erstellen, die den Japanern als Arbeitskräfte zur Verfügung stehen sollten. Die Auswahl war ihm überlassen.« Und die Bürgermeister setzten vor allem die Kinder der Armen auf die Listen.

»Eines Nachts erschienen Japaner in unserem Haus: ›Wir brauchen dich zur Arbeit. Morgen holen wir dich.‹ Als ich am nächsten Morgen im Beisein meiner Schwiegereltern und meines Mannes abgeholt wurde, hatte ich Angst, aber keiner wagte sich zu widersetzen. Mein Mann wurde sehr eifersüchtig. Heute ist keines der zehn Mädchen aus unserem Dorf, die damals mitgenommen wurden, noch am Leben – außer mir. Wir sollten Verpflegung für ›romusha‹ beschaffen. Das bedeutete, von Haus zu Haus zu ziehen und Lebensmittel für die Zwangsarbeiter zu erbetteln. In der Küche des Hotels Kopeng sollten wir davon Essen zubereiten. Für unsere Arbeit erhielten wir kein Geld – und oft nicht einmal etwas zu essen!«

Nach einer Weile angespannten Schweigens, flüstert Paini plötzlich: »Ich musste nicht nur arbeiten, ich wurde auch missbraucht. Da war ich zwölf Jahre alt. Diese Erschütterung hat mich durch mein ganzes Leben begleitet.«

»Was ist geschehen?«

»Ich kochte mit ein paar anderen Mädchen in der Küche Mais, als plötzlich ein älterer japanischer Soldat erschien. Ich nahm ihn erst wahr, als er mir von hinten den Mund zuhielt. Er warf mich auf den Steinfußboden und hat mich direkt vor den Augen der anderen vergewaltigt. Dann ließ er mich einfach liegen und verschwand. Ich hatte höllische Schmerzen. Ich war ja noch Jungfrau gewesen. Mein Mann hatte die Ehe mit mir noch nicht vollzogen, weil meine Menstruation noch nicht eingesetzt hatte. Ich habe mich entsetzlich geschämt.«

Tränen brennen in ihren Augen, als sie haucht: »Die Erinnerung daran schmerzt bis heute. Seit jenem Tag fühlte ich mich wertlos. Mir war, als hätte meine Welt mit einem Schlag aufgehört zu existieren. Die anderen Mädchen waren starr vor Schreck. Mich hat kein Mensch getröstet. Ich war mit meinem unsäglichen Schmerz allein. Aus Scham habe ich nicht gewagt, mich irgendeinem Menschen anzuvertrauen, auch nicht, als mich der gleiche Soldat auf die gleiche Weise ein zweites Mal vergewaltigt hatte.«

Painis Worte fallen wie heiße Tränen langsam von ihren Lippen: »Am Abend wurde ich, wie jeden Tag, mit den anderen Mädchen von einigen Soldaten nachhause gebracht. Ich war so verzweifelt, habe viel geweint, aber nicht einmal gewagt, mit meiner Mutter zu sprechen. Wir Mädchen lebten in ständiger Angst und wurden im Laufe der nächsten zwei Jahre von den Japanern immer wieder auf verschiedene Weise an intimen Körperteilen berührt. Auch dadurch habe ich mich entwürdigt und benutzt gefühlt.

Ich war keineswegs die einzige, die missbraucht wurde, aber die einzige, bei der dies vor den Augen der anderen geschah. Die anderen Mädchen wurden tagsüber einfach immer wieder von der Arbeit weggezerrt. Die meisten wurden krank und sind gestorben. Ich arbeitete am längsten bei den Japanern – während der gesamten Besatzungszeit.«

»Wurden Sie jeden Abend nachhause gebracht?«

»Meistens, in manchen Nächten schliefen wir aber auch auf dem Steinfußboden in der Küche.«

»Bei den zahlreichen Vergewaltigungen muss es doch zu Schwangerschaften gekommen sein.«

»Darüber wurde nie gesprochen. Nach fünf Monaten als Küchenhilfe hat sich mein Mann – er war zehn Jahre älter als ich – scheiden lassen und eine andere Frau geheiratet. Vielleicht hatte er von meiner Vergewaltigung erfahren. Nach Abzug der Japaner haben mir meine Eltern einen zweiten Mann ausgesucht.«

«Und Sie haben wieder gehorcht?«

»Selbstverständlich. Eine unfügsame Frau, erklärte man mir, beschwöre ein schlechtes Karma für ihre Angehörigen herauf und bringe Unglück über sie. Ich habe das geglaubt. Von meinen Misshandlungen habe ich weder meinem ersten noch meinem zweiten Mann je etwas erzählt. Meine zweite Ehe währte nur ein Jahr. Meinen dritten Mann, den ich viele Jahre später heiratete, habe ich mir selber ausgesucht. Wir haben uns geliebt und waren glücklich miteinander. Selbst ihm, dem Vater meiner vier Kinder, habe ich von den Vergewaltigungen nie etwas erzählt. Nun bin ich schon seit zwölf Jahren Witwe. Meine Kinder sind verheiratet. Die beiden ältesten sind inzwischen selber Eltern. Meine Kinder und Enkel waren mir immer eine große Freude.«

»Haben Sie jemals eine Entschuldigung oder Entschädigung für das große Unrecht erhalten, die Ihnen zugefügt wurden?«

»Nein.«

»Wann haben Sie zum ersten Mal über Ihre Erlebnisse geredet?«

»In den 1990er Jahren wurde ich von einem Javaner und zwei Javanerinnen aus Magelan befragt. Diese Mitglieder einer NGO haben die ganze Sache der ›Trostfrauen‹ in Indonesien ins Rollen gebracht. Sie kamen mit einem Formular, das wir gemeinsam ausfüllten. Sie haben ihre Befragungsergebnisse in einem Büchlein zusammengefasst. Als meine Kinder es entdeckten, wussten sie schließlich Bescheid. Geredet haben wir darüber nie.

1996 wurde ich eingeladen, vor einem Amt in *Semarang* auszusagen. Danach reiste ich in Begleitung meines Bekannten, in dessen Haus wir heute sitzen, mit einer Gruppe von Leidensgenossinnen nach *Jakarta*, um vor einem Ausschuss des Parlaments auszusagen. Damals wurde uns eine Entschädigung versprochen. Erhalten haben wir jedoch nie etwas.«

»Sogar die lange Bahnfahrt mussten die Frauen selber bezahlen!« wirft der Hausherr erregt ein.

»Ich habe vor wenigen Wochen mit Vertretern einer Menschenrechtsorganisation in Tokio gesprochen«, erkläre ich Paini. »Sie erklärten mir, dass Japan der wichtigste Handelspartner Indonesiens sei und die indonesische Regierung die guten wirtschaftlichen Beziehungen zwischen beiden Ländern wegen einiger ›Trostfrauen‹ nicht belasten will.« Resigniert fährt Paini fort:»Nach Jahren suchte mich noch einmal eine Gruppe von Journalisten auf. Ich wurde sogar gefilmt. Bekommen habe ich auch danach nichts. Nur alte Wunden wurden aufgerissen. Deswegen habe ich gezögert, Ihnen meine Geschichte noch einmal zu erzählen. Vor ein paar Jahren sprach ein holländischer Journalist mit mir. Offenbar sah man mich im holländischen Fernsehen. Der Holländer hat mir wenigstens eine kleine Entschädigung dagelassen. Darüber habe ich mich gefreut.«

»Was würden Sie zu dem Japaner, der ihnen so viel Leid zugefügt hat, sagen, wenn er jetzt zur Tür hereinkäme?«

Paini schaut mich verwirrt an:»Er wäre doch heute viel zu alt!«

»Ich weiß. Wenn er aber noch leben würde und jetzt hier wäre, was würden Sie ihm sagen?«

»Ich würde sagen: ›Du hast mir Schlimmes angetan. Du hast mich erniedrigt und mich zu einem Leben in Schande verurteilt.‹ Und ich würde eine Entschädigung von ihm verlangen, die mir wenigstens im Alter ein Leben ohne Feldarbeit ermöglichen würde. Ich arbeite immer noch täglich als Feldarbeiterin, um meinen Kindern nicht zur Last zu fallen. Sie würden mich zwar alle zu sich nehmen, aber das möchte ich nicht. Die wenigen Rupien, die ich verdiene, reichen gerade zum Leben und ich bin glücklich, wenn ich meinen Kindern hin und wieder etwas Reis kaufen kann.« Weil es die Japaner nicht tun, ihre eigene Regierung nicht und keine NGO, beschloss ich, Paini eine Entschädigung zurückzulassen.

Für das Abschiedsbild möchte sie mein Gastgeschenk, eine beige-braune Batik-Bluse, anlegen. Um sich umzuziehen, bittet sie uns in ihr einfaches Bambushäuschen. Der Fußboden ist aus festgestampfter Erde, aber auch hier hat ein Hauch von modernem Luxus Einzug gehalten. Auf einem niederen Bambustischchen steht ein Fernsehgerät.

Painis Enkeltochter erwartet uns, ein auffallend hübsches Mädchen mit langem, gewelltem, schwarzem Haar. In ihrem Alter muss Paini gewesen sein, als ihr von dem Japaner so Schreckliches angetan wurde. Auf dem Abschiedsfoto sind beide vereint – die immer noch schöne, lächelnde Großmutter, die grauen Haare zu einem Knoten zusammengebunden und ihre bezaubernde Enkeltochter.

Nobuo Ikegami:
Ein Lagerkommandant vor dem
Kriegsverbrecher-Tribunal

Dr. Taihei Okada ist so freundlich, mich zu Nobuo Ikegami zu begleiten – eine Begegnung, die nur durch seine kompetente Übersetzung
möglich ist. Und ich bin unglaublich erleichtert, die Herausforderungen
der U-Bahn in Tokio nicht allein meistern zu müssen. Der freundliche
Veteran wartet vor einem chinesischen Restaurant auf uns, direkt neben
der U-Bahn-Station in der Nähe seiner Wohnung. Nachdem er mich
eine Weile gemustert hat, breitet sich ein Lächeln auf seinem Gesicht
aus: »Sie sehen aus wie Marlene Dietrich! In den 1920 und 1930er Jahren
sah ich einige Filme von ihr.«

Nach dieser galanten Begrüßung hat mein Gespräch mit diesem
92-Jährigen nichts von der reservierten asiatischen Höflichkeit, auf
die ich bei dem ehemals Angeklagten für Kriegsverbrechen vorbereitet
war. Sobald wir etwas zu essen bestellt haben, beginnt er seine Kriegserinnerungen vor uns auszubreiten: »Ich wurde im Februar 1942 in die
Roppongi-Division der japanischen Armee rekrutiert und im März
1943 nach Indonesien verschifft.« Die Worte sprudeln unaufhaltsam aus
ihm heraus. Erst gegen Ende unseres Gesprächs gelingt es mir, etwas
Persönliches über seine Kindheit und Jugend zu erfahren.

Nobuo Ikegama wurde 1919 in der Nähe von Tokio geboren. »Unsere Haltestelle Shinagawa ist der erste Bahnknotenpunkt südlich der
Hauptstadt. Als ich heranwuchs, gab es dort noch eine Dreheinrichtung
für Zugmaschinen. Damals war, wegen der Erdbebengefahr, der Bau
von Gebäuden mit mehr als 33 Metern Höhe verboten. Heute ist der
Bahnhof von Wolkenkratzern umgeben.

Mein Vater war Bahningenieur und handelte darüber hinaus mit
Eisblöcken für Kühlschränke, die damals ja noch nicht elektrisch

funktionierten. Mutter war die Tochter eines Holzkohlehändlers. Ich wuchs als sechstes von acht Kindern – mit vier älteren Schwestern – in einer Mittelschichtfamilie auf. Wir lebten in einem typischen zwei-stöckigen Holzhaus, mit sieben oder acht Zimmern. Die Räume waren mit kaum mehr als einer Kommode möbliert. Wir Kinder schliefen auf unseren Matten, wo immer wir wollten. Als kleiner Junge spielte ich mit den zahlreichen Kindern in unserer engen Gasse – mit Vorliebe Verste-cken. Da Autos noch eine Seltenheit waren, lauerten nirgends Gefahren.

Mutter tröstete uns, wenn wir traurig waren. Sie wusch unsere Kleider in einem Bottich mit kaltem Wasser. Wir hatten zwar schon elektrisches Licht, aber Mutter kochte auf einem Gasherd oder manchmal über Holz oder Holzkohle. Meine Großmutter, die Mutter meines Vaters, lebte bei uns. Sie liebte Samurai-Filme und ich begleitete sie oft ins Kino, bis sie 1930, mit 85 Jahren, starb. Meine Kindheit war alles in allem eine Zeit ungetrübter Freude.

Wie alle anderen Kinder, kam auch ich mit sechs Jahren in die Schule. Wir benutzten Bleistifte und Papier und trugen westliche Klei-der. Es gab drei Parallelklassen: eine für Mädchen, eine für Buben und eine gemischte. Letzterer wurde ich zugeordnet. 70 bis 80 Prozent der Grundschüler besuchten eine weiterführende Schule – etwa gleich viel Mädchen wie Jungen. Nach meinem Schulabschluss schrieb ich mich in der Waseda-Universität ein. In gleichen Jahr wurden zum ersten Mal auch Mädchen zugelassen. Obwohl ich mehr mit meiner Freizeit als mit dem Studium beschäftigt war, schloss ich 1941, mit 22 Jahren, mein Studium mit einem Diplom in Jura ab.«

»Und nach dem Studium wurden Sie rekrutiert und nach *Sumatra* geschickt?«

»Ja. Die ersten sechs Monate war ich auf der Insel Sabang stationiert, einem verregneten Walfangort. Von hier aus konnte man die gesamte Straße von Malakka überblicken, eine wichtige Handelsroute und ein bedeutender Zugang zum Indischen Ozean.

Als britische und amerikanische Torpedos mehr und mehr unserer Handelsschiffe versenkt hatten, wurde der Nachschub an Lebensmitteln immer kritischer und wir litten die meiste Zeit Hunger. Viele Soldaten erkrankten an Dysenterie und zu allem Elend wurden wir auch noch häufig von den Engländern bombardiert. Schließlich wurde ein Teil un-serer Streitkräfte auf die Andaman-Inseln verlegt, wo ich von Dezember 1943 bis April 1944 stationiert war.

Ich war inzwischen ein Zwei-Sterne-Leutnant und gehörte zu der Einheit, die an der Instandsetzung der Festung arbeitete. In unserer Freizeit fingen wir Fische oder bauten Gemüse an. Lediglich Reis wurde uns von Sumatra geliefert. Etliche japanische Soldaten – und zahlreiche Einheimische – sind verhungert.« Nobuo Ikegami wurde so krank, dass er zu den zehn Prozent Soldaten gehörte, die von dort verlegt wurden.

»Ich kam nach Medan und begann, Rekruten auszubilden. Von Oktober 1944 bis August 1945 war ich Kommandant des *japanischen Internierungslagers* Si Ringo-Ringo für 2000 holländische Zivilisten. Es bestand aus zehn großen Bambusbaracken – 200 Männer in einem Bau. Der festgestampfte Erdboden war mit Schlafmatten bedeckt. Der einzige Unterschied zur Kaserne der Japaner bestand darin, dass diese Moskitonetze erhielten.«

»Hätten Moskitonetze Malariaerkrankungen bei den Internierten nicht deutlich verringert?«

Der ehemalige Lagerkommandant schaut mich verdutzt an: »Auf den Gedanken, die Gefangenen mit Moskitonetzen auszustatten, ist wirklich niemand gekommen. Neben Malaria waren Dysenterie und Amöben das schwerwiegendere Thema. Holländische Ärzte kümmerten sich zwar um die Kranken, aber ohne Medikamente waren sie recht hilflos. Ich bedaure zutiefst, dass während meiner Zeit als Lagerkommandant 116 Menschen starben.

Manchmal begab ich mich zum Hauptquartier in Medan und versuchte Medikamente zu bekommen. Ich erhielt aber immer viel weniger als ich beantragte. Ich glaube, dass die zunehmende Feindseligkeit gegenüber den Holländern etwas damit zu tun hatte. Ich war alles andere als glücklich über die Aufgabe als Lagerkommandant oder die Umstände, mit denen ich konfrontiert wurde.«

Ein Überlebender dieses Lagers schrieb: ›Die meisten, die unter Dysenterie litten, blieben zwischen den Gesunden liegen – in ihren Exkrementen. Wir waren also eine Fäkalgemeinschaft.‹[1]

»Haben die Internierten gearbeitet?«

»Sie durften Gemüse anpflanzen. Die meisten Internierten waren ehemalige Manager oder Plantagenbesitzer. Ich nehme den Holländern

---

[1] Jong, Louis de: *The collapse of a colonial society: the Dutch in Indonesia during the Second World War*. 2002, S. 488

ihre feindseligen Gefühle nicht übel. Sie haben Indonesien verloren und damit den Zugang zu den Rohstoffen der Inseln.«

»Erinnern Sie sich an die Kapitulation Japans?« wechsle ich das Thema.

»Sicherlich. Ich erfuhr davon während eines Planungstreffens am Tobasee und erwartete, dass mein Land für immer vom Globus verschwinden würde. Wir hatten keine Vorstellung davon, was Niederlage bedeutet.«

»Was dachten Sie, was das japanische Militär in Indonesien zu suchen hatte?«

»Hinreichende Informationen hatte ich nicht, aber ich fühlte mich von den Indonesiern mit offenen Armen willkommen geheißen, nachdem wir die Holländer in wenigen Tagen besiegt hatten. Ich glaubte, dass wir die Indonesier befreiten. Das hat unserer Propaganda immer wieder betont und ich hatte keinen Grund daran zu zweifeln.

Im September 1945 wurde das Lager geleert und ich kehrte zu meiner ursprünglichen Einheit in Medan zurück. Im Winter 1945/46 wurde ich wegen des Verdachts Kriegsverbrecher der Kategorie B oder C zu sein, drei Monate lang eingesperrt. Schließlich wurde ich vor das *Kriegsverbrecher-Tribunal* in Singapur gestellt. Während ich auf meinen Prozess wartete, setzte man mich beim Wiederaufbau der Stadt ein. Dank holländischer Zeugenaussagen wurde ich zu nur drei Monaten Gefangenschaft verurteilt und nach Absitzen meiner Strafe in ein Internierungslager nach Sumatra zurückgebracht.« Laut der Zeitung ›Kyodo News‹ verdankt Nobuo Ikegami sein mildes Urteil den Aussagen des niederländischen Journalisten Albert Besnard.

»Der niederländische Schriftsteller Rudy Kousbroek hat seine Erfahrungen im Lager Si Ringo Ringo veröffentlicht. (Het Oostindisch kampsyndroom, 2005) Als die Waseda Universität vor etlichen Jahren 400 Jahre holländisch-japanische Beziehungen feierte, war er einer der Hauptredner neben dem angesehenen japanischen Historiker Goto Kenichi und der bekannten Historikerin Tessa Morris-Suzuki.[2]

Nachdem dieser geschätzte niederländische Schriftsteller seine

---

[2] Tessa- Morris-Suzuki steht dem asiatischen Menschenrechts-Netzwerk vor und ist Mitherausgeberin des Online-Journals Asiarights. Sie war ebenfalls an der Herausgabe des achtbändigen Werkes über die Geschichte des Asien-Pazifik-Raumes beteiligt, das 2006 in Japan erschien. Seit 2011 ist sie Mitglied im International Council on Human Rights Policy.

schlimmen Erinnerungen mit den Konferenzmitgliedern geteilt hatte, ging ich in aller Öffentlichkeit auf ihn zu und sagte: ›Ich war Ihr Lagerkommandant. Wenn sie Groll gegen Japan hegen, schlagen Sie mir ins Gesicht.‹ Der volle Konferenzsaal erstarrte. ›Nein‹, antwortete Kousbroek leise auf Indonesisch. Sie haben uns persönlich nichts Böses getan.‹

Kousbroek war in Sumatra aufgewachsen. Als Teenager verbrachten er und sein Vater drei Jahre im Lager Si Ringo Ringo. In seinem Buch appelliert er an seine Landsleute, auf eine japanische Entschuldigung für die Behandlung niederländischer Internierter zu verzichten. Stattdessen fordert er sie auf, sich über die Folgen von 300 Jahren Kolonisierung Gedanken zu machen. Sein ehemaliger Mitinternierter, ein holländischer Brigadegeneral, demonstriert dagegen heute noch an jedem 15. August vor der japanischen Botschaft in Amsterdam und fordert eine Entschädigung.«

Der damals zehnjährige Peter van Musschenbroek beschreibt seine Zeit in Si Ringo Ringo – im Vergleich zu dem Frauenlager, in dem er davor interniert war -, mit folgenden Worten: ›Das Leben war angenehmer ... wir Kinder hatten weniger Arbeiten zu verrichten. Ich meldete mich freiwillig zur Gartenarbeit, weil es mir die Chance bot, Mäuse, Heuschrecken und Schlangen zu fangen ... Ich war sehr geschickt im Ratten Fangen. Nachdem ich eine gefangen hatte, tötete ich sie und zog ihr das Fell ab. Gebraten schmeckte sie nicht nur gut, sondern bedeutete Fleisch, etwas, das auf dem Lager-Speiseplan so gut wie nie vorkam ... Mein Vater nahm nie etwas von den Tieren, die ich tötete ... bis ich ihm eines Tages ein Stück Maus gab ... und sagte, es sei Hühnchen. Nachdem er es probiert hatte, teile er meine Jagderfolge mit mir ....«

Nach dem Absitzen seiner Haft blieb Nobuo Ikegami noch zwei Jahre auf Sumatra. »Als Zivilinternierter lebte ich mit der einheimischen Bevölkerung. Wie jeder andere arbeitete ich auf den Feldern. Im März 1947 feierte ich meinen 28. Geburtstag und wurde im Mai in mein zerstörtes Land repatriiert, wo die meisten Menschen kaum genug hatten, um zu überleben. Endlich konnte ich das Militär hinter mir lassen und hatte das Glück bei einer großen Baufirma als Verantwortlicher für Arbeitsplatzsicherheit angestellt zu werden. Meine Eltern fanden eine Frau für mich. Aus dieser Ehe stammt mein Sohn, bei dem ich nun lebe.«

»Hegen Sie irgendein Bedauern hinsichtlich Ihrer Verantwortung während der Kriegszeit?«

»Ich habe nichts zu bereuen. Ich habe nur Befehle ausgeführt.«

»In Deutschland wurde den Soldaten des Zweiten Weltkrieges von der Nachkriegsgeneration viel Ablehnung entgegengebracht. Haben Sie in Japan etwas Ähnliches erlebt?«

»Nein. Nur eine kleine Schar Kommunisten hetzte gegen uns Veteranen und wollte Japan von Kriegsverbrechern säubern. Stattdessen wurde das Land von Kommunisten gereinigt.«

»Die japanischen Kommunisten verschwanden nicht in irgendeiner Art Gulag«, erklärt Taihei Okada, »sie verloren lediglich bestimmte Positionen, vor allem im öffentlichen Dienst.«

»Haben Sie sich von der Propaganda in Ihrem Land manipuliert gefühlt?« frage ich Nobuo Ikegami zum Abschluss.«

»Nein«, erwidert er ohne Nachzudenken.

Helga und Inge Becker:
Sechs Jahre in Japan gestrandet

Da Inge ohne ihre ältere, wortgewandtere Schwester nur ungern mit mir sprechen möchte, fahren wir gemeinsam nach Fellbach, zum Heim für betreutes Wohnen, in dem Helga lebt. Nichts an den beiden Frauen ist hektisch oder aufgesetzt, der Umgang mit ihnen herzlich und mühelos. In ihrem Ein-Zimmer-Appartement kann sich Helga nach einem Sturz nur noch mit Hilfe ihres Rollators fortbewegen. Aber das ist für sie nicht der Rede wert. Ich bin umgeben von der stillen und bewussten Freude an jedem Tag, den das Schicksal den beiden Schwestern noch schenkt. In diesem Jahr 2010 wird Helga 90 Jahre alt.

»Unser Vater, Alfred Becker, wurde 1883 in Hamburg geboren«, erfahre ich und denke, dass die beiden Schwestern auch nach hundert Jahren Familiengeschichte in Indonesien und Süddeutschland immer noch die Hansestadt verkörpern. »Er lebte seit 1907 als Kaufmann für eine deutsche Kaffee-Firma auf Borneo«, fährt Helga fort. »Später übernahm er die kaufmännische Leitung der jüdisch-holländischen Firma Gompen in *Surabaya*.

1913 kehrte Vater, wie damals nach sechs Arbeitsjahren üblich, für einen achtmonatigen Heimaturlaub nach Europa zurück und lernte unsere Mutter Elisabeth, eine Freundin seiner Schwester, kennen. Sie war damals 26 Jahre alt. Nach Vaters Abreise verlobten sie sich brieflich. Der geplanten Hochzeit kam der Erste Weltkrieg in die Quere. Sie konnten sich fünf Jahre lang nicht sehen. Selbst ihre Korrespondenz war nur über eine befreundete holländische Familie möglich.

Ende 1919, mit inzwischen 31 Jahren, brach unsere Mutter schließlich auf die lange Reise nach Niederländisch-Indien auf. Während der vierwöchigen Fahrt durfte sie als Deutsche in Ceylon und an anderen britischen Häfen nicht von Bord gehen. Kurz nach ihrer Ankunft in Surabaya haben meine Eltern geheiratet – und im gleichen Jahr kam ich auf die Welt. Mutter war von Anfang an glücklich auf Java und mit unserm Vater. Als ich etwa ein Jahr alt war, reisten meine Eltern mit mir nach Europa. Ich habe an Bord des Schiffes laufen gelernt. Mutters Bruder, mein Onkel John, der in Kunstgeschichte promoviert hatte, fuhr mit uns auf der Rückreise nach Florenz und Venedig, bevor er uns in Genua an Bord brachte. Zum Abschied sagte Mutter zu ihm: ›Und du gehst jetzt noch nach Rom!‹ Dass dies ein Abschied für immer sein würde, ahnte sie nicht. Ein Jahr später starb er an einer Blinddarmentzündung. In seinem letzten Brief schrieb er: ›Grüß den kleinen Stromer von seiner ›Tante John‹.‹ Ich hatte ihn offenbar Tante anstatt Onkel genannt. Der Tod ihres Bruders traf Mutter schwer.

1923, im Jahr unserer Rückkehr, wurde Inge geboren und ein Jahr später unsere jüngste Schwester Renate. Unsere Kindheit war glücklich und harmonisch. Ich kann mich nicht erinnern, dass meine Eltern je Streit hatten. Wir lebten in einem für Europäer üblichen Haus mit großer Veranda. Hinter dem Gebäude waren die Aufenthaltsräume der Bediensteten sowie Küche und Bad. Wir spielten in unserem großen Garten mit den Nachbarskindern, meist Holländer. Zu den einheimischen Kindern in ihrem ›kampong‹ hatten wir keinen Kontakt. Wir wuchsen in vollkommen getrennten Welten auf.

Nach dem Aufstehen stand morgens schon unser Frühstück auf dem Tisch – von Mutter gebackenes Brot und Marmelade. Später wurde das Brot von unserer Köchin gebacken. Vater saß, als wir zum Frühstück erschienen, meist schon mit der Zeitung und einer Tasse Kaffee auf der Vorgalerie. Holländisch sprachen wir erst, als Helga zur *Schule* kam.« Noch heute sprechen die Schwestern spontan Niederländisch miteinander. Manchmal werden sie sich dessen erst bewusst, wenn sie erkennen, dass ich sie nicht verstehe.

»Als wir das holländische Gymnasium HBS besuchten, waren wir bei schönem Wetter eine Viertelstunde mit dem Fahrrad unterwegs. Bei Regen fuhr uns der Chauffeur.«

»Hatte Ihre Mutter manchmal Heimweh?«

»Nein, nachdem ihre Eltern und ihr Bruder tot waren, zog sie nichts nach Hamburg zurück.«

»Hat sich im deutschen Club nach der Machtergreifung Hitlers etwas geändert?«

»Wenig. Vater blieb noch kurze Zeit Vorsitzender. Man studierte wie eh und je Theaterstücke ein, die auf der Drehbühne aufgeführt wurden. Es gab eine Bücherei, Billard und eine Kegelbahn. Einmal im Monat kam ein evangelischer deutscher Pfarrer angereist und hielt einen Gottesdienst, zu dem Mutter das Harmonium spielte. Natürlich gab es auch hundertprozentige Nazis, die recht unangenehm sein konnten. Im Rahmen einer Buchausstellung wurde in einem Vortrag einmal auf Juden geschimpft. Hinter uns saßen jüdische Verkäufer einer niederländischen Buchhandlung, die sich das anhören mussten. Mutter war das furchtbar peinlich. Ansonsten haben unsere Eltern mit uns Kindern so gut wie nie über Politik gesprochen. Bald gab es auch einen ›Ortsgruppenleiter.‹ Wir veranstalteten Sommer- und Winterhilfsfeste. Das dabei eingenommene Geld wurde nach Deutschland geschickt. Da BDM oder HJ verboten waren, gab es stattdessen den ›Deutschen Jugendring‹.«

»Was bekamen Sie über die Zustände in Deutschland mit?«

»Wir wussten, dass die Juden schlecht behandelt wurden. 1937/38 besuchten ein jüdisches deutsches Mädchen und ihr Bruder eine Zeit lang unsere Schule. Anlässlich des Geburtstags der niederländischen Königin wurden neben den holländischen auch deutsche Fahnen gehisst – die schwarz-weiß-rote und die Hakenkreuzfahne. Daran hat sich niemand gestoßen, auch nicht die Holländer.«

»Die erste Krise in Ihrem Leben muss Sie 1940 mit dem Einmarsch der deutschen Truppen in den Niederlanden ereilt haben.«

»Ja. Da war Vater 55, ich 19, Inge 16 und Renate 15 Jahre alt. Vater hatte sich mit einer Import-Firma selbständig gemacht. Er beschäftigte einen chinesischen Angestellten und ich erledigte die Buchführung. Eines Tages rief ein holländischer Bekannter Vater an und sagte: ›Sei vorsichtig!‹ – ›Jetzt essen wir erst einmal‹, entschied Mutter. Danach machte ich mich auf den Weg zu unseren Nachbarn. Als ich ihren Garten erreichte, war schon die Polizei da. Kurz darauf holten fünf bewaffnete Polizisten mit aufgepflanztem Bajonett auch Vater ab. Er konnte nur seine Jacke anziehen.

›Waffen abliefern!‹ lautete tags darauf der nächste Befehl der Staatsmacht. Mutter lieferte Vaters zwei ›Scheintotpistolen‹ bei der Polizeistation ab, wo man ihr erklärte: ›Ihr Mann wird nicht so bald wieder frei kommen.‹ Zunächst war Vater im Messe-Ausstellungsgebäude interniert, wo Mami und ich ihm saubere Wäsche bringen konnten. ›Bis bald!‹ Mit diesen Worten verabschiedeten wir uns ohne große Aufregung von unserem Vater. Da ahnte keiner, dass wir ihn nie wiedersehen würden.

Kurz darauf erschien ein Vertreter der Witwen- und Waisenkammer für eine Bestandsaufnahme unseres Besitzes. Diese peinliche Prozedur überließ man Halb-Indonesiern. Schmuck und andere Wertgegenstände sowie Vaters Briefmarkensammlung nahmen sie gleich mit. Mutter schaute diesem Treiben ruhig zu und sagte: ›Wir können nichts, aber auch gar nichts daran ändern.‹ Bald erfuhren wir, dass man alle deutschen Männer nach Ngawi gebracht hatte. Wir durften Vater eine Karte pro Woche schreiben und stellten bald fest, dass die Post zensiert wurde. Als nächstes wurden unsere Möbel abgeholt und versteigert. Weil wir ohne Vaters Einkommen unsere Miete nicht mehr zahlen konnten, mussten wir aus unserem Haus ausziehen.

In unserer Not fanden wir Unterkunft bei Familie Weinbrecher in einer Parallelstraße, zu viert in einem Zimmer. Insgesamt lebten acht Personen – wir, Frau Weinbrecher, ihre beiden Töchter und ein Enkel – einen Monat lang zusammen. Dann zogen wir gemeinsam nach Sarangan in das Ferienhaus der Familie Weinbrecher. Das Hotel Lawu, ganz in der Nähe, hatte die holländische Marine konfisziert. Als die Soldaten uns besuchten, erklärten wir ihnen, dass wir Deutsche sind. ›Das macht nichts‹, erwiderten sie unbekümmert. Wir unternahmen gemeinsame Spaziergänge. Auch mit anderen Holländern, die dort Urlaub machten, gab es keine Probleme. Alles war ausgesprochen friedlich.«

»Ich wäre in Surabaya gern weiter auf die Schule gegangen«, schaltet sich Inge ein. »Als ich aber nach der *Internierung der deutschen* Männer im Unterricht erschien, begrüßte mich mein Geschichtslehrer mit den hämischen Worten: ›Was macht denn eine Deutsche hier?‹ und schickte mich nachhause.«

»Nach einem Jahr«, fährt Helga fort, »erreichte uns ein Aufruf der deutschen Regierung. Wir sollten über Japan und von dort mit der Transsibirischen Eisenbahn nach Deutschland zurückkehren. Am 22. Juni 1941 erhielten wir die Nachricht, dass die deutschen Truppen in Russland einmarschiert waren. Was nun? Vater riet uns dennoch: ›Geht nach Japan!‹ So legten wir am 5. Juli mit schweizerischen Schutzpässen von *Batavia* ab. ›Sprecht ab sofort nur noch Deutsch‹, warnte Mutter. Mit uns nahm die ›Assama Maru‹[1] voller deutscher Frauen und Kinder

---

[1] Die ›Asama Maru‹ brachte 1941 666 deutsche Frauen, Kinder und Verwundete von Indonesien nach Japan. 1944 wurde es durch ein amerikanisches U-Boot versenkt. Dabei kamen 500 Menschen ums Leben

Kurs auf Japan. In Shanghai mussten hundert Personen von Bord gehen. Offenbar wollten die Japaner nicht zu viele Deutsche aufnehmen. Im September 1941 erreichten wir Yokohama.

In dem wunderbaren Kurort Unzen in der Nähe von Nagasaki wurden wir auf Kosten der deutschen Regierung in dem Hotel New Grand untergebracht. Es war herrlich! Damit man uns als Deutsche erkennen konnte, erhielten wir eine Anstecknadel, auf der die japanische, die italienische und die Hakenkreuzflagge abgebildet waren. Bald darauf wurde uns eine Unterkunft in Yokohama zugewiesen. Da wir uns auf einen längeren Aufenthalt einrichten mussten, arbeitete Inge im internationalen Krankenhaus und pflegte verwundete deutsche Soldaten, die die Explosion ihrer drei Schiffe im Hafen von Yokohama überlebt hatten. Dass sie etwas Englisch und Japanisch sprach, war nun sehr hilfreich. Püppi, das ist Renates Spitzname, legte in der deutschen Schule von Yokohama ihre Mittlere Reife ab. Auch in Japan mussten alle deutschen Mädchen ein Pflichtjahr absolvieren. Ich tat dies in einem Heim für deutsche Frauen und Kinder aus Niederländisch-Indien«, erklärt Helga.

»Was wussten Sie über das Schicksal Ihres Vaters?«

»Eines Tages wurden wir von der deutschen Botschaft ins Grand Hotel eingeladen. Dort überbrachte uns jemand die schreckliche Nachricht vom Tod unseres Vaters. Mit uns erfuhren auch die Ehefrauen von drei *Missionaren*, dass ihre Männer mit dem Untergang der ›Van Imhoff‹ umgekommen waren. Wir waren viel zu schockiert, um weinen zu können. Mutter saß in einem tiefen Sessel und starrte vor sich hin. Den ganzen nächsten Tag blieb sie im Bett. Wir waren starr vor Schmerz und haben nur wenig gesprochen. Dazu fehlten uns die Worte.«

»Nun machen wir Pause«, ergreift Inge leise das Wort. »Es ist Mittagszeit und ein herrlicher Tag. Wir würden Sie gern zum Essen einladen, in unser Lieblingslokal. Oft kommen wir jetzt nicht mehr dorthin, aber mit Ihrem Auto ...«

Sie lotsen mich durch Weinberge, höher und höher hinauf. Die Sicht weitet sich und die Kriegserlebnisse rücken in immer weitere Ferne. Schließlich stehen wir vor einem abgelegenen Gasthaus mit herrlichem Blick über Fellbach. Meine Begleiterinnen werden herzlich begrüßt: »Sie waren schon lange nicht mehr hier!« Ausruhen möchten sich Helga und Inge nach dem Essen nicht. »Heute ist ein so schöner Tag, da geht es auch mal ohne Mittagsschlaf.«

»Wie machte sich die Weltpolitik in Ihrem Leben weiterhin bemerkbar?« frage ich, als wir wieder in Helgas kleiner Wohnung sitzen.

»Kurz nach unserer Ankunft in Yokohama kamen Renate und ich automatisch zum BDM«, sagt Inge. »Wir trugen die bekannten Uniformen, grüßten mit ›Heil Hitler!‹ und hissten bei jedem Appell die Hakenkreuzfahne.«

»Unglaublich!« entfährt es mir.

»Es gab politische Schulungen, es wurde aber auch viel gesungen, Handarbeiten gemacht und Gymnastik getrieben. Die deutsche Gemeinde in Yokohama war damals alles andere als klein. Ich kam für mein Pflichtjahr zu Familie Dreyling, die vier Kinder hatte. Herr Dreyling war Deutscher, seine Frau, eine Holländerin, war im japanischen Internierungslager. Püppi verbrachte ihr Pflichtjahr bei Familie Crome.«

»Eines Tages«, fährt Inge fort, »besuchte Konrad Noltenius, ein Freund unserer Familie, Mutter und fragte, ob Renate in letzter Zeit einmal zuhause war. Mutter erklärte ihm, dass sie Renate schon längere Zeit nicht gesehen habe. Kurz darauf traf ich Renate auf der Straße. Als sie mich sah, flüsterte sie: ›Mach bitte kein erschrockenes Gesicht. Sobald ich das Haus verlasse, werde ich von einem Polizisten verfolgt. Crome wurde verhaftet.‹ Richard Sorge und Werner Crome waren Journalisten der FAZ.[2] Frau Crome war beim Versuch zu fliehen aus dem Fenster gesprungen. Renate und der chinesische Koch wurden für kurze Zeit

---

[2] Richard Sorges (1895–1944) Großonkel, Friedrich Adolf Sorge, war ein Weggefährte von Karl Marx und Mitbegründer der Ersten Internationale. Im Ersten Weltkrieg erhielt Richard Sorge das Eiserne Kreuz. 1919 wurde er zum Dr. rer. pol. promoviert und trat der KPD bei. Wegen seiner Teilnahme an Abwehrkämpfen gegen den Kapp-Putsch verlor er seine Assistentenstelle in Aachen. 1922 wurde er in Frankfurt/M. Gründungsmitglied des Instituts für Sozialforschung. 1923 beteiligte er sich am kommunistischen Aufstand im Ruhrgebiet. 1924 reiste er nach Moskau und wurde Mitglied der KPdSU. Ab 1929 spionierte er, als deutscher Pressevertreter getarnt, für den sowjetischen Geheimdienst in China. 1933 kam er, offiziell als Korrespondent der FAZ, nach Yokohama und baute ein Netzwerk aus Informanten auf, das bis in höchste japanische Regierungskreise reichte. Offiziell trat Sorge der NSDAP bei und arbeitete mit dem deutschen Nachrichtendienst zusammen. Er informierte Stalin über den drohenden Angriff der Wehrmacht mit genauen Angaben über Tag, Stärke und Richtung. Vor der Schlacht um Moskau übermittelte er, dass Japan die Sowjetunion nicht, wie befürchtet, angreifen würde. Durch diese entscheidende Information konnte Marschall Schukow Truppen aus Sibirien abziehen und den deutschen Vormarsch 25 km vor dem Kreml stoppen. Sorge und sein japanischer Gehilfe Ozaki wurden 1941 in Japan verhaftet und 1944 gehängt. Für Stalin stellte Sorge ein Sicherheitsrisiko dar, weil er seine schwerwiegende Fehleinschätzung bezüglich des Unternehmens Barbarossa kannte. Das erklärt, warum er von Moskau fallengelassen wurde.

in ein Zimmer gesperrt. Mama begab sich sofort zu Oberst Meisinger, Polizeiattaché an der deutschen Botschaft. Der beruhigte sie: ›Ihre Tochter hat mit dieser Sache nichts zu tun. Sie können unbesorgt sein.‹«

»Als sich der Krieg seinem Ende näherte«, übernimmt Helga wieder das Wort, »wurden Mutter, Inge und Renate nach Sengokuhara evakuiert, einem Erholungsort, eine Autostunde von Yokohama entfernt. Sie lebten in einem kleinen Häuschen mit Papiertüren. Offenbar wollten die Japaner die Deutschen an einem Ort zusammenfassen. In Sengoku half Inge der Gemeindeschwester Käthe Jung, Kranke zu versorgen. Eines Tages erschien der damals berühmte Flieger Wolfgang von Gronau und bat sie, einen Splitter aus seinem Auge zu entfernen. [3] Das war schon etwas Besonderes. Renate kümmerte sich um den Haushalt und kochte auf einem Hibachi. Ich erhielt nach meinem Pflichtjahr eine Anstellung bei der Firma Illies & Co., welche die Firmen Bosch und Uhde in Japan vertrat, fand eine Wohnung im Europäer-Viertel und lebte die nächsten drei Jahre in Yokohama.

Eines Tages wurden über Yokohama Brandbomben abgeworfen. Teile der Stadt brannten lichterloh. Früh am Morgen hörte man schon den Kekaikeko, den Voralarm. Als etwas später der Hauptalarm ertönte, rief mein Freund Walter mich an: ›Dicke Luft! Bleib wo du bist!‹ Nach einer Weile machte ich mich auf den Weg zum Luftschutzkeller. Als ich ihn nach ein paar Stunden wieder verließ, bot sich mir ein furchtbares Bild. Da erschien auf einmal Walter: ›Pack schnell ein paar Sachen zusammen!‹ Wir fuhren zum deutschen Marinestützpunkt Hakoh, wo unsere Augen verarztet wurden, die durch den Rauch gelitten hatten.

Danach machten wir uns zu Fuß auf den Weg zu meiner Familie. Als wir nach einer Stunde unseren Garten erreichten und ich unseren vereinbarten Pfiff losschickte, sprang Inge auf. Sie und Renate wussten, dass Yokohama bombardiert worden war. Mami hatten sie nichts davon erzählt. Nun waren natürlich alle erleichtert.

1947 kehrten wir endlich nach Deutschland zurück. In Bremerhaven stand ein Sonderzug bereit. Er blieb unterwegs oft für lange Zeit stehen, so dass wir Ludwigshafen erst nach zwei Tagen erreichten. Nach unserer Ankunft mussten wir zuerst entnazifiziert werden. Nach einer

---

[3] Hans Wolfgang Gronau (1913 –1977) war ein deutscher Luftfahrtpionier. Ruhm erlangte er, als ihm 1932 mit einem zweimotorigen Wasserflugzeug eine Weltumrundung gelang. 1938 wurde er Oberstleutnant der Luftwaffe und war seit Sommer 1939 Luftattaché an der Deutschen Botschaft in Tokio.

Woche Quarantäne in Waiblingen hieß es: Wovon aber nun leben? Wir kamen in ein Lager in Bietigheim und machten uns auf die Suche nach Arbeit. Mutter erhielt eine Witwenrente. Nach einer Weile wurde uns ein Zimmer in Fellbach zugewiesen, mit zwei zusätzlichen Feldbetten in der Dachkammer. Wir lebten zu viert in einem Zimmer, konnten uns aber wenigstens in Stuttgart anmelden und eine Arbeit bekommen.«

»Inge hätte gern eine Ausbildung als Krankenschwester gemacht, aber das hätte 50 Mark gekostet, die wir nicht hatten, also gingen wir zum Fernamt«, erklärt Helga. »Ich erhielt später eine Stelle als Sachbearbeiterin im Daimler-Konzern und fing am 15. Dezember 1948 an, dort zu arbeiten. Mutter umgab uns mit ihrer Liebe und Harmonie bis sie 1957 starb. Ich habe 1955 geheiratet und Püppi 1957. Das hat sie noch miterlebt.«

Turut:
Sohn eines Dorfsekretärs

Turut lebt in Sowanan – in tausend Meter Höhe am Hang des Vulkans Merbabu auf der Insel Java. Von ihm erhoffe ich mir Einsichten in die Jahre des indonesischen Unabhängigkeitskrieges. Heute ist der ehemalige Kämpfer in seinen Bewegungen schwerfällig geworden. Da er seit dem Tod seiner Frau allein in seinem Holz-Bambus-Haus lebt, bittet er Pebri und mich ins nahe gelegene, größere Steinhaus seines Sohnes. Auch der über 90-jährige Vorsitzende der örtlichen Veteranenorganisation, Surodikromo, hat es sich nicht nehmen lassen, unserem Gespräch beizuwohnen.

In der einfachen Küche serviert uns das Hausmädchen in verneigter Haltung auf Bananenblättern etwas Essen, während sich die Hausfrau und ihr Mann um den kleinen Haushaltswaren-Laden im vorderen Teil des Hauses kümmern. Nach dem Essen setzen wir uns ins Wohnzimmer. Turuts Schwiegertochter, die eine rote Tunika und ein Kopftuch trägt, leistet uns Gesellschaft. Auch in diesen Raum mit blau gestrichenen Wänden und brauner Sitzgarnitur dringt wenig Tageslicht, da das Geschäft die ganze Vorderseite des Hauses einnimmt. Gekleidet in ein gelb-braunes Batikhemd und mit einem schwarzen Fez sitzt Turut im Schneidersitz auf dem Sofa und begibt sich bedächtig auf den langen Weg seiner Erinnerungen.

Er wurde 1927 im nicht weit entfernten Getasan geboren. »Mein Großvater war Bürgermeister. Als ältester Sohn des Dorfsekretärs wuchs ich relativ privilegiert auf. Mit meinen Eltern und sieben Geschwistern lebte ich in einem komfortablen Holzhaus, umgeben von Bananen-, Papaya- und Orangenbäumen. Im Haus befand sich ein Brunnen, damals ein Luxus. Anfangs hatten wir noch einen Boden aus festgestampfter

Erde. Später wurde er mit Zement ausgegossen. Wir Kinder schliefen in einem Raum – zu dritt auf einem einfachen Bambusgestell mit dünnen Matten. Meine Eltern hatten ihr eigenes Schlafzimmer. Um sechs Uhr standen wir auf und haben uns gewaschen. Anschließend wurde gefrühstückt – meist Tempeh und Maisbrei, eine recht trockene Angelegenheit. Gelegentlich gab es auch Eier. Ich war glücklich, wenn ich danach mit meinen Freunden spielen konnte. Ich erinnere mich an kleine Holzautos, an denen ich große Freude hatte. Später bekam ich sogar mein eigenes Fahrrad.«

»Jungen wurden verwöhnt«, erklärt seine Schwiegertochter. »Das ist auch heute noch oft so.«

»Meine Eltern stammten aus Bürgermeisterfamilien«, nimmt Turut den Einwurf auf. »Und ich war tatsächlich verwöhnt. Ich kann mich an nichts Trauriges in meiner Kindheit erinnern. Auch Hunger kannte ich nicht. Bei uns gab es drei Mahlzeiten am Tag. Meine Mutter war tüchtig. Sie kaufte Tiere, die bei uns geschlachtet wurden und verkaufte das Fleisch. Außerdem baute sie auf gepachtetem Land mit Hilfe von Angestellten Tabak und Gemüse an.

1935 kam ich mit sieben Jahren in die *Schule*. Mein Schulweg war kurz und ich lernte gern. Sicherlich wurde ich als Sohn des Dorfsekretärs von den Lehrern zuvorkommend behandelt. Ein Schulbesuch war damals keineswegs selbstverständlich. Viele Eltern konnten sich das Schulgeld nicht leisten. Die Lehrer wurden vom Schulgeld und aus Mitteln des Dorfes finanziert. In unserer Schule wurde nur Javanisch gesprochen und geschrieben. Sie war, wie die meisten Dorfschulen, vollkommen unabhängig von der Kolonialverwaltung.«

»Welche Bedeutung hatte die Religion in Ihrer Familie?«

»Vater war zwar offiziell Moslem, im Grunde hing er aber, wie die meisten Javaner, weiterhin unserem Volksglauben an. Im unserem Ort gab es damals noch keine Moschee, nur einen kleinen Gebetsraum. In meinem Elternhaus wurde nie gebetet.«

»Hatte Ihr Vater Umgang mit Niederländern?«

»Der Bürgermeister und mein Vater hatten die Aufgabe, für sie die Steuern einzuziehen und in Salatiga abzuliefern – oder direkt beim regionalen Repräsentanten der niederländischen Kolonialregierung.«

Zum besseren Verständnis hier eine Beschreibung der Rolle des Bürgermeisters in Niederländisch-Indien. Seit Ende des *Java-Krieges*, 1830, und der Einführung des ›*Kulturen-Systems*‹ waren Ortsvorsteher auf Java verantwortlich für das Einziehen der Steuern. Sie hatten auch die von der Kolonialregierung geforderten Fronarbeiter zur Verfügung zu stellen. Bis 1916 war es zudem ihre Aufgabe, *Plantagen* mit Arbeitskräften zu versorgen.[1] Wie alle Regierungsangestellten profitierten sie von diesem System, indem sie einen Anteil der eingetriebenen Steuern oder des Getreides behalten durften.[2] Als Entlohnung erhielt der Bürgermeister zusätzlich eine Anbaufläche für Getreide einschließlich kostenloser Arbeitskräfte. Verbunden mit ihrer Position hatten sie die Möglichkeit, Dorfangelegenheiten zu ihren Gunsten zu beeinflussen und in die eigenen Taschen zu wirtschaften.

Seine Ernennung verdankte der Ortvorsteher der mit der Kolonialregierung zusammen arbeitenden Aristokratie. Trieb er den geforderten Obolus nicht ein, wurde er für gewöhnlich entlassen. Es konnte also nur derjenige Bürgermeister bleiben, der sich als williges Werkzeug der Kolonialregierung erwies.[3] Daraus entwickelte sich eine Distanz zwischen ihm und dem Rest der Bevölkerung, eine Situation, die bis zum Ende der Kolonialzeit charakteristisch war.

Unter japanischer Besatzung sollten die Ortsvorsteher die Bevölkerung zur Unterstützung der Militärregierung anhalten. Ohne ihre Kooperation wäre die millionenfache Mobilisierung von Zwangsarbeitern unmöglich gewesen. Kooperierten sie jedoch nicht, wurden sie entlassen.[4] Es ist also nicht verwunderlich, dass die Bevölkerung mehr und mehr Misstrauen gegenüber ihren regionalen Eliten entwickelte. Nach Abzug der Japaner nahm die Bevölkerung oft Rache an den Bürgermeistern. Auch nach der Unabhängigkeit, vor allem während Suhartos Militärdiktatur, wurde der Ortsvorsteher von den Regierungsbehörden ernannt.[5]

Nach fünf Jahren Grundschule besuchte Turut die weiterführende Schule in Salatiga und kam im Unterricht nicht mehr mit.

»Als Vater drei Monaten später starb, verließ ich die Schule und kehrte nach Hause zurück. Vaters war schon eine Zeit lang krank gewesen.«

»Waren Sie traurig?«

---

1 Kahin, George McTurnan: *Nationalism and revolution in Indonesia.* 1952, S. 15
2 Furnivall, John Sydenham: *Colonial policy and practice: a comparative study of Burma and Netherlands India.* 1956, S. 222
3 Day, Clive: *The Dutch in Java.* 1904, S. 305
4 Kurasawa Aiko: »Social Change«. In: Post, Peter (Hg.): *The encyclopaedia on Indonesia in the Pacific War.* 2010, S. 283
5 Ricklefs, Merle Calvin: *A history of modern Indonesia since 1200.* 2008, S. 374

»Eigentlich nicht. Das Leben ging weiter. Mutter verkaufte weiterhin Fleisch und baute Gemüse an und ich unterstützte sie dabei. Wir waren nun allerdings deutlich ärmer.«

»Hatten Sie Kontakt mit Niederländern?«

»Nein. Ich habe sie nur manchmal in ihren Häusern gesehen und hatte Angst vor ihnen. Meist verhielten sie sich uns Einheimischen gegenüber überheblich und unfreundlich. Bei uns lebten sieben holländische Familien. Ein Holländer war mit einer Javanerin verheiratet, die nie das Haus verlassen durfte. Ein anderer, Herr Swanwing, hatte eine javanische Mätresse. Sie war in einer schwierigen Lage. Man warf ihr vor, sich für Land und Geld zu verkaufen. Der Holländer hat sie nach einigen Jahren verlassen. Das Land, das er ihr geschenkt hatte, durfte sie allerdings behalten.«

»Sie waren, als die Japaner Java 1942 besetzten, 15 Jahre alt.«

»Ja. Als erstes verschwanden die Holländer. Später erfuhr ich, dass sie interniert worden waren. Dann wurden einige meiner Freunde zur Zwangsarbeit im Straßenbau herangezogen. Ich war davon nicht betroffen, weil ich meiner Mutter helfen musste. Ich habe gehört, dass die Japaner Frauen verschleppten. Als alle jungen Männer Anfang 1944 aufgerufen wurden, sich für *PETA* zu melden, bin ich dieser Aufforderung *Sukarnos* gefolgt.

Unsere militärische Ausbildung in *Semarang* dauerte ein Jahr. Unsere Instrukteure waren Javaner, der Kommandant Japaner. Jeder erhielt ein Gewehr, zu essen gab es jedoch kaum etwas. Ich vertraute darauf, dass die Japaner uns helfen würden, unsere Unabhängigkeit zu erlangen. Wenn aber meine Einheit von 30 Männern unsere neue Nationalhymne singen wollte, versteckten wir uns an einem Ort, an dem uns die Japaner nicht hören konnten. Erst allmählich wurde mir klar, dass auch die Japaner nicht unsere Freunde waren.

Als wir von einem Aufstand gegen die Japaner in Ost-Java erfuhren, entschlossen wir uns, ihn zu unterstützen. Der japanische Kommandeur rief jedoch unseren Ausbilder zu sich und befahl ihm unsere sofortige Entwaffnung. Wir wurden in unseren Kasernen eingesperrt und kurze Zeit später kehrte ich zu meiner Familie zurück. Es dauerte nicht lange und wir wurden aufgefordert uns der *Heiho* anzuschließen, wo wir Jugendliche ausbilden sowie Getasan und Umgebung bewachen sollten. Da wir keine Gewehre hatten, trainierten wir die Jugendlichen im Kampf mit Bambusspeeren.«

»Wie hätte eine Gruppe mit Bambusspeeren bewaffneter Jugendlicher gegen eine niederländische Armee kämpfen sollen?«

»Wir kannten keine Angst. In Parakan lebte ein Schamane, der unsere Speere mit Zauberformeln beschwor. Das machte uns unverwundbar.«

In den Kämpfen gegen Japaner und Holländer nach Ende des Zweiten Weltkrieges erwarben Javaner von ihren Predigern oder Selbstverteidigungslehrern Amulette, von denen sie glaubten, sie würden ihnen Kraft und Unverletzlichkeit verleihen.[6] Mit diesen meist in Baumwolltuch gewickelten Koranversen zogen sie in den Kampf im Glauben, Kugeln und Pfeile könnten ihnen nichts anhaben. Das erklärt, warum Javaner mit Gewehren bewaffneten Alliierten oft allein mit Bambusspeeren gegenübertraten.

Für viele Javaner ist die Vorstellung eines gerechten Königs – eines Ratu Adil – heute immer noch attraktiv.[7] Wahrsager, Zauberer oder Gurus gibt es in zahlreichen Dörfern. Viele Menschen glauben an die Wunderkraft magischer Steine, Dolche, Speere oder Masken. Alles sind wertvolle persönliche Gegenstände.[8] In den 1820er Jahren gab es auf Java mehrere Versuche ›gerechte Königreiche‹ zu errichten. Sie basierten auf dem Glauben an die Ankunft eines Prinzen, der seinem Reich Wohlstand, Befreiung von Steuern und Steinhäuser bescheren würde.[9]

Die Einführung des schwer auf der Bevölkerung lastenden ›Kulturensystems‹ 1830, hatte insbesondere nach einer Missernte, den Boden für diese Heilserwartung bereitet, die von Wanderpredigern geschürt wurde. Die Aufstände waren stets mit drei Elementen verbunden: Unzufriedenheit in der Bevölkerung, Abstammung des Ratu Adil von einem Sultansgeschlecht und religiösem Fanatismus. Zudem hatten alle Ratu-Adil-Bewegungen gemein, dass sie Fremdherrschaft als Haupthindernis für das Wohlergehen der Bevölkerung betrachteten.

Erst die Joyoboyo-Prophezeiung des Jahres 1870 sagte voraus, dass der neue Messias arm und zunächst unerkannt sein würde. Das bedeutete, dass fortan jeder Javaner der neue Ratu-Adil sein könnte. Diese Wandlung basierte auf: 1. Der Ausbreitung der islamischen Lehre und dem damit verbundenen Bewusstsein, dass vor Allah alle Menschen gleich sind. 2. Der Erwartung eines Heilsbringers in der gesamten islamischen Welt in der zweiten Hälfte des

---

6 Dijk, Cornelis van: *Rebellion under the banner of Islam*. 1981, S. 145
7 Pringle, Robert: *Understanding Islam in Indonesia*. 2010, S. 196
8 Polomka, Peter: *Indonesia since Sukarno*. 1971, S. 51
9 Dahm, Bernhard: *Sukarno and the Struggle for Indonesian Independence*. Cornell 1969, S. 3

19. Jahrhunderts. Und 3. der wachsendem Unzufriedenheit mit dem javanischen Adel, der sich zum Werkzeug der Fremdherrschaft gemacht hatte.[10] Die Gründung der anti-chinesischen javanischen Handelsorganisation Sarekat Dagang Islam – später Sarekat Islam – befeuerte die Joyoboyo-Bewegung, mit der sie von Beginn an verbunden war und machte sich 1912 zu ihrer Speerspitze. 1914 hatte sie bereits knapp 367.000 Mitglieder.[11]

Nach der Niederlage der Japaner wurde Turut als ehemaliger *Heiho*-Ausbilder Mitglied des *BKR*, des im August 1945 ins Leben gerufenen Militärverbands. »Es gehörte zu meinen Aufgaben, Getasan vor einem Angriff der Engländer oder Holländer zu schützen. Ich hielt also am Ortseingang mit meinem Bambusspeer Wache. In meinem Verband gab es aber nicht nur edle Kämpfer. Einige waren eher Banditen, deren Sinnen und Trachten vor allem danach stand, die Häuser der Holländer auszurauben. Als man im Herbst 1945 mehrere Verteidigungsverbände zusammenschloss, kehrte ich nach *Semarang* zurück und erhielt wieder ein Gewehr.

In der Nähe der Stadt wurde meine Gruppe in eine Schießerei mit Japanern verwickelt. Dabei wurde mein Freund am Bein getroffen und ich habe zwei Japaner erschossen. Nach dieser ersten und letzten Schlacht meines Lebens wurde die BKR Ende 1945 in die *TKR* – die ersten einheitlichen indonesischen Streitkräfte – integriert und ich kehrte nachhause zurück. Während der holländischen Angriffe 1947 und 1948, den sogenannten *Polizeiaktionen*, wurde ich nach *Solo* einberufen und von dort im September 1948 nach *Madiun* geschickt und gegen die *PKI* eigesetzt. Ich schob aber nur Wache, bis mein Kommandeur, Karto, behauptete, meine Truppe und ich seien allesamt Kommunisten. Wir wurden alle festgenommen. Statt uns zu verurteilen, verschwand jedoch Karto. Ich habe nie wieder etwas von ihm gehört.

Ich fand es bedrückend, dass Javaner gegen Javaner kämpften. Als man bald darauf die *TKR* auflöste, wurde ich entlassen, kehrte endgültig nach Getasan zurück und machte mich als Händler selbständig. Damit war unser Unabhängigkeitskrieg für mich ein für alle Mal vorbei – in dem ich zu keiner Zeit gegen Holländer gekämpft habe. Als die Niederländer im Dezember 1948 ihre zweite *Polizeiaktion* starteten, hatte

---

[10] Dahm, 1969, S. 10
[11] Dahm, 1969, S. 13

ich Angst festgenommen zu werden und versteckten mich mit einigen meiner ehemaligen Mitstreiter bei einem Ehepaar im nahe gelegenen Sowanan. Die Ehe meiner Beschützer stand auf wackeligen Beinen und ich habe mich in diese junge Frau verliebt. Verständlicherweise war ihr Ehemann darüber aufgebracht. Kurze Zeit später haben wir Anfang 1949 geheiratet. Ich war damals 21, meine Frau 18 Jahre alt. Seitdem lebe ich hier. Im Laufe der Jahre haben wir acht Kinder bekommen.«

»Welches war die glücklichste Zeit in Ihrem Leben?« erkundige ich mich zum Abschied.

Über die Antwort muss Turut nicht nachdenken: »1964, da war ich der größte Händler am Ort. Ich handelte erfolgreich mit Chinin, das hier in der Gegend wächst, mit Akazienrinde, das zur Farbherstellung benutzt wurde, und mit Zimt. Die Polizisten verdächtigten mich, aus dem Regierungswald Rinde zu stehlen. Von dort wurde damals tatsächlich so viel Zimtrinde entwendet, dass der Wald langsam kaputt ging. Ich kaufte meine Ware jedoch von Kleinhändlern und arbeitete ganz legal mit der Waldverwaltung zusammen. Andererseits fragte ich die Händler nicht, woher sie ihre Rinde hatten.«

Helmi Kroh:
Eine Missionarstochter

Während des ›Sarangan-Treffens‹ in Mainz im Oktober 2009 hatte mich Helmi mit besonderer Herzlichkeit eingeladen. Zwei Monate später sitze ich ihr in ihrem kleinen Appartement in einer mehrstöckigen Duisburger Wohnanlage gegenüber. Mit Bedacht war alles für meinen Besuch vorbereitet. Sogar ihr Bett stellte sie mir zur Verfügung und zog in das leer stehende Appartement einer Bekannten.

Dass sich Helmi mit der südostasiatischen Vergangenheit ihrer Familie ausgiebig befasst hat, wird im Laufe ihres Berichtes immer deutlicher. Ihre Erzählung beginnt mit ihrem Vater, der im Laufe des Ersten Weltkrieges drei Jahre in französischer Gefangenschaft verbrachte: »Dort fand er eines Tages ein biblisches Kalenderblatt, auf dem stand: ›Wer will mein Bote sein?‹ Der gelernte Schuhmacher fühlte sich so direkt angesprochen, dass er nach seiner Rückkehr aus Frankreich, mit der Neukirchener Mission Kontakt aufnahm, aus der später die *GKJTU* – Christliche Kirche Nord-Mittel-Java – hervorging. Über eine Art zweiten Bildungsweg legte Helmis Vater nach sieben Jahren sein theologisches Examen ab.

»Meine 22-jährige Mutter lernte meinen Vater während eines Sommerfestes in Neukirchen kennen. Obwohl sich die Missionstheologen erst ein halbes Jahr vor ihrer Ausreise um eine Frau bemühen durften, nahm mein damals 27-jähriger Vater schon bald Kontakt mit meiner Mutter auf und meine Eltern verlobten sich. Als Vater 1925 nach Java geschickt wurde, lernte er Javanisch und machte sich mit den einheimischen Sitten und Gebräuchen vertraut. Mutter schloss unterdessen ihre Ausbildung als Krankenschwester ab und lernte Holländisch. 1927 reiste sie, mit 25 Jahren, in Begleitung einer Gruppe verlobter Lehrer und Lehrerinnen nach Niederländisch-Indien.

Als ihr Schiff in Medan, Nord-*Sumatra*, Zwischenstation machte, erreichte sie ein Telegramm meines Vaters, der sie bat, lediglich mit Handgepäck und Brautkleid nach Java zu kommen und ihr restliches Gepäck nachschicken zu lassen. Er reiste ihr nach *Semarang* entgegen, wo Mutter von einer ganzen Brautgesellschaft freudig erwartet wurde. Bald nach ihrer Ankunft wurde am 22. Februar 1927 in der Kirche von Semarang eine phantastische Hochzeit gefeiert. Es war der Anfang einer glücklichen Ehe.

Das frisch vermählte Paar reiste mit Zug, Bus und Pferdewagen ins 1200 Meter hoch gelegene Dorf Moga am Berg Selamat, zur kleinen Missionsstation meines Vaters. Er verwaltete *Schulen* und Krankenhäuser, fungierte ab und zu als ›Notarzt‹ und hielt Predigten. Als Mutter etwas Javanisch gelernt hatte, arbeitete sie in dem kleinen Krankenhaus, unter anderem als Hebamme. Da es keine Entbindungsstation gab, reiste Mutter 120 Kilometer nach Blora, östlich von Semarang. Dort wurde ich im Juni 1928 geboren.

Meine Erinnerungen setzen ein, nachdem meine Schwester Inge 1931 auf die Welt kam. Als sie mit zwei Jahren krank wurde, fühlte ich mich oft allein gelassen. Vater war streng und liebevoll, aber oft abwesend. Mit seinem Pferd oder dem Einspänner war er viel unterwegs, um andere Gemeinden zu besuchen. Mutter war warmherzig und aufgeschlossen. Sie brachte den einheimischen Frauen das Nähen bei, erklärte ihnen die Bedeutung des Wasserkochens und Händewaschens.

Die *Missionare* waren fast die einzigen Europäer, die sich bemühten, die Sprache der örtlichen Bevölkerung zu lernen. Wir hatten wenig Geld und waren gezwungen, sehr einfach zu leben. Seife stellten wir aus Kokosöl und Soda selber her. Mutter nähte unsere Kleider. So wurde aus Vaters Pyjama ein Kleid für mich und aus Mutters Mantelfutter ein anderes. Getränke wurden aus Zitrone und Tamarindenrinde zubereitet, Kaffee wuchs im Garten und Brot hat Mutter selber gebacken. Reichte das Geld trotzdem nicht, ›vereierte‹ Mutter nach und nach ihre Aussteuer. Für eine Serviette erhielt sie anfangs fünfzig Eier, später nur noch zwanzig.

Wir hatten häufig Besuch von Mitarbeitern anderer Missionsstationen, die klimatisch weniger günstig lagen. Darüber hinaus nahmen in meinem Leben unsere ›babu‹ und die Schäferhündin Herta einen wichtigen Platz ein. Das Kindermädchen weihte mich in die geheimnisvolle Welt der einheimischen Märchen und Sagen ein. Die Hündin bewachte mich, wenn meine Eltern unterwegs waren. Die fünf Jahre ältere Rasmin, die Vater adoptiert hatte, nachdem sie eine Pestepidemie überlebt hatte, war meine einzige Spielgefährtin.

Als ich fünf Jahre alt war, brach in unserer Umgebung erneut die Pest aus. In vielen Prozessionen wurden die in Tücher gewickelten Toten auf Bahren zum Friedhof getragen – direkt an unserem Haus vorbei. Die Regierung wollte herausfinden, ob es sich wirklich um eine Pestepidemie handelte und schickte Krankenpfleger, die die Milz der Toten punktieren sollten. Die Moslems waren über diesen Frevel so wütend, dass sie die Bahren mit Messern bewaffnet begleiteten, um ihre Toten verteidigen zu können. Einer der Pfleger wurde von der aufgebrachten Menge gesteinigt. Vater und Mutter kümmerten sich um etliche Pestkranke – immer in Sorge, sie könnten uns Kinder anstecken. Obwohl die Einheimischen kein Interesse daran zeigten, in den Himmel des Tuan Kroh zu kommen, existierten zwischen Christen und Moslems keine Spannungen. Vater wurde von allen geachtet und geschätzt.

1934 wurden wir nach Bojonegoro[1] in Ost-Java versetzt und im gleichen Jahr wurde mein Bruder Paul geboren. In dieser kleinen Stadt kam ich in die niederländische Grundschule, zehn Fußminuten von unserm Haus entfernt. Ab meinem neunten Lebensjahr fuhr ich mit dem Fahrrad. Mein bester Freund war der Nachbarsjunge Hugo, der Sohn eines deutschen Missionsarztes. Mutter war nun in erster Linie zuhause und wir hatten acht Bedienstete. Eine Frau war fürs Putzen verantwortlich. Rasmin machte die Betten, bediente bei Tisch und hütete uns Kinder. Eine Frau kümmerte sich um die Wäsche. Die sehr gute Köchin lebte als einzige im Dorf und verdiente etwas mehr als das andere Personal, das in den Personalunterkünften bei uns wohnte. Der Knecht sorgte für die fünf Kühe, zwei Rinder und den Stier und war für die Gartenarbeit verantwortlich. Ihm stand ein Gehilfe zur Seite. Dieser ›kebon‹ trug auch die Einkaufskörbe der Köchin und war der Bursche für alles. Mit dem Chauffeur ist die Liste vollständig.

Das Personal erhielt freie Kost und Logis und verdiente 25 Cent in der Woche. Für 50 Cent konnte man sich Stoff für einen neuen ›kebaya‹ kaufen, eine traditionelle Wickelrock-Blusen-Kombination aus bunter

---

1 Bojonegoro war für sein Teakholz und seine Tabakplantagen bekannt. Da der Ort an der Eisenbahnlinie Batavia-Surabaya liegt, intensivierte dies den Holzhandel. Den Einheimischen wurde das Betreten der Teakwälder von den holländischen Behörden verboten. Die Teakwälder sind heute zum allergrößten Teil abgeholzt.

Baumwoll-Batik. Wir Kinder wurden am Sonntag mit einer Tafel Schokolade für 1 Cent beschenkt. Im neuen Krankenhaus waren ein Arzt, zwei Schwestern und mehrere einheimische Pfleger angestellt.«

»Wie war Ihre Schule?«

»Sie wurde von einigen wenigen Kindern holländischer Verwaltungsangestellter besucht, hauptsächlich aber von Mischlingen. Auch ein paar Kinder reicher Chinesen und Araber sowie des javanischen Adels waren darunter. In diesem bunten Gemisch waren Hugo und ich die einzigen Deutschen. Ein Jahr später kehrten wir für eineinhalb Jahre nach Deutschland zurück, auf ›Heimaturlaub‹. Von 1935 bis 1937 besuchte ich also eine deutsche Schule. Für meine Eltern war es wunderbar, ihre Familien und Freunde wieder zu sehen, andererseits war Mutter während der Überfahrt schwanger geworden und fühlte sich oft unwohl. Die enge Wohnung im Dachgeschoss meiner Großeltern bedeutete eine große Umstellung für alle.

»Welche Erinnerungen haben Sie an Ihre Großeltern?«

»Großvater habe ich als großzügig und optimistisch erlebt. Großmutter war dagegen eher zurückhaltend – und sie kochte schrecklich. Erschwerend kam hinzu, dass wir Kinder eine ganz andere Küche gewohnt waren. Mein kleiner Bruder weigerte sich hartnäckig, irgendetwas zu essen, in dem keine Banane enthalten war und die waren damals in Deutschland sehr teuer. Während wir Kinder Schule und Kindergarten besuchten, hielten meine Eltern in Kirchengemeinden Vorträge über ihre Arbeit und sammelten Spenden. Im Juni 1936 wurde meine Schwester geboren.

In der Schule wurde mit ›Heil Hitler!‹ gegrüßt. Schulisch war ich meinen Mitschülern voraus. Vater hatte mir Lesen und Schreiben auf Sütterlin beigebracht und in allen anderen Fächern war das holländische Schulsystem dem deutschen überlegen. Inge wurde einmal von einer Nachbarin aus Versehen vor dem katholischen Kindergarten abgesetzt und saß, als Mutter heimkam, weinend vor unserem Haus. Als Mutter sie fragte, warum sie nicht im Kindergarten sei, antwortete sie unter Tränen: ›Ich kann doch kein Katholisch.‹

Meinen Eltern und Großeltern war durchaus bewusst, dass man sich in Deutschland auf einen Krieg vorbereitete. Pastor Niemöller wurde verhaftet. Auch über die Konzentrationslager redete man hinter vorgehaltener Hand. Ein Nachbar, ein Sozialist, kehrte während unseres Aufenthaltes aus dem KZ im Sarg zurück. Obwohl die Zeit in

Deutschland also auch von Angst umgeben war, wäre Mutter gern in Deutschland geblieben. Aber 1937 machten wir uns auf die Rückreise – Mutter nach der Geburt ihres vierten Kindes geschwächt und voller Sorgen und Vorahnungen.

Unser Grundstück in Bojonegoro mit Schaukel und Wippe, war, wie wir es verlassen hatten. Auch unser Personal war noch da. Mein Freund Hugo aber leider nicht. Es gab einen neuen Arzt im Krankenhaus, einen deutschen Juden, den wir Onkel Michaelis nannten. Meine besten Freundinnen wurden Noenik, eine javanische Fürstentochter, und Meta, eine Holländerin.

Als zwei Jahre später mein Bruder Hans auf die Welt kam wurde Mutter das Mutterkreuz zugeschickt. Um sie zu entlasten, habe ich mich viel um meinen kleinen Bruder gekümmert. Vater war nun Vorsitzender der Missionsgesellschaft Salatiga Zending. Damit wir Kinder unser Deutsch nicht verlernten, nahm er sich an zwei Nachmittagen in der Woche Zeit dafür, uns Deutschunterricht zu erteilen.«

»Was änderte sich mit dem Beginn des Krieges für Sie?«

»Am 10. Mai 1940 rief der holländische Resident, ein Freimaurer, meinen Vater an und sagte: ›Eigentlich müsste ich Sie sofort abholen lassen, aber ich gebe Ihnen 24 Stunden Zeit, Ihre Aufgaben ordnungsgemäß zu übergeben.‹ Am nächsten Tag holte er ihn mit seinem Privatauto ab. Alle anderen Deutschen, auch den jüdischen Arzt, hatte man bereits interniert. Der Resident fuhr Vater in das Internierungslager Ngawi. Als er ihn dort absetzte, sagte er: ›Nun kann ich leider nichts mehr für Sie tun.‹

Mutter war entsetzlich bedrückt. Auf Vaters Anweisung verbrannte sie einen ganzen Berg Bücher und Papiere. In diesem Feuerberg ging auch der obligatorische ›Mein Kampf‹ in Flammen auf. Über Nacht konfiszierten die niederländischen Behörden alle deutschen Sparbücher. Von diesem Geld wurde uns jeden Monat eine bestimmte Summe ausbezahlt. Zum Glück durften wir unsere Kühe behalten und deren Milch weiterhin an das Krankenhaus verkaufen. Auch die Apfelsinen und das andere Obst und Gemüse in unserem Garten trug dazu bei, dass unsere Lage erträglich blieb.

Der Schulbesuch war uns deutschen Kindern ab sofort verboten. In der holländischen Zeitung stand: ›Gottseidank sind die Schulen nun alle dämlichen Deutschen los, die das Niveau nach unten zogen.‹ Dabei hatte ich 14 Tage vorher den Schulpreis als beste Schülerin erhalten! Für mich war diese Aktion vollkommen unverständlich. Kurz darauf erschienen Angestellte des Waisen-Amtes und notierten unseren gesamten Besitz. Sie suchten sogar unter den Betten nach versteckten Radiogeräten, fanden aber nur einen Nachttopf. Der wohlmeinende Resident setzte uns einen Polizisten vors Haus. Wir fühlten uns dadurch nicht nur bewacht, sondern durchaus auch beschützt.

Bald zogen einige Missionsfrauen zu uns in unser großes Haus und organisierten eine kleine Schule. Ein Jahr später erfuhren wir von einer katholischen Ursulinen-Schule in *Salatiga*, die heimlich deutsche Kinder aufnahm. Daraufhin zogen wir in das Dorf Tingkir, oberhalb von Salatiga, wo die Mission einige Gebäude besaß, und lebten in einem großen Haus mit drei oder vier anderen Familien. Die kleinen Kinder wurden mit einer Pferdekutsche zur Schule gebracht. Wir Älteren nahmen das Fahrrad.«

»Und Ihnen ist nichts passiert?«

»Nein. Wir waren ja nicht als Deutsche zu erkennen und Holländisch sprachen wir akzentfrei. Nur die Nonnen wussten Bescheid und hielten ihre schützende Hand über uns. Außer mir gingen noch zwei Deutsche in meine Klasse. Wir haben nie ein Wort Deutsch miteinander gesprochen. Einmal fragte mich ein holländischer Junge: ›Wo ist dein Vater?‹ – ›In Aceh‹, antwortete ich, was ja stimmte. ›Was macht er dort?‹ – ›Er ist Kommandant.‹. Wir hatten erfahren, dass er in dem Internierungslager Barackenkommandant war.«

Nie abgesandte Briefe ihrer Mutter an ihren Vater, eine Art Brief-Tagebuch, das Helmi mir zur Verfügung stellt, gestattet einen Einblick in das Leben der deutschen Missionsfrau vor Ankunft der Japaner: ›Nachts habe ich unter dem Bett von Paul-Heinz Matten liegen. Ich will die Kinder bei Alarm in Decken wickeln und mich mit ihnen dorthin legen. – Ich möchte doch noch gerne leben und Dir alle fünf gesund und stark bringen. Vorige Woche kam mir schon mal der Gedanke, wenn Paul nicht mehr lebt, dann am liebsten eine Bombe auf uns alle zusammen‹, schrieb sie am 15. Februar 1942. Auch Humorvolles ist in den Aufzeichnungen zu finden. Am 21. Februar steht zu lesen: ›Paul-Heinz dachte mal wieder lange nach beim Essen heute. Dann kam's: ›Mutter, wenn ich mir nun einen Zahn mit Wurzel ausziehen würde und den in den Garten pflanzte, würde der da weiter wachsen?‹ Helmi erwiderte: ›Du ziehst doch auch keine Pflanzen aus und pflanzt sie in Deinen Mund!‹

Als mit der Eroberung Javas durch die Japaner nun die Holländer

Angst bekamen, konnte sich auch die gläubige Christin ihrer Verbitterung nicht entziehen. Am 25. Februar 1942 schrieb sie: ›Vielleicht lernen sie jetzt auch mal daran zu denken, was sie uns Deutschen angetan haben.‹ Die Orientierungslosigkeit der Zivilbevölkerung und den totalen Mangel an verlässlicher Information spiegelnd, heißt es am 4. März in abgehackten Sätzen: ›Niederländisches Militär auf der Hauptstraße winkt mit weißen Fahnen. Schon ergeben? – Unheimliche Stille – Japaner schon gesiegt? … Postverkehr … zusammengebrochen.‹ »Innerhalb einer Woche hatten die Japaner Java erobert«, erzählt Helmi weiter. »Auch unsere Dorfstraße kamen sie entlang geradelt. 3000 Japaner marschierten in Salatiga ein. Wir wagten uns nicht mehr zur Schule und kehrten wieder zu unserem Hausunterricht zurück. Meine beiden deutschen Mitschüler kamen nun zu uns hoch geradelt. Damals brachte ein Holländer seine Frau und seine zwei Kinder zu uns, um sie vor den Japanern zu schützen. Sie kamen schließlich aber doch in ein Internierungslager. Problematisch war, dass wir nun auch von der Waisenkammer kein Geld mehr erhielten.«

Am 13. März bringt Martha Kroh ihren Groll noch einmal zu Papier: ›Viele sind verbittert. Z.B Fräulein Kind: Vater beim Untergang der Van Imhoff ertrunken, Mutter in holländischem Camp gestorben, der ältere Bruder im Krieg gefallen. – Ich will mich nicht hineinziehen lassen in diesen Hass.‹ Eine Woche später schreibt sie: ›Der Assistent-Resident Dr. Dietzel und der Schulleiter wurden erschossen. Die Leichen mussten 24 Stunden liegen bleiben … Wenn uns auch Dr. Dietzel – und besonders seine Frau – abscheulich behandelt haben, leide ich mit den holländischen Frauen.‹ Am 3. April vermerkt sie: ›Das schlimmste ist, dass fast alle europäischen Frauen geschändet wurden … In Blora wollte man sogar das 10-jährige Töchterchen von Dr. Dietzel vergewaltigen, dafür hat sich dann aber die Mutter gegeben. Was muss das für diese stolze Frau gewesen sein! Nur Kalitjeret und wir um Salatiga sind unversehrt. Ich glaube, die Zeit der Europäer ist hier vorbei.‹

»Einige Zeit später«, fährt Helmi fort, »zogen wir, wie fast alle deutschen Frauen und Kinder, nach Sarangan. Wir pflanzten Gemüse an, hielten Hühner und Enten, schwammen im See, unternahmen Bergwanderungen und mit besonderer Freude erinnere ich mich an die Lagerfeuer und das Singen von Volksliedern. Ich habe die Schule und die Gemeinschaft mit Gleichaltrigen in sehr guter Erinnerung. 1945 feierte ich dort meinen 17. Geburtstag. Eines Tages erschienen deutsche U-Boot-Offiziere zur Erholung. Einer von ihnen war wohl ein Gestapo-Spitzel, denn kurz darauf erhielten einige der über 16-jährigen Jungen die Einberufung zum deutschen Marinestützpunkt in *Surabaya*.

Nach der japanischen Kapitulation erreichte uns Ende 1946 der erste Brief von Vater. Er schrieb, er werde von Indien nach Deutschland repatriiert. Da verkaufte Mutter unseren geringen Besitz. Nach einer langen Bahnreise erreichten wir *Batavia* und verbrachten zwei oder drei Monate im Internierungslager auf der Insel Onrust. Ich half in der Küche und hütete in einer leeren Baracke Kinder. Wir sind viel geschwommen, bis wir merkten, dass es im Hafen Haie gab! Einmal schwamm einer direkt unter meiner Schwester hindurch. Das hat unsere Schwimmbegeisterung erheblich gemindert.

Zum ersten Mal haben wir gehungert. Dann kam endlich der Tag, an dem wir eingeschifft wurden. Nach drei Wochen erreichten wir Anfang Juli 1947 Rotterdam und wurden sofort in Viehwaggons abtransportiert, damit wir wüssten, wie es den Juden ergangen war, hieß es. Im Lager Neuengamme bei Hamburg wurden Mutter und ich entnazifiziert. Meine Geschwister waren für diese Maßnahme zu jung. Wir hatten endlose Formulare auszufüllen und wurden einem Verhör unterzogen. Dann ging es per LKW ins zerstörte Hamburg. Dort hat Vater uns abgeholt! Es war seltsam, ihn nach sieben Jahren wieder zu sehen.

Wir übernachteten in einem Diakonissenhaus mit weißer Bettwäsche! Zu essen gab es Hefeklöße mit Vanillesauce und Dörrobst! Das ist mir unvergesslich. Vater hatte in der Mission in Neukirchen ein paar Zimmer gemietet und ein Stückchen Land, auf dem er bereits Bohnen angepflanzt hatte. 1950 legte ich in Duisburg das Krankenschwester-Examen ab.«

Helmi arbeitete eineinhalb Jahre als OP-Schwester und ließ sich dann zur Jugendleiterin ausbilden. Nach mehreren Jahren in der Jugendarbeit hat sie 1959 geheiratet und drei Söhnen das Leben geschenkt. Nach der Trennung von ihrem Mann war sie Leiterin des Familien-Bildungswerkes und der Sozialstation in Duisburg. Inzwischen ist sie Großmutter von vier Enkelkindern.

Supoyo:
Ein javanischer Veteran

Der 1928 geborene Supoyo begrüßt uns freudig in seinem geräumigen Steinhaus in Kopeng, am Hang des Vulkans Merbabu in Zentral-Java – auf etwa tausend Meter Höhe. Das hagere Gesicht des schlanken Veteranen lässt seine vorstehenden Zähne besonders hervortreten. Das großzügige Wohnzimmer, das der Repräsentation und Unterhaltung von Gästen dient, ist mit weißen und roten Boden- und Wandfließen ausgelegt. Auf der braunen Leder-Sitzgarnitur erwarten Pebri und mich außerdem Surodikromo, der Älteste des örtlichen Veteranenverbandes, ein weiterer Veteranenkollege, sowie Yohanis Sarjono, der Bürgermeister von Getasan, der mich mit den Veteranen bekannt gemacht hatte.

Während die Frauen im hinteren Teil des Hauses in der Küche beschäftigt sind, erfüllt es den Veteran mit sichtlicher Freude, dass sich so viele Besucher für seine Erinnerungen interessieren. »Als ältester Sohn des Dorfsekretärs – ich hatte drei jüngere Brüder und zwei Schwestern – gehörte ich zu den Privilegierten unseres Dorfes. Dennoch war auch unser Haus ein einfacher Holzbau mit Seitenwänden aus geflochtenem Bambus und einem Fußboden aus festgestampfter Erde.

Damals besaßen Indonesier in Kopeng nur drei Steinhäuser, zwei davon gehörten meinem zukünftigen Schwiegervater und meinem Schwager. Wenn Regierungsvertreter aus *Solo* oder *Yogya* hin und wieder heraufkamen, stiegen sie im Haus meines Schwiegervaters ab, der ihnen ein separates Gästezimmer zu Verfügung stellte.«

»Womit verbrachten Sie als kleiner Junge ihre Zeit?«

»Früh am Morgen wusch ich mich mit Seife und wenig Wasser, denn das musste von der 500 Meter entfernten Quelle in einem hohlen Bambusrohr herbei geschafft werden. Manchmal liefen wir Kinder auch zur offenen Bambusrohr-Leitung, die das Wasser bis zur Mitte des Dorfes führte und duschten, wie andere Dorfbewohner, direkt unter diesem Wasserrohr oder badete im Fluss. Nur reiche Leute besaßen damals – und oft auch heute noch – einen eigenen Brunnen am Haus. Die Zähne rieb ich mir mit Kokospaste ab, oder fuhr einfach mit dem Finger ein paarmal darüber.

Wenn ich Hunger hatte, frühstückte ich Maisbrei mit *Sambal* und Gemüse. Danach schnitt ich Gras für unsere Pferde. Diese betrachtete man nicht als Arbeitstiere sondern als Prestigeobjekte. Man ritt die Tiere nur zu besonderen Anlässen. So begab sich der Bräutigam an seinem Hochzeitstag zu Pferd zum Haus der Braut und erwies ihr und ihrer Familie damit eine Ehre.

Vater besaß ein kleines Stück Land mit Obstbäumen. Während er seiner Arbeit als Dorfsekretär nachging, kümmerte sich Mutter um den Garten. Sie verkaufte die Bananen und Orangen auf dem Markt, vor allem aber an große Hotels. Die besten Früchte, die Mutter auf dem Markt finden konnte, trug sie persönlich zum Hotel ›Kopeng‹. Sie war die einzige Frau, die den Mut dazu hatte.

Meine glücklichsten Kindheitserinnerungen sind mit *Id-ul-Fitr* verbunden. Diese Feste des Fastenbrechens nach Ramadan waren, als ob das ganze Dorf Geburtstag feierte. Besonders freudige Ereignisse waren auch, wenn ich zweimal im Jahr neue Kleider erhielt, einmal zu Id-ul-Fitr. Sie müssen wissen, dass jedes Kind nur ein Hemd und eine Hose besaß, dass Bekleidung also etwas Kostbares war. Nur an diesen zwei Festtagen im Jahr gab es bei uns Reis! Das war köstlich!«

»Gab es auch weniger erfreuliche Erlebnisse in Ihrem jungen Leben?«

»Wir durften nie vorn vor unserem Vater vorbei gehen, sondern nur hinter ihm. Mir gefiel auch nicht, dass Vater jede Entscheidung traf. Er bestimmte sogar, welche Kleider ich bekam. Mutter hatte ebenso wenig zu sagen und musste wie wir Kinder in einem Bogen hinten um ihm herumlaufen. Ließ es sich nicht vermeiden, dass sie vor ihm ging, musste sie sich verneigen – auch zuhause.

Zu den dunkleren Kindheitserlebnissen zählt, dass ich nicht wagte, die Hauptstraße zu überqueren, an der etliche Holländer lebten. Einer von ihnen besaß einige große Hunde, die nicht angekettet waren. Das Grundstück war zwar umzäunt, aber das Gatter stand häufig offen und die Hunde rannten den Passanten bellend hinterher. Weil ich vor diesen Tieren eine Heidenangst hatte, nahm ich lieber einen Umweg in Kauf und ging immer mit zwei Schulkameraden zur *Schule*. Auch an Markttagen waren wir Kinder wegen der Hunde nur in Gruppen unterwegs.

Wir Schüler saßen mit gefalteten Händen in unseren Bänken und warteten auf den Lehrer. Jeder Schüler kopierte auf seine kleine Schiefertafel, was der Lehrer an die Tafel schrieb. Erhielt man eine gute Note, hielt man die Tafel an die Wange und zeigte das Resultat stolz den Eltern. Schlechte Zensuren wurden still weggewischt und man nahm die Tafel natürlich nicht mit nachhause.

1938 ereignete sich eine Sensation: Königin Wilhelmine und Prinzessin Juliane stiegen im Hotel Kopeng ab. Etliche Limousinen ächzten die steile Straße herauf. Die Königin und ihre Tochter fuhren mit offenem Verdeck, flankiert von Motorrädern. Bei ihrer Ankunft war die Straße von jubelnden Menschen gesäumt, die holländische Fähnchen schwenkten – auch ich.

Vater war als Amtssekretär für die Organisation des Empfangs verantwortlich. Feindselige Gefühle gegenüber der Monarchin waren für die Mehrheit der Bevölkerung undenkbar. Der Hass auf Europäer wurde erst während des Krieges von den Japanern und diversen einheimischen Machteliten geschürt. Während der zweiten *Polizeiaktion*, 1948, wurde das Hotel Kopeng sogar niedergebrannt, weil man die Rückkehr der Holländer fürchtete. Inzwischen wurde es zum Glück wieder aufgebaut.« Es ist heute bis auf die herrliche Lage eine Enttäuschung. Das heruntergekommene Gebäude dient als Ferienlager und strahlt nur noch wenig von dem einstigen Glanz aus.

»Was änderte sich für Sie mit der Ankunft der Japaner?«

»Als diese 1942 begannen, Städte zu bombardieren, hatten wir furchtbare Angst vor dem ohrenbetäubenden Krach der Flugzeuge und den Bombenexplosionen. Um die Bevölkerung zu beruhigen, ließ die Regierung Gummireifen verteilen, die um den Hals getragen werden mussten. Wenn die Flugzeuge über uns hinweg donnerten und das Gebiss der Menschen vor Angst klapperte, sollte man den Gummi zwischen die Zähne stecken. Die Mehrheit der Bevölkerung wusste nichts über Bomben. Auch ich hatte keine Ahnung.« Offenbar haben die Menschen nicht verstanden, dass mit dem Gummireif nicht die klappernden Zähne geschützt werden sollten, sondern das Trommelfell vor Druckverletzungen. Vor allem aber diente diese Aktion wahrscheinlich der Volksberuhigung.

»Nachdem wir gehört hatten, dass die Japaner in *Semarang* gelandet waren, rollten Tage lang fliehende Holländer mit vollbeladenen Autos durch unser Dorf. Der endlosen Kolonne folgten unzählige Pferdespanne. Zehn Tage lang konnte man die Hauptstraße praktisch nicht überqueren. Sie versuchten von der Südküste per Schiff nach Australien zu entkommen. Danach erschienen eines Morgens drei LKW mit japanischen Soldaten. Die meisten fuhren weiter, die zurückbleibenden hielten sich im Hotel Kopeng auf. Nachdem alle nicht entronnenen Niederländer in Lagern wie Ambarawa interniert waren, tauschten wir mit ihnen dort Reis und Eier gegen Bekleidung.« Dass die Japaner aus genau diesen Lagern soeben die von den Niederländern internierten Deutschen befreit hatten, weiß Supoyo nicht.

»Manchmal begleitete ich meine Mutter auf dem langen Weg nach Ambarawa. Statt an holländische Hotels verkaufte Mutter ihr Obst und Gemüse nun an die Japaner. Nach einigen Monaten wurde das Hotel Kopeng und einige umliegende holländische Villen in eine Kaserne und ein Lazarett für etwa 1000 Soldaten umfunktioniert. Ärzte und Krankenschwestern kamen aus Japan. Das Dienstpersonal bestand nach wie vor aus Javanern. Die genesenden Soldaten bauten rings um das Hotel Gemüse an, hielten Schweine und Kühe. Bewacht wurde der gesamte Komplex von einheimischen militärischen Hilfskräften, den *Heiho*.

Bald mussten wir uns tief verneigen, wenn wir am Hotel Kopeng vorübergingen. Ansonsten hatte die einfache Bevölkerung zu den Japanern so wenig Kontakt wie zu den Holländern davor. Zu der Zeit war Vater einfacher Dorfbewohner. Ich half meinen Eltern auf unseren Feldern, nachdem ich 1943 die 5. Klasse abgeschlossen hatte. Es gab immer weniger Textilien und schließlich trug ich, wie die meisten Einheimischen, Kleider aus Bambusmatten. Aber wenigstens mussten wir nicht hungern, denn die Japaner hatten kein Interesse an unserem Mais.«

»Haben Sie etwas über die sogenannten ›Trostfrauen‹ erfahren?«

»Ich erinnere mich an eine Gruppe Japaner, die mit einigen Mädchen nach Einbruch der Dunkelheit bei meinem Onkel erschienen. Man befahl ihm, sein Haus zu verlassen und erst am nächsten Morgen zurückzukehren. Er wusste so gut wie alle anderen, dass sie diese Mädchen entführt hatten, damit sie ihnen sexuelle Dienste leisten. Über diese Dinge wurde nicht gesprochen. Für die ›Trostfrauen‹ gab es weder damals noch heute Trost.«

Wer von den Männern, die ihre Frauen und Töchter nicht schützten – oder schützen konnten – hätte über dieses Thema sprechen wollen? Wer von den zukünftigen Regierenden, die über das Schicksal dieser Frauen Bescheid wussten?

Supoyo wechselt das Thema:»Ich war zwei Jahre lang Hilfssoldat in einer 300 bis 400 Mann starken Heiho-Einheit. Wir lernten mit Holzgewehren zu zielen. Aber immerhin hatten wir genug zu essen und zu trinken und mit der Zeit lernten wir die grausame Seite der Japaner kennen. Wurde ein Javaner dabei erwischt, wie er Mais stahl, wurde er geschlagen oder mit heißem Wasser übergossen, wie unser Nachbar. Der Bestohlene musste die Strafe selber ausführen. Nach Abzug der Japaner kehrte aber keineswegs Frieden ein, sondern unser Freiheitskampf begann.«

Pebris Übersetzung gerät ins Stocken. Gegenüber der wortreichen Schilderung militärischer Heldentaten seitens der versammelten Veteranen gibt sie sich geschlagen. Ich erfahre noch, dass Supoyo auch lernte, mit Bambusspeeren zu kämpfen, während ich den Frauen im Hintergrund dabei zuschaue, wie sie eine große Tafel vorbereiten. Und dann gelingt es Pebri doch noch das Eine oder Andere zu übersetzen:»Jeder von uns 300 Kämpfern zog mit jeweils vier Bambusspeeren zum Hotel Kopeng, um gegen die drei zurück gebliebenen Japaner zu kämpfen. Es kam aber zu keinem Gefecht. Die Japaner wurden nach Semerang überstellt. Nach der Auflösung von Heiho war ich von 1945 bis 1948 Mitglied eines militärischen Jugendverbandes. Nun hatten wir zwar richtige Waffen, es gab aber für tausend Kämpfer nur 300 Gewehre. Wir wechselten uns im Schießen mit Gewehren ab. Der Rest kämpfte mit Bambusspeeren – oder übernahm die Gewehre der toten Kameraden. Männer mit und ohne Gewehr wurden immer nebeneinander eingesetzt.«

Die Männer könnten sicherlich noch stundenlang Kampferinnerungen austauschen, aber die Frauen laden zum Essen ein. Also fasst Supoyo den Rest seiner vielen Jahre schnell noch zusammen:»Nach den Freiheitskämpfen verlief mein Leben in ruhigen Bahnen. Ich habe geheiratet, wurde Vater, war die meiste Zeit meines Lebens Bauer und führte, gemeinsam mit meiner Frau, lange Jahre diesen kleinen Laden.«

George Pantow:
Ein Minahasa wird Deutscher

»Vielleicht wäre es interessant für dich, mit George Pantow zu sprechen«, schlägt Connie Suverkropp vor. »Er wohnt bei Stuttgart.« Ein paar Wochen später teilt der schlanke *Minahasa* aus *Manado* im Beisein seiner lebhaften deutschen Frau seine ungewöhnliche Lebensgeschichte mit mir. »Wir Minahasa wurden schon im 17. Jahrhundert von Spaniern und Portugiesen christianisiert und waren früh pro-holländisch. Leider ist unsere Jahrhunderte lange Loyalität in Holland heute weitgehend in Vergessenheit geraten.«

»Erzählen Sie mir von Ihren Eltern«, bitte ich den leidenschaftlichen *Molukken.*

George Pantow lächelt: »Mutter war ein Viertel deutsch, ein Viertel javanisch und halb manadonesisch. Vater war halb Minahasa und halb Sundanese.[1] Im Sold der Niederlande kämpfte er in Aceh. Meine beiden Großväter waren jedoch Minahasa. Die beiden Hauptexportartikel von Manado waren Kokosnüsse und Soldaten. Um 1900 kämpften die Minahasa mit den Holländern gegen ein praktisch unbewaffnetes Fürstengeschlecht auf der Insel Lombok. Die ganze Sippe wurden niedergemäht oder nahm sich das Leben, ein äußerst unrühmliches Blatt unserer und der holländischen Geschichte.«

Lombok wurde ab Mitte des 18. Jahrhunderts von balinesischen Prinzen beherrscht. 1894 eroberte die niederländische Kolonialmacht die Insel. An diesem Krieg nahm Hendrikus Colijn teil, der später fünf Mal niederländischer Minis-

---

[1] Sundanesen sind eine Ethnie von etwa 30,9 Millionen (2000) Mitgliedern im Westen der Insel Java.

terpräsident wurde. In einem Brief an seine Frau schrieb er: ›Ich musste heute neun Frauen und drei Kinder ... erschießen lassen .... Die Soldaten spießten sie mit Vergnügen auf ihre Bajonette.‹[2]

»Mein Großvater lebte als niederländischer Militärangehöriger lange Zeit in Banda Aceh, wo er eine sundanesische Christin heiratete, meine Großmutter Chistina. Alle seine Kinder kamen dort auf die Welt, 1910 auch das fünfte, mein Vater. Der christliche Friedhof in Banda Aceh, auf dem meine Großmutter beerdigt ist, wurde durch die Tsunami-Katastrophe 2004 vollkommen zerstört. Alle Schwestern meines Vaters heirateten Holländer. Der Mann meiner ältesten Tante, Jan Saris, hat sich um die Schulbildung seiner sieben jüngeren Schwäger und Schwägerinnen gekümmert – auch um die meines Vaters, der mit 16 Jahren zum Militär ging.

Trotz aller *Missionierung* durch *Islam* und Christentum war der Geisterglaube auf *Sumatra* noch sehr lebendig. Als Vater als Baby einmal todkrank war, wurde er ›ausgesetzt‹, um die bösen Geister, die ihn krank gemacht hatten, in die Irre zu führen. Eine ›fremde‹ Frau ›fand‹ das Kind ›zufällig‹ und meine Oma kaufte es ihr ab. Die dämonischen Mächte waren ausgetrickst, mein Vater wurde wieder gesund und erhielt den Namen Boeang, was ›Weggeworfen‹ bedeutet.

Nach seiner Militärausbildung lernte Vater auf der Insel Java meine Mutter kennen. Sie war Lehrerin und es gelang ihm, sie davon zu überzeugen, ihn zu heiraten. Nachdem man ihn nach Aceh zurück versetzt hatte, wurde ich dort 1932 geboren. Die ersten Jahre lebten wir in einer Militär-Siedlung in Kotaradja. In unserer Wohnung in einem Reihenhaus gab es fließendes Wasser und Strom. Wir hatten sogar eine Hausangestellte. Als ich vier Jahre alt war, wurde Vater erst nach Bandung und dann nach Magelang auf der Insel Java versetzt. Dort kam ich mit fünf Jahren in die Fröbelschule und dann in die Grundschule.

Obwohl Vater beim holländischen Militär arbeitete, erhielt er keinen Pass. Wir hatten also keine offizielle Staatsangehörigkeit. Ohne niederländischen Pass hatte ich keinen Anspruch darauf, eine holländische *Schule* besuchen zu dürfen. Da Vater aber Unteroffizier war, wurde ich dennoch aufgenommen, nachdem ich eine Sprachprüfung abgelegt hatte. Im Laufe meines Lebens lernte ich Javanisch, das Sundanesisch meiner Mutter, Indonesisch, Holländisch – und Deutsch.

---

2 Mak, Geert: *Das Jahrhundert meines Vaters*. München 2005, S. 143

Als ich acht Jahre alt war, kehrten wir nach Nord-Sumatra zurück. Aufgrund der zahlreichen Versetzungen meines Vaters habe ich dreizehn Mal die Schule gewechselt. Manchmal wurde ich in den holländischen Schulen qualvoll diskriminiert. Schilder wie: ›Verboten für Einheimische und Hunde!‹ waren gang und gäbe. Mich kränkte das so sehr, dass ich Vater gegenüber eines Tages insistierte: ›Ich bin Holländer!‹ Da hat er sich halb totgelacht.

Im Dezember 1941 begann in Indonesien der Zweite Weltkrieg. Vater wurde nach Bandung versetzt, wo ihn die Japaner gefangen nahmen. Großmutter, Mutter und wir fünf Kinder – Freddy, Arthur, Emil, Henry und ich – wurden im Mai 1942, wie alle Angehörigen von *KNIL*-Soldaten, interniert. Eines Tages sagte ein Wächter am Tor dieses *japanischen Lagers* zu uns: ›Geht weiter.‹ In der Nähe wartete sein Auto. Er ließ uns in ein komplett eingerichtetes Ferienhäuschen für holländische Beamte in die Berge bringen.

Als in den anderen Wochenendhäusern nach und nach japanische Offiziere einzogen, flüchteten wir zu Verwandten nach Medan. Dort erschien eines Tages ein Javaner. ›Sind Sie Familie Pantow?‹ fragte er. Als wir dies bejahten, erklärte er: ›Ich bin der Bursche von Major Pantow.‹ Er könnte uns zu Vater nach Bandung bringen. Was folgte, war eine Abenteuerreise der besonderen Art. Meist schliefen wir im Freien. Einmal wurde Mutter nachts ein Teil ihres Schmuckes geraubt. Wir versuchten so unauffällig wie möglich zu bleiben. Die Japaner hatten das Reisen ja verboten.

Da die Holländer viele Brücken gesprengt hatten, mussten wir oft mit notdürftig gezimmerten Flößen übersetzen. In einem kleinen Fischerboot überquerten wir in dreitägiger Fahrt die Meeresenge der Sundastraße. Das letzte Stück des Weges zum Haus meiner Tante in Cimahi bei Bandung legten wir mit einer Pferdekutsche zurück. Es gelang uns tatsächlich einmal Vater zu sehen, als er einen voll beladenen Wagen eine abgesperrte Straße entlang zog. Mutter muss dem japanischen Posten zu nahe gekommen sein. Sie wurde zusammengeschlagen.

Eines Tages war Vater dann einfach weg. Erst viereinhalb Jahre später erfuhren wir, dass man ihn auf die Karolinen-Insel Babelthuap[3] gebracht

---

[3] Die Karolinen wurden 1899 von Spanien an das Deutsche Reich verkauft. Im Ersten Weltkrieg erhielt Japan ein Völkerbundmandat. Nach dem Zweiten Weltkrieg wurden die Inseln UN-Treuhandgebiet unter US-amerikanischer Verwaltung und 1990 als Teil Mikronesiens in die Unabhängigkeit entlassen.

hatte. Viele Gefangene sind dort verhungert. Nach Ende des Krieges wurden die *Kriegsgefangenen* dort von den Amerikanern befreit.«

Ausführlicher kann ich mich über die Gefangenschaft seines Vaters anhand des Berichtes informieren, den dieser selber verfasst hatte: ›Der Soldat B. Oleisorot wurde von einem der Jappen zu einer Bluttransfusion gerufen. Als er sich weigerte, folgten Schläge. O. konnte sich nicht länger beherrschen und schlug … zurück. Daraufhin verprügelte ihn der Japaner eine Stunde lang mit einem Ledergürtel. Nun bekam ich die Anweisung, alle … antreten zu lassen … O. wurde vom japanischen Kommandanten gerufen, der einen Stock … bei sich hatte. O. musste den linken Arm ausstrecken, um festgebunden zu werden. Danach befahl ihm der Kommandant, dasselbe mit der rechten Hand zu tun, aber O. weigerte sich. Bei der dritten Aufforderung zog O. ein Küchenmesser … stach den japanischen Kommandanten in den Bauch … zog sein Hemd aus und nachdem er die Worte: ›Sorgt gut für meine Familie. … es lebe die Königin!‹ geschrien hatte, stach er sich mit dem Messer in die linke Brustseite … einige Minuten später gab er den Geist auf …

Die Jappen fingen an, Verteidigungsanlagen zu bauen … Flugzeugbomben … wurden mit den Zündkapseln nach oben … in den Straßen vergraben … in den Wäldern Landminen. Die meisten von uns bekamen Hungerödeme … Mein Gewicht betrug 42 Kilogramm, wo ich früher 76 Kilogramm gewogen hatte. … wer nicht arbeiten konnte, bekam kein Essen … Während unserer Kriegsgefangenschaft … sind 53 Mann gestorben …‹

George zog unterdessen mit seiner Mutter, Großmutter und den vier Geschwistern in ein anderes Wohnviertel. »Da wir keine Schule hatten, streunten wir Kinder den ganzen Tag herum, organisierten Holz zum Kochen und aus verlassenen Häusern Essen und Bücher. Was wir nicht selber benötigten, versilberten wir, sogar die Schnürsenkel aus Gasmasken. Weniger harmlos war das Verhökern von LKW-Akkus. Metall, besonders Blei, brachte einiges ein.

Mutter war über unsere zunehmende Verwahrlosung verzweifelt. Sie war kaum mehr präsent. Bald trugen wir Jungen nur noch eine Art Lendenschurz. Von meinem 9. bis 13. Lebensjahr ging es also stetig bergab. Um uns über Wasser zu halten, habe ich schließlich auf Mülldeponien nach Wertsachen gesucht, blutige Binden ausgewaschen und verkauft – bis zur Kapitulation der Japaner.

Auf unserem Weg zur Kaserne der Briten, die nun das Sagen hatten, kamen mein Bruder und ich an zahllosen flüchtenden Holländern und Eurasiern vorbei, denn nun metzelten Einheimische Holländer und Indos außerhalb der Internierungslager nieder. Auch *Manadonesen* und *Ambonesen* waren nicht sicher vor ihnen. Wir rannten zu Mutter: ›Wir müssen in der Kaserne der Engländer Zuflucht suchen!‹ In derselben Nacht wurde diese angegriffen. Dann tauchten plötzlich niederländische Soldaten – Ambonesen, Manadonesen und Indos – auf und übernahmen die Bewachung. Auch hunderte Chinesen brachten sich hier vor der Wut der Indonesier in Sicherheit. Als Bandung wieder von Holländern kontrolliert wurde, wies man uns ein Haus zu. Eine Zeit lang kehrte fast so etwas wie Normalität in unser Leben ein.

Ende Oktober 1945 war Bandung noch eine Insel der Ruhe. Im November 1945 lebten hier 60.000 Europäer – einschließlich der Eurasier -, doppelt so viele wie vor Kriegsbeginn. Gleichzeitig hielten sich 2.000 britische *Gurkhas* in der Stadt auf, 1.500 japanische Soldaten und etliche Gruppen indonesischer Freiheitskämpfer. Die angespannte Lage mündete nach kurzer Zeit in Anarchie.[4] 1.500 Europäer und Chinesen wurden entführt oder ermordet.[5] Als die Stadt Ende März 1946 von den Briten kontrolliert wurde, waren 500.000 einheimische Bewohner aus der Stadt geflohen.[6] Am 17. April übergaben die Briten die Stadt an die Holländer.[7]

Als George eines Tages von der Schule nachhause kam, sah er seine Mutter auf dem Schoß eines Mannes sitzen. »Ich starrte sie sprachlos an. ›Kennst du deinen Vater nicht mehr?‹ fragte sie. Er kam mir wie ein Fremder vor. Wir haben uns nicht einmal umarmt. Zu deutlich waren mir noch die Prügel in Erinnerung, die er mir oft verabreicht hatte. Jahrelang war ich das Familienoberhaupt gewesen. Nun sollte ich mich wieder unterordnen! Meine Freude hielt sich in Grenzen. Konflikte blieben nicht aus.«

»Hat er Ihnen etwas erzählt, das nicht in seinem Bericht steht?«

---

4 Smail, J.R.W.: *Bandung in the early revolution 1945–1946*. 1964, S. 100
5 Smail, S. 108
6 Smail, S. 151
7 Anderson, Benedict: *Java in a Time of Revolution, Occupation and Resistance 1944–1946.* 1972, S. 331

»In seinem Gefangenenlager hatte er beobachtet, wie Mitglieder der *Kempetai* amerikanische Piloten enthaupteten. Einige Japaner wurden aufgrund seiner Aussagen nach dem Kriegsverbrecherprozess in Singapur aufgehängt.«

»Wie kamen Sie mit den Nachkriegs-Konflikten zwischen Indonesiern und Niederländern zurecht? Fühlten Sie sich als Indonesier, als Holländer – oder beides?«

»Ich lebte in zwei Welten, gefühlt habe ich mich aber immer als Holländer. Mein Vater war 1947 an der ersten *Polizeiaktion* beteiligt. 1948 machten wir Urlaub in Manado und ich lernte die Verwandten meines Großvaters kennen. Von dort übersiedelten wir nach Padang, an der Westküste Sumatras, wo wir den Beginn der Unabhängigkeit Indonesiens erlebten.

1950 wollte Vater sich in seiner Heimat pensionieren lassen. Inzwischen hatte Sukarno aber den föderalen indonesischen Staat aufgelöst. Als in Makassar indonesische Transportschiffe anlegen wollten, versuchten ambonesische Soldaten, sie daran zu hindern. Sie wollten damit erreichen, dass ihnen Holland zu der zugesicherten Autonomie verhalf. Vater war zwar nicht daran beteiligt, wurde aber mit zahlreichen anderen in einer Kaserne unter Hausarrest gestellt. Zahlreiche *KNIL*-Angehörige befürchteten Repressalien seitens der indonesischen Regierung, gegen die sie ja gekämpft hatten. Schließlich ließ man viele nach Holland ausreisen. Es gab aber auch Manadonesen, die indonesische Truppen befehligten. Die neue Armee machte auch Vater ein Angebot, er aber lehnte ab.

Wir kehrten nach Bandung zurück, wo Vater nach 40 Dienstjahren mit einer minimalen Entschädigung zwangspensioniert wurde und als stellvertretender Personalleiter bei den Elektrizitätswerken arbeitete. In dieser Zeit der Ungewissheit legte ich 1953 mein Abitur ab und nahm eine Ausbildung als Fabrikassistent in einer Ölraffinerie in Süd-Sumatra auf. Nach acht Monaten kehrte ich jedoch nachhause zurück, begann eine Ausbildung als Buchhalter, bewarb mich gleichzeitig um ein Auslandsstipendium für ein Studium im Flugzeugbau – und erhielt eine Zusage für Aachen. Zunächst absolvierte ich ein Praktikum bei Daimler-Benz und lernte Deutsch. Ich studierte dann in Stuttgart statt in Aachen.

1960 habe ich geheiratet und wurde kurz darauf krank. 1961, 1962 und 1965 kamen unsere drei Söhne auf die Welt und 1968 wurde ich deutscher Staatsbürger. Meine Frau arbeitete und ich blieb zuhause, als Hausmann. Parallel dazu habe ich 1973 endlich mein Studium abgeschlossen. In Indonesien bin ich seit meiner Abreise 1955 nie mehr gewesen. Meine Mutter reichte mir zum Abschied nicht die Hand. ›Sonst sehen wir uns nicht wieder‹, sagte sie. Vielleicht hat sie dennoch geahnt, dass es ein Abschied für immer war.«

Siti Wasirah:
Eine privilegierte Javanerin

»Setzt Euch zu uns!« Findas Verwandte Siti lädt uns ein, die Hochzeit ihrer Familienangehörigen mitzufeiern. Wir kommen gerade von einem Ausflug zurück. Ich trage Bermuda Shorts und T-Shirt, weit entfernt von der Kleideretikette für eine Batak-Hochzeit. Jeder Zentimeter der anwesenden Frauen ist mit glitzernder Eleganz verhüllt. Noch unhöflicher wäre es aber wohl, die überaus freundliche Einladung abzulehnen. Also setze ich mich zu den Frauen in ihren langen Röcken und bunten Miedern auf den Teppichboden. Die Gesichter, umrahmt von kunstvoll gebundenen bunten Tüchern, lächeln mir neugierig zu. Eine schlanke junge Frau ragt durch ihre Schönheit aus der Menge heraus. Sie trägt ein enganliegendes weißes Spitzenkleid und als einzige keine Kopfbedeckung. »Sie sind bestimmt die Braut«, spreche ich sie vorsichtig auf Englisch an.

»Oh, nein, nein!« erwidert sie lächelnd in makellosem Englisch und zeigt auf den kleinen Jungen, der sich an ihr festklammert. »Das ist mein Sohn.«

Die Frauen möchten den Zweck meiner Reise nach Ost-*Sumatra* wissen. Als ich erkläre, dass ich Gespräche mit Zeitzeugen führe, meint die anmutige junge Mutter: »Mein Name ist Retno. Ich bin die einzige Javanerin hier. Ich wohne in *Jakarta*, nicht weit von meiner Großmutter. Sie würde Ihnen ihre Geschichte bestimmt gern erzählen und ich würde mit Freuden übersetzen.«

Eine Woche später fährt mich Mustafas Chauffeur zu Retno. Das einzige englische Wort, das er kennt lautet ›traffic jam‹, also Stau. Eingeklemmt zwischen Autos, die im Schneckentempo vorankriechen, sind wir drei Stunden unterwegs für eine Strecke, die ohne Stau vielleicht 20

Minuten gedauert hätte. Mein Freund Mustafa und seine Söhne sowie Millionen anderer Stadtbewohner ertragen diese Normalität täglich in dieser größten Metropole Südostasiens. Sie ist mit etwa 30 Millionen Einwohnern der zweitgrößte Ballungsraum weltweit – eine Abgas- und Verkehrshölle.

Als wir Retno und ihren zweijährigen Sohn abgeholt haben, stehen wir eine weitere Stunde im Stau, bis wir das Haus der Großmutter erreichen. Das gibt Retno Zeit, ein wenig Licht auf die Probleme einer interkulturellen indonesischen Batak-Javaner-Ehe zu werfen. »Batak sind viel direkter als wir Javaner. Ihre Worte klingen in unseren Ohren manchmal sehr unfreundlich oder sogar verletzend. Wir Javaner reden andererseits oft um den heißen Brei herum, so dass ein Batak keine Ahnung hat, was wir wirklich meinen. Sie werfen uns daher immer wieder Unehrlichkeit vor.«

Sie schmunzelt, als ich sage: »Manche sagen, dass Batak die Deutschen Indonesiens sind.«

Der herzliche Empfang bei ihrer Großmutter Siti Wasirah und den beiden Tanten im schmucklosen Empfangs-Zimmerchen lässt mich den Stau bald vergessen. Der Kleiderstil dieser vier Javanerinnen repräsentiert drei Generationen. Das Haar der Großmutter ist unter einer weißen Haube verborgen, eine ihrer Töchter trägt eine Wollmütze und Retno, in Jeans, trägt ihr glänzendes, langes, schwarzes Haar offen.

Ich erfahre, dass Siti Wasirah in der Kleinstadt Kroya, in der Nähe von Cilacap an der Südküste Zentral-Javas geboren wurde und in einem Steinhaus mit gefliestem Boden aufwuchs.

»Mein Vater war Chef der Planungsbehörde«, erklärt die Gastgeberin, »und als solcher für den Straßenbau und den Bau der Häuser für die Reichen verantwortlich. Auch die Bahnlinie gehörte zu seinen Aufgaben. Ich wuchs als älteste von drei Geschwistern auf. Unser Haushalt umfasste neben unserer Familie zehn weitere Verwandte. Mutter bereitete auch das Essen für Vaters Angestellte zu, das sie ihnen verkaufte. Die zahlreichen weiblichen Verwandten halfen ihr dabei. Sie kümmerten sich auch um uns Kinder.

Die Männer arbeiteten in Vaters Reparaturwerkstatt für Motorräder und Fahrräder oder halfen beim Gemüse- und Obstanbau, wo Mangos, Papayas und Durian geerntet wurden.« Durian sind etwas größer als Ananas und werden wegen ihres penetranten Geruchs häufig Stinkfrucht genannt.

»Ich hatte eine wunderbare Kindheit«, schwärmt Siti, »spielte endlose Stunden mit den Kindern unserer Verwandten, die in der Nähe wohnten. Mit sechs Jahren kam ich in die nahegelegene Volksschule. Mein Kindermädchen begleitete mich zur *Schule* und holte mich wieder ab. Alle liefen wir barfuß. Nach sechs Jahren besuchte ich die Mrs.-Vorfollach-Schule, wo ich nähen und kochen lernte.«

»Welche Beziehungen pflegte Ihre Familie zu Niederländern?«

»Die Holländer, mit denen meine Familie zu tun hatte, waren freundlich. Sie behandelten ihre Angestellten anständig. Andererseits stand eine unsichtbare Mauer zwischen uns, eine unüberwindliche soziale Distanz.«

»Gab es in Ihrem Umfeld auch weniger wohlsituierte Familien?«

»Bestimmt. Da ich aber keinen Kontakt mit ihnen hatte, war ich mir keiner Armut bewusst. Kurz nachdem ich die Schule mit 15 Jahren abgeschlossen hatte, zog ich mit meiner Familie nach Cilacap, wo Vater für den Bau der berühmten Kali-Serayu-Brücke verantwortlich war, der längsten Brücke Indonesiens. Ich besuchte Kurse für Holländisch, bis wir 1942 nach Kroya zurückkehrten.« Im gleichen Jahr nahm die Japanische Armee Cilacap ein.

»In Kroya feierte ich meinen 16. Geburtstag und heiratete meinen Onkel.«

»Ihren Onkel?«

Retno schmunzelt: »Sie hatten irgendeine gemeinsame Ur-Urgroßmutter. Fast alle männlichen Verwandten werden in der *javanischen Kultur* als Cousin oder Onkel bezeichnet. Meine Familie erzählt sich immer wieder amüsiert, dass ihr Mann, als Junge, meine Oma gebadet hat, als sie noch ein Baby war.«

»Ich habe meinen Mann geliebt. Zum Zeitpunkt unserer Hochzeit war Indonesien von den Japanern besetzt, die meinen Mann nach Jambi schickten, wo auch meine Schwiegereltern lebten.«

Jambi, die Hauptstadt der gleichnamigen Provinz an der Ostküste Zentral-Sumatras, war einst Sitz des Königreiches Srivijayan, das regen Handel in der Straße von Malakka trieb. In den anfänglichen Jahrzehnten holländischer Präsenz profitierte das Sultanat Jambi vom Pfefferhandel mit den Holländern. Als sich die niederländische Kolonie 1833 fest etabliert hatte, zwangen die Niederländer den Sultan, ihre Kontrolle über den Handel zu akzeptieren. Dennoch blieb das Sultanat offiziell unabhängig, bis die Kolonialmacht 1858 in der Küstenregion ein Marionetten-Regime etablierte. Bis 1904 hielt Sultan Taha sein Königreich im Landesinneren noch aufrecht, dann brachten ihn niederländische Soldaten um. 1906 kam die gesamte Region unter direkte koloniale Kontrolle.

In Jambi begegnete Siti zum ersten Mal japanischen Soldaten.»Sie zerrten einheimische Mädchen in ein leeres Haus gegenüber. Ich war alt genug, zu begreifen, dass sie vergewaltigt wurden. Ich hielt mein Haus verschlossen und wagte mich nie allein auf die Straße.«

»Hatten Sie genug zu essen?«

»Mein Mann war für das Verschiffen von Reis und Gemüse zuständig. Er erhielt ein Gehalt und gelegentlich etwas von den Lebensmitteln, die er verschickte. Wir lebten nicht im Überfluss, hatten aber immer mindestens ›tempeh‹ zu essen. Vielleicht erklären der allgemeine Mangelzustand und die permanente Angst, warum ich in den ersten vier Jahren unserer Ehe nicht schwanger wurde. Meine Menstruation blieb einfach aus. Als nach Kriegsende unser erstes Kind auf die Welt kam, war die Freude übergroß. Wir waren in ein Haus umgezogen, das einst Holländern gehört hatte, die nach Europa zurückgekehrt waren. Sie hatten die Feindseligkeit, die ihnen am Ende entgegengebracht wurde, nicht verdient.«

»Wussten Sie von den abertausenden Zwangsarbeitern, von denen unzählige während der japanischen Besatzung umkamen?«

»Nein. Nur die Armen und Ungebildeten waren davon betroffen Als die Japaner Indonesien wieder verließen, nahm der Unabhängigkeitskrieg an Brutalität zu. Vater hatte Angst um meine Sicherheit und bat mich, nachhause zu kommen. Da mein Mann aber von seinem Posten nicht enthoben wurde, kehrten wir erst nach Java zurück, als Indonesien bereits seine Unabhängigkeit erlangt hatte. Meine ersten drei Kinder wurden also in Jambi geboren, die nächsten sieben in Magelang. Inzwischen habe ich 22 Enkel und 15 Urenkel.«

»Wie ist Ihre Einstellung heute gegenüber den Niederländern?«

»Ich bringe ihnen nur positive Gefühle entgegen. Meine Haltung gegenüber den Japanern ist weniger freundlich. Unter den Holländern mussten wir nicht in ständiger Angst leben.«

»Es scheint, als ob ihre Familie relativ ungeschoren durch diese schwierigen Zeiten kam?«

»Für die Kolonialzeit und den Zweiten Weltkrieg trifft das zu. Allerdings starben viele meiner Verwandten während des Unabhängigkeits-krieges.« Bevor wir uns verabschieden, sagt sie:»Mein Schwiegervater behandelte einst den berühmten General Sudirman.[1] Aus Dankbarkeit schenkte ihm dieser ein Fernglas. Bis zum heutigen Tag haben wir es nicht fertiggebracht, diesen Schatz einem Museum zu übergeben.«

---

[1] General Sudirman war der erste Befehlshaber der indonesischen Streitkräfte während des Unabhängigkeitskrieges. Unter japanischer Besatzung war er Kommandeur der ›Heimat-verteidigung‹ *PETA*. Als der Krieg für die Japaner verloren war, stellte er sich mit seinen Soldaten den Niederländern und Engländern entgegen. Er starb 1950 im Alter von 35 Jahren an Tuberkulose in Magelang.

Alicia Potrykus:
Eine staatenlose Halb-Manadonesin wird Deutsche

Ich habe Alicia während des ›Sarangan-Treffens‹ im Oktober 2009 in Mainz kennengelernt. Die kleine, temperamentvolle Achtzigjährige mit polynesischen Gesichtszügen, hellen grüngrauen Augen und heller Haut lud mich ein, sie in Spanien zu besuchen. Dort erzählte sie mir im Laufe einer Woche ihre Lebensgeschichte.

Ihr Vater, Johannes Potrykus, wurde 1890 in Danzig geboren. »Über seine Familie hab' ich so gut wie keine Information. Der Name Potrykus lässt mich jedoch vermuten, dass ein griechischer Vorfahre irgendwann in Preußen einwanderte. Nach seiner Ausbildung als Zahnarzt gelangte er nach dem Ersten Weltkrieg als blinder Passagier auf einem Frachtschiff nach *Surabaya*.«

Alicias Mutter, Sofia Pangemanan, wurde 1902 in Padang auf der Insel *Sumatra* geboren, wo ihr Vater Journalist und Musiklehrer war. »Sie war *Manadonesin* und arbeitete später in Surabaya für einen Händler, bei dem Vater ein Auto kaufte. Unproblematisch war diese ›Mischehe‹ nicht. Vater hat seinen Eltern nie gesagt, dass seine Frau Manadonesin ist. Ich habe meine europäischen Großeltern nie kennengelernt.

Vater leitete die Zahnklinik von Surabaya, die sich in einem großen chinesischen Haus befand, in dem wir auch wohnten. In diesem wunderschönen Gebäude erblickte ich 1928 das Licht der Welt. Da war meine ältere Schwester Winny drei Jahre alt. Margarete wurde 1930 geboren. Mit ihr teilte ich ein Zimmer. Unsere ›babu‹ schlief auf einer Matte auf dem Boden neben uns. Als Kind glaubte ich, sie ist meine Mutter. Der ›jongos‹ bereitete unser Frühstück zu – meist Haferbrei und Orangensaft.

Als wir Kinder frühstückten, schlief Mutter meist noch. Sie organisierte Wohltätigkeitsessen und besuchte Freundinnen, ausschließlich

›Halbblut‹ oder Manadonesinnen. Eines Tages erfuhr Mutter, dass unsere Köchin einen Bauchtumor hatte. ›Geh zum Arzt!‹ riet sie ihr – ›Wozu? Wenn meine Zeit gekommen ist, werde ich sterben.‹ – ›Aber ein Arzt kann dir vielleicht helfen! Ich bezahle dafür.‹ – ›Nein!‹ widersprach sie. Eines Tages erschien ihre Schwester, um zu arbeiten. ›Wo ist deine Schwester?‹ fragte Mutter verwundert. – ›Sie ist tot. Jetzt bin ich da‹, lautete die schlichte Antwort. Sie übernahm nicht nur die Arbeitsstelle ihrer Schwester, sondern auch ihre Kinder und ihren Mann. Es war für sie das Normalste der Welt.

An Wochenenden fuhren wir zu unserem ›Mäusenest‹ in den Bergen. Ein zweites Ferienhaus vermieteten meine Eltern. Diese Tage waren wunderschön, obwohl auch dort immer Patienten auf Vater warteten.«

»Besuchten Sie einen Kindergarten?«

»Ja, die Fröbelschule der Ursulinen. Nicht lange nach meinem Schuleintritt begann Mutter unseren Vater wegen seiner laufenden Untreue zu hassen. In dem Jahr, als sie sich von Vater trennte, erkrankte sie an Tuberkulose und begab sich ins Gebirge, während wir Kinder von wechselnden Gouvernanten beaufsichtigt wurden. Damit wir Kinder von der Scheidung möglichst wenig mitbekamen, wurden wir für ein oder zwei Jahre auf das Internat der Ursulinen geschickt. Als sich der Gesundheitszustand meiner Mutter gebessert hatte, bezog sie ein kleines Haus in Lawang, zwischen Surabaya und Malang. Margarete und ich – ich war inzwischen zehn Jahre alt – lebten von nun an bei ihr, während Winny bei Vater blieb. Mit dem Schulwechsel in die holländische Schule hatte ich keine Probleme. Ich war lebhaft und abenteuerlustig und fand schnell neue Freunde. Fünf Jahre nach ihrer Scheidung heiratete Mutter einen Holländer.

Vater sahen wir nur noch selten. Am 10 Mai 1940 wurde er von den Niederländern verhaftet und enteignet. Sogar sein Safe wurde geleert, einschließlich des Goldes für die Zahnkronen! Nun kam Winny zu uns. Wegen Mutters Ehe mit einem Holländer passierte uns nichts. Ich saß im Garten und beobachtete, wie die Holländer vorbeimarschierten und sangen: ›Wir werden siegen!‹ Wenige Wochen später sah ich dem Einmarsch der Japaner zu. Es dauerte gar nicht lange, und Mutter wurde aufgefordert, uns nach Sarangan in die Schule zu schicken.

Sie blieb in Lawang. An unserem Zielort wurden wir von Oma Petsch in Empfang genommen. Sie betrieb dort seit jeher das Hotel Lawu, das nun Mädcheninternat war. Meine Schwestern und ich mussten nun schnell richtig Deutsch lernen.«

Eines Morgens beginnt Alicia unser Gespräch mit den Worten: »Meine schlimmste Erinnerung an Sarangan ist der Tod von Medi Hachgenei. Ihre Beerdigung war wie die von Schneewittchen. An den Abschied von Winny wenige Monate später – sie war inzwischen 16 Jahre alt – kann ich mich dagegen kaum erinnern. Das Ende des Krieges, zwei Jahre nach unserer Ankunft, bedeutete für Margarete und mich – ich war mittlerweile 16 Jahre alt – den Abschied von Sarangan. ›Wo kommt ihr denn her!?‹ Mutter fiel vor Schreck beinahe um, als wir rußgeschwärzt vor ihr standen. Wenige Tage später wurden Strom und Wasser abgedreht – Mutter hatte ja einen holländischen Namen! Dann hörten wir Trommeln vom nahe gelegenen Dorf. ›Rampokker‹ – also Banditen – waren mit ihren Bambusspeeren unterwegs. Mutter puderte sich ihr Haar weiß. ›Damit ich alt aussehe und nicht vergewaltigt werde,‹ erklärte sie. ›Was ist das?‹ fragten wir. Sie gab uns keine Antwort, aber wir spürten, dass sie Angst hatte – auch um uns.

In der nun folgenden Zeit der Unabhängigkeitskämpfe, liefen einige Indonesier Amok. Um zu überleben, tauschten Mutter und Winny in den frühen Morgenstunden, als es noch dunkel war, bei vorbeiziehenden Händlern silberne Löffel und Schmuck gegen Lebensmittel ein. Das war höchst gefährlich, denn offenbar durfte uns niemand helfen! Auch die Familie Brouwer mit ihren sieben Kindern, schräg gegenüber, versuchte so unauffällig zu leben wie wir.

Unser chinesischer Nachbar steckte seinen Wasserschlauch nachts durch die Hecke und sagte: ›Nehmt aus meinem Garten, was ihr wollt.‹ Also habe ich im Dunkeln hin und wieder Zitronen, Chili, Kokosnüsse und dergleichen geerntet. Die Bananen aßen wir wie eine große Kostbarkeit scheibchenweise. Unser Nachbar besaß auch Hühner und eine Gans. Und so gab es hin und wieder Eier. Reisvorrat hatte Mutter von den Japanern erhalten. So überlebten wir ein Jahr.

Wann immer sich das Trommeln näherte, versteckten wir uns in den Reisfeldern. Dabei fürchtete ich die Wasserschlangen dort mehr als die ›rampokker‹. Eines Tages waren die Chinesen von nebenan verschwunden. Schließlich mietete Mutter einen Wagen, der groß genug für ihren Flügel, ihre elektrische Nähmaschine und mein Akkordeon war. Unsere besten Kleider waren in Kissenbezügen verstaut. So machten wir uns auf den Weg zu meiner manadonesischen Ersatz-Großmutter. Der Schuppen am Haus einer ihrer Freundinnen wurde zu einem Zimmer für uns umgebaut. Dort lebten wir 1946/47 in relativer Normalität. Trotz aller

Vorsicht wurde Mutter aber eines Tages von indonesischen Soldaten abgeholt und wir drei Mädchen waren mit Oma allein.

Eines Tages holten *Sukarnos* Soldaten auch meine Schwestern und mich und brachten uns nach *Batavia* in ein Lager des Roten Kreuzes. Die Reise war so gefährlich, dass wir von indonesischen Soldaten auf den Zugdächern beschützt werden mussten. Als unterwegs einige Bäume von den Gleisen zu räumen waren, wurde der Zug beschossen. Zu guter Letzt erreichten wir aber wohlbehalten ein Lager für elternlose Kinder. Da war ich 17.

Als wir eines Tages zum Schwimmbad gingen, begegneten wir drei deutschen U-Boot-Soldaten. Ein paar Tage später erschienen sie – einer hieß Rudi – in unserem Lager. Bald darauf ging ich nach Buitenzorg (Bogor) auf die Handelsschule. Grete besuchte das Gymnasium und Winny machte eine Ausbildung als Krankenschwester. Dort begegnete uns Familie Brouwer wieder. Sie boten uns ein Zimmer an und ließen uns an ihrem Familienleben teilnehmen. Rudi und ich schrieben uns regelmäßig. Nachdem ich erfuhr, dass Mutter in einem Lager in Batavia war, bat ich ihn, nach ihr zu suchen. Er hat sie auch gefunden.

Als Rudi 1946 repatriiert wurde, haben wir uns verlobt und ich reiste mit ihm nach Deutschland. Unvergesslich ist mir unsere Fahrt durch den Suezkanal! Der Mond stand riesig am Himmel und die Sterne waren so groß und nah, dass ich meinte sie greifen zu können. Was für ein Gegensatz war dazu unsere Ankunft in Rotterdam! Ein junger Holländer in Uniform trieb uns in schmutzige Viehwaggons und weiter ging es nach Hamburg, wo Vater inzwischen lebte. Als ich mit einem LKW am Hafen ankam, hielt sich nur ein dünner Mann mit eingefallenen Wangen in der Nähe auf. Er trug eine viel zu große Jacke und hinkte. Schließlich kam er auf mich zu: ›Ich warte auf meine Tochter.‹ – ›Und ich auf meinen Vater‹, erwiderte ich, ›Herrn Potrykus.‹ – ›Dann bist du meine Tochter!‹ rief er. Stellen Sie sich vor, wir haben uns nicht einmal wiedererkannt! Ich wusste ja nicht, dass Vater im Lager *Dehradun* in Britisch-Indien gestürzt war und dass man sein Bein operieren musste. ›Ich habe Marken für dich gespart‹, sagte er.« Unter Tränen erzählt Alicia weiter: »Der Hunger in Hamburg war unvorstellbar. Und überall Ruinen! Mein halb verhungerter Vater nahm mich mit in einen Keller, wo es stinkende Fischsuppe gab. Ich wusste, dass er es gut mit mir meinte, dennoch weigerte ich mich dieses Zeug zu essen. Ein Teil von Vater schien erleichtert, als er meine Suppe auch hinunterschlang.

Unterwegs warfen ihm britische Besatzungssoldaten brennende Zigarettenstummel ins Gesicht. Er hob sie auf und sammelte den Tabak. Wie oft habe ich das in den wenigen Wochen, die ich bei ihm blieb, erlebt! Ich hatte ihm eine Stange Zigaretten mitgebracht und sagte: ›Ich kann nicht ertragen, wie du dich erniedrigst.‹ Vater lebte in einer winzigen Dachkammer. Später erhielt er einen Kredit vom deutschen Staat und führte in Blankenese eine gut gehende Praxis. Als er seine Schulden abbezahlt hatte, starb er. Von meinem Erbe habe ich mir dieses Piano gekauft.« Alicia deutet auf den Flügel, der ihr halbes Wohnzimmer ausfüllt. Am späten Abend spielt sie mir darauf etwas vor.

»Als ich nach Dortmund weiterfuhr«, erzählt sie am nächsten Morgen, »war der Zug gerammelt voll! Schreckliche Zustände waren das im Nachkriegsdeutschland. Rudi holte mich am Bahnhof ab, von dem nur noch ein Stück Mauer stand. Er lebte in dem Bergmannsdorf Kirchlinde, einem Vorort von Dortmund. Als wir vor einem fünfstöckigen Gebäude anhielten, staunte ich: ›Hast du ein großes Haus!‹ – ›Meine Eltern bewohnen nur ein einziges Zimmer‹, erklärte er verwundert.

Eine Stelle als Bergmann war damals die einzige Arbeit, die es gab. Als Lohn erhielt jeder ein Fresspaket und Kohle. Nach ein paar Wochen haben wir standesamtlich geheiratet und drei Monate später war ich schwanger. Meine Schwiegermutter war über den Familienzuwachs unter diesen Bedingungen alles andere als erfreut. Sie hat sich geschämt, weil ich nicht ›arisch‹ war.«

»Wie ist es Ihren Schwestern und Ihrer Mutter ergangen?«

»Eine meiner Schwestern hat einen Holländer, die andere einen ›Indischen‹ geheiratet und Mutter lebte mit ihrem Mann erst in Hongkong und später in Sydney.« Im Laufe der gemeinsamen Tage erzählt mir Alicia noch viel über ihre Kinder und den Rest ihrer Familie. Oft schaut sie auf das Meer und hält Zwiesprache mit den Palmen vor ihrem Fenster. Sie hat ihnen die Namen ihrer nächsten Familienangehörigen gegeben »Wenigstens auf diese Weise sind sie in meiner Nähe.«

Ujang:
Ein sundanesischer Analphabeth

»Wir können anhalten, wo immer du möchtest!« ermuntert mich Finda, während ihr Chauffeur, sie, ihre Schwester Lorinda und mich auf einer schmalen Landstraße von Bogor zurück nach Depok fährt. Der Weg führt durch kleine Dörfer, vorbei an Bananenstauden, meterhohen Maniokpflanzen und orange-gelben Paradiesblumen. Immer wieder geraten riesige Telekommunikationsmasten ins Blickfeld, die hoch über die grüne Wildnis hinausragen. Einige Männer tragen frisch geschnittenes Gras, an langen Stecken befestigt, auf der Schulter nachhause, um ihre Tiere zu füttern. Dann erregt eine ungewöhnliche Bambuskonstruktion meine Neugier. Eine schmale Bambusbrücke führt über große Wasserbassins zu einer kleinen Bambushütte mit Terrasse. Die Becken werden aus kleinen Flüsschen gespeist, die den Berghang heruntersprudeln. Zu der idyllischen Szene mit einem herrlichen Blick ins weite Tal gehören kleine Reisterrassen. Als wir angehalten haben, deute ich auf ein Wirrwarr von ineinander gesteckten, langen Bambusrohren, die flussaufwärts kreuz und quer über dem Wildbach liegen. »Was ist das?«

»Wasserrohre«, erklärt Finda. Erst jetzt bemerke ich, dass sie zu nahegelegenen Häusern führen.

Ohne die geringste Scheu führt Finda uns über die Bambusbrücke und wir erkennen schnell, dass es sich bei den Bassins um Fischteiche handelt. Wir haben die kleine Terrasse noch nicht erreicht, als uns ein junger Mann und eine Frau lächelnd und neugierig entgegenkommen.

»In dieser Gegend hier spricht man Sundanesisch«, erklärt mir Finda noch schnell und schon sind sie und Lorinda in einen lebhaften Wortwechsel verwickelt. Ich erfahre, dass sie mit einer 45-jährigen Mutter und ihrem 28-jährigen Sohn sprechen. Bald gesellt sich der dazugehörige Ehemann und Vater zu uns. Er sorgt für die Fischteiche, die einem reichen Mann aus *Jakarta* gehören.

»Es muss Allahs Wille sein, dass wir uns begegnen«, wiederholen alle drei in freudiger Übereinstimmung. Mir ist bewusst, dass sich Europäer nur selten in diese abgelegene Gegend verirren. Als das Gespräch für einen Moment stockt, bitte ich Finda heraus zu finden, ob in diesem Dorf noch Menschen leben, die sich an das Ende der Kolonialzeit und die Kriegszeit erinnern können.

»Selbstverständlich!« erklärt der junge Mann eifrig. »Mein Großonkel!«

»Wie alt ist er?« frage ich.

Ahyar Amaludin denkt einen Augenblick nach: »125 Jahre.«

»Und es geht ihm gut genug, um sich mit mir zu unterhalten?«

»Selbstverständlich«, stimmt die ganze Familie zu.

»Wären Sie bereit, ein Gespräch mit ihm zu arrangieren?«

»Gern, rufen Sie mich einfach ein paar Tage, bevor Sie kommen möchten, an«, erklärt Ahyar und reicht mir seine Handynummer. Als Finda, Lorinda und ich ein paar Wochen später in das Dörfchen Ciconggan zurückkehren, werden wir wie alte Freunde begrüßt. Ein köstliches Mahl ist auf dem Boden der Terrasse über den Fischbassins zubereitet. Wir sitzen auf Plastikmatten und essen mit unserer rechten Hand von Bananenblättern. Diesmal ist auch Ahyars Großonkel anwesend. Der freundliche, hagere Herr mit auffallend großen, abstehenden Ohren ist eine Überraschung für mich. Ich hätte mir nie vorstellen können, dass ein 125-Jähriger noch so dynamisch ist. In einem Land, in dem sich fast niemand einen Zahnarzt leisten kann, überraschen mich Ujangs schiefe, gelbe Zähne jedoch nicht mehr.

Mit Findas und Lorindas Übersetzungshilfe finde ich bald heraus, dass Ujang keineswegs 125 Jahre alt ist, sondern vielleicht 75. »Die Geburten meiner Großeltern oder Eltern wurden hier, wie in allen umliegenden Dörfern nicht registriert«, erklärt der junge Mann. »Sie sind fast alle Analphabeten. Ihr Alter ist also immer eine Schätzung.«

Nach dem Essen zündet sich Ujang eine Zigarette an und beginnt zu erzählen. Er wurde als elftes von zwölf Kindern geboren und wuchs in einem typischen Drei-Zimmer-Haus auf, mit Wänden aus geflochtenem Bambus. »Unser Leben spielte sich auf dem Fußboden ab. Wir schliefen und aßen auf dem Boden, so wie wir es jetzt auch tun. In einem Zimmer schliefen meine Eltern, in einem meine Schwestern und im Wohnzimmer rollten wir Jungen unsere Matten aus. Unsere Kopfkissen waren mit weicher Baumwolle gefüllt. Möbel besaßen wir nicht, aber Reisfelder. Wir pflanzten Maniok und Süßkartoffeln an und flochten Bastmatten, die wir auf dem Markt verkauften. Ich erinnere mich, wie ich einen Stapel dieser Matten zwei Stunden zum Markt in Bogor trug. Wenn ich Glück hatte, verkaufte ich schon unterwegs einige.«

»Sie konnten Bogor in zwei Stunden zu Fuß erreichen?« frage ich verblüfft.

Er lächelt: »Wir hatten unsere Abkürzungen. Die Straße, auf der Sie heute gekommen sind, war einst nur ein unbefestigter Pfad. Sie muss zu *Sukarnos* Zeit asphaltiert worden sein. Autos kamen hier damals folglich nie vorbei. Ein einziges Mal habe ich einen offenen LKW gesehen, der eine Kuh zum Markt fuhr. Das hat mich so beeindruckt, dass ich mich heute noch daran erinnere.«

»Wie sah ein normaler Tag im Leben Ihrer Mutter aus?«

»Sie lebte ein für unser Dorf typisches Frauenleben. Vor Sonnenaufgang kochte sie das Frühstück für die ganze Familie. Dann ging sie mit Vater zu unseren Reisfeldern – während der kühlsten Stunden am Tag. So wie heute wurde der Reis auch damals mit einer kleinen Handsichel geerntet. Wenn wir Kinder früh genug wach waren, frühstückten wir mit unseren Eltern, sonst aßen wir ohne sie. Es gab fast immer Reis und Gemüse der Saison, wie etwa gedünstete Papaya. Während der Erntezeit gab es zwei Mahlzeiten am Tag, sonst nur eine. Mutter teilte jedem seine Portion aus. Nachschlag kannten wir nicht.

Gegen Mittag, wenn die Sonne heiß vom Himmel brannte, kehrten unsere Eltern heim. Auf dem Rückweg wuschen sie sich an der Quelle und beteten. Nachmittags flocht Vater Matten und Mutter kümmerte sich um uns Kinder. Manchmal ging Vater in der Bambuswald, um nach einer besonderen Rindenart zu suchen, die er für seine Webarbeit benötigte.«

»Wer sorgte für die Kinder, während Ihre Eltern auf dem Feld waren?«

»Die älteren schauten nach den jüngeren.«

»Bei den Geburten halfen Hebammen?«

»Ja, wie heute lebten damals vier Großfamilien in unserm Dorf und alle Kinder kamen mit Hilfe der gleichen Hebamme zur Welt.« Aber

Ujung beschäftigt ein ganz anderer Gedanke: »Als ich jung war, stand der Reis viel höher. Heute benutzen wir Dünger, aber die Pflanzen sind kleiner und der Reis schmeckt lange nicht mehr so gut.«

Ujang spricht die ›grüne Revolution‹ an, die in den späten 1960er Jahren auf der Bildfläche erschien. Indonesien konnte durch neu eingeführte Reissorten seine Produktion deutlich steigern und sogar Reis exportieren. Andererseits waren die Bauern auf künstlichen Dünger und Insektizide angewiesen, was sie von staatlichen Förderprogrammen abhängig machte, von der verheerenden Auswirkung auf die Umwelt ganz zu schweigen.[1]

»Wie waren Sie als Kind gekleidet?«
»Mit einem typischen Hemd über einem meist hellbraunen Sarong. Jeder besaß nur die Kleider, die er am Leib trug. Nach fünf Monaten waren sie meist verschlissen und man kaufte neue auf dem Markt.«
»Waren manche Dorfbewohner besser gekleidet als andere?«
»Es gab keine reichen Leute. Alle hatten in etwa den gleichen niedrigen Lebensstandard. Kinder hatten schon in jungen Jahren Pflichten. Ich musste Holz sammeln, meinen Eltern auf den Feldern helfen und Wasser in Bambusrohren von der nahegelegenen Quelle holen.«
»Sind Sie in die *Schule* gegangen?«
»Ein Jahr lang. Meine Geschwister aber gar nicht. Bei uns und in den umliegenden Dörfern gab es keine Schule. Die nächste war einen Fußmarsch von anderthalb Stunden entfernt. Für Dorfbewohner, weit weg von größeren Ansiedlungen, war das normal.«
»Sie müssen in der Zeit zur Schule gegangen sein, als die Japaner in Indonesien einmarschierten. Kam es in der Umgebung Ihres Dorfes zu Kämpfen?«
»Ich habe einmal auf meinem Nachhauseweg von der Schule Schüsse gehört, bekam es mit der Angst zu tun und versteckte mich im nächsten Hühnerstall. Davon abgesehen drangen nur Gerüchte über Kämpfe zu uns.«
»Hat die japanische Besatzung Ihr Leben in irgendeiner Weise beeinflusst?«
»Nicht wirklich. Wir hatten nie Kontakt mit Holländern gehabt. Wir lebten sogar zu isoliert für ihre Steuereintreibung. Dasselbe traf

---

[1] Vickers, Adrian: *A history of modern Indonesia.* 2005, S. 189

nun auf die Japaner zu. Manchmal hörten wir in der Ferne Schüsse. Dann blieben wir bei unseren Häusern. Wir hatten keine Ahnung, was außerhalb unseres Dorfes, unserer nächsten Umgebung oder fern von unserem Tal geschah. Als ich etwa neun Jahre alt war, versuchten die Holländer wieder Fuß zu fassen. Manchmal hörten wir Kämpfe zwischen ihnen und der indonesischen Armee *TKR*. Manchmal kämpfe die TKR auch gegen die Japaner. Das war alles sehr verwirrend. Zu der Zeit begegneten mir zum ersten Mal japanische Soldaten. Sie marschierten durch unser Dorf und trugen Shorts, die uns sehr seltsam vorkamen. Zu dem Zeitpunkt erfuhren wir überhaupt erst, dass wir Untertanen des holländischen Kolonialsystems gewesen waren.«

»Hat sich Ihr Leben geändert, nachdem sowohl die Holländer als auch die Japaner Ihr Land verlassen hatten?«

»Mit der Unabhängigkeit kamen tatsächlich Veränderungen in unser Dorf. Die Menschen erhielten so viel Land, wie sie bearbeiten konnten. Vater bekam fünf Hektar! Das nächste wichtige Erlebnis in meinem Leben war meine Heirat mit 15 Jahren mit einem gleichaltrigen Mädchen. Unsere Eltern hatten die Ehe arrangiert.«

»Wo haben Sie gelebt?«

»Wir hatten ein Zimmer im Haus meiner Eltern.«

»Wussten Sie in dem Alter überhaupt, was Sie mit einer Ehefrau anfangen sollten?«

Ujang schüttelt den Kopf:»Und außerdem mochte ich dieses Mädchen nicht einmal – und sie mich auch nicht.«

»Wie gingen Sie also mit Ihren ehelichen Pflichten um?«

»Wir hatten nie ehelichen Kontakt. Meine Frau besuchte ihre Mutter oft – ungefähr eine Stunde Fußmarsch entfernt – und blieb mehrere Tage fort. Als sie bei mir schlief, drehte sie mir einfach den Rücken zu. Eines Tages, als ich von der Feldarbeit zurückkam, war sie verschwunden und kam nie zurück. Nach sechs Monaten waren wir also wieder geschieden. So einfach war das. Ich war glücklich und erleichtert.«

»Haben Sie noch einmal geheiratet?«

»Ja, mit sechzehn, ein Mädchen, das zwei Jahre jünger war als ich. Meine zweite Frau hatte ich gern und war glücklich. Die ersten 40 Tage unserer Ehe durfte ich sie nicht berühren. Drei Jahre später wurde unser erstes Kind geboren. Die ersten vierzig Tage nach der Geburt durfte ich meine Frau wieder nicht berühren. Nach drei Jahren kam unser zweites

Kind auf die Welt. Kurz danach verließ mich meine Frau und ließ die Kinder zurück.«

»Warum?«

»Ich arbeitete in den Bergen und war viel unterwegs. Darüber war sie nicht glücklich.«

»Und dann haben Sie Ihre Kinder allein großgezogen?«

»Eigentlich meine Familie.«

»Ihre Frau hatte gar keinen Kontakt mehr zu ihren Kindern?«

»Nein, und das ist für unsere Kultur wirklich ungewöhnlich.«

»Wie alt sind Ihre Kinder heute?«

»Mein ältester Sohn ist bereits gestorben. In welchem Jahr er geboren wurde, weiß ich nicht genau. Er hat ja auch keine Geburtsurkunde. Aber ich schätze, es war um 1965.«

»Sind Ihre Kinder in die Schule gegangen?«

»Sie besuchten drei Jahre lang die Islamschule im Nachbardorf, fünf Minuten mit dem Motorrad entfernt, obwohl der Staat die sechsjährige Schulpflicht eingeführt hatte. Meine Kinder halfen morgens auf den Feldern und gingen gegen vier Uhr nachmittags zur Schule. Bis heute haben wir in unserm Dorf weder eine Schule noch eine Moschee. Trotz seiner geringen Bildung ist mein zweiter Sohn neben anderer Arbeit auch Lehrer an einer Islamschule.«

»Sie erlebten die Kolonialzeit, den Krieg, die Unabhängigkeitskämpfe und leben seit 1950 in einem freien Indonesien. Ist das Leben für Ihre Familie heute besser als früher?«

»Während der holländischen Zeit waren wir nicht frei, hatten aber genug zu essen. Für kurze Zeit nach Erlangung der Freiheit – aber was ist Freiheit schon wirklich? – erhielten wir Land und für eine Weile war das Leben für uns besser. Im letzten Jahrzehnt kamen jedoch immer mehr reiche Männer aus Jakarta in unsere abgelegene Gegend und überredeten die Leute, ihnen ihr Land für einen Fernseher, ein kleines Steinhaus oder für Geld zu verkaufen. Da niemand den Verkaufsvertrag lesen konnte, wurde er mit einem Daumenabdruck unterschrieben.

Nun besitzen wir Dorfbewohner ein Steinhäuschen und ein Fernsehgerät, aber wir haben keine Felder mehr. Auch ich habe all das Land verkauft, das ich meinen Kindern hätte vererben sollen. Heute hängt das Überleben der meisten Dorfbewohner von dem ab, was unsere Kinder uns zukommen lassen. Ohne Land versuchen sie sich in den

Städten durchzuschlagen. Mein Sohn hat einen kleinen Verkaufsstand, an dem er Blumen, Sandalen und Bananen verkauft. Alles, was mir geblieben ist, ist ein kleines Fleckchen, auf dem ich Hühner halte, die ich auf dem Markt verkaufe.« Furchtlos und mit bitterer Klarheit betont der alte Mann:»Heute haben wir zwar Freiheit, aber auch Armut. Der reiche Minister aus Jakarta – Rizal Bakrie – besitzt das ganze Land in unserer Gegend. Heute sind wir wirklich kolonisiert – von Javanern. Und die sind viel schlimmer, als es die Holländer je waren!« Seine Familie schweigt und nickt. In ihren Augen lese ich, dass mich mein Weg in ihr abgelegenes Dorf geführt hat, um diese Botschaft für die Gegenwart und die Nachwelt zu bewahren.

Ein historischer Rückblick soll das Verständnis für das sundanesische West-Java erweitern. Im 16. Jahrhundert wurde diese Region islamisiert. 1568 etablierte sich ein Sultanat, das im Gewürzhandel bedeutend war. Im 17. Jahrhundert überließ das javanische Königreich Mataram die west-javanische Region Preanger mit der wichtigen Stadt Bandung, der Niederländisch-Ostindischen-Handelsgesellschaft (VOC). Bis zum späten 19. Jahrhundert ließen die Niederländer mit Unterstützung des Adels Kaffee anbauen, den sie günstig erwarben.[2] Dieser machte die Niederländer und die regionalen Eliten reich – auf Kosten der Bevölkerung. Daher war die Wut auf einheimische Beamte fast genauso ausgeprägt wie die auf die ausländischen Machthaber.[3]

Gegen Ende der japanischen Besatzung waren alle Bezirksräte Mitglieder des Adels und die Bauern mussten zwei Drittel bis drei Viertel ihrer Reisernte abliefern. Der Unmut der Bevölkerung richtete sich gegen Militärangehörige, die mit Kleidern und Lebensmitteln versorgt wurden, während die Bevölkerung Hunger litt und Lumpen trug.[4]

Der bekannte kommunistische Nationalist Tan Malaka – 1897 in West-Sumatra als Sohn des Minangkabau-Adels geboren – hatte 1921, mit nur 25 Jahren, die PKI so effektiv geführt, dass die Kolonialregierung ihn 1922 ins Exil schickte. 20 Jahre später, während der japanischen Besatzung, kehrte er zurück.[5] Er arbeitete in den Kohlegruben im sundanesischen Süd-Banten und schrieb, dass von den 15.000 ›romusha‹ in den Gruben oder beim Bau

2 Smail, J.R.W.: *Bandung in the early revolution 1945–1946*. 1964, S. 7
3 Kartodirdjo, Sartono: *The peasant revolt of Banten 1888*. 1966, S. 106
4 Kartodirdjo, Sartono: *Protest movements in rural Java*. 1973, S. 61
5 Anderson, Benedict: *Java in a Time of Revolution, Occupation and Resistance 1944–1946*. 1972, S. 272

der dorthin führenden Straße und Eisenbahn jeden Tag 400 bis 500 starben.[6] Schätzungen der Gesamt-Todeszahlen während der japanischen Besatzungszeit in dieser Region gehen von 15.000 bis 60.000 aus.[7]

Nach Ende des Krieges konnte man in der Nähe der Kohlegruben viele halbverhungerte oder tote ›romusha‹ am Wegesrand, in den Feldern oder an Flussufern liegen sehen. Das war so alltäglich, dass es niemanden mehr verstörte. Der Mangel an jeglicher sozialer Reform führte im Dezember 1945 zu einer Rebellion gegen die Zentralregierung. Statt Verbesserungen erhielt die Region javanische Beamte vorgesetzt.[8] Im März 1946 wurden Tan Malaka und einige seiner Anhänger festgenommen.

Im ersten Jahrzehnt der Unabhängigkeit trieben ehemalige Guerillas oder einfach nur Banden in der Preanger-Region ihr Unwesen. Die Raubzüge der Darul-*Islam*-Anhänger waren besonders verheerend. Allein im Herbst 1951 flohen über 50.000 Menschen aus diesem Gebiet. Von 1955 bis 1962 schwankte die Zahl der Flüchtlinge jährlich zwischen 200.000 und 300.000. Im gleichen Zeitraum wurden zwischen 10.000 und 14.000 Menschen ermordet. Oft gerieten Dorfbewohner zwischen die Fronten von Armeeangehörigen und Darul-Islam-Kämpfern.[9]

Nach Kriegsende gehörten auch die sundanesischen Vertreter in der indonesischen Regierung ausnahmslos wieder der privilegierten Schicht an. Freiheitskämpfer und Religionsführer widersetzten sich dem Adel erfolglos.[10] Da Gesetze für *Landreform* ignoriert wurden, konnte die neue Elite riesige Ländereien erwerben.[11] Sie fordern von ihren Pächtern drei Viertel der Ernte.[12] 1980 betrug die Zahl der landlosen Bauern acht Millionen. Heute verfügen 40 Prozent der Dorfbevölkerung nicht mehr über eigenes Land. Viele wandern in die Städte ab, wo sie ein prekäres Dasein führen.

6 Kurasawa Aiko: »Rice shortage and transportation.« In: Post, Peter (Hg.): *Japan, Indonesia and the war: Myths and realities.* 1997, S. 120

7 Poeze, Harry: »The Road to Hell.« In: Kratoska, Paul H. (Hg.): *Asian labor in the wartime Japanese Empire. Unknown histories.* 2005, S.165

8 Williams, Michael; »Rice Debts will be repaid with Rice, Blood Debts with Blood.« In: Kartodirdjo, Sartono: *Protest movements in rural Java.* 1973, S: 69–73

9 Dijk, Cornelis van: *Rebellion under the banner of Islam.* 1981, S. 105

10 Morris, Eric: »Aceh: Social Revolution and the Islamic Vision.« In: Kartodirdjo, Sartono: *Protest movements in rural Java.* 1973, S. 86–90

11 Cribb, Robert und Kahin, Audrey: *Historical dictionary of Indonesia.* 2004, S. 82

12 Osborne, Robin: *Indonesia's secret war: the guerila struggle in Irian Jaya.* 1985, S. 128

Syamsudin und Amir Hatta:
Freiheitskämpfer und Opfer der Säuberungen
von 1965

Kanur, unser junger, attraktiver Fahrer in West-*Sumatra*, spricht Minang, Indonesisch und Englisch. Als er von meinem Buchprojekt erfährt, stellt er mir Syamsudin Hatta vor, den Onkel seiner Frau. Angesichts der allgegenwärtigen Vorsicht gegenüber einer Fremden, die sich für die Vergangenheit interessiert, hätte er seine Geschichte wohl niemals mit mir geteilt, wenn ihn seine Nichte nicht darum gebeten hätte. Wie berechtigt seine Zurückhaltung ist, wird mir im Laufe der Zeit auf beklemmende Weise deutlich.

Der agile ältere Minangkabau lebt bei seiner Tochter in einem Dorf in der Nähe von Padang Panjang. Das Steinhaus ist ebenso bescheiden wie das der Nachbarn. Syamsudin war einst Gemeindevorstand der umliegenden fünf Weiler. Als er uns bittet, Platz zu nehmen, sind die beiden Sofas in dem kleinen Gäste-Empfangs-Zimmer voll belegt mit ihm, seiner Tochter, Kanur, meiner Freundin Finda und mir. Kleine Kinder lärmen am offenen Hauseingang und Syamsudins Enkelkinder klettern voller Freude auf seinen Schoß hinauf und hinunter.

Sein Leben sei es nicht wert, darüber zu sprechen. Interessant sei aber das Leben seines älteren Bruders Amir, der in *Jakarta* lebt. »Mit ihm sollten Sie sprechen!« betont er. Trotz seiner Reserviertheit beginnt er schließlich doch zu erzählen. Syamsudin wurde 1928 als drittes von sieben Kindern geboren und wuchs in einem Dorf mit 250 bis 500 Einwohnern auf.

»Wir lebten in einem traditionellen Bambushaus. Schon damals waren Wellblechdächer weit verbreitet. Unser Haus hatte drei Zimmer. Meine Schwestern schliefen in einem, meine Eltern in dem anderen und wir Buben rollten unsere Palmblätter-Schlafmatten im Wohnzimmer aus. Das war völlig problemlos, denn Möbel waren noch nicht üblich. Ein Teil des Wohnzimmers war für den kleinen Laden meines Vaters abgetrennt. Dort verkaufte er das Essen, das meine Mutter zubereitete – gebratene Bananen, Süßkartoffeln oder gekochten Reis in Bananenblättern. Das meiste davon bauten wir selber an. Manches kaufte Vater auf dem Markt dazu.

Meine Kindheit war unbeschwert und glücklich. Meine älteren Geschwister passten auf mich auf. Ich spielte den ganzen Tag mit meinem Jo-Jo oder Murmeln – sechs verschiedene Sorten! Als ich älter wurde, war es an mir, meine jüngeren Geschwister zu hüten. Wir Kinder benahmen uns anständig, wie es unsere Tradition verlangt.«

»Welche Bedeutung hatte die matrilineare Tradition Ihres Volkes für Sie?«

»Eigentlich keine. Wir Buben lernten lediglich zu akzeptieren, dass das gesamte Erbe eines Tages unseren Schwestern zugute kommen würde.«

»Wie sah ein normaler Kindertag in Ihrem Leben aus?«

»Mutter kochte am Morgen Reis mit gesalzenem Fisch, Gemüse und Chili oder Rührei mit Zwiebeln und Chili. Nach dem Frühstück arbeitete sie in den Reisfeldern und Vater kümmerte sich um den Laden. 1936 kam ich zur *Schule* und begann, wie alle anderen Jungen, im ›serau‹, also in unserer Moschee, zu schlafen. Ich lief den Kilometer zur Schule, wo wir 40 Erstklässler aus den umliegenden Dörfern unser eigenes Klassenzimmer hatten – Mädchen auf einer Seite, Jungen auf der anderen. Die Schulklassen acht, neun und zehn waren wesentlich kleiner und teilten ein Klassenzimmer, denn wenige Kinder besuchten die Schule über die dreijährige Dorfschule hinaus. Die Holländer wären nicht begeistert gewesen, wenn zu viele Kinder eine anständige Ausbildung erhalten hätten. Jedes Kind musste, wenn es in die vierte Klasse kam, nicht nur Schulgeld bezahlen, sondern auch eine Prüfung ablegen. Ich gehörte zu den zehn Prozent, die dieses Examen bestanden und meine Eltern gehörten zu den wenigen in unserem Dorf, die sich die Schulbildung für ihre Kinder leisten konnten.«

»Und die Lehrer?«

»Die wurden von den Holländern eingestellt und hatten deren Regeln zu befolgen. Im Unterricht sprachen wir Minang, ich lernte aber auch Malaiisch. Ich ging gern zur Schule. Ab der zweiten Klasse musste ich aber auch meiner Mutter auf den Reisfeldern helfen.«

»Gab es in Ihrer Kindheit auch unglückliche Zeiten?«

»Nein, an Traurigkeit oder Streit kann ich mich nicht erinnern.«

»Musste Ihre Familie Steuern an die niederländisch-indische Regierung abführen?«

»Ja, das Eintreiben des sogenannten ›Blesteng‹ war die Aufgabe des Dorfvorstehers, der von den Holländern eingesetzt wurde. Natürlich mochte ihn niemand.«

»Warum war er bereit, diese ungeliebte Aufgabe zu übernehmen?«

»Weil damit etliche Privilegien verbunden waren.«

»Hatte Ihre Familie direkten Kontakt mit Niederländern?«

»Unser Haus befand sich in der Nähe der niederländischen Kaserne. Ich sah hin und wieder Soldaten, persönlichen Kontakt hatte ich aber nicht. Manchmal erschienen niederländische Geschäftsleute, die an Zimt, Muskatnüssen, Nelken und Makadamianüssen interessiert waren. Der Bürgermeister beauftragte Leute, den Einheimischen diese Gewürze zu von den Holländern festgesetzten Preisen abzukaufen. In der Umgebung gab es auch holländische Chinin-*Plantagen*. Vater belieferte einige von ihnen mit Tee und Lebensmitteln. Manche Dorfbewohner waren dort angestellt und froh darüber, weil sie so mehr Geld verdienten.«

»Was geschah, als der Krieg 1942 Indonesien erreichte? Sie müssen etwa sechs Jahre alt gewesen sein.«

»Eines Morgens – die Holländer hatten die Gegend bereits verlassen – erschienen Japaner mit Autos von *Bukittinggi* und alle Dorfbewohner winkten ihnen fröhlich zu. ›In den nächsten zwei Tagen dürft ihr aus der Kaserne der Holländer mitnehmen, was ihr möchtet!‹ verkündeten sie.« Syamsudin schaut mir in die Augen: »Es dauerte eine Weile, bis wir erkannten, dass die Japaner noch übler waren als die Holländer. Als sie sich in den verlassenen und geplünderten Kasernen eingerichtet hatten, begannen sie, Reis zu requirieren und das ganze Dorf litt bald Hunger.

Die Leute, die auf den Plantagen gearbeitet hatten, verloren ihre Anstellung und bald verlangten die Japaner, dass alle jungen Männer aus den Dörfern eine Eisenbahn nach Padang Panjang bauten – unentgeltlich. Die noch Bedauernswerteren wurden an der *Pekan-Baru*-Bahnlinie eingesetzt. Sie sind alle verhungert.« Mit erhobener Stimme fährt Syamsudin fort: »All dieses Sterben und Leiden für eine Eisenbahn, die nie benutzt wurde! Auch die Männer, die die Untergrundkasematten in *Bukittinggi* bauten, haben wir nie wieder gesehen!«

Als ich mich erkundige, wie er über das Schicksal der ›romusha‹ in Bukittinggi erfuhr, antwortet Syamsudin:»Etliche Bürgermeister, die mit den Holländern kollaboriert hatten, wurden von den Japanern begnadigt, falls sie bereit waren, mit ihnen zusammenzuarbeiten. Eine ihrer Aufgaben bestand darin, arme Dorfjungen als Arbeitssklaven zu rekrutieren. Aus unserem Dorf wurden nur wenige geholt. Meine Familie war zum Glück nicht betroffen.«

»Welche Erinnerungen haben Sie an das Kriegsende?«

»Eines Tages hörten wir von den Bomben auf Hiroshima und Nagasaki. Danach waren die Japaner bald verschwunden und ich begann, als Händler zu arbeiten. Ich nahm zweimal täglich den Zug nach Solok, um dort Reis zu verkaufen. Unser Leben änderte sich 1948 wieder, als die Holländer zurückkehrten und sich mit der indonesischen Armee Gefechte lieferten. Mein Bruder Amir, mit dem Sie unbedingt sprechen sollten, schloss sich dem indonesischen Militär an und half auf diese Weise auch, für unsere Familie zu sorgen.«

»Wurde das Leben für Ihre Familie einfacher, als Indonesien die Unabhängigkeit erlangt hatte?«

Syamsudin schütteln den Kopf:»Seitdem hat es weder Recht noch Gerechtigkeit gegeben. Statt unsere Steuern bei den Holländern oder Japanern abzuliefern, gehen sie jetzt nach Jakarta. Aus diesem Grund kämpften wir Minangkabau in den späten 1950er Jahren für mehr Autonomie. Es war eine unbeschreiblich schmerzliche Erfahrung zu erleben, wie die indonesische Armee unseren Aufstand mit brutaler Gewalt niederschlug.« In diesem Moment erschallt der Ruf des Muezzin. Syamsudin erhebt sich prompt:»Ich muss gehen, aber reden Sie mit meinem Bruder Amir!« Mit diesen Worten verabschiedet er sich freundlich und strebt der Moschee zu.

Eine Woche später besuche ich Amir gemeinsam mit Findas Schwester Lorinda in der beeindruckenden Villa seines Sohnes, eines Anwalts, in der Nähe von Jakarta. Der weißhaarige Mann, der uns mit zurückhaltender Freundlichkeit begrüßt, ist eine ungeheure Überraschung. Er sieht so hellhäutig aus, dass man ihn problemlos für einen Europäer halten könnte. Der zweite Eindruck, der mich mit unmittelbarer Wucht trifft, ist der gepeinigte Ausdruck in seinen blauen Augen. Sofort ist mir bewusst, dass ich auf einen Mann gestoßen bin, der durch die Hölle gegangen ist. Während meines Besuchs bleibt sein Gesichtsausdruck unbewegt. Kein Lächeln legt sich auf seine Lippen. Sein besorgter Sohn weicht ihm während unseres ganzen Gesprächs nicht von der Seite, als ob er sich vergewissern will, dass sein Vater nichts sagt, dass ihn erneut traumatisiert – oder ihm und seiner Familie noch mehr Leid beschert. So deutlich und beklemmend, ist mir die sonst eher unterschwellige Angst bei vielen alten Indonesiern bisher nicht begegnet. Wieviel Kraft und Überwindung mag es einige von ihnen gekostet haben, sich mir überhaupt mitzuteilen?

Amir wurde 1925 geboren. Doch nahm sein Leben eine vollkommen andere Wendung als das seines Bruders. »Weil ich ein hübscher Junge mit auffallend heller Haut war, wurde Mund Singalam, die kinderlose Besitzerin der nahegelegenen niederländischen Kautschukplantage, auf mich aufmerksam. Als ich fünf oder sechs Jahre alt war, willigte Vater ein, mich bei ihr aufwachsen zu lassen. So kam ich zu einem einsamen Leben in Luxus.«

Mit der Industrialisierung, vor allem der beginnenden Autoproduktion, nahm die Nachfrage nach Öl und Gummi in den ersten Jahrzehnten des 20. Jahrhunderts dramatisch zu – vor allem in den USA.[1] Als der in brasilianischen Urwäldern gesammelte Naturkautschuk den Bedarf nicht mehr deckte, wurde es zum großen Geschäft, die verbotenerweise nach Südostasien geschmuggelten Pflanzen anzubauen.[2] Als Amir geboren wurde, hatte Kautschuk Zucker als wichtigstes Exportprodukt Niederländisch-Indiens überholt.[3] Vor dem Zweiten Weltkrieg deckte die Kolonie ein Drittel der Weltnachfrage an Gummi.[4] Während Plantagenbesitzer reich wurden, verloren die Kleinbauern über 95 Prozent des Exportwertes ihres Kautschuks durch Steuerabgaben.[5]

Die Wirtschaftskrise von 1929 traf den Kautschukexport hart. Der Ertrag lag 1933 nur noch bei einem Sechstel, verglichen mit der Zeit vor der Krise. Insgesamt verloren etwa 700.000 Einheimische und 10.000 Europäer ihre Arbeit, 20 Prozent aller Angestellten.[6] Auch dies wird ein Grund dafür gewesen sein, Amir schließlich wieder nach Hause zu schicken. Das hat er damals aber sicher nicht verstanden.

1 Lindblad, J. Th.: »The late colonial state and economic expansion, 1900–1930«. In: Dick, Howard: *The emergence of a national economy: an economic history of Indonesia 1800–2000.* 2002, S. 126

2 Siebert, Rüdiger: *Fünf Mal Indonesien: Annäherung an einen Archipel.* München 1987, S. 134

3 Allen, G.C. and Donnithorne, Audrey: *Western Enterprise in Indonesia and Malaya.* 1957 reprint 2003, S. 30

4 Geerken, Horst: *Der Ruf des Geckos.* 2009, S. 142

5 Kahin, George McTuman: *Nationalism and revolution in Indonesia.* 1952, S. 23

6 Mak, Geert: *Das Jahrhundert meines Vaters.* München 2005, S. 200

»Warum sehen Sie so anders aus als Ihre Geschwister?«

»In meiner Familie fließt offensichtlich europäisches Blut. Der Zufall will es, dass es bei mir deutlich in Erscheinung tritt. Bevor ich in das Haus der Plantagenbesitzerin umzog, nicht weit von unserem Haus entfernt, ermahnte Vater mich: ›Von nun an bist du nicht mehr Kambas Sohn, sondern der Sohn der Holländerin.‹ Ich hatte ein eigenes Zimmer und lernte europäisches Essen zu mögen. Anstelle von Reis gab es Brot zum Frühstück, das ich mit Lady Singalam einnahm. Ich spielte den ganzen Tag, hatte aber mit den Kindern aus dem Dorf keinen Kontakt mehr. Meine neue Mutter war streng. An Sonn- und Feiertagen ritt sie mit ihrem Kutscher in die Berge und ich saß hinter ihr auf dem Pferd. Bevor sie später von den Japanern interniert wurde, heiratete sie diesen Mann. Nach der japanischen Kapitulation kehrte sie auf ihre Plantage zurück, verstarb aber kurz darauf.«

Amir unterbricht sich: »Entschuldigen Sie. Ich greife zu sehr vor. Als ich in die Schule kam, freute ich mich so darüber, endlich wieder mit anderen Kindern spielen zu können, dass ich hin und wieder die Schule schwänzte. Als Madame Singalam davon erfuhr, war sie äußerst irritiert. Weil ich so oft traurig war, brachte sie mich schließlich zu meinen Eltern zurück.

Nach der dreijährigen Dorfschule ging ich für weitere fünf Jahre auf die niederländische Schule. Aus meinem Dorf und in meinem Jahrgang besuchte sie nur ein Kind außer mir. Es gab zwar deutlich weniger zu essen, aber ich gewöhnte mich problemlos wieder an das Leben in meiner Familie. Unsere Verwandten kritisierten meinen Vater. ›Warum schickst du deine Kinder auf die Regierungsschule?‹ Er ließ sich jedoch nicht beirren, gab sogar das Rauchen auf, um die 250 Sen im Monat für mein Schulgeld aufzubringen. Ich schloss die Schule 1941 mit 16 Jahren ab, ein Jahr vor Ankunft der Japaner.«

»Haben Sie irgendwelche negativen Erinnerungen an die Niederländer?«

»Absolut keine. Kurz bevor die Japaner erschienen, hatten fast alle Holländer die Gegend verlassen. Die Zurückgebliebenen wurden von den Japanern in Kota Tjane in Nord-Sumatra interniert. Im Allgemeinen hofften die Menschen, dass ihr Leben ohne das Kolonialsystem besser werden würde. Wir glaubten der japanischen Propaganda, dass jede Familie bald ein besseres Haus besitzen würde. Auch ich war der Meinung, dass die Holländer lange genug das Sagen hatten.

Ich erinnere mich, wie die Japaner mit LKW von Padang heranfuhren. Das letzte Stück gingen sie zu Fuß und vergewaltigten unterwegs Mädchen. Ehe sie ankamen, raubten wir noch schnell die holländischen Geschäfte aus, nicht aus Hass gegenüber den Holländern, sondern weil die meisten Menschen einfach sehr arm waren. Die Wohnhäuser ließen wir allerdings unberührt. Die Geschäfte der Chinesen wurden ebenfalls geplündert. Auch ich nahm daran teil. Als ich meine auf diese Weise erstandenen Sardinen-Dosen mit nachhause brachte, warf Mutter das Raubgut weg. Heute bin ich überrascht, wie wenig die guten Erfahrungen mit den Holländern nun galten. Im ersten Jahr der japanischen Besatzung half ich meiner Mutter auf den Feldern. Mein Freund schloss sich dagegen der militärischen *japanischen Organisation* Giyugun an.

Die Japaner hatten zunächst kein Interesse daran, Indonesier an Waffen auszubilden.[7] Die indonesische Freiwilligenarmee *PETA* wurde im Oktober 1943, als ein erstes japanisches Entgegenkommen an den indonesischen Nationalismus, gegründet – der spätere Grundstein für eine nationale indonesische Armee. Nach der Koiso-Deklaration im September 1944 wurde die japanische Armee ermächtigt, die militärischen Hilfsorganisationen Giyugun und *Heiho* ins Leben zu rufen.[8] Voraussetzung für die Aufnahme der 18- bis 30-jährigen Männer in der ›Freiwilligen-Armee des Volkes‹ – in Java bekannt unter dem Namen PETA – war es, des Malaiischen mächtig zu sein. Offiziersanwärter entstammten meist den einheimischen Eliten.[9] Für die ärmere Bevölkerung waren Essen und Kleidung ein wesentliches Motiv für ihre Teilnahme. Am Ende des Krieges hatte sich daraus eine schlagfähige Armee von 40.000 Männern auf Java und 30.000 auf Sumatra entwickelt.

»Niemandem war es gestattet, vor der Kirche an der Hauptstraße in Padang Panjang Lärm zu machen. Jeder musste langsam vorbeifahren oder

---

7 Anderson, Benedict R.: *Some aspects of Indonesian politics under the Japanese occupation: 1944–1945*. 2009, S. 14

8 Miyamoto Shizuo: »Economic and Military Mobilization in Java, 1944–1945«. In: Reid, Anthony und Akira Oki: *The Japanese experience in Indonesia: Selected Memoirs of 1942–1945*. 1986, S. 225

9 Zed, Mestika: »Giyugun – The Indonesian Defense Force in Sumatra«. In: Post, Peter (Hg.): *The encyclopaedia on Indonesia in the Pacific War*. Leiden/Boston 2010, S. 129

laufen und sich verbeugen, weil dort ein paar Japaner beerdigt waren. Ab und zu vergaß mein Vater die Verbeugung und wurde dafür geschlagen. Nach dieser Erfahrung verbot er mir, mich dem Giyugun anzuschließen.

1944 hatte unser Bürgermeister dafür zu sorgen, dass alle jungen Männer der militärischen Hilfsorganisation Seinendan beitraten. Ich wurde davon ausgenommen, weil ich für meinen Bruder arbeitete, der im Auftrag der Japaner eine Bahnlinie für kleine Versorgungszüge baute. Meine Aufgabe bestand darin, die Arbeitsfortschritte zu kontrollieren. Dabei kam ich an zahlreichen Arbeitslagern und Massengräbern für Tausende javanische ›romusha‹ vorbei. Niemand hat diese Todesstätten je markiert. Niemand hat je die Angehörigen über den Ort der letzten Ruhestätte ihrer Familienangehörigen informiert – bis heute nicht! In jedem Lager waren etwa 100 Arbeitssklaven untergebracht, die einmal pro Woche einen Liter Reis, einen Liter Mehl und etwas Salz erhielten. Keinen Fisch, kein Gemüse, nichts außer Reis und Mehl. Bald erkannte ich, dass jede Nacht 10 bis 15 von ihnen starben. In jedem einzelnen der vielen Lager, die ich sah!

Als Kontrolleur hatte ich reichlich zu essen und eine anständige Unterkunft, aber ich wagte nicht, die Japaner um zusätzliche Verpflegung für die ›romusha‹ zu bitten. Wegen der Tiger in dieser Gegend wagte ich mich nicht allein auf meine Kontrollgänge und nahm immer ein paar ›romusha‹ mit. Wenigstens dann sorgte ich dafür, dass sie genug zu essen hatten. Nach einem Jahr kehrte ich nach Hause zurück und begann das Seinendan-Training. Einerseits hatte ich keine Wahl, andererseits war ich stolz darauf zu lernen, mit richtigen Gewehren zu schießen. Wir aßen in guten Restaurants und hatten reichlich zu essen, während so viele Menschen verhungerten. Nach drei Monaten wurde ich in der Verwaltung eingesetzt.

Uns wurde eingetrichtert, dass wir den Japanern helfen müssten, den Krieg zu gewinnen, dann würden wir unsere Unabhängigkeit bekommen. Die große Mehrheit glaubte das und war bereit, den Hunger, ja sogar das Verhungern in unserer Bevölkerung zu akzeptieren. Sobald der Krieg vorbei war, erklärte unser Bürgermeister, wir sollten uns auf den Kampf gegen die Engländer vorbereiten, die inzwischen die Kontrolle über Indonesien hatten. Da wir Waffen benötigten, stahlen wir sie den Japanern oder Engländern, wann und wo immer dies möglich erschien.

In Padang Panjang mussten die Japaner den Engländern, die immer in Begleitung holländischer Militärvertreter unterwegs waren, ihre Waffen übergeben. Einige Japaner ließen uns jedoch heimlich ihre Waffen zukommen. Nach Auflösung von PETA und den anderen japanischen Militärorganisationen gründete mein Freund eine kleine Masyumi-Partei – unter dem Schirm der neuen muslimischen Masyumi Hisbullah. Ich schloss mich einer *Laskar*-Kampftruppe an, die ebenfalls mit dieser Partei verbunden war. Während des nun folgenden Freiheitskampfes machte sich meine Gruppe von etwa 60 Männern auf den Weg nach Padang, um gegen die Engländer zu kämpfen. Bevor wir aufbrachen, übertrugen die Dorfältesten mir die Führung. Wir nahmen den Zug bis zehn Kilometer vor Padang und gingen dann zu Fuß weiter. Ehe wir die Stadt erreichten, richteten wir unser Basislager in einem Haus ein, dessen Bewohner uns dies angeboten hatten. Wir wussten, dass die Briten hier gegen 17:30 Uhr patrouillierten. Versteckt hinter Büschen lagen wir auf der Lauer. Als der Konvoi von sieben LKW erschien, bewarfen wir ihn mit Handgranaten. Die Briten erwiderten das Feuer und rasten davon. In der Dunkelheit sammelten wir unsere acht Toten ein. Unser Granatwerfer Magid aus meinem Dorf war unter den Erschossenen. Am folgenden Tag stand die britische Flagge auf Halbmast und wir fanden heraus, dass der britische Major umgekommen war. Wir nahmen den Zug zurück nach Padang Panjang, wo Magid mit militärischen Ehren beigesetzt wurde. Die Dorfbewohner ließen ihm einen Gedenkstein errichten.«

Angesichts der scheinbar gelassenen Darstellung dieser Aktion frage ich Amir nach der Trauer über den Tod dieser jungen Männer. Erstaunt erwidert er:»Das vorherrschende Gefühl war Stolz! Und weil ich für diese erfolgreiche Tat die Verantwortung trug, wurde ich in der Umgebung bekannt und mein Dorf empfing mich wie einen Helden. Als die Briten Padang verlassen hatten, kehrte ich in meine Kaserne zurück. Als Armeeangehöriger hatte ich ein geregeltes Einkommen. 1947 wurde ich Leutnant und hatte endlich die nötige finanzielle Sicherheit, um heiraten zu können – und dann kamen die Holländer zurück. Mit unseren Maschinengewehren kämpften wir mit aller Kraft gegen sie an, aber unsere Position war so aussichtslos, dass wir Guerillamethoden anwandten. Im Laufe unserer Angriffe wurden fünf meiner Männer getötet.«

Mit einem Hauch von Stolz fährt er fort:»1948 nahm ich als Kommandeur an der Schlacht um Bukittinggi teil. Dabei starben 60 meiner Männer. Ich habe etliche Holländer erschossen – ein paar Wachleute und einige schlafende Soldaten. Ich muss allerdings hinzufügen, dass die ›holländischen‹ Soldaten gar keine Holländer waren, sondern *Ambonesen* oder Eurasier.«

»Also handelte es sich um eine Art Bürgerkrieg?«

Etwas unmutig antwortet Amir:»Die Ambonesen kämpften in holländischen Uniformen.«

Als wir uns dem Ende unserer Unterhaltung nähern, erzählt Amir von seinen 13 Kindern. Das jüngste von ihnen ist der charmante, junge Anwalt neben ihm. Plötzlich erwähnt er ganz unvermittelt, aber mit dem stummen Einverständnis seines Sohnes, seine 20-jährige Haft. Die bewusst aufrechterhaltene Vorsicht wird schlagartig wie von einem Orkan hinweggefegt. Ich bin plötzlich von Tränen und einem Gefühlsbeben umgeben – werde Zeugin einer emotionalen Sturmflut.

Von seiner langen Haft traumatisiert, erzählt Amir flüsternd von jahrelanger Isolationshaft und Folter – und der unendlich großen Sorge um seine Frau und seine Kinder. Sein Sohn Fajar rückt mit Tränen in den Augen noch näher an seinen Vater heran und versucht den Mann zu beschützen, der nicht dabei sein konnte, als er aufwuchs. Lorinda ist von dem Schmerz um sie herum so überwältigt, dass sie kaum mehr in der Lage ist zu übersetzen. Sie wiederholt nur immer wieder Amirs gehauchte Erklärung:»Und all dieser Horror, dieses Unrecht, weil ich während der Ausbildung meiner Rekruten auch ein Handbuch über vietnamesische Guerillataktiken gegen die USA benutzte.

Als ich inhaftiert wurde, war meine Frau schwanger mit Fajar. Der Gedanke, dass sie allein durch die Schwangerschaft gehen musste, war mir furchtbar. Dass ich meine Kinder nicht würde aufwachsen sehen, war nicht auszuhalten. Dass meine Frau in bitterer Armut allein für unsere Kinder sorgen musste, war schlimmer als alle Folter…« Seine Stimme bricht.

Zu wissen, dass Hunderttausende sein Schicksal teilten, dass zwischen 500.000 und einer Million Männer Ähnliches nicht überlebten, dass nach Suhartos Machtübernahme 1965 Abertausende mit durchschnittenen Kehlen an Straßenrändern lagen oder in blutgetränkten Flüssen trieben, ist angesichts eines Zeitzeugen, der dies erlebt hat, kaum zu ertragen. Zu wissen, dass der Westen über diese Massaker triumphierte und Suharto nicht nur von den USA, sondern auch von Helmut Kohls Deutschland bei seiner blutigen Aktion unterstützt wurde, macht die Situation noch schwerer auszuhalten. Ich denke an die ungezählten Ermordeten, deren Geschichten von jahrelanger Folter, Todesangst und Tod nie jemand hören wird in einem Land, das noch nicht ernsthaft damit begonnen hat, seine Geschichte aufzuarbeiten.

Als Amir Ende der 1960er Jahre weggesperrt wurde, war er einer von vielen Militärangehörigen, die nach den zivilen ›Säuberungen‹ nun Suhartos militärischen ›Säuberungen‹ zum Opfer fiel. Besonders betroffen davon waren die Anhänger *Sukarnos*. Vermutlich war er einer von ihnen, denke ich, als er uns mit den Worten verabschiedet: »Ich habe an Sukarno als Staatsmann nichts zu kritisieren – nur seinen Umgang mit Frauen in seinem Privatleben.«

Das Massaker von 1965/66

Sukarno hatte schon eine Vielzahl von Mordanschlägen und Rebellionen überlebt. Die Entführung und Ermordung von zwölf Menschen, darunter sechs Generäle, 1965, hätte wie jede andere Krise bewältigt werden können. Aber zu diesem Zeitpunkt war das Militär entschlossen, die Macht an sich zu reißen. Dabei wurden bei einem der größten Massenmorde des 20. Jahrhunderts, zwischen Oktober 1965 und Januar 1966 hunderttausende Menschen umgebracht. Weitere Hunderttausende wurden verhaftet, viele gefoltert. Wie alle historischen Ereignisse hat auch dieses Blutbad eine nationale, internationale, wirtschaftliche und politische Vorgeschichte.

Indonesien litt Anfang der 1960er Jahre unter einer katastrophalen Wirtschaftslage, die durch die Anti-Malaysia-Kampagne (1963–1965) verschärft wurde. Steuern wurden nicht ordnungsgemäß erhoben. Das Kommunikations- und Transportwesen verfiel. Als 1963 eine Missernte hinzukam, litt in manchen Regionen Javas ein Viertel bis ein Drittel der Bevölkerung unter einer Hungersnot.[1] Die Menschen aßen Schnecken und Ratten. Reuters berichtete, dass eine Million Menschen … alles verkauften, einschließlich ihrer Kinder.[2] Im Urteil der nicht-kommunistischen Intelligenz hatte Sukarno das Land in ein wirtschaftliches Chaos gestürzt.[3]

Im gleichen Jahr richtete die *PKI*-Führung ein Sonderbüro für die

---

[1] Polomka, Peter: *Indonesia since Sukarno.* 1971, S. 177

[2] Mortimer, Rex: *Indonesian communism under Sukarno: ideology and politics 1959–1965.* 2006, S. 300

[3] Heinzlmeir, Helmut: *Indonesiens Außenpolitik nach Sukarno 1965–1970.* Institut für Asienkunde 78–80. Hamburg 1976, S. 85

Schulung junger Offiziere ein und kommunistische Gruppen begannen angesichts des Massenelends auf Java damit, die von der Regierung versprochene *Landreform* gewaltsam umzusetzen. Dies verschärfte die Spannungen zwischen den oft wohlhabenderen Muslimen und der armen Landbevölkerung, die meist noch ihrer animistischen Tradition verbunden war. Auch die auf dem Land einflussreichen Religionsführer sahen ihre Machtposition durch die PKI gefährdet. Die Massen hatten sich längst von den politischen Parteien abgewandt, lediglich die PKI hatte sich eine Reputation für den uneigennützigen Einsatz für die Armen bewahrt. Zu ihrem 45. Jahrestag waren im Mai 1965 Zehntausende ins Stadion von *Jakarta* gekommen. Davor versammelten sich weitere 100.000 Menschen.[4]

Die PKI war zur größten politischen Partei angewachsen, gleichzeitig besetzte das Militär immer mehr Regierungsposten. Die Polarisierung der Gesellschaft reichte bis tief in den Staatsapparat und militärische Kreise hinein. Obwohl die PKI von der Regierung praktisch ausgeschlossen war, fürchtete die Armee um ihre wirtschaftlichen und politischen Privilegien. Als Sukarno am 5. August 1965 öffentlich kollabierte, war die Rivalität zwischen PKI und Armeeführung zum Zerreißen gespannt.

Internationale Macht-und Wirtschaftsinteressen heizten die Lage weiter an. Schon 1961 waren die USA Indonesiens größter Abnehmer von Gummi und Öl.[5] Die US-Firma Caltex war mit 70 Prozent der weitaus größte Erdölproduzent Indonesiens.[6] Einerseits flossen 50 Prozent der Ölprofite an die indonesische Regierung, andererseits misstraute Sukarno den USA seit ihrer Einmischung in die Aufstände von 1957 zutiefst. 1965 waren 2.800 − knapp ein Viertel aller indonesischen Offiziere − in den USA ausgebildet worden.[7] Gleichzeitig gab Sukarno seine blockfreie Haltung zugunsten einer Annäherung an Peking auf.[8] Er ließ alle antikommunistischen Veröffentlichungen einstellen. und akzeptierte die Lieferung chinesischer Waffen, mit denen eine PKI-nahe Volksmiliz bewaffnet werden sollte.[9] Beunruhigt durch die Popularität

---

[4] Roosa, John: *Pretext for mass murder: The September 30th movement and Suharto's coup d'etat in Indonesia.* 2006, S. 205

[5] Gould, James W.: *Americans in Sumatra.* 1961, S. 73

[6] Heinzemeir, S. 27

[7] Roosa, 2006, S. 183

[8] Legge, John David: *Sukarno: a political biography.* 2003, S. 382

[9] Taylor, Jay: *China and Southeast Asia: Peking's relations with revolutionary movements.* 1976, S. 109

der PKI und anti-amerikanischen Demonstrationen, schlossen die USA alle Botschaften außerhalb Jakartas und fürchteten um ihre strategischen und wirtschaftlichen Interessen. [10] Im Januar 1965 hatte Indonesien die UN verlassen und Sukarno weigerte sich, weitere US-Entwicklungshilfe anzunehmen. Damit setzte sich der wirtschaftliche Zusammenbruch des Landes rasant fort. Fallender Export und hohe Militärkosten führten zu einer Auslandsverschuldung von 2.400 Millionen US Dollar.[11] Die Inflation war immens. Hatte man 1959 für einen US Dollar noch 45 Rupien erhalten, waren es 1966 1500 Rupien.[12]

Im Februar 1965 erklärte Sukarno der US-Reifenfirma Goodyear, dass seine Regierung die Kontrolle über alle ausländischen Kautschukplantagen übernehmen werde.[13] Im März befürwortete die US-Regierung den Plan von CIA und Außenministerium, die PKI zu schwächen und die mit den USA verbündeten Offiziere zu stärken.[14] Dies beinhaltete, der PKI einen Putschversuch vorzuwerfen und sie anschließend auszuschalten. Um sie zu provozieren, verbreitete man Gerüchte über einen drohenden Militärstreich.

Während die den USA nahestehenden Offiziere und Generäle um ihre Gewinne aus Staatsunternehmen bangten, kooperierten einige Offiziere mit der PKI. Sie verachteten ihre Vorgesetzten für deren Machtmissbrauch und Habsucht und informierten die PKI-Führung über einen möglichen, von einem ›Rat der Generäle‹ geplanten, Sturz Sukarnos.

Im Mai 1965 wurden diese Hinweise Sukarno zugespielt. Im gleichen Monat wurde ein Telegramm des britischen Botschafters bekannt, in dem von ›unseren hiesigen Armee-Freunden‹ die Rede ist, die eine verdeckte ›Aktion‹ planten. Möglicherweise war dieses Dokument eine Fälschung, in Sukarnos Umfeld wurde es aber als authentisch angesehen. Das exakte Geschehen am 30. September 1965 ist bis heute nicht restlos geklärt. Man kann aber sagen, dass einige Sukarno-treue Offiziere und

10 Gouda, Frances: *American vision of the Netherlands East Indies/Indonesia. US foreign policy and Indonesian nationalism 1920–1949.* 2002, S. 304
11 Legge, 2003, S. 385
12 Dahm, Bernhard (Hrsg.): *Südostasienhandbuch*, München 1999, S. 245
13 Simpson, Bradley: »The United States and International Dimensions of the Killings in Indonesia.« In: Schaefer, Bernd und Baskara T. Wardaya: *1965. Indonesia and the World.* Jakarta 2013, S. 46
14 Easter, David: »Keep the Indonesian pot boiling.« In: *Cold war history* Vol. 5, No. 1. 2002. S. 55–58

ein Teil der PKI-Führung für die Entführung und Ermordung von sechs Generälen primär verantwortlich waren. Daraus konstruierte Suharto eine kommunistische Verschwörung. Sukarno verurteilte den Mord an den Generälen. Auch die PKI distanzierte sich davon. Aber die Militärführung hatte nun endlich einen Anlass, die PKI zu vernichten und Sukarno aus dem Amt zu drängen.[15] Das bald einsetzende Blutbad war indes keine spontane Reaktion aufgebrachter Massen, wie von Suharto dargestellt, denn die Massaker begannen erst drei Wochen nach dem Anschlag. Tatsächlich ließ Suharto die Hysterie gezielt aufpeitschen. Ohne Sukarnos Schutz hatte die PKI dem brutalen Vorgehen des Militärs nichts entgegen zu setzen.

1965 lebten in Indonesien 120 Millionen Menschen, davon waren 40 Millionen erwachsen. Von ihnen waren 10 Millionen Mitglieder in einer der Massenorganisationen der PKI. Sie alle waren nun bedroht.[16] Die US-Botschaft und die CIA überreichten der Armeeführung Listen tausender mutmaßlicher Kommunisten.[17] Bürgermeister erhielten den Befehl, Menschen anhand dieser Listen zu töten.[18] Junge Männer wurden nach einer zwei- oder dreitägigen Ausbildung losgeschickt, um der PKI das Genick zu brechen. In manchen Dörfern erschienen maskierte Fremde, die direkt auf die Häuser von PKI-Sympathisanten zusteuerten. Zu den Gefährdeten zählten insbesondere Chinesen, da Suharto Peking beschuldigte, an dem Anschlag beteiligt gewesen zu sein. Beweise dafür konnte er jedoch nie liefern.[19] Im Mai 1966 schickte China Schiffe, um die Ausreisewilligen zu repatriieren und stellte fortan jede Unterstützung für Indonesien ein.

Nach dem Mord an den sechs Generälen überließ Präsident Sukarno unter Druck Suharto am 3. Oktober 1965 die Befehlsgewalt über das Militär. Im November überreichte die US-Regierung Suharto ein abhörsicheres Kommunikationssystem.[20] In Zusammenarbeit mit den USA und Großbritannien hintertrieben führende Militärs Versuche, eine Verbesserung der katastrophalen Wirtschaftslage zu erreichen und

---

15 Roosa, John: »Framing the killings. Framing up the communists.« In: Schaefer, Bernd und Baskara T. Wardaya (Hg.): *1965. Indonesia and the World.* 2013, S. 37
16 An Amnesty International Report 1977, S. 23
17 Schaefer, Bernd und Baskara T. Wardaya (Hg.): *1965. Indonesia and the World.* 2013, S. 4
18 Tanter, Richard: »The Great Killings in Indonesia through the Australian Mass Media.« In: Schaefer, Bernd und Baskara T. Wardaya (Hg.): *1965. Indonesia and the World.* 2013, S. 137
19 Mozingo, David: *Chinese policy toward Indonesia, 1949–1967.* 2007, S. 242
20 Easter, S. 65

zweigten stattdessen Staatsgelder für die Etablierung einer Parallelregierung ab. Im Januar 1966 musste Sukarnos Regierung eine weitere Preiserhöhung für Lebensmittel bekanntgeben. Zwei Monate später übertrug Sukarno die Regierungsvollmachten zur Wiederherstellung der Ordnung an Suharto. Er selber wurde unter Hausarrest gestellt, wo er drei Jahre später starb. Das verarmte, verängstigte – und in das Morden verstrickte – Volk nahm Suhartos Griff zur Macht widerspruchslos hin. Auch die Presse beteiligte sich an dem Terror. Am 5. November 1965 war in der Jakarta Mail zu lesen, 100 Frauen der kommunistischen Frauenorganisation hätten einem der entführten Generäle den Penis abgeschnitten, bevor er erschossen wurde.[21] Dies war ebenso unwahr, wie die Mitteilung, die Frauen hätten den Generälen die Augen ausgestochen.[22] Dennoch fanden diese Horrorgeschichten Eingang in den Gründungsmythos von Suhartos Militärherrschaft. Dass die Schuldbekenntnisse dieser Frauen nach mehrfacher Vergewaltigung und Folter erfolgten, schrieben die Zeitungen nicht.[23] Die New York Times nannte die ›brutalen Veränderungen‹ einen ›Hoffnungsschimmer‹. [24] Auch die westdeutsche Botschaft verbreitete die indonesische Propaganda kritiklos.[25] Dass diese Massaker mehr Todesopfer forderten als der gesamte Krieg in Vietnam, fand kaum Erwähnung in der internationalen Presse.[26]

Entgegen den Behauptungen der Medien waren spontane Gewaltorgien aufgebrachter Dorfbewohner selten. In den meisten Fällen ließen Suhartos Handlanger ihre Opfer heimlich verschwinden und brachten sie nachts an abgelegenen Orten um. Offiziere – häufig Mitglieder der privilegierten Gesellschaftsschicht -, die in der PKI eine Bedrohung sahen, stellten nicht selten LKW für den Transport der Opfer zur Verfügung, oder beteiligten sich auch selbst an den Massakern. Mit der Vernichtung der PKI war die Hoffnung der Mehrheit der Bevölkerung auf größere soziale Gerechtigkeit zunichte gemacht.

---

21 Easter, S. 64

22 Mc Gregor, Katharine und Nugroho Notosusanto: »The Legacy of a Historian in the Service of an Authoritarian Regime.« In: Reid, Anthony: *Beginning to remember: The past in the Indonesian present.* 2005, S. 227

23 Colombijn, Freek: »What is so Indonesian about violence?« In: Wessel, Ingid und Wimhöfer, Georgina (Hg.): *Violence in Indonesia.* Hamburg 2001, S. 32

24 Roosa, 2006, S. 16

25 Schaefer, Bernd: »The Two Germanys and Indonesia 1965/66.« In: Schaefer, Bernd und Baskara T. Wardaya (Hg.): *1965. Indonesia and the World.* 2013, S. 104

26 Maier, Hendrik M.J.: »In Search of Memories.« In: Reid, Anthony: *Beginning to remember: The past in the Indonesian present.* 2005, S.90

Dem Militär gelang es auch, muslimische Religionsanführer zu mobilisieren. Ihre Schüler zerrten wirkliche oder vermeintliche Kommunisten aus ihren Häusern und schnitten ihnen die Kehle durch. Besonders aktiv war die Jugendgruppe der muslimischen Nahdlatul Ulama (NU-Partei).[27] Katholische Jugendgruppen beteiligten sich ebenso am Morden, wie Anhänger der Studentenorganisation KAMI und der Sozialistischen Partei. Da das Töten in kleinen Gruppen geschah, kannten die Täter nur ihre eignen Opfer, ohne das ganze Ausmaß des Massakers zu begreifen. Der unermüdlichen Hetze gelang es, ganz normale Indonesier zu Mördern werden zu lassen. Die Gesetzeslosigkeit diente manch einem auch als Gelegenheit, alte Rechnungen zu begleichen.

Während Flüsse und Straßenränder zu Massengräbern wurden, priesen die USA und Großbritannien die indonesische Armeeführung für ihr unbeirrtes Handeln und stellten umfangreiche militärische und wirtschaftliche Unterstützung zur Verfügung.[28] In diesem Zusammenhang wurde auch die Konfrontation mit Malaysia beendet.

Hundertausende wurden ermordet und 1,9 Millionen Menschen verhaftet – unter ihnen 306 Sukarno-treue Offiziere.[29] Der in der Ferne eingesperrte Vater, Bruder oder Sohn überschattete jeden sozialen Kontakt seiner Familie. 1977 fristeten noch 55.000 bis 100.000 politische Häftlinge ihr Leben ohne Gerichtsverfahren in Gefängnissen.[30] Unter ihnen befand sich der berühmte Schriftsteller Ananta Toer, der seine Erfahrungen unter anderem in dem Buch ›Stilles Lied eines Stummen‹ festhielt.[31] Bevor man sie frei ließ, mussten alle Gefangenen unterschreiben, dass sie nicht gegen das Regime klagen würden.[32]

Selbst nach ihrer Freilassung waren sie für den Rest ihres Lebens stigmatisiert – oft auch ihre Familienangehörigen. Über zehn Millionen Menschen waren davon insgesamt betroffen.[33] Viele hatten keine Chance auf Ausbildungsmöglichkeiten oder eine Arbeitsstelle.[34] Für die meisten Indonesier stellte der Kontakt mit ihnen eine Gefahr dar. Die Freilassung

---

[27] Mody, Nawaz B.: *Indonesia under Suharto*. 1987, S. 71
[28] Taylor, Jean Gelman: *Indonesia: peoples and histories*. 2003, S. 357
[29] Crouch, Harold: *The army and politics in Indonesia*. 1978, S. 200
[30] Mody, S. 182
[31] Boland, B.J.: *Struggle of Islam*. 1982, S. 143
[32] Ki Tristuti Rachmadi: »My life as a Shadow Master under Suharto.« In: Reid, Anthony: *The blood of the people: revolution and the end of traditional rule in northern Sumatra*. 1979, S. 43
[33] Amnesty International, S. 29
[34] Siebert, Rüdiger: *Fünf Mal Indonesien: Annäherung an einen Archipel*. München 1987, S. 66

des Vaters vereinte die Familie zwar wieder, aber die Last, die Familie zu unterhalten, musste weiterhin von der Mutter getragen werden.

Als die PKI vernichtet war, nutzte Suharto die ihm treu ergebenen Armeeeinheiten zur ›Ent-Sukanoisierung‹ des Militärs. Daraus kann man schließen, dass eine beträchtliche Anzahl Militärangehöriger hinter Sukarno standen. Zu den Verfolgten gehörten außerdem *PNI*-Mitglieder und Suharto-Kritiker in Regierung und Polizei. Die für den Massenmord Verantwortlichen kamen an die Macht und wurden nie verfolgt. Die im ganzen Land verstreuten Massengräber blieben unbeachtet. Öffentliches Bedauern gab es nie. Nur der Todestag für die sechs ermordeten Generäle wurde jedes Jahr mit großem Aufwand inszeniert.

Um seine Militärdiktatur zu legitimieren, hielt Suharto die Angst vor dem Kommunismus aufrecht. In Schulbüchern, Monumenten, Straßennamen, Filmen, Museen und Gedenktagen wurde die Bevölkerung fortwährend mit seiner Version des ›30. September‹ überschüttet. Private Erinnerungen, die Kinder zuhause hören, die aber in Schule und Gesellschaft verschwiegen werden, die immer noch verbreitete Angst der Opfer – und mancher Täter -, ihre Erlebnisse öffentlich zur Sprache zu bringen, sowie die Einschüchterung kritischer Historiker führen dazu, dass dieses Trauma bis heute nicht verarbeitet werden konnte.

Auch die außenpolitischen Folgen waren immens. 1966 wurde die Interregierungsgruppe für Indonesien IGGI gegründet. Über diesen Kanal flossen dem Land Milliardenkredite zu, die es dem Regime erlaubten, sich die Loyalität der Streitkräfte, der Bürokratie und der Stadtbevölkerung zu sichern. Die Landbevölkerung, über 70 Prozent aller Indonesier, profitierte von diesen Geldern kaum. Ende 1966 waren die USA zum wichtigsten Gläubiger Indonesiens geworden. Die Bodenschätze des Landes wurden vom Ausland kontrolliert. Es wurde zum Rohstofflieferant, Billiglohnland und Absatzmarkt vor allem für die USA und Japan.[35] Als sich das Institut zur Untersuchung der Massaker 2001 dafür einsetzte, 26 Leichen aus einem Massengrab zu exhumieren, erhielten die Initiatoren Morddrohungen eines islamischen Solidaritätsforums.[36] Heute verstehen die meisten Indonesier immer noch nicht wirklich, wie Suharto an die Macht kam. Er wird zwar inzwischen für seine

---

[35] Heinlmeir, S. 237
[36] Taylo, Jean Gelman, S. 9

gigantische Korruption und Habgier verabscheut, aber der blutige Beginn seiner Macht wird selten hinterfragt. In 30 Jahren Militärdiktatur erwuchs aus Schweigen Legitimität. Auch heute noch gehen die Opfer erhebliche Risiken ein, wenn sie ihre Geschichte erzählen, geschweige denn veröffentlichen. Die Mehrheit der Indonesier hat in der staatlichen Geschichtsschreibung keinen Platz. Man kann sagen, die ›Neue Ordnung‹ brachte eine Geschichte ohne menschliche Schicksale hervor.

Als sich Präsident Abdurahman Wahid im Jahr 2000 für die Beteiligung der islamischen NU-Partei, die er selbst einmal anführte, an dem Morden von 1965/66 und den jahrzehntelangen Gefangenschaften entschuldigte, folgte ein Sturm der Entrüstung.[37] Das Gesetz von Präsidentin Megawati im Jahr 2004, das vorsah eine ›Wahrheits- und Versöhnungskommission‹ einzusetzen, wurde 2006 zurückgenommen. 2007 erschien ein neues Schulgeschichtsbuch, das auch die Massaker von 1965 zum Thema hatte. Es wurde auf Drängen der NU aus dem Verkehr gezogen. 2009 verbot der Generalstaatsanwalt die Übersetzung des Buches ›Pretext for Mass Murder‹ (2006) von John Roosa, das sich kritisch mit dem Blutbad auseinandersetzt.[38]

---

37 Klinken, Gerry van: »The Battle for History after Suharto.« In: Reid, Anthony: *Beginning to remember: The past in the Indonesian present*. 2005, S. 243
38 Roosa 2013, S. 24

Bibliographie

Abeyasekere, Susan: *One hand clapping: Indonesian nationalists and the Dutch, 1939–1942.* 1976

Aditjondro, George Junus: »Guns, Pamphlets and Handie-Talkies.« In: Wessel, Ingrid und Wimhöfer, Georgina (Hg.): *Violence in Indonesia.* Hamburg 2001

Aldrich, Richard J.: *Intelligence and the war against Japan: Britain, America and the politics of secret service.* 2000

Allen, G.C. and Donnithorne, Audrey: *Western Enterprise in Indonesia and Malaya.* 1957 reprint London 2003

Allen, L.: *The end of the war in Asia.* 1976

An Amnesty International Report 1977

Anan, Gusti: »Sumatra's Regional Governments«. In: Post, Peter (Hg.): *The encyclopaedia on Indonesia in the Pacific War.* 2010, S. 61–71

Anderson, Benedict: *Java in a Time of Revolution, Occupation and Resistance 1944–1946.* 1972

Anderson, Benedict: *A time of darkness and a time of light: Transposition in early Indonesian nationalist thought.* 1976

Anderson, Benedict: *Language of Power. Exploring Political Cultures in Indonesia.* 1992

Anderson, Benedict: *Some aspects of Indonesian politics under the Japanese occupation: 1944–1945.* 2009

Archer, Bernice: *The internment of western civilians under the Japanese 1941–1945.* 2004

Aziz, Muhammad Abdul: *Japan's colonialism and Indonesia.* 1955

Barlow, Colin und Drabble, John: »Government and the Emerging Rubber Industries in Indonesia and Malaysia.« In: Booth, Anne (Hg.): *Indonesian economic history.* 1990

Baskara T. Wardaya: »The 1965 Tragedy in Indonesia and its context.« In: Schaefer, Bernd und Baskara T. Wardaya (Hg.): *1965. Indonesia and the World.* 2013

Bastin, John Sturgus: *Native policies of Sir Stamford Raffles in Java and Sumatra.* 1957

Bayly, Alan und Kolff, D.H.A.: *Two colonial empires.* 1986

Benda, Harry Jendrich: *The crescent and the rising sun: Indonesian Islam under the Japanese occupation 1942–1945.* 1958

Benda, Harry Jindrich (Hg.): *Japanese military administration in Indonesia: selected documents.* 1965

Bergerud, Eric; *Touches with fire.* 1996

Bix, Herbert: *Hirohito and the making of modern Japan*. 2000

Blackburn, Kevin und Hack, Karl (Hg.):.*Forgotten captives in Japanese occupied Asia*. 2008

Boland, B.J.: *Struggle of Islam*. 1982

Boomgard, Peter: *Children of the colonial state: population growth and economic development in Java, 1795–1880*. 1989

Booth, Anne: *Agricultural development in Indonesia*. 1988

Booth, Anne (Hg.): *Indonesian economic history*. 1990

Booth, Anne: *Economic and social development in East and Southeast Asia*. 2007

Breman, Jan; *Control of land and labor in colonial Java: a case study of agrarian crisis in the region of Cirebon during the first decades of the 20th century*. 1983

Breman, Jan: *Taming the Coolie Beast*. 1989

Briggs-Koning, Maria: *Footsteps in memories....* 1999

Budiman, Arief: *State and civil society in Indonesia*. 1990

Bullard, Steve:»Australia's war in New Guinea, and Australia's war in the liberation of the Netherland East Indies.« In: Post, Peter (Hg.): *The encyclopaedia on Indonesia in the Pacific War*. 2010

Bussemaker, H.Th.: *Paradise in peril: western colonial power and Japanese expansion in South East Asia 1905–1941*. Ph.D. Thesis, University of Amsterdam. 2000

Carey, Peter: *The origins of the Java War 1825–1830*. 1976

Carey, Peter: *Waiting for Ratu Adil (‹Just King›): the Javanese village community on the eve of the Java War (1825–1830)*. 1981

Carey, Peter: *No longer Chinese, not yet Dutchmen, half-baked Javanese.*

Changing Javanese perceptions of the Chinese community in South-Central Java 1755–1825. 1983

Chauvel, Richard:»Ambon: Not a Revolution but a Counterrevolution.« In: Kartodirdjo, Sartono: *Protest movements in rural Java*. 1973

Chauvel, Richard: *Nationalists, soldiers and separatists: the Ambonese Islands from colonialism to revolt, 1880–1950*. 1990

Chauvel, Richard: *The Papua conflict: Jakarta's perception and politics*. 2004

Chin-Sung Chung:»The Origin of Development of Military Sexual Slavery in Imperial Japan«. In: Kratoska, Paul H. (Hg.): *Asian labor in the wartime Japanese Empire. Unknown histories*. 2005

Colbert, Evelyn Speyer: *Southeast Asia in international politics, 1941–1956*. 1977

Colombijn, Freek:»What is so Indonesian about violence?« In: Wessel, Ingrid und Wimhöfer, Georgina (Hg.): *Violence in Indonesia*. Hamburg 2001

Conbay, Ken: *INTEL: Inside Indonesia's Intelligence Service*. 2004

Cook, Haruko Toya:»Japan's War in Living Memory and beyond.« In: Raben, Remco (Hg.): *Representing the Japanese occupation of Indonesia: personal testimonies and public images in Indonesia, Japan and the Netherlands*. 1999

Coppel, Charles: *Indonesian Chinese in crisis*. 1983

Cribb, Robert:»Jakarta: Cooperation and Resistance in an Occupied City.« In: Kartodirdjo, Sartono: *Protest movements in rural Java*. 1973

Cribb, Robert:»Institutions«. In: Post, Peter (Hg.): *The encyclopaedia on Indonesia in the Pacific War*. 2010

Cribb, Robert und Kahin, Audrey: *Historical dictionary of Indonesia*. 2004

Crouch, Harold: *The army and politics in Indonesia*. 1978

CSIAP – Civil Society Initiative against Poverty. Problems of budget allocation – medical and educational. Ithaca

Dahm, Bernhard: *Sukarnos Kampf um Indonesiens Unabhängigkeit*. Hamburg 1966

Dahm, Bernhard: *Sukarno and the Struggle for Indonesian Independence*. Cornell 1969

Dahm, Bernhard: *Indonesien: Geschichte eines Entwicklungslandes 1945–1971*. (Handbuch der Orientalistik: 3. Abt.) 1997

Dahm, Bernhard:»Die Batak unter fremden Herren. Ein Kapitel aus der späten Kolonialgeschichte.« In: Kita – Das Magazin der Deutsch-Indonesischen Gesellschaft 3/14: *Batak Toba*. Köln 2013

Dalton, Bill: *Indonesia Handbook*, 1991

Day, Clive: *The Dutch in Java*. 1904

Day, Lapiando: *Papers of the Dutch-Indonesian Conference*. 1976

Decker, Eduard Douwes. Multatuli: *Max Havelar Oder Die Kaffeeversteigerung*. 1901

Dick, Howard W.:»Interisland Trade, Economic Integration, and the Emergence of a National Economy.« In: Booth, Anne (Hg.): *Indonesian economic history*. 1990

Dick, Howard W.:»The emergence of national economy, 1808–1990.« In: *Lindblad, J. Th. Historical foundation of a national economy in Indonesia, 1890–1990*. Royal Netherlands Academy of Arts and Sciences. Proceedings of the colloquium. Amsterdam, September 1994

Dick, Howard W.: *The emergence of a national economy: an economic history of Indonesia 1800–2000*. 2002

Dijk, Cornelis van: *Rebellion under the banner of Islam*. 1981

Dower, John: *War without mercy: race and power in the Pacific War*. 1986

Dower, John: *Embracing defeat: Japan in the aftermath of World War II*. 2000

Drakard, Jane: *The kingdom of words*. (US dissertation on Minangkabau), 1999

Dunlop, Edward E.: *The war diaries of Weary Dunlop*. 1986

Easter, David: *Keep the Indonesian pot boiling*. In: Cold war history Vol. 5, No. 1. 2002

Elsbree, Willard: *Japan's role in Southeast Asian nationalist movements 1940–1945*. The Institute of Pacific Relations. 1958

Elson, Robert Edward: *Javanese peasants and the colonial sugar industry*. 1984

Erman, Erwiza:»Under the Mitsui Zaibatsu: Coal and labor in Sumatra«. In: Post, Peter (Hg.): *The encyclopaedia on Indonesia in the Pacific War*. 2010

Fasseur, Cornelis: *Politics of colonial exploitation: Java, the Dutch and the cultivation system from the years 1840–1860*. 1992

Fatimaly, Siti:»Comfort Women«. In: Post, Peter (Hg.): *The encyclopaedia on Indonesia in the Pacific War*. 2010

Feith, Herbert und Castels, Lance: *Indonesian political thinking 1945–1965*. 2007

Feith, Herbert: *The decline on constitutional democracy in Indonesia*. 2007

Ferguson, Niall: *The War of the world: history's age of hatred*. 2012

Fieldhouse, D.K.: *Die Kolonialreiche seit dem 18 Jahrhundert*. Frankfurt 1965

Fifield, Russel Hunt: *Southeast Asia in United States policy*. 1963

Frederick, William: *Visions and heat: the making of the Indonesian revolution*. 1989

Frederick, William:»Reflections in a Moving Stream.« In: Raben, Remco (Hg.): *Representing the Japanese* occupation of Indonesia: personal testimonies and public images in Indonesia, Japan and the Netherlands. 1999

Frederick; William: »The aftermath«. In: Post, Peter (Hg.): The encyclopaedia on Indonesia in the Pacific War. 2010

Frohnes, Heinz Günther (Hg.): Kirchengeschichte als Missionsgeschichte. Band 1–2. München 1978

Furnivall, John Sydenham: Colonial policy and practice: a comparative study of Burma and Netherlands India. 1956

Geerken, Horst: Der Ruf des Geckos. Books on Demand 2009

Gelderen, J. van: The recent development of economic foreign policy in the Netherlands East Indies. 1939

Goldmann, Nicoletta (Hg.):.Eyewitnesses of War. (Foundation of Japanese Honorary Debts.)

Goto Ken'ichi:«Modern Japan and Indonesia. The dynamics and legacy of wartime rule«. In: Peter Post (Hg.): Japan, Indonesia and the war. Myhs and Realities. 1997

Goto Ken'ichi: »The Semarang Incident.« In: Taufik, Abdullah (Hg.): The Heartbeat of Indonesian revolution. 1997

Goto Ken'ichi: Tension of empire: Japan and Southeast Asia in the colonial and post colonial world. 2003

Goto Ken'ichi: »Indonesia during the Japanese occupation«. In: Post, Peter (Hg.): The encyclopaedia on Indonesia in the Pacific War. 2010

Gouda, Frances: American vision of the Netherlands East Indies/Indonesia. US foreign policy and Indonesian nationalism 1920–1949. 2002

Gough, Richard: The jungle was red: SOE's Force 136, Sumatra and Malaya. 2003

Gould, James W.: Americans in Sumatra. 1961

Grayson, Lloyd und Smith, Shannon: Indonesia today: challenges and history. 2001

Groen, Petra: »The war in the Pacific«. In: Post, Peter (Hg.): The encyclopaedia on Indonesia in the Pacific War. 2010

Gründer, Horst: »Christianisierung und Kolonialismus – Bemerkungen zur Rolle der Religion in westlichem Expansionismus der Neuzeit«. In: Kolonialismus und Kolonialreiche, Teil I. Zeitschrift für Kulturaustausch Nr. 34

Hammer, Karl: Weltmission und Kolonialismus. München 1978

Hammer, Mathias J.: Nationalism and historical thought in 20th century Indonesia. Diplomarbeit Universität Graz. 2005

Harvey, Barbara: »South Sulawesi: Puppets and Patriots«. In: Kartodirdjo, Sartono: Protest movements in rural Java. 1973

Hayashi Yoko: Agencies and clients: labor recruitment in Java 1870–1950. Clara Working Paper No. 14 Amsterdam: IISG. 2002

Hayashi Yoko / Yasuyuki Hikita: »Japanese Business in war-time Indonesia«. In: Post, Peter (Hg.): The encyclopaedia on Indonesia in the Pacific War. 2010

Heekeren, C. van: Batavia seint: Berlijn. 1967 (Batavia funkt: Berlin. Übersetzung aus dem Holländischen von Hans-Martin Zöllner. 2010)

Heidebrink, Iris: »Prisoners of War (POWs)«. In: Post, Peter (Hg.): The encyclopaedia on Indonesia in the Pacific War. 2010

Heidebrink, Iris: »The Eurasian community during the Japanese occupation 1942–1945«. In: Post, Peter (Hg.): The encyclopaedia on Indonesia in the Pacific War. 2010

Heidebrink, Iris: »War crimes tribunals«. In: Post, Peter (Hg.): The encyclopaedia on Indonesia in the Pacific War. 2010

Heinzlmeir, Helmut: *Indonesiens Außenpolitik nach Sukarno 1965–1970.* Institut für Asienkunde 78–80. Hamburg 1976

Heijmans van Bruggen, Mariska und Raben, Remco:»Sources of Truth. Dutch Diaries from Japanese Internment Camps«. In: Raben, Remco (Hg.): *Representing the Japanese occupation of Indonesia: personal testimonies and public images in Indonesia, Japan and the Netherlands.* 1999

Hering, Bob: *Soekarno, founding father of Indonesia.* 2002

Heuvel, Jacco van der:»Crime and authority within Dutch communities of internee in Indonesia 1942 – 1945.« In: Blackburn, Kevin und Karl Hack (Hg.): *Forgotten captives in Japanese occupied Asia.* 2008

Hicks, George: *The comfort women: sex slaves of the Japanese Imperial Forces.* 1995

Hollander, Inez: *Silenced voices.* 2008

Horn, Nivo van:»Monetary Issues«. In: Post, Peter (Hg.): *The encyclopaedia on Indonesia in the Pacific War.* 2010

Horton, William Bradley:»Comfort Women«. In: Post, Peter (Hg.): *The encyclopaedia on Indonesia in the Pacific War.* 2010

Hug, Kerstin: *Die medizinische Fakultät des Internierungslagers Dehra Dun/ British Indien, Mai 1945 bis September 1946.* Dissertation, Universität Düsseldorf. 1999

Huie, Shirley Fenton: *The forgotten ones – women and children under Nippon.* 1992

Hurgronje, Snouck: *The Achehnese.* 1906

Ingleson, John: *Road to exile: the Indonesian nationalist movement, 1927–1934.* 1979

Johnson, Paul: *Modern Times. Revised edition: The world from the twenties to the nineties.* 2001

Jong, Louis de: *The kingdom of the Netherlands during the Second World War.* 1969

Jong, Louis de: *The collapse of a colonial society: the Dutch in Indonesia during the Second World War.* 2002

Kahin, Audrey:»West-Sumatra: Outpost of the Republic«. In: Kartodirdjo, Sartono: *Protest movements in rural Java.* 1973

Kahin, Audrey: *Regional dynamics of the Indonesian revolution.* 1985

Kahin, Audrey:»Trade and Taxes: Aspects of West Sumatra's Economy during the Revolution«. In: Taufik, Abdullah (Hg.): *The Heartbeat of Indonesian revolution.* 1997

Kahin, Audrey: *Rebellion to integration: West Sumatra and the Indonesian polity.* 1999

Kahin, George McTurnan: *Nationalism and revolution in Indonesia.* 1952

Kahin, George McTurnan:»Some Recollections from and Reflections on the Indonesian Revolution.« In: Taufik, Abdullah (Hg.): *The Heartbeat of Indonesian revolution.* 1997

Kaori Maekawa:»The Heiho during the Japanese Occupation of Indonesia«. In: Kratoska, Paul H. (Hg.): *Asian labor in the wartime Japanese Empire. Unknown histories.* 2005

Kaori Maekawa;»Japanese guards in film and memory«. In: Blackburn, Kevin und Hack, Karl (Hg.):.*Forgotten captives in Japanese occupied Asia.* 2008

Kartodirdjo, Sartono: *The peasant revolt of Banten 1888.* 1966

Kartodirdjo, Sartono: *Protest movements in rural Java.* 1973

Kartodirdjo, Sartono: *Indonesian historiography.* 2001

Kemperman, Jeroen:»Internment of civilians«. In: Post, Peter (Hg.): *The* encyclopaedia on Indonesia in the Pacific War. 2010

Keppner, Gerhard: *Wie weit bis Airmolang.* Berlin 2006

Keppy, Peter: »Japanese control of enemy property«. In: Post, Peter (Hg.): *The encyclopaedia on Indonesia in the Pacific War.* 2010

Ki Tristuti Rachmadi: »My life as a Shadow Master under Suharto«. In: Reid, Anthony: *The blood of the people: revolution and the end of traditional rule in northern Sumatra.* 1979

Kita – Das Magazin der Deutsch-Indonesischen Gesellschaft 3/14: *Batak Toba.* Köln 2013

Klinken, Gerry van: »The Battle for History after Suharto.« In: Reid, Anthony: *Beginning to remember: The past in the Indonesian present.* 2005

Klute: »Women against violence.« In: Wessel, Ingid und Wimhöfer, Georgina (Hg.): *Violence in Indonesia.* Hamburg 2001

Kobayashi Yasuko: »Islam during the Japanese occupation«. In: Post, Peter (Hg.): *The encyclopaedia on Indonesia in the Pacific War.* 2010

Koblitz, Franziska: *Die Frauen von Lampersari – Im japanischen KZ auf Java.* 2000

Krancher, Jan A. (Hg.): *The defining years of the Dutch East Indies 1942–1945: Survivors' accounts of the Japanese invasion and enslavement of Europeans and the revolution that created free Indonesia.* 1996

Kratoska, Paul H. (Hg.): *Asian labor in the wartime Japanese Empire. Unknown histories.* 2005

Kreeft, Otto: *Burma Railway.* 2005

Kurasawa Aiko: »Rice shortage and transportation.« In: Post, Peter (Hg.): *Japan, Indonesia and the war: Myths and realities.* 1997

Kurasawa Aiko: »Social Change«. In:

Post, Peter (Hg.): *The encyclopaedia on Indonesia in the Pacific War.* 2010

Kurasawa Aiko: »The education of pribumi.« In: Post, Peter (Hg.): *The encyclopaedia on Indonesia in the Pacific War.* 2010

Langenberg, Michael van: »East Sumatra: Accommodating an Indonesian Nation within a Sumatran Residency.« In: Kartodirdjo, Sartono: *Protest movements in rural Java.* 1973

Langenberg, Michael van: »The New Order State. Language, Ideology, Hegemony.« In: Budiman, Arief: *State and civil society in Indonesia.* 1990

Larson, George: *Prelude to revolution: palaces and politics in Surakarta 1912–1942.* 1979

Lawyers Committee for Human Rights: *Broken Laws Broken Bodies.* 1993

Lebra, Joyce: *Japanese-trained armies in Southeast Asia.* 1977

Lechner, Jan: *From a distance – Youth time 1927–1946.* ISBN 9067182389

Lee Khonn Choy: *Indonesia. Between Myth and Reality.* 1976

Legge, John D: *Indonesia,* 1964

Legge, John D.: *Sukarno: a political biography.* 2003

Legge, John D.: *Intellectuals and nationalism in Indonesia.* 2010

Leith, Denise: *The politics of power: Freeport in Suharto's Indonesia.* 2002

Lev, Daniel S.: *Transition to guided democracy: Indonesia politics 1957–1959.* 2009

Lewis, Norman: *Die Missionare: Über die Vernichtung anderer Kulturen. Ein Augenzeugenbericht.* Stuttgart 1982

Liempt, Ad van: *Kopfgeld – Bezahlte Denunziation von Juden in den besetzten Niederlanden.* München 2005

Lindblad, J. Thomas.: *Historical Founda-*

tion of a National Economy in Indonesia, 1890–1990. Royal Netherlands Academy of Arts and Sciences. Proceedings of the colloquium. Amsterdam, September 1994

Lindblad, J. Thomas: »The late colonial state and economic expansion, 1900–1930«. In: Dick, Howard *The emergence of a national economy: an economic history of Indonesia 1800–2000*. 2002

Locher-Scholten, Elsbeth: »Dutch post-war visions«. In: Post, Peter (Hg.): *The encyclopaedia on Indonesia in the Pacific War*. 2010

Luca, Ashton und Cribb, Robert: »Women's Role in the Indonesian Revolution«. In: Taufik, Abdullah (Hg.): *The Heartbeat of Indonesian revolution*. 1997

Lucas, Anton: »The Tiga Daerah Affair: Social Revolution or Rebellion«? In: Kartodirdjo, Sartono: *Protest movements in rural Java*. 1973

Lucas, Anton: *One soul, one struggle: region and revolution in Indonesia*. 1991

Mackie, J.A.C.: »The 1941–1965 period as an interlude in the making of a national economy«. In: Lindblad, J. Th.: *Historical Foundation of a National Economy in Indonesia, 1890–1990*. Royal Netherlands Academy of Arts and Sciences. Proceedings of the colloquium. Amsterdam, September 1994

Magnis-Suseno, Franz v.: *Neue Schwingen für Garuda: Indonesien zwischen Tradition und Moderne*. München 1989

Maier, Hendrik M.J.: »In Search of Memories«. In: Reid, Anthony: *Beginning to remember: The past in the Indonesian present*. 2005

Mak, Geert: *Das Jahrhundert meines Vaters*. München 2005

Mark, Ethan: »Suharto's New Order remembers Japan's New Order. Oral accounts from Indonesia. In: Raben, Remco (Hg.): *Representing the Japanese occupation of Indonesia: personal testimonies and public images in Indonesia, Japan and the Netherlands*. 1999

Mark, Ethan: *Appealing to Asia: Nation, Culture and the problem of imperial modernity in Japanese occupied Java 1942–1945*. Ph.D. thesis, Columbia University. 2003

Mc Gregor, Katharine und Nugroho Notosusanto: »The Legacy of a Historian in the Service of an Authoritarian Regime«. In: Reid, Anthony: *Beginning to remember: The past in the Indonesian present*. 2005

McCormack, Gavan: *The Burma-Thailand Railway: memory and history*. 1993

McCormack, Gavan: »Apportioning the blame. Australian trials for railway crimes.« In: McCormack, Gavan: *The Burma-Thailand Railway: memory and history*. 1993

McMahon, Robert J.: *Colonialism and Cold War: The United States and the struggle for Indonesian independence 1945–1949*. 1981

McVey, Ruth T.: *The rise of Indonesian communism*. 2006

Miyamoto Shizuo: »Economic and Military Mobilization in Java, 1944–1945«. In: Reid, Anthony und Akira Oki (Hg.): *The Japanese experience in Indonesia: Selected Memoirs of 1942–1945*. 1986

Mody, Nawaz B.: *Indonesia under Suharto*. 1987

Morris, Eric: »Aceh: Social Revolution and the Islamic Vision«. In: Kartodirdjo, Sartono: *Protest movements in rural Java*. 1973

Mortimer, Rex: *Indonesian communism under Sukarno: ideology and politics 1959–1965*. 2006

Mozingo, David: *Chinese policy toward Indonesia, 1949–1967*. 2007

Murai Yoshinori: »Asian forced labour (romusha) on the Burma-Thailand Railway.« In: McCormack, Gavan: *The Burma-Thailand Railway: memory and history*. 1993

Netherlands Indies Government Information Service: *The Indonesian Problem. Facts and Factors*. 1947

Niel, Robert van: *The emergence of the modern Indonesian elite*. 1970

Nishijima Shigetada: »The Nationalists on Java«: In Reid, Anthony und Akira Oki: *The Japanese experience in Indonesia: Selected Memoirs of 1942–1945*. 1986

Noer, Deliar: *The modernist Muslim movement in Indonesia 1900–1942*. 1973

Noer, Deliar: *Mohammad Hatta*. 1990

O'Malley, William: *Indonesia in the Great Depression*. Unpublished doctoral thesis. University Microfilms, 1984

O'Malley, William: »Plantations 1830–1840: An overview«. In: Booth, Anne (Hg.): *Indonesian economic history*. 1990

Ooi, Gin Keat: »Of ›Permanent Possession‹ – Territories under the Imperial Japanese Navy«. In: Post, Peter (Hg.): *The encyclopaedia on Indonesia in the Pacific War*. 2010

Ooms, Arno: »Prisoners of war put to work on the Thailand-Burma Railway«. In: Post, Peter (Hg.): *The encyclopaedia on Indonesia in the Pacific War*. 2010

Oort, Boudewijn van: *Tjiden reunion – A memoir of World War II on Java*. 2008

Osborne, Robin: *Indonesia's secret war: the guerilla struggle in Irian Jaya*. 1985

Osterhammel, Jürgen: *Kolonialismus: Geschichte, Formen, Folgen*. München 1995

Ota Atsushi: »Japanese memory of the wartime occupation of Indonesia«. In: Post, Peter (Hg.): *The encyclopaedia on Indonesia in the Pacific War*. 2010

Paczensky, Gert von: *Verbrechen im Namen Christi, Mission und Kolonialismus*. 2002

Palmier, Leslie H.: *Indonesia and the Dutch*. 1962

Pelzer, Karl Josef: *Planter and peasant: colonial policy and the agrarian struggle in East Sumatra*. 1978

Poeze, Harry A., »The Road to Hell«. In: Kratoska, Paul H. (Hg.): *Asian labor in the wartime Japanese Empire. Unknown histories*. 2005

Polomka, Peter: *Indonesia since Sukarno*. 1971

Post, Peter: »Characteristics of Japanese entrepreneurship in the pre-war Indonesian economy.« In: Lindblad, J. Th.: *Historical Foundation of a National Economy in Indonesia, 1890–1990*. Royal Netherlands Academy of Arts and Sciences. Proceedings of the colloquium. Amsterdam, September 1994

Post, Peter (Hg.): *Japan, Indonesia and the war: Myths and realities*. 1997

Post, Peter: »The sinking of the Junyo Maru.« In: Post, Peter (Hg.): *The encyclopaedia on Indonesia in the Pacific War*. 2010

Post, Peter (Hg.): *The encyclopaedia on Indonesia in the Pacific War*. 2010

Post, Peter: »General introduction«. In Post, Peter (Hg.): *The encyclopaedia on Indonesia in the Pacific War*. 2010

Post, Peter: »Historical overview«. In Post, Peter (Hg.): *The encyclopaedia on Indonesia in the Pacific War*. 2010

Post, Peter: »Policing society«. In Post, Peter (Hg.): *The encyclopaedia on Indonesia in the Pacific War*. 2010.

Pramoedya, Ananta Toer: *Child of all nations*. New York 1996

Priesman-Boogaardt, Louisa: *Dark skies over paradise.* 2005

Pringle, Robert: *Understanding Islam in Indonesia.* 2010

Prunis, Pierre: *Die industrielle Entwicklung Indonesiens im 20. Jahrhundert unter Berücksichtigung österreichisch-indonesischer Handelsbeziehungen.* Diplomarbeit, Universität Linz. 1998

Raben, Remco (Hg.): *Representing the Japanese occupation of Indonesia: personal testimonies and public images in Indonesia, Japan and the Netherlands.* 1999

Raben, Remco: »Indonesian Romusha and Coolies under Naval Administration«. In: Kratoska, Paul H. (Hg.): *Asian labor in the wartime Japanese Empire. Unknown histories.* 2005

Reid, Anthony: *Contest for North Sumatra: Atjeh, theNetherlands, and Britain 1858–1898.* 1969

Reid, Anthony: *Indonesian national revolution.* 1974

Reid, Anthony: *The blood of the people: revolution and the end of traditional rule in northern Sumatra.* 1979

Reid, Anthony: *Perceptions of the past in Southeast Asia.* 1979

Reid, Anthony und Akira Oki: *The Japanese experience in Indonesia: Selected Memoirs of 1942–1945.* 1986

Reid, Anthony: »Chains of silver chains of steel: Forcing politics on geography, 1865–1965«. In: Lindblad, J. Th.: *Historical Foundation of a National Economy in Indonesia, 1890–1990.* Royal Netherlands Academy of Arts and Sciences. Proceedings of the colloquium. Amsterdam, September 1994

Reid, Anthony: *Beginning to remember: The past in the Indonesian present.* 2005

Reid, Anthony: »Remembering and Forgetting War and Revolution«. In: Reid, Anthony: *Beginning to remember: The past in the Indonesian present.* 2005

Reuter, Susanne: *Als das Schwein vom Himmel fiel.* Nördlingen 2008

Reynolds, Bruce: »History, Memory, Compensation and Reconciliation.« In: Kratoska, Paul H. (Hg.): *Asian labor in the wartime Japanese Empire. Unknown histories.* 2005

Ricklefs, Merle Calvin: *Jogjakarta under Sultan Mangkubumi 1749–1792: a history of the division of Java.* 1974

Ricklefs, Merle Calvin: *A history of modern Indonesia since 1200.* 2008

Rickum, Boryano: »*Indonesia's policy of remembrance*«. The Indonesian Quarterly 36, No. 2. 2008

Roosa, John: *Pretext for mass murder: The September 30th movement and Suharto's coup d'etat in Indonesia.* 2006

Roosa, John: »Framing the killings. Framing up the communists«. In: Schaefer, Bernd und Baskara T. Wardaya (Hg.): *1965. Indonesia and the World.* 2013

Rose, Mavis: *Indonesia free: A political biography of Mohammad Hatta.* 2010

Ruff-O'Herne, Jan: *Fifty Years of Silence.* 2008

Rush, James: *Opium to Java: revenue farming and Chinese Enterprise in colonial Indonesia 1860–1910.* 2007.

Sato Shigero: »The pangreh praja in Java under the Japanese military rule«. In: Post, Peter (Hg.): *Japan, Indonesia and the war: Myths and realities.* 1997

Sato Shigero: »Economic Soldiers in Java«. In: Kratoska, Paul H.: *Asian labor in the wartime Japanese Empire. Unknown histories.* 2005

Sato Shigero: »Administrative changes in Java«. In: Post, Peter (Hg.): *The encyclopaedia on Indonesia in the Pacific War.* 2010

Sato Shigero: »Chronological tables«. In:

Post, Peter (Hg.): *The encyclopaedia on Indonesia in the Pacific War.* 2010

Sato Shigero: »Economic life in villages and towns«. In Post, Peter (Hg.): *The encyclopaedia on Indonesia in the Pacific War.* 2010

Sato Shigero: »Occupation: administration and policies«. In: Post, Peter (Hg.): *The encyclopaedia on Indonesia in the Pacific War.* 2010

Sato Shigero: »Relocation of labor and the romusha issue«. In: Post, Peter (Hg.): *The encyclopaedia on Indonesia in the Pacific War.* 2010

Sato Shigero: »Romusha. Introduction«. In: Post, Peter (Hg.): *The encyclopaedia on Indonesia in the Pacific War.* 2010.

Sato Shigero: »The PETA«. In: Post, Peter (Hg.): *The encyclopaedia on Indonesia in the Pacific War.* 2010

Schaefer, Bernd und Wardaya, Baskara (Hg.): *1965. Indonesia and the World.* 2013

Schaefer, Bernd: »The Two Germanys and Indonesia 1965/66.« s.o.

Sediono M.P. Tjondronegora: »Dreams and Realities«. In: Taufik, Abdullah (Hg.): *The Heartbeat of Indonesian revolution.* 1997

Shibata Yaichiro: »Nationalist Propaganda in the Navy Area, 1945.« In: Reid, Anthony und Akira Oki (Hg.): *The Japanese experience in Indonesia: Selected Memoirs of 1942–1945.* 1986

Shibata Yaichiro: »Surabaya after surrender«. In: Reid, Anthony und Akira Oki (Hg.): *The Japanese experience in Indonesia: Selected Memoirs of 1942–1945.* 1986

Shimer, Barbara Gifford and Hobbs, Guy: *Kenpeitai in Java and Sumatra.* 2010

Shiraishi Takashi: *An age in motion: popular radicalism in Java, 1912–1926.* 1990

Siebert, Rüdiger: *Fünf Mal Indonesien: Annäherung an einen Archipel.* München 1987

Siebert, Rüdiger: *Deutsche Spuren in Indonesien: zehn Lebensläufe in bewegten Zeiten.* Bad Honnef 2002

Sinar, Luckman Tengku: »National Revolution and the so-called ›Social‹ Revolution in East Sumatra«. In: Taufik, Abdullah (Hg.): *The Heartbeat of Indonesian revolution.* 1997

Smail, J.R.W.: *Bandung in the early revolution 1945–1946.* 1964

Spector, Ronald: *Eagle against the sun: The American war with Japan.* 2008

Steele, Janet: *Wars within: the story of Tempo, an independent magazine in Suharto's Indonesia.* 2006

Steenbrink, Karel: »Christianity«. In: Post, Peter (Hg.): *The encyclopaedia on Indonesia in the Pacific War.* 2010.

Strong, Hiske Forsyth: *With Faith, Hope and Love. The Story of a Survivor of Camp Tjideng, Dutch East Indies.* 2009

Sundhausen, Ulf: *The road to power: Indonesian military politics, 1945–1967.* 1982

Sutter, John O.: *Indonesianisasi: politics in a changing economy 1940–1955.* 1959

Swift, Ann: *The Road to Madiun: the Indonesian communist uprising in 1949.* 2010

Tanter, Richard: »Oil, IGGI and US-Hegemony: Global Conditions«. In: Budiman, Arief: *State and civil society in Indonesia.* 1990

Tanter, Richard: »The Great Killings in Indonesia through the Australian Mass Media.« In: Schaefer, Bernd und Wardaya, Baskara (Hg.): *1965. Indonesia and the World.* 2013

Taufik, Abdullah: *Adat and Islam: an examination of conflict in Minangkabau.* 1966

Taufik, Abdullah (Hg.): *The Heartbeat of Indonesian revolution.* 1997

Taufik, Abdullah: »National activities during the Japanese period«. In: Post, Peter (Hg.): *The encyclopaedia on Indonesia in the Pacific War.* 2010.

Taufik, Abdullah: »Nationalist Activities during the Japanese Period.« In: Post, Peter (Hg.): *The encyclopaedia on Indonesia in the Pacific War.* 2010

Taylor, Alastair: *Indonesian independence and the United Nations.* 1975

Taylor, Jay: *China and Southeast Asia: Peking's relations with revolutionary movements.* 1976

Taylor, Jean Gelman: *Indonesia: peoples and histories.* 2003

Thee, Kian Wie: »Economic policies in Indonesia during the period 1950–1965, in particular with respect to foreign investment«. In: Lindblad, J. Th.: *Historical foundation of a national economy in Indonesia, 1890–1990.* Royal Netherlands Academy of Arts and Sciences. Proceedings of the colloquium. Amsterdam, September 1994

Thee Kian Wie: »The Soeharto era and after: stability, development and crisis 1966–2000«. In: Dick, Howard: *The emergence of a national economy: an economic history of Indonesia 1800–2000.* 2002

Tjideng Camp - A women and children's internment camp

Touwen-Bousma, Elly: »Japanese Minority Policy. The Eurasians on Java and the dilemma of ethnic loyalty.« In: Post, Peter (Hg.): *Japan, Indonesia and the war: Myths and realities.* 1997

Twang Peck Yang: *The Chinese business elite in Indonesia and the transition to independence 1940–1950.* 1998

Uhlig, Harald: »Südostasien«. In: Fischer: *Länderkunde.* Frankfurt 1984

Ushiyama Mitsuo: »Conflict in Aceh after independence«. In: Reid, Anthony und Akira Oki: *The Japanese experience in Indonesia: Selected Memoirs of 1942–1945.* 1986

Utsumi Aiko: »Prisoners of war in the Pacific War: Japan's policy«. In: McCormack, Gavan: *The Burma-Thailand Railway: memory and history.* 1993

Utsumi Aiko: »The Korean guards on the Burma-Thailand Railway«. In: McCormack, Gavan: *The Burma-Thailand Railway: memory and history.* 1993

Utsumi Aiko: »Re-enacting memories«. In: Raben, Remco (Hg.): *Representing the Japanese occupation of Indonesia: personal testimonies and public images in Indonesia, Japan and the Netherlands.* 1999

Utsumi Aiko: »The International Military Tribunal for the Far East (Tokyo War Crimes Tribunal)«. In: Post, Peter (Hg.): *The encyclopaedia on Indonesia in the Pacific War.* 2010.

Velden, D. van: *Japanese civilian internment camps during the Second World War.* 1963

Vickers, Adrian: *A history of modern Indonesia.* 2005

Vickers, Adrian: »Dugas Jepangé – The Japanese period: Bali under the Japanese«. In: Post, Peter (Hg.): *The encyclopaedia on Indonesia in the Pacific War.* 2010.

Vickers, Adrian: »Indonesian histiography of the occupation period«. In: Post, Peter (Hg.): *The encyclopaedia on Indonesia in the Pacific War.* 2010.

Weinstein, Franklin B.: *Indonesian foreign policy and the dilemma of dependence: From Sukarno to Suharto.* 1976/2007

Wessel, Ingid und Wimhöfer, Georgina (Hg.): *Violence in Indonesia.* Hamburg 2001

Wessel, Ingrid: »The politics of violence in the New Order Indonesia in the last decade of the 20th century«. In: Wessel, Ingid und Wimhöfer, Georgina (Hg.): *Violence in Indonesia.* Hamburg 2001

Williams, Michael: »Rice Debts will be repaid with Rice, Blood Debts with Blood«. In: Kartodirdjo, Sartono: *Protest movements in rural Java.* 1973

Williams, Michael C.: *Sickle and crescent: the communist revolt of 1926 in Banten.* 1982/2010

Wright, Harold Richard Charles: *East-Indian economic problems of the age of Cornwallis and Raffles.* 1961

Yi Hak-Nae: »The man between: a Korean guard looks back«. In: McCormack, Gavan: *The Burma-Thailand Railway: memory and history.* 1993

Yoshiaki Yoshimi: *Comfort Women.* 2000

Yuki Tanaka: *Japan's Comfort Women. Sexual slavery and prostitution during World War II and the US Occupation.* 2002

Zandon, Jan Luiten van, (Hg.): *A history of the Royal Dutch Shell.* 2007

Zed, Mestika: »Giyugun – The Indonesian Defense Force in Sumatra«. In: Post, Peter (Hg.): *The encyclopaedia on Indonesia in the Pacific War.* 2010.

Zuidema, Aukje M.: »The ›serum case‹«. In: Post, Peter (Hg.): *The encyclopaedia on Indonesia in the Pacific War.* 2010.

Zurbuchen, Mary S.: »*History, Memory and the 1985 incident*«. In: Asian survey Vol. XLII, Nr. 4. Juli/Aug. 2002

Zyl, Paul van: »Dealing with the Past: Reflections on South Africa, East Timor and Indonesia«. In: Reid, Anthony: *Beginning to remember: The past in the Indonesian present.* 2005

Zyll de Jong, Ellen van: *A decade of Japanese Underground Activities in the Netherland East Indies.* 1942

Glossar

Ambon, eine Insel in den *Molukken,* war bis zum 19. Jahrhundert das weltweite Zentrum der Gewürzproduktion. Von Portugiesen christianisierte Ambonesen halfen den Niederländern das Nelken- und Muskatnussmonopol aufrecht zu erhalten, indem sie Muskatnuss- und Nelkenbäume ausrissen, wo die Niederländer ihren Anbau verboten.[1] Durch den Schmuggel eines Nelkenbaums nach Mauritius kam das niederländische Gewürzmonopol 1789 zum Erliegen.[2] Nun nahm die Rekrutierung ambonesischer Christen als Soldaten und Beamte sprunghaft zu. 1926 waren nur 96 der 1.980 Schulkinder auf staatlichen Schulen Muslime.[3] Die besseren Schüler wurden in der Kolonialverwaltung angestellt, die anderen gingen zum Militär. Für jeden Untertan, der sich als Soldat verpflichtete, erhielt der Sultan 50 Gulden. Anfang des 20. Jahrhunderts verließen tausende Christen ihre Heimat, um in Niederländisch-Indien Dienst zu tun. Bis 1921 erhielten ambonesische Soldaten doppelt so viel Sold wie andere indonesische Rekruten. Indonesische Geschichtsbücher erwähnen heute zwar die große Zahl an Ambonesen in der Kolonialarmee, aber nicht, dass die größte Anzahl Javaner waren.[4]

Als japanische Einheiten Ambon 1942 eroberten, wurden sie von den Muslimen als Befreier begrüßt, die die Häuser und Geschäfte der Niederländer und ihrer Unterstützer plünderten. Ambonesische Soldaten gerieten mit ihren Waffenbrüdern in Gefangenschaft oder dienten den Japanern als Hilfssoldaten. Als die Niederländer nach dem Krieg ihre Herrschaft erneut festigen wollten, kämpften viele Ambonesen an ihrer Seite gegen indonesische Truppen.[5] Oft erledigten sie für die Niederländer die Schmutzarbeit.[6]

---

1 Pringle, Robert: *Understanding Islam in Indonesia.* 2010, S. 41

2 Cribb, Robert und Kahin, Audrey: *Historical dictionary of Indonesia.* 2004, S. 84

3 Chauvel, Richard: *Nationalists, soldiers and separatists: the Ambonese Islands from colonialism to revolt, 1880–1950.* 1990, S. 37

4 Taylor, Jean Gelman: *Indonesia: peoples and histories.* 2003, S. 348

5 Uhlig, Harald: »Südostasien«. In: Fischer: *Länderkunde.* Frankfurt 1984, S. 585

6 Chauvel, Richard: »Ambon: Not a Revolution but a Counterrevolution«. In: Kartodirdjo, Sartono: *Protest movements in rural Java.* 1973, S.255

Muslimische Ambonesen erhielten im unabhängigen Indonesien erstmals Zugang zu Bildung und wirtschaftlicher Förderung. Soldaten und Regierungsbeamte fürchteten dagegen um ihren Einfluss und riefen 1950 die Republik der Südmolukken aus.[7] Nach zwei Monaten Bürgerkrieg wurde die Insel vom indonesischen Militär besetzt. 4.000 Soldaten und 5.000 Zivilisten waren bald tot, 20.000 Menschen obdachlos.[8] Die niederländische Regierung hatte den Ambonesen Autonomie zugesichert. Nun hatte sie keine andere Wahl, als die demobilisierten Soldaten in die Niederlande zu holen – mit Familienangehörigen 35.000 Menschen. Nach dem Ende von Suhartos Militärdiktatur kam es 1999 zu Kämpfen zwischen Moslems und Christen, die zu Pogromen und Vertreibungen auf fast allen Molukken-Inseln führten. Die Zahl der überwiegend christlichen Todesopfer wird auf 10.000 geschätzt.

Banyubiru II war eine Kaserne, in der von 1940 bis 1942 deutsche Frauen und Kinder von der niederländischen Kolonialregierung interniert wurden. Nach ihrer Befreiung durch die Japaner internierten diese dort Niederländer. 1944 öffneten die Japaner zusätzlich ein ehemaliges Gefängnis als Lager Banyubiru 10/11. Die Lager in Banyubiru gehörten zu denen mit der höchsten Todesrate.[9] Als Amerikaner im August 1945 ihre Atombomben über Japan abwarfen, waren die meisten Insassen dieser Lagern vom Tod gezeichnet. Im gleichen Monat wurde Banyubiru 12 in einer ehemaligen Schule eröff-

net. In diesen drei Lagern wurden bei Kriegsende 11.200 Niederländerinnen und ihre Kinder festgehalten.[10] Nach Kriegsende griffen Indonesier diese Lager an, die von Engländern, bzw. Gurkhas verteidigt wurden.

Batak sind verwandte Ethnien in Nord-Sumatra. Zu ihnen gehören die Karo-, Pakpak-, Simalungun-, Toba-, Angkola- und Mandailing-Batak. Die Toba-Batak, rund um den Toba-See, waren durch hohe Gebirgsketten mehr als andere Batak lange Zeit vor äußeren Einflüssen geschützt. Der eindeutig dokumentierte Kannibalismus endete aufgrund des Einflusses von Christentum und Islam Anfang des 19. Jh. 1834 wurden zwei US-amerikanische Missionare ermordet – und möglicherweise rituell verspeist. Dies wurde weltweit bekannt und verstärkte die Vorbehalte einer Missionierung in der Region.

Nach den Verwüstungen durch die Padri-Aufstände (1821 – 1837) und die damit verbundene gewaltsame Islamisierung und Versklavung vieler Batak, wurde der Plan, die Region christlich zu missionieren vorangetrieben.

In der Kosmologie der Batak ist die Welt dreigeteilt, in die Oberwelt der Götter und Geister der Verstorbenen, die Mittelwelt der Menschen und die Unterwelt der bösen Geister und Dämonen. In jedem Dorf war der ›datu‹ für die Verbindung mit der Götterwelt verantwortlich. Ihm in Ansehen folgte der Häuptling. Beiden kam bei der Missionierung eine Schlüsselrolle zu.

Im Oktober 1861 gründeten niederländische Missionare gemein-

---

[7] Kartodirdjo, Sartono: *Protest movements in rural Java.* 1973, S. 276
[8] Palmier, Leslie H.: *Indonesia and the Dutch.* 1962, S.79
[9] Hollander, Inez: *Silenced voices.* 2008, S. 162
[10] Huie, Shirley Fenton: *The forgotten ones – women and children under Nippon.* 1992, S. 81

sam mit Vertretern der Rheinischen Missionsgesellschaft in Sipirok eine Batak-Missionsstation. Die eigentliche Missionierung begann aber erst, als Ludwig Nommensen 1983 nach Sipirok kam. Ihm gelang es, die Unterstützung angesehener Batak zu gewinnen. (Zu seinen Ehren wurde 1954 eine mit der Protestantischen Kirche der Batak assoziierte Privatuniversität in Medan nach ihm benannt.) Aufgrund des Widerstands des letzten Batak-Herrschers stützte sich die Missionierung letztlich aber auch auf die Kolonialmacht. Diese führte 24 bis 52 Tage Zwangsarbeit im Jahr für Männer ab 18 Jahren ein. Ab 1908 kam eine Kopfsteuer hinzu. Trotz aller Proteste und Probleme wurden in den Bataklanden 175 Missionsschulen errichtet. Darüber hinaus gab es am Ende der Kolonialzeit zwei Missionskrankenhäuser, 11 Hilfskrankenhäuser und 13 Polikliniken.[11] Heute sind viele Batak Lehrer, Ingenieure, Ärzte und Anwälte.

Bersiap (»Seid bereit!«) bezeichnet die gewalttätige Übergangszeit von der japanischen Herrschaft zur Nachkriegsordnung, in der ungefähr 5.000 Niederländer und 100.000 Javaner umgebracht wurden.

BKR s. Militärische Bezeichnungen in Indonesien

Boxeraufstand. Westliche Großmächte hatten China im 19. Jahrhundert durch Kriege – etwa den Opiumkrieg 1840–1842 – und ›ungleiche Verträge‹ auf halbkolonialen Status herabgedrückt. Die Widerstandsbewegung der ›Boxer‹ formierte sich 1887 nachdem deutsche

Missionare buddhistische Tempel in katholische Kirchen umgewandelt hatten. Der Qing-Herrschaft gelang es, den Aufstand gegen die verhassten Ausländer zu richten. Im Juni 1900 töteten Boxer in Peking unter anderen den deutschen Gesandten Freiherr von Ketteler. Im August eroberten Japan, Russland, Großbritannien, USA, Frankreich, Deutschland, Österreich-Ungarn und Italien die chinesische Hauptstadt und befreiten die 4.000 Ausländer. 1901 erklärte sich die chinesische Führung zu massiven Reparationszahlungen bereit, zur Errichtung weiterer ausländischer Stützpunkte und dazu, eine ›Sühnegesandtschaft‹ mit Mitgliedern des Kaiserhauses nach Berlin zu entsenden. Russland behielt die Mandschurei. Die daraufhin beschleunigte wirtschaftliche Zerrüttung steigerte den Hass der Bevölkerung auf ausländische Mächte, das Kaiserhaus und die Eliten. Der Konflikt um die Mandschurei mündete 1904 in den *Russisch-Japanischen Krieg*. Die Niederlage Russlands war einer der Ausgangspunkte für die Russische Revolution von 1905. 1911 kam es zur Chinesischen Revolution.

Bukittinggi, die Stadt der *Minangkabau* in Westsumatra, trug während der holländischen Zeit den Namen Fort de Kock. Als sie während des Zweiten Weltkrieges Hauptstützpunkt der 25. japanischen Armee wurde, ließ diese Zwangsarbeiter, von denen tausende umkamen, unterirdische Kasematten anlegen. Sukarno – und viele andere Indonesier – kollaborierten auch in diesem Punkt mit den Japanern. Das mag erklären, warum dieses Thema

---

[11] Dahm, Bernhard: »Die Batak unter fremden Herren. Ein Kapitel aus der späten Kolonialgeschichte.« In: Kita – Das Magazin der Deutsch-Indonesischen Gesellschaft 3/14: *Batak Toba.* Köln 2013

heute noch weitgehend unerforscht ist. Da diese ›japanischen Höhlen‹ zu den touristischen Hauptattraktionen der Stadt zählen, wird diskutiert, hier ein geologisches Museum entstehen zu lassen.

Im Laufe der indonesischen Unabhängigkeitskämpfe war Bukittinggi eine Zeit lang Hauptquartier der Indonesischen Notstandsregierung. Während der Zweiten *Polizeiaktion* besetzten niederländische Truppen die Stadt im Dezember 1948. 1958 erklärten die Anführer des *Aufstandes der Außeninseln* Bukittinggi zur Hauptstadt der Revolutionsregierung. Im gleichen Jahr eroberte das Militär die Stadt blutig zurück.

Bupati nannte man während der Kolonialzeit die Verwalter oder Regenten einer Region. Sie waren Nachkommen alter Adelsfamilien und dienten den Niederländern bei der Beschaffung von Exportprodukten. Diese Allianz war Mitte des 19. Jahrhunderts als einheimischer Verwaltungsapparat institutionalisiert.

Burma-Bangkok-Eisenbahn wurde von den Japanern erbaut, um die Verbindungsroute der Alliierten zu deren verbündeten Chiang Kai-Shek zu unterbinden und in Indien einmarschieren

zu können.[12] Neben alliierten Kriegsgefangenen waren beim Bau 180.000 bis 300.000 asiatische Zwangsarbeiter eingesetzt.[13] Zu ihren Todeszahlen gibt es keine belastbaren Daten. Manche Forscher gehen davon aus, dass etwa die Hälfte umkam.[14] Andere sprechen von 30.000 Toten.[15] Wieder andere sind der Auffassung dass 80 bis 90 Prozent dieser ›romusha‹ starben.[16] [17] Von den 10.000 eingesetzten Javanern sollen 5.000 den Tod gefunden haben.[18]

Das Verhalten der Gefangenen war nicht immer angetan, ihre Lage zu verbessern. So beschreibt ein australischer POW: ›Unsere Einstellung … war … aufsässig und arrogant. Wir sabotierten alles, was wir in die Hand nahmen, stahlen, was nicht niet und nagelfest war …‹[19]

Tatsache ist aber auch, dass die Gefangenen Entsetzliches erlitten. Oft lagen Kranke in ihren Exkrementen oder Erbrochenem. Wunde Stellen wimmelten mit Fliegenlarven. Das faulige Fleisch wurde bis auf die Knochen weggeschnitten. Nicht selten war eine Amputation der einzige Weg, um das Leben des Betroffenen zu retten. Eine der grauenvollen Krankheiten waren Changi-Balls. Dabei schwoll das Skrotum enorm an. Die Brücke über den Fluss Kwai ist heute eine Touristen-

12 Murai Yoshinori: »Asian forced labour (romusha) on the Burma-Thailand Railway.« In: McCormack, Gavan: *The Burma-Thailand Railway: memory and history*. 1993, S. 61
13 Kratoska, Paul H. (Hg.): *Asian labor in the wartime Japanese Empire. Unknown histories.* 2005, S. 20
14 McCormack, Gavan: »Apportioning the blame. Australian trials for railway crimes.« In: McCormack, Gavan: *The Burma-Thailand Railway: memory and history*. 1993, S. 86
15 Utsumi Aiko: »Prisoners of war in the Pacific War: Japan's policy.« In: McCormack, Gavan: *The Burma-Thailand Railway: memory and history*. 1993, S.75
16 Jong, Louis de: *The collapse of a colonial society: the Dutch in Indonesia during the Second World War*. 2002, S. 367
17 Mak, Geert: *Das Jahrhundert meines Vaters*. München 2005, S. 340
18 Sato Shigero: »Economic Soldiers in Java«: In: Kratoska, Paul H.: *Asian labor in the wartime Japanese Empire. Unknown histories*. 2005, S.224
19 McCormack: »Apportioning the blame…«, S. 87

attraktion, wo Slogans werben: ›Fahren Sie mit uns auf der Todesbahn!‹ [20]

Cultuurstelsel – Kulturensystem. Ab 1816 musste jeder Ortsvorsteher einen Geldbetrag, der zwei Fünfteln des Wertes der Reisernte in seinem Dorf entsprach, bei der Kolonialregierung abliefern. Trotzdem kränkelten die niederländischen Finanzen wegen der Kosten für den *Java-* und den *Padri-Krieg.* Als dann noch die belgische Revolution von 1830 die Kosten für das niederländische Heer in die Höhe trieben, stand der Staat am Rand des Bankrotts. Daher wurde 1830 das Cultuurstelsel eingeführt. Statt Pacht zu zahlen, mussten javanische Bauern auf einem Fünftel ihres Bodens Pflanzen für die Regierung anbauen, die in Europa gewinnbringend verkauft wurden. Alternativ konnten sie 66 Tage im Jahr unentgeltlich auf einer Regierungsplantage arbeiten.

Finanziert wurde dieses Anbauprogramms durch den Verkauf von Aktien in den Niederlanden sowie die Einführung einer Kupfermünze und der damit verbundenen Inflation von etwa 50 Prozent. Das Kulturensystem rettete das Mutterland zwar vor dem Bankrott und brachte Niederländern und ihren einheimischen Beamten enormen Reichtum. Für die Bevölkerung Javas bedeutete dies jedoch Armut und Hungersnöte, da beispielsweise Indigo und Zucker für den Export angebaut wurden, anstatt Reis, um die Bevölkerung zu ernähren. Diese massiven Missstände und die Wirtschaftsinteressen, die

freien Handel forderten, veranlassten Königin Wilhelmine 1901, den Wandel zur ›Ethischen Politik‹ zu verkünden. Fortan konnten niederländische Pflanzer Land für ihre Plantagen direkt von einheimischen Bauern pachten.

Dehradun war ein Internierungslager in Britisch-Indien, am Fuße des Himalayas. Ende 1942 waren dort 2050 Deutsche interniert, unter ihnen Professor Thierfelder, der durch die Impfung von zehn Millionen Menschen in Niederländisch-Indien die jährliche Sterberate in der Region Bandung von 25.000 auf 200 senkte. [21] In Dehradun legten 31 Schüler die Reifeprüfung ab, Lehramtsprüfungen wurden angeboten und sogar eine Fernimmatrikulation an einer deutschen Universität war möglich. Alle Zeugnisse hatten später uneingeschränkte Gültigkeit. [22] Von hier gelang den SS-Männern und Bergsteigern Heinrich Harrer und Peter Aufschnaiter die Flucht nach Tibet.

Ethische Politik. 1901 gestand die niederländische Kolonialmacht ein, dass der Staat und Unternehmen große Gewinne erzielt hatten, die Kolonie aber verarmt sei. In Zukunft würde sie eine ›Ehrenschuld‹ erbringen und sich für das Wohl der Einheimischen einsetzen. Die ›Ethische Politik‹ sollte auch den indonesischen Archipel unter holländischer Herrschaft vereinen. Gleichzeitig wurde die Rassentrennung intensiviert. [23] Staatliche Kreditanstalten wurden geschaffen, Bewässerungssysteme angelegt und

---

[20] Mak, S. 399

[21] Hug, Kerstin: *Die medizinische Fakultät des Internierungslagers Dehra Dun/British Indien, Mai 1945 bis September 1946.* Dissertation, Universität Düsseldorf. 1999, S.131

[22] Hug, S. 98

[23] Rush, James: *Opium to Java: revenue farming and Chinese Enterprise in colonial Indonesia 1860–1910.* 2007, S. 218

die Transmigration von Java in dünn besiedelte Regionen forciert.[24] Kinder des Adels durften holländische Schulen besuchen. Dennoch gab es 1905 erst 36 indonesische Kinder auf holländischen Gymnasien.[25] Trotz aller guten Intentionen hatten 1937 nur 93.000 der 68 Millionen Einwohner eine mehr als rudimentäre Bildung.[26] Die neue Politik führte zur Aufblähung der Bürokratie und neuen Steuern. Aus Kostengründen wurde sie Anfang der 1920er Jahre weitgehend aufgegeben. Der mangelnde Erfolg ist auch dem starken Bevölkerungswachstum geschuldet. Ende des 18. Jahrhunderts lebten fünf Millionen Menschen auf Java und Madura, 1920 waren es 34 Millionen. Der Idealismus einiger Niederländer scheiterte letztlich aber auch an den Interessen der Wirtschaft.[27]

GKJTU. Der Bund der Missionare der Salatiga/Neukirchener Mission wurde 1888 in Mittel-Java gegründet. Vor Ausbruch des Zweiten Weltkrieges gehörten 5.583 Christen zu den 11 Missionsgemeinden. Nach der Unabhängigkeit Indonesiens gründeten fünf Salatiga-Gemeinden mit ca. 2.000 Mitgliedern die eigenständige ›Christliche Kirche Nord-Mittel-Java‹ – GKJTU. Angesichts der Massaker an Kommunisten nach Suhartos Machtergreifung 1965 nahmen Millionen Indonesier den christlichen Glauben an. Die GKJTU wuchs zwischen 1965 und 1971 von 2.400 auf 16.846 Mitglieder an. Dies wiederum führte 1969 zu den ›Antimissionsgesetzen‹, die verbieten Anhänger einer Religion zu einer anderen zu bekehren. Seit den 1980er Jahren

werden Christen aus Führungspositionen in Staat und Gesellschaft verdrängt. In den 1990er Jahren wurden viele Kirchen niedergebrannt, geschlossen oder abgerissen.

Gurkhas sind eine nepalesische Ethnie. Nach dem britischen Sieg über Nepal 1816 verdingten sich viele als Söldner. Ende des Ersten Weltkrieges kämpften 114.000 Gurkhas – fast die gesamte kriegstaugliche männliche Bevölkerung Nepals – für das Vereinigte Königreich. Während des Zweiten Weltkrieges stieg ihre Zahl auf 250.000. Sie kämpften auch in den darauffolgenden Kolonialkriegen und im ersten und zweiten Golfkrieg.

Hatta, Mohammad wurde 1902 in *Bukittinggi*, Westsumatra, geboren und wuchs in der matrilinearen *Minangkabau*-Kultur auf. Als er in Rotterdam Wirtschaftswissenschaften studierte, plädierte er als Vorsitzender der ›Indonesischen Vereinigung‹ für die ›Nicht-Kooperation‹ mit der Kolonialregierung, um die Unabhängigkeit Indonesiens zu erlangen und gab die Zeitschrift dieser Organisation – ›Indonesia Merdeka‹ – Freies Indonesien – heraus. Deswegen wurde er 1927 inhaftiert. Bei seinem Prozess plädierte er für eine enge Zusammenarbeit zwischen Indonesien und den Niederlanden unter der Voraussetzung einer ebenbürtigen Partnerschaft. Seine Selbstverteidigung wurde als Rede ›Freies Indonesien‹ berühmt. Nach seiner Freilassung 1929 kehrte er nach Indonesien zurück und schloss sich *Sukarnos* Nationaler Indonesischer Partei – *PNI* – an, deren Vor-

24 Booth, Anne E.: *Economic and social development in East and Southeast Asia*. 2007, S. 134
25 Ingleson, John: *Road to exile: the Indonesian nationalist movement, 1927–1934*. 1979, S. 1
26 Legge, John D: *Indonesia*, 1964, S. 9
27 Niel, Robert van: *The emergence of the modern Indonesian elite*. 1970, S. 242

sitzender er 1932 wurde. 1934 wurde Hatta erneut inhaftiert und mit seinen Mitstreitern ins Exil nach West-Papua geschickt.

Während der japanischen Besatzung beschlossen Sukarno und Hatta, die Unabhängigkeit durch Kooperation mit den Japanern zu erlangen. Hatta weigerte sich im Gegensatz zu Sukarno jedoch, paramilitärische Organisationen zu unterstützen. Nach der Unabhängigkeitserklärung im August 1945 wurde Hatta Vizepräsident. Während der nun folgenden Unabhängigkeitskriege war er Premier- und Verteidigungsminister und wurde zusammen mit Sukarno in *Yogyakarta* von den Niederländern erneut verhaftet. 1949 leitete er die Delegation, die in Den Haag der Gründung der Vereinigten Staaten von Indonesien zustimmte.

Hatta fühlte sich von der zunehmend autoritären Regierungsform Sukarnos abgestoßen.[28] In Person dieser beiden Männer kollidierte die demokratische Tradition der Minangkabau mit den hierarchisch-aristokratischen Vorstellungen der Javaner. Im Gegensatz zu Sukarno setzte sich Hatta für größere Autonomie der Außeninseln ein und warf Sukarno vor, dass seine Politik gegenüber der Landbevölkerung noch ausbeuterischer sei, als die der Kolonialregierung.[29] Als er 1956 als Vizepräsident zurücktrat, löste dies eine Schockwelle aus.

Nachdem Suharto 1965 die Macht übernommen hatte, beauftragte er Hatta, die Korruption innerhalb seiner Regierung zu untersuchen. Als deutlich wurde, wie weit verbreitet diese insbesondere in der regierungseigenen Ölgesellschaft Pertima war, löste Suharto die Kommission, deren Ergebnisse nie publik gemacht wurden, auf.

HEIHO war eine militärische Hilfsorganisation, die 1943 von den Japanern in Indonesien gegründet wurde. Zunächst wurden entlassene, indonesische Kriegsgefangene eingezogen.[30] Ab Mai 1943 rekrutierte man unverheiratete Männer zwischen 16 und 25 Jahren, die kein Einkommen hatten. Sie mussten ein halbes Jahr Japanisch lernen und häufig militärische Einrichtungen, Kriegsgefangenenlager oder zivile Internierungscamps bewachen.[31] Tausende verloren beim Bau der *Burma-Bangkok-Eisenbahn* oder an anderen Einsatzorten ihr Leben.[32] Ab 1944 wurden Heiho vermehrt an der Front eingesetzt. Viele starben während der Schifftransporte durch alliierte Bomben, andere erlagen Hunger und Krankheiten. Im Laufe der japanischen Besatzung dienten 63.000 in der japanischen Armee und 20.000 bis 30.000 bei der Marine.[33]

Hirohito, der japanische Tenno, wurde 1901 geboren, als der Kaiserkult bereits fest etabliert war. Er wuchs in vollkommener Isolation innerhalb der Palastmauern auf.[34] Er wurde mit den gleichen Mythen indoktriniert, wie seine Altersgenossen und lernte seinen Vorfahren

28 Ingleson, S. 168
29 Rose, Mavis: *Indonesia free: A political biography of Mohammad Hatta.* 2010, S. 182
30 Kaorie Makawa: »The Heiho during the Japanese Occupation of Indonesia.« In: Kratoska, Paul H. (Hg.): *Asian labor in the wartime Japanese Empire. Unknown histories.* 2005, S. 186
31 Hering, Bob: *Soekarno, founding father of Indonesia.* 2002, S. 322
32 Lebra, Joyce: *Japanese-trained armies in Southeast Asia.* 1977, S. 97
33 Kaori, S. 188
34 Bix, Herbert: *Hirohito and the making of modern Japan.* 2000, S. 58

weit größere Bedeutung beizumessen als seinen Untertanen. Vor seiner Thronbesteigung, 1926, beteiligten sich mehr als eine Million Menschen an ›Reisaufständen‹ gegen die Großgrundbesitzer, denen die Landbevölkerung den größten Teil ihrer Ernte abgeben musste. Die Aufstände veranlassten die Eliten, sich um die Monarchie zu sorgen. Hirohitos Thronbesteigung wurde daher als Gelegenheit genutzt, die Bevölkerung für den Kaiser zu begeistern. Der Mythos seiner Heiligkeit erwies sich als notwendig für das Überleben des Kaisertums. Der neue Tenno verringerte den Einfluss gewählter Politiker und betrachtete jede Opposition als Bedrohung seiner Souveränität. Auf Drängen der Armee, beschloss seine Regierung 1937, 69 Prozent des Haushalts dem Militär zuzuteilen – eine Verdreifachung des Vorjahrbudgets. Dafür wurden Steuern erhöht, Inflation toleriert und das Einkommen einfacher Gehaltsempfänger niedrig gehalten.

HIS – s. Schule und Bildungssystem

Id-ul-Fitr, oft Eid abgekürzt, ist der Festtag am Ende des muslimischen Fastenmonats Ramadan.

Internierungslager für Deutsche. Der Einmarsch der deutschen Wehrmacht in den Niederlanden am 10. Mai 1940 löste in Niederländisch-Indien eine Internierungswelle aus. 2.400 Niederländer mit deutschen Wurzeln wurden ohne Verfahren inhaftiert, sowie 2.800 männliche deutsche Staatsbürger – Wissenschaftler, Ärzte, Missionare, Künstler und Techniker – einschließlich deutscher Juden und indonesischer Jugendlicher mit einem deutschen Vater.[35] Ihr Vermögen wurde beschlagnahmt, deutsche Firmen von niederländischen Unternehmen übernommen. Auch 900 deutsche Seeleute gerieten in Gefangenschaft. Alle wurden zu Kriegsverbrechern erklärt.

Um ihrer Forderung nach besseren Haftbedingungen für die internierten Deutschen Nachdruck verleihen und die Ausreiseerlaubnis für deutsche Frauen und Kinder zu erwirken, ließ die deutsche Regierung mehrere hundert niederländische Kolonialbeamte auf Heimaturlaub internieren.[36] Daraufhin verließen 500 internierte deutsche Frauen und 400 Kinder Indonesien Richtung Japan. Die meisten Männer wurden nach *Dehradun* in Britisch-Indien verschifft.

Islam. Mit der Konversion des Sultans von Mataram Anfang des 17. Jahrhunderts hatte der Islam den indonesischen Archipels durchdrungen.[37] Von nun an existierten drei religiös-soziale Systeme: die ländliche Geister- und Ahnenverehrung, die Adelskultur und der Islam der Händler.[38] Ab 1800 traten islamische Unternehmerkultur und niederländische Kolonialmacht zunehmend in Konkurrenz zueinander.[39] Einerseits stützten Religionsgelehrte das Kolonialregime.[40] Andererseits förderte

---

[35] Oort, Boudewijn van: *Tjiden reunion – A memoir of World War II on Java.* 2008, S. 44
[36] Hug, S. 24
[37] Benda, Harry Jendrich: *The crescent and the rising sun: Indonesian Islam under the Japanese occupation 1942–1945.* 1958, S. 9
[38] Legge, 1964, S. 52
[39] Mark, Ethan: *Appealing to Asia: Nation, Culture and the problem of imperial modernity in Japanese occupied Java 1942–1945.* Ph.D. thesis, Columbia University. 2003, S. 102
[40] Bayly, Alan und Kolff, D.H.A.: *Two colonial empires.* 1986, S. 32

dieses christliche, nicht aber islamische Missionierung und verbot islamische Bekehrungsbestrebungen in ländlichen Gebieten, wo die vorislamische Tradition noch lebendig war.[41] Die Spannungen nahmen zu, als die Kolonialbehörden den Chinesen Anfang des 20. Jahrhunderts gestatteten, im Landesinneren Handel zu treiben, wo sie in direkten Konflikt mit muslimischen Händlern gerieten. Die islamische Elite verlor zunehmend an Einfluss und entwickelte sich zum Gegengewicht der Europäer.[42] 1911 gründete sie die erste indonesische Handelsorganisation Sarekat Dagang Islam –, später Sarekat Islam – die 1917 bereits 800.000 Mitglieder hatte. Ein Jahr später entstand die islamische Reformbewegung Muhammadiya. In der sprunghaft angestiegenen Zahl ihrer Religionsschulen entwickelte sich Opposition gegen das Kolonialregime. In den 1920er Jahren versuchte die Kolonialregierung ihre Macht über den Islam zu festigen. Pilgerreisen, die seit der Öffnung des Suez-Kanals 1869 sprunghaft angestiegen waren, wurden kontrolliert, Islamschulen überwacht und regimetreue Lehrer mit Anstellungen für ihre Söhne belohnt. Muhammadiya hatte 1938 250.000 Mitglieder und 7.650 Missionare. Sie hieß die Japaner 1942 in der Hoffnung willkommen, sie würden den Adel mitsamt ihren kolonialen Herren hinwegfegen. Die Japaner spannten die Islamvertreter für ihre Propaganda ein und riefen Hisbollah-Kampfgruppen ins Leben. Die

Macht, die der Islam während der japanischen Besatzung erhielt, ist bis heute auf der politischen Bühne präsent.

Als die unabhängige indonesische Republik versuchte, die weitgehend ungebildeten Guerilla-Kämpfer aus der Armee zu entfernen, etablierte sich als Gegenreaktion 1949 die Bewegung Darul Islam.[43] Ein Teil ihrer Anhänger waren Bauern, die ihr Land verloren hatten, weil sie Kredite nicht bedienen konnten. Die Bewegung war also eine politisch-ökonomische Rebellion.[44] Sie kämpfte bis 1965 für einen islamischen Staat und stand damit im Gegensatz zur Regierung.[45] In Zentral-Java verfügte sie über 1.200 bis 2.000 Kämpfer. Durch ihre Terrorakte starben 15.000 bis 40.000 Menschen.[46]

Auch nach diesem Bürgerkrieg blieb das Land zerrissen. Die islamische Masyumi-Partei hatte ihre Anhänger auf den Außeninseln und im sundanesischen West-Java. Die ebenfalls muslimische NU-Partei fand ihre Wähler unter den Land besitzenden Islamlehrern in Ost-Java und im muslimischen Verwaltungsapparat, wie den islamischen Gerichten. Sie alle standen in Opposition zu den religiös neutralen Nationalisten und Kommunisten.[47] Suharto verdrängte die Muslime zwar von der politischen Bühne, machte sie sich jedoch gewogen, indem er islamische Universitäten finanzierte und religiöse Feierlichkeiten im Fernsehen ausstrahlen ließ.

Jakarta, die Hauptstadt Indonesiens, war bis zum Einmarsch der Japaner

41 Noer, Deliar: *The modernist Muslim movement in Indonesia 1900–1942*. 1973, S. 314
42 Leith, Denise: *The politics of power: Freeport in Suharto's Indonesia*. 2002, S. 319
43 Dijk, Cornelis van: *Rebellion under the banner of Islam*. 1981, S. 344
44 Kahin, Audrey: *Regional dynamics of the Indonesian revolution*. 1985, S. 61
45 Mozingo, David: *Chinese policy toward Indonesia, 1949–1967*. 2007, S. 31
46 Pringle, S. 75
47 Lev, Daniel S.: *Transition to guided democracy: Indonesia politics 1957–1959*. 2009, S. 8

1942 das Machtzentrum der Kolonie und trug den Namen Batavia. 1619 hatte der Direktor der Niederländischen Handelsgesellschaft, Jan Pieterzoon, die Stadt auf den Ruinen von Jayakarta gegründet, nachdem er die Stadt hatte niederbrennen lassen. Auf dem Standbild ihm zu Ehren in seiner Geburtsstadt Hoorn ist seit 2011 der Begriff ›Massenmörder‹ zu lesen. Bis Mitte des 18. Jahrhunderts war Batavia die bevölkerungsreichste und prächtigste von Europäern regierte Stadt Asiens.[48] Nach dem Einmarsch der Japaner, erhielt sie 1942 ihren alten Namen zurück.

Nach dem Zweiten Weltkrieg zog der niederländische Generalgouverneur wieder in den Regierungspalast ein.[49] Entführungen, Mord und Folter seitens der Kolonialmacht und der einheimische Nationalisten waren an der Tagesordnung, bis die Stadt 1947 wieder ganz in niederländischer Hand war.[50] Seit 1950 ist Jakarta Hauptstadt des unabhängigen Indonesien.

Japanische Internierungslager. Während sich die Kolonialregierung vor dem Angriff der Japaner im Zweiten Weltkrieg nach Australien absetzte, gab es für die niederländische Zivilbevölkerung in Niederländisch-Indien keine Evakuierungspläne. Sie wurde im Rundfunk aufgerufen, ›lieber aufrecht zu sterben als auf Knien zu leben‹.[51] Andererseits erwiderte die australische Regierung auf eine Anfrage zur Aufnahme niederländischer Frauen, da von den 98.000 als europäisch klassifizierten Frauen, mindestens die Hälfte Mischlinge seien, bedürfe dies einer gründlichen Abwägung. Da wurde Niederländisch-Indien bereits angegriffen.[52] Etwa 200.000 der 300.000 niederländischen Staatsangehörigen waren Eurasier. Die 100.000 Europäer wurden von den Japanern interniert – davon 64.000 Frauen und Kinder.[53] Die 200.000 Eurasier lebten größtenteils außerhalb der Lager. Sie zu internieren hätte – aus japanischer Sicht – zu viele Ressourcen verschlungen. Sie wurden vom Arbeitsmarkt ausgeschlossen und waren auf die Unterstützung des ›Büros für Eurasische Angelegenheiten‹ angewiesen.[54]

Nachdem Indonesien 1942 besetzt war, wurden zunächst alle niederländischen Beamten, Ärzte, Lehrer und Juristen interniert. Alle anderen Europäer mussten sich registrieren lassen und eine weiße Armbinde tragen. Kurz zuvor hatte die US-Regierung etwa die gleiche Zahl in den USA lebender Japaner oder US-Bürger mit japanischen Wurzeln interniert. Die

---

48 Osterhammel, Jürgen: *Kolonialismus: Geschichte, Formen, Folgen.* München 1995, S. 95
49 Strong, Hiske Forsyth: *With Faith, Hope and Love. The Story of a Survivor of Camp Tjideng, Dutch East Indies.* 2009, S. 46
50 Cribb, Robert: »Jakarta: Cooperation and Resistance in an Occupied City.« In: Kartodirdjo, Sartono: *Protest movements in rural Java.* 1973, S.187
51 Archer, Bernice: *The internment of western civilians under the Japanese 1941–1945.* 2004, S. 49
52 Archer, S. 50
53 Kemperman, Jeroen: »Internment of civilians.« In: Post, Peter (Hg.): *The encyclopaedia on Indonesia in the Pacific War.* 2010, S. 164
54 Touwen-Bousma, Elly: »Japanese Minority Policy. The Eurasians on Java and the dilemma of ethnic loyalty.« In: Post, Peter (Hg.): *Japan, Indonesia and the war: Myths and realities.* 1997, S. 39

Japaner rechtfertigten die Internierung der Niederländer auch als Reaktion auf die Lagerhaft der Japaner in den USA. Ab Dezember 1942 wurden alle Niederländer interniert. Da sie kein Geld mehr hatten, bot der Lageraufenthalt vielen Frauen mit ihren Kindern einen Ausweg aus einer ausweglosen Situation. Bis 1943 wurden sie oft in heruntergekommenen Ortsteilen ghettoisiert. Dafür mussten vorher hunderte Familien ihre Wohnungen verlassen. Es existierten viele kleine Lager in Dutzenden Städten, in Gefängnissen, Kasernen, Hotels, Schulen, Klöstern, Fabriken, Kirchen und Krankenhäusern. Bis 1943 durften die Frauen die Lager verlassen.[55] Sie waren nicht überfüllt und die Insassen erfreuten sich noch guter Gesundheit. Bis April 1944 wurden sie meist von indonesischer Polizei bewacht. Obwohl Kontakt mit den Internierten verboten war, sahen manche Wachposten über den Lebensmittelschmuggel hinweg oder beteiligten sich daran.[56]

Als sich die Kriegslage für Japan verschlechterte, wurden ab November 1943 alle ›Schutzzonen‹ dem Militär unterstellt und die Situation verschlimmerte sich dramatisch. Die Lager wurden an wenigen Orten konzentriert.[57] Bald standen jedem Internierten nur noch zwei Quadratmeter ›Wohnraum‹ zur Verfügung. Ab Januar 1944 litten sie an Unterernährung, etwa ein Drittel erkrankte.[58] Hilfspakete des Roten Kreuzes wurden selten verteilt.[59] Ab Juli 1944 wurden die Jungen ab zehn Jahren in Jungen- oder Männerlagern untergebracht.

Neben jedem Lager befand sich ein Bordell. Zweifellos nutzten die Japaner die Notlage der Frauen aus.[60] Die alltäglichen Verwaltungsaufgaben wurden einem Koreaner oder Indonesier übertragen. Blockwärterinnen mussten dafür sorgen, dass die Anweisungen des Lagerleiters umgesetzt wurden. Sie hatten neben Küchenarbeiterinnen die besten Überlebenschancen. Das wenige an Nahrung, das sie zusätzlich ergattern konnten, half ihnen, ihren Familien und ihren Freunden oft zu überleben.

Da die Verwaltung eines Frauenlagers als demütigend angesehen wurde, wies man diese Aufgabe oft Außenseitern und Unruhestiftern zu.[61] 2.000 Koreaner hatte man mit dem Versprechen auf eine zivile Anstellung rekrutiert. Eingesetzt wurden sie meist als Wachpersonal in Lagern. Obwohl sie nur Anweisungen auszuführen hatten, wurden sie zu Zielscheiben des Hasses der Internierten.[62] Missverständnisse erzeugten zusätzlich böses Blut.

55 Krancher, Jan A. (Hg.): *The defining years of the Dutch East Indies 1942–1945: Survivors' accounts of the Japanese invasion and enslavement of Europeans and the revolution that created free Indonesia.* 1996, S. 95
56 Blackburn, Kevin und Hack, Karl (Hg.): *Forgotten captives in Japanese occupied Asia.* 2008, S. 224
57 Goldmann, Nicoletta (Hg.): *Eyewitnesses of War.* (Foundation of Japanese Honorary Debts.), S. 28
58 Kemperman, S. 170
59 Jong, 2002, S.484
60 Yuki Tanaka: *Japan's Comfort Women. Sexual slavery and prostitution during World War II and the US Occupation.* 2002, S. 67
61 Spector, Ronald: *Eagle against the sun: The American war with Japan.* 2008, S. 398
62 Utsumi Aiko: »The Korean guards on the Burma-Thailand Railway«. In: McCormack, Gavan: *The Burma-Thailand Railway: memory and history.* 1993, S. 133

So war eine Verbeugung für Japaner eine Geste der Höflichkeit, während die Internierten dies als erniedrigend empfanden. Das Lagerpersonal ließ sich durch die rassistische Einstellung vieler Internierter provozieren, die ihre Bewacher nicht selten als ›gelbe Affen‹ bezeichneten‹. Diese wiederum legten eine ausgesprochene Gleichgültigkeit gegenüber ihrem Leid an den Tag.[63] Etwa 16 Prozent der Internierten überlebten die Lagerhaft nicht.[64] Von den 13.000 Todesopfern kamen in den letzten Internierungswochen besonders viele um. 95 Prozent aller rein niederländischen Familien in Indonesien verloren mindestens ein Familienmitglied.[65] Für viele bedeutete das schnelle Kriegsende nach Abwurf der Atombomben das Überleben. Während die Lager für sie zum Synonym für die japanische Besatzung wurden, spielen sie in der japanischen und indonesischen Erinnerung kaum eine Rolle.

Nach Kriegsende schützten die Japaner auf Anweisung der Alliierten die Internierten vor der Wut der Indonesier. Bis die letzten Niederländer die Lager 1947 verlassen konnten, glaubten sie fest, dass ihr Leben so weitergehen würde, wie vor dem Krieg. Von dem Elend der Einheimischen wussten sie

nichts. 1956 zahlte Japan 10 Millionen US-Dollar für private Entschädigung – 91 Dollar pro Interniertem.[66] Dennoch ist das Interesse an dem Schicksal der Internierten in Japan bis heute gering. Da die japanische Armee die offiziellen Unterlagen bezüglich dieser Lager verbrennen ließ, ist die Forschung weitgehend auf Zeitzeugenaussagen angewiesen.[67]

Japanische Organisationen in Indonesien.

1943 wurde die Organisation Putera aus der Taufe gehoben und Sukarno zu ihrem Vorsitzenden ernannt. Ihre Hauptaufgabe bestand darin, Zwangsarbeiter zu rekrutieren. Als die Japaner befürchteten, Putera diente eher den indonesischen Unabhängigkeitsbestrebungen als den japanischen Kriegsinteressen, wurde sie 1944 durch die ›Loyalitätsorganisation des Volkes‹ Java Hokokai ersetzt, die der Militärregierung unterstand und im Februar 1945 8.200.000 Mitglieder hatte.[68] Diese waren in jedem Dorf präsent und hatten die Funktion, die Bevölkerung zu überwachen und für den Krieg zu mobilisieren. Auch für die Requirierung von Reis und die Rekrutierung von Zwangsarbeitern waren sie zuständig.[69] Die Frauenorganisation

---

63 Heijmans-van Bruggen, Mariska und Raben, Remco:»Sources of Truth. Dutch Diaries from Japanese Internment Camps.« In: Raben, Remco (Hg.): *Representing the Japanese occupation of Indonesia: personal testimonies and public images in Indonesia, Japan and the Netherlands*. 1999, S. 172

64 Locher-Scholten, Elsbeth: *Dutch post-war visions*. In: Post, Peter (Hg.): *The encyclopaedia on Indonesia in the Pacific War*. 2010, S. 430

65 Krancher, S. 62

66 Yoshiaki Yoshimi: *Comfort Women*. 2000, S. 176

67 Utsumi Aiko:»Re-enacting memories.« In: Raben, Remco (Hg.): *Representing the Japanese occupation of Indonesia: personal testimonies and public images in Indonesia, Japan and the Netherlands*. 1999, S. 125

68 Goto Ken'ichi: *Tension of empire: Japan and Southeast Asia in the colonial and post-colonial world*. 2003, S. 239

69 Sato Shigeru:»The pangreh praja in Java under the Japanese military rule.« In: Post, Peter (Hg.): *Japan, Indonesia and the war: Myths and realities*. 1997, S. 83

Fujinkai war für die Suppenküchen der Zwangsarbeiter verantwortlich.[70] Für die Durchsetzung japanischer Anordnungen sorgten die Verwaltungselite sowie die nationale und muslimische Führungsschicht.[71] Die unpopulären Maßnahmen waren auch mit Sukarnos Namen verbunden und brachte ihm die Bezeichnung ›Knecht der Japaner ein‹.[72] Die Eurasier weigerten sich, diesen Organisationen beizutreten.

Zu den paramilitärischen Verbänden gehörten *Heiho* und die ›Verteidiger des Vaterlandes‹ – *PETA* –, insgesamt 37.000 Männer auf Java. Die 20.000 Mitglieder auf Sumatra wurden *Giyugun* genannt. Über eine halbe Million unbewaffnete junge Männer zwischen 14 und 20 Jahren waren in dem Verteidigungsverband ›Seinendan‹ zusammengefasst. Der Organisation der Hilfspolizei ›Keibodan‹ gehörten 1.286.813 Mitglieder an.[73] Das Pioniercorps Shinshintai bestand aus 80.000 Männern. Das Selbstmordcorps, das muslimische Jugendcorps Hisbollah und das Studentencorps Gakutai zählten je 50.000 Mitglieder. Alle oben genannten Gruppen waren nur mit Bambusspeeren bewaffnet. 1944 wurde auf Java die Organisation Tonarigumi ins Leben gerufen. Ihre 500.000 Mitglieder sollten vor allem ihre Nachbarn kontrollieren.[74]

Javanische Kultur. Nachdem die Hinduisierung Javas 300 n. Chr. weitgehend abgeschlossen war, veränderte sich das Leben in einem javanischen Dorf bis 1800, dem Beginn der kolonialen Zwangsanbaupolitik, kaum.[75] Die Gesellschaft war – und ist zum Teil bis heute – in drei Gruppen unterteilt: oben der Sultan und seine Familie, unter ihm die adelige Beamtenschaft und ganz unten das einfache Volk.

Erst wenn ein Junge die hierarchische Komplexität und schichtspezifische Sprache meistern kann, wird er als richtiger Javaner angesehen. Dazu gehört, direkte Konfrontation zu vermeiden, was Javaner in den Augen Unwissender oft als unterwürfig erscheinen lässt.[76] Äußere Freundlichkeit sagt nichts darüber aus, was ein Mensch wirklich fühlt oder denkt. Sozialer Erfolg wird an der Fähigkeit gemessen, Konflikte zu umgehen.[77]

Man kann die traditionelle Gesellschaft als paternalistisch bezeichnen. Magie und Zeremonien spielen eine wesentliche Rolle.[78] Strenggläubige Muslime nennt man ›santri‹, die

70 Sato Shigero: »Administrative changes in Java«. In: Post, Peter (Hg.): *The encyclopaedia on Indonesia in the Pacific War*. 2010, S. 101
71 Abeyasekere, Susan: *One hand clapping: Indonesian nationalists and the Dutch, 1939–1942*. 1976, S. 61
72 Dahm, Bernhard: *Sukarnos Kampf um Indonesiens Unabhängigkeit*. Hamburg 1966, S. 203
73 Aziz, Muhammad Abdul: *Japan's colonialism and Indonesia*. 1955, S. 229
74 Touwen-Bousma, Elly und Kurasawa Aiko: »Social Change«. In: Post, Peter (Hg.): *The encyclopaedia on Indonesia in the Pacific War*. 2010, S. 285
75 Magnis-Suseno, Franz v.: *Neue Schwingen für Garuda: Indonesien zwischen Tradition und Moderne*. München 1989, S. 79
76 Larson, George: *Prelude to revolution: palaces and politics in Surakarta 1912–1942*. 1979, S. 29
77 Anderson, Benedict: *Java in a Time of Revolution, Occupation and Resistance 1944–1946*. 1972, S. 4
78 Polomka, Peter: *Indonesia since Sukarno*. 1971, S. 53

Mehrheit derjenigen, deren Religion aus einer Mischung von Islam, Hindu-Buddhismus und Animismus besteht, ›abangan.‹ Allen gemeinsam ist ein Verhaltenskodex, der reichere Verwandte dazu verpflichtet, ärmere zu unterstützen. Der Familienverband bietet in allen sozialen Schichten Sicherheit.

Zu heiraten hatte für einen Mann merkliche Vorteile. Frauen traute man mehr Geschick im Umgang mit Geld zu und sie arbeiteten generell mehr als Männer. Tendenziell ist vieles heute noch so. In den ersten drei bis vier Jahren nach der Hochzeit werden zwischen 50 und 80 Prozent aller Ehen geschieden. Bei der zweiten Ehe darf die Braut bei der Wahl ihres Partners mitentscheiden. Eine geschiedene Frau wird in keiner Weise diskriminiert. Die Kinder werden in die Großfamilie aufgenommen.[79] Angesichts ihrer reichen Kultur und Geschichte, zweifelten Javaner nicht an ihrer Überlegenheit gegenüber anderen indonesischen Völkern und daher auch nicht an ihrem Recht, in Indonesien das Sagen zu haben.

Java-Krieg. Zwischen 1810 und 1830 kamen große Teile javanischen Landes unter direkte europäische Kontrolle und Dorfvorsteher wurden zu Steuereintreibern.[80] Bauern erhielten bis 1827 kein Geld für die Produkte, die sie abliefern mussten. Darüber hinaus wurde so viel Zwangsarbeit eingefordert, dass viele ihre Reisfelder über Monate nicht bearbeiten konnten. Täglich wurden an Erschöpfung und Fieber Gestorbene aus den Plantagen der Europäer abtransportiert.[81]

Die Choleraepidemie der frühen 1820er Jahre brach in einer Zeit der Missernten und Hungersnot aus, mit einer enormen Sterblichkeitsrate. Der Ausbruch des Vulkans Merapi 1822 und die Überschwemmungen von 1823 verschlimmerten die katastrophale Lage. Weder Bestechung noch Peitschenhiebe konnten Dorfvorsteher mehr dazu bringen, den Plantagen die geforderte Zahl Arbeitskräfte zur Verfügung zu stellen. Um dem Druck der Kolonialregierung zu entgehen übersiedelten ganz Dörfer in die Machtbereich der javanischen Fürsten. Als der Generalgouverneur 1823 die private Landpacht aufhob, verloren die Aristokraten eine wichtige Einnahmequelle.[82]

Über all diese Missstände hinaus, ging dem Beginn des Java-Krieges (1825–1830) die Annexion fruchtbaren Reislandes durch die Kolonialregierung unmittelbar voraus, das sie an Chinesen und Europäer verpachtete. Mit der Erhebung zusätzlicher Steuern hatte dies eine weitere Verarmung der Bevölkerung zur Folge. Beamte warnten vor neu eingeführten Mautstellen und Unruhe in der Bevölkerung, aber die Regierung wollte auf die eine Million Gulden Mauteinnahmen pro Jahr nicht verzichten.

Die Chinesen, denen man nicht

---

[79] Utsumi Aiko: »The International Military Tribunal for the Far East (Tokyo War Crimes Tribunal).« In: Post, Peter (Hg.): *The encyclopaedia on Indonesia in the Pacific War.* 2010, S. 442

[80] Boomgard, Peter: *Children of the colonial state: population growth and economic development in Java, 1795–1880.* 1989, S. 199

[81] Carey, Peter: *No longer Chinese, not yet Dutchmen, half-baked Javanese. Changing Javanese perceptions of the Chinese community in South-Central Java 1755–1825.* 1983, S. 123

[82] Ricklefs, Merle Calvin: *A history of modern Indonesia since 1200.* 2008, S. 151

nur das Monopol für Opium, sondern auch für die Mautstellen übertragen hatte, kontrollierten bald jede Landstraße.[83] Die Einnahmen der Mautstellen im Fürstentum Yogyakarta verdreifachten sich jährlich zwischen 1816 und 1825. Bauern mussten für das Recht auf Weiterreise große Teile ihrer Waren aushändigen. Der Handel erlahmte, Preise schnellten nach oben, bewaffnete Gangs mordeten straffrei.[84] Der einzige Ausweg, den die Bevölkerung sah, war es, die Zollstellen in Brand zu stecken. Während der stundenlangen Wartezeiten wurden sie animiert, Opium zu rauchen. Zwischen 1814 und 1824 verfünffachte sich der Opium-Profit in Yogyakarta. 1820 gab es 372 staatliche Opiumhöhlen auf dem Territorium des Sultans, eine bei jeder Mautstelle und auf jedem Markt. Nach offiziellen Schätzungen konsumierten 16 Prozent der javanischen Bevölkerung das Rauschgift.[85]

Die Revolte, die in den Java-Krieg mündete, wurde von Prinz Diponegoro angeführt, dem sich bald Massen der Bevölkerung anschlossen. Der Aufstand kostete 8.000 Europäern und 7.000 einheimischen Soldaten der Kolonialregierung das Leben. Mindestens 250.000 Javaner starben, meist in Folge von Hunger oder Krankheiten.[86] Die Bevölkerung Yogyakartas war auf die

Hälfte reduziert. 13.000 Menschen wurden verhaftet, 4.500 verurteilt, mehr als 1.300 nach *West-Papua* verbannt.[87] Nach diesem Krieg begann die direkte koloniale Ausbeutung, die 1830 mit dem ›*Kultursystem*‹ begann.

Keibodan – s. Japanische Organisationen in Indonesien

Kempeitai war die Militärpolizei der Japanischen Armee. Ihre Offiziere entstammten fast ausschließlich Samurai-Familien. Bevor sie in Indonesien aktiv wurde, lagen 60 Jahre Erfahrung in Japan hinter ihr, wo sie gegen Pazifisten und Kommunisten eingesetzt wurde. Bis Ende 1945 hatte die Kempeitai allein in Japan zehntausende Menschen verhaftet und gefoltert.[88] Ein Kempei hatte die Macht, einen Nicht-Kempeitai-Offizier bis zu drei Rängen über sich zu verhaften. Die Kempeitai trug, wie ihr Marine-Gegenstück, die Tokkeitai, die Verantwortung für das Rekrutieren von Arbeitskräften, Spionageabwehr, Gegenpropaganda, die Verwaltung von Gefangenenlagern und die Bereitstellung von ›*Trostfrauen*‹.[89]

Zwischen März 1942 und Februar 1944 verhaftete die Kempeitai 6.387 Menschen allein auf Java, in erster Linie Eurasier – in der Regel ohne Prozess.[90] Zwei Drittel der Inhaftierten

---

[83] Carey, 1981, S. 126
[84] Carey 1983, S. 39
[85] Carey, 1983, S. 33
[86] Carey, 1981, S. 61
[87] Larson, S. 132
[88] Shimer, Barbara Gifford and Hobbs, Guy: *Kenpeitai in Java and Sumatra.* 2010, S. 12
[89] Post, Peter: »Policing society.« In Post, Peter (Hg.): *The encyclopaedia on Indonesia in the Pacific War.* 2010, S. 150
[90] Cribb, Robert: *Institutions.* In: Post, Peter (Hg.): *The encyclopaedia on Indonesia in the Pacific War.* 2010, S. 111

überlebten ihre Gefangenschaft nicht.[91] Der einstige niederländisch-indische Polizeiapparat unterstützte die Arbeit der Besatzungsmacht.[92] Bei Kriegsende gab es in Indonesien 697 japanische und 958 indonesische Kempei. 80 Prozent der Informanten waren Indonesier, 10 Prozent Chinesen und 10 Prozent Europäer oder Eurasier.[93] Wer einen Niederländer verriet, erhielt sagenhafte 500 Gulden. Für einen abgefangenen Brief oder ein mitgehörtes Telefongespräch gab es nur einen Gulden.[94] Obwohl viele Unterlagen verbrannt wurden, erhielten etliche Kempei lange Haftstrafen als Kriegsverbrecher, 30 die Todesstrafe.[95] In der Geschichtsschreibung, egal welcher Nation, finden indonesische Kempei keine Erwähnung. Nach Japans Kapitulation wurde die Kempeitai im August 1945 aufgelöst.

KNIL, die Königlich-Niederländisch-Indische Armee, hatte ihren ersten Einsatz im Padri-Krieg – 1821 bis 1837 – in West-Sumatra. Ab 1918 war sie eine reguläre Streitmacht und bestand fast nur aus indonesischen Soldaten. 1937 waren 13.000 der 42.233 Soldaten Javaner, 2.000 Sundanesen, 5.000 *Manadonesen*, 4.000 *Ambonesen* und 1.000 *Timoresen*. Die andere Hälfte waren größtenteils Eurasier.[96] Minderheiten stellten Schwarzafrikaner aus

dem heutigen Ghana, Belgier, Deutsche und Niederländer. Ihre Aufgabe war es, Bauernaufstände zu unterdrücken und gegen Banden vorzugehen. Im Dezember 1941 wurden 32.000 Niederländer, vor allem Eurasier eigezogen.[97] Ende 1941 zählte die KNIL auf Java etwa 50.000 Soldaten, auf den andern Inseln weitere 17.500.[98] Ein Großteil der Ausrüstung war veraltet. Bei dem kurzen Kampf um Niederländisch-Indien starben im Zweiten Weltkrieg 1.653 niederländische Marinesoldaten. Die KNIL verlor 730 europäische und eine unbekannte Zahl indonesische Soldaten. Die japanische Marine hatte den Tod von 171, die Armee von 500 Soldaten zu beklagen.[99]

Als die KNIL im März 1942 kapitulierte, wurden 42.233 Kriegsgefangene interniert, die 15.000 Javaner und Sundanesen ließ man frei. Sie wurden allerdings gezwungen, Mitglieder der paramilitärischen japanischen Organisation *Heiho* zu werden, wo die Hälfte von ihnen ums Leben kam. Die Indonesier dienten letztlich sowohl den Niederländern als auch den Japanern als Kanonenfutter.

Nach der japanischen Niederlage kehrten 55.000 KNIL-Soldaten, die sich zum Teil nach Australien abgesetzt hatten, nach Indonesien zurück und kämpften gegen die indonesische Unabhängigkeitsbewegung. 1946 ließ

---

[91] Jong, 2002, S. 224
[92] Poeze, Harry A.: »The Road to Hell«. In: Kratoska, Paul H. (Hg.): *Asian labor in the wartime Japanese Empire. Unknown histories.* 2005, S. 167
[93] Post: »Policing society…«, S. 155
[94] Jong, 2002, S. 203
[95] Post: »Policing society…«, S.157
[96] Jong, 2002, S. 283
[97] Jong, 2002, S. 32
[98] Groen, Petra: *The war in the Pacific.* In: Post, Peter (Hg.): *The encyclopaedia on Indonesia in the Pacific War.* 2010, S. 8
[99] Groen, S.13

der berüchtigte niederländische Hauptmann Westerling 4.000 Guerillas und Zivilisten hinrichten.[100] Er starb 1987 in den Niederlanden, ohne je wegen seiner Kriegsverbrechen angeklagt worden zu sein.[101] Nach Anerkennung der indonesischen Souveränität wurde die KNIL 1949 aufgelöst

Koreakrieg. 1910 wurde Korea von Japan annektiert. Ab 1938 durfte in den Schulen nicht mehr Koreanisch unterrichtet werden. Ab 1940 mussten Koreaner japanische Namen annehmen. Sie wurden gezwungen, in Bergwerken zu arbeiten und als Hilfskräfte im japanischen Militär zu dienen. Das koreanische pro Kopf Einkommen war ein Viertel des japanischen, die Sterberate doppelt so hoch.[102] Trotzdem entwickelte sich Korea in 30 Jahren unter japanischer Herrschaft mehr als unter 3.000 Jahren chinesischer Dominanz.[103] 1945 wurde Korea in zwei Besatzungszonen geteilt. Das Gebiet nördlich des 38. Breitengrades wurde von der Sowjetunion, das südliche von den USA besetzt. Der Süden rief 1949 die Republik Korea aus. Daraufhin proklamierte Kim Il-sung die Demokratische Volksrepublik Korea. Sowjetische und amerikanische Truppen verließen das Land 1949. 1950 überschritten die Nordkoreaner die Grenze und kontrollierten bald fast das ganze Land. Als die von MacArthur geführten UN-Truppen die Mandschurei erreichten, griff China auf der Seite Nordkoreas ein. Das immer noch von den USA besetzte Japan stand auf der Seite der USA und erhielt Wirtschaftshilfe für seine Wiederaufrüstung.

Während Bomben der USA Nordkorea weitgehend verwüsteten, flohen viele Nordkoreaner im Schutz der US-Streitkräfte in den Süden. Gleichzeitig wurde ein Großteil der Einwohner Seouls von Kommunisten ermordet. Als UN-Einheiten an den 38. Breitengrad vorgerückt waren, erstarrte der Kampf in einem Stellungskrieg. Das Waffenstillstandsabkommen von 1953 bestätigte den 38. Breitengrad als Grenze.

Der Krieg forderte bis zu drei Millionen Tote unter der Zivilbevölkerung. Circa 40.000 UN-Soldaten – davon 36.000 US-Amerikaner - sowie 500.000 koreanische und 400.000 chinesische Soldaten starben. 3.281.270 Liter Napalm wurden eingesetzt, ein Vielfaches der später in Vietnam verwendeten Menge, mit wesentlich verheerenderen Folgen, da in Nordkorea mehr Ballungszentren existierten.

Beide Seiten begingen Kriegsverbrechen. Mitglieder der kommunistischen Partei oder ihr nahestehender Gruppen, etwa 300.000 Personen, fielen Massenhinrichtungen zum Opfer. Auch die nordkoreanischen Streitkräfte und ihre chinesischen Verbündeten schreckten vor Morden nicht zurück und praktizierten vielerorts eine Politik der verbrannten Erde.

Der Koreakrieg führte zur endgültigen Spaltung in die kommunistischen Staaten China und Sowjetunion auf der einen Seite und die westlichen Staaten unter Führung der USA auf der anderen. In den USA wurde der Krieg als Polizeiaktion deklariert, um eine Kriegserklärung zu vermeiden. An der demilitarisierten Zone stehen sich

100 Kahin, George McTurnan: *Nationalism and revolution in Indonesia.* 1952, S. 145
101 Geerken, Horst: *Der Ruf des Geckos.* Books on Demand 2009, S. 171
102 Ferguson, S. 472
103 Johnson, Paul: *Modern Times. Revised edition: The world from the twenties to the nineties.* 2001, S. 202

heute noch über eine Million Soldaten gegenüber.

Kriegsgefangene. Japan hat die Genfer Konvention für den Umgang mit Kriegsgefangenen nicht unterzeichnet. Das lag daran, dass die Besetzung der Mandschurei 1931 und der Einmarsch in China 1937 nicht als Kriege deklariert wurden sondern als ›Vorfälle‹ – ähnlich den niederländischen *Polizeiaktionen* zehn Jahre später und dem *Koreakrieg* seitens der USA.[104] Gefangene galten daher offiziell nicht als Kriegsgefangene.

Zwischen 1941 und 1945 kamen im Pazifikkrieg 128.000 alliierte Soldaten ums Leben, 80 Prozent von ihnen US-Amerikaner, die Hälfte nach dem Juli 1944. Zur gleichen Zeit starben 1.555.308 japanische Soldaten.[105] In diesem Zeitraum befanden sich 923.000 Kriegsgefangene und Zwangsarbeiter in japanischer Hand, von denen 332.000 ums Leben kamen – von den 130.000 Briten, Indern und Australiern 8.100, von den 23.000 Amerikanern 10.650, von den 42.000 *KNIL*-Soldaten 10.000 Indonesier, der Rest vor allem Eurasier.[106] Von den 300.000 indonesischen Zwangsarbeitern starben 230.000. Das waren 77 Prozent![107]

Die besten Überlebenschancen hatten die 37.000 Gefangenen in Japan, wo ihnen die Zivilbevölkerung ohne Feindseligkeit begegnete. Viele Kriegsgefangene starben durch alliierte Torpedoangriffe. Von den 600 britischen und niederländischen Gefangenen, auf der Maros Maru – einem der japanischen ›Höllenschiffe‹ – kamen im Dezember 1944 nur 320 lebend in Surabaya an.[108] Bei ähnlichen Angriffen verloren 4.000 KNIL- Soldaten ihr Leben, 900 mehr als bei Bau der *Burma-Bangkok Eisenbahn*.[109] Allein beim Untergang der Junyo Maro ertranken 1278 niederländisch-indische Kriegsgefangene.[110]

Kriegsverbrecher-Tribunale. Das Kriegsverbrecher-Tribunal in Tokio kam auf US-Initiative zustande. Die Briten etablierten ihre Tribunale in Singapur, Malaysia, Nord-Borneo und Honkong, die Niederländer in Jakarta. Das Tribunal in Tokio verurteilte 25 Angeklagte zum Tode. Sie wurden der Kriegsplanung, des Massakers von Nanking, des Todesmarsches von Bataan, des Baus der *Thailand-Burma-Eisenbahn* und der Zerstörung von Manila für schuldig befunden.

Insgesamt wurden 5.700 Japaner angeklagt, 4.400 verurteilt, ein Drittel von ihnen Angehörige der *Kempeitai*.[111] Als Problem erwies sich, dass 70 Prozent des Archivmaterials verbrannt oder versteckt war. Über 984 Angeklagte wurde die Todesstrafe verhängt, tatsächlich ausgeführt wurde sie in 920

---

104 Kaori Maekawa: »Japanese guards in film and memory.« In: Blackburn, Kevin und Hack, Karl (Hg.): *Forgotten captives in Japanese occupied Asia.* 2008, S. 181
105 Post, Peter: »General introduction.« In Post, Peter (Hg.): *The encyclopaedia on Indonesia in the Pacific War.* 2010, S. 1
106 Strong, Hiske Forsyth: *With Faith, Hope and Love. The Story of a Survivor of Camp Tjideng, Dutch East Indies.* 2009, S. 48
107 Ferguson, S. 497
108 Jong, 2002, S. 405
109 Jong, 2002, S. 365
110 Ruff-O'Hern, Jannie: *Fifty Years of Silence.* 2008, S. 147
111 Utsumi, 2010, S. 415

Fällen, betroffen davon waren nur 14 Kriegsverbrecher der Kategorie A.[112] Die Angeklagten bekleideten vor allem niedere Ränge.[113] Lebenslange Haftstrafen erhielten 475 Beschuldigte, 2.944 geringere Haftzeiten und 1018 wurden freigesprochen.[114] Die Bestrafung von Männern ohne jegliche Autorität war für japanische Soldaten unbegreiflich.

Japanische Lagerkommandanten wurden angewiesen, Männer, die bei Kriegsgefangenen oder Internierten verhasst waren, umgehend zu versetzen und ihren Aufenthaltsort zu verheimlichen.[115] Koreaner erhielten derartige Warnungen nicht. Von den 148 Koreanern vor einem Kriegsgericht waren 129 als Wachpersonal eingesetzt worden.[116] Nach dem Krieg erhielten Kriegsverbrecher in Japan finanzielle Unterstützung. Koreaner und Taiwanesen waren davon ausgeschlossen.[117]

Verurteilt wurde Japan auch für die Tötung von Zivilisten durch Luftangriffe. Amerikanische Luftangriffe auf Städte wurden dagegen als gerechte Strafe und notwendige strategische Entscheidungen dargestellt.[118] 35.756 der 132.134 alliierten Kriegsgefangenen in japanischem Gewahrsam kamen ums Leben. Für die hohe Sterblichkeitsrate beim Bau der *Burma-Thailand Eisenbahn* wurden 111 Personen für schuldig befunden, 32 zum Tode verurteilt.[119]

Andererseits war es für alliierte Soldaten normal, Japaner, die sich ergeben wollten, zu erschießen.[120] Die Japaner warfen den Alliierten zu Recht vor, Schädel, Goldzähne und abgeschnittene Ohren japanischer Soldaten als Souvenirs in die USA verschickt, Lazarettschiffe angegriffen, Verwundete auf dem Schlachtfeld erschossen und Gefangene gefoltert zu haben.[121] Alliierte Verbrechen wurden jedoch nicht verfolgt.

Während der Tribunale, an denen auch Richter der UdSSR beteiligt waren, befanden sich noch Tausende japanische Kriegsgefangene in sowjetischer Hand, über deren Schicksal nichts bekannt war. Darüber hinaus unterstützen Briten und US-Amerikaner Stalin dabei, Hunderttausende Menschen zu zwingen, in die UdSSR zurückzukehren, wo sie oft ermordet oder interniert wurden. Dies kam so wenig zur Sprache, wie die Deportation ganzer Völker innerhalb der UdSSR zwischen 1941 und 1944 – ein klares Kriegsverbrechen.

Da die wachsende Rivalität mit der Sowjetunion zu einem abrupten Ende des Tribunals führte, wurde die Mehrzahl der Hauptangeklagten nie vor Ge-

112 Cook, Haruko Toya: »Japan's War in Living Memory and beyond«. In: Raben, Remco (Hg.): *Representing the Japanese occupation of Indonesia: personal testimonies and public images in Indonesia, Japan and the Netherlands.* 1999, S. 43

113 McCormack: »Apportioning the blame…«, S. 87

114 Dower, John: *Embracing defeat: Japan in the aftermath of World War II.* 2000, S. 447

115 Utsumi: »Prisoners of war…« S. 77

116 Utsumi: »The Korean guards…« S. 135

117 Yi Hak-Nae: »The man between: a Korean guard looks back.« In: McCormack, Gavan: *The Burma-Thailand Railway: memory and history.* 1993, S. 125

118 Dower, John: *War without mercy: race and power in the Pacific War.* 1986, S. 41

119 Utsumi: »Prisoners of war…« S. 78

120 Johnson, S. 429

121 Dower, 1986, S. 66

richt gestellt.[122] Unter den Verurteilten befand sich eine kleine Zahl Offiziere, wenige hochrangige Bürokraten, keine Verantwortlichen für die Kriegswirtschaft, keine Intellektuellen, buddhistischen Priester, Richter, Journalisten und Ideologen des Militarismus.[123] Schon im August 1945 hatten die USA beschlossen, nicht die Entscheidungsträger zur Rechenschaft zu ziehen: ›Im Interesse einer friedlichen Besatzung und um … die Ausbreitung von Kommunismus zu unterbinden, … sollte alles unternommen werden, um eine Anklage des Kaisers … zu verhindern.‹[124] Stattdessen hätte das Volk, das nie an demokratischen Entscheidungsprozessen beteiligt war und von dem vier Millionen hingerafft worden waren, große Schuld auf sich geladen und müsse Demut und Gehorsam gegenüber der US-gelenkten Nachkriegsregierung bezeugen.[125]

Chefankläger Keenan warf den Japanern vor, sie hätten den Völkern Asiens eine ›Regierung von und für die Bevölkerung‹ verwehrt, dass dies auch in den europäischen und amerikanischen Kolonien der Fall war, sagte er nicht. Die Niederländer saßen über Japaner zu Gericht, während sie einen Kolonialkrieg in Indonesien führten. Die Franzosen waren während der Tribunale damit beschäftigt, Indochina zurückzuerobern, die Briten Malaysia. Für das gleiche Vorgehen wurde Japan angeklagt.

Der Grund dafür ist unter anderem das UN-Mandat, das nur Verbrechen gegen Mitgliedsstaaten ahndet. Vergehen gegen asiatische Soldaten und Zivilisten waren wesentlich zahlreicher und häufig brutaler als gegenüber Europäern, zur Rechenschaft gezogen wurden die Japaner dafür nicht. Die Verbrechen gegenüber koreanischen Zwangsarbeitern und Sexsklavinnen kamen so wenig zur Sprache wie Japans Besetzung von Korea und Taiwan. Während das Tribunal tagte, wurde die einstige japanische Kolonie Korea sogar von den USA und der UdSSR besetzt. 30 Jahre später fanden sich Dokumente, die belegen, dass die USA Beweise für biologische Kriegsführung und medizinische Experimente an asiatischen Kriegsgefangenen zurückhielten. Im Austausch dafür bekamen sie die japanischen Forschungsdaten.[126]

Auch für den Einsatz von biologischen Waffen in China sicherten die Alliierten Japan Straffreiheit zu, obwohl ihnen 3.000 bis 10.000 chinesische Kriegsgefangene zum Opfer gefallen waren.[127] Ebensowenig war der Einsatz von Chemiewaffen Gegenstand des Tribunals. Die USA besaßen das weltweit umfassendste Arsenal von Giftgas und insistierten, dass Japans Einsatz von Chemiewaffen nicht illegal gewesen sei.

Die Alliierten zeigten zudem kein Interesse an den Verbrechen in den Kriegsbordellen. Denn auch das US-Militär setzte Prostitution ein, um die Kampfbereitschaft ihrer Truppen zu steigern und übernahm vom japanischen Militär die Sexsklavinnen in Oki-

---

122 Heidebrink, Iris: *War crimes tribunals*. In: Post, Peter (Hg.): *The encyclopaedia on Indonesia in the Pacific War*. 2010, S. 404
123 Dower, 2000, S. 449
124 Bix, S. 568
125 Bix, S. 549
126 Heidebrink: »War crimes tribunals…« S. 404
127 Bix, S. 617

nawa.[128] Das niederländische Tribunal verfolgte zwar die sexuelle Ausbeutung von Niederländerinnen, nicht aber die von Indonesierinnen oder Eurasierinnen – trotz reichlicher Beweise. Kein überlebender Zwangsarbeiter und keine indonesische Sexsklavin erhielt je eine Entschädigung – und die Familien der Toten ebenso wenig.[129] 1963 verabschiedete die japanische Regierung ein Gesetz für neue Geschichtsbücher, welche die Frage nach japanischer Kriegsschuld und Hirohitos Rolle ausklammerten.[130] Auch heute noch sorgt dieses Thema in Japan für Kontroversen.

Kris ist ein asymmetrischer Dolch, der wegen seiner kulturellen Bedeutung seit 2005 auf der UNESCO Liste der Meisterwerke des Erbes der Menschheit steht. Nach seiner Fertigstellung murmelt der Hersteller Zauberworte über dem Kris und verleiht ihm dadurch, so der Volksglaube, magische Kräfte. So reicht es, wenn der Besitzer aus der Ferne auf seinen Feind zeigt, um ihn zu verletzen oder unheilbar krank zu machen.

KPM war eine niederländische Reederei. Sie sicherte zwischen 1888 und 1966 die Schiffsverbindungen nach Niederländisch-Indien.

Kultursystem s. Cultuurstelsel

Land und Landreform. 1939 verfügten 83 Prozent der Bauern in Niederländisch-Indien über 43 Prozent der landwirtschaftlichen Nutzfläche – oft über weniger als 1,5 Hektar, in Zentral-Java, Süd-Bali und West-Sumatra sogar nur 0,1 bis 0,5 Hektar – vergleichbar mit deutschen Schrebergärten. Im Gegensatz dazu verfügten Dorfbürgermeister und Gemeindebedienstete über Nutzungsrechte an Gemeindeland bis zu zehnfacher Größe.[131]

Nach Kriegsende versprach die indonesische Regierung privaten niederländischen Landbesitz und Förderrechte für den Bergbau zu respektieren. Das bedeutete die Vertreibung tausender Landloser, die 80.000 der 200.000 Hektar Plantagenland besetzt hatten.[132] Als die indonesische Regierung die Plantagenbesitzer nach bitteren Auseinandersetzungen schließlich enteignet hatte, wurde das Land jedoch nicht an Landlose oder Kleinbauern verteilt, obwohl diese in den 1950er Jahren 88 Prozent des Tabaks, 77 Prozent des Kakaos und 65 Prozent des Kautschuks produzierten. Stattdessen betrachteten Beamte und Militärführer das Land als Verteilungsmasse in der vorherrschenden Günstlingswirtschaft.[133]

Das Landreformgesetz, das auf Drängen der *PKI* 1960 verabschiedet wurde, sah auch keine Landumverteilung vor, aber die Unterstützung der Bauern, die ihr Land verloren hatten, oder es aufgrund von Verschuldung zu verlieren drohten. Da das Gesetz selten zur Anwendung kam, rief die PKI 1963

---

[128] Chin-Sung Chung: »The Origin of Development of Military Sexual Slavery in Imperial Japan«. In: Kratoska, Paul H. (Hg.): *Asian labor in the wartime Japanese Empire. Unknown histories.* 2005, S. 313

[129] Reid, Anthony: *The blood of the people: revolution and the end of traditional rule in northern Sumatra.* 1979, S. 186

[130] Bix, S. 668

[131] Uhlig, S. 528

[132] Sutter, John O.: *Indonesianisasi: politics in a changing economy 1940–1955.* 1959, S. 766

[133] Booth 2007, S. 184

zu Demonstrationen auf. Diese Unruhen entluden sich auch in den Massakern von 1965. Unter *Suhartos* ›Neuer Ordnung‹ wurde Land zunehmend zum Spekulationsobjekt für die urbane Mittelschicht. Allein seine Familie erwarb eine Million Hektar. Nach seinem Sturz wurde bei riesigen Demonstrationen die Rückgabe von Land gefordert.[134]

Laskar s. Militärische Bezeichnungen in Indonesien

Madiun. Die Erste Niederländische *Polizeiaktion* im Juli 1947 löste im unabhängigen Rest-Java eine Wirtschaftskrise aus. Ein US-amerikanischer Beobachter schrieb: ›Männer, Frauen und Kinder gleichen Skeletten.‹[135] Sukarno sah sich gezwungen, Regierungsangestellte zu entlassen und Armeeangehörige zu demobilisieren. Das verschärfte in der Armee die Spannungen zwischen Offizieren und der großen Zahl Ungebildeter.

Der Versuch Anhänger des ehemaligen Premierministers *Amir Sjarifuddin* aus der in Madiun stationierten Division zu entfernen, löste im September 1948 schließlich eine Revolte aus.[136] Nachdem eine *PKI*-Einheit eine ›Indonesische Sowjetrepublik‹ ausgerufen hatte, kam es zum Bürgerkrieg. Junge Männer töteten Landbesitzer und raubten ihren Besitz und fielen ihrerseits Rachemaßnahmen zum Opfer.

8.000 Menschen verloren ihr Leben, unter ihnen Musso, der Anführer des Aufstands. 36.000 Menschen wurden inhaftiert.[137] Dies bedeutete das Ende jeder ernsthaften sozialen Veränderung.[138]

Nach der Niederschlagung dieses Aufstandes durch die indonesische Regierung konnten die Niederländer diese nicht mehr als kommunistisch bezeichnen. Von nun an galt Indonesien als potenzieller Verbündeter der Alliierten. Die Zweite Niederländische ›Polizeiaktion‹ im Dezember 1948 vereinigte alle Indonesier noch einmal im Widerstand gegen die Kolonialmacht. Fast alle 35.000 nach dem Aufstand gefangen Genommenen wurden auf freien Fuß gesetzt, die Anführer jedoch exekutiert. Das solidarische Verhalten der Linken während dieses Kampfes führte zu ihrer Rehabilitierung nach der endgültig erlangten Unabhängigkeit.[139]

Malaysia-Kampagne. Sukarno war bestrebt die Einflusssphäre Indonesiens auszuweiten. Er näherte sich China an und distanzierte sich von westlichen Staaten, die nicht gewillt waren ihren Einfluss in Südostasien zu reduzieren.[140] Als sich die indonesische Führung 1963 für eine Konfrontation mit Malaysia entschied, sollte dies innenpolitisch stabilisierend wirken. Die Wirtschaft lag am Boden. Die Bevölkerung litt

---

134 Cribb, 2004, S. 233
135 Gouda, Frances: *American vision of the Netherlands East Indies/Indonesia. US foreign policy and Indonesian nationalism 1920–1949.* 2002, S. 33
136 Taylor, Jay: *China and Southeast Asia: Peking's relations with revolutionary movements.* 1976, S. 85
137 Taylor, 2003, S. 354
138 Reid, Anthony: *Indonesian national revolution.* 1974, S. 147
139 Swift, Ann: *The Road to Madiun: the Indonesian communist uprising in 1949.* 2010, S. 90
140 Heinzlmeir, Helmut: *Indonesiens Außenpolitik nach Sukarno 1965–1970.* Institut für Asienkunde 78–80. Hamburg 1976, S. 55

Not. Dennoch wurde ein beachtlicher Teil der staatlichen Ressourcen für das Militär ausgegeben. Allein die Einsätze in West-Papua Anfang der 1960er Jahre verschlangen enorme Summen.

Als das Ende des Kriegsrechtes bevorstand, erhoffte sich die Armee durch die Malaysia-Kampagne ein noch größeres Budget und mehr Prestige. Teil dieser Aktion war die Enteignung allen britischen und US-amerikanischen Besitzes auf Sumatra. Die Inflation schoss auf 600 Prozent.[141] Spätestens jetzt setzte sich bei der Armeeführung die Einsicht durch, dass diese Konfrontation das Land überforderte, innenpolitisch die PKI und Sukarno stärkte und außenpolitisch Spannungen mit den Waffenlieferanten erzeugte: den USA und der UdSSR. In dieser Situation kam es im September *1965* zum Putsch.[142]

Manado ist die Hauptstadt der Provinz Sulawesi Utara auf der Insel Sulawesi. Die dort lebenden *Minahasa* wurden im 16. Jahrhundert von Portugal, später von Spanien und anschließend von den Niederlanden kolonisiert und christianisiert. Nachdem ein Erdbeben die Stadt 1844 zerstört hatte, wurde sie von den Niederländern neu errichtet.[143] Die Kolonialregierung übte so großen Einfluss aus, dass manche die Region als 12. Provinz der Niederlande bezeichneten.

Von 1942 bis 1945 war Manado von den Japanern besetzt und wurde 1945 von den Alliierten schwer bombardiert. Im indonesischen Unabhängigkeitskrieg war die Bevölkerung gespalten zwischen Nationalisten und denen, die eine niederländische Herrschaft favorisierten. In dem Versuch ihre Macht erneut zu etablieren kämpfte die niederländisch-indische Armee 1946/47 gegen die indonesische. Die Zahl der Toten liegt nach niederländischen Angaben bei 3.000, laut indonesischen bei 40.000.[144] Von 1957 bis 1961 kam es zu einer weiteren erfolglosen militärischen Konfrontation mit der indonesischen Regierung im Kampf um größere Autonomie. Eine beträchtliche Anzahl Minahasa lebt heute in den Niederlanden.

Mandi ist ein offenes Wasserbecken. Zum Waschen übergießt man sich mit einer Schöpfkelle.

Militärische Bezeichnungen in Indonesien. Um sich die Unterstützung der Indonesier im Krieg gegen die Alliierten zu sichern, förderten die Japaner den indonesischer Nationalismus und Militarismus. 1943 riefen sie die indonesische Freiwilligen-Armee *PETA* in Leben, aus der sich später die indonesische Armee entwickelte. Die militärische Ausbildung indonesischer Jugendlicher war ein bedeutsamer Bei-

---

141 Mackie, J.A.C.: »The 1941–1965 period as an interlude in the making of a national economy«. In: Lindblad, J. Th.: *Historical Foundation of a National Economy in Indonesia, 1890–1990*. Royal Netherlands Academy of Arts and Sciences. Proceedings of the colloquium. Amsterdam, September 1994, S. 338

142 Thee Kian Wie: »Economic policies in Indonesia during the period 1950–1965, in particular with respect to foreign investment.« In: Lindblad, J. Th.: *Historical foundation of a national economy in Indonesia, 1890–1990*. Royal Netherlands Academy of Arts and Sciences. Proceedings of the colloquium. Amsterdam, September 1994, S. 328

143 Harvey, Barbara: »South Sulawesi: Puppets and Patriots.« In: Kartodirdjo, Sartono: *Protest movements in rural Java*. 1973, S. 208

144 Harvey, S. 219

trag zum Erfolg der indonesischen Unabhängigkeitskriege.

Die indonesische Armee begann im August 1945 als BKR, dem aus Zivilisten bestehenden ›Schutzcorps des Volkes‹. Im Dezember 1945 wurde daraus die Sicherheitsarmee TKR, in der man nach und nach alle unabhängigen Kampfgruppen – ›laskar‹ – zusammengefasste.[145] Laskar-Einheiten auf Sumatra besetzten Plantagen und generierten bedeutende Einkommen durch den Verkauf von gelagertem Gummi, Palmöl, Tee und Pfeffer nach Malaysia.[146] Aus der TKR wude 1947 die Indonesische Volksarmee TRI. Als die Niederländer im Dezember 1948 Yogyakarta besetzten, und die Zivilregierung unter Sukarno kapitulierte, kämpfte die TRI als Guerilla-Armee weiter. Daher wurde die Unabhängigkeit später hauptsächlich als Werk der Streitkräfte angesehen. 1949 änderte die TRI ihren Namen zu TNI – Nationale Indonesische Armee –, den sie bis heute trägt.

Minahasa, s. Manado

Missionierung. Besonders erfolgreich waren Missionen in der ›Erziehung zur Arbeit‹ und Obrigkeitslehre. Kolonial-staaten betrachteten sie in der Regel als Instrumente zur Festigung ihrer Herrschaft.[147] Dabei waren Allianzen zwischen Kolonisierung und katholischer Mission erfolgreicher als bei den Protestanten.[148] Von Absolventen der Missionsschulen versprach man sich, dass sie sich mit der Kolonialmacht identifizieren.[149] Andererseits setzten Missionslehrer häufig Emanzipationsprozesse in Gang. In vielen Fällen solidarisierten sich Missionare mit den Kolonialvölkern. Heute ist etwa 9 Prozent der indonesischen Bevölkerung christlich.

Molukken, auch als ›Gewürzinseln‹ bekannt, sind eine indonesische Inselgruppe. Hauptstadt ist *Ambon* auf der gleichnamigen Hauptinsel. Nachdem die Niederländische Handelsgesellschaft Ambon 1604 von den Portugiesen erobert hatte, ließ sie alle Nelkenbäume an anderen Orten ausreißen. 1621 eroberte sie die muskatnussreichen Banda-Inseln, tötete oder deportierte den Großteil der Bevölkerung und setzte Sklaven für die Muskatnuss-Produktion ein. Durch die Blockade des Pfeffer-exportierenden Hafens in West-Java hatte die VOC den gesamten Gewürzhandel unter ihre Kontrolle gebracht.[150]

145 Siebert, Rüdiger: *Deutsche Spuren in Indonesien: zehn Lebensläufe in bewegten Zeiten.* Bad Honnef 2002, S. 23

146 Reid, Anthony: »Chains of silver chains of steel: Forcing politics on geography.1865–1965.« In: Lindblad, J. Th.: *Historical Foundation of a National Economy in Indonesia, 1890–1990.* Royal Netherlands Academy of Arts and Sciences. Proceedings of the colloquium. Amsterdam, September 1994, S. 294

147 Gründer, Horst: »Christianisierung und Kolonialismus – Bemerkungen zur Rolle der Religion in westlichem Expansionismus der Neuzeit.« In: *Kolonialismus und Kolonialreiche, Teil I.* Zeitschrift für Kulturaustausch 34, S. 261

148 Hammer, Karl: *Weltmission und Kolonialismus.* München 1978, S. 119

149 Dahm, Bernhard: *Indonesien: Geschichte eines Entwicklungslandes 1945–1971.* (Handbuch der Orientalistik: 3. Abt.) 1997, S. 3

150 Dick, Howard W.: »Interisland Trade, Economic Integration, and the Emergence of a National Economy.« In: Booth, Anne (Hg.): *Indonesian economic history.* 1990, S. 298

Nach dem Zweiten Weltkrieg wurden die Inseln gegen den Willen der Mehrheit der Bevölkerung Teil Indonesiens. Daraufhin suchten die ehemaligen Soldaten der Kolonialarmee mit ihren Familien Zuflucht in den Niederlanden. Suharto und sein Militär bereicherten sich an den Ressourcen der Molukken.[151] Fischereilizenzen wurden an Japan verkauft. Bei Unruhen zwischen den verschiedenen Religionen kamen seit 1999 bei einer Bevölkerung von 1,9 Millionen 10.000 Menschen ums Leben, 860.000 wurden zu Flüchtlingen.[152]

NICA – die Niederländisch-Indische Zivile Administration – erhielt nach der Kapitulation der Japaner im Oktober 1945 von den Alliierten die Kontrolle über die einstige Kolonie.

NSB steht für den 1931 gegründeten nationalsozialistischen Bund in den Niederlanden. Sein Programm war größtenteils von der NSDAP übernommen. 1940 entstand innerhalb des NSB die 50.000 Mann starke Niederländische SS als Teil der Waffen-SS. Im NSB bildeten sich 1943 Milizen, die vollständig mit den Deutschen kollaborierten. Als die Alliierten die Niederlande 1944 erreichten, setzten sich viele NSB-Mitglieder ins Deutsche Reich ab. Der NSB-Ableger in Niederländisch-Indien hatte 1935 4.500 Mitglie-

der, 1939 jedoch nur noch 1.706 und 1.000 Sympathisanten. Generalgouverneur De Jonge empfing NSB-Führer Mussert 1935 bei seiner Rundreise durch die Kolonie wie einen Staatsmann. Nach dem Einmarsch der deutschen Wehrmacht in die Niederlande 1940, wurden 500 NSB-Mitglieder in Niederländisch-Indien interniert. Mussert wurde nach dem Krieg in den Niederlanden zum Tode verurteilt.

Nusa Kambangan ist eine Insel vor der Südküste Javas in der Nähe des Hafens Cilacap. Sie wurde 1920, während der niederländischen Kolonialzeit, zu einer Gefängnis-Insel. Während Suhartos Präsidentschaft war sie wegen der hier durchgeführten Todesstrafen als ›Alcatraz Indonesiens‹ berüchtigt. Seit 1996 ist die Insel eine Touristenattraktion.

Opfer des Krieges im Pazifik. Die USA verloren im Pazifikkrieg 100.997 Soldaten.[153] 9.470 australische Soldaten kamen ums Leben.[154] Zwischen 1937 und 1945 starb eine Million japanische Zivilisten.[155] 393.367 wurden Opfer von konventionellen oder Atombomben, fast alle nach März 1945. Im Frühjahr 1945 starben 150.000 Menschen auf Okinawa – ein Drittel der Bevölkerung.[156] Über zwei Millionen japanische Soldaten kamen ums Leben – ein Drittel bei Kampfeinsätzen, die Mehrheit fiel Krankheit und Hunger zum Opfer. 81.000 starben nach Kriegsende

---

[151] Aditjondro, George Junus:»Guns, Pamphlets and Handie-Talkies«. In: Wessel, Ingrid und Wimhöfer, Georgina (Hg.): *Violence in Indonesia*. Hamburg 2001, S.104

[152] Aditjondro, S. 100

[153] Dower, 1986, S. 300

[154] Bullard, Steve:»Australia's war in New Guinnea, and Australia's war in the liberation of the Netherland East Indies.« In: Post, Peter (Hg.): *The encyclopaedia on Indonesia in the Pacific War.* 2010, S. 29

[155] Cook, S. 43

[156] Dower, 1986, S. 298

außerhalb Japans. So kehrten von 1,3 Millionen japanischen Soldaten in sowjetischer Hand nur eine Million nach Japan zurück.[157] Die meisten Toten waren jedoch in China zu beklagen. Einschließlich der Opfer des Konflikts zwischen Rot- und Nationalchinesen. starben insgesamt 4 Millionen chinesische Soldaten. Die Verluste unter der Zivilbevölkerung, unter der die Japaner mehrere Massaker anrichteten, beliefen sich auf rund 10 Millionen Menschen.

Pekan-Baru ist der Ausgangspunkt der Bahnlinie, die unter japanischer Besatzung durch Sumatra gebaut und nach 1945 nie mehr genutzt wurde. Von den alliierten Kriegsgefangenen, die daran arbeiteten, starben etwa 700 sowie 17.000 der 22.000 meist javanischen ›romusha‹.[158] Unzählige verhungerten, obwohl man nach Kriegsende ein Lager voller Rot-Kreuz-Pakete fand. Auch viele der 5.000 ›romusha‹, die im August 1945 noch am Leben waren und halbnackt die Gleise entlang liefen, starben auf dem Weg nachhause.[159]

Pemuda waren die 500.000 bis 600.000 Mitglieder der indonesischen Jugendbewegung während der ›bersiap‹-Zeit, dem Übergang von der japanischen Herrschaft zur Unabhängigkeit. Sie ging aus Jugendorganisationen während der japanischen Besatzungszeit hervor. Ihre anfangs geringe Gewaltbereitschaft explodierte, als Engländer und Niederländer gegen die staatliche indonesische Verwaltung in *Surabaya* vorgingen.

Manche dieser autonomen Gruppen kämpften nicht nur für die Un-

abhängigkeit, sondern auch für das Ende feudaler Strukturen. Sie ließen, wie ihr Held Bung Tomo, ihr Haar auf Schulterlänge wachsen. Die einen trugen ein rotes oder weißes Kopfband, andere eine schwarze Samtkappe. Und alle meist eine zusammengestückelte Uniform. Manche besaßen moderne Waffen, andere waren lediglich mit Bambussspeeren ausgerüstet. Sie wurden in großer Zahl niedergemäht, als sie sich Panzern und Maschinengewehren entgegenstellten. Ihr Glaube an Magie und Unverwundbarkeit verlieh der indonesischen Revolution einen großen Teil ihrer Dynamik.[160]

Im Gegensatz zu den älteren Nationalisten, lehnten die ›pemuda‹ eine von Japan entgegen genommene Unabhängigkeit ebenso ab wie Verhandlungen mit den Niederlanden. Sie zwangen Sukarno, am 17. August 1945 eine selbstbestimmte Unabhängigkeit auszurufen.

Ein weiterer Konfliktpunkt war, dass die Älteren sich auf die bei der Jugend verhassten Verwaltungseliten stützten, die mit Niederländern und Japanern kooperiert hatten. Viele konnten Sukarno außerdem nicht verzeihen, dass er die Rekrutierung hunderttausender ›romusha‹ unterstützt hatte. Ohne die ›pemuda‹ hätten die älteren Politiker einen noch schwereren Stand gegenüber den niederländischen Politikern gehabt.

Mit der Zeit überzogen ›pemuda‹ Niederländer, Briten, Eurasier und Chinesen, aber auch Indonesier, mit mehr und mehr Terror. Sie öffneten Warenlager für die einheimische Bevölkerung, besetzten Plantagen, plünderten Geschäfte, Häuser und Militäranlagen. Im Krankenhaus von Bandung

---

[157] Dower, 1986, S. 299
[158] Jong, 2002, S. 388
[159] Sato, 2005, S. 230
[160] Smail, J.R.W.: *Bandung in the early revolution 1945–1946*. 1964, S. 105

wurden chinesische Babys und Kinder mit abgehackten Händen und Füßen oder abgeschnittenen Nasen und Ohren eingeliefert, sowie kastrierte Jungen und vergewaltigte Mädchen mit abgeschnittenen Brüsten.[161]

PETA, die indonesische Freiwilligen-Armee, wurde 1943 von den Japanern gegründet. Sie war eng mit der japanischen Armee verbunden und dem japanischen Oberkommando unterstellt, wurde aber von einem javanischen Kommandeur geleitet.[162] Angeführt wurden die einzelnen Bataillone von jungen Männern des niederen Adels, Dorfvorstehern, Lehrern oder muslimischen Predigern. Eine ganze Generation indonesischer Führungskräfte wurde auf diese Weise politisiert und militarisiert.

Das Motto lautete zwar ›kämpfen und sterben mit den Japanern‹, weil sich deren Vertrauen jedoch in Grenzen hielt, erhielten PETA-Kämpfer während ihrer Ausbildung nur ausrangierte Gewehre oder Holzwaffen. Obwohl direkte Kommunikation zwischen den 66 PETA-Einheiten untersagt war, griffen 360 PETA-Offiziere und Soldaten im Februar 1945 ein Hauptquartier der *Kempeitai* an.

Am Ende des Krieges hatte PETA auf Sumatra 20.000 Mitglieder und auf Java ca. 40.000.[163] Am Tag nach der indonesischen Unabhängigkeitserklärung, forderten die Japaner mit Sukarnos Unterstützung – auf Anordnung der Alliierten – die PETA-Mitglieder auf, ihre Waffen abzuliefern. Hätte PETA es darauf angelegt, wäre es den Japanern schwer gefallen, ihre Mitglieder zu entwaffnen.[164] Hätte die Regierung PETA darüber hinaus umgehend zur nationalen Arme erklärt, wäre ihre militärische – und damit politische – Verhandlungsposition gegenüber den Niederlanden nicht so schwach gewesen.

Die Entwaffnung geschah unter allerlei Vorwänden. So wurde den Soldaten erklärt, sie bekämen neue Waffen oder ihre Waffen müssten inspiziert werden. Viele wurden mit sechs Monaten Sold im Voraus nachhause geschickt. Auch nach ihrer Entwaffnung erhielt PETA massiven Zulauf aus der Bevölkerung und erwies sich bald als Rückgrat im Kampf um die Unabhängigkeit. Ihre Offiziere bildeten den Kern der zukünftigen Armee und spielten in der jungen Republik eine bedeutende Rolle. [165]

PKI – die Kommunistische Partei Indonesiens – erfuhr in den 1920er Jahren große Unterstützung in der Bevölkerung.[166] Ihre Anhänger, viele davon Analphabeten, fand sie in den Dörfern. Der kommunistische Aufstand auf Java 1926 und West-Sumatra 1927 hinterließ tiefe Spuren in der Kolonie. Die Verhaftung von 13.000 PKI-Anhängern bedeutete das vorläufige Ende der Unabhängigkeitsbewegung.[167] 1927 gründeten die Nationalisten die *PNI*

161 Hollander, S.191
162 Taufik, Abdullah: »Nationalist Activities during the Japanese Period«. In: Post, Peter (Hg.): *The encyclopaedia on Indonesia in the Pacific War*. 2010, S. 118
163 Hering, S.317
164 Allen, L.: *The end of the war in Asia*. 1976, S. 81
165 Sato Shigero: »The PETA«. In: Post, Peter (Hg.): *The encyclopaedia on Indonesia in the Pacific War*. 2010, S. 132
166 Crouch, Harold: *The army and politics in Indonesia*. 1978, S. 351
167 Shiraishi Takashi: *An age in motion: popular radicalism in Java, 1912–1926*. 1990, S. 338

deren Ziel die Unabhängigkeit war.[168/169] Nach der Unabhängigkeitserklärung war die muslimische Reformpartei *Masyumi* (1948) die stärkste Partei in Indonesien. Die stark geschwächte PKI unterstütze die Regierung auf ihrem diplomatischen Weg zur Unabhängigkeit, nahm eine entgegenkommende Haltung gegenüber den USA ein und befürwortete den Schutz ausländischen Eigentums. Erst das Massenelend als Folge der niederländischen Blockade während der Unabhängigkeitskriege bescherte der PKI neue Stärke, woraufhin der niederländische Nachrichtendienst den Kolonialkrieg als Kampf gegen die ›rote Gefahr‹ darstellte.

Nach der Unabhängigkeit kam es in Indonesien zu Machtkämpfen zwischen den verschiedenen Ethnien, die Wirtschaft brach ein, die Bürokratie nahm erdrückende Formen an, Banden machten die Städte unsicher und die sozialen Spannungen entluden sich, wie so oft, in anti-chinesischen Ausschreitungen. All dies führte der PKI Wähler zu, die Regierung und Militär der Korruption anklagte. Wenige Jahre zuvor hatte das Militär die Regierung auf gleiche Weise kritisiert. Seit sie aber selbst Teil des Machtsystems war, verstummte seine Missbilligung.

Wegen ihres enormen Zulaufs wurde die PKI von anderen Parteien und den Eliten zunehmend als Bedrohung betrachtet. Besonders feindselig waren die privilegierten Mitglieder des Militärs und der orthodoxe Islam eingestellt. Beide hatten kein Interesse daran, die politischen oder sozio-ökonomischen Verhältnisse zu ändern. Im Grunde förderte die PKI die tiefen Gräben zwischen Islam und Kommunismus, Landbesitzern und Landlosen, Adel und Bauern, Muslimen und Anhängern traditioneller Glaubenstraditionen zutage.[170] Aus den Wahlen von 1957 ging sie in Java als stärkste Partei hervor.

Nach Schwächung der Masyumi infolge des *Aufstandes der Außeninseln* 1958, wurde die PKI für die PNI und die muslimische NU-Partei immer bedrohlicher. Dies veranlasste Sukarno, alle Parteien zu entmachten und die ›Gelenkte Demokratie‹ (1959–1965) einzuführen. Nahezu die gesamte PKI-Führung wurde verhaftet, weil sie gewagt hatte, kritisch Bilanz zu ziehen.

Dennoch stellte sich die PKI aus Furcht vor der Armee fortan hinter Sukarno, der seinerseits so die Massen hinter sich hatte.[171] Mit ihrer Forderung nach einer Volksmiliz und der Durchsetzung der 1960 beschlossenen Landreform stellte die PKI sowohl das Machtmonopol der Streitkräfte als auch die Wirtschaftsordnung in Frage. Sie prangerte die Ausbeutung durch das Militär an, versprach einen Ausweg aus der katastrophalen Wirtschaftslage und forderte Reis und Kleidung für die Armen. Zählt man zu den drei Millionen Mitgliedern die der Partei nahestehenden Organisationen – Bauernverband, Handelsorganisation, Jugend- und

---

168 Lindblad, J. Thomas: »The late colonial state and economic expansion, 1900–1930«. In: Dick, Howard: *The emergence of a national economy: an economic history of Indonesia 1800–2000*. 2002, S. 122

169 O'Malley, William: *Indonesia in the Great Depression*. Unpublished doctoral thesis. University Microfilms, 1984, S. 376

170 Mody, Nawaz B.: *Indonesia under Suharto*. 1987, S. 45

171 Dahm, Bernhard: *Indonesien: Geschichte eines Entwicklungslandes 1945–1971*. (Handbuch der Orientalistik: 3. Abt.) 1997, S. 131

Frauenverband – hinzu, kommt man 1965 auf 16 Millionen PKI-Anhänger, vor allem auf Java.[172] Das *Massaker von 1965* bedeutete das Ende der PKI.

Plantagen. Java war für Plantagen besonders geeignet. Der Boden war fruchtbar und die zahlreiche Bevölkerung konnte zum Frondienst gezwungen oder als billige Arbeitskraft eingesetzt werden.[173] Bis 1820 verkauften einheimische Fürsten große Ländereien an niederländische Privatleute. Nach 1815 ging alles nicht bebaute Land, das sich nicht in Privatbesitz befand, in den Besitz der Kolonialregierung über. Auf den ersten Plantagen wurde Tabak angebaut, der bald gravierendere Gesundheitsprobleme verursachte als Cholera, Pocken und Dysenterie.

Nach Verabschiedung der Agrargesetze von 1870 durfte die Kolonialregierung Land für maximal 75 Jahre an Privatleute verpachten. Es konnte aber auch von einheimischen Fürsten gepachtet werden, was erhebliche Vorteile bot: die Kosten waren geringer und der Pächter übernahm alle feudalen Rechte der Fürsten – oft die halbe Ernte der Bauern und ihre Frondienste.[174] Während die Pacht einheimischen Fürsten und ihren Verwaltern einen luxuriösen Lebensstil ermöglichte, sank der Lebensstandard der Bevölkerung.[175]

Zu Beginn des 20. Jahrhunderts verfügten private Pflanzer über 920.000 Hektar Land auf Java und 850.000 Hektar auf den anderen Inseln. Im Handbuch für Pflanzer wurde diesen geraten, eine einheimische Bett-Dienerin zu finden. Um 1900 lebte mehr als die Hälfte aller Europäer in derartigen Arrangements.[176] Einerseits begann die Kolonialregierung zum Schutz der Einheimischen 1906 damit, Land zurückzukaufen. Andererseits scheiterte 1907 die Abschaffung der Prügelstrafe.[177] 1915 gab es auf Java noch 582 Pflanzungen in europäischem oder chinesischem Besitz, auf denen 1,8 Millionen Menschen lebten.[178]

Die Aufseher profitierten von Opium und Glücksspielen, die sie den Arbeitern anboten. Dafür erwarben sie Lizenzen von der Kolonialregierung, die 1901 in Ost-Sumatra 2,25 Millionen Gulden an Opium und Glücksspielen verdiente – die Hälfte der Staatseinnahmen! An der Sucht der Plantagenarbeiter verdienten also die Regierung, die Plantagenbesitzer und die Aufseher. Die damit verbundene Verschuldung der Arbeiter bedeutete, dass sie nach Ablauf ihres Vertrages nicht gehen konnten 1917 arbeiteten 200.000 Arbeiter auf den Plantagen. Frei, also ohne Vertrag und ohne Schulden, waren nur 3,5 Prozent.[179]

---

172 Taylor, S. 86

173 Dick, Howard W.: »The emergence of national economy, 1808–1990«. In: Lindblad, J. Th.: *Historical foundation of a national economy in Indonesia, 1890–1990.* Royal Netherlands Academy of Arts and Sciences. Proceedings of the colloquium. Amsterdam, September 1994, S.32

174 Allen, G.C. and Donnithorne, Audrey: *Western Enterprise in Indonesia and Malaya.* 1957 reprint London 2003, S. 69

175 O'Malley, William: »Plantations 1830–1840: An overview.« In: Booth, Anne (Hg.): *Indonesian economic history.* 1990, S. 167

176 Hollander, S. 53

177 Breman, Jan: *Taming the Coolie Beast.* 1989, S. 278

178 Kahin, 1985, S. 23

179 Breman, S. 265

Das Leben eines Plantagenarbeiters ähnelte dem eines Sklaven. Dies änderte sich praktisch nicht bis zum Ende der Kolonialzeit. Die hohe Arbeitslosigkeit auf Java ließ den Nachschub an Arbeitskräften nie versiegen. Von den 100 Aufständen richteten sich 99 gegen den – oft chinesischen – Aufseher.[180] Auch beim Bau der Sumatra-Straße herrschten raue Sitten. Dort wurden zwischen 1912 und 1914 Arbeiter, die in der Auffassung ihrer Vorgesetzten nicht hart genug arbeiteten, aneinander gekettet.[181] Eine weitere Methode, um Arbeiter im späten 19. Jahrhundert auf den Plantagen zu halten, war es, ihre sexuellen Bedürfnisse zu befriedigen. Zu diesem Zweck wurden hunderte javanische Frauen eingestellt. Während ein Mann 4,60 Gulden im Monat verdiente, erhielt eine Frau gerade einmal 2,30 Gulden. Davon konnte sie unmöglich überleben.[182] Um 1930 waren ein Viertel der Plantagenbevölkerung Frauen. Sie arbeiteten im Grunde Tag und Nacht.

Als man erkannt hatte, dass Zucker in Rotation mit Reis angebaut werden konnte, begann auf Java das profitable Zuckerzeitalter. Als Gegenleistung für die zeitweilige Nutzung von Plantagenland mussten die Bauern auf den Plantagen arbeiten. Dieses System wurde zur Hauptstütze der Kolonialwirtschaft. Wer sich dieser ›Sklaverei mit buntem Anstrich‹ verweigerte, verlor das Nutzrecht für das Reisanbauland.[183] 1924/25 betrug das durchschnittliche Jahreseinkommen eines Plantagenarbeiters 300 Gulden. Viele konnten davon nicht leben und mussten ihr Land verkaufen.

Gleichzeitig war Java der bedeutendste Zuckerexporteur der Erde. 75 Prozent des Exports von Java war 1930 Zucker. 1940 hatte die Regierung die Hälfte der Plantagen in Privatbesitz zurückgekauft und zwei Jahre später wurden alle Plantagen, die sich nicht im Besitz von Indonesiern befanden, von den Japanern enteignet.

PNI, die 1929 gegründete Nationale Partei Indonesiens, war die Partei der javanischen Oberschicht und der Bürokraten. 1930 hatte sie 10.000 Mitglieder und weder die Unterstützung der ländlichen Elite noch der bäuerlichen Bevölkerung. 1930 wurde sie verboten. 1934 landeten ihr Vorsitzender Sukarno, sowie seine Parteifreunde *Hatta* und *Sjahrir* im Dschungellager Boven Digul in *West-Papua*, wo sie und über 1.000 Kritiker der Kolonialmacht 1942 von den Japanern befreit wurden.

Polizeiaktionen nennt man in den Niederlanden die Kolonialkriege, die 1947 und 1948/49 zur Wiederbesetzung großer Teile Indonesiens führten. Der Begriff soll betonen, dass es sich dabei um innere Angelegenheiten handele. Diese ›Polizeiaktionen‹ waren jedoch allein schon wegen des Abkommens von Lingaddjati rechtswidrig, das im Konfliktfall neutrale Schiedsrichter vorsah. Wütend über Großbritanniens Einsatz indischer Truppen auf der Seite der Niederlande, klagte Nehru, sie müssten die Drecksarbeit gegen ›unsere Freunde‹ erledigen.[184] Nach den Verwüstungen durch die deutsche Besatzung in ihrem Land,

---

180 Breman, S. 151
181 Breman, S. 273
182 Breman, S. 108
183 Larson, S. 102
184 Colbert, S. 74

glaubte die niederländische Regierung nach Kriegsende, nicht ohne die Einkünfte aus der Kolonie auskommen zu können.[185] Den 140.000 Soldaten auf niederländischer Seite wurde erklärt, sie sollten bei ihrer ›Gnadenmission‹ Dorfbewohner vor Banden schützen.[186] Sie besetzten innerhalb von zwei Wochen den Großteil Javas, nicht jedoch das Kernland um Yogyakarta.[187] Eine internationale Welle der Empörung beendete diesen Krieg nach einem Monat und führte im Januar 1948 zur Renville-Übereinkunft. Indonesien musste die vom UN-Sicherheitsrat festgelegte ›Van-Mook-Linie‹ anerkennen, welche den Niederlanden ihre eroberten Gebiete beließ. Für die Niederlande war die Rückeroberung von Plantagen und der Hauptstadt ein wirtschaftlicher Erfolg.

Im Dezember 1948 stimmten die USA gegen eine indonesische Mitgliedschaft in der UN-Wirtschaftskommission für Asien. Kurz darauf begann, während der Weihnachtsferien, die ›Zweite Polizeiaktion‹. Durch diesen Krieg sollte die Republik gezwungen werden, den gleichen Status zu akzeptieren, wie die von den Niederlanden inzwischen geschaffenen 15 Föderationsstaaten. Präsident Sukarno und etliche Minister wurden festgenommen. Oberst Simatungan führte im Auftrag der Regierung den bewaffneten Kampf jedoch fort. Die Kolonialregierung verwehrte Journalisten den Zugang nach Indonesien. Selbst UN-Vertreter durf-

ten nicht in die umkämpften Gebiete reisen. Die New York Times prangerte an, die Niederlande gäben für ihre Armee in Indonesien so viel Geld aus, wie sie Marshallhilfe erhielten.[188]

1946 hatten die USA den Niederlanden kostenlos 118 Kampfflugzeuge geliefert, 45 Panzer, 459 Jeeps, 170 Stück Artillerie, viele LKW und eine riesige Menge an Gewehren.[189] Nach der zweiten ›Polizeiaktion‹ reagierte Großbritannien, das die Niederlande mit dem Löwenanteil an Waffen für Indonesien beliefert hatte, mit einem Waffenembargo und erkannte – wie die USA und mehrere Staaten im Nahen und Fernen Osten – die Unabhängigkeit Indonesien an. Den Haags Missachtung der UN bedrohte inzwischen grundlegende US-Sicherheitsinteressen.[190] Der Zorn der Amerikaner kam für die Niederländer überraschend. Denn entgegen offiziellen Neutralitätsbeteuerungen, hatten die USA sie bis zum Sommer 1948 unterstützt. Inzwischen war jedoch die Umorientierung US-amerikanischer Außenpolitik zugunsten Indonesiens vollzogen.

Putera s. Japanische Organisationen in Indonesien

Romusha nennt man die vier bis zehn Millionen indonesische Zwangsarbeiter während der japanischen Besatzung im Zweiten Weltkrieg. Mehr als die Hälfte aller Javaner zwischen 16 und 40 Jahren, sowie viele Javanerinnen zwischen

[185] Dick, Howard: *The emergence of a national economy: an economic history of Indonesia 1800–2000.* 2002, S. 169
[186] Gouda, S. 187
[187] Conbay, Ken: *INTEL: Inside Indonesia's Intelligence Service.* 2004, S. 20
[188] Mak, S. 432
[189] Gouda, S.191
[190] McMahon, Robert J.: *Colonialism and Cold War: The United States and the struggle for Indonesian independence 1945–1949.* 1981, S.269

16 und 25 Jahre waren betroffen. Da sie größtenteils Analphabeten waren, haben sie keine schriftlichen Zeugnisse hinterlassen. Ihre Geschichten sind daher meist unbekannt. Viele arbeiteten nur für kurze Zeit, ohne ihre Heimat zu verlassen, andere setzte man in ganz Südostasien ein.

Im Oktober 1943 begann die totale Mobilisierung der ›Arbeitssoldaten‹. 40 Prozent aller javanischen ›romusha‹ wurden nach Sumatra verschickt.[191] Dort wurden sie beim Bau der *Pekanbaru*-Eisenbahn oder in der Ölraffinerie in Palembang eingesetzt.[192] Die durch die Schließung der Plantagen verursachte hohe Arbeitslosigkeit war damit beendet.

Etwa ein Fünftel der Betroffenen meldete sich freiwillig. Die Rekrutierung der allermeisten erfolgte jedoch unter Mithilfe von Regierungsangestellten. Bürgermeister hatten eine festgelegte Anzahl von Arbeitskräften bereitzustellen. Manche nahmen Geld von den Reichen, um deren Söhne zu schonen oder ließen Dorfbewohner für sich arbeiten, die so der Rekrutierung entgingen. Andere wurden die ihnen Unbequemen los.[193] Es gab aber auch Beamte, die versuchten, die Menschen in ihrem Verantwortungsbereich zu schützen.

Einheimische Fürsten erhielten Prämien für jede zur Verfügung gestellte Arbeitskraft und sahen dies als Gelegenheit, Unruhestifter loszuwerden. Von November 1943 bis März 1944 erhielten die Japaner drei Mal so viele Arbeitskräfte, wie sie benötigten. Dies ermöglichte es ihnen, 30 Prozent der ›romusha‹ außerhalb Javas einzusetzen.[194]

Betroffen waren also vor allem die Söhne der Armen und Ungebildeten. In den Städten wurden Arbeitslose, Straßenverkäufer und Bettler auf Markplätzen gefasst und abtransportiert. Häufig hatten sie nicht einmal Gelegenheit, sich von ihren Familien zu verabschieden. Mehr als der Hälfte gelang zwar die Flucht, auf ihrem Heimweg starben sie jedoch oft an Hunger und Erschöpfung. Ihre Leichen säumten bald die Straßen. Gelang ihnen die Rückkehr, wurden sie häufig von den Behörden verprügelt.

Die sanitären Bedingungen, unter denen sie arbeiten mussten, waren katastrophal, Gesundheitsfürsorge nicht vorhanden, die Aufseher oft brutal. Lebensmittel, welche die Militärregierung ihnen hin und wieder schicken ließ, landeten oft auf dem Schwarzmarkt oder wurden von Lagerverwaltern entwendet. Alle sechs Monate erhielten die ›Arbeitssoldaten‹ eine kurze Hose und ein Hemd. Für Lebensmittel verkauften sie diese meist an die Dorfbevölkerung und kleideten sich stattdessen in Leinensäcke.[195]

Von den 270.000 bis 300.000 ›romusha‹, die außerhalb Indonesiens eingesetzt wurden – wie beim Bau der

---

191 Sato, Shigero: »Romusha. Introduction«. In: Post, Peter (Hg.): *The encyclopaedia on Indonesia in the Pacific War.* 2010, S. 201

192 Hayashi, Yoko: *Agencies and clients: labor recruitment in Java 1870–1950.* Clara Working Paper No. 14 Amsterdam: IISG. 2002, S. 27

193 Sato, Shigero: »Relocation of labor and the rômusha issue«. In: Post, Peter (Hg.): *The encyclopaedia on Indonesia in the Pacific War.* 2010, S. 252

194 Jong, 2002, S. 246

195 Poeze, Harry A.: »The Road to Hell«. In: Kratoska, Paul H. (Hg.): *Asian labor in the wartime Japanese Empire. Unknown histories.* 2005, S. 173

Burma-Bangkok-Eisenbahn – kehrten nur 77.000 heim.[196] Von den insgesamt mindestens 204.000 ›romusha‹ auf Sumatra starben 97.000, und 90.000 von 100.000 in Banten, West-Java. Wahrscheinlich waren es viel mehr. Es war billiger neue Arbeitssklaven herbeizuschaffen, als Kranke zu versorgen, die fast unweigerlich starben. Die Angehörigen erhielten keine Nachricht. Der Abtransport der ›romusha‹ führte 1944 zu einem Arbeitskräftemangel in den Dörfern. Wegen der zusätzlich hohen Reisabgaben litt bald ein Großteil der Landbevölkerung Hunger. Die hunderttausendfache Trauer kam hinzu.

Sukarno unterstützte die Japaner auch darin. Erst Jahre später rang er sich zu der Erklärung durch: ›In Wirklichkeit waren die ›romusha‹ Sklaven und ich hatte die Aufgabe, sie zu werben… Ich schickte sie in den Tod.‹[197] Er erinnerte sich an Banten, wo er ›erbarmungswürdige Skelette inspizierte, die an der Heimatfront Sklavendienste leisteten.‹[198] Er fügte jedoch hinzu: ›Die Geschichte wird mich freisprechen.‹

1944 richtete die japanische Militärverwaltung eine Hilfsorganisation für ehemalige ›Arbeitssoldaten‹ ein. Ein Mitarbeiter hielt fest: ›…zwischen August und Dezember 1945 sah ich hunderte Leichen und Gräber entlang der Straße von Bandung nach Jakarta. … Entlang allen Hauptverbindungsstraßen konnte man Gruppen halbverhungerter Menschen sehen,

Skelette, die nichts als Lendentücher trugen…‹[199] Die Namen der ›romusha‹ sind nirgend festgehalten. Entweder wurden sie nie registriert oder die Unterlagen wurden von Japanern vernichtet, oder sie werden bis heute unter Verschluss gehalten.[200] Auch die einheimischen Kollaborateure haben kein Interesse daran, diesbezügliche Dokumente publik zu machen. Der indonesische Außenminister Subadjo erklärte jedoch 1951, die japanische Besatzung habe vier Millionen ›romusha‹ das Leben gekostet.[201]

1946 setzten die Niederländer tausende ›romusha‹ in der Landwirtschaft, im Bergbau, beim Holzfällen, sowie in ihrer Marine ein. Als entlassene alliierte Kriegsgefangene nach Kriegsende durch Singapur liefen, trafen sie auf javanische ›romusha‹, wandelnde Skelette, übersät mit Geschwüren und nur mit einem Lendentuch bekleidet. Leichen verwesten in Lagern und an Straßenrändern, einzeln oder in Haufen.

Bis August 1946 brachte das niederländische Repatriierungsbüro 15.624 ›romusha‹ nach Java zurück, wo ihnen keine Organisation half, nachhause zu gelangen.[202] Die Nationalisten waren nach Kriegsende verständlicherweise besorgt über die Folgen ihrer Unterstützung dieser verhassten japanischen Anordnungen.

In der Nähe des Bayah Bergwerkes in West-Java, wurde 1947 ein Monument mit tausenden Namen dort Umgekommener errichtet. Während der

---

[196] Hollander, S. 167
[197] Hering, S. 316
[198] Poeze, S. 174
[199] Sato, 2005, S. 233
[200] Murai, S. 60
[201] Reid, Anthony:»Remembering and Forgetting War and Revolution«. In: Reid, Anthony: *Beginning to remember: The past in the Indonesian present.* 2005, S. 186
[202] Sato, 2005, S. 232

›Zweiten *Polizeiaktion*‹ im Dezember 1948 verschwand diese Gedenktafel und 1980 war das ganze Mahnmal weg.[203] Der 1972 erschienene Film ›romusha‹ wurde von der Regierung sofort eingezogen.[204] Bis heute wird in Indonesien nicht anerkannt, dass vor allem diejenigen am Ende der sozio-ökonomischen Skala das Kriegselend ertragen mussten.

Sago, ein Verdickungsmittel, wurde ursprünglich aus dem Mark der Sagopalme gewonnen, heute auch aus anderen tropischen Pflanzen wie Maniok. Der papuanische Name bedeutet Brot, denn Sago liefert auf vielen Inseln das Mehl.

Schule und Bildung während der Kolonialzeit und unter japanischer Besatzung. – Ende des 19. Jahrhunderts besuchten etwa 80.000 einheimische Kinder in Niederländisch-Indien eine europäische Schule, meist eine Missionsschule. 2.000 Kinder des mit der Kolonialmacht zusammenarbeitenden Adels hatten Zugang zu einer staatlichen Schule.[205] Ab 1900 benötigten die staatliche Verwaltung und ausländische Unternehmen mehr ausgebildete Arbeitskräfte, was dazu führte, dass die Regierung die Zahl der Schulen nach und nach erhöhte.[206]

Das staatliche holländische Schulsystem umfasste die sechsjährige Grundschule und das fünfjährige Gymnasium HBS. Diese Schulen waren Europäern, manchen Eurasiern und einigen wenigen adeligen Indonesiern vorbehalten.[207] 1913 protestierte die niederländische Ärztevertretung dagegen, einheimische Ärzte auszubilden, mit dem Argument, die moralischen Werte eines Arztes wären Asiaten fremd.[208]

Die sechsjährige Grundschule für Einheimische, HIS, wurde 1914 ins Leben gerufen und war für die Kinder der einheimischen Elite gedacht. An sie schloss sich die dreijährige MULO an, vergleichbar mit einer Hauptschule, oder die dreijährige AMS, die Mittelschule. Diese Schulen standen zwar theoretisch allen Kindern offen, praktisch konnten jedoch die meisten Familien das erforderliche Schulgeld nicht aufbringen. Kinder mit europäischer Staatsangehörigkeit mussten kein Schulgeld entrichten, solange das väterliche Monatseinkommen 1.200 Gulden nicht überstieg. Nur europäische Familien waren berechtigt, einen Antrag auf Schulgeldbefreiung zu stellen.[209]

1920 war 0,13 Prozent der indonesischen Bevölkerung des Niederländischen mächtig, 2,7 Prozent des Lesens und Schreibens in ihrer eigenen Sprache – 943.000 Menschen.[210] Zwischen 1900 und 1928 schlossen 32.044 indonesische Schüler eine dieser Schulen ab. 14.500 fanden eine Anstellung in der

203 Poeze, S. 176
204 Frederick, William: »Reflections in a Moving Stream.« In: Raben, Remco (Hg.): *Representing the Japanese occupation of Indonesia: personal testimonies and public images in Indonesia, Japan and the Netherlands.* 1999, S. 31
205 Palmier, S. 5
206 Gelderen, J. van: *The recent development of economic foreign policy in the Netherlands East Indies.* 1939, S. 8
207 Day, Lapiando: *Papers of the Dutch-Indonesian Conference.* 1976, S. 137
208 Palmier, S. 15
209 Mak, S. 158
210 Shiraishi, S. 29

öffentlichen Verwaltung.[211] Die Schulen produzierten also ein Überangebot an einheimischen Schulabgängern.[212] Wer jedoch das Glück hatte, eine Anstellung zu finden, verdiente 15- bis 30-mal so viel wie ein Arbeiter.

1922 beschloss die Kolonialregierung, dass nur Europäer und Eurasier eine höhere Position in der Kolonialregierung bekleiden könnten. Nun war es nicht mehr die Ausbildung, sondern die Rasse, die Indonesier von höheren Posten fernhielt.

Politische Unruhen, angeführt von dieser neuen Bildungselite, dämpften die niederländische Begeisterung für die Beschulung Einheimischer. Die staatlichen Bildungsausgaben halbierten sich zwischen 1930 und 1936, während sich die Zahl der privaten einheimischen Schulen verdreifachte.[213]

Aufgrund mangelnder Anstellungsmöglichkeiten arbeiteten ab 1922 viele Schulabsolventen als Lehrer in diesen neuen Bildungseinrichtungen, die von den Niederländern ›wilde Schulen‹ genannt wurden. Im Gegensatz zu den zahlreichen Islamschulen waren sie säkular und orientierten sich am westlichen Bildungsplan. Obwohl sie von der Kolonialregierung nicht unterstützt wurden, unterlagen sie ihrer Aufsicht und konnten jederzeit geschlossen werden. Alle Lehrer mussten eine staatliche Lehrerlaubnis einholen.

1940 besuchten 2,3 Millionen indonesische Kinder eine Islamschule, 130.000 eine ›wilde Schule‹[214] und 88.000 eine Staatsschule für Einheimische, vor allem eine Grundschule.[215] Knapp 6.000 gingen auf die Hauptschule, 1.205 auf eine weiterführende Schule und 637 auf eine Hochschule. Ausgebildet wurden sie vor allem im handwerklichen Bereich. Über 70 Prozent aller Kinder über zehn Jahren waren Analphabeten.[216]

In der Staatsschule lernten die Schüler ihren Archipel als Einheit zu sehen und nicht die vielen Völker und Kulturen, die es in Wahrheit gab. Man kann sagen, dass Indonesien als Einheitsgefüge eine koloniale Idee war, die von den Nationalisten übernommen wurde.

Als die Japaner Indonesien 1942 besetzten, hatten nur 230 Einheimische einen Hochschulabschluss.[217] Im April 1942 wurden die dreijährigen Dorfschulen auf sechs Jahre erweitert und wieder eröffnet.[218] Das neue Schulsystem war für alle Schüler gleich, unabhängig von Rasse, Ethnie oder dem Stand und dem Einkommen der Eltern. Die enormen Barrieren in der javanischen Gesellschaft konnten zum ersten Mal überwunden werden. Die Militäradministration schaffte auch das Schulgeld ab. Alle Schulabgänger hatten die gleichen Berufschancen.

Die Schülerzahl an Grundschulen stieg signifikant, während die an weiter-

---

[211] Day, Lapiando, S. 138

[212] Furnivall, John Sydenham: *Colonial policy and practice: a comparative study of Burma and Netherlands India.* 1956, S. 378

[213] Ingleson, S.205

[214] Reid, 1974, S. 9

[215] Fieldhouse, S. 27

[216] Jong, 2002, S. 10

[217] Reid, 1974, S. 3

[218] Kurasawa Aiko: »*The education of pribumi*«. In: Post, Peter (Hg.): *The encyclopaedia on Indonesia in the Pacific War.* 2010, S. 322

führenden Schulen zurückging. Schulsprache war nach den ersten Schuljahren das neu eingeführte Indonesisch. Viele Lehrer, die dieser Sprache nicht mächtig waren, verloren ihre Arbeit. Regierungsbeamte und Japanisch-Lehrer wurden in drei, Indonesisch-Lehrer in zwei Monaten ausgebildet. Jeder Schüler, der neun Schuljahre absolviert hatte und älter als 18 Jahre war, konnte sich als Lehrer bewerben. Die neuen Schulbücher waren anti-westlich, die erste Fremdsprache – nach Indonesisch – war Japanisch. Statt niederländische wurde nun japanische Geschichte gelehrt, die japanische Nationalhymne gesungen und die japanische Flagge gehisst.

Nach der Unabhängigkeit Indonesiens machte die Bildung bedeutende Fortschritte. 1980 war fast eine flächendeckende Grundschulbildung erreicht. Vor dem Hintergrund fehlender Arbeitsplätze verschärfte die höhere Bildung jedoch die sozialen Konflikte. Die Regierung versuchte dies zu mildern, indem sie die Zahl der Regierungsangestellten von 140.000 vor dem Krieg auf 700.000 im Jahr 1955 erhöhte.

Semarang. 1678 überließ der Sultan von Yogyakarta der niederländischen Handelsorganisation VOC die Stadt Semarang. 1740 erhoben sich Chinesen gegen die Niederländer. Nachdem es diesen gelungen war, die Stadt zurück zu erobern, richteten sie ein Massaker unter den Chinesen an. Als Folge der Ausbeutung durch die Niederländer, der mit ihnen kooperierenden javanischen Elite und der chinesischen Geldverleiher, wurde die Bevölkerung 1849/50 von einer katastrophalen Hungersnot

heimgesucht. Dennoch wurden die vollen Lebensmittellager nicht geöffnet, sondern der Reis weiterhin zu einem festgelegten Preis verkauft, der für die sterbende Bevölkerung unerschwinglich war.[219]

Nach Ende des Zweiten Weltkrieges, befanden sich die meisten zivilen Einrichtungen in der Hand von jungen javanischen Kämpfern, ›pemuda‹. Plantagen und Fabriken wurden von Einheimischen übernommen. Als die Japaner versuchten, den Wasserturm in ihre Gewalt zu bringen, der fast ganz Semarang mit Wasser versorgte, drangen Studenten am 13. Oktober 1945 in das japanische Offizierscasino ein. Als sich die Japaner weigerten, ihre Waffen auszuhändigen, ermordeten ›pemuda‹ 130 japanische Zivilisten im Bulu-Gefängnis. Auch in der Stadt wurden Japaner getötet. Insgesamt waren 250 Opfer zu beklagen, was eine drastische Strafexpedition zur Folge hatte.[220] Lastwagen voller Indonesier wurden abtransportiert und waren nie wieder gesehen. Dies wiederum zog hunderte weitere ›pemuda‹ an.

In den sechs Monaten nach Kriegsende verlor die japanische Armee 627 Soldaten, 187 davon allein in Semarang, wo gleichzeitig 2.000 Indonesier umkamen. Zwischen der japanischen Verpflichtung, den Status quo aufrecht zu erhalten, und dem indonesischen Wunsch der Unabhängigkeit konnte es keinen Kompromiss geben. Während die Japaner vor allem den Mord an den Gefangenen als ›Semarang-Incident‹ bezeichnen, findet dies in der indonesischen Darstellung der heroischen ›Schlacht von Semarang‹ keine Erwähnung.

[219] Bayly, S. 165
[220] Goto Ken'ichi: »The Semarang Incident.« In: Taufik, Abdullah (Hg.): *The Heartbeat of Indonesian revolution.* 1997, S. 137

Sjahrir, Sutan war einer den wenigen Politiker, die sich weigerten, mit der japanischen Besatzungsmacht zusammen zu arbeiten. Nach Kriegsende drängte er – im Gegensatz zu Sukarno – auf eine von japanischer Unterstützung freie Unabhängigkeitserklärung. 1946, als die Verwaltung zerfiel, das Militär nicht schlagkräftig war, die nationale Führung korrupt und die ›pemuda‹ anarchisch, wurde er Regierungschef.

Seine Regierung aus der sozialistischen Partei und unabhängigen Fachleuten übernahm die Kontrolle über ausländische Unternehmen und Plantagen.

Angesichts der gegebenen ökonomischen und machtpolitischen Grenzen, sah Sjahrir keine Alternative zu Verhandlungen mit den Niederlanden. Damit befand er sich im Gegensatz zu den jungen Freiheitskämpfern, die er fast so sehr fürchtete wie das niederländische oder britische Militär. In einem geheimen Vorschlag bat er van Mook im März 1947 – mit Sukarnos und Hattas Einverständnis – wenigstens die Macht der republikanischen Regierung über Java, Madura und Sumatra anzuerkennen. Damit bot er den Niederlanden quasi die Herrschaft über Sulawesi, Kalimantan und ganz Ostindonesien an. Da er wusste, dass sein Vorschlag bei Bekanntwerden einen Sturm der Entrüstung auslösen würde, ließ er die führenden Oppositionspolitiker vorrübergehend heimlich festnehmen.

Als ihm die niederländische Regierung stattdessen das Ultimatum setzte, Kapitulation oder Krieg, kam er ihr – trotz einer Protestwelle – so weit entgegen, dass es ihn seine politische Karriere kostete. Auf seine de facto Kapitulation folgte die niederländische Souveränität über Indonesien bis zum 1. Januar 1949. Bis dahin sollte die niederländisch-indonesische Polizei für ganz Indonesien zuständig sein und eine Übergangsregierung unter Aufsicht der niederländischen Krone in allen Devisenangelegenheiten und internationalen Handelsfragen bestimmen.

Für die Niederlande bedeutete dies den Zugriff auf große Mengen von Exportgütern, welche die Javaner aufgrund der niederländischen Blockade nicht hatten ausführen können. Da sich die niederländische Regierung weigerte, die de facto Kontrolle der Republikaner über Java und Sumatra anzuerkennen, folgten zwei Kolonialkriege, die sogenannten ›*Polizeiaktionen*‹. Nach der Unabhängigkeit zerschellte Sjahrirs und Hattas Hoffnung auf Demokratie an Machtkämpfen, Korruption und regionalen Autonomiebestrebungen.[221]

Sjarifuddin, Amir Harahap, wurde 1907 in eine *Batak*-Adelsfamilie auf Sumatra geboren. Er studierte in den Niederlanden und *Batavia*. 1931 konvertierte der marxistisch orientierte Jurist zum Christentum. Er war als einziger bekannter indonesischer Politiker neben Sutan *Sjahrir* im Untergrund gegen die japanische Besatzung aktiv. Die niederländische Kolonialadministration unterstützte ihn dabei 1942 heimlich mit 25.000 Gulden. Als die Japaner ihn 1943 gefangen nahmen, entkam er durch *Sukarnos* Intervention der Todesstrafe. Während er noch im Gefängnis saß, wurde er nach Kriegsende zum Minister ernannt. Als Premierminister unterzeichnete er 1948 das Renville-Abkommen, was ihn zum Rücktritt zwang. Als niederländische Truppen im Dezember 1948 *Yogyakarta* besetzten und die indonesische Regierung gefangen nahmen, töteten sie Sjarifuddin und weitere 50 linke Politiker.

[221] Legge, John D.: *Intellectuals and nationalism in Indonesia.* 2010, S. 7

Solo. s. Surakarta

Suharto. *1965* stand General Suharto an der Spitze des Militärputsches gegen *Sukarno*. Während seiner Machtergreifung wurden zwischen 400.000 und eine Million Kommunisten oder vermeintliche Kommunisten ermordet. 1968 wurde Suharto offiziell Präsident. Es gelang ihm zwar, die Inflation in den Griff zu bekommen.[222] Allerdings basierte der Aufschwung auf Entwicklungshilfe und dem Export von Rohstoffen.[223] 1981 bestand der gesamte Export zu 80 Prozent aus Erdöl und Erdgas. Die Einnahmen daraus finanzierten 70 Prozent des Staatshaushaltes.[224] Die nationalen Eliten und ihre internationalen Geschäftspartner und Geldgeber hielten zwar den Mythos einer homogenen Wirtschaftsentwicklung aufrecht, 99 Prozent der Bevölkerung hatten daran jedoch keinen Anteil.[225] IMF und Weltbank schönten die indonesischen Wirtschaftsberichte und kamen zu Beginn von Suhartos Amtsführung für über 75 Prozent der Infrastrukturausgaben auf.[226]

Die *javanische Kultur*, die Hierarchie und Unterwürfigkeit betont, wurde der ganzen Nation übergestülpt.[227] Javanische Offiziere hatten bald nicht nur in Armee und Wirtschaft das Sagen, sondern auch als Politiker in nicht-javanischen Regionen, wo in den 1970er Jahren kein einziger Nicht-Javaner mehr eine Führungsposition innehatte.[228] 1974 war die ›Neue Ordnung‹ repressiver, als es die Kolonialregierung je war.[229] Suharto stützte sich auf das Militär, internationale Geldgeber, den Geheimdienst, eine kleine urbane Mittelschicht – fünf und zehn Prozent der Bevölkerung -, chinesische Geschäftsleute und Islamführer.

Indonesien galt bald als korruptester Staat Asiens. Bis zu Suhartos Sturz 1997 fand das Wort Korruption jedoch keine Erwähnung in den IMF-Berichten.[230] Im Bereich Justiz kam es zu häufigen Verstößen gegen die Menschenrechte, obwohl Indonesien die Erklärung der Menschenrechte unterzeichnet hatte. Es gab Zeiten, da befand sich mehr als eine Million politische Gefangene in Gefängnissen. An der großzügigen Kreditvergabe durch die Weltbank und andere ausländische Geldgeber änderte dies nichts.

Während eine kleine gebildete Mittelschicht mit dem Regime kooperierte und die Armeeführung reich und mächtig wurde, lebten 60 bis 80 Prozent der Bevölkerung unterhalb der Armutsgrenze.[231] Einerseits besuchten 90 Prozent aller Kinder 1986 eine Schule,

---

222 Dahm, Bernhard: *Indonesien: Geschichte eines Entwicklungslandes 1945–1971.* (Handbuch der Orientalistik: 3. Abt.) 1997, S. 176

223 Tanter, Richard: »Oil, IGGI and US-Hegemony: Global Conditions.« In: Budiman, Arief: *State and civil society in Indonesia.* 1990, S. 71

224 Mody, Nawaz B.: *Indonesia under Suharto.* 1987, S. 338

225 Leith, Denise: *The politics of power: Freeport in Suharto's Indonesia.* 2002, S. 252

226 Kahin, Audrey: *Rebellion to integration: West Sumatra and the Indonesian polity.* 1999, S. 253

227 Langenberg, Michael van: »The New Order State. Language, Ideology, Hegemony«. In: Budiman, Arief: *State and civil society in Indonesia.* 1990, S. 134

228 Kahin, Audrey, 1999, S. 253

229 Grayson, Lloyd und Smith, Shannon: *Indonesia today: challenges and history.* 2001, S. 212

230 Leith, S. 34

231 Sediono M.P. Tjondronegora: »Dreams and Realities«. In: Taufik, Abdullah (Hg.): *The Heartbeat of Indonesian revolution.* 1997, S. 40

andererseits wurden in Indonesien die geringsten Löhne in ganz Südostasien gezahlt.[232] [233] Davon betroffen waren insbesondere Frauen. In der Regierung waren sie nicht vertreten.[234]

In Suhartos Präsidentschaft fällt die völkerrechtswidrige Besetzung Ost-Timors, wo 1975 mehr als ein Drittel der Bevölkerung umgebracht wurde. Die Weltbank unterstützte die Ansiedlung von 200.000 Javanern dort, die oft das Land erhielten, das die Regierung den Einheimischen weggenommen hatte. In ›Irian Jaya‹ – *West-Neuguinea* – kam es ebenfalls zu schweren Menschenrechtsverletzungen. Dennoch verkaufte Großbritannien weiterhin Waffen an die Militärdiktatur, die USA bildeten das indonesische Militär in Geheimdienstaktivitäten aus und Australien trainierte die Truppen, die für die Niederschlagung der aufständischen Provinzen verantwortlich waren.[235]

1978 ließ Suharto Studentenproteste niederschlagen. Viele junge Menschen wurden ermordet oder verschwanden. Gegen opponierende Moslems ging man 1983 ebenso vor.[236] Im gleichen Jahr wurden 4.000 bis 10.000 sogenannte Kleinkriminelle vom Militär erschossen. Die Opfer dieser ›Petrus-Säuberungen‹ wurden auf öffentliche Plätze, in Flüsse, an den Straßenrand oder in Einkaufszentren geworfen.[237] Die Killer-Kommandos waren als Schocktherapie gedacht, um

Gangster-Syndikate auszumerzen und Kritik an der Regierung zu ersticken.

1988 schuldete Indonesien ausländischen Geldgebern über fünf Milliarden US Dollar. Das entsprach 64 Prozent des Bruttoinlandsproduktes.[238] 1993 verkündete Suharto die Privatisierung der 180 Regierungsunternehmen und setzte damit den Transfer von Volkseigentum in Privateigentum seiner Familie und Freunde fort. Etliche seiner Geschäftspartner waren reiche Chinesen. 1998 kam es erneut zu anti-chinesischen Ausschreitungen. Neue Preissteigerungen führten zu weiteren Studentenprotesten. Nachdem zwei Studenten getötet worden waren, fanden bei Ausschreitungen im Mai 1998 in *Jakarta* 1.000 Menschen den Tod.

Im gleichen Jahr stürzte die Währung ins Bodenlose, viele Unternehmen gingen Bankrott, die Ersparnisse der Mittelschicht lösten sich auf und Arbeiter verloren ihre Arbeitsplätze. Dabei lebten schon 56 Prozent aller Indonesier unterhalb der Armutsgrenze.[239] Als die Eliten ihren Reichtum in Gefahr sahen, waren sie schließlich bereit, Suharto zu opfern. Am Ende des Kalten Krieges waren auch die USA nicht mehr gewillt, Suhartos Machtmissbrauch zu ignorieren. Gemeinsam mit Weltbank und IWF forderten sie wirtschaftliche und politische Reformen.

Als Suharto am 21. Mai 1998 schließlich in seinen Rücktritt einwilligte, galt er als sechstreichster Mann

[232] Pringle, Robert: *Understanding Islam in Indonesia.* 2010, S. 93

[233] Vickers, Adrian: *A history of modern Indonesia.* 2005, S. 192

[234] Taylor, Jean Gelman: *Indonesia: peoples and histories.* 2003, S. 363

[235] Vickers, S. 197

[236] Kartodirdjo, Sartono: *Indonesian historiography.* 2001, S. 189

[237] Steele, Janet: *Wars within: the story of Tempo, an independent magazine in Suharto's Indonesia.* 2006, S. 175

[238] Ricklefs 2008, S. 376

[239] Ricklefs 2008, S. 409

der Welt. Sein Reichtum bezifferte sich auf 16 Milliarden US Dollar. Das entsprach dem indonesischen Haushalt des Jahres 1997/8. Er hinterließ ein wirtschaftlich, sozial und kulturell tief gespaltenes Land, enorme Staatsschulden und ökologische Verheerungen. Endlich bekannte die Weltbank, dass knapp ein Drittel der 25 Milliarden Dollar an Krediten für die Regierung verschwunden seien.[240]

Weil die nachfolgenden Regierungen nicht in der Lage oder willens waren, die korrupten Machtstrukturen zu ändern und die Wirtschaftskrise unter Kontrolle zu bringen, entstanden Bürgerwehren. Eine neue Mord- und Vergewaltigungswelle war die Folge. 2001 befanden sich innerhalb des Landes über eine Million Menschen auf der Flucht. Die Veruntreuung von Ressourcen nahm weiter zu und die Zahl der Regierungsangestellten verhundertfachte sich.[241]

Da fünf der ersten sechs indonesischen Präsidenten Javaner waren, verhallten die Interessen der Außeninseln weiterhin ungehört. Zwischen 1999 und 2005 wurden, insbesondere in *Timor*, Aceh, Papua und auf den *Molukken*, tausende Menschen umgebracht. Weil die Konflikte ihre Ursachen in der extrem ungleichen Verteilung des Reichtums haben, werden sie von den Eliten nicht thematisiert – auch nicht von Historikern, die sich politischem Druck beugen.

Sukarnos Mutter entstammte dem balinesischen Adel, sein Vater war Javaner. 1921 schrieb sich Sukarno als einer von sechs indonesischen Studenten an der TH in Bandung ein. Seine Weltvorstellung war geprägt von einer Mischung aus Hinduismus, Buddhismus, Islam, Nationalismus und Sozialismus. Nachdem er Mitglied der Indonesischen Partei wurde, warnte er davor, die westliche Demokratie als Vorbild anzustreben, da sie bestenfalls politische, nicht aber ökonomische Rechte für die Masse der Bevölkerung garantiere.[242] Sein Synkretismus ließ ihn immer neue Synthesen anstreben.

Er lehnte die westliche Demokratie auch deshalb ab, weil sie nicht Konsens, sondern Mehrheitsentscheidungen anstrebe.[243] Sein Bild des vom Kapitalismus infizierten Westens diente ihm dazu, den Kampf gegen die Kolonialmacht als Heiligen Krieg darzustellen und den Kampf für eine gerechtere Gesellschaft diesem Rassenkonflikt unterzuordnen. Er bezeichnete die Unabhängigkeit als »goldene Brücke«, bis zur deren Erlangung die Bauern – die Marhaen, wie er sie nach der Begegnung mit einem Bauern nannte – den Anordnungen der Befreiungsbewegung folgen sollten. Danach könnte der Kampf um eine gerechte soziale Ordnung beginnen, zu der es jedoch nie kam.

Sukarno betrachtete strikte Parteidisziplin, dessen Führung über quasi diktatorische Macht verfügen sollte, als passendes Instrument, um die unterschiedlichen Strömungen und Interessen in der Gesellschaft zu bündeln.[244] Wer in diesem gerechten Kampf um die Freiheit die Parteilinie verließ, wurde als Verräter abgestempelt. Da Sukarno

---

[240] Leith, S. 33
[241] Vickers, S. 222
[242] Dahm, 1966, S. 145
[243] Dahm, 1966, S, 151
[244] Dahm, 1966, S. 155

alle Warnungen der Kolonialmacht in den Wind schlug und zu keinem Kompromiss bereit war, sperrte diese ihn schließlich ein.[245] Als Anführer der Nationalistischen Partei Indonesiens *PNI* verbrachte er letztlich insgesamt 13 Jahre in niederländischen Gefängnissen, was ihn zum Märtyrer der Freiheitsbewegung machte – zum Propheten, in dem sich alle Hoffnungen und Träume der Indonesier vereinten.[246]

1942 wurde er von der japanischen Besatzungsmacht aus der Haft befreit und kooperierte mit ihr in der Überzeugung, dass Japan den Krieg gewinnen und Indonesien Autonomie gewähren würde. Sicher fand er auch Gefallen an seinen Privilegien. Ein japanischer Kameramann schrieb: ›Sukarno und seine Leute geben luxuriöse Partys … von Dingen, die sie den Holländern genommen hatten. Die Kluft zwischen arm und reich ist erschreckend‹.[247]

Nach der Unabhängigkeit war Indonesien mit einer Vielzahl ernster Probleme konfrontiert: Überbevölkerung auf Java, Analphabetentum, Unterbeschäftigung, geringe industrielle Kapazität, fehlendes technisches Wissen, unzulängliche Infrastruktur, Inflation, ethnische Konflikte, Banden und Spannungen zwischen den unterschiedlichen Teilen der Elite. Die korrupte Bürokratie verzehnfachte sich von 250.000 Angestellten zum Ende der Kolonialzeit auf 2,5 Millionen 1968.[248]

Außenpolitisch verurteilte Sukarno die ›alten Mächte‹, die neue Staaten mit Hilfe von Krediten in Abhängigkeit hielten.[249] Innenpolitisch war er bestrebt, die hierarchischen Strukturen der Kolonialzeit und frühen Sultanate wieder herzustellen.[250] Die Hoffnung der Bevölkerung auf mehr soziale Gerechtigkeit wurde unter Phrasen erstickt oder niedergeschlagen.[251] Parteien waren nicht mehr als Interessen- oder Lobbygruppen. Als sich Sukarnos Vorstellung einvernehmlicher Konfliktlösung als Illusion erwies, führte er 1957 das Kriegsrecht ein,

Nach den *Aufständen der Außeninseln 1958* kam es 1959 zur ›Gelenkten Demokratie‹. Damit war die Demokratie praktisch abgeschafft und das Militär zu einem politischen – und wirtschaftlichen – Schlüsselelement geworden. An dem wirtschaftlichen Niedergang änderte dies nichts. Die Pressefreiheit wurde weiter eingeschränkt, Kritik an der Regierung unterdrückt, Schulen für Propagandazwecke eingesetzt. Die Macht der javanischen Eliten nahm weiter zu.

Um von seiner ruinösen Wirtschaftspolitik abzulenken, ließ Sukarno die asiatischen Spiele ausrichten, Monumente errichten, Slogans verbreiten und Konflikte mit dem Westen schüren. Die Enteignung und Verstaatlichung niederländischer und britischer Unternehmen, sowie die Emigration bzw.

---

[245] Dahm, 1966, S. 166
[246] Dahm, 1966, S. 95
[247] Mark, 2003, S. 571
[248] Anderson, Benedict: *Language of Power. Exploring Political Cultures in Indonesia.* 1992, S. 103
[249] Weinstein, Franklin B.: *Indonesian foreign policy and the dilemma of dependence: From Sukarno to Suharto.* 1976/2007, S. 20
[250] Luca, Ashton und Cribb, Robert: »Women's Role in the Indonesian Revolution«. In: Taufik, Abdullah (Hg.): *The Heartbeat of Indonesian revolution.* 1997, S. 72
[251] Fifield, Russel Hunt: *Southeast Asia in United States policy.* 1963, S. 302

Vertreibung von 120.000 Chinesen 1960/61 hielt den Staatshaushalt noch eine Weile über Wasser.[252] Als 1960 eine Großzahl von Parlamentariern Sukarnos Verschwendung kritisierte, löste er das Parlament auf und verbot die kritische Masyumi-Partei ebenso wie die sozialistische Partei.[253]

Ab 1963 stützte er sich weitgehend auf die kommunistische Partei, als Gegengewicht zum Militär und liberalen Wirtschaftsbestrebungen, von denen er seine Macht bedroht sah.[254] 1966 schuldete Indonesien kommunistischen Ländern 60 Prozent seiner Auslandsschulden.[255] Die Preise stiegen um 50 Prozent im MONAT während die Gehälter der Staatsangestellten auf ein absurd geringes Einkommen fielen. Sukarnos Ende als Regierungschef kam mit seiner Absetzung durch Suharto im März 1967. Bis zu seinem Tod 1970 lebte er unter Hausarrest.

Sumatra liegt an der Seehandelsroute von Indien nach China. Im 11. Jahrhundert fielen Teile der Insel unter javanischen Einfluss. Gleichzeitig begann sich der Islam auszubreiten. Es entstanden kleine Sultanate. Am bekanntesten ist *Aceh*. 1509 gründeten Portugiesen Handelsniederlassungen. Im 17. Jahrhundert fassten die Niederländer Fuß und bauten im 19. Jahrhundert ihre Macht über die einheimischen Herrscher aus. Ab 1863 erwarben niederländische Pflanzer vom Sultan in Deli

– in Ost-Sumatra – erste Landkonzessionen für Tabak. Kleinbauern wurde verboten, Tabak anzupflanzen.[256] Zum letzten großen Aufstand gegen die Kolonialmacht kam es von 1873 bis 1903 in Aceh.

Bis zur Ankunft der Plantagenbesitzer lebten die Stammesfürsten Ost-Sumatras in ähnlichen Häusern wie die restliche Bevölkerung. Sie waren nur größer. Durch ihre Kollaboration mit den Niederländern wurden die sechs malaysischen Sultane immens reich und waren in der Lage riesige Paläste zu bauen.[257] Malaien genossen mehr Privilegien als alle anderen Ethnien, die sich von dieser europäisch-malaysischen Vorherrschaft diskriminiert fühlten. Gleichzeitig verloren die Malaien an der Küstenregion nach und nach fast ihr gesamtes Land. Auch Anbauflächen der im Inland lebenden *Batak* fielen an Plantagenbesitzer. Bald hatte die Bevölkerung nicht mehr genügend Land, um sich ernähren zu können. Dies hatte zur Folge, dass aufgebrachten Massen Scheunen mit getrocknetem Tabak in Brand setzten.

Nach dem Tabak sorgte ab Ende des 19. Jahrhunderts Kautschuk und nach dem Ersten Weltkrieg Palmöl für neuen wirtschaftlichen Aufschwung. Kleinbauern, die Kautschuk anpflanzten, wurden jedoch systematisch benachteiligt. 1930 wurden ihre Gewinne durch Steuern fast vollständig verschlungen und ihre Familien an den

252 Feith, Herbert: *The decline of constitutional democracy in Indonesia*. 2007, S. 549
253 Boland, B.J.: *Struggle of Islam*. 1982, S. 103
254 Grayson, Lloyd und Smith, Shannon: *Indonesia today: challenges and history*. 20011, S. 16
255 Dick, 2002, S. 189
256 Pelzer, Karl Josef: *Planter and peasant: colonial policy and the agrarian struggle in East Sumatra*. 1978, S. 138
257 Langenberg, Michael van: »East Sumatra: Accommodating an Indonesian Nation within a Sumatran Residency«. In: Kartodirdjo, Sartono: *Protest movements in rural Java*. 1973, S. 115

Rand des Ruins getrieben. Dennoch produzierten sie fast die Hälfte allen Kautschuks. Exportierte Java 1870 noch 87 Prozent aller indonesischen Produkte, kamen 1930 bereits 56 Prozent von den ›Außeninseln.‹ Ost-Sumatra war zur bedeutendsten Wirtschaftsregion Indonesiens geworden.

Da die Gegend dünn besiedelt war und die Bevölkerung die Arbeit auf Plantagen ablehnte, wurden hunderttausende Arbeitskräfte von Süd-China und Java angesiedelt. Ihr Vertrag lief meist über drei Jahre. Danach sollten sie in ihre Heimat zurückgebracht werden. Wenige kehrten jedoch je nachhause zurück. Am Ende der Kolonialzeit lebten in Ost-Sumatra auf über 300 Plantagen 192.000 Chinesen und 590.000 Javaner. 60 Jahre nach Beginn der Plantagenwirtschaft waren Einheimische mit knapp 40 Prozent der Gesamtbevölkerung zur Minderheit im eigenen Land geworden.

1928 bewirtschafteten Plantagen nur acht Prozent des indonesischen Kulturlandes, erbrachten aber 51 Prozent des Exports. Von der Weltwirtschaftskrise wurde Sumatra besonders hart getroffen. Der Wert des Kautschukexports fiel von 587 Millionen Gulden im Jahr 1925 auf 34 Millionen 1932.[258]

Von den chinesischen ›Vertragskulis‹ starben jedes Jahr sieben Prozent.[259] Erst als der US-Senat 1931 – auf Druck der eigenen Tabakindustrie – die Ein-

fuhr von mit Zwangsarbeit produziertem Tabak verbot, wurde diese Praxis eingestellt. Dies galt jedoch nicht für die Produktion von Kautschuk, Palmöl oder Tee, die nicht mit amerikanischen Produkten konkurrierten.[260] Freie Chinesen kontrollierten Ende des 19. Jahrhunderts andererseits fast das gesamte Transportwesen Ost-Sumatras, einschließlich des Reisimports. Auch der mittlere und kleine Handel lag größtenteils in ihren Händen.

Während der japanischen Besatzung ab März 1942, nahm die Kautschuk- und Tabakproduktion wieder deutlich zu. Um der damit einhergehenden Lebensmittelknappheit entgegenzuwirken, verteilten die Japaner mehr als 25.000 Hektar Land an Plantagenarbeiter.[261] Viele andere wurden zu Zwangsarbeitern erklärt. Der regionale Adel kooperierte nun mit den Japanern.[262] Wer sich allerdings weigerte, wurde umgebracht. Mit dem Zusammenbruch des Transportwesens aufgrund kriegsbedingter Verluste an Schiffen, brach der Lebensmittelimport ab Juni 1943 zusammen und die Kautschukproduktion war wertlos.

Nach der Unabhängigkeitserklärung hatte der einheimische Adel weiterhin alle Führungspositionen inne. Aus Rache wurden mehrere Paläste geplündert, Fürsten, ihre Familien, Intellektuelle und andere, die man der Kollaboration mit den Niederländern und den Japanern verdächtigte, ermordet. Lediglich

258 Barlow, Colin und Drabble, John: »Government and the Emerging Rubber Industries in Indonesia and Malaysia«. In: Booth, Anne (Hg.): *Indonesian economic history*. 1990, S. 195
259 Mak, S. 150
260 Pelzer, S. 139
261 Anan, Gusti: »Sumatra's Regional Governments.« In Post, Peter (Hg.): *The encyclopaedia on Indonesia in the Pacific War*. 2010, S. 68
262 Sinar, Luckman Tengku: »National Revolution and the so-called ›Social‹ Revolution in East Sumatra.« In: Taufik, Abdullah (Hg.): *The Heartbeat of Indonesian revolution*. 1997, S. 119

der weiß-goldene Märchenpalast von Deli wurde von den Engländern geschützt und verschont. Arbeiter besetzten Plantagenland. Die Erträge von Tabak und Kaffee sanken bis 1958 um 85 bzw. 89 Prozent, von Zucker, Tee und Palmöl um 40 bis 50 Prozent.[263] Teile der Armee, Hisbollah-Kampfgruppen und unabhängige ›laskar‹-Einheiten finanzierten sich durch den Verkauf von Plantagenprodukten und zogen mordend und plündernd umher. Nicht nur der Adel und die malaiische Bevölkerung, auch viele Chinesen fürchteten die Wut der Unterprivilegierten und unterstützten die Rückkehr der Niederländer. Nach deren endgültigem Abzug 1949 gelang es der neuen nationalen Führung, sich immens zu bereichern, während sich die Situation für die Bevölkerung immer weiter verschlechterte. Die Herrschaft des Adels war jedoch zu Ende.

Surabaya. Ein niederländischer Schriftsteller beschrieb die Stadt 1921 als ›dreckig, voller Arroganz und Gier.‹[264] Zwanzig Jahre später ließ die Kolonialregierung angesichts des bevorstehenden Krieges die weißen Regierungsgebäude zu Camouflage-Zwecken mit einer schwarzgrauen Schlammschicht überziehen. Knapp 100.000 Schutzraumplätze standen zur Verfügung, für wen, ließ die Regierung unerwähnt.[265] Die 1.400 Japaner, die in Surabaya lebten, hatten eine bedeutende wirtschaftliche Funktion. Als der japanische Konsul sie im Juni 1941 aufforderte, nach Japan zurückzukehren, weigerten sich viele, weil sie ihren Besitz schützen und die Einberufung zum Militär vermeiden wollten. Sechs Monate später steckten die Niederländer die Zurückgebliebenen in Gefangenenlager.

Kurz vor Ankunft der Japaner, Anfang 1942, ließ die Kolonialregierung alle militärischen und zivilen Installationen und Gebäude, die dem Feind von Nutzen sein könnten, verbrennen oder abreißen. Dies verursachte wesentlich mehr Zerstörung als die japanische Bombardierung.[266]

Nach Ende des Krieges existierte eine funktionierende indonesische Verwaltung. Die Ruhe in der Stadt wurde durch die Rückkehr der Niederländer aus den Internierungslagern erheblich gestört. Als sie ihren Besitz zurück verlangten, brachen Kämpfe aus. Nachdem mit der Organisation RAPWI – Recovery of Allied Prisoners of War and Internees – weitere Niederländer in die Stadt kamen, explodierten nicht nur anti-niederländische Ressentiments, sondern auch die anti-japanischen. Japan hatte entbehrungsreiche Jahre lang die Unabhängigkeit in Aussicht gestellt und unterstützte nun die Niederländer. Es kam zu Massakern an Japanern.[267] Verstärkt wurde dieser Konflikt durch die Befürchtung der Indonesier, die Alliierten könnten die alte Kolonialregierung wieder einsetzen. Der Existenz von NICA – Niederländisch-Indische Zivile Administration – waren sie sich durchaus bewusst.

Am 25. August 1945 verkündete eine Gruppe Niederländer und Eurasier, dass sie den Geburtstag ihrer Köni-

---

263 Uhlig, S. 538
264 Gouda, S. 15
265 Frederick, William: *Visions and heat: the making of the Indonesian revolution.* 1989, S. 82
266 Frederick, 1989, S. 86
267 Shibata Yaichiro: »Surabaya after surrender«. In: Reid, Anthony und Akira Oki (Hg.): *The Japanese experience in Indonesia: Selected Memoirs of 1942–1945.* 1986, S. 351

gin feiern würden. Nachdem ihnen dies verboten wurde, schmierten sie etliche anti-indonesische Slogans an Wände. Als am 19. September niederländische Kinder, niederländische Fähnchen schwenkend durch die Straßen zogen, wurde ihr Anführer erschlagen.[268] Der japanische Admiral Shibata, der der indonesischen Unabhängigkeitsbewegung wohlwollend gegenüberstand, erklärte seinen Untergebenen, dass der niederländische Kapitän Hujer nun die Verantwortung für die Stadt trage. Sie sollten ihre Waffen den Indonesiern überlassen, die sie den Alliierten übergeben sollten.[269] So gerieten genug Waffen in indonesische Hände, um ein ganzes Regiment zu bewaffnen. Kapitän Huijer wurde von den Indonesiern inhaftiert.

Nach ihrer Landung am 29. September befreiten die Briten Huijer und verkündeten, dass sie für Ruhe und Ordnung sorgen würden, bis die niederländische Kolonialregierung wieder funktionstüchtig sei. Das betrachteten die Indonesier als einen Bruch des Versprechens von Admiral Mallaby, NICA nicht zu unterstützen, und nahmen Huijer wieder fest.

Kurz nachdem niederländische Truppen unter dem Schutz der Briten in Surabaya landeten, war die Stadt mit indonesischen Fahnen geschmückt und Javaner mit Bambusspeeren und Feuerwaffen füllten die Straßen. Unter ihrem charismatischen Anführer Sutomo, bekannt als Bung Tomo, überwältigten sie die Japaner und übernahmen am 4. Oktober die Stadt. Mehrere Dutzend Japaner wurden dabei getötet, tausende eingesperrt. Am 13. Oktober begann Bung Tomo die Kampfgruppen im

›Widerstandscorps der indonesischen Republik‹ – PRI – zu vereinen, das am 15. Oktober 3.500 Eurasier und Niederländer in Gefängnisse steckte.

Als die indonesische Sicherheitsarmee TKR wenig später 17 Lastwagen voller Niederländer aus japanischen Internierungslagern in die Stadt begleitete, wurde der Konvoy von einer wütenden Menschenmenge angegriffen. Fünf Stunden später waren 40 bis 50 niederländische Frauen und Kinder tot.[270]

Als die Briten am 28. Oktober den Flughafen, das Telekommunikationszentrum, das Krankenhaus und andere wichtige Gebäude besetzten, explodierte die Gewalt. Als überall Leichen lagen, reiste Sukarno aus Jakarta an und verhandelte mit den Briten. Am 30. Oktober wurde den Indonesiern daraufhin die Verantwortung für die Stadt übertragen – außer dem Hafendistrikt, wo die Briten stationiert waren. Am gleichen Tag starb Admiral Mallaby, als sein Auto explodierte.

Am 2. November wurde ein Waffenstillstand ausgehandelt und 6.000 bis 8.000 Niederländer evakuiert. Nachdem alle, die dies wünschten, die Stadt verlassen hatten, begannen sich die Briten am 9. November für Mallabys Tod zu rächen. Sie forderten alle indonesischen Anführer auf, sich mit erhobenen Händen im Stadtzentrum einzufinden. Dies einte die Indonesier, angeführt von Gouverneur Soerja und Bung Tomo, zu noch mehr Widerstand. Am nächsten Tag bombardierten Briten die Stadt. Nach drei Tagen waren 600 alliierte Soldaten tot und die Stadt in britischer Hand. Dies war der letzte Einsatz der ›Indischen Armee‹ vor der

268 Frederick, 1989, S. 201
269 Anderson, 1972, S. 155
270 Frederick, 1989, S. 260

Unabhängigkeit Indiens 1947. Britische Schätzungen gehen von 2.500 getöteten Indonesiern und 7.500 Verwundeten aus.[271] Andere Quellen sprechen von 6.000 getöteten Einheimischen.[272] Als britische und niederländische Truppen das Kalisosok-Gefängnis erreichten, schossen sie unter Jubelrufen befreiter Niederländer unbewaffnete indonesische Wachen nieder. Niederländische Polizei durchsuchte die Viertel der Einheimischen. Der niederländische Club und das Oranje-Hotel wurden wieder zu Einrichtungen ausschließlich für Weiße.[273] Gleichzeitig hielten die Javaner in Ost-Java immer noch 35.000 niederländische Männer, Frauen und Kinder in ihrer Gewalt, davon allein 5.000 in Surabaya. Nun begann die Bevölkerung die Europäer zu töten. Allein in Surabaya starben 400 bis 600 Niederländer und Eurasier. Die Zahl der toten Chinesen und Javaner liegt um ein Vielfaches höher.[274] Der radikale Widerstand der Indonesier führte schließlich zur Verhandlungsbereitschaft der Niederländer.

Surakarta – umgangssprachlich Solo genannt – liegt im Süden Zentral-Javas. Nach kriegerischen Thronstreitigkeiten im Königreich Mataram wurde der Palast 1670 von *Yogyakarta* nach Surakarta verlegt. Sultan Pakubuwono II hatte seinen Vertrauten, den VOC-Offizier Baron von Hohendorff, zu seinem Nachlassverwalter ernannt. Auf dessen Betreiben kam es 1755 zur Teilung Matarams. Prinz Mangkubumi erhielt das Sultanat Yogyakarta und Pakubuwono III.

Surakarta. Nach dem *Java-Krieg* (1825–1830) verfügten die Fürsten bald nur noch über die Rechtsprechung über ihre Familie – nach Rücksprache mit den Kolonialherren.

1918 gab es im Sultanat Surakarta 96 verpachtete Plantagen, die dem Adel jährlich 1,8 Millionen Gulden in die Kassen spülten. Nirgendwo sonst mussten Pflanzer so wenig Pacht zahlen, nirgendwo standen ihnen billigere Arbeitskräfte zur Verfügung.[275] Auf manchen Zucker- und Tabakplantagen mussten die im Grunde mitverpachteten Dorfbewohner 200 Tage Arbeitsdienst leisten, wovon nur wenige bezahlt wurden.[276] Die Arbeitsbedingungen waren erbärmlich, die Verhältnisse auf den von Fürsten gepachteten Pflanzungen katastrophal. 1877, 1882, 1886 und 1905 erhoben sich die Arbeiter. Zweimal wurde ihr Protest mit Waffengewalt niedergeschlagen.

Die beiden Fürstentümer hatten 1930 eine Bevölkerung von insgesamt 6.535 Europäern einschließlich Eurasiern, 17.032 Chinesen und 2.535.549 Javanern. Die Stadt Solo zählte 165.484 Einwohner. Mit dem Einmarsch der Japaner, 1942, flohen die meisten Niederländer. Ihr Besitz wurde geplündert. Die Lebensmittelproduktion nahm drastisch ab, da viele Menschen Zwangsarbeit leisten mussten. Ackerland wurde für den Anbau von Baumwolle und Rizinus genutzt, während die Menschen verhungerten.

Als sich Solo nach Kriegsende für unabhängig erklärte, kam es zu schweren Gefechten zwischen indonesischen und japanischen Truppen. Während Yogya

---

271 Frederick, 1989, S. 178
272 Ricklefs, 2008, S. 179
273 Frederick, 1989, S. 281
274 Hollander, S. 194
275 Larson, S. 113
276 Larson, S. 24

im Januar 1946 zum vorübergehenden Sitz der neuen indonesischen Regierung wurde, versammelten sich in Solo diejenigen, die den Verhandlungen mit den Niederländern ablehnend gegenüberstanden. Die Stadt, die unter den Folgen der niederländischen Blockade sowie der Korruption ihrer Eliten litt, wurde zum Zentrum der kommunistischen Partei. Am 19. Mai 1948 gingen Tausende für ihre seit einem Jahr nicht gezahlten Löhne auf die Straße. Am 15. September rief Sukarno für Solo das Kriegsrecht aus. Als es der Opposition nicht gelang, Solo zu halten, rief sie – ohne Wissen der PKI-Führung – in *Madiun* die indonesische Sowjetrepublik aus.

Timor wurde im Zweiten Weltkrieg von Japan besetzt. Den Vergeltungsmaßnahmen der Japaner fielen Zehntausende am Widerstand beteiligte Timoresen zum Opfer. Nach dem Krieg wurde West-Timor Teil Indonesiens. Ost-Timor blieb portugiesisch, bis es sich 1975 für unabhängig erklärte. Im Laufe der darauf folgenden indonesischen Besetzung wurden im gleichen Jahr hunderte Widerstandskämpfer standrechtlich erschossen. Nach der Annexion Ost-Timors 1976 verloren 30.000 bis 40.000 Timoresen ihr Leben. Die Bevölkerung wurde dem Hungertod ausgeliefert. 1978 waren 100.000 Menschen tot.[277]
Als es nach dem Besuch von Papst Johannes Paul II. 1989 zu Demonstrationen kam, schlug die Polizei vor offenen Kameras auf die Menschen ein. Dies hinderte die USA nicht am Verkauf von Kampfflugzeugen an Jakarta und das internationale Geberkonsortium IGGI nicht daran, ihre Unterstützung auf 4,5 Milliarden US-Dollar zu erhöhen.[278] Als bei dem Referendum 1998 78,5 Prozent der Bevölkerung für Unabhängigkeit stimmte, schickte die Armee Milizen mit dem Auftrag, Gebäude, Industrieanlagen und Plantagen zu zerstören. Weitere tausende Menschen starben und es kam es zu Massenvergewaltigungen an Chinesinnen.[279]
Als der indonesische Kongress 1999 seinen Annexionsbeschluss aufhob, war von der Insel nicht viel übrig. Diese Menschenrechtsverbrechen muss man als Forstsetzung der Bestrafungspolitik gegenüber allen Völkern sehen, die Unabhängigkeit von der indonesischen Zentralregierung anstrebten.[280] 2002 wurde Ost-Timor unabhängig. Im Laufe der 20-jährigen Besatzung hatten auch 20.000 indonesische Soldaten ihr Leben verloren.[281]

Tjideng war ein japanisches Internierungslager für niederländische Frauen. Als es 1944 unter Militärverwaltung kam, erhielt eine niederländische Bordellbesitzerin die Erlaubnis, elf Frauen zu rekrutieren.[282] Geld und Schmuck wurden nun allesamt konfisziert. Gekocht wurde fortan in einer Zentralküche und sowohl Qualität als auch Quantität des Essens verschlechterten sich rapide. Jedes Zimmer war von Wand zu Wand mit Matratzen ausgelegt. Zum Schluss blieben jeder Insassin

---

[277] Mody, S. 188
[278] Ricklefs, 2008, S. 390
[279] Colombijn, Freek: »What is so Indonesian about violence?« In: Wessel, Ingrid und Wimhöfer, Georgina (Hg.): *Violence in Indonesia.* Hamburg 2001, S. 33
[280] Wessel, Ingrid und Wimhöfer, Georgina (Hg.): *Violence in Indonesia.* Hamburg 2001, S. 9
[281] Vickers, Adrian: *A history of modern Indonesia.* 2005, S. 180
[282] Yuki, S. 69

noch 30cm Liegefläche. Jede musste ein Stück Stoff mit ihrer Nummer tragen. Anfangs wurden alle Jungen ab dem 12. Lebensjahr in Männerlager geschickt. Im Laufe der Zeit verringerte sich das Alter auf zehn Jahre. Lebensmittelentzug, Kopfrasur und Schläge gehörten zu den Formen der Züchtigung. Jungen mussten Hunde in Säcke stecken und auf sie einprügeln, bis sie tot waren. Klärgruben waren nicht mehr funktionsfähig. Hunger und Krankheit wurden zum Normalzustand. Manchen Berichten zufolge starben täglich sieben Menschen. Der Lagerleiter Sonei hielt wilde Affen in einem Käfig. Wenn er sie frei ließ, machten sie Jagd auf die Kinder und bissen sie.[283] Er wurde vom Kriegsverbrecher-Tribunal 1946 zum Tode verurteilt.

TKR s. Militärische Bezeichnungen in Indonesien

Transmigration. Schon die niederländische Kolonialregierung siedelte 238.600 Javaner nach Süd-Sumatra um – zusätzlich zu den 350.000 Transmigranten die da schon als Plantagenarbeiter in Nord-Sumatra lebten. Zwischen 1979 und 1984 siedelte die indonesische Regierung zusätzlich 366.000 javanische Familien um. Weitere 177.000 Familien migrierten im gleichen Zeitraum selbständig.[284] Bis Ende des 20. Jahrhunderts wurden mehr als 10 Millionen Javaner umgesiedelt.[285] Eine absurde Politik um Überbevölkerung zu mindern, angesichts einer Bevölkerung von 200 Millionen. Hauptfinanzier dieser Politik war die

Weltbank. Um Javas Wirtschaftsprobleme ohne Transmigration zu lösen, wäre eine Umstrukturierung der Gesellschaft erforderlich gewesen. Für die Machtelite hätte dies einen Angriff auf ihre Privilegien und ihr Vermögen bedeutet.[286]

Transmigration wurde zudem genutzt, um javanische Kontrolle über rebellische Regionen auszuüben. Bei vielen Transmigranten handelte es sich nicht zufällig um ehemalige Armeeangehörige. Gleichzeitig wurde ein Strom an billigen Arbeitskräften für international operierende Konzerne bereitgestellt. Muslime wurden gezielt in nicht-muslimischen Regionen angesiedelt. Sumatra und West-Papua wären ohne Java überlebensfähig gewesen, Java hätte jedoch ohne die Reichtümer der anderen Inseln nicht existieren können. Erst ab 1999 erhielten die Außeninseln – allen voran Sumatra – 15 Prozent der Einnahmen aus ihrem Erdölexport, 30 Prozent bei Gas und 80 Prozent aus Forstwirtschaft, Bergbau und Fischerei.[287]

Tsingtau liegt an der chinesischen Ostküste auf der Halbinsel Shandong. Als zwei deutsche Missionare 1898 dort getötet wurden, entsandte der deutsche Kaiser ein Geschwader, um in Tsingtau einen Flottenstützpunkt zu errichten, denn in der Öffnung des chinesischen Marktes sah man einen Weg, die Wirtschaft im eigenen Land zu stützen. China wurde gezwungen, das Gebiet für 99 Jahre zu verpachten, eine Entscheidung, die sich als finanzielles Fiasko erwies, denn in den ersten zehn Jahren beliefen

---

283 Strong, S. 41
284 Booth, Anne: *Agricultural development in Indonesia.* 1988, S. 94
285 Sato: »Romusha…«, S. 279
286 Osborne, Robin: *Indonesia's secret war: the guerilla struggle in Irian Jaya.* 1985, S. 127
287 Kahin, Audrey: *Rebellion to integration: West Sumatra and the Indonesian polity.* 1999, S. 276

sich die Zuschüsse auf 100 Millionen Reichsmark. Auch Großbritannien, Russland und Frankreich errichteten zwischen 1842 und 1899 Handelsstützpunkte in China. Als Japan nach Beginn des Ersten Weltkrieges Tsingtau besetzte, gerieten 5.000 deutsche Marinesoldaten in japanische Kriegsgefangenschaft. Auf Drängen der USA wurde das Gebiet 1922 an China zurückgegeben. Nach dem Zweiten Weltkrieg nutzten die USA Tsingtau bis 1949 als Flottenbasis.

Währungen. Während der japanischen Besatzung existierten ab 1942 niederländische und japanische Gulden parallel. Die Inflation war enorm.[288] Viele Bauern sahen sich gezwungen, ihr weniges Land zu verkaufen. Nach dem Krieg gaben die Niederländer, bemüht die Kontrolle über ihre einstige Kolonie wieder zu erlangen, den ›Gouvernementsgulden‹ – oder ›Nica-Gulden‹ – heraus, den Sukarno für illegal erklärte. Es kursierten also eine Zeit lang drei Währungen gleichzeitig, der NICA-Gulden in den von Holland besetzten Gebieten, die indonesische Rupie in der republikanisch kontrollierten Region – und in manchen Teilen Javas und Sumatras noch das japanische Geld. Dieses Währungschaos endete erst 1953.

West-Papua oder West-Neuguinea ist die Westhälfte der Insel Neuguinea. Die Niederlande nahmen das Gebiet 1828 unter ihre Herrschaft. Zu Beginn des

20. Jahrhunderts wussten Niederländer, Briten, US-Amerikaner und Japaner bereits von den sagenhaften Bodenschätzen an Kupfer, Erdöl, Nickel, Zinn, Gold, Silber und Uran, sowie Edelhölzern.[289] Vor Ausbruch des Ersten Weltkrieges hatten US-Amerikaner und Japaner von den Niederländern bereits Lizenzen erzwungen.[290]

Als die Niederlande Indonesien 1949 in die Unabhängigkeit entlassen mussten, behielten sie West-Papua, obwohl Indonesien Anspruch darauf erhob. Ab 1961 führte Jakarta dort einen Guerillakrieg. Bis 1963 unterstützten die USA Indonesien dabei mit über zwei Milliarden US-Dollar.[291] Der Kennedy-Administration war Indonesien während des Kalten Krieges wichtiger als 700.000 Papuas. Zudem wollte sie den Einfluss der UdSSR eindämmen. Denn auch sie steuerte Militärhilfe für den Kampf um West-Papua bei, der vom späteren Präsidenten *Suharto* geleitet wurde. Die Niederlande waren derweil bemüht, die Papuas zu unterstützen. Als die Verwaltung 1962 auf die UN überging, hatten Papuas bereits ein Drittel der Regierungsposten inne. Das niederländische Abschiedsgeschenk bestand 1963 aus 30 Millionen US-Dollar für Entwicklungsprojekte.[292]

Die USA hatten neben strategischen auch Wirtschaftsinteressen an West-Papua. Die Grasberg-Mine mit enormen Gold- und Kupfervorkommen, war 1936 von dem Niederländer Dozy entdeckt worden, der für Shell Erdölquellen erforschte. Wilson, der für die US-Firma

---

[288] Horn, Nivo van: »Monetary Issues.« In: Post, Peter (Hg.): *The encyclopaedia on Indonesia in the Pacific War.* 2010, S. 233

[289] Siebert, Rüdiger: *Fünf Mal Indonesien: Annäherung an einen Archipel.* München 1987, S. 256

[290] Leith, S. 1

[291] Osborne, S. 23

[292] Osborne, S. 117

Freeport nach Nickelvorkommen suchte, stieß 20 Jahre später auf diese Berichte und die Mine wurde 1960 wiederentdeckt. 1963 übergab die UN West-Papua – mit Unterstützung der USA – an Indonesien, vorbehaltlich eines für 1969 festgelegten Volksentscheids. Als Suharto 1967 mit Hilfe der USA an die Macht kam, öffnete er West-Papua für ausländische Investitionen und gestand der Firma Freeport-McMoRan drei Jahre Steuerfreiheit zu. 1969 durften aber entgegen den Versprechen nur 1.026 durch Geschenke und Folterandrohung beeinflusste Wahlmänner abstimmen. West-Papuas beschworen UN-Generalsekretär U-Thant, jeden Bewohner abstimmen zu lassen, aber er lehnte ab. Das Land sei dafür zu unzugänglich und der Bildungsstand zu niedrig. Der UN-Sonderbotschafter war schockiert und schlug vor, wenigstens die städtische Bevölkerung abstimmen zu lassen. Ohne Erfolg.

Nach der Annektierung ließ die indonesische Regierung Bücher über Papua verbrennen und das Singen ihrer Lieder verbieten. Soldaten plünderten, was sie wegschaffen konnten. Die Unabhängigkeitserklärung West-Papuas, 1971, wurde nicht anerkannt. 1973 nannte die Regierung West-Papua in Irian Jaya um und weigerte sich, eine Anti-Malaria-Kampagne durchzuführen, was viele Papuas das Leben kostete. Auch Ausbrüche von Typhus und Cholera hätten durch Investitionen in das Gesundheitswesen verhindert werden können.

Als Freeport 1973 mit der Förderung begann, hatte die indonesische Regierung das Unternehmen – bald die größte Gold- und Kupfermine der Welt – von jeglichen Umweltauflagen und sozialer Verantwortung befreit. Die Abgaben von Freeport hielten die Militärdiktatur 30 Jahre an der Macht. Die einheimische Bevölkerung erhielt dagegen so gut wie nichts für die Rohstoffe auf ihrem Territorium.

Mitglieder des Stammes der Dani, die die Wahl von 1977 boykottierten, wurden zu Tausenden umgebracht. Als die Unabhängigkeitsbewegung ›Freies Papua‹ die Freeport-Mine im gleichen Jahr angriff, tötete das indonesische Militär mindestens 800 Menschen. Auch vor dem Einsatz von Napalm schreckte es nicht zurück. Ein Hubschrauberpilot berichtete, wie sie die ›nackten, mit Pfeil und Bogen ausgestatteten Wilden mit Bordwaffen niedermähten.‹[293] 10.000 Papuas flohen in die benachbarte Republik Neu-Guinea. Die UNO akzeptierte auch diese Wahl wider besseres Wissen auf Druck der USA, die mitten im Vietnamkrieg auf Suharto als Verbündeten angewiesen waren. Die Anti-Sklaverei-Gesellschaft in London schätzte die Zahl der Ermordeten allein bis 1983 auf 150.000 bis 200.000.[294]

1978/79 waren die Kosten für Transmigration nach West-Papua – pro Familie 15.000 US-Dollar – zweitausend Mal so hoch wie die Sozialausgaben vor Ort.[295] Finanziert wurde dies weitgehend durch Freeport. 1982 schätzte man die Zahl der regierungstreuen javanischen Transmigranten auf 300.000.[296] Sie erhielten Häuser und Felder, wofür 700.000 Hektar Papua-Land enteignet

---

[293] Reuter, Susanne: *Als das Schwein vom Himmel fiel*. Nördlingen 2008, S. 270
[294] Osborne, S. 146
[295] Osborne, S. 126
[296] Uhlig, S. 588

wurden.[297] 2002 waren von den drei Millionen Einwohnern West-Papuas etwa die Hälfte Migranten.

Bis 1998 unterlag West-Papua der Kontrolle der Streitkräfte. Nachdem es die Region 1994/95 abgeriegelt hatte, kam es zu summarischen Hinrichtungen, willkürlichen Verhaftungen, Folter und Zerstörung von Eigentum. Viele Menschen verschwanden spurlos. Die einheimische Bevölkerung lebt heute in Ghettos um die abgeschottete Freeport-Stadt herum. Sexuelle Gewalt durch Sicherheitskräfte ist an der Tagesordnung, bestraft wird sie nicht.[298] Geahndet wird auch die Vergiftung der Flüsse nicht. Freeport ist die Quelle der größten Langzeitumweltzerstörung in Indonesien.

80 Prozent der Einkünfte der indonesischen Soldaten in West-Papua stammen aus illegalem Holzhandel, Schmuggel geschützter Tierarten, Alkohol, Prostitution und Casinos. West-Papua ist heute der zweitgrößte Exporteur des hochwertigen Tropenholzes Merbau, das zu 90 Prozent illegal geschlagen wird. Der Gewinn wird auf 100 Millionen bis über eine Milliarde US-Dollar jährlich geschätzt. Der Lohn der Holzfäller besteht dagegen oft nur aus Plastikeimern, Sarongs, Tabak, Schreibheften und Bleistiften.[299] Papuas, die es wagen, zu demonstrieren, werden unter Druck gesetzt oder getötet. Die Bedrohung von Zeugen, Mord, Folter und Verhaftungen sind an der Tagesordnung. Der Kontakt mit Anwälten wird systematisch verhindert. West-Papua hat geschätzte Flüs-siggasreserven von 480 Millionen Tonnen. Die Erdölreserven werden bei 109 Millionen Barrel vermutet. Förderverträge halten neben zahlreichen indonesischen und US-Firmen auch BP, Shell und Total. Indonesien fürchtet die Unabhängigkeit West-Papuas, da es dadurch den Zugang zu diesen Ressourcen verlieren würde. Die Freiheitsbewegung der Papuas erhält so gut wie keine Unterstützung aus dem Ausland. Auch die Nachbarländer Neu Guinea und Australien hoffen auf eine einvernehmliche Regelung bezüglich des gewaltigen Erdöl- und Erdgasvorkommens im Meer zwischen diesen Ländern.

Nach der Veröffentlichung zahlreicher Menschenrechtsverletzungen geriet Freeport 1995 ins Zentrum der Aufmerksamkeit internationaler Menschenrechtsgruppen. Laut 2002 veröffentlichten Geheimdokumenten ist Henry Kissinger Vorstandsmitglied im Aufsichtsrat von Freeport und über die Firma Kissinger Associates seit den 1980er Jahren bei ihr angestellt.[300] Er verhinderte kritische Untersuchungen durch Präsident Abdurrahman Wahid. Nach dessen Absetzung 2001 endete der politische ›Frühling‹ und die Menschenrechtslage verschlechterte sich erneut.

Als man der Provinz im gleichen Jahr innere Autonomie gewährte, wurde die Pressefreiheit eingeschränkt und der Unabhängigkeitsführer Theys Eluay ermordet. Einreisen darf seit 2003 nur, wer Geschäfte mit der indonesischen Regierung betreibt oder sich

---

[297] Osborne, S. 37

[298] Wessel, Ingrid: »The politics of violence in the New Order Indonesia in the last decade of the 20th century«. In: Wessel, Ingrid und Wimhöfer, Georgina (Hg.): *Violence in Indonesia*. Hamburg 2001, S. 66

[299] Osborne, S. 124

[300] Leith, S. 83

als Tourist an strenge Auflagen hält. Keine Einreiseerlaubnis erhalten ausländische Journalisten, internationale Menschenrechtsorganisationen und Umweltschutzorganisationen – auch nicht das Flüchtlingskommissariat des UNHCR. 2004 wurde die International Crisis Group ausgewiesen.

2003 erfolgte unter Protest der Papuas die Aufteilung in die zwei Provinzen Irian Jaya Barat und Papua. Ihr Ziel ist es, Autonomiebestrebungen zu unterdrücken. Das Militär hat weiterhin fast alle bedeutenden Positionen inne.[301] Der Boom bei Kupferpreisen von 2003 bis 2006 erhöhte den Gewinn von Freeport noch einmal deutlich. Heute wäre die Unabhängigkeit Papuas in Freeports Interesse. Die Firma müsste dann weder das indonesische Militär mitfinanzieren noch die Unabhängigkeitsbewegung OPM fürchten.

Christen stellen mit 78 Prozent die Mehrheit der Bevölkerung.[302] Die 21 Prozent Muslime sind meist Transmigranten. Kirchenleute sind häufig beim Schutz der Menschenrechte engagiert und daher Zielscheiben für Entführungen und Mord. Zwischen 2002 und 2005 brannte das Militär 23 Kirchen ab. Da sie aber nicht verboten sind, stellen sie das wichtigste internationale Verbindungsglied für die 2,4 Millionen Papua dar, die eine Lebenserwartung von 40 bis 45 Jahren haben, 269 verschiedene Sprachen sprechen und oft noch in steinzeitnahen Kulturen leben.

Yogyakarta, meist Yogya, genannt, liegt an der Südküste Javas. Das Sultanat mit gleichnamiger Hauptstadt herrschte seit dem 16. Jahrhundert über fast ganz Java. Die Niederländische Ostindien-Kompanie erkannte das Sultanat zwar an, behielt sich aber das Recht vor, den Sultan im Amt zu bestätigen. 1812 machten Briten, die Java kurzzeitig beherrschten, Yogyakarta dem Erdboden gleich. 1822 hatte der Adel von Yogyakarta 115 Dörfer an Europäer und Chinesen verpachtet, der vom benachbarten *Surakarta* 166. Dies sicherte den Fürstenhäusern ein zuverlässiges Einkommen.[303]

1930 hatte das Sultanat eine Bevölkerung von 6.693 Europäern – einschließlich Eurasier –, 11.953 Chinesen und 1.428.189 Javanern.[304] Von 1946 bis 1949 war Yogya die Hauptstadt der Republik Indonesien.

---

301 Chauvel, Richard: *The Papua conflict: Jakarta's perception and politics.* 2004, S. 44
302 Siebert 1987, S. 255
303 Carey, Peter: *The origins of the Java War 1825–1830.* 1976, S. 62
304 Larson, S. 15

Zeittafel

1940

10. Mai Der Einmarsch deutscher Truppen in die Niederlande führt zur sofortigen Internierung aller deutschen Staatsbürger in Niederländisch-Indien.

1941

30. November Das letzte japanische Repatriierungsschiff verlässt Niederländisch-Indien vor Beginn den Krieges
8. Dezember Japan bombardiert Pearl Harbour.
9. Dezember Die Niederlande erklären Japan den Krieg. Die Kolonialregierung verhaftet alle 2.039 Japaner, die sich noch in Niederländisch-Indien aufhalten. Später werden 1.400 japanische Männer sowie 300 Frauen und 200 Kinder nach Australien verschifft.

1942

19. Januar Bombardierung und Untergang der »Van Imhoff« vor Sumatra mit 412 deutschen Internierten an Bord, die nach Indien überführt werden sollten.
1. März Die japanische Armee landet auf Java.
9. März Bedingungslose Kapitulation der niederländischen Truppen.
17. März Sukarno entscheidet sich zur Kooperation mit der japanischen Besatzungsmacht.
20. März Die Japaner verbieten politische Aktivitäten, die indonesische Flagge sowie die Nationalhymne.
6. Mai Die japanische Militäradministration beginnt, alliierte Kriegsgefangene von Sumatra an die Burma-Thailand-Eisenbahn zu verlegen.
26. Mai Der Anbau von Rizinus für die Gewinnung von Flugzeug-Motorenöl beginnt auf Java.
1.–7. Juni Die japanische Armee beginnt mit der Rekrutierung ehemaliger Soldaten der Niederländisch-Indischen Armee (KNIL) als Hilfssoldaten (heiho).
8. Dezember Batavia wird offiziell in Jakarta umbenannt.
16. Dezember Bahn-Konstrukteure aus Japan beginnen in Pekanbaru mit dem Bau der Trans-Sumatra-Eisenbahn..
27. Dezember Das erste Internierungslager für alliierte Frauen in Ambarawa wird eröffnet.

1943

12. Januar Ein Komitee für Eurasier erhält die Aufgabe, die ca. 200.000 Eurasier in die indonesische Gesellschaft zu integrieren.

16. Februar Sukarno eröffnet das Hauptquartier von PUTERA, einer indonesischen Organisation zur Unterstützung japanischer Interessen, vor allem durch die Rekrutierung von Zwangsarbeitern, sogen. »romusha«.

1. April Zwangsabgaben von Reis werden eingeführt.

20. April Sechs Schiffe mit etwa 14.000 »romusha« verlassen Surabaya.

1. Mai Die 25. Japanische Armee verlegt ihr Hauptquartier von Singapur nach Bukittinggi.

13. Mai Eine weitere Gruppe »romusha« wird von Java nach Balikpapan (Kalimantan) verschifft.

15. Juli Deutsche Konsuln in China besuchen Java. Kurz darauf müssen sich alle Juden registrieren lassen.

2. August 1000 »romusha« werden von Semarang nach Kalimantan gebracht.

1.–7. Spetember Die japanische Marineverwaltung verhaftet 2.600 Menschen wegen Verdachts auf eine antijapanische Einstellung – Sultane mit ihren Familien, Nationalisten, Ärzte, chinesische Geschäftsleute – und richtet ca. 1.700 von ihnen ohne Gerichtsprozess hin.

17. September Die japanischen militärischen Hilfsorganisationen Seinendan – für 14 bis 22-Jährige – und Keibodan – für 23 bis 35-Jährige – werden in Java und Madura ins Leben gerufen.

3. Oktober: Die Japaner gründen indonesische »Freiwilligenverbände zur Verteidigung des Vaterlandes« (PETA)

1944

Februar Ersetzung der PUTERA durch die javanische Loyalitätsorganisation (Jawa Hokokai), die im Gegensatz zur ersteren nur noch japanischen Interessen dienen soll.

März Erste anti-japanische Rebellion in Aceh.

August Eine Dürre auf Java fällt mit massiver Mobilisierung weiterer Zwangsarbeiter, wachsenden Reisabgaben und ernsthaftem Mangel an Textilien zusammen.

29. August Sukarno und andere bekannte Nationalisten treten in einem Propagandafilm als »romusha« auf und werben für Zwangsarbeit als patriotischen Akt.

7. September Der japanische Premier Koiso verspricht erstmals Indonesien die künftige Unabhängigkeit und versucht damit, neue Energien freizusetzen.

18. September Britisches U-Boot versenkt die Junyo Maru. 4.000 »romusha« und 1.500 alliierte Kriegsgefangene sterben.

Dezember Einziehung von Diamanten und Edelmetallen beginnt.

25. Dezember Tausende »romusha« und »heiho« sterben vor der Küste Balis, nachdem die Tango Maru von einem US-Boot torpediert wurde.

1945

Februar Ankündigung eines Komitees, das Angelegenheiten einer indonesischen Unabhängigkeit diskutieren soll – PPKI.

28. Mai – 1. Juni Erste Sitzung des BPKI, die mit der Annahme der von Sukarno vorgetragenen 5 Prinzipien als indonesische Staatsphilosophie – Pancasila – endet.

Juli 2. Treffen des BPKI mit der Verabschiedung der indonesischen Verfassung.

8. August Ernennung eines Komitees zur Vorbereitung der Unabhängigkeit (PPKI).

15. August Bedingungslose Kapitulation Japans.

17. August Proklamation der Unabhängigkeit Indonesiens durch Sukarno und Hatta.

18. August Das PPKI wählt Sukarno und Hatta zum 1. Präsidenten bzw. Vizepräsidenten der Republik Indonesien.

22. August Die BKR - Sicherheitsorganisation des Volkes - beginnt sich als erster Militärverband aus ehemaligen PETA- und Heiho-Angehörigen zu organisieren.

23. August Niederländische Truppen landen in Aceh. Japanische Truppen, zur Erhaltung des status quo aufgerufen, lösen Heiho-Verbände auf.

31. August Ein von Sukarno geleitetes präsidentielles Kabinett – unterstützt von dem das PPKI ablösenden zentralen Nationalkomitee (KNIP) – bildet Indonesiens erste Regierung;

September Kämpfe indonesischer Jugendverbände, ›pemudas‹, gegen Feudalherren, die versuchen, ihre traditionellen Vorrechte in der neuen Republik zu verteidigen.

6. September Japanische Einheiten auf Java, außer in Surabaya, legen ihre Waffen nieder und beginnen mit der »Selbstinternierung«.

29. September Ankunft erster alliierter Truppenverbände

5. Oktober Gründung der nationalen indonesischen Armee durch Umwandlung des BKR in TKR - Sicherheitskräfte des Volkes.

14. Oktober Kämpfe radikaler Jugendverbände in Sumatra und Java auch gegen alliierte und japanische Truppen.

November Unruhen im Osten Javas führen am

10. November zur »Schlacht von Surabaya«; Teile indischer Truppen schließen sich den Indonesiern an. Alliierte, beeindruckt von der Stärke des indonesischen Nationalismus raten den auf Rückkehr drängenden Niederländern zu Verhandlungen.

14. November Sutan Sjahrir, frei vom Vorwurf der Kollaboration mit den Japanern und Verfechter eines parlamentarischen Regierungssystems verkündet den Rücktritt des präsidentiellen Kabinetts, führt die Ministerverantwortlichkeit vor dem KNIP ein und signalisiert als neuer Ministerpräsident Verhandlungsbereitschaft mit den Niederlanden.

1946
Januar Verlegung des Regierungssitzes der Republik von Jakarta nach Yogyakarta.

24. Januar TKR wird in TRI – Indonesische republikanische Armee - umbenannt.

April Beginn der Verhandlungen mit den Niederländern.

15. November Im Vertrag von Linggajati erkennen die Niederlande die de facto-Autorität der indonesischen Republik in Java und Sumatra an. Ziel der Verhandlungen ist eine spätere niederländisch-indonesische Union.

1947
25 März Das Linggajati-Abkommen wird ratifiziert, aber kriegerische Auseinandersetzungen halten an.

21. Juli Beginn der ersten »Polizeiaktion« der Niederländer mit der Besetzung von Teilgebieten der Republik auf Java und in Sumatra;

Oktober Der Sicherheitsrat der UN setzt ein Committee of Good Offices – CGO – zur Lösung des Konflikts ein.

1948
Die Verhandlungen an Bord des US-Schiffes Renville bringen keine Annäherung zwischen den Fronten. Kompromissbereitschaft führt auf indonesischer Seite wiederholt zum Sturz von Regierungen, wodurch die ehemalige Kolonialmacht sich in ihren Forderungen bestärkt sieht. Ein kommunistischer Putschversuch im Sep-

tember in Madiun gegen die »Handlanger der Imperialisten«, Sukarno und Hatta, führt im Dezember 1948 schließlich zur zweiten »Polizeiaktion« und zur Annektion des Restgebiets der Republik durch die Niederländer.

1949

29. Januar Der Sicherheitsrat der UN verlangt die sofortige Einstellung der Feindseligkeiten, die Entlassung der verhafteten und verbannten Führer und die Wiedereinsetzung der Republik in ihre früheren Rechte.

30. Juni Die letzten niederländischen Truppen ziehen sich aus Yogyakarta zurück.

23. August - 2. November Eine Konference in Den Haag regelt die Details zur Übertragung der Souveränität von der Kolonialmacht an die ehemalige Kolonie.

27. Dezember Anerkennung der Unabhängigkeit Indonesiens durch die Niederlande.

Danksagung

Dieses Buch wäre ohne die Unterstützung vieler Menschen in Deutschland, den Niederlanden, Japan und Indonesien nicht zustande gekommen. Auch ohne die Bereitschaft der Zeitzeugen, ihr Leben mit mir – und der Öffentlichkeit – zu teilen, gäbe es dieses Buch nicht. Ihnen allen danke ich von ganzem Herzen.

In Deutschland danke ich Hans-Martin Zöllner, dem langjährigen Vertreter der Deutschen, die den Zweiten Weltkrieg im indonesischen Bergdorf Sarangan überlebten. Er wurde in all den Jahren nie müde, mir Mut zu machen und mir zur Seite zu stehen. Prof. Dahm danke ich ganz herzlich für sein freundliches Vorwort und die wertvollen Verbesserungsvorschläge.

Renate Jährling, Redakteurin der Zeitschrift StuDeO – Studienwerk Deutsches Leben in Ostasien e.V. – und Anita Günther öffneten mir das Vereins-Archiv und gaben mir hilfreiche Hinweise. Viel Zeit verbrachte Wolfram Schröter mit dem Korrigieren des Manuskripts. Dafür und für seine hilfreichen Fragen ein ganz besonderes Dankeschön. Prof. Köhler half mir bei der Korrektur der Druckfahnen und gab mir kostbares Feedback zu der Einführung. Auch Ulrich Korwitz für seine wertvollen Hinweise herzlichen Dank.

In den Niederlanden möchte ich mich besonders bei Connie Suverkropp und Felix Bakker bedanken, die mir halfen, Verbindungen zu anderen Zeitzeugen in den Niederlanden und in Japan herzustellen. Meine Gespräche in Japan wären ohne die Vermittlung, Übersetzungshilfe und Freundlichkeit von Prof. Aiko Utsumi, Dr. Kaihei Koshio und Dr. Taihei Okada nicht möglich gewesen. Auch ihnen gilt mein herzlicher Dank.

In dem Vielvölkerstaat Indonesien, in dem die ältere Generation häufig nur ihre Volkssprache spricht, fand ich die Unterstützung und Übersetzungshilfe einer Reihe von Menschen vor Ort. Sie alle finden im Text Erwähnung. Ihnen allen danke ich von Herzen.

Meine Batak-Freunde Lifinda und Prof. Mustafa Nasution boten mir ihre Gastfreundschaft in Depok, südlich von Jakarta an. Finda reiste mit mir nach Sumatra, übersetzte aus dem Sundanesischen, Javanischen, Batak und Indonesischen ins Englische. Ohne ihre Hilfe, wäre dieses Buch wohl nicht entstanden.

In Salatiga fand ich Gastfreundschaft in der Christlichen Kirche von Nordmitteljava und die freundschaftliche Unterstützung von Pebri und Prof. Christian Goßweiler. Zwei Wochen lang halfen sie Verbindungen herzustellen, besuchten Zeitzeugen mit mir, übersetzten Javanisch-Deutsch und Indonesische-Deutsch mit großer Kompetenz und besprachen die Korrekturen mit den Zeitzeugen. Dafür von ganzem Herzen Dank.

Überdies bedanke ich mich recht herzlich bei Horst Schmid und Alexander Frank, den kundigen Herren der Buchstaben und der Satzästhetik für ihre so engagierte und zugewandte Arbeit. »Meinem« Verleger Hubert Klöpfer danke ich für unser viertes gemeinsames Buch in fünfzehn Jahren – und für unsere über so viele Jahre gewachsene Freundschaft sowie für das gewisse Glück, als Autorin zu Klöpfer & Meyer zu gehören.

© 2018 Klöpfer & Meyer Verlag GmbH & Co. KG, Tübingen.
Alle Rechte vorbehalten.

ISBN 978-3-86351-470-9

Umschlaggestaltung: Christiane Hemmerich
Konzeption und Gestaltung, Tübingen.
Umschlagfoto: © Nationaal Archief / Collectie Spaarnestad / W.F.J. Pielage.
Herstellung: Horst Schmid, Mössingen.
Satz: Alexander Frank, Ammerbuch.
Druck und Einband: Pustet, Regensburg.

Mehr über das Verlagsprogramm von Klöpfer & Meyer
finden Sie unter: *www.kloepfer-meyer.de*